Peter-J. Jost

Organisation und Koordination

Peter-J. Jost

Organisation und Koordination

Eine ökonomische Einführung

2. Auflage

Bibliografische Information der Deutschen Nationalbibliothek
Die Deutsche Nationalbibliothek verzeichnet diese Publikation in der
Deutschen Nationalbibliografie; detaillierte bibliografische Daten sind im Internet über
<http://dnb.d-nb.de> abrufbar.

Professor Dr. Peter-J. Jost lehrt Organisationstheorie an der Wissenschaftlichen Hochschule
für Unternehmensführung – WHU – in Koblenz.

1. Auflage 1999
2. Auflage 2009

Alle Rechte vorbehalten
© Gabler | GWV Fachverlage GmbH, Wiesbaden 2009

Lektorat: Stefanie Brich | Renate Schilling

Gabler ist Teil der Fachverlagsgruppe Springer Science+Business Media.
www.gabler.de

Das Werk einschließlich aller seiner Teile ist urheberrechtlich geschützt. Jede Verwertung außerhalb der engen Grenzen des Urheberrechtsgesetzes ist ohne Zustimmung des Verlags unzulässig und strafbar. Das gilt insbesondere für Vervielfältigungen, Übersetzungen, Mikroverfilmungen und die Einspeicherung und Verarbeitung in elektronischen Systemen.

Die Wiedergabe von Gebrauchsnamen, Handelsnamen, Warenbezeichnungen usw. in diesem Werk berechtigt auch ohne besondere Kennzeichnung nicht zu der Annahme, dass solche Namen im Sinne der Warenzeichen- und Markenschutz-Gesetzgebung als frei zu betrachten wären und daher von jedermann benutzt werden dürften.

Umschlaggestaltung: Ulrike Weigel, www.CorporateDesignGroup.de
Druck und buchbinderische Verarbeitung: Krips b.v., Meppel
Gedruckt auf säurefreiem und chlorfrei gebleichtem Papier

ISBN 978-3-8349-1387-6

Für   Christiane

Inhaltsverzeichnis

Inhaltsverzeichnis	VII
Verzeichnis der Fallbeispiele	XI
Vorwort zur zweiten Auflage	1
Vorwort zur ersten Auflage	3

I Organisationen und die Bedeutung der Koordination — 9

1 Ökonomische Organisationen und ihre Architektur — 11

1.1 Ökonomische Organisationen und ihre Wertschöpfung	12
1.1.1 Arbeitsteilung und der Wertschöpfungsprozess einer Organisation	14
1.1.2 Tausch und die realisierte Wertschöpfung einer Organisation	17
1.1.3 Wertschöpfung und die Verteilung der geschaffenen Werte	19
1.2 Die Gestaltung ökonomischer Organisationen	22
1.2.1 Organisationsstrategie und Organisationsarchitektur	23
1.2.2 Die Umwelt einer Organisation	25
1.2.3 Das Organisationsproblem	28
1.2.4 Die Grundbausteine ökonomischer Organisationen	31
1.3 Zusammenfassung	36
1.4 Literaturhinweise	39

2 Die ökonomische Analyse des Koordinationsproblems — 41

2.1 Die Organisation als System von Entscheidungen	43
2.1.1 Interdependente Entscheidungen	44
2.1.2 Strategische Entscheidungen	49
2.2 Die Koordination ökonomischer Aktivitäten	53
2.2.1 Alternative Koordinationsmechanismen	56
2.2.2 Interdependenz und Koordination	62
2.2.3 Information und Koordination	65
2.2.4 Das Vorgehen bei der ökonomischen Analyse des Koordinationsproblems	70

       2.3 Zwei Fallbeispiele   74
            2.3.1 General Motors und die multidivisionale Organisationsstruktur 74
            2.3.2 Toyota und das Just-in-time Produktionssystem   78

       2.4 Anhang: Die klassischen Theorien der Organisation   83

       2.5 Zusammenfassung   90

       2.6 Literaturhinweise   92

II Die Koordination ökonomischer Aktivitäten: Vom Markt zur Hierarchie   97

3 Die Effizienz von Märkten   99

       3.1 Der Preismechanismus als Koordinations- und Motivationsinstrument   100
            3.1.1 Angebot, Nachfrage und das Marktgleichgewicht   102
            3.1.2 Die neoklassische Theorie der Unternehmung   113
            3.1.3 Allgemeine Gleichgewichtstheorie: Die Koordination aller einzelwirtschaftlichen Aktivitäten 128
            3.1.4 Die Rolle der Unternehmung im neoklassischen Marktmodell   134

       3.2 Marktversagen   137
            3.2.1 Marktmacht   139
            3.2.2 Marktintransparenzen   143
            3.2.3 Fehlende Märkte   149

       3.3 Der Staat und das Coase-Theorem   156
            3.3.1 Staatliche Wirtschaftspolitik zur Koordination wettbewerblicher Rahmenbedingungen 157
            3.3.2 Staatlicher Vollzug zur Motivation der Adressaten der Wirtschaftspolitik 165
            3.3.3 Der Prozess der Politikgestaltung   168
            3.3.4 Koordination durch Verhandlungen – das Coase-Theorem   172

       3.4 Zusammenfassung   177

       3.5 Literaturhinweise   180

4 Die Analyse von Transaktionen   183

       4.1 Transaktionskosten   185
            4.1.1 Die Struktur von Transaktionskosten   188
            4.1.2 Transaktionskosten und ihre Bedeutung für die Organisation   193
            4.1.3 Die Effizienz von Organisationen und die Wechselwirkung von Technologie und Transaktionskosten 200

	4.1.4 Der Einfluss der Transaktionsmerkmale	206
4.2	Die Koordination interorganisatorischer Beziehungen	213
	4.2.1 Wertschöpfungsvorteile zwischenbetrieblicher Kooperationen	216
	4.2.2 Relationale Vertragsbeziehungen als Grundlage der zwischenbetrieblichen Kooperation	226
	4.2.3 Die Gestaltung zwischenbetrieblicher Beziehungen als Organisationsproblem	233
	4.2.4 Vor- und Nachteile verschiedener Koordinationsmechanismen	236
	4.2.5 Die Auswirkungen von Transaktionsmerkmalen und Technologie auf die zwischenbetriebliche Koordination	247
	4.2.6 Zwischenbetriebliche Koordinationsformen	265
4.3	Zusammenfassung	274
4.4	Literaturhinweise	278

III Die Hierarchie als Koordinationsmechanismus — 283

5 Grundformen hierarchischer Koordination — 285

5.1	Die Gestaltung des hierarchischen Entscheidungssystems	287
	5.1.1 Dekomposition der organisatorischen Wertschöpfung	296
	5.1.2 Enlargement und horizontale Differenzierung	301
	5.1.3 Empowerment und vertikale Differenzierung	313
	5.1.4 Stellenbildung und organisatorische Differenzierung	322
5.2	Die Gestaltung der vertikalen und lateralen Koordination	338
	5.2.1 Instrumente der vertikalen Koordination	340
	5.2.2 Instrumente der lateralen Koordination	349
	5.2.3 Abteilungsbildung und organisatorische Differenzierung	371
	5.2.4 Die Gestaltung des Weisungssystems	390
	5.2.5 Die Gestaltung des Planungssystems	394
	5.2.6 Die Gestaltung des Informations- und Kommunikationssystems	406
5.3	Aufgabenmerkmale und ihre Auswirkungen auf die organisatorische Gestaltung	416
	5.3.1 Spezifität der Investitionen	417
	5.3.2 Unsicherheit der Aufgabe	420
	5.3.3 Häufigkeit der Aufgabendurchführung	427
	5.3.4 Messbarkeit der geschaffenen Werte	430
	5.3.5 Interdependenzen mit anderen Aufgaben	432
	5.3.6 Technologie zur Aufgabendurchführung	435
5.4	Zusammenfassung	443

	5.5 Literaturhinweise	448
6	**Innerbetriebliche Koordination**	**453**
	6.1 Die Primärorganisation zur Koordination permanenter Aufgaben	458
	6.1.1 Die Organisation der Unternehmensleitung	459
	6.1.2 Die Funktionsbereichsorganisation	463
	6.1.3 Die Geschäftsprozessorganisation	469
	6.1.4 Alternative Grundstrukturen zwischen Geschäftsprozess- und Funktionsbereichsorganisation	474
	6.1.5 Die Geschäftsbereichsorganisation	478
	6.1.6 Alternative Grundstrukturen zwischen Geschäfts- und Funktionsbereichsorganisation	485
	6.1.7 Konzern-Organisation	496
	6.2 Die Sekundärorganisation zur Koordination innovativer Aufgaben	500
	6.2.1 Die Organisation von Projekten	505
	6.2.2 Die Organisation der strategischen Planung	513
	6.3 Zusammenfassung	520
	6.4 Literaturhinweise	523
	Endnoten	**525**
	Literaturverzeichnis	**539**
	Index	**559**

Verzeichnis der Fallbeispiele

Interdependenzen beim Sport	47
Preisbildung in P.O.W. Camps	110
Ernährung und das Gesetz des abnehmenden Erwartungszuwachses	118
Optimale Betriebsgrößen in der Praxis	123
Der Mobilfunk in Deutschland und die Versteigerung von Monopolen	142
Produktionsplanung in Japan und die Bildung von JETRO	146
"Time is Money" und der fehlende Mark für Zeit	154
Die Deregulierung der Telekommunikation in Deutschland	162
Der Einfluss von Interessensgruppen auf staatliche Eingriffe im Umweltschutz	171
Das Coase-Theorem und die "Fabel von den Bienen"	176
Dell und seine Antwort auf "Make or Buy"	186
Prozesskostenrechnung und die Ermittlung der Kosten betrieblicher Transaktionen	194
Dual Sourcing in der Halbleiterindustrie und die Abwägung von Produktions- und Transaktionskosten	201
Grizzly-Bären und die Bedeutung des institutionellen Umfelds	205
Die fundamentale Transformation in der US-Automobilindustrie	212
Privatwirtschaftliche und staatliche Kooperation in der japanischen Grundlagenforschung	218
General Motors, Fisher Body und die Unvollständigkeit von Verträgen	239
Transaktionsspezifische Investitionen in der Strom erzeugenden Industrie	252
Die Entwicklung der US-amerikanischen Eisenbahnindustrie	261
McDonald's und die Geschichte eines Franchisesystems	268

Transaktionsspezifische Investitionen in der japanischen und US-amerikanischen Automobilindustrie	272
Microsoft und die organisatorische Differenzierung	292
Henry Ford und die Massenproduktion des Model T	302
Empowerment und die Nutzung des spezifischen Wissens in einer Organisation	314
McDonald's und die Zubereitung von Hamburgern	344
Mehrabstimmungen und die Reihenfolge der Abstimmungsvorlagen	358
Du Pont und die Divisionalisierung bei heterogenem Produktprogramm	434
Skalenerträge und das Gesetz von Parkinson	439
ALCOA und die Funktionsbereichsorganisation bei heterogenem Produktprogramm	467
IBM und die Reorganisation der Kreditabteilung	473
ABB und die Modularisierung eines Unternehmens	476
3M und die Bildung hierarchischer Geschäftsbereichsstrukturen	484
Apple und das Funktionsmanagement bei einer Geschäftsbereichsorganisation	486
Bayer und das Produktmanagement bei einer Funktionsbereichsorganisation	495
Arthur D. Little und die Projektorganisation in der Unternehmensberatung	509
General Electric und die Bildung strategischer Geschäftsfelder	517

Vorwort zur zweiten Auflage

Die positive Aufnahme meines Buches hat seine Grundkonzeption eindrucksvoll bestätigt. Die zweite Auflage ist daher im Wesentlichen eine durchgesehene und korrigierte Fassung der ersten. Einige kleinere Ergänzungen sind eingefügt. So wurde neben neueren Forschungsarbeiten zu den einzelnen Themengebieten insbesondere ein Abschnitt (1.1.3) über die Verteilung der Wertschöpfung auf Anregung meines Kollegen Erik Lehmann, Universität Augsburg, aufgenommen.

Vallendar, September 2008 Peter-J. Jost

Vorwort zur ersten Auflage

Organisationen gehören zu den wenigen Dingen im Leben, die wir als naturgegeben und selbstverständlich hinnehmen: Wir erblicken im Allgemeinen das Licht des Lebens in einem Krankenhaus, wachsen in einer Familie auf, gehen mit drei Jahren in den Kindergarten, mit sechs Jahren in die Schule, später vielleicht an die Universität, arbeiten in einem Unternehmen oder als Beamter in einer Behörde, konsumieren täglich Brot und manchmal Wein,

gehen bei gesundheitlichen Beschwerden zum Arzt, verbringen unseren Lebensabend in einem Altenheim und werden mit dem Segen der Kirche beerdigt.

Alle diese Organisationen hinterfragen wir in der Regel nicht. Wie das Krankenhaus sicherstellt, dass ein Gynäkologe bei unserer Geburt rechtzeitig zur Stelle ist, oder wie der Leichenbestatter unsere Beerdigung regelt, interessiert uns selten. Wir machen uns kaum Gedanken darüber, wie die morgendliche Zeitung entsteht, wie das am Geldautomaten gezogene Geld auch tatsächlich von unserem Konto abgebucht wird oder wie die Milch der schweizerischen Kühe zu Schokolade verarbeitet wird. Wenn wir Organisationen tatsächlich als solche wahrnehmen, dann ist das im Allgemeinen in solchen Situationen, in denen sie in irgendeiner Weise nicht funktionieren, etwa beim Arzt, wenn wir wieder einmal zu lange warten müssen, auf der Post kurz vor Schalterschluss, wenn die Schlange endlos lang ist, oder beim Kauf des neusten Automodells, wenn dieses eine Lieferzeit von drei Jahren hat.

Ein Grund dafür, dass wir Organisationen so gleichgültig gegenüber stehen, ist der, dass sie so schwer zu fassen sind und nach außen abstrakt bleiben. Wir kaufen zwar das Bier, das in einer Brauerei hergestellt wird, sehen die Verwaltungsgebäude des Krankenhauses oder bringen unseren Wagen zur Reparatur - warum aber die Brauerei Bier braut und welche einzelnen Tätigkeiten dabei durchgeführt werden, wie im Krankenhaus die medizinische Versorgung rund um die Uhr sichergestellt ist oder wie unser Wagen wieder fahrbereit gemacht wird, ist für uns Außenstehende nicht offensichtlich.

So unterschiedlich Organisationen wie die Ehe, die Kirche, das Krankenhaus oder die Brauerei auch sind, sie haben alle ein gemeinsames Charakteristikum: Sie sind Systeme, in denen Personen miteinander interagieren, um gewisse Ziele zu erreichen. Diese Ziele können ökonomisch oder nicht-ökonomisch sein. So verfolgt die Einsatzzentrale des ambulanten Notdienstes eines Krankenhauses das ökonomische Ziel, bei einem Unfall den Notarztwagen zu schicken, der am schnellsten am Unfallort sein kann. Der Seelsorger einer Gemeinde hingegen verfolgt das nicht-ökonomische Ziel, Menschen zu helfen, indem er sie zum Glauben an Gott bekehrt.

In diesem Buch werden wir uns eingehend mit Organisationen beschäftigen, bei denen die miteinander interagierenden Personen ökonomische Ziele erreichen wollen. Diese Fokussierung auf ökonomische Organisationen ist für die Beantwortung der Frage nach ihrer geeigneten Gestaltung von entscheidender Bedeutung: Ökonomische Organisationen können anhand der Erfüllung dieser ökonomischen Ziele beurteilt werden. Damit sind aber verschiedene Organisationen miteinander vergleichbar. Je umfassender eine Organisation hier die gesetzten Ziele erreicht, desto vorteilhafter ist die Organisation. Das Beispiel der Einsatzplanung von Notarztwagen zeigt dabei, dass ökonomische Organisationen nicht ausschließlich materielle Zielvorgaben haben müssen. Wenn eine schnellstmögliche medizinische Versorgung erreicht werden soll, dann können verschiedene Organisationsformen der Einsatzzentrale an diesem Ziel beurteilt werden.

Im Vordergrund unserer Betrachtungen steht in diesem Buch die Organisation Unternehmung. Dabei werden wir uns allerdings nicht auf diese Form der Organisation beschränken. Vielmehr werden wir bei der Diskussion von Organisationen einen wissenschaftlichen Ansatz wählen, der eine unternehmensübergreifende Perspektive ermöglicht und insbesondere auch die Organisation Markt umfasst. Dass der Markt ebenfalls eine Organisation im Sinne unserer obigen Definition ist, folgt unmittelbar aus dem Umstand, dass die Anbieter ihre Produkte oder Dienstleistungen im Rahmen von Tauschbeziehungen den Nachfragern überlassen. Darüber hinaus gibt es gewichtige Gründe dafür, warum ein Verständnis des Marktes für die geeignete Organisationsgestaltung einer Unternehmung fruchtbar ist: So ist die aktive Gestaltung der Unternehmensumwelt durch wettbewerbspolitische oder gesellschaftspolitische Maßnahmen ebenso wie die geeignete Gestaltung zwischenbetrieblicher Kooperationen in Form von Joint Ventures oder virtuellen Unternehmungen von wettbewerbsentscheidender Bedeutung. Zudem sind viele unternehmensinterne Gestaltungsprobleme auch auf der Ebene des Marktes existent, so dass eine Übertragung marktlicher Lösungen in die Unternehmung grundsätzlich auch unternehmensinterne Gestaltungslösungen darstellen.

Im Hinblick auf die Frage, wie die Organisation Unternehmung geeignet gestaltet werden sollte, konzentrieren wir uns in diesem Buch auf den Koordinationsaspekt: Wie können die Interaktionen der einzelnen Organisationsteilnehmer so gestaltet werden, dass ihre Spezialisierung in Einzelaktivitäten unter Berücksichtigung der Kosten möglichst produktiv ist und ihre Kooperation möglichst reibungslos verläuft? Bei der Lösung dieses Koordinationsproblems berücksichtigen wir die Wechselwirkungen mit dem Motivationsproblem einer Organisation, also mit der Frage, wie der einzelne Mitarbeiter dazu bewegt werden kann, seine ihm zugewiesenen Aufgaben innerhalb der Organisation auch zielorientiert auszuführen. Dabei werden wir allerdings nicht den einzelnen Teilnehmer mit seinen spezifischen persönlichen Interessen und Bedürfnissen berücksichtigen - dies wäre für eine vollständige Lösung dieses Motivationsproblems notwendig. Vielmehr werden wir die geeignete Koordination im wesentlichen unabhängig von den Persönlichkeitseigenschaften der tatsächlich agierenden Organisationsteilnehmer untersuchen. Ihrem Handeln legen wir ein ökonomisches Verhaltensmodell zugrunde.

Ziel des vorliegenden Buches ist es, einen geschlossenen ökonomischen Ansatz für die Analyse der Organisationsstruktur zu geben. Dabei werden nicht nur die in der betriebswirtschaftlichen Organisationstheorie behandelten Instrumente der Koordination ökonomisch auf ihre Vor- und Nachteile hin untersucht, sondern es werden die Parallelen der innerbetrieblichen Koordination zur zwischenbetrieblichen und marktlichen Koordination aufgezeigt. Anhand von Beispielen aus der Unternehmenspraxis und der Gesellschaft werden die einzelnen Konzepte und Erkenntnisse des ökonomischen Ansatzes veranschaulicht.

Das Buch ist in drei Teile gegliedert: In Teil I werden wir zunächst auf den Begriff der ökonomischen Organisation und ihrer Architektur eingehen. Insbesondere werden wir hier das Organisationsproblem und seine Zerlegung in das Koordinations- und Motivationsproblem diskutieren. Die Bedeutung der Koordination und das ökonomische Vorgehen bei der Analyse des Koordinationsproblems stellen wir dann in Kapitel 2 vor.

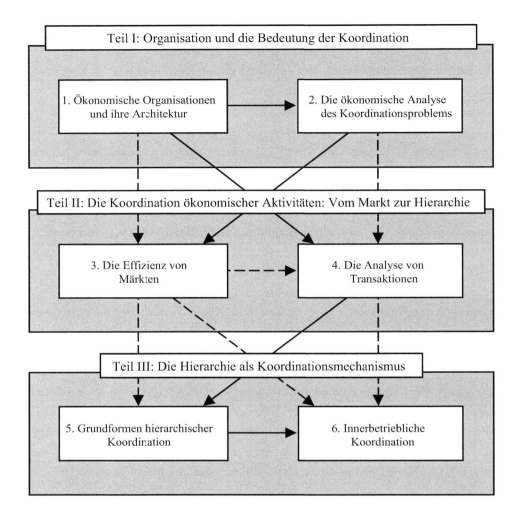

Abbildung: Die Struktur des Buches und die wesentlichen Verbindungen zwischen den Kapiteln (durchgezogene Pfeile zwischen zwei Kapiteln deuten an, dass ein Kapitel vom anderen abhängt, gestrichelte Pfeile zwischen zwei Kapiteln deuten an, dass ein Kapitel lediglich auf die entwickelten Ideen in dem anderen zurückgreift)

Teil II des Buches ist dann der Analyse nicht-hierarchischer Koordinationsmechanismen gewidmet. Ausgangspunkt unserer Diskussion ist dabei die marktliche

Koordination. Wir werden hier die Effizienz von Märkten bei der Koordination ökonomischer Aktivitäten untersuchen und aus einem Marktversagen auf die Existenz alternativer Organisationsformen schließen. Daran schließt sich eine eingehende Analyse von Transaktionen mit der Untersuchung zwischenbetrieblicher Kooperationsformen an.

Die Frage nach der Gestaltung der hierarchischen Koordination und der Auswahl der geeigneten Organisationsstruktur einer Unternehmung ist dann Gegenstand von Teil III dieses Buches. Wir werden hier zunächst die Grundformen der hierarchischen Koordination diskutieren. Darauf aufbauend werden dann die verschiedenen Organisationsstrukturen von Unternehmungen systematisch vorgestellt und untersucht.

Dieses Buch entstand aus den Unterlagen einer an der WHU - Otto Beisheim School of Management in Vallendar gehaltenen Vorlesung. Ich hoffe, dass die bei der Vorlesungstätigkeit gewonnenen Erfahrungen diesem Lehrbuch zugute gekommen sind. Während seiner Entstehung habe ich vor allem durch die Diskussionen mit meiner Frau Christiane Jost zahlreiche wertvolle Anregungen erhalten. Viele Verbesserungen des ursprünglichen Manuskripts gehen auf sie zurück. Ebenso danken möchte ich den Herren Tobias Höreth und Jürgen Kumbartzki sowie Claus van der Velden für weitere Verbesserungsvorschläge und die kritische Durchsicht des Textes. Dank gebührt auch Frau Karin Senftleben, die die Zeichnungen anfertigte und mit Sorgfalt die hoffentlich letzten Tippfehler im Text fand. Alle verbleibenden Fehler fallen natürlich in meine Verantwortung.

Vallendar, September 1999   Peter-J. Jost

Die Koordination des täglichen gemeinsamen Spielens ist je nach den individuellen Präferenzen und der Persönlichkeit der beteiligten Parteien noch etwas unsystematisch.

Teil I
Organisationen und die Bedeutung der Koordination

1
Ökonomische Organisationen und ihre Architektur

2
Die ökonomische Analyse des Koordinationsproblems

1
Ökonomische Organisationen und ihre Architektur

The fundamental impulse that sets and keeps the capitalist engine in motion comes from the new consumers' goods, the new methods of production or transportation, the new markets, the new forms of industrial organization that capitalist enterprise creates ... that incessantly revolutionizes the economic structure from within, incessantly destroying the old one, incessantly creating a new one. This process of Creative Destruction is the essential fact about capitalism. (Schumpeter, 1942)

Der von Schumpeter beschriebene Prozess der kreativen Zerstörung illustriert eindrücklich, welche Dynamik dem kapitalistischen Marktsystem eigen ist: Globaler Wettbewerb, zunehmende Kundenansprüche oder technologischer Fortschritt sind hier nur einige der Kräfte, die in unserer heutigen Welt zu einem rapiden Wandel des ökonomischen Lebens führen. Die Bildung neuer Unternehmungen und Märkte sowie das scheinbar unbegrenzte Wachstum von Großunternehmungen sind die Folgen dieses Prozesses, gleichzeitig wird dadurch aber auch der Niedergang und der Zusammenbruch alter Strukturen herbeigeführt.

Grundlegend für diese wirtschaftliche Entwicklung ist die Schaffung eines zusätzlichen Nutzens für die Teilnehmer des kapitalistischen Marktsystems: Gleichgültig, ob es sich um die Herstellung eines neuen Gutes, die Einführung einer neuen Produktionsmethode, die Eroberung eines neuen Absatzmarktes oder die Erschließung einer neuen Bezugsquelle von Rohstoffen und Halbfabrikaten handelt: Jeder dieser 'Impulse' führt zu einer vermehrten Schaffung von Werten für die Beteiligten und somit zu einer umfassenderen Bedürfnisbefriedigung des Einzelnen.

Im Folgenden wollen wir auf diese grundsätzliche Funktion von Organisationen sowie auf die mit dem Prozess der kreativen Zerstörung verbundene Effizienz von Organisationen näher eingehen. Entsprechend ist dieses erste Kapitel in zwei Abschnitte gegliedert: In Abschnitt 1.1 definieren wir zunächst, was wir in diesem Buch unter einer ökonomischen Organisation verstehen. Wir beantworten dann die

Frage, warum sich ökonomische Organisationen überhaupt bilden. Ausgangspunkt dieser Argumentation sind die beiden grundlegenden Prinzipien jeder ökonomischen Organisation, die Arbeitsteilung und der Tausch. Wir werden zeigen, dass beide Prinzipien zu einer vermehrten Schaffung von Werten für die Teilnehmer einer Organisation führen und somit die Bildung kollektiver Strukturen vorteilhaft machen.

In Abschnitt 1.2 gehen wir dann auf die Frage nach der geeigneten Gestaltung von ökonomischen Organisationen ein. Wir definieren hier zunächst die Effizienz einer Organisation anhand der von ihr geschaffenen Werte für die Organisationsteilnehmer. Die Diskussion der Einflussgrößen der Organisationsgestaltung auf die Wertschöpfung einer Organisation erfolgt dann in vier Schritten: Zuerst differenzieren wir zwischen der Strategie und Architektur einer Organisation und zeigen deren Bedeutung für die Effizienz auf. In einem zweiten Schritt definieren wir dann die Umwelt einer Organisation und betrachten ihren Einfluss auf die Organisationsgestaltung. Anschließend stellen wir die Organisations- und Anreizstruktur als die beiden Grundpfeiler der Architektur einer Organisation vor. Die grundlegenden Bausteine jeder Organisationsgestaltung, nämlich das einzelne Individuum als Teilnehmer der Organisation sowie die Transaktion zwischen zwei Organisationsteilnehmern, stellen dann die vierte Betrachtungsebene dar.

1.1 Ökonomische Organisationen und ihre Wertschöpfung

In diesem Buch steht die Unternehmung als Organisation im Mittelpunkt der Betrachtung. Das Zitat von Schumpeter deutet aber bereits an, dass eine ausschließlich unternehmensinterne Betrachtung für die Frage nach der Gestaltung einer Unternehmung viel zu einschränkend ist. Vielmehr ist das Umfeld einer Unternehmung einem permanenten Wandel unterlegen. Aufgrund des Marktdrucks besteht für eine Unternehmung daher die Notwendigkeit, sich diesem Wandel möglichst geeignet anzupassen bzw. den Wandel wenn möglich mitzubestimmen: Welche der Aufgaben, die wir bisher unternehmensintern durchgeführt haben, können wir künftig an externe Dritte vergeben? In welchen Bereichen bietet es sich an, mit anderen Unternehmungen zusammenzuarbeiten? Welche Auswirkungen haben die neuen wirtschaftspolitischen Maßnahmen der Regierung und wie können wir darauf Einfluss nehmen?

Diese und ähnliche Fragen können ohne ein unternehmensübergreifendes Verständnis nicht sinnvoll beantwortet werden. Daher müssen wir neben der eigentlichen innerbetrieblichen Gestaltung einer Unternehmung auch andere, unternehmensübergreifende Formen der Organisation in unsere Betrachtungen einbeziehen. Entsprechend legen wir diesem Buch eine sehr umfassende Definition des Organisationsbegriffs zugrunde:

Eine **ökonomische Organisation** definieren wir als ein Gebilde, in dem verschiedene Personen miteinander interagieren, um individuelle und kollektive ökonomische Ziele zu erreichen. Die an einer ökonomischen Organisation beteiligten Personen bezeichnen wir als **Organisationsteilnehmer**. Sie können ihrerseits wiederum Organisationen oder einzelne Individuen sein.

Betrachten wir als Beispiel einer ökonomischen Organisation die Organisationsform Unternehmung: Zu den Organisationsteilnehmern gehören beispielsweise die Arbeitnehmer einschließlich des Managements, Lieferanten, Kapitalgeber oder Kunden. Diese Teilnehmer an der Unternehmung interagieren miteinander, um ein gewisses Produkt oder eine Dienstleistung anzubieten oder zu erwerben – dies ist ihr kollektives Ziel. Individuelles Ziel jedes einzelnen Organisationsteilnehmers ist es, seine jeweiligen Interessen durch seine Mitwirkung an der Organisation zu befriedigen.

Indem wir im Folgenden annehmen, dass die Ziele, die die Organisationsteilnehmer verfolgen, ökonomischer Natur sind, können wir eine ökonomische Organisation an der jeweiligen Zielerreichung für den einzelnen Teilnehmer beurteilen. Ökonomische Ziele müssen dabei nicht notwendigerweise nur materielle Zielvorgaben beinhalten. So kann beispielsweise der Abteilungsleiter einer staatlichen Behörde das Ziel verfolgen, die Anzahl der ihm unterstellten Mitarbeiter zu vergrößern. Oder der lokale Fußballverein verfolgt das Ziel, in der nächsten Meisterschaftsrunde in die nächsthöhere Liga aufzusteigen.

Neben Unternehmungen stellen damit auch andere Organisationsformen ökonomische Organisationen dar – zur Vereinfachung verwenden wir im weiteren synonym auch den Begriff 'Organisation': Unsere Definition schließt nicht nur wirtschaftliche Zusammenschlüsse ein, die eine Profitmaximierung oder andere materielle Ziele verfolgen, sondern umfasst auch Nicht-Profit-Organisationen wie beispielsweise gemeinnützige Einrichtungen.

Darüber hinaus können neben solchen formalen Organisationen, die durch einen unabhängigen juristischen Status gekennzeichnet sind wie z.B. Unternehmungen, auch informelle Organisationen wie z.B. Märkte ökonomische Organisationen sein: So sind die Teilnehmer eines Marktes durch die (potentiellen) Käufer und (potentiellen) Verkäufer bestimmt. Der Leistungsaustausch zwischen zwei dieser Marktteilnehmer definiert deren Interaktion. Ziel der Marktteilnehmer ist es, ihre Bedürfnisse möglichst umfassend durch Tauschaktivitäten zu befriedigen.

Drei Aspekte unserer Definition einer ökonomischen Organisation sind für die nachfolgenden Untersuchungen von entscheidender Bedeutung:

(1) Eine Person verfolgt mit der Teilnahme an einer Organisation immer auch eigene, individuelle Ziele. Die Erwartung, diese Ziele zu erreichen, motiviert den Einzelnen dazu, mit seiner Teilnahme an der Organisation einen Beitrag zur Erreichung der kollektiven Ziele der Organisation zu leisten.

(2) Die individuellen und kollektiven Ziele sind stets ökonomischer Natur. Eine Organisation kann daher anhand der Erfüllung der ökonomischen Ziele beurteilt werden.

(3) Die Beziehungen der Organisationsteilnehmer sind interdependent. Daher ist das Ergebnis des Handelns eines Organisationsteilnehmers nicht nur von seinem eigenen Handeln, sondern auch von dem anderer Teilnehmer abhängig. Aufgrund dieser Interdependenzen ist der Umfang, in dem die Ziele der Organisationsteilnehmer erfüllt werden, durch das Handeln aller Beteiligten bestimmt.

1.1.1 Arbeitsteilung und der Wertschöpfungsprozess einer Organisation

Warum bilden sich überhaupt Organisationen? Worin liegt der komparative Vorteil, den eine Organisation gegenüber dem Einzelnen bei der Produktion von Gütern bzw. der Bereitstellung von Dienstleistungen hat? Warum versucht also nicht jeder Einzelne, seine individuellen Ziele ausschließlich alleine zu erreichen?

Obwohl diese Fragen auf den ersten Blick ausgesprochen trivial erscheinen, verbirgt sich hinter ihrer Beantwortung eines der Grundprinzipien jedes ökonomischen Handelns: Durch **Arbeitsteilung** kann eine Organisation Werte schaffen, die der Einzelne allein nicht schaffen kann. Diese vermehrte Schaffung von Werten durch eine Organisation wurde bereits 1776 von Adam Smith in seinem Buch 'An Inquiry into the Nature and Causes of the Wealth of Nations' im ersten Satz des ersten Kapitels hervorgehoben (1776, S.7):

"The greatest improvement in the productive powers of labour, and the greater part of the skill, dexterity, and judgement with which it is any where directed, or applied, seem to have been the effects of the division of labour".

Am Beispiel der Fabrikation von Stecknadeln stellt Smith sehr illustrativ dieses ökonomische Grundprinzip dar. Er beschreibt, wie zur damaligen Zeit die verschiedenen Arbeitsgänge bei der Herstellung von Stecknadeln von Arbeitern, die jeweils auf eine spezifische Tätigkeit spezialisiert waren, ausgeführt wurden (1776, S.8): "One man draws out the wire, another straights it, a third cuts it, a fourth points it, a fifth grinds it at the top for receiving the head ...." Bei einer solchen Zerlegung in 10 Arbeitsgänge vergrößerte sich nun die Gesamtproduktion an Stecknadeln gegenüber dem Fall, in dem ein Arbeiter alle Arbeitsgänge allein ausführt, um das 240-fache.

Verschiedene Aspekte begründen die Vorteile der Arbeitsteilung:

(1) Die kognitiven und physischen Fähigkeiten des Einzelnen sind begrenzt, so dass anspruchsvolle und komplexe Tätigkeiten alleine nicht durchgeführt werden können. Arbeitsteilung ist dann für deren Durchführung unverzichtbar.

(2) Viele Tätigkeiten erfordern besonders ausgeprägte Fähigkeiten der Ausführenden. Zudem besitzt jeder Einzelne im Allgemeinen spezielle Fähigkeiten. Durch Arbeitsteilung kann eine Organisation die Stärken des einzelnen Organisationsteilnehmers nutzen und fördern.

(3) Arbeitsteilung kann zu Kostenreduktionen bei der Durchführung von Tätigkeiten führen. So benötigt ein Mitarbeiter in einem Produktionsunternehmen nur die für seine Tätigkeiten erforderlichen Maschinen und Werkzeuge, während er ohne Arbeitsteilung über weit mehr Betriebsmittel verfügen müsste. Zudem fallen weniger Rüstkosten bei der Umstellung von Arbeitsprozessen an. Schließlich können Personalkosten eingespart werden, wenn ein Mitarbeiter

entsprechend seinen Qualifikation eingesetzt wird – ansonsten würde er Arbeiten mit einer niedrigeren Qualifikation durchführen, so dass seine Fähigkeiten nicht voll genutzt würden.

(4) Die wiederholte Durchführung einer Tätigkeit kann zu Lerneffekten führen. Dadurch steigen die Fähigkeiten, diese Tätigkeit auszuführen. Arbeitsteilung ermöglicht so die Ausnutzung von Kostenvorteilen.

Um die Vorteile der Arbeitsteilung zu nutzen, muss die Gesamtheit aller innerhalb einer Organisation durchzuführenden Tätigkeiten in verschiedene Einzeltätigkeiten zerlegt werden. Die Wertschöpfung einer Organisation erfolgt dann über eine Vielzahl verschiedener Aktivitäten innerhalb der Organisation, der sogenannten **Wertschöpfungskette**. Vereinfachend lässt sich die Wertschöpfungskette einer Organisation durch drei grundlegende Gruppen von Aktivitäten darstellen, die den **Wertschöpfungsprozess** einer Organisation beschreiben:

- Input-Aktivitäten: Jede dieser Aktivitäten soll sicherstellen, dass eine Organisation diejenigen Inputfaktoren erhält, die sie für die Herstellung eines Gutes oder die Bereitstellung einer Dienstleistung benötigt. Hierzu gehören in einer Unternehmung beispielsweise die Aktivitäten der Abteilungen für Personal, Einkauf, Lagerwirtschaft oder Finanzierung. Inputfaktoren sind beispielsweise Humankapital, Rohstoffe und Vorprodukte, Technologie oder Kapital.

- Transformations-Aktivitäten: Durch diese Aktivitäten werden die Inputfaktoren in Outputfaktoren umgewandelt. In einer Unternehmung gehören hierzu die Aktivitäten der Produktionsabteilung, der Logistik oder der Forschungs- und Entwicklungsabteilung. Dabei werden durch jede Aktivität innerhalb dieses Transformationsprozesses potentiell zusätzliche Werte zu den Inputs addiert.

- Output-Aktivitäten: Diese Aktivitäten bestimmen, an wen und wie die Produkte oder Dienstleistungen der Organisation abgegeben werden. Marketing-, Verkauf- oder Servicetätigkeiten sind entsprechende Aktivitäten in einer Unternehmung. Durch sie wird der Umfang bestimmt, in dem die von der Organisation geschaffenen Werte auch tatsächlich realisiert werden.

1.1.2 Tausch und die realisierte Wertschöpfung einer Organisation

In den bisherigen Ausführungen haben wir dargelegt, dass eine Organisation durch Ausnutzung des Prinzips der Arbeitsteilung mehr Werte pro Organisationsteilnehmer schaffen kann als dies für jede dieser Einzelpersonen alleine möglich ist. Der Umfang, in dem eine Organisation Werte schafft, sagt aber noch nichts darüber aus, inwieweit es ihr auch gelingt, die geschaffenen Werte tatsächlich zu realisieren.

Entscheidend für diese Realisierung sind nämlich die Werte, die die Konsumenten den von der Organisation bereitgestellten Gütern und Dienstleistungen beimessen. Als **realisierte Wertschöpfung** einer Organisation definieren wir die Differenz zwischen dem Nutzen für die Konsumenten und den mit der Bereitstellung verbundenen Kosten der Organisation:

$$\text{realisierte Wertschöpfung} = \text{Konsumentennutzen} - \text{Gesamtkosten}$$

Der Konsumentennutzen gibt an, welchen Betrag die Konsumenten für den Kauf des Gutes maximal bereit sind zu bezahlen. Ihre Zahlungsbereitschaft bestimmt sich dabei unter anderem aus den Eigenschaften des Gutes sowie den alternativen Konsummöglichkeiten. Die Gesamtkosten der Organisation für die Bereitstellung des Gutes beinhalten alle anteiligen Beiträge, die die einzelnen Organisationsteilnehmer für dessen Herstellung und Absatz leisten, also z.B. die Kosten des Arbeitseinsatzes der Mitarbeiter oder die Kosten für Rohmaterialien oder Vorprodukte der Lieferanten.

Nur wenn die realisierte Wertschöpfung einer Organisation positiv ist, kann der Tausch des Gutes zwischen der Organisation und den Konsumenten zusätzliche Werte, also Renten, für die beiden Parteien schaffen. Der Marktpreis, den die Konsumenten für das Gut bezahlen müssen, bestimmt dabei die Höhe der jeweiligen Renten: Als **Konsumentenrente** bezeichnen wir die Differenz zwischen dem Konsumentennutzen und dem Marktpreis. Die Differenz zwischen dem Marktpreis und den Gesamtkosten der Organisation stellt analog hierzu die **Organisationsrente** dar. Die realisierte Wertschöpfung der Organisation ergibt sich folglich als Summe der Konsumenten- und Organisationsrente:

$$\begin{aligned}\text{realisierte Wertschöpfung} &= (\text{Konsumentennutzen} - \text{Umsatz}) \\ &\quad + (\text{Umsatz} - \text{Gesamtkosten}) \\ &= \text{Konsumentenrente} + \text{Organisationsrente}\end{aligned}$$

Der Betrag, den die Organisation aus dem Verkauf ihrer Produkte erwirtschaftet, steht ihr nun für die Verteilung an diejenigen Organisationsteilnehmer zur Verfügung, die an deren Bereitstellung beteiligt sind. Die Renten dieser Organisationsteilnehmer ergeben sich dann als Differenz zwischen ihrer jeweiligen Beteiligung an diesem Umsatz und dem jeweiligen Beitrag, den sie für die Bereitstellung der Güter leisten. Da sich die Gesamtkosten der Organisation aus den Beiträgen zusammensetzen, die die einzelnen Organisationsteilnehmer zur Schaffung der Wertschöpfung der Organisation leisten, verteilt sich die Organisationsrente auf alle an der Bereitstellung beteiligten Organisationsteilnehmer:

$$\begin{aligned}\text{Organisationsrente} &= \text{Umsatz} - \text{Gesamtkosten} \\ &= \sum (\text{Beteiligung eines Organisationsteilnehmers}) \\ &\quad - \sum (\text{Beitrag eines Organisationsteilnehmers}) \\ &= \text{Renten aller an der Bereitstellung} \\ &\quad \text{beteiligten Organisationsteilnehmer}\end{aligned}$$

Die realisierte Wertschöpfung einer Organisation verteilt sich somit auf alle Teilnehmer der Organisation. Da wir über die tatsächliche Verteilung der erwirtschafteten Wertschöpfung in diesem Buch keine Aussagen machen werden, bezeichnen wir die realisierte Wertschöpfung auch als Netto-Wertschöpfung der Organisation. Der Konsumentennutzen stellt dann die Brutto-Wertschöpfung der Organisation dar.

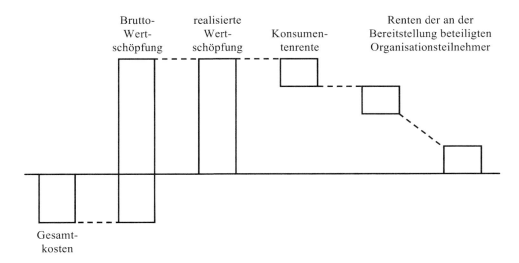

Abbildung 1.1: Die realisierte Wertschöpfung einer Organisation als Summe der Renten aller Organisationsteilnehmer

Der Tausch spielt somit nicht nur als Mechanismus zur Realisierung der Wertschöpfung in der Beziehung der Organisation zu ihren Konsumenten eine wichtige Rolle: Auch die Beteiligungen, die die anderen Organisationsteilnehmer an der realisierten Wertschöpfung erhalten, bekommen sie im Tausch für die Bereitsstellung ihrer Beiträge zur Schaffung der Wertschöpfung. Darüber hinaus haben die Tauschbeziehungen zwischen den jeweiligen Organisationsteilnehmern natürlich auch für die Schaffung der Werte innerhalb des Wertschöpfungsprozesses eine entscheidende Bedeutung, da grundsätzlich jede Interaktion innerhalb einer Organisation als Austausch von Gütern oder Leistungen verstanden werden kann.

1.1.3 Wertschöpfung und die Verteilung der geschaffenen Werte

Im Hinblick auf die Verteilung der realisierten Wertschöpfung an die Teilnehmer der Organisation können wir aufgrund der bisherigen Ausführungen zwei Anforderungen ableiten:

(1) Jeder Organisationsteilnehmer erwartet aufgrund seiner Teilnahme an der Organisation eine nicht-negative Rente, d.h. seine Beteiligung an der Wertschöpfung muss zumindest in seiner Erwartung mindestens den Beitrag überschreiten, den er für die Organisation leistet

(2) Ein einzelner Organisationsteilnehmer kann höchstens die gesamte realisierte Wertschöpfung als Rente erwarten

Obwohl also jeder Organisationsteilnehmer typischerweise einen positiven Beitrag zur realisierten Wertschöpfung erbringt, bedeutet dies nicht, dass seine Beteiligung an der Wertschöpfung auch mit seinem Beitrag steigt. So kann ein Teilnehmer mehr an der realisierten Wertschöpfung partizipieren als sein tatsächlicher Beitrag dazu ist, genauso gut aber auch weniger. Das folgende hypothetische Beispiel soll dies verdeutlichen:[1]

Ein Land verfüge über ein einziges Kohlevorkommen, das zum Besitz eines einzelnen Grundeigentümers gehört. Das Betreiben des Kohleabbaus sei die einzige Nutzungsmöglichkeit für dieses Land. Zudem sei angenommen, dass es in dieser Region eine Vielzahl von Bergarbeitern identischer Produktivität gibt, die außer dem Kohleabbau keine andere Beschäftigungsmöglichkeit haben.

Betrachten wir nun eine Organisation, die den Abbau dieser Kohle betreibt. Die realisierte Wertschöpfung dieser Organisation ergibt sich aus der Differenz des Nutzens, den diese Kohle für die Endkonsumenten des Landes schafft, und den Kosten, die dem Landbesitzer sowie den Bergarbeitern für deren Bereitstellung entstehen. Aufgrund der dargestellten Rahmenbedingungen unseres Beispiels können wir dabei auf eine sehr große realisierte Wertschöpfung schließen: Einerseits ist der Konsumentennutzen sehr hoch, da diese Kohle die einzige in dem Land abgebaute Kohle ist. Andererseits sind die Kosten sowohl für den Landbesitzer als auch die Bergarbeiter für die Bereitstellung der jeweiligen Ressource sehr niedrig, da weder das Land noch die Arbeitskraft anderweitig genutzt werden können.[2]

Wieviel von dieser realisierten Wertschöpfung durch die beiden Organisationsteilnehmer Landbesitzer und Bergarbeiter geschaffen wurde, ist schwierig zu sagen. Allerdings ist dies für die Verteilung der realisierten Wertschöpfung auf die beteiligten Parteien auch unerheblich. So stellt Abbildung 1.2 eine mögliche Verteilung aufgrund unserer Rahmenbedingungen dar:

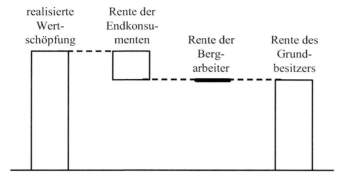

Abbildung 1.2: Verteilung der geschaffenen Werte bei einem Grundbesitzer und vielen Bergarbeitern

Die Abbildung zeigt, dass der Grundbesitzer voraussichtlich ein wesentlich größeres Stück an der realisierten Wertschöpfung erzielen kann als die Bergarbeiter. Letztere sind einfach ersetzbar, so dass die Bergarbeiter auch nur mit dem Gegenwert ihrer Arbeitskraft an der Wertschöpfung beteiligt werden. Ihre Rente ist somit null. Im Unterschied dazu wird der Grundbesitzer eine positive Rente erzielen, die weit über den Kosten für die Nutzung seines Landes liegt. Im Extremfall wird er sogar die Monopolrente für sich beanspruchen.

Allerdings verändert sich diese Verteilung der realisierten Wertschöpfung vollkommen, wenn wir etwas geänderte Rahmenbedingungen für unser Beispiel annehmen, siehe Abbildung 1.3. Angenommen, es gibt eine Vielzahl von Grundstückseigentümern in unserem Land und jedem gehört eine kleine Parzelle des Kohlegebiets. Zudem sei angenommen, dass alle Bergarbeiter durch eine Gewerkschaft vertreten sind, die kontrolliert, wer arbeitet und kollektive Lohnverhandlungen durchführt. In diesem Fall würden die Bergarbeiter einen Großteil der realisierten Wertschöpfung für sich beanspruchen können, hingegen die Grundbesitzer nur einen geringen Anteil. Obwohl sich also der Beitrag der einzelnen Organisationsteilnehmer zur Wertschöpfung gegenüber dem ersten Szenario nicht verändert, verändert sich ihre Beteiligung an der Wertschöpfung drastisch.

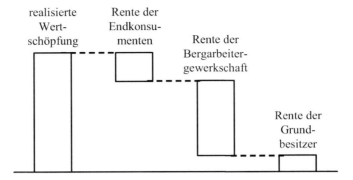

Abbildung 1.3: Verteilung der geschaffenen Werte bei mehreren Grundbesitzern und einer Bergarbeitergewerkschaft

1.2 Die Gestaltung ökonomischer Organisationen

Arbeitsteilung und Tausch stellen zusammen die beiden Grundprinzipien jeder ökonomischen Organisation dar: Eine Organisation kann mehr Werte für ihre Organisationsteilnehmer schaffen, weil sie eine Spezialisierung des Einzelnen ermöglicht. Die damit verbundenen Kostenreduktionen und Leistungssteigerungen können aber nur dann realisiert werden, wenn die Organisationsteilnehmer miteinander kooperieren. Die Nutzung der Vorteile aus der Spezialisierung erfordert also immer auch eine entsprechende Zusammenarbeit der Parteien. Ist dies erfüllt, dann wird die Wertschöpfung einer ökonomische Organisation größer sein als die Summe der Werte, die jede Einzelperson alleine schaffen kann.

Für den einzelnen Organisationsteilnehmer kann eine Organisation also mehr Werte schaffen als er alleine erzielen könnte. Gerade diese Aussicht wird ihn zur Teilnahme an der Organisation und zur Leistung eines Beitrags zur gemeinsamen Wertschöpfung motivieren: Er erwartet, dass er seine individuellen Ziele besser in der Organisation erreichen kann als wenn er sie autonom verwirklichen würde. Daher wird er eine Organisation daran messen, in welchem Maß sie seine Erwartungen erfüllt. Die Organisation dient ihm also als Mittel zur Befriedigung seiner Interessen und Bedürfnisse.

Aus Sicht der Organisation wird folglich nur dann eine Partei Teilnehmer der Organisation werden bzw. bleiben, wenn sie deren Bedürfnisse entsprechend befriedigen. Das Ziel jeder ökonomischen Organisation muss deshalb die Bedürfnisbefriedigung all derjenigen Organisationsteilnehmer sein, die sie für ihre Wertschöpfung als relevant erachtet.

Je größer nun die realisierte Wertschöpfung der Organisation ist, desto mehr kann die Organisation an ihre Teilnehmer verteilen. Wir bezeichnen daher im Folgenden eine Organisation genau dann als **effizient**, wenn sie die Summe der Renten aller relevanten Organisationsteilnehmer maximiert.[3] Entsprechend unseren obigen Ausführungen zur Wertschöpfung einer Organisation sind für den Umfang der Werte eines einzelnen Organisationsteilnehmers dabei sein jeweiliger Nutzen aus der Bedürfnisbefriedigung sowie seine Kosten für die geleisteten Beiträge an die Organisation ausschlaggebend.

1.2.1 Organisationsstrategie und Organisationsarchitektur

Von welchen Aspekten der Organisationsgestaltung hängt nun die Wertschöpfung einer Organisation ab? Wie kann sichergestellt werden, dass die Organisationsteilnehmer auch tatsächlich ihre Beiträge zur Wertschöpfung der Organisation leisten? Und inwieweit bestimmt die Gestaltung einer Organisation, ob sie effizient ist?

Betrachten wir zur Beantwortung dieser Fragen unsere Definition der realisierten Wertschöpfung. Diese hatten wir definiert als Differenz zwischen dem Konsumentennutzen und den Gesamtkosten zur Bereitstellung eines Gutes. Damit ergeben sich unmittelbar zwei Einflussfaktoren auf die Wertschöpfung einer Organisation:

(1) Die **Organisationsstrategie**: Sie bestimmt, welche Güter bzw. Dienstleistungen von einer Organisation wie und für welche Konsumenten produziert werden sollen.

(2) Die **Organisationsarchitektur**: Sie legt fest, wie eine Organisation die zur Bereitstellung ihrer Produkte notwendigen Tätigkeiten auf die verschiedenen Organisationsteilnehmer aufteilt und wie sie deren Zusammenarbeit gestaltet.

Für die Beurteilung der Effizienz einer Organisation müssen wir berücksichtigen, dass sowohl die Wahl der Organisationsstrategie als auch die Gestaltung der Organisationsarchitektur darüber entscheiden, wieviele Werte der Organisation zur

Verteilung an die Teilnehmer überhaupt zur Verfügung stehen.[4] Betrachten wir zunächst die Organisationsarchitektur. Sie bestimmt, welche Gesamtkosten der Organisation für die Bereitstellung ihrer Produkte entstehen und beeinflusst daher die Wertschöpfung der Organisation. Die beiden Grundprinzipien jeder ökonomischen Organisation zeigen, dass zwei Faktoren dabei von entscheidender Bedeutung sind:

- Die Arbeitsteilung bestimmt, wie die zur Bereitstellung eines Produktes notwendigen Tätigkeiten auf verschiedene Personen in einer Organisation aufgeteilt werden. Probleme bei der Arbeitsteilung können hier durch eine unzureichende, zu weitgehende oder nicht sachgerechte Spezialisierung entstehen. So kann der Einzelne durch die Arbeitsteilung Tätigkeitsbereiche zugewiesen bekommen, die keine umfassende Spezialisierung erlauben. Dadurch können aber auch die Vorteile aus einer Spezialisierung wie beispielsweise Lerneffekte nur unzureichend genutzt werden. Darüber hinaus können durch die Arbeitsteilung für den Einzelnen auch Tätigkeitsbereiche entstehen, die eine zu weitgehende Spezialisierung erfordern. Unzureichende Entfaltungsmöglichkeiten oder zu geringe Anforderungen durch die Tätigkeit sind hier zwei der Probleme, die für den Einzelnen daraus entstehen können.
- Der Austausch von Leistungen bestimmt, wie die Zusammenarbeit zwischen den einzelnen Organisationsteilnehmern bei der Bereitstellung des gemeinsamen Produkts funktioniert. Probleme bei der Kooperation können hier trotz einer adäquaten Arbeitsteilung zu einer verringerten Wertschöpfung führen. So kann beispielsweise die durch die Arbeitsteilung notwendig gewordene Abstimmung zwischen den Parteien mangelhaft sein. Oder die Kooperation zwischen den Parteien kann aufgrund der Verfolgung der individuellen Ziele gefährdet sein.

Eine unproduktive Arbeitsteilung oder ein unzureichender Austausch zwischen den einzelnen Organisationsteilnehmern kann daher dazu führen, dass die Organisation ihr Wertschöpfungspotential nicht vollständig ausschöpfen kann. Eine Organisation wird daher nur dann effizient sein, wenn sie eine effiziente Architektur besitzt.

Unsere Definition der realisierten Wertschöpfung einer Organisation weist aber unmittelbar darauf hin, dass eine effiziente Architektur für die Maximierung der Wertschöpfung einer Organisation eine notwendige aber keine hinreichende Bedingung ist: Der Erfolg einer Organisation ist ganz wesentlich von ihren Zielsetzungen abhängig. Da der Konsumentennutzen beispielsweise davon abhängig ist, welche Eigenschaften ein von der Organisation produziertes Gut hat, ist der Einfluss der Organisationsstrategie auf die Wertschöpfung offensichtlich. Nur wenn eine Organisation auch Produkte mit Eigenschaften bereitstellt, die den Konsumenten einen möglichst hohen Nutzen garantieren, wird sie ihre Produkte auch absetzen können. Nur bei einer geeigneten Organisationsstrategie kann das Potential, das durch eine geeignete Organisation generiert werden kann, auch ausgeschöpft werden. Organisationsstrategie und -architektur müssen somit nicht nur aufeinander abgestimmt sein, sondern auch beide effizient gestaltet werden.

1.2.2 Die Umwelt einer Organisation

Nachdem wir die Bedeutung der Organisationsgestaltung für die Effizienz einer Organisation herausgearbeitet haben, stellt sich unmittelbar die Frage, wer für diese Gestaltung verantwortlich ist: Welche der Organisationsteilnehmer entscheiden eigentlich über die Organisationsstrategie, wer legt die Organisationsarchitektur fest?

Um diese Fragen zu beantworten, definieren wir die **Grenzen einer Organisation** durch die kleinste untergeordnete Organisation, die weitgehend autonom über Strategie und Architektur der Organisation entscheiden kann. Als autonomes System liegt demnach die Gestaltung der Organisation in der Hand derjenigen Organisationsteilnehmer, die unmittelbaren Einfluss darauf ausüben können.

Durch diese Grenzziehung wird die Gesamtmenge der Organisationsteilnehmer in zwei Gruppen geteilt, die internen und externen Organisationsteilnehmer:

- Die internen Organisationsteilnehmer liegen innerhalb der Grenzen der Organisation und gehören zur autonomen Einheit. Sie werden im Folgenden auch als **Organisationsmitglieder** bezeichnet. Die der autonomen Einheit nachgeordneten Organisationen und Personen bezeichnen wir als **organisatorische Einheiten**.
- Die externen Organisationsteilnehmer befinden sich außerhalb der Grenzen der Organisation. Sie können durch ihr Handeln auf die Organisation einwirken bzw. von ihr beeinflusst werden, ihr unmittelbarer Einfluss auf die Organisationsgestaltung ist aber gering. Sie bilden die **spezielle Umwelt der Organisation**.

Betrachten wir als Beispiel die Organisationsform Unternehmung: Im Allgemeinen entscheidet hier die oberste Führungsebene über strategische Fragen und die wesentlichen Aspekte der Architektur der Organisation. Auf nachgeordneten Führungsebenen sind dann die jeweiligen Vorgesetzten für die Konkretisierung und Durchführung der Tätigkeiten der ihnen unterstellten Mitarbeiter sowie für deren Zusammenarbeit verantwortlich. Lieferanten, Wettbewerber oder staatliche Stellen haben hingegen keinen oder nur einen geringen Einfluss auf die Unternehmensgestaltung. Diese Organisationsteilnehmer können zwar z.B. durch Lieferkonditionen ihre Wettbewerbsstrategie oder gesetzgeberische Maßnahmen die Organisationsgestaltung der Unternehmung beeinflussen, ihr Einfluss auf die konkrete Ausgestaltung der Organisation ist allerdings vernachlässigbar. Bei einer Unternehmung gehören demnach beispielsweise die Lieferanten, staatliche Stellen oder die Kunden zu den externen Organisationsteilnehmern, das Topmanagement und die Arbeitnehmer hingegen zu den internen Organisationsteilnehmern.

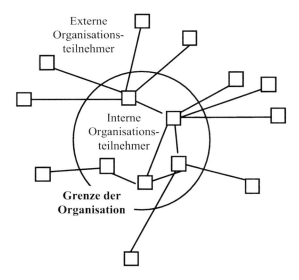

Abbildung 1.4: Interne und externe Organisationsteilnehmer und die Grenzen einer Organisation

Unsere obigen Ausführungen zeigen, dass die spezifische Umwelt einer Organisation deren Strategie und Architektur und somit auch deren Wertschöpfung entscheidend beeinflusst. So kann eine Unternehmung nur dann die von ihr bereitgestellten Produkte oder Dienstleistungen am Markt absetzen, wenn sie damit für ihre Konsumenten einen zusätzlichen Nutzen schafft. Ebenso haben beispielsweise die Qualität der Vorprodukte, die die Unternehmung von ihren Lieferanten bezieht, oder deren Lieferpünktlichkeit einen Einfluss auf die Werte, die die Organisation schaffen kann.

Jede Organisation muss daher eine Strategie gegenüber jedem der externen Organisationsteilnehmer haben. Will eine Unternehmung ihre Kunden stärker an sich binden, kann sie Treueboni gewähren oder ihren Kunden spezielle Serviceleistungen anbieten. Möchte die Unternehmung enger mit ihren Lieferanten zusammenarbeiten, kann sie gemeinsame Entwicklungsprojekte initiieren oder langfristige Lieferverträge anbieten. Jede dieser Strategien hat wiederum Auswirkungen auf die Architektur der Organisation, etwa durch den Ausbau des Inkassobereichs oder durch die Einstellung zusätzlicher Servicemitarbeiter oder die Gründung eines Joint Ventures. Diese Maßnahmen können sich über eine Erhöhung des Konsumentennutzens bzw. eine Reduzierung der Gesamtkosten auf die Wertschöpfung auswirken.

Von der spezifischen Umwelt einer Organisation können wir die generelle Umwelt einer Organisation unterscheiden: Die **generelle Umwelt einer Organisation** ist bestimmt durch die Einflussgrößen, die nicht nur auf die Organisation, sondern auch auf deren spezifische Umwelt einwirken. Hierzu gehören beispielsweise ökologische Umwelteinflüssen, wie der Treibhauseffekt, gesamtwirtschaftliche Einflüsse, wie die Arbeitslosenrate, oder kulturelle und demographische Einflüsse, wie das Ausbildungssystem oder die gesellschaftlichen Normen und Werte.

Auch die generelle Umwelt einer Organisation beeinflusst ihre Wertschöpfung und damit ihre Organisationsgestaltung: So muss sich die Organisation kontinuierlich an die sich ändernden Umweltbedingungen anpassen und entsprechend die Interaktionen der internen Organisationsteilnehmer ebenso wie ihre Beziehungen zu ihrer spezifischen Umwelt adäquat gestalten. Diese Veränderungen müssen nicht notwendigerweise reaktiv sein. Vielmehr kann eine Organisation unter Umständen auch aktiv auf ihre Umwelt einwirken und somit Umweltveränderungen auslösen, die für die Organisation vorteilhaft sind. Beispielsweise kann eine Unternehmung ökologischen Umwelteinflüssen durch umweltfreundliche Produkte und Produktion begegnen. Dadurch können nicht nur neue Konsumentengruppen angesprochen werden, sondern es können auch neue Lieferantenbeziehungen entstehen, z.B. bei der Nutzung umweltfreundlicher Verpackungen. Oder die Unternehmung kann bei einem Mangel an hochqualifizierten Arbeitskräften ihre Mitarbeiter durch zusätzliche innerbetriebliche Schulungsmaßnahmen bedarfsgerecht qualifizieren.

1.2.3 Das Organisationsproblem

Im Vordergrund dieses Buches steht die Frage nach der geeigneten Gestaltung der Organisationsarchitektur. Wir gehen also davon aus, dass die Organisationsstrategie und damit die Zielsetzungen einer Organisation gegeben sind. Die Frage, wie diese organisatorischen Ziele durch eine Organisationsarchitektur so umfassend wie möglich umgesetzt werden können, wird in der Literatur auch als **Organisationsproblem** bezeichnet.

Unsere bisherigen Ausführungen machen deutlich, dass für eine Lösung des Organisationsproblems zwei Bedingungen erfüllt sein müssen:

Zum einen müssen die durch Arbeitsteilung und Tausch induzierten Produktions- und Austauschaktivitäten der einzelnen Organisationsteilnehmer so gestaltet werden, dass die Spezialisierung in Einzelaktivitäten unter Berücksichtigung der Kosten möglichst produktiv ist und die Abstimmung der Einzelaktivitäten möglichst reibungslos verläuft. Dies ist das **Koordinationsproblem** der Organisation. Koordination in diesem Sinne bezieht sich dabei also nicht nur auf die Zusammenarbeit zwischen den Organisationsteilnehmern. Vielmehr bestimmt der vorgelagerte Schritt der Arbeitsteilung, welche Interdependenzen zwischen den Parteien überhaupt bestehen. Daher ist die Frage nach der reibungslosesten Abstimmung nicht zu trennen von der Frage nach der produktivsten Spezialisierung. Beide sind Gegenstand der Koordination.

Bezogen auf den einzelnen Organisationsteilnehmer geht es beim Koordinationsproblem dann um die Frage, welche Tätigkeiten innerhalb der Organisation wie und wann am besten durchgeführt werden sollen. Welchen spezifischen Teil der gesamten Organisationsaufgabe soll er also übernehmen und welche Leistungen soll er im Hinblick auf die Erfüllung dieser Gesamtaufgabe mit anderen austauschen?

Die Lösung dieses Koordinationsproblems liegt in der Erstellung eines Koordinationsplans, der die Aufgaben der einzelnen Teilnehmer entsprechend dem vorgegebenen Organisationsziel festlegt. Dieser Koordinationsplan wird auch als **Or-**

ganisationsstruktur bezeichnet. Sie bestimmt also das jeweilige Tätigkeitsspektrum und die zugehörigen Entscheidungskompetenzen der einzelnen Organisationsteilnehmer, legt aber auch die Beziehungen zwischen den Organisationsteilnehmern fest und definiert damit Organisationsprozesse. Hierzu gehören Verfahrensrichtlinien für die Ausführung operativer Tätigkeiten ebenso wie Vorgaben für Entscheidungs-, Innovations- oder Kommunikationsprozesse.

Die einzelnen Instrumente, die grundsätzlich zur Lösung des Koordinationsproblems zur Verfügung stehen, bezeichnen wir als **Koordinationsinstrumente.** Die Gesamtheit der in einer Organisation eingesetzten Koordinationsinstrumente legt folglich deren Organisationsstruktur fest.

Als zweite Bedingung für eine Lösung des Organisationsproblems muss sichergestellt werden, dass die durch den Koordinationplan festgelegten Teilaufgaben von jedem Organisationsteilnehmer auch entsprechend ausgeführt werden. Bezogen auf den einzelnen Organisationsteilnehmer stellt sich hier die Frage, wie dieser dazu bewegt werden kann, die ihm zugedachten Tätigkeiten auch im Sinne der Organisation durchzuführen. Da der einzelne Organisationsteilnehmer mit seiner Teilnahme an der Organisation auch immer seine eigenen Ziele verfolgt, ist hier a priori nicht von einer automatischen Ausführung der ihm übertragenen Aufgaben auszugehen. Neben dem Koordinationsproblem stellt sich der Organisation also auch ein **Motivationsproblem**.

Bei der Lösung des Motivationsproblems müssen die individuellen Ziele der Organisationsteilnehmer berücksichtigt werden. Bestehen Divergenzen zwischen den individuellen Zielen eines Organisationsteilnehmers und den organisatorischen Zielen, dann muss durch Setzung geeigneter Anreize ein zielkonformes Verhalten induziert werden. Ein Organisationsteilnehmer wird nämlich nur dann seine ihm zugewiesenen Aufgaben adäquat ausführen, wenn für ihn ein konformes Verhalten mit Vorteilen verbunden ist. Durch die Setzung von Anreizen kann hier erreicht werden, dass es im Interesse des Einzelnen liegt, umfassend zur Wertschöpfung beizutragen.

Die Lösung des Motivationsproblems besteht also in der Gestaltung einer **Anreizstruktur.** Sie bestimmt, inwieweit die Organisation einen Interessenausgleich zwischen den Zielen der Organisationsteilnehmer und den organisatorischen Zielen herbeiführen kann. Hierzu gehören neben den Methoden der materiellen und immateriellen Entlohnung z.B. auch Kontroll- und Beurteilungssysteme, die die

Aufgabenerfüllung der Organisationsteilnehmer messen und evaluieren, sowie Führungssysteme, die die direkte Beziehung zwischen einem Vorgesetztem und seinen Mitarbeitern betreffen.

Die einzelnen Instrumente, die grundsätzlich der Lösung des Motivationsproblems dienen, bezeichnen wir als **Motivationsinstrumente**. Die Gesamtheit der in einer Organisation eingesetzten Motivationsinstrumente bestimmt die Anreizstruktur der Organisation.

Die Lösungen der beiden Teilprobleme der Koordination und Motivation bestimmen die Lösung des Organisationsproblems. Zudem werden durch die Lösung des Organisationsproblems aber immer auch ein Koordinationsplan und seine Implementation festgelegt. Eine effiziente Organisationsarchitektur ist daher genau dann gefunden, wenn das Koordinations- und Motivationsproblem effizient im Sinne der Maximierung der Wertschöpfung gelöst sind.

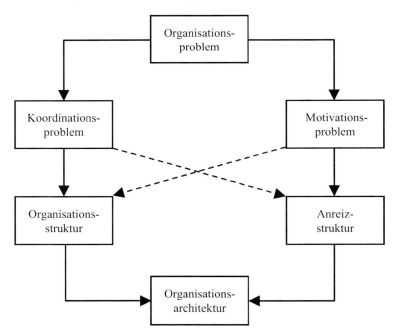

Abbildung 1.5: Das Organisationsproblem und die Gestaltung der Organisationsarchitektur

Die Trennung des Organisationsproblems in ein Koordinations- und ein Motivationsproblem bedeutet allerdings nicht, dass es keine Wechselwirkungen zwischen diesen beiden Teilproblemen gibt. Einerseits kann die Lösung des Koordinationsproblems Auswirkungen auf die Motivation der Organisationsteilnehmer haben. Andererseits kann aber auch das Setzen von Anreizen Rückwirkungen auf die Koordination der Aktivitäten der einzelnen Organisationsteilnehmer haben. Zwei Beispiele sollen dies illustrieren:

- Der Koordinationsplan in einer Unternehmung kann beispielsweise vorsehen, dass ein Mitarbeiter nur einen geringen eigenen Entscheidungsspielraum bei der Bearbeitung seiner Aufgaben hat. Da hierdurch seine Entfaltungsmöglichkeiten am Arbeitsplatz eingeschränkt werden, kann dies zu einer Unzufriedenheit des Mitarbeiters führen. Ist dies der Fall, dann ist nicht sicher, inwieweit er die ihm gestellten Aufgaben mit dem notwendigen Engagement durchführt.
- Ein Mitarbeiter kann aufgrund seines zu geringen Entscheidungsspielraums unzufrieden sein. Um seine Motivation für eine adäquate Aufgabendurchführung zu fördern, möchte ihm sein Vorgesetzter daher einen größeren Kompetenzbereich zuweisen. Dies bedeutet aber notwendigerweise eine Änderung des Koordinationsplans: Derjenige, der bisher diese Entscheidungen getroffen hat – dies wird im Allgemeinen der Vorgesetzte selbst sein – gibt diese Kompetenz in einem gewissen Umfang an diesen Mitarbeiter ab.

1.2.4 Die Grundbausteine ökonomischer Organisationen

Die Gestaltung einer effizienten Organisations- und Anreizstruktur weist auf die beiden Grundbausteine hin, die die Grundlage jeder Organisation bilden:

- Die einzelnen Organisationsteilnehmer: Sie sind diejenigen, die in einer Organisation Werte schaffen. Das Verhalten des einzelnen Teilnehmers muss hier im Einklang mit seiner ihm zugewiesenen Aufgabe innerhalb der Organisation stehen, d.h. das Anreizsystem muss geeignet gewählt sein.
- Die Transaktionen zwischen den Organisationsteilnehmern: Sie bestimmen, welche Wertschöpfung die Organisation tatsächlich schaffen und realisieren kann. Von der Gestaltung der Transaktionen ist dabei abhängig, inwieweit der Austausch von Gütern oder Leistungen zwischen den einzelnen Organisationsteil-

nehmern auf die gemeinsame Erreichung der Ziele der Organisation abgestimmt ist, d.h. ob die Organisationsstruktur geeignet gewählt ist.

Bei unserer Analyse ökonomischer Organisationen stehen das einzelne Individuum und seine Transaktionen mit anderen Organisationsteilnehmern im Mittelpunkt der Untersuchungen. Folglich betrachten wir das Verhalten einer Organisation als Ergebnis des Zusammenspiels der einzelnen Organisationsteilnehmer mit ihren jeweiligen Zielen und Bedürfnissen. In der ökonomischen Literatur wird dieses Vorgehen als **methodologischer Individualismus** bezeichnet.

Entscheidend für unsere Untersuchungen ist die Annahme, dass das Verhalten jedes Organisationsteilnehmers ökonomisch ist. **Ökonomisches Verhalten** ist durch drei Aspekte gekennzeichnet:

Die Wohldefiniertheit der individuellen Präferenzen

Die Präferenzen eines Organisationsteilnehmers sind durch seine persönlichen Bedürfnisse bestimmt, können aber auch durch die strukturellen Rahmenbedingungen der Organisation beeinflusst werden. Welche Präferenzen er inhaltlich verfolgt, ist für unsere Untersuchungen unerheblich. Wichtig ist allerdings, dass seine Präferenzen wohldefiniert sind, d.h. er hat klare und konsistente Vorstellungen über seine Präferenzen. Insbesondere kann er verschiedene Alternativen im Hinblick auf die Befriedigung seiner Bedürfnisse miteinander vergleichen.

Die individuelle Nutzenmaximierung

Der Organisationsteilnehmer wird diejenige Alternative aus einer Menge an Alternativen auswählen, die unter den gegebenen Rahmenbedingungen seine Ziele am besten erfüllt. Die Rahmenbedingungen grenzen in Form von Restriktionen seinen Handlungsspielraum ein. Innerhalb dieses Handlungsspielraums liegen dann die für ihn grundsätzlich möglichen Handlungsalternativen. Seinen Präferenzen entsprechend bewertet er die Vor- und Nachteile – also die Kosten und Nutzen – der einzelnen Alternativen, stellt diese gegenüber und wählt diejenige Alternative aus, bei der sein Netto-Nutzen also am größten ist.

Wählt nun der Organisationsteilnehmer eine bestimmte Alternative, dann entgeht ihm im Allgemeinen die Möglichkeit, Nutzen aus einer anderen Alternative zu ziehen. Als Opportunitätskosten einer bestimmten Alternative bezeichnen wir im Folgenden den Nutzen, der aus der nächstbesten Handlungsalternative resultieren würde. Opportunitätskosten sind für die individuelle Nutzenmaximierung von entscheidender Bedeutung: Um die Vorteilhaftigkeit einer Alternative zu beurteilen, stellen die Opportunitätskosten den entgangenen Nutzen dar und müssen als Kosten der betrachteten Alternative bei der Auswahl berücksichtigt werden.

Die individuelle begrenzte Rationalität

Bei der rationalen Auswahl derjenigen Alternative, die seinen individuellen Nutzen maximiert, gehen wir davon aus, dass der Organisationsteilnehmer begrenzt rational ist: Er verfügt nicht über alle Informationen, die für seine Wahl notwendig sind, er kennt nicht alle Handlungsalternativen, kann deren Konsequenzen für die Zielerreichung nicht vollständig abschätzen oder kann nicht mühelos alle verfügbaren Informationen verarbeiten. Vielmehr sind dem Organisationsteilnehmer bei der Informationsaufnahme, -übermittlung oder -verarbeitung kognitive und kommunikative Grenzen gesetzt.

Die Transaktion zwischen zwei Organisationsteilnehmern stellt den zweiten Baustein von Organisationen dar. Als **Transaktion** soll dabei der Austausch von Gütern oder Dienstleistungen zwischen Organisationsteilnehmer bezeichnet werden. Sie kann durch einen expliziten Vertrag geregelt sein und somit auf einer gerichtlich durchsetzbaren Vereinbarung beruhen, wie beispielsweise bei einem Liefervertrag zwischen einer Unternehmung und ihrem Lieferanten. Die Transaktion kann aber auch implizite Vertragselemente ohne rechtlichen Status aufweisen, etwa bei einem impliziten Übereinkommen zwischen einem Vorgesetzten und seinem Mitarbeiter über dessen Beförderung. Transaktionen können durch fünf Merkmale charakterisiert werden:

Spezifität der zur Durchführung der Transaktion notwendigen Investitionen

Unter Umständen muss eine Partei im Vorfeld der Transaktion eine **transaktionsspezifische Investition** tätigen, die die Erstellung des auszutauschenden Gutes oder die Erbringung der Dienstleistung unterstützt. Sie ist spezifisch in dem Sinne, dass diese Investition nur für die betrachtete Transaktion verwendet werden kann – in einer anderen Transaktion würde diese Investition ihren Wert verlieren. Sind diese Investitionen daher einmal getätigt, stellen sie sunk costs dar, also Kosten, die nicht rückgängig gemacht werden können.

Je nach der Art der Beziehung kann der Umfang der transaktionsspezifischen Investition unterschiedlich sein: Beim Einkauf von Rohstahl müssen so weder die verarbeitende Unternehmung noch das Stahlwerk für diese Transaktion spezifische Investitionen tätigen – das Stahlwerk kann hier seine Investitionen in seine Anlagen und Produktion auch für jeden anderen Nachfrager nutzen. Hingegen können die transaktionspezifischen Investitionen in der Beziehung zwischen einem Automobilproduzenten und seinem Zulieferer sehr hoch sein. Wenn beispielsweise der Zulieferbetrieb seine Produktion geographisch in die Nähe des Automobilproduzenten verlegt, um seine Teile Just-in-Time zu liefern, tätigt er damit eine standortspezifische Investition – eine Just-in-Time-Lieferung zu einem anderen Automobilproduzenten, der seine Produktionsstätte geographisch an einem anderen Standort hat, ist nicht mehr ohne weiteres möglich.

Unsicherheit, die mit der Umwelteinbettung der Transaktion verbunden ist

Jede Transaktion ist von den Rahmenbedingungen abhängig, unter denen sie durchgeführt wird. Dieser Umweltbezug einer Transaktion bewirkt eine **exogene Unsicherheit**, da die Parteien aufgrund der Unvollständigkeit ihres Wissens keine vollständige Kenntnis über die Ausprägung aller relevanten exogenen Rahmenbedingungen der Transaktion haben. Solche unvorhersehbaren Rahmenbedingungen betreffen Sachverhalte, die den Parteien in ihrer Ausprägung zum Zeitpunkt ihres Handelns weder bekannt sind, noch von ihnen beeinflusst werden können. Diese unvollständigen Informationen können sich entweder auf die situativen Rahmenbedingungen der Transaktion oder auf deren künftige Entwicklung beziehen. Entsprechend lassen sich zwei Dimension der exogenen Unsicherheit ausmachen:

- Die Komplexität der Umwelt bezieht sich auf die Heterogenität und die Anzahl der externen Faktoren, die für die Transaktion relevant sind. In einer komplexen Umwelt haben eine große Anzahl verschiedener Faktoren Einfluss auf die Transaktion, etwa bei der Entwicklung eines neuen Softwareprogramms durch einen Programmierer. In einer wenig komplexen Umwelt hingegen beeinflussen lediglich eine überschaubare Anzahl von Faktoren die Transaktion und diese sind zudem relativ ähnlich. Dies ist beispielsweise bei der Gehaltsabrechnung in der Personalabteilung einer Unternehmung der Fall.

- Die Dynamik der Umwelt bezieht sich auf die zeitliche Veränderung der für die Transaktion relevanten Umweltfaktoren. In einer dynamischen Umwelt können ständige Veränderungen der Rahmenbedingungen der Transaktion eintreten und ihre Durchführung erschweren. In der Einkaufsabteilung eines Chemieunternehmens ist so z.B. der Kauf von Rohöl von den täglichen Schwankungen des Rohölpreises abhängig. In einer wenig dynamischen Umwelt bleiben hingegen die exogenen Faktoren während der Transaktion relativ stabil. Der Einkauf von Rohstahl ist hierfür ein Beispiel.

Häufigkeit der Transaktion

Die Häufigkeit der Transaktion bezieht sich auf die Anzahl der Wiederholungen der Transaktion zwischen zwei Parteien. Dieses Merkmal bestimmt entscheidend, welche Beziehung sich zwischen den beiden Parteien während der Dauer der Transaktionen herausbilden kann.

Bei einer einmaligen Transaktion werden sich die Parteien eher als Fremde begegnen und somit im Hinblick auf die Art und Weise der Abwicklung der Transaktion ihre Beiträge und Ansprüche genauer spezifizieren wollen. Das Mieten eines Wohnung ist hierfür eine Beispiel. In der Regel werden sich hier Mieter und Vermieter auf den Abschluss eines Standardmietvertrages einigen. Später auftretende Probleme werden dann im Allgemeinen gerichtlich gelöst. Bei einer wiederholten Transaktion kann sich hingegen eine Vertrautheit in der Beziehung einstellen. Die Parteien können hier ein gemeinsames, implizites Verstehen aufbauen, so dass die Notwendigkeit einer exakten Abklärung der Transaktionen nicht unbedingt erforderlich ist. Ein typisches Beispiel hierfür sind die Arbeitsbeziehungen zwischen Kollegen in einer Unternehmung.

Messbarkeit der durch die Transaktion geschaffenen Werte

Zwei Organisationsteilnehmer werden nur dann eine Transaktion gemeinsam durchführen, wenn sie durch diese Transaktion Werte schaffen. Wie bei jeder Organisation müssen sie hierzu Beiträge leisten und die Wertschöpfung muss zwischen den beiden Parteien aufgeteilt werden. Selbst wenn hier ihre jeweiligen Beiträge und das gewünschte Ergebnis der Transaktion exakt spezifiziert werden könnten, kann es schwierig sein, die tatsächlich geschaffenen Werte zu beurteilen. So kann z.B. der Einfluss eines Organisationsteilnehmers auf die insgesamt geschaffenen Werte nur marginal sein, wie beispielsweise bei einem Mitarbeiter am Fließband einer Unternehmung mit mehreren tausend Beschäftigten. Oder eine Kontrolle des Beitrags, den ein Organisationsteilnehmer geleistet hat, ist für den anderen Partner mit zu hohen Kosten verbunden. So kann zum Beispiel ein Steuerpflichtiger, der einen Steuerberater mit dem Abgabe seiner Steuererklärung beauftragt hat, nicht ohne weiteres kontrollieren, ob seine Steuerrückzahlung von Euro 5.000 nicht noch höher hätte ausfallen können.

Interdependenzen mit anderen Transaktionen

Die betrachtete Transaktion zwischen zwei Organisationsteilnehmern ist im Allgemeinen eingebettet in ein Netzwerk anderer Transaktionen mit anderen Parteien. Die Beziehung zu anderen Transaktionen bestimmt, inwiefern die betrachtete Transaktion autonom durchgeführt werden kann.

Ein Beispiel für eine Transaktion, die weitgehend unabhängig von anderen Transaktionen durchgeführt werden kann, ist der Kauf eines neuen Druckers oder Faxgerätes durch eine Fachabteilung einer Unternehmung. Hingegen ist die Wahl eines Qualitätsstandards für ein neues Produkt ein Beispiel für eine Transaktion, die eng an andere Transaktionen – hier die Wahl des Qualitätsstandards durch andere Unternehmungen – gekoppelt ist.

1.3 Zusammenfassung

Unter einer ökonomische Organisation verstehen wir ein Gebilde, in dem verschiedene Personen miteinander interagieren, um individuelle und kollektive ökonomische Ziele zu erreichen. Dieser Organisationsbegriff ist sehr umfassend und berücksichtigt nicht nur Unternehmungen, sondern auch zwischenbetriebliche Kooperationen oder Märkte als ökonomische Organisationen. Für ein Verständnis der Organisationsform Unternehmung ist eine solche umfassende Definition unerlässlich: Nicht nur die innerbetriebliche Organisationsgestaltung, sondern auch die Gestaltung ihrer Umwelt wird für die Unternehmen in der Praxis immer bedeutsamer. Hinzu kommt, dass sich die Unternehmensgrenzen aufgrund der verschärften Wettbewerbsbedingungen zusehends auflösen und ein verstärkter Fremdbezug von Leistungen am Markt stattfindet. Und schließlich können aus einem unternehmensübergreifenden Verständnis anderer Organisationsformen Lösungsansätze für viele unternehmensinterne Gestaltungsprobleme gefunden werden.

Eine Organisation dient dem einzelnen Organisationsteilnehmer als Instrument, um seine eigenen und gemeinsame Ziele zu erreichen. Somit schafft sie für den Einzelnen Werte. In einer Organisation kann dabei der Einzelne mehr Werte erzielen als wenn er alleine versucht, seine Ziele zu verwirklichen. Diese vermehrte Wertschöpfung beruht auf den beiden Grundprinzipien jeder ökonomischen Organisation, nämlich der Arbeitsteilung und dem Tausch.

Arbeitsteilung ist vorteilhaft, weil eine Organisation dadurch mehr Werte für ihre Organisationsteilnehmer schaffen kann als jede dieser Einzelpersonen alleine schaffen würde. Vier Gründe sind hierfür ausschlaggebend: Erstens sind dem Wissen und den Fertigkeiten des Einzelnen bei der Ausführung komplexer Tätigkeiten Grenzen gesetzt. Zweitens erfordern viele Tätigkeiten besonders ausgeprägte Fähigkeiten der Ausführenden und verschiedene Personen haben hierin unterschiedliche Begabungen. Drittens können durch Arbeitsteilung Kostenreduktionen erzielt werden. Und viertens kann es zu Lerneffekten der Organisationsteilnehmer kommen. Innerhalb einer Organisation erfolgt die Schaffung der Werte über den Wertschöpfungsprozess, der in Input-, Transformations- und Output-Aktivitäten unterteilt werden kann.

Tausch ist notwendig, damit eine Organisation die von ihr geschaffenen Werte auch tatsächlich realisieren kann. Die realisierte Wertschöpfung einer Organisation ergibt sich als Differenz zwischen dem Konsumentennutzen und den Gesamtkosten der Organisation für die Bereitstellung ihrer Produkte. Diese realisierte Wertschöpfung verteilt sich auf alle Teilnehmer der Organisation. Die Rente eines Organisationsteilnehmers ergibt sich dabei als Differenz zwischen seiner jeweiligen Beteiligung an der realisierten Wertschöpfung und dem jeweiligen Beitrag, den er für die Bereitstellung bzw. den Kauf der Produkte leistet.

Eine Organisation ist genau dann effizient, wenn sie die Summe der Renten aller relevanten Organisationsteilnehmer maximiert. Der Frage nach der geeigneten Organisationsgestaltung kommt dabei eine besondere Bedeutung zu. Welche Einflüsse von der Organisationsgestaltung auf die Wertschöpfung ausgehen, haben wir auf vier Ebenen diskutiert:

Zunächst haben wir zwischen der Strategie und der Architektur einer Organisation unterschieden: Die Organisationsstrategie bestimmt, welche Güter bzw. Dienstleistungen wie und für welche Konsumenten von einer Organisation produziert werden sollen. Die Organisationsarchitektur legt fest, wie eine Organisation die zur Bereitstellung ihrer Produkte notwendigen Tätigkeiten auf die verschiedenen Organisationsteilnehmer aufgeteilt und wie sie deren Zusammenarbeit gestaltet. Sowohl die Wahl der Organisationsstrategie als auch die Gestaltung der Organisationsarchitektur entscheiden darüber, wie umfangreich die realisierte Wertschöpfung einer Organisation ist.

Strategie und Architektur einer Organisation werden entscheidend von ihrer Umwelt beeinflusst. Damit hat aber auch die Umwelt einer Organisation einen wesentlichen Einfluss auf deren Wertschöpfung. Die spezifische Umwelt einer Organisation besteht dabei aus den Organisationsteilnehmern, die sich außerhalb der Grenzen der Organisation befinden, aber dennoch durch ihr Handeln auf die Organisation einwirken können bzw. von ihr beeinflusst werden. Die generelle Umwelt einer Organisation ist bestimmt durch die Einflussgrößen, die nicht nur auf die Organisation, sondern auch auf deren spezifische Umwelt einwirken.

Das Organisationsproblem behandelt die Frage, wie die Ziele einer Organisation durch eine Organisationsarchitektur geeignet umgesetzt werden können. Die sich daraus ergebenden Anforderungen an die Organisationsarchitektur können in die Teilprobleme der Koordination und der Motivation gegliedert werden: Beim Koordinationsproblem geht es darum, die produktivste Spezialisierung der Organisationsteilnehmer sowie deren reibungsloseste Abstimmung in Form eines Koordinationsplans festzulegen. Beim Motivationsproblem geht es um die Implementierung dieses Koordinationsplans, also die Frage, wie die Durchführung der Einzelaktivitäten der Organisationsteilnehmer sowie deren Kooperation sichergestellt werden können. Die Koordinations- und Motivationsinstrumente zur Lösung des Koordinations- bzw. Motivationsproblems bestimmen die Organisations- bzw. Anreizstruktur einer Organisation.

Die ökonomische Analyse des Organisationsproblems rückt die beiden fundamentalen Bausteine jeder Organisation in den Mittelpunkt der Untersuchungen: Das Individuum als Teilnehmer der Organisation ist der erste Baustein. Sein Handeln ist charakterisiert durch die Wohldefiniertheit seiner individuellen Präferenzen, seine Nutzenmaximierung sowie seine begrenzte Rationalität. Die Transaktion zwischen zwei Organisationsteilnehmern stellt den zweiten Baustein von Organisationen dar. Transaktionen können durch fünf Merkmale charakterisiert werden: Die Spezifität der zur Durchführung der Transaktion notwendigen Investitionen, die mit der Umwelteinbettung der Transaktion verbundene Unsicherheit, die Häufigkeit der Transaktion, die Messbarkeit der durch die Transaktion geschaffenen Werte und die Interdependenzen mit anderen Transaktionen.

1.4 Literaturhinweise

Eine ausführliche Einführung in die Analyse ökonomischer Organisationen sowie eine eingehendere Darstellung der in diesem Kapitel eingeführten Begriffe findet sich in Jost (1999). Dort werden auch weiterführende Literaturhinweise gegeben. Zu den speziell in diesem Kapitel angesprochenen Themen sind die folgenden Quellen relevant.

Die Grundprinzipien ökonomischer Organisationen gehen auf das Buch von Adam Smith 'An Inquiry into the Nature and Causes of the Wealth of Nations' zurück, das zuerst 1776 erschien. Negative Folgen der Arbeitsteilung werden aus soziologischer Sicht z.B. von Friedmann (1959) oder Dahrendorf (1959) diskutiert.

Aus ökonomischer Perspektive wird das Effizienz-Konzept für Organisationen bei Milgrom und Roberts (1992) behandelt. Siehe auch Demsetz (1969), der betont, dass die Effizienz einer Organisation immer bezüglich des realen ökonomischen Problems beurteilt werden muss. In der organisationstheoretischen Literatur wird das Effizienz-Konzept z.B. in der Arbeit von Pfeffer und Salancik (1978) angewendet, die diesen Ansatz auch als 'strategic-constituencies approach' bezeichnen.

Welche Auswirkungen die Organisationsstrategie auf die Wertschöpfung hat, zeigen die Analysen zur Entwicklung amerikanischer Industrieunternehmen von Chandler (1962), die auch die Abhängigkeit der Organisationsarchitektur von der Organisationsstrategie belegen. Dill (1958) diskutiert den Einfluss der Organisationsumwelt auf die Wertschöpfung und auf Hall (1972) geht die Unterscheidung zwischen spezifischer und genereller Umwelt einer Organisation zurück.

Die Bedeutung der Organisations- und Anreizstruktur als Pfeiler der Organisationsarchitektur wird von Barnard (1938) thematisiert, der die Koordination und Motivation als grundlegende Probleme der Organisationsgestaltung identifiziert. Den gleichen Ansatz verfolgen auch Milgrom und Roberts (1992) oder Frese (1998).

Eine Darstellung der Theorie der individuellen Nutzenmaximierung findet sich in jedem Lehrbuch der Mikroökonomie, z.B. in Kreps (1990). Während in der Mikroökonomie das Konsumentenverhalten und somit die individuellen Präferenzen über Konsumgüter wie Kleidung oder Nahrungsmittel im Vordergrund stehen, kann die Analyse unmittelbar auch auf andere Güter wie Liebe, Prestige, Macht oder Selbstverwirklichung erweitert werden. Dies wird von Alchian und Allen (1964) und insbesondere von Becker (1976; 1993) hervorgehoben. Der Begriff der beschränkten Rationalität wird von Simon (1957) in die ökonomische Literatur einführt. Eine eingehende Diskussion der beschränkten Rationalität als Verhaltensannahme findet sich z.B. in Simon (1972), Binmore (1987) oder Milgrom und Roberts (1992).

Der Begriff der Transaktion wird von Commons (1934) in die ökonomische Literatur eingeführt und von Coase (1937) und insbesondere in den Arbeiten von Williamson (1975; 1985) weiter differenziert. Die verschiedenen Merkmale von Transaktionen gehen auf Williamson (1985) und auf Milgrom und Roberts (1992) zurück. Eine detaillierte Diskussion speziell zu transaktionsspezifischen Investitionen findet sich in Joskow (1985) oder Williamson (1991a).

2
Die ökonomische Analyse des Koordinationsproblems

"Tigger and Roo are right up the Six Pine Trees, and they can't get down, and -"
"And I was just saying," put in Piglet, "that if only Christopher Robin -"
"And Eeyore -"
"If only you were here, then we could think of something to do."
Christopher Robin looked up at Tigger and Roo, and tried to think of something.
"I thought," said Piglet earnestly, "that if Eeyore stood at the bottom of the tree, and if Pooh stood on Eeyore's back, and if I stood on Pooh's shoulders -"
"And if Eeyore's back snapped suddenly, then we could all laugh. Ha ha! Amusing in a quiet way," said Eeyore, "but not very helpful."
"Well," said Piglet meekly, "I thought -"
"Would it break your back, Eeyore?" asked Pooh, very much surprised.
"That's what would be so interesting, Pooh. Not being quite sure till afterwards."
Pooh said "Oh!" and they all began to think again.
"I've got an idea!" cried Christopher Robin suddenly.
"Listen to this, Piglet," said Eeyore, "and then you'll know what we're trying to do."
"I'll take off my tunic and we'll each hold a corner, and then Roo and Tigger can jump into it, and it will be all soft and bouncy for them, and they won't hurt themselves."
"Getting Tigger down," said Eeyore, "and Not hurting anybody. Keep those two ideas in your head, Piglet, and you'll be all right." (Milne, 1928)

Im Vordergrund dieses Buches steht die ökonomische Analyse der Koordination von Aktivitäten innerhalb einer Organisation. Wir werden bei unseren Untersuchungen somit vornehmlich der Frage nach der geeigneten Organisationsstruktur nachgehen. Dabei wird das Motivationsproblem nur bezüglich seiner Wechselwirkungen mit dem Koordinationsproblem berücksichtigt. Insofern können die nachfolgenden Ausführungen als ein erster Schritt auf dem Weg zu einer ökonomischen Analyse von Organisationen verstanden werden, der durch eine detaillierte Untersuchung der Anreizstruktur einer Organisation ergänzt werden muss.

Aber selbst unter diesen Prämissen birgt die Frage nach der geeigneten Koordination einer Organisation noch eine hohe Komplexität. Um dies zu veranschaulichen, nehmen wir als Beispiel noch einmal die Stecknadelfabrikation von Adam Smith und die Interpretation von Demsetz (1991, S.171): "Smith has enshrined forever the idea that specialization is productive, but Smith's focus is on the changes wrought in the individual worker. The problem of how the activities of cooperating specialists are organized so as to mesh better is largely ignored."

Allein die Feststellung, dass Spezialisierung und Kooperation vorteilhaft für die Produktivität einer Organisation sind, reicht noch nicht aus, um diese Produktionsvorteile möglichst umfassend zu realisieren. Denn es wäre nur dann zulässig, das Koordinationsproblem zu ignorieren, wenn sich die Vorteile der Spezialisierung unabhängig von deren Art erzielen ließen. Davon ist allerdings nicht auszugehen. Vielmehr muss die Koordination zwischen den verschiedenen Arbeitsgängen bei der Stecknadelfabrikation so geregelt werden, dass die Spezialisierung in Einzelaktivitäten unter Berücksichtigung der Kosten möglichst produktiv ist und die Kooperation zwischen den Einzelaktiviäten möglichst reibungslos verläuft. Verschiedene Organisationsstrukturen führen hier zu einer unterschiedlichen Koordination der Einzelaktivitäten in einer Organisation.

In diesem Kapitel sollen die wesentlichen Elemente der ökonomischen Analyse des Koordinationsproblems herausgearbeitet werden. In Abschnitt 2.1 werden wir zunächst entsprechend des ökonomischen Verständnisses eine Organisation als System von Entscheidungen darstellen. Wir zeigen, wie das für die Maximierung der Wertschöpfung zu lösende Entscheidungproblem der Organisation systematisch in Teilentscheidungen zerlegt werden kann, und stellen die Probleme dar, die sich aus einer interdependenten Entscheidungsfindung der Organisationsteilnehmer ergeben können. In Abschnitt 2.2 wenden wir uns dann dem Koordinationsproblem zu. Die dafür grundsätzlich zur Verfügung stehenden Koordinationsinstrumente werden eingeführt. Das Entscheidungssystem sowie das Informations- und Kommunikationssystem werden als wesentliche Elemente der Organisationsstruktur betrachtet. Zwei Fallbeispiele in Abschnitt 2.3 illustrieren dann die Bedeutung der Koordination für die Wertschöpfung einer Organisation. Im Anhang dieses Kapitels befindet sich ein kurzer Überblick über die klassischen Ansätze der Organisationstheorie zur Lösung des Koordinationsproblems.

2.1 Die Organisation als System von Entscheidungen

Der ökonomische Ansatz zur Analyse des Koordinationsproblems basiert auf der mikroökonomischen Theorie. Diese Theorie untersucht, wie sich ökonomische Akteure unter verschiedenen institutionellen Rahmenbedingungen verhalten und wie sich ihr Handeln aggregiert. Somit ist auch die Untersuchung von Organisationen ein unmittelbares Anwendungsgebiet der mikroökonomischen Theorie, da bei der Gestaltung von Organisationen immer auch berücksichtigt werden muss, wie die einzelnen Organisationsteilnehmer auf Organisations- und Anreizstrukturen und deren Veränderungen reagieren.

Ausgangspunkt des ökonomischen Ansatzes zur Untersuchung von Organisationen sind die im ersten Kapitel identifizierten Grundbausteine jeder Organisation: Der einzelne Organisationsteilnehmer als ökonomischer Akteur innerhalb der Organisation ist derjenige, der mit seinem Handeln Werte für die Organisation schafft. Und die Transaktionen zwischen den Organisationsteilnehmern, die entscheidend dafür ist, wie sich das Handeln der einzelnen Organisationsteilnehmer aggregiert, welche Wertschöpfung die Organisation also tatsächlich schaffen und realisieren kann. Damit rückt zum einen das individuelle Entscheidungsverhalten des einzelnen Organisationsteilnehmers in den Mittelpunkt der Analyse, zum anderen aber auch das organisatorische Entscheidungsverhalten als Ergebnis der Interaktionen der verschiedenen Parteien:

- Als **individuelles Entscheidungsverhalten** bezeichnen wir die Art und Weise, wie der einzelne Organisationsteilnehmer seine Entscheidungen trifft. Demnach ist die tatsächliche Ausführung der Tätigkeiten, die ihm durch den Koordinationsplan zugewiesen sind, Ergebnis seines individuellen Entscheidungsverhaltens. Der Einzelne bestimmt, inwieweit er sich konform mit den organisato-

- Als **organisatorisches Entscheidungsverhalten** bezeichnen wir das aggregierte Verhalten, das aus der Arbeitsteilung bei der Lösung eines komplexen Entscheidungsproblems resultiert. Organisatorisches Entscheidungsverhalten ergibt sich somit aus dem Zusammenspiel des individuellen Entscheidungsverhaltens der Organisationsteilnehmer.

Die Organisation kann so als ein System von Entscheidungen interpretiert werden. Simon (1945, S.1) stellt hierzu fest:

> "the process of decision does not come to an end when the general purpose of an organization has been determined. The task of 'deciding' pervades the entire administrative organization quite as much as does the task 'doing'".

Neben den Tätigkeiten, die der einzelne Organisationsteilnehmer im Sinne des Organisationsziels ausführen soll, muss er immer auch Entscheidungen treffen. Insbesondere sind die durchzuführenden Tätigkeiten das Resultat von vorgelagerten Entscheidungen.

2.1.1 Interdependente Entscheidungen

Das Problem der Koordination besteht darin, für die produktivste Spezialisierung in Einzelaktivitäten und die reibungsloseste Kooperation zwischen den Einzelaktivitäten zu sorgen. Das Koordinationsproblem kann nun bezogen auf das Entscheidungsverhalten in Organisationen auch so formuliert werden: Wie kann das für die Maximierung der Wertschöpfung zu lösende Entscheidungsproblem der Organisation so in Teilprobleme zerlegt werden, dass der arbeitsteilige Entscheidungsprozess so effizient wie möglich durchgeführt wird?

Aufbauend auf dem Prinzip der Arbeitsteilung kann dabei die Zerlegung eines komplexen Entscheidungsproblems in kleinere Teilprobleme und deren Verteilung auf verschiedene Organisationsteilnehmer grundsätzlich auf zwei Arten erfolgen:

- Durch eine **Strukturierung** wird das Entscheidungsproblem in mehrere Teilprobleme zerlegt, die sequentiell von verschiedenen Entscheidungsträgern analysiert werden können. Auf jeder Stufe wird dabei das Entscheidungsproblem für die jeweils nächste Stufe strukturiert. In einer Unternehmung wird so beispielsweise ein Marketingproblem zuerst vom Leiter der Marketingabteilung bearbeitet. Seine Problemlösung gibt er an den Leiter des Außendienstes weiter, der seinerseits das so vorstrukturierte Problem weiterbearbeitet. Der Außendienstmitarbeiter ist dann der letzte Entscheidungsträger in dieser Sequenz. Er übernimmt die vorstrukturierte Problemlösung seines Vorgesetzten und löst das Problem vollständig.

- Bei einer **Segmentierung** wird ein Entscheidungsproblem in mehrere, simultan analysierbare Teilprobleme zerlegt, die dann verschiedenen Entscheidungsträgern zugewiesen werden. Jedes Teilproblem stellt ein Segment des Gesamtproblems dar und kann bis zu einem gewissen Grade unabhängig von den anderen Teilproblemen bearbeitet werden. Innerhalb einer Unternehmung erfolgt die Segmentierung eines Problems beispielsweise nach den Tätigkeitsbereichen der Organisationsteilnehmer. Demnach würde ein Problem wie das der Neugestaltung eines Produktes zunächst als ein Marketingproblem, ein F&E-Problem und ein Produktionsproblem formuliert. Die drei Abteilungen würden dann relativ unabhängig voneinander ihr jeweiliges Teilproblem bearbeiten, so dass sich die Lösung des Gesamtproblems aus den einzelnen Teillösungen zusammensetzen würde.

Im Allgemeinen wird ein komplexes Entscheidungsproblem natürlich sowohl durch Strukturierung als auch durch Segmentierung in Teilprobleme zerlegt. So würde beispielsweise das obige Problem der Neugestaltung eines Produkts zunächst in abteilungsspezifische Teilprobleme segmentiert und anschließend innerhalb der jeweiligen Abteilungen entsprechend der hierarchischen Gliederung von den zuständigen Entscheidungsträgern weiter strukturiert.

Die Strukturierung und Segmentierung eines Entscheidungsproblems bestimmt demnach, welche Teilaufgaben der einzelne Organisationsteilnehmer zu übernehmen hat und wie seine Teilentscheidungen mit denen der anderen an der Problemlösung beteiligten Organisationsteilnehmer abgestimmt werden müssen. Da in der Regel ein komplexes Entscheidungsproblem nicht vollständig in voneinander unabhängige Teilprobleme zerlegt werden kann, wird aus der Organisation ein System von interdependenten Entscheidungen: Jede Teilentscheidung im Rahmen des organisatorischen Entscheidungsverhaltens ist mit anderen Teilentscheidungen interdependent.

Bei diesen Abhängigkeiten zwischen verschiedenen Entscheidungsträgern lassen sich sequentielle und simultane Interdependenzen unterscheiden:[1]

- Eine **sequentielle Interdependenz** liegt vor, wenn die Entscheidungsträger ihre Teilentscheidungen sequentiell durchführen. In diesem Fall sind vor- und nachgelagerte Entscheidungsträger bei ihren Teilentscheidungen voneinander abhängig. Daher können sie auch nicht unabhängig voneinander über ihre Teilprobleme entscheiden. Die Reihenfolge der Entscheidungsfindung ist vielmehr mit der Reihenfolge der Lösung der Teilprobleme identisch. Ein nachgelagerter Entscheidungsträger muss hier die Lösung seines Entscheidungsproblems von der Entscheidung des vorgelagerten Entscheidungsträgers abhängig machen. Sequentielle Interdependenzen sind somit unmittelbare Folge der Strukturierung eines Entscheidungsproblems.

- Eine **simultane Interdependenz** zwischen zwei Entscheidungsträgern liegt dann vor, wenn jeder seine jeweiligen Teilentscheidungen in Unkenntnis der Entscheidung des anderen trifft. In diesem Fall kann also kein Entscheidungsträger sein Handeln unmittelbar auf das Handeln des anderen konditionieren. Simultane Interdependenzen ergeben sich somit aus der Segmentierung von Entscheidungsproblemen. Dabei ist es nicht von Bedeutung, ob das tatsächliche Handeln zweier Entscheidungsträger zeitgleich stattfindet oder ob einer von beiden zwar zuerst entscheidet, der andere Entscheidungsträger aber zum Zeitpunkt seiner eigenen Entscheidung die Entscheidung des ersten nicht kennt.

Die nachfolgende Abbildung stellt die grundsätzlichen Interdependenzen von Einzelentscheidungen innerhalb des organisatorischen Entscheidungsverhaltens dar: Entweder ein Entscheidungsträger baut seine eigene Teilentscheidung auf die Entscheidungen anderer auf. Eine solche sequentielle Interdependenz ist beispielsweise für den Entscheidungsträger gegeben, der die Teilentscheidung bei Schritt $x + 2$ trifft. Oder die Teilentscheidung eines Entscheidungsträgers wird von anderen Beteiligten für ihre Teilentscheidungen als gegeben hingenommen. Dies gilt beispielsweise für den Entscheidungsträger, der die Teilentscheidung bei Schritt x trifft. Oder ein Entscheidungsträger trifft seine Teilentscheidung simultan mit anderen. Solche simultanen Interdependenzen treffen für alle Entscheidungsträger zu, die in Schritt $x + 1$ eine Teilentscheidung treffen.

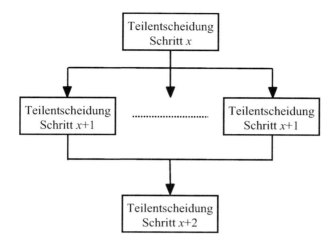

Abbildung 2.1: Interdependenzen beim organisatorischen Entscheidungsverhalten

Interdependenzen beim Sport

Die Struktur der angesprochenen Interdependenzen lässt sich am Beispiel von Teamsportarten gut nachvollziehen. Exemplarisch seien hier der Daviscup im Tennis, der 4×100m Lauf in der Leichtathletik und Fußball angeführt.[2]
Der Daviscup weist die geringsten Interdependenzen auf: Es handelt sich zwar um einen Mannschaftssport, allerdings setzt sich der Erfolg weitestgehend aus der Summe der Einzelleistungen der Tennisspieler eines Teams zusammen. In den Einzelspielen haben die Spieler jeweils ihre eigene Taktik, lediglich im Doppel müssen sie ihr Spiel aufeinander abstimmen. Die koordinative Aufgabe beschränkt sich daher im Wesentlichen auf die Auswahl guter Spieler durch den Teamchef.
Der 4×100m Lauf weist eine höhere Interdependenz auf, die als sequentiell gekennzeichnet werden kann. Die Regeln bestimmen den Ablauf des Wettkampfes. Sie legen fest, an welchen Positionen die Läufer wechseln und welcher Raum für die Stabübergabe zur Verfügung steht. Die Läufer treten als koordinierte Einheit auf. Die Staffelwechsel werden vorher eingeübt und dann dezidiert als Sequenz von Einzelaktionen ausgeführt. Verliert ein Staffelläufer an Boden gegenüber einem konkurrierenden Team, so muss der nachfolgende Läufer diesen Verlust mindestens wieder

gut machen und damit entsprechend schneller laufen. Neben der Einzelgeschwindigkeit der Läufer ist vor allem die Übergabe des Staffelholzes entscheidend für den Erfolg eines Teams.
Im Fußball ist die Interdependenz nahezu simultan. Zwar sind Ballabgabe und Spielzug natürlich sequentiell, eine Abstimmung zwischen den Spielern findet aber praktisch zeitgleich und situativ statt. Jeder Spieler übernimmt unterschiedliche Aufgaben in der Offensive und Defensive, blockt, passt und versucht, Tore zu schießen. Die Spieler interagieren in einem dynamischen Fluss, wobei die Koordination dadurch stattfindet, dass sich die Spieler dem Spielverlauf selbständig und unmittelbar je nach gegebener Situation anpassen.

Typische Beispiele für sequentielle Interdependenzen sind die Arbeitsbeziehungen zwischen den Mitarbeitern einer Unternehmung, die ihre Aufgaben im Arbeitsprozess nacheinander durchführen. Ein Mitarbeiter übergibt so ein von ihm bearbeitetes Zwischenprodukt an den Mitarbeiter, der ihm im Arbeitsfluss nachfolgt. Hier bestimmt das Tempo und die Qualität seiner Arbeit das Ergebnis der Anstrengungen des ihm nachgelagerten Mitarbeiters. Liefert er ihm beispielsweise nicht in einem ausreichenden Maße Zwischenprodukte und besteht gleichzeitig kein Zwischenlager, dann muss der nachfolgende Mitarbeiter dies bei seiner Entscheidung über sein eigenes Arbeitstempo berücksichtigen. Eine sequentielle Interdependenz in einer Unternehmung besteht auch, wenn ein Vorgesetzter seine Entscheidung über die berufliche Weiterentwicklung seines Mitarbeiters davon abhängig macht, inwieweit sich dieser bei der Erfüllung der ihm gestellten Aufgaben bewähren wird.

Simultane Interdependenzen treten in einer Organisation beispielsweise dann auf, wenn verschiedene Organisationsteilnehmer gleichzeitig auf eine gemeinsame Ressource zugreifen: In einer Unternehmung können dies, wie bei einer zentralen EDV-Abteilung oder einem Sekretärinnenpool, Datenverarbeitungsressourcen von zentralen Servern beziehungsweise personelle Ressourcen sein. Simultane Interdependenzen sind auch charakteristisch für Märkte, auf denen potentielle Anbieter und Nachfrager von Leistungen gleichzeitig und unabhängig voneinander über ihre Aktivitäten entscheiden.

2.1.2 Strategische Entscheidungen

Durch Segmentierung und Strukturierung wird ein komplexes Entscheidungsproblem in mehrere Teilprobleme zerlegt und deren Bearbeitung dann an verschiedene Organisationsteilnehmer übertragen. Die Lösung des gesamten Entscheidungsproblems wird somit durch die einzelnen Teilentscheidungen der Organisationsteilnehmer bestimmt, die an der Problemlösung beteiligt sind.

Sollen die Vorteile realisiert werden, die sich aus der Arbeitsteilung bei der Lösung eines komplexen Entscheidungsproblems ergeben können, dann muss bei der Zerlegung des Entscheidungskomplexes auch das Verhalten der Organisationsteilnehmer auf diese Strukturen mit berücksichtigt werden. Gleiches gilt folglich auch für die Organisationsgestaltung: Bei der Wahl der Organisationsarchitektur muss beachtet werden, wie die einzelnen Organisationsteilnehmer auf die so gebildeten Strukturen reagieren bzw. wie sie in diesen Strukturen handeln.

Im Allgemeinen kann dabei das Verhalten eines Organisationsteilnehmers nicht als gegeben vorausgesetzt werden und als feste Größe in die Gestaltung einfließen. Neben der exogenen Unsicherheit, die bei der Organisationsgestaltung über die jeweiligen Rahmenbedingungen der Umwelt besteht, muss insbesondere auch eine zusätzliche Verhaltensunsicherheit mit einbezogen werden: Entsprechend unseren Annahmen in Kapitel 1 an das ökonomische Verhalten eines Organisationsteilnehmers wird dessen Handeln durch seine individuellen Präferenzen und die Maximierung seiner Bedürfnisbefriedigung bestimmt. Damit lässt sich aber a priori auch nicht exakt voraussagen, wie sich ein Organisationsteilnehmer innerhalb der gebildeten Strukturen verhalten wird.

Das gleiche Problem stellt sich einem Organisationsteilnehmer in der Interaktion mit anderen Teilnehmern: Aufgrund der Interdependenzen zwischen den einzelnen Teilentscheidungen ist das Ergebnis der Entscheidung eines einzelnen Teilnehmers nicht nur von seiner eigenen Entscheidungsfindung abhängig, sondern auch von den Teilentscheidungen der anderen Parteien.

Die Unsicherheit hinsichtlich des Verhaltens eines Organisationsteilnehmers bezeichnen wir im Folgenden als **strategische Unsicherheit**. Als **strategisches Entscheidungsverhalten** bezeichnen wir ein individuelles Entscheidungsverhalten, das das Verhalten anderer Parteien im Entscheidungsprozess mit berücksichtigt.

Für die Organisationsgestaltung bzw. für den einzelnen Organisationsteilnehmer können aufgrund des strategischen Verhaltens einer anderen Partei verschiedene Probleme entstehen. So kann ein Organisationsteilnehmer beispielsweise gegen organisatorische Regeln verstoßen, falsche Informationen weitergeben oder Vereinbarungen brechen, wenn dies zu seinem eigenen Vorteil ist. Ein solches strategisches Verhalten bezeichnen wir im Folgenden auch als **opportunistisches Verhalten**.

Die grundsätzlichen Probleme, die aufgrund der strategischen Unsicherheit auftreten können, lassen sich in Abhängigkeit von den Informationen, die die beteiligten Parteien besitzen, in vier verschiedene Typen unterscheiden. Betrachten wir zunächst solche Situationen, in denen eine der Parteien über mehr Informationen verfügt als eine andere Partei. In solchen Situationen mit **asymmetrischer Information** können zwei Problemtypen auftreten.

Adverse Selektion

Adverse Selektion kann in Situationen entstehen, in denen ein Organisationsteilnehmer im Vorfeld der Interaktion Informationen besitzt, die für die adäquate Gestaltung der Beziehung relevant sind, jedoch dem anderen Teilnehmer nicht zur Verfügung stehen. Eine solche Partei besitzt demnach private Informationen, während für die andere Partei ein Informationsdefizit besteht.

Betrachten wir als Beispiel den Verkauf eines Gebrauchtwagens. Im Allgemeinen wird hier der Verkäufer private Informationen über die Fahrtüchtigkeit seines Wagen haben. Diese Informationen stehen einem potentiellen Gebrauchtwagenkäufer in der Regel nicht zur Verfügung, er kann die Qualität des angebotenen Fahrzeugs sehr viel schlechter oder überhaupt nicht beurteilen.

In solchen Situationen wird sich der Käufer eine Erwartung über die durchschnittliche Fahrtüchtigkeit eines Gebrauchtwagens bilden und entsprechend seine Zahlungsbereitschaft daran ausrichten. Dies kann aber zu folgendem Problem führen: Weist der Gebrauchtwagen eine überdurchschnittliche Qualität auf, dann wird sein Verkäufer vom potentiellen Gebrauchwagenkäufer keinen angemessenen Preis bekommen. Der Abschluss eines Kaufvertrages zwischen den beiden Parteien finden in diesem Fall nicht statt und möglicherweise verzichtet der Verkäufer deshalb bereits im Vorfeld auf den Verkauf seines Wagens. Ist der Gebrauchwagen des Verkäufers hingegen von einer unterdurchschnittlichen Qualität, könnte es zu einem Verkauf des Wagens kommen, zumindest würde ein solcher Wagen vom Verkäufer angeboten. Allerdings ist dies eine Situation, die advers zu den Interessen des Käufers wäre.

Moralisches Risiko

Dieses Problem tritt in Situationen auf, in denen es im Verlaufe der Beziehung zu einem Informationsdefizit bei einer der Parteien kommt. Auch hier besteht die Gefahr, dass die informierte Partei ihren Informationsvorsprung zu ihrem eigenen Vorteil nutzen könnte.

Als Beispiel betrachten wir die Beziehung zwischen einem Unternehmer und einer Bank, die als Fremdkapitalgeber ein neues Projekt finanziert. Für ihre Investitionen in die Realisierung des Projekts erhält die Bank eine festgelegte Kapitalverzinsung. Nachdem sie dem Unternehmer einen Kredit gegeben hat, kann sie in der Regel nur unvollkommen beurteilen, wie der Unternehmer die Investitionen im Detail verwendet oder welche Entscheidungen er bei der Projektdurchführung trifft.

In einer solchen Situation kann für die Bank das Problem auftreten, dass der Unternehmer in ein Projekt investiert bzw. Entscheidungen trifft, die aus ihrer Sicht zu riskant sind: Der Unternehmer ist nämlich unmittelbar am Projekterfolg beteiligt, erhält also vom Gewinn aus dem Projekt alles, was nach Abzug aller Kosten – also insbesondere der Rückzahlung des verzinsten Kredits – übrigbleibt. Die Bank ist hingegen nicht am Erfolg des Projekts beteiligt. Schlägt zudem das Projekt fehl, wird sie möglicherweise einen Teil der Verluste tragen müssen, wenn der Unternehmer seinen Kredit nicht zurückzahlen kann. Während also die Bank an einer Finanzierung von Projekten ohne großes Risiko interessiert ist, hat der Unternehmer einen Anreiz, risikoreichere Projekte durchzuführen.

Neben diesen beiden Problemen, die entstehen, wenn gewisse Informationen zwischen den Parteien ungleich verteilt sind, kann es auch in Situationen mit **symmetrischer Information** zu opportunistischem Verhalten kommen. In solchen Situationen hat zwar keiner der Organisationsteilnehmer mehr Informationen als ein anderer, allerdings kann es zu Problemen kommen, weil im Rahmen der Interaktion einer Partei stets ein Entscheidungsspielraum verbleibt, der im Vorfeld nicht vollständig festgelegt wurde. Auch hier sind zwei Problemtypen zu nennen:

Holdup

Dieser kann in solchen Beziehungen auftreten, in denen ein Organisationsteilnehmer hohe transaktionsspezifische Investitionen tätigen muss. Da diese Investitionen nur die Wertschöpfung in dieser Beziehung steigern und im Nachhinein nicht mehr rückgängig gemacht werden können, begibt sich der Investor in eine einseitige Abhängigkeit von der anderen Partei. Diese kann die Abhängigkeit dann zu ihrem eigenen Vorteil ausnutzen.

Eine solche Situation lässt sich veranschaulichen, wenn wir beispielsweise die Geschäftsbeziehung zwischen einer Unternehmung und ihrem Lieferanten für Vorprodukte betrachten. Um einen größeren Auftrag der Unternehmung durchzuführen, muss der Lieferant seine Produktionskapazitäten ausweiten. Ohne diesen Kundenauftrag würde er diese abnehmerspezifische Investitionen nicht tätigen.

In dieser Situation kann das Problem darin bestehen, dass die Unternehmung die einseitige Abhängigkeit des Lieferanten ausnutzt. Der Lieferant ist nämlich darauf angewiesen, nach seiner Ausweitung der Produktion die Geschäftsbeziehung mit der Unternehmung fortzusetzen. Für die Unternehmung besteht hingegen die Möglichkeit, ohne größere Kosten den Lieferanten ihrer Vorprodukte zu wechsen. Indem die Unternehmung die Beendigung der Beziehung ankündigt, könnte sie so unter Umständen die Lieferkonditionen neu aushandeln und so etwa Preissenkungen durchsetzen.

Wortbruch

Dieser kann in Situationen auftreten, in denen eine Partei eine Maßnahme ankündigt, ohne sich tatsächlich an dieses Handeln zu binden. Bewegt sie durch ihre Ankündigung die andere Partei zur Teilnahme an der Interaktion und beeinflusst dadurch deren Verhalten, besteht die Gefahr, dass sie sich im Nachhinein von ihrer Ankündigung distanziert und die angekündigte Maßnahme doch nicht durchführt.

Dieses Problem kann beispielswiese beim Kauf eines neuen Computers bestehen: Der Händler verspricht einem Kunden, bei auftretenden Konfigurationsproblemen umgehend einen entsprechenden Servicemitarbeiter vorbeizuschicken. Entschliesst sich der Kunden aufgrund dieser Serviceleistung zum Kauf des Computers, dann besteht für ihn die Gefahr, dass sich der Händler nach dem Kauf nicht mehr an sein Versprechen gebunden fühlt. So könnte er beispielsweise vorgeben, dass sein

Servicemitarbeiter zur Zeit leider bei anderen Kunden ist. Selbst wenn hier der Kaufvertrag einen Service innerhalb von 24 Stunden vorsieht, garantiert dies noch nicht, dass der Servicemitarbeiter, der innerhalb dieser Zeit kommt, auch tatsächlich eine entsprechende Ausbildung hat und das Konfigurationsproblem beheben kann.

Für die ökonomische Analyse des Koordinationsproblems gehen wir im Folgenden davon aus, dass die Organisationsstruktur so gestaltet werden muss, als würden sich die Organisationsteilnehmer opportunistisch verhalten. Diese Annahme ist gerechtfertigt, da die Organisationsstruktur im Wesentlichen unabhängig von den Persönlichkeitseigenschaften der tatsächlich agierenden Organisationsteilnehmer konzipiert werden soll. Es ist also für die Lösung des Koordinationsproblems gleichgültig, ob Herr Müller oder Frau Meier bei gleicher Qualifikation die Stelle des Buchhalters einnimmt. Damit kann aber für die Frage der Effizienz einer Organisationsstruktur auch nicht das tatsächliche Verhalten eines spezifischen Teilnehmers zugrunde gelegt werden.

2.2 Die Koordination ökonomischer Aktivitäten

Die bisherige Argumentation zeigte, dass je nach der Art der Arbeitsteilung innerhalb einer Organisation verschiedene Interdependenzen zwischen den einzelnen Organisationsteilnehmern entstehen. Zudem beeinflusst die Arbeitsteilung entscheidend, welche strategischen Interaktionen zwischen den Akteuren möglich sind. Beides konkretisiert die bereits im ersten Kaptiel hergeleitete Abhängigkeit der Lösung des Koordinationproblems von der des Motivationsproblems: Welche Maßnahmen zur Steuerung des individuellen strategischen Verhaltens eines Organisationsteilnehmers eingesetzt werden müssen, ist von den antizipierten Problemen abhängig, die sich bei seiner Interaktion mit anderen Organisationsteilnehmern ergeben können. Diese sind wiederum durch den Koordinationsplan bestimmt.

Welche Lösung ihres Koordinationsproblems sollte eine Organisation demnach wählen, wie sollte sie also ihre Organisationsstruktur effizient gestalten? Im Hinblick auf die Koordinationsfrage veranschaulicht Miller (1959) diese Problematik sehr prägnant am Beispiel der Koordination von Aufgaben in einer Weberei. Unter technologischen Aspekten können hier zwei Arten von Tätigkeiten bei der Herstellung von Gewebe unterschieden werden: Die Aktivitäten nach dem Weben, wie Bleichen und Färben, sind dadurch gekennzeichnet, dass sie des Umgangs mit Chemikalien bedürfen. Bei den meisten Aktivitäten bis zum Weben wird hingegen nicht mit Chemikalien gearbeitet. Einzige Ausnahme bildet hiervon das Sortieren, das kurz vor dem Weben durchgeführt werden muss. Miller zeigt nun, dass es grundsätzlich verschiedene Möglichkeiten gibt, die zur Herstellung von Gewebe notwendigen Einzelaktivitäten zu gruppieren. So war es in Webereien nicht unüblich, aufgrund der technologischen Affinität die Aktivitäten miteinander zu koppeln, bei denen Chemikalien eingesetzt werden, also beispielsweise das Sortieren, Bleichen und Färben von den anderen, nicht chemischen Vorgängen zu trennen.

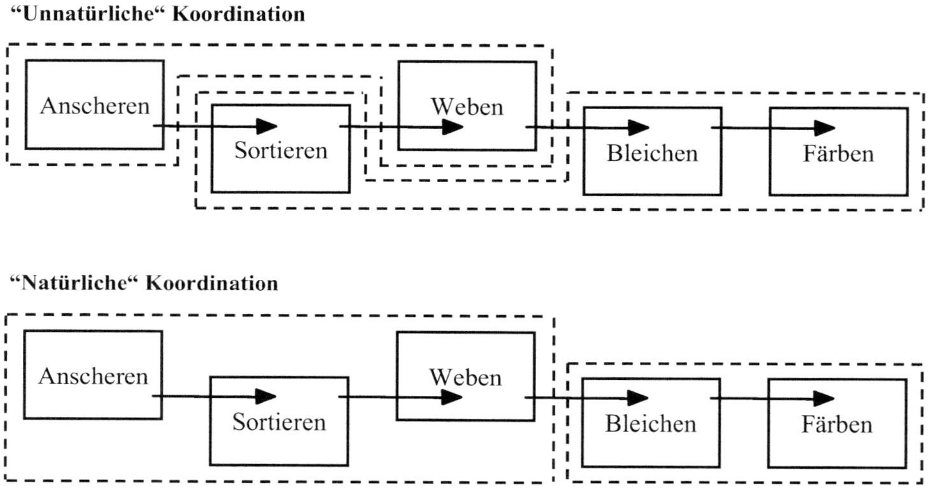

"Unnatürliche" Koordination

"Natürliche" Koordination

Abbildung 2.2: "Unnatürliche" und "natürliche" Koordination von Einzelaktivitäten in einer Weberei

Allerdings ist nach Miller (1959, S.257) diese Bündelung von Einzelaktivitäten 'unnatürlich': "But the flow of work is from warping to sizing to weaving to bleaching to dyeing, etc., and the grouping of non-consecutive operations (for example, sizing with bleaching) into one command does not provide a whole task". Durch die Gruppierung nicht unmittelbar aufeinanderfolgender Aktivitäten entsteht eine räumliche Friktion zwischen den jeweiligen Arbeitsplätzen, so dass kein kontinuierlicher Materialfluss gegeben ist. Unnötige Anstrengungen für den Transport von

Zwischenprodukten sind daher erforderlich. Miller argumentiert nun, dass die Koordination der Tätigkeit in der unteren Abbildung 'natürlich' ist: Hier werden die Arbeitsschritte so durchgeführt, dass sie sukzessive in separaten Einheiten durchgeführt werden können. Dadurch wird die Abstimmung zwischen den so gebildeten Einheiten auf ein Minimum reduziert.

Wollen wir analoge Überlegungen für die Stecknadelfabrikation von Adam Smith anstellen, dann ist zu klären, welche Form der Spezialisierung zu einer maximalen Wertschöpfung führt: Sollen die einzelnen Tätigkeiten wie Draht ziehen, Draht richten usw. jeweils von einem Arbeiter ausgeführt werden oder sollen alle Schneidearbeiten zusammengefasst und an einen Arbeiter übertragen werden, ebenso wie alle Lötarbeiten oder Schleifarbeiten? Und welche Spezialisierung sollte gewählt werden, wenn neben Stecknadeln auch noch Nähnadeln hergestellt werden?

Neben der Frage, wie der Arbeitsfluss zur Wertmaximierung geeignet koordiniert werden sollte, ist auch die Frage nach der Abstimmung der Einzelentscheidungen der Arbeiter offen. Derjenige, der für das Anspitzen des Drahtes zuständig ist, muss ja wissen, wie viele Drähte er anspitzen soll. Soll er alle abgeschotteten Drähte, die ihm sein Kollege liefert, bearbeiten und in welchem Arbeitstempo? Die Frage ist also, wer sich auf die Abstimmung der Einzeltätigkeiten zwischen den Arbeitern spezialisieren sollte.

Auch hier gibt es eine Reihe von Möglichkeiten: Findet die Fabrikation in einer Unternehmung statt, könnte beispielsweise der Eigentümer der Unternehmung diese Aufgaben durchführen. Als Manager würde er jedem Arbeiter seine spezifische Tätigkeit zuweisen und das Arbeitstempo festlegen, mit dem jeder arbeiten soll. Genauso gut könnten die Arbeiter selbst eine Kooperative gründen, so dass sie gemeinsam über solche Fragen entscheiden würden. Oder die Produktion auf jeder Stufe der Stecknadelfabrikation könnte in einer separaten Unternehmung stattfinden und die Abstimmung darüber, welche Mengen zu produzieren sind, würde über den jeweiligen Marktpreis geregelt.

Wie wir oben bereits betont haben, hat natürlich jede dieser Formen der Koordination andere Auswirkungen auf das Motivationsproblem: Bei einer vom Eigentümer geführten Unternehmung erhalten die Arbeiter ihre Anweisungen von ihm und beziehen ihren Lohn aus der gesamten Wertschöpfung der Unternehmung – der Rest verbleibt beim Eigentümer. Bei einer Kooperative würde hingegen die

Entscheidung über die Arbeitsaufteilung gemeinsam getroffen und auch die Rente der Organisation würde unter den Arbeitern aufgeteilt. Im Fall dass jeder Arbeiter selbstständig wäre, würde er frei über seinen Arbeitseinsatz entscheiden und seine eigene Wertschöpfung käme ihm allein zugute.

2.2.1 Alternative Koordinationsmechanismen

Das Spektrum der zur Koordination möglichen Organisationsstrukturen ist außerordentlich vielfältig. Nicht nur die Art und Weise der Spezialisierung der einzelnen Organisationsteilnehmer, sondern auch die Form der Abstimmung ihrer Einzelentscheidungen eröffnet eine Vielzahl von Möglichkeiten. Wir werden zur Koordination ökonomischer Aktivitäten vor allem zwei alternative Grundformen der Koordination, sogenannte Koordinationsmechanismen, untersuchen: marktliche Koordination und hierarchische Koordination.

- Bei der **reinen marktlichen Koordination** werden alle Transaktionen zwischen den verschiedenen Teilnehmern der Organisation durch vertragliche Vereinbarungen abgewickelt, die Leistung und Gegenleistung eindeutig spezifizieren. Im Idealfall sind diese Verträge zeitpunktbezogene Kauf- oder Dienstverträge, in denen Leistung und Gegenleistung zeitlich zusammenfallen. Preise regeln dabei als Koordinationsinstrumente die Aktivitäten aller Beteiligten. Diese orientieren sich bei ihren Entscheidungen über Angebot oder Nachfrage an den Leistungen und an den Marktpreisen. Jeder entscheidet also vollkommen autonom und unabhängig von Anderen.

- Bei der **reinen hierarchischen Koordination** werden alle Transaktionen zwischen den Organisationsteilnehmern durch vertragliche Vereinbarungen abgewickelt, die Leistungen und Gegenleistungen der Beteiligten nur grob festlegen. Spezifiert wird lediglich der Rahmen, innerhalb dessen die Aktivitäten jedes einzelnen stattfinden werden. Zudem wird festgelegt, dass eine (übergeordnete) Partei das Recht hat, zu spezifizieren, wie die Verträge zu erfüllen sind. Sie hat damit auch das Recht, die tatsächlichen Leistungen zu einem von ihr gewählten Zeitpunkt zu konkretisieren. Als Koordinationsinstrument bei der reinen hierarchischen Koordination dient die Anweisung. Durch sie werden die Aktivitäten jedes Organisationsteilnehmers gesteuert. Somit findet eine Koordination über eine zentrale Planung statt, die dem Einzelnen seine Aufgabendurchführung exakt vorgibt.

Um den fundamentalen Unterschied zwischen diesen beiden Koordinationsmechanismen zu verdeutlichen, betrachten wir das Beispiel eines Produzenten, der zusammen mit anderen Personen ein Produkt herstellen möchte. Er sucht also auf den entsprechenden Märkten nach den geeigneten Partnern für sein Vorhaben, z.B. nach Facharbeitern auf dem Arbeitsmarkt oder nach Geldgebern auf dem Kapitalmarkt. Bei einer reinen marktlichen Koordination vereinbart er mit ihnen vertraglich genau, welche Beiträge jeder Einzelne zu leisten hat, also welche Aufgaben die Facharbeiter durchführen sollen oder welche Finanzierungsmittel die Geldgeber zur Verfügung stellen. Ebenso werden die Anteile, die seine Partner an der Wertschöpfung erhalten, also die Entlohnung der Facharbeiter oder die Verzinsung der Fremdkapitalgeber, exakt spezifiziert. Allen möglichen Eventualitäten wird dabei Rechnung getragen. Jeder dieser Teilnehmer an der Unternehmung bleibt autonom. Der Produzent selbst bleibt bei dieser marktlichen Koordination einziges Organisationsmitglied. Als Unternehmer ist er mit seiner (Ein-Mann-) Unternehmung identisch.

Die Situation ist gänzlich anders, wenn der Produzent im Rahmen einer reinen hierarchischen Koordination sein Vorhaben realisieren will. In diesem Fall wird er z.B. mit den Facharbeitern langfristige Arbeitsverträge abschließen. Deren jeweilige Aufgaben werden dann beispielsweise durch Anordnungen oder Zielvorgaben im Arbeitskontext spezifiziert. Sie werden so zu Mitarbeitern der Unternehmung. Analog können die Fremdkapitalgeber durch langfristige Kredite an die Unternehmung gebunden werden, beispielsweise als deren Hausbank.

Natürlich wird eine Organisation weder durch eine reine marktliche noch durch eine reine hierarchische Koordination geprägt sein. Betrachten wir als Beispiel der marktlichen Koordination die Börse. Täglich werden an den großen Börsenplätzen der Welt viele Millionen Aktien und Wertpapiere gehandelt. Allein an der New York Stock Exchange werden beispielsweise eine Million Transaktionen an einem normalen Börsentag abgewickelt, die mehr als 100 Millionen Aktien betreffen und einen Gesamtwert von mehr als 5 Milliarden Dollar haben. Marktteilnehmer sind dabei private und institutionelle Investoren aus allen Ländern.

Um diese Vielzahl an Transaktionen rund um den Erdball durchzuführen, sind eigentlich eine Unmenge von Informationen notwendig. So müsste ein Anleger aus

Deutschland, der Aktien von General Motors kaufen möchte, wissen, wer ihm in Amerika, Hong Kong, London oder an einem anderen Ort Aktien von General Motors verkaufen könnte. Dieses immense Koordinationsproblem reduziert sich ganz entscheidend, sobald wir Preise als Koordinationsmechanismus betrachten. In diesem Fall ist es nämlich gar nicht notwendig, dass der Käufer in Deutschland den Verkäufer überhaupt kennt. Alles, was er für den Kauf von GM-Aktien wissen muss, ist der aktuelle Preis der GM-Aktie. Auf der Basis dieser Information kann er überlegen, wieviele Aktien er kaufen möchte. Er instruiert dann seine Bank oder einen Broker, diese Transaktion auszuführen.

Durch das System der Börsen sind so alle potentiellen Käufer und Verkäufer von GM-Aktien miteinander verbunden. Die Aktien von General Motors werden natürlich nicht an jedem Börsenplatz der Welt gehandelt. Um an der New York Stock Exchange Aktien von GM zu kaufen, muss der Käufer aus Deutschland – gegebenenfalls über seine Bank – einen Broker beauftragen, der für eine Firma arbeitet, die an dieser Börse ihren Sitz hat. Der Broker kontaktiert dann einen 'Spezialisten', der auf dem Parkett der Börse arbeitet und GM-Aktien handelt. Diesem vermittelt er das Geschäft des Käufers aus Deutschland. Der Spezialist kann selbst im Besitz von GM-Aktien sein, um den Auftrag auszuführen, er kann auch Aufträge von anderen Investoren haben, die ihre GM-Aktien zu einem vorher vereinbarten Preis verkaufen möchten.

Der Spezialist geht nun mit dem Kaufauftrag ins Parkett und bestimmt einen Preis, der mehr oder weniger das Angebot und die Nachfrage von GM-Aktien ausgleicht. Gibt es z.B. volumenmäßig mehr potentielle Käufer als Verkäufer von GM-Aktien, geht der Preis der Aktie nach oben. Bei diesem höheren Preis werden einige potentielle Käufer nicht mehr bereit sein, Aktien zu kaufen. Hingegen sind nun einige neue potentielle Verkäufer bereit, zu diesem Preis zu verkaufen. Dies wird so lange vom Spezialisten durchgeführt, bis die Nachfrage mit dem Angebot an GM-Aktien identisch ist. Zu diesem Preis wird dann der Kaufauftrag ausgeführt, zunächst von den ausgeführten Verkäufen und dann von seinem eigenen Aktienbestand.

Obwohl die Börse ein illustratives Beispiel für die Koordinationsfunktion des Marktes ist, erfüllt sie dennoch nicht die Kriterien für eine reine marktliche Koordination. Zunächst einmal ist der Markt reguliert. Hier gibt es einerseits staatliche

Vorschriften, etwa ein Börsengesetz, das Sicherheitsvorschriften vorsieht. Andererseits wird durch die Börsenkommissionen nur dann über die Börsenzulassung von Unternehmungen positiv entschieden, wenn diese spezifische Zulassungsbedingungen erfüllen. Beide Regulierungen spezifizieren somit Regeln, die die Marktteilnehmer einhalten müssen. Dies ist analog zur hierarchischen Koordination, bei der eine Zentrale Regeln aufstellt, die vom einzelnen Mitarbeiter bei seiner Aufgabendurchführung einzuhalten sind. Darüber hinaus gibt es bei der Börse aber auch Organe, die die Einhaltung der Regulierungen und Durchführung der Markttransaktionen kontrollieren. Hierzu gehören beispielsweise in den USA für die New York Stock Exchange die Securities and Exchange Commission sowie die zuständige Börsenkommission. Bei der hierarchischen Koordination in der Unternehmung kommt diese Kontrollfunktion im Allgemeinen dem Vorgesetzten eines Mitarbeiters zu.

Umgekehrt wird aber auch eine hierarchische Koordination im Allgemeinen nicht in ihrer reinen Form in der Realität auftreten. So können durchaus manche Aktivitäten innerhalb einer Unternehmung marktlich koordiniert sein. In großen Unternehmungen werden so Transaktionen zwischen einzelnen organisatorischen Einheiten durch einen **Transferpreis** gesteuert:[3] Die Entscheidung einer Einheit, von einer anderen Einheit Dienstleistungen oder Güter zu kaufen, wird durch einen unternehmensinternen Preis beeinflusst. Der Preis, den sie für den Austausch der Leistung bezahlt, geht bei ihr als Kostengröße, bei der anderen Einheit als Erlösgröße in die Erfolgsrechnung ein.

Die reine marktliche und reine hierarchische Koordination können als die beiden grundlegenden Mechanismen für die Koordination ökonomischer Aktivitäten betrachtet werden. In der Realität wird eine Organisation hingegen auf Instrumente zurückgreifen, die sowohl marktlichen als auch hierarchischen Charakter haben. Die beiden grundsätzlichen Alternativen können daher als Grenzfälle einer breiten Palette von Organisationsstrukturen betrachtet werden, in denen hierarchische und marktliche Elemente miteinander kombiniert werden:

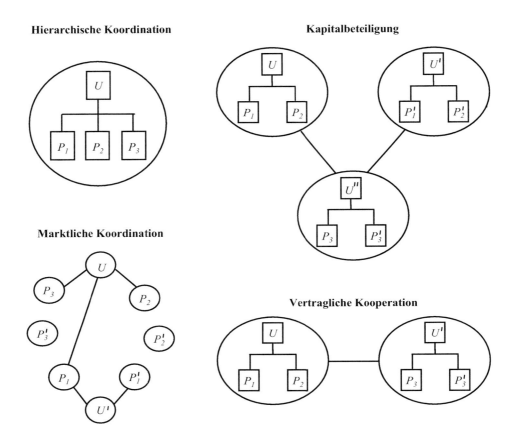

Abbildung 2.3: Alternative Formen der Koordination ökonomischer Aktivitäten

In der Abbildung haben wir das bereits oben ausgeführte Beispiel des Produzenten aufgegriffen, der für die Herstellung seines Produkts die Hilfe anderer Personen benötigt. Zur Vereinfachung ist angenommen, dass der Produzent U lediglich drei Personen P_1, P_2, P_3 sucht, die jeweils eine spezifische Aufgabe $i = 1, 2, 3$ bei der Produktion durchführen können.

Bei der reinen marktlichen Koordination muss der Produzent U neben anderen Produzenten U' als Käufer auf dem Markt für diese Dienstleistungen auftreten. Die Personen, die die notwendigen Aufgaben $i = 1, 2, 3$ durchführen können, treten hier als Verkäufer auf. Die einzelnen Aktivitäten der Käufer und Verkäufer werden in dieser Organisationsform über Preise abgestimmt. Insbesondere hat jeder Käufer prinzipiell mit jedem Verkäufer über eine potentielle Transaktion Kontakt. Der Käufer wird dann denjenigen Verkäufer auswählen, der von ihm für die gewünschte Leistung den geringsten Preis verlangt, und mit diesem vertraglich Leistung und Gegenleistung spezifizieren.

Im Unterschied hierzu hat der Produzent U bei der reinen hierarchischen Koordination langfristige Arbeitsverträge mit seinen Mitarbeitern P_1, P_2, P_3 abgeschlossen. In diesem Fall entscheidet der Produzent situativ, welche Aufgaben die einzelnen Mitarbeiter auf Basis des Arbeitsvertrages im Detail ausführen sollen. Ihre Aktivitäten untereinander werden von ihm z.B. durch entsprechende Anordnungen koordiniert.

Neben der reinen marktlichen bzw. reinen hierarchischen Koordination haben die beiden anderen abgebildeten Strukturen der Koordination sowohl marktliche als auch hierarchische Elemente. Die Strukturen können als intermediäre Formen der Koordination bezeichnet werden.

Bei der vertraglichen Kooperation hat beispielsweise der Produzent U lediglich die Mitarbeiter P_1, P_2 durch langfristige Arbeitsverträge in seiner Unternehmung beschäftigt. Deren Aktivitäten werden von ihm hierarchisch koordiniert. Die dritte für die Produktion notwendige Leistung $i = 3$ erhält der Produzent hingegen aufgrund einer langfristigen Liefervereinbarung mit einem anderen Unternehmer U'. Im Rahmen dieser Vereinbarungen werden ebenfalls nicht alle Leistungen und Gegenleistungen der Transaktion genau spezifiziert, allerdings enthält dieser Vertrag keine hierarchischen Koordinationselemente, sondern sieht eine bilaterale Anpassung der beiden Partner, gegebenenfalls unter Einbeziehung einer dritten Partei, vor.

Die Kapitalbeteiligung als vierte Form der Koordination zeigt die beiden Unternehmer U und U' als Eigentümer an einer gemeinsamen Unternehmung. Anstelle der langfristigen Liefervereinbarung stellt diese gemeinsame Unternehmung die für die Produktion notwendige dritte Leistung $i = 3$ bereit. Der Produzent U kann in diesem Falle nicht unmittelbar auf die von ihm benötigten Leistungen zurückgreifen. Auch hier muss er einen zusätzlichen Liefervertrag abschließen, er hat jedoch über seine Kapitalbeteiligung einen Einfluss auf die Produktion.

2.2.2 Interdependenz und Koordination

Bei der Vielzahl an möglichen Alternativen zur Koordination ökonomischer Aktivitäten stellt sich die Frage, nach welchen Kriterien wir diese verschiedenen Formen differenzieren und beurteilen können. Entsprechend dem ökonomischen Ansatzes zur Analyse des Koordinationsproblems müssen wir bei dieser Frage insbesondere das Entscheidungsverhalten in Organisationen berücksichtigen.

Betrachten wir hierzu eine bestimmte Aufgabe, in deren Rahmen Entscheidungen getroffen werden müssen. Dann können wir grundsätzlich zwei Formen der Entscheidungsfindung unterscheiden: Eine bestimmte Entscheidung ist **dezentralisiert**, wenn der Organisationsteilnehmer, der die damit verbundenen Tätigkeiten ausführt, auch eigenständig diese Entscheidung treffen kann. Die Entscheidung ist hingegen **zentralisiert**, wenn eine übergeordnete Einheit die Entscheidung trifft, sie dem betrachteten Organisationsteilnehmer mitteilt und diesen mit der Ausführung beauftragt. In einer Unternehmung kann diese übergeordnete Einheit eine Person, beispielsweise ein Vorgesetzter, oder eine korporative Einheit, z.B. die Unternehmensleitung, sein. Der Organisationsteilnehmer selbst ist dann beispielsweise ein Mitarbeiter oder eine Abteilung.

Diese beiden Formen der Entscheidungsfindung spiegeln sich in den beiden alternativen Koordinationsmechanismen der marktlichen bzw. hierarchischen Koordination wider. Demnach können wir zwei Entscheidungssysteme unterscheiden:

- Bei der reinen marktlichen Koordination entscheidet jeder Organisationsteilnehmer völlig unabhängig von den anderen Teilnehmern über sein Angebot und seine Nachfrage an Leistungen. Seine Entscheidungen sind autonom. Die Abstimmung seiner Entscheidungen mit den Entscheidungen der anderen Teilnehmer erfolgt über den Preismechanismus. In diesem Sinne ist die reine marktliche Koordination der Extremfall eines **dezentralen Entscheidungssystems**.

- Bei der reinen hierarchischen Koordination werden im Extremfall die Aktivitäten des einzelnen Organisationsteilnehmers durch eine zentrale Planungsinstanz vorgegeben. Diese gibt dem Einzelnen nicht nur sämtliche Entscheidungen vor, sondern stimmt die jeweiligen Aufgabendurchführungen vollständig aufeinander ab. Die Entscheidungen sind also zentralisiert. In diesem Fall kann die reine hierarchische Koordination auch als **zentrales Entscheidungssystem** bezeichnet werden.

Da sowohl die marktliche als auch die hierarchische Koordination in ihren Extremformen in der Realität kaum vorzufinden sind, sondern ihre Elemente im Allgemeinen miteinander kombiniert werden, wird auch das Entscheidungssystem einer Organisation weder ein vollständig dezentrales noch ein vollständig zentrales System sein. So ist ein Börsenteilnehmer nicht völlig frei in seinen Entscheidungen, da übergeordnete Organe ihm bei verschiedenen Entscheidungen Beschränkungen auferlegen, z.B. durch spezifische Zulassungsbedingungen. Auch bei der hierarchischen Koordination kann so ein Mitarbeiter in einer Unternehmung, in der der Unternehmer alle wichtigen Entscheidungen persönlich trifft, gewisse Entscheidungen eigenständig treffen. So werden ihm ja im Rahmen seines Arbeitsvertrages die von ihm durchzuführenden Aufgaben nur mehr oder weniger grob vorgegeben. Selbst für einen Mitarbeiter am Fließband, der wenig Ermessensspielraum darüber hat, was er wann und wie tun kann, ist es immer möglich, zumindest zu einem gewissen Grade autonom zu entscheiden, in welchem Umfang er diesen Anweisungen folgt.

In einer Organisation wird somit jeder Organisationsteilnehmer in einem gewissen Umfang dezentrale Entscheidungen treffen können. Es besitzt somit zumindest teilweise Entscheidungsautonomie: Der Grad der **Entscheidungsautonomie** eines Organisationsteilnehmers gibt hier an, in welchem Umfang er bei der Lösung von Entscheidungsproblemen autonom handeln kann und nicht durch vorgegebene Beschränkungen gebunden ist.

Durch die Segmentierung und Strukturierung von Entscheidungen in einer Organisation sowie durch den Umstand, dass jeder Organisationsteilnehmer in einem gewissen Umfang Entscheidungsautonomie besitzt, wird aus der Organisation ein System interdependenter Entscheidungen, bei dem der einzelne Organisationsteilnehmer im Vorhinein nicht mit Sicherheit weiß, wie sich die anderen Parteien verhalten werden. Die Art der Interdependenz bestimmt dabei die Unsicherheit eines Organisationsteilnehmers bezüglich des Handelns der jeweils anderen Parteien: Unsere Definitionen der sequentiellen und simultanen Interdependenz orientieren sich unmittelbar am Entscheidungsverhalten eines Entscheidungsträgers und legen die zeitliche Abfolge des Handelns des Entscheidungsträgers fest. So kann bei einer sequentiellen Interdependenz die nachfolgende Partei ihre Entscheidung auf die Entscheidung der vorangehenden Partei konditionieren, bei einer simultanen Interdependenz muss sich hingegen jede Partei Erwartungen über die Entscheidung der jeweils anderen Partei bilden.

Somit hat aber die Art der Interdependenz zwischen zwei Organisationsteilnehmern einen unmittelbaren Einfluss auf die Anforderungen an ihre Abstimmung: Bei einer sequentiellen Interdependenz muss sichergestellt sein, dass der nachfolgende Organisationsteilnehmer vollständig über das Handeln des vorgelagerten Entscheidungsträgers informiert ist. Dabei ist insbesondere von Bedeutung, inwieweit die Entscheidung der zuerst handelnden Partei auch tatsächlich für ihr Handeln verbindlich ist. Ein Vorgesetzter, der seinem Mitarbeiter eine Sonderprämie für die erfolgreiche Durchführung eines bestimmten Projekts verspricht, steht hier möglicherweise vor einem Problem des Wortbruchs: Einerseits möchte er den Mitarbeiter durch die Inaussichtstellung der Prämie zu einer besonders guten Projektdurchführung bewegen, andererseits kann es aber schwierig für ihn sein, genau zu spezifizieren, wann das Projekt tatsächlich erfolgreich bzw. doch nicht so ganz erfolgreich durchgeführt ist. Damit der Mitarbeiter nicht den Verdacht hegt, dass er auch bei einem Projekterfolg die Sonderprämie nicht gewährt und der Mitarbeiter deshalb keine überdurchschnittlichen Anstrengungen unternimmt, muss der Vorgesetzte die Ankündigung einer Sonderprämie glaubhaft machen. Nur wenn er hier eine Glaubwürdigkeit herstellen kann und so der Gefahr des Wortbruchs entgegenwirkt, wird er das Verhalten des Mitarbeiters entsprechend beeinflussen können. Nicht nur die eigentliche Information über eine Entscheidung des vorgelagerten Organisationsteilnehmers ist also bei einer sequentiellen Interdependenz für eine danach entscheidende Partei von Bedeutung, sondern auch deren Glaubwürdigkeit. Nur dann kann die Unsicherheit bezüglich des tatsächlichen Handelns der anderen Partei genommen werden.

Bei einer simultanen Interdependenz zwischen zwei Organisationsteilnehmern sind die Anforderungen an die Koordination größer als bei der sequentiellen Interdependenz: Aufgrund der bestehenden Unsicherheit über die Entscheidung der anderen Partei muss sich jeder Organisationsteilnehmer Erwartungen über deren Entscheidung bilden. Dieses Informationsdefizit erhöht die Wahrscheinlichkeit, dass die Entscheidungen der beiden Parteien nicht aufeinander abgestimmt sind. Ziel der Koordination muss es daher sein, dieses Informationsdefizit abzubauen. Für den Fall, dass die Parteien zwar sequentiell handeln und lediglich ein Informationsdefizit der später handelnden Partei über die Entscheidung der zuerst handelnden Partei besteht, kann eine Abstimmung durch die Bereitstellung entsprechender Informationen verbessert werden. Ansonsten muss versucht werden, simultane Interdependenzen und die damit verbundenen Unsicherheiten über das Verhalten des anderen Organisationsteilnehmers in sequentielle Interdependenzen zu überführen, indem die Entscheidungszeitpunkte entsprechend beeinflusst werden. So wird eine Konditionierung der Entscheidung auf das Handeln der anderen Partei ermöglicht.

2.2.3 Information und Koordination

Die Diskussion der Koordinationsprobleme bei sequentiellen und simultanen Interdependenzen macht deutlich, dass eine reibungslose Abstimmung zwischen den Organisationsteilnehmern entsprechende Informationen voraussetzt: Wenn beispielsweise bei der Strukturierung eines Entscheidungsproblems die Entscheidung einer nachgeordneten Partei auf die Entscheidung der vorgelagerten Partei abgestimmt sein soll, dann benötigt die nachgeordnete Partei entsprechende Informationen über diese Entscheidung. Analoges gilt bei einer Segmentierung eines Entscheidungsproblems. Auch hier ist es für die Abstimmung notwendig, dass die Organisationsteilnehmer ihre Erwartungen über das Handeln der Anderen auf entsprechende Informationen stützen.

In beiden Fällen muss zur Abstimmung der Entscheidungen der unvollkommene Informationsstand einer Partei durch entscheidungsrelevante Informationen verbessert werden. Entscheidungsrelevante Informationen sind dabei alle Daten, die im Zusammenhang mit der Ausprägung der relevanten exogenen Rahmenbedingungen des Entscheidungsproblems stehen. Diese können sich auf die Umweltsituation selbst oder auf die Konsequenzen, die mit dem Handeln des Entscheidungsträgers verbunden sind, beziehen. In der Differenz zwischen der Menge der entscheidungsrelevanten Informationen und dem Informationsstand des Entscheidungsträgers besteht gerade die Unsicherheit, der der Entscheidungsträger ausgesetzt ist:

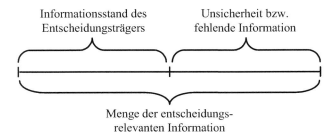

Abbildung 2.4: Unsicherheit, entscheidungsrelevante Informationen und der Informationsstand eines Entscheidungsträgers

Ein Schlüsselproblem bei der geeigneten Koordination ökonomischer Aktivitäten besteht in dem Umstand, dass die Informationen, die zur Abstimmung von Entscheidungen notwendig sind, im Allgemeinen nicht unmittelbar und frei zur Verfügung stehen. Die Übermittlung von Informationen setzt Kommunikation voraus. In Anlehnung an Jensen und Meckling (1995) können wir hier je nach den Kosten der Informationsübermittlung zwischen spezifischem und generellem Wissen unterscheiden:[4]

- Von **generellem Wissen** sprechen wir dann, wenn die Kosten der Informationsübermittlung vernachlässigbar sind. Dies ist beispielsweise bei Preisen der Fall: Der Bäcker um die Ecke kann ohne Probleme den Preis seiner Brötchen mitteilen. Je höher nun die Kosten der Informationsübermittlung sind, desto spezifischer sind die Informationen.

- **Spezifisches Wissen** bezeichnet dann ein Wissen, dessen Übermittlung mit sehr hohen Kosten verbunden ist. Dabei sind nicht nur die durch die Technologie verursachten Kosten der Informationsübermittlung, sondern auch die Opportunitätskosten beispielsweise aufgrund einer verzögerten Informationsverarbeitung relevant. So hat z.B. der Vertreter einer Unternehmung für Tiefkühlprodukte spezifisches Wissen, wenn er weiß, dass eine Hausfrau zwanzig tiefgefrorene Brötchen kaufen möchte. Benutzt er diese Informationen nämlich nicht unmittelbar, sind sie wertlos: Würde er den Kundenwunsch erst an eine zentrale Vertriebsabteilung übermitteln, die dann die Brötchen liefert, so würde die Hausfrau ihre Brötchen womöglich anderswo kaufen.

Abbildung 2.5: Generelles und spezifisches Wissen und die Kosten der Informationsübermittlung

Die Kosten der Informationsübermittlung sind im Wesentlichen von drei Faktoren abhängig: Erstens, von den Persönlichkeitseigenschaften des Senders und des Empfängers. So haben beispielsweise zwei Techniker dieselbe Ausbildung und sprechen dieselbe Sprache. Daher ist ihre Kommunikation einfacher als wenn sie unterschiedliche Ausbildungen hätten. Zweitens bestimmt die Technologie, die bei der Informationsübermittlung zur Verfügung steht, deren Kosten. Neue Informations- und Kommunikationstechnologien wie Electronic Data Interchange (EDI) ermöglichen beispielsweise eine direkte und kostengünstige Informationsübermittlung zwischen einer Unternehmung und ihrem Lieferanten, so dass Just-in-Time geliefert werden kann. Drittens hängen die Kosten der Informationsübermittlung direkt mit den Informationen zusammen, die transferiert werden sollen. Das idiosynkratische Wissen um bestimmte Ereignisse wie beim Vertreter für Tiefkühlprodukte über den Wunsch der Hausfrau nach Brötchen, wissenschaftliches Wissen z.B. über die effiziente Organisation ökonomischer Aktivitäten oder das Wissen, das ein Mitarbeiter im Laufe der Zeit über die Bedienung einer komplexen Maschine erwirbt, sind Beispiele, in denen spezifisches Wissen vorherrscht.

Spezifisches Wissen ist bei der Koordination ökonomischer Aktivitäten von entscheidender Bedeutung: In vielen Situationen muss derjenige, der die spezifischen Informationen besitzt, unmittelbar handeln, da sonst die sich ihm bietende Gelegenheit vorbei ist oder die Informationen für ihn und die Organisation wertlos sind. Dies gilt z.B. für Informationen, die ein Mitarbeiter über die Wünsche eines Kunden hat ebenso wie für Informationen über technische Alternativen oder die Nutzung vorhandener Ressourcen. Auch bei organisatorischen Entscheidungen muss das relevante, spezifische Wissen, das ein Mitarbeiter einer Unternehmung über Aspekte des Entscheidungsproblems besitzt, berücksichtigt werden.

Die geeignete Koordination ökonomischer Aktivitäten setzt also voraus, dass das spezifische Wissen, das einem einzelnen Teilnehmer der Organisation zur Verfügung steht, bei entsprechenden organisatorischen Entscheidungen umfassend genutzt wird. Nach Arrow (1974, S.53) setzt dies die Koordination der Informationen voraus: "The information has to be coordinated if it is to be of any use to the organization. More formally stated, communication channels have to be created within the organization." Die Nutzung des spezifischen, lokalen Wissens erfordert also ein geeignetes **Informations- und Kommunikationssystem**.

Die beiden oben diskutierten alternativen Koordinationsmechanismen der marktlichen bzw. hierarchischen Koordination unterscheiden sich auch hier in der Art und Weise, wie die Informationen, die zur Koordination der Aktivitäten notwendig sind, übermittelt werden:

- Bei der reinen marktlichen Koordination trifft jeder Organisationsteilnehmer aufgrund seines eigenen spezifischen Wissens Entscheidungen über seine Aktivitäten. In seiner Entscheidungsfindung ist er völlig unabhängig von den einzelnen Entscheidungen der anderen Teilnehmer, er benötigt also für seine eigene Entscheidungsfindung keine anderen spezifischen Informationen. Die einzigen Informationen, die zur Koordination der Aktivitäten übermittelt werden müssen, sind Preise sowie Angebot und Nachfrage jedes einzelnen Teilnehmers. In diesem Sinne ist die marktliche Koordination der Extremfall einer **dezentralen Informationsverarbeitung**.
- Bei der reinen hierarchischen Koordination wird im Extremfall hingegen das spezifische Wissen jedes einzelnen Organisationsteilnehmers an eine zentrale Planungsinstanz weitergegeben. Nachdem diese alle Informationen besitzt, löst sie das gesamte Entscheidungsproblem und übermittelt dann jedem Organisationsteilnehmer seine jeweilige Aktivität, die er innerhalb der Organisation durchführen soll. Bei dieser Extremform der hierarchischen Koordination handelt es sich also um eine **zentrale Informationsverarbeitung.**

Welche dieser beiden grundsätzlichen Alternativen für die Koordination ökonomischer Aktivitäten am geeignetsten ist, wird nach Hayek (1945, S.521) durch den Umfang der Nutzung des spezifischen Wissens der Organisationsteilnehmer bestimmt:

> "Which of these systems is likely to be more efficient depends mainly on the question under which of them we can expect that fuller use will be made of the existing knowledge. And this, in turn, depends on whether we are more likely to succeed in putting at the disposal of a single central authority all the knowledge which ought to be used but which is initially dispersed among many different individuals, or in conveying to the individuals such additional knowledge as they need in order to enable them to fit their plans in with those of others."

Nicht nur wegen der Kosten der Informationsübermittlung sondern auch wegen der begrenzten Rationalität der zentralen Planungsinstanz stösst die Extremform der hierarchischen Koordination schnell an ihre Grenzen. Andererseits wird aber auch nur unter idealen Voraussetzungen der Preis bei einer marktlichen Koordination für die Koordination ökonomischer Aktivitäten hinreichend sein. Vielmehr werden natürlich auf realen Märkten mehr Informationen übermittelt. So versuchen Unternehmungen beispielsweise die Bedürfnisse ihrer (potentiellen) Kunden zu ermitteln, um ihre Produkte entsprechend zu gestalten. Oder Unternehmungen annoncieren in Tageszeitungen ihre freie Stellen, damit potentielle Bewerber über ihre Vakanzen informiert werden.

Somit werden auch die Systeme, die die Übermittlung von Informationen in der reinen marktlichen und der reinen hierarchischen Koordination ermöglichen, in der Realität kaum in diesen extremen Formen vorzufinden sein. Vielmehr wird das Informations- und Kommunikationssystem einer Organisation die Elemente der dezentralen und zentralen Informationsverarbeitung im Allgemeinen miteinander kombinieren.

Bei der Gestaltung eines geeigneten Informations- und Kommunikationssystems ist zu beachten, dass einem Entscheidungsträger im Allgemeinen nicht nur aufgrund exogener Unsicherheit entscheidungsrelevante Informationen fehlen. Vielmehr können aufgrund unterschiedlicher Interessen der Entscheidungsträger beim organisatorischen Entscheidungsprozess auch strategische Unsicherheiten bestehen. Diese treten insbesondere in Situationen mit asymmetrischen Informationen auf, in denen also ein Entscheidungsträger über mehr Informationen verfügt als ein anderer: Die schlechter informierte Partei kann nämlich unter diesen Umständen nicht davon ausgehen, dass die besser informierte Partei ihr spezifisches Wissen auch tatsächlich zur Verfügung stellt. Vielmehr muss sie damit rechnen, dass diese Partei versuchen wird, ihren Informationsvorsprung zu ihrem eigenen Vorteil zu nutzen, um ihre eigenen Interessen in der Situation strategisch durchzusetzen.

Die Möglichkeit der strategischen Unsicherheit aufgrund einer asymmetrischen Informationsverteilung hat einen unmittelbaren Einfluss auf die Lösung des Motivationsproblems. Daher ist bei der Gestaltung des Informationssystems darauf zu achten, dass die beabsichtigte Koordination zwischen Entscheidungsträgern auch tatsächlich erfolgreich zustande kommt. Der einzelne Organisationsteilnehmer muss also dazu bewegt werden, entscheidungsrelevante Informationen zu beschaffen, wahrheitsgetreu weiterzuleiten bzw. produktiv für die Organisation zu verarbeiten.

2.2.4 Das Vorgehen bei der ökonomischen Analyse des Koordinationsproblems

Ziel jeder ökonomischen Organisation ist die Maximierung ihrer Wertschöpfung. Die Spezialisierung des einzelnen Organisationsteilnehmers sowie die Kooperation mit anderen Organisationsteilnehmern sind zwei Voraussetzung, die zur Erreichung dieses Ziels notwendig sind. Im Hinblick auf das Koordinationsproblem einer Organisation leiten sich daraus zwei wesentliche Aspekte der Organisationsstruktur ab:

- Die Gestaltung des Entscheidungssystems: Das für die Maximierung der Wertschöpfung zu lösende Entscheidungsproblem der Organisation sollte so in Einzelprobleme zerlegt werden, dass der arbeitsteilige Entscheidungsprozess so effizient wie möglich durchgeführt wird. Innerhalb des organisatorischen Entscheidungsverhaltens sollte hier eine Spezialisierung angestrebt werden, die die Ausnutzung der Vorteile der Arbeitsteilung ermöglicht und die damit verbundenen Kosten niedrig hält. Dies bezieht sich einerseits auf das jeweilige Tätigkeitsspektrum eines Organisationsteilnehmers, andererseits auf den Grad seiner Entscheidungsautonomie.
- Die Gestaltung des Informations- und Kommunikationssystems: Die für die Maximierung der Wertschöpfung notwendige Kooperation der einzelnen Entscheidungsträger sollte so konzipiert werden, dass die für ihre Abstimmung notwendigen Informationen unter Abwägung von Kosten und Nutzen zur Verfügung

gestellt werden. Dies ist insbesondere deshalb von Bedeutung, weil in jeder ökonomischen Organisation die für die Einzelentscheidungen notwendigen Informationen im Allgemeinen von verschiedenen Organisationsteilnehmern gehalten werden. Im Rahmen des organisatorischen Entscheidungsverhaltens sollte daher eine Kommunikation angestrebt werden, die die Vorteile des arbeitsteiligen Entscheidungsprozesses unterstützt. Dies kann je nach zugrundeliegendem Koordinationsmechanismus nur den lateralen Informationsaustausch zwischen verschiedenen Organisationsteilnehmern betreffen oder auch die vertikale Informationsübermittlung zwischen hierarchisch nachgeordneten Organisationsteilnehmern umfassen.

Wir haben gesehen, dass sich für die Lösung des Koordinationsproblems einer Organisation eine Reihe von Alternativen anbieten. Transaktionen können marktlich oder hierarchisch koordiniert sein und innerhalb von Märkten bzw. Unternehmungen stattfinden. Oder sie können über Mischformen der Koordination durchgeführt werden.

Suchen wir zur Lösung des Organisationsproblems eine effiziente Organisationsarchitektur, dann müssen wir diese vielfältigen Formen der Koordination unter Berücksichtigung der Aspekte des arbeitsteiligen Entscheidungsprozesses und der Kommunikation miteinander vergleichen. Eine effiziente Organisationsarchitektur zeichnet sich dadurch aus, dass sie die Wertschöpfung der Organisation maximiert. Die Wertmaximierung setzt den Vergleich von Kosten und Nutzen voraus, die mit den jeweiligen Koordinationsformen verbunden sind. Somit ist aber für die ökonomische Analyse des Koordinationsproblems ein Verständnis der Wirkungsweise von Märkten, Unternehmungen und intermediären Formen der Koordination unerlässlich.

Obwohl die Frage nach der geeigneten Gestaltung der Organisationsstruktur der Unternehmung im Mittelpunkt der nachfolgenden Diskussionen steht, ist daher auch die Untersuchung anderer Koordinationsmechanismen für diese Fragestellung wesentlich. Eine unternehmensübergreifende Perspektive ist insbesondere aufgrund der wirtschaftlichen Entwicklung der letzten Jahre erforderlich: Durch die sich verschärfenden Wettbewerbsbedingungen wird es zunehmend wichtiger, für die Gestaltung der Organisation Unternehmung auch andere Formen von Organisationen zu verstehen. So setzt eine aktive Gestaltung der Unternehmensumwelt die Kenntnis zwischenbetrieblicher Organisationsformen ebenso voraus wie die Kenntnis staatlicher Wirtschaftspolitik und das Verständnis der Funktionsweise von Märkten. Wir werden deshalb neben der traditionellen Innensicht bei der Gestaltung der Organisation Unternehmung auch die Außensicht berücksichtigen müssen. Daraus ergeben sich drei Betrachtungsebenen:

- Innerbetriebliche Koordination: Untersuchungsgegenstand ist hier die Innensicht der Unternehmung. In der Terminologie dieses Buches geht es somit um die Auswahl der geeigneten Koordinationsinstrumente in einer Unternehmung, also seiner Organisationsstruktur. Dies ist Gegenstand des dritten Teils dieses Buches.

- Zwischenbetriebliche Koordination: Auf dieser Betrachtungsebene geht es um die geeignete Koordination interorganisatorischer Beziehungen, wie beispielsweise Franchise-Systemen oder Joint Ventures. In der ökonomischen Literatur werden solche bilateralen Beziehungen zwischen Unternehmungen als intermediäre Organisationsformen untersucht. Sie liegen zwischen den beiden Extremen der rein hierarchischen Koordination in einer Unternehmung und der rein marktlichen Koordination auf anonymen Märkten. Die marktliche Koordination werden wir in Kapitel 3 behandeln, zwischenbetriebliche Koordinationsformen in Kapitel 4.

- Staatliche Koordination: Der Staat verändert durch politische Programme entscheidend den Handlungsspielraum von Unternehmungen. Einerseits kann er verschiedene wirtschaftspolitische Instrumente einsetzen, die zu einer Einengung des unternehmerischen Spielraums führen, wie beispielsweise Preiskontrollen oder Qualitätsstandards. Andererseits kann aber auch staatliche Politik eine Erweiterung des Handlungsspielraums von Unternehmungen implizieren, beispielsweise wenn der Staat inländische Unternehmungen subventioniert oder ausländischen Unternehmungen Einfuhrbeschränkungen auferlegt. Staatliche Politik, die die Rahmenbedingungen des Wettbewerbs zwischen Unternehmungen festlegt, wird in Abschnitt 3.3 in einigen wichtigen Grundzügen behandelt.

Bei der ökonomischen Analyse des Koordinationsproblems auf diesen drei Betrachtungsebenen werden wir aufgrund der in Kapitel 1 diskutierten Wechselwirkungen zwischen den Koordinations- und Motivationsinstrumenten immer auch den Motivationsaspekt berücksichtigen müssen. So besteht beispielsweise ein unmittelbarer Zusammenhang zwischen der Verteilung der Entscheidungskompetenzen in einer Unternehmung und den Motivationsinstrumenten, die in der Unternehmung eingesetzt werden. Die Entscheidungskompetenz eines Mitarbeiters bestimmt zum Beispiel, inwieweit er seine Kenntnisse umfassend einsetzen kann oder welches Entwicklungspotential ihm die Unternehmung bietet.

Wir werden aber auch sehen, dass die Lösung des Motivationsproblems einer Organisation entscheidend für die geeignete Lösung ihres Koordinationsproblems ist. Wenn beispielsweise die Abwicklung einer Transaktion das Vertrauen der beiden Transaktionsparteien voraussetzt – dies ist ein typisches Motivationsproblem – dann kann beispielsweise die Langfristigkeit der Beziehung eine notwendige Voraussetzung für den Aufbau von Vertrauen sein. In diesem Fall wäre also eine reine marktliche Koordination kein geeigneter Koordinationsmechanismus, da hier die Beziehung der beiden Parteien kurzfristig wäre.

Wenn wir uns daher im Folgenden auf die geeignete Organisationsstruktur zur Lösung des Koordinationsproblems einer Organisation konzentrieren, werden wir die Wechselwirkung mit dem geeigneten Anreizsystem der Organisation implizit mit berücksichtigen. Wir werden dies in zweierlei Hinsicht tun:

- Erstens werden wir bei der Frage nach der grundsätzlichen Ausrichtung des geeigneten Koordinationsmechanismus – also eher marktliche oder eher hierarchische Koordination – die Antwort auf die Frage nach der Umsetzung und Implementation der jeweiligen Koordination antizipieren und in die Bewertung einfließen lassen. Dabei werden wir aber nicht von einem spezifischen Organisationsteilnehmer und seinen individuellen Bedürfnissen und Fähigkeiten ausgehen, sondern von den ökonomischen Verhaltensannahmen.
- Zweitens werden wir insbesondere bei der Diskussion der geeigneten Koordinationsinstrumente im Rahmen der hierarchischen Koordination die Organisationsstruktur nicht vollständig bestimmen. Dies ist aufgrund der Wechselwirkungen mit der Anreizstruktur auch gar nicht möglich. Deshalb werden wir beispielsweise die Entscheidungspartizipation, also inwieweit ein Vorgesetzter seine Mitarbeiter an seiner Entscheidungsfindung beteiligt, nicht unter Koordinationsgesichtspunkten diskutieren, da dies vor allem auch ein Instrument zur Motivation der einzelnen Mitarbeiter ist und auf deren individuelle Bedürfnisse und Fähigkeiten abgestellt sein muss. Die endgültige Gestaltung der Organisati-

onsstruktur kann also erst mit der Gestaltung der Anreizstruktur vorgenommen werden.

2.3 Zwei Fallbeispiele

Im Folgenden wollen wir die Bedeutung der Koordination für die Effizienz einer Organisation anhand zweier Fallbeispiele illustrieren. Beide Beispiele kommen aus dem Bereich der Automobilindustrie, in beiden Beispielen geht es um die (Um-) Gestaltung des Entscheidungssystems: Bei General Motors stehen dabei organisatorische Maßnahmen im Vordergrund, die die Struktur der Unternehmensleitung betreffen. Das Beispiel von Toyota behandelt organisatorische Veränderungen auf der Ebene der Produktion.

2.3.1 General Motors und die multidivisionale Organisationsstruktur

Bei der Darstellung und Diskussion dieses Fallbeispiels gehen wir wie folgt vor: Wir stellen zunächst die Probleme von General Motors dar, die das Unternehmen Anfang der 20er Jahre hatte. In einem zweiten Schritt gehen wir dann auf die organisatorischen Maßnahmen ein, die General Motors zur Lösung dieser Probleme ergriff. Anschließend zeigen wir die Konsequenzen dieser Maßnahmen auf die Entwicklung des Unternehmens auf.

Ausgangssituation

In den Jahren 1920/21 steckte die General Motors Company in einer tiefen Krise. Vor allem zwei Ursachen waren dafür verantwortlich:

Zum einen hatte General Motors unternehmensinterne Probleme. Das Unternehmen hatte in der Vergangenheit verschiedene kleinere Automobilhersteller in seine Organisation integriert, ohne allerdings deren Aktivitäten zentral zu steuern. Die einzelnen Automobildivisionen, wie Buick, Cadillac, Chevrolet, Oakland und Olds, hatten somit keine gemeinsame, kohärente Marktstrategie, sie konkurrierten sogar teilweise miteinander. Ebenso war die Gestaltung von Bauteilen und die Beschaffung von Vorprodukten nicht aufeinander abgestimmt. Dadurch konnte General Motors aber mögliche Größenvorteile oder Synergien, die sich etwa bei einer divisionsübergreifenden Standardisierung von Bauteilen ergeben, nicht ausnutzen. Zudem war das Buchhaltungssystem so ineffizient, dass eine Steuerung der Divisionen anhand der jeweiligen Kosten unmöglich war. General Motors war zu dieser Zeit also im Wesentlichen eine Ansammlung einzelner Autohersteller.

Zum anderen war während der Rezession von 1920 die Nachfrage nach Automobilen in den USA drastisch gesunken. Aufgrund der fehlenden unternehmensinternen Steuerung produzierten aber die Fabrikmanager bei General Motors trotz voller Lager und drastisch sinkender Nachfrage weiterhin in großen Stückzahlen. Die Ford Motor Company, General Motors größter Konkurrent, reagierte auf diese Rezession weitaus besser. Als Antwort auf die sinkende Nachfrage nach Automobilen senkte Ford den Preis für sein Model T, den einzigen Wagen, den das Unternehmen produzierte, um 25%. Ford baute hierfür seine Kapazitäten aus und nutzte so die enormen Kostenvorteile aus, die es bei der Produktion dieses einzigen Produkts in hohen Stückzahlen hatte. General Motors konnte dieser Preispolitik Fords aufgrund seiner geringen Standardisierung in der Automobilproduktion nicht folgen.

Diese Entwicklung führte dazu, dass die Umsätze von General Motors zwischen Sommer und Herbst 1920 um 75% zurückgingen. 1921 hatte Ford seine dominante Marktstellung soweit ausgebaut, dass sein Marktanteil in den USA 55% betrug, während General Motors insgesamt nur einen Marktanteil von 11% verbuchen konnte.

Organisatorische Maßnahmen

1921 wurde Alfred Sloan stellvertretender Vorsitzender bei General Motors. Er analysierte sofort die Probleme des Unternehmens und brachte unmittelbar nach seiner Amtsübernahme radikale Veränderungen im Unternehmen in Gang. Der Ausgangspunkt seiner Überlegungen war dabei der folgende Plan: Bisher produzierte das Unternehmen vom Mittelklassewagen bis zur Luxuskarosse insgesamt sieben Automobile in verschiedenen Varianten. Damit deckte das Unternehmen zwar das mittlere und obere Preissegmente ab, stand aber in keinem direkten Wettbewerb mit Ford. Deren Model T zielte nämlich mit seiner spartanischen Ausstattung auf das untere Preissegment des Automobilmarktes. Der Plan war nun, das Monopol Fords im unteren Marktsegment mit einem alternativen preiswerten Wagen zu durchbrechen.

Das bisher günstigste Automobil von General Motors, der Chevrolet, sollte als neues Modell am oberen Ende des unteren Preissegments eingeführt werden. Das neue Modell sollte etwas teurer, dafür aber qualitativ besser als das Model T sein. So sollten nicht nur Nachfrager von Ford abgeworben, sondern auch Nachfrager der nächsthöheren Preiskategorie angezogen werden.

Es wurde hierzu ein Beratungsausschuss, eine Art 'Task Force', unter Vorsitz von Sloan gegründet, dessen Aufgabe es war, eine konsistente Strategie zur Umsetzung dieses Plans zu erarbeiten. Kernpunkt dabei war die Revision der Produktpolitik durch eine neue, segmentierte Marktstrategie: Der gesamten US-Automobilmarkt wurde zunächst in sechs Preissegmente aufgeteilt. Jede Division von General Motors wurde dann einer dieser Preissegmente zugeordnet und sollte entsprechend nur noch Wagen innerhalb dieser Preiskategorie anbieten. Chevrolet sollte so das preiswerteste Automobil herstellen, während Cadillac Luxuskarossen für das Hochpreissegment produzieren sollte.

Die Umsetzung der segmentierten Marktstrategie erforderte eine Organisationsstruktur, die einerseits der spezifischen Ausrichtung auf die einzelnen Preissegmente gerecht werden sollte und die andererseits eine Koordination ermöglichte, die die Realisierung von Größenvorteilen sicherstellen würde. So mussten beispielsweise innerhalb eines jeden Segments neue Wagen entwickelt und in jeweils separaten Automobilfabriken produziert werden sowie neue Händlerstrukturen aufgebaut und Informationen über die Kundengruppen beschafft werden. Gleichzeitig sollten aber auch z.B. Ideen zur Verbesserung von Automobilen und zur Senkung von Kosten in einzelnen Segmenten allen anderen Segmenten zugute kommen, ebenso wie F&E-Anstrengungen, Kooperationen mit Zulieferern oder die Standardisierung einzelner Komponenten segmentübergreifend koordiniert werden sollten. Sloan beschrieb hier die Ziele seiner Organisationsstruktur mit den Worten:[5]

> "The object of this study is to suggest an organization for the General Motors Corporation which will definetly place the line of authority throughout its extensive operations as well as to co-ordinate each branch of its service, at the same time destroying none of the effectiveness with which its work has hithertofore been conducted."

Die Struktur, mit der Sloan seine Strategie umsetzte, war eine multidivisionale Organisation mit einer starken zentralen Führung:

- Für jedes Segment wurde ein Unternehmensbereich, eine sogenannte Division, geschaffen, die den jeweiligen Wagen für dieses Segment produzieren und verkaufen sollte. Die Leiter der einzelnen Divisionen besaßen dabei bezüglich des operativen Geschäfts umfassende Autonomie und Verantwortung. Jede Division wurde daher in jeder Funktion so ausgestaltet, dass keine Abhängigkeiten zwischen einzelnen Divisionen entstanden.
- Zusätzlich wurde ein Zentralbereich eingerichtet. Dieser war zum einen für die Überwachung und Bewertung der einzelnen Divisionsergebnisse zuständig, zum anderen war er für die Planung der Gesamtstrategie des Unternehmens und für die Koordination divisionsübergreifender Aktivitäten verantwortlich, wie beispielsweise für Forschungs- und Entwicklungsaufgaben oder rechtliche und finanzielle Aufgaben. Hierzu mussten insbesondere neue Kommunikationswege zwischen den Divisionen und der zentralen Führung geschaffen werden, so dass ein sinnvoller Datenfluss durch diese Kanäle sichergestellt werden konnte.

Konsequenzen

Henry Ford stand der Reorganisation von General Motors äußerst skeptisch gegenüber. Er legte in seinem Unternehmen Wert darauf, dass er über jede wichtige Entscheidung informiert war und glaubte, dass der Informationsfluss innerhalb der neuen Organisationsstruktur von General Motors viel zu langsam laufen würde.

Tatsächlich gelang es General Motors aber durch die explizite Definition der Aufgaben der Zentralabteilung und der einzelnen Divisionen sowie deren Beziehungen zueinander, seine Ressourcen in den einzelnen Bereichen des Unternehmens umfassend zu nutzen und miteinander zu verzahnen. In den kommenden Jahren entwickelte sich General Motors somit zu einem überlegenen Konkurrenten von Ford. Zwischen 1927 und 1937 machte das Unternehmen über 2 Milliarden Dollar Gewinn, während Ford Verluste in Höhe von 200 Millionen Dollar zu verzeichnen hatte. Bis zum Jahr 1940 wuchs der Marktanteil von General Motors auf 45%, während der frühere Marktführer Ford auf 16% zurückfiel.

Darüber hinaus legte die Reorganisation von General Motors die Grundlage für eine Diversifikation des Produktangebots, das in den Folgejahren von Lastkraftwagen bis zu Küchengeräten reichte. Die multidivisionale Form wurde so zu einer

Standardform der Koordination unternehmerischer Aktivitäten, die auch andere Unternehmen aufgriffen, um immer breitere Produktpaletten anzubieten.

2.3.2 Toyota und das Just-in-time Produktionssystem

Auch bei der Darstellung und Diskussion dieses Fallbeispiels stellen wir zunächst die Probleme vor, mit denen sich Toyota Anfang der 50er Jahre konfrontiert sah. Die organisatorischen Maßnahmen, die das Unternehmen zur Lösung dieser Probleme ergriff, werden in einem zweiten Schritt dargestellt. In einem letzten Schritt zeigen wir dann die Entwicklung des Unternehmens in den nachfolgenden Jahren auf.

Ausgangssituation

Die gesamte japanische Automobilindustrie war in den ersten Jahren nach 1945 in einer äußerst kritischen Situation: Der Krieg war zu Ende und die Unternehmen mussten ihre Produktion von LKW für die japanische Armee einstellen. Zwar waren die Produktionsanlagen nach dem Krieg noch weitgehend intakt, so dass die Unternehmen ihre Produktion auf die Herstellung von kleinen Automobilen und LKW für private Nutzer und Firmen umstellen konnten. Aber aufgrund von Beschränkungen der alliierten Besatzung, der Knappheit von Fertigungsmaterialien und fehlendem Kapital war die Produktion dennoch nahezu zum Erliegen gekommen. So produzierte im Jahre 1950 die gesamte japanische Automobilindustrie nur 30.000 Fahrzeuge; damals die Produktionsmenge von $1\frac{1}{2}$ Tagen in den USA.

Die Toyota Motor Company war zu dieser Zeit ein kleiner Automobilhersteller, der nur auf dem beschränkten japanischen Markt tätig war. In ihrem 13jährigen Bestehen bis 1950 produzierte das Unternehmen gerade einmal 2.685 PKW und im Jahre 1951 belief sich die Produktion auf 3.572 Wagen. Im Vergleich dazu lieferte Ford zu dieser Zeit etwa 7.000 Fahrzeuge an einem einzigen Tag aus. Neben der Produktion von PKW stellte Toyota aber vor allem LKW her: Mit 12.422 Nutzfahrzeugen im Jahr 1951 war Toyota im Wesentlichen ein LKW-Produzent.

Durch die im Vergleich zu den großen US-amerikanischen Automobilherstellern verschwindend kleinen Produktionsmengen lag die Produktivität bei Toyota weit unter der in Amerika. 1951 lag beispielsweise bei Toyota die Produktivität bei 2 Autos pro Mitarbeiter im Jahr. Im Unterschied dazu konnten die US-Unternehmen aufgrund der sehr viel größeren Produktionsmengen Größenvorteile und Synergien in der Produktion nutzen. Zudem hatten die amerikanischen Automobilhersteller seit vielen Jahren ein Massenproduktionssystem eingeführt und systematisch verbessert. Die Produktivität eines japanischen Arbeiters lag somit insgesamt um das acht- bis neunfache unter der eines amerikanischen Arbeiters. Trotz der vergleichsweise viel geringeren Lohnkosten in Japan hatte Toyota daher deutlich höhere Produktionskosten als die amerikanische Konkurrenz.

Organisatorische Maßnahmen

Wie viele andere japanische und europäische Automobilhersteller versuchte zunächst auch Toyota, die fortschrittliche amerikanische Massenproduktion zu imitieren. Unter der Führung von Eiji Toyoda und Taiichi Ohno erkannte man bei Toyota aber sehr schnell, dass eine bloße Imitation des amerikanischen Systems nicht ausreichen würde, um konkurrenzfähig zu sein. Allerdings offenbarte die intensive Auseinandersetzung mit dem amerikanischen Produktionssystem auch deren Schwächen. Zwei grundsätzliche Nachteile des Systems der Massenproduktion konnten Toyoda und Ohno hier identifizieren:

- Zum einen war es im Grunde nur das Endfertigungsband, bei dem ein kontinuierlicher Prozessfluss verwirklicht wurde. Die geringen Kosten bei der Fertigung einzelner Komponenten waren nur durch die Ausnutzung von Größenvorteilen in der Produktion möglich. Das bedeutete aber, dass Einzelteile zunächst in großen Stückzahlen gefertigt und dann auf Lager gelegt werden mussten.
- Zum anderen konnte ein System der Massenproduktion nur unzureichend die Wünsche der Konsumenten befriedigen. Aufgrund der Standardisierung war hier nur eine eingeschränkte Produktdiversifikation möglich. Dies führte beispielsweise dazu, dass Ford von General Motors als weltweit größter Automobilhersteller abgelöst wurde.

Toyoda und Ohno begannen unverzüglich mit der Entwicklung eines alternativen Produktionssystems, das diese Schwächen der amerikanischen Massenproduktion beheben sollte und gleichzeitig den japanischen Anforderungen bezüglich Produktionsumfang und Arbeitsweise gerechter werden sollte. Zwei Ziele sollten erfüllt werden: Einerseits sollte im Idealfall vollständig auf die Verwendung von Lager verzichtet werden. Der Fertigungsfluss amerikanischer Endmontagebänder sollte hier innerhalb des gesamten Produktionsprozesses umgesetzt werden, um durch die reduzierte Lagerhaltung die Produktionskosten zu senken. Andererseits sollte die Herstellung vieler Modelle in kleiner Stückzahl ermöglicht werden.

Eine der bekanntesten Innovationen von Toyota war die Entwicklung des 'Just-in-time' (JIT) Fertigungssystems. 'Just-in-time' bedeutet, dass in einem Fließverfahren die benötigten Teile zur rechten Zeit in der benötigten Menge am Fließband ankommen. Ein Unternehmen, das diesen Teilefluss durchgehend praktiziert, kann sich einem idealen Lagerbestand von Null annähern. Das Problem besteht allerdings darin, bei Produkten mit einer Vielzahl einzelner Arbeitsgänge, wie z.B. bei Autos, einen derart koordinierten Teilefluss zu erreichen. Bei der Synchronfertigung, wie sie in den USA verwirklicht wurde, erteilt eine Zentralinstanz den einzelnen Stellen jeweils Aufträge und wartet dann auf Rückmeldung. Dabei wird Material in einem Arbeitsgang zu einem Teil verarbeitet, dann mit weiteren Komponenten zusammengesetzt und schließlich zum Endmontageband transportiert. Die Koordination zwischen den Stellen, d.h. von einer vorgelagerten zu einer nachgelagerten Stufe, wird von der Zentralinstanz vorgenommen. Das hierbei zugrundeliegende Produktivitätskonzept lautet: Je mehr Teile ein Arbeiter fertigt, desto besser.

Dem JIT-Fertigungssystem liegt dagegen ein 'Pull'-Konzept zugrunde, bei dem der Materialfluss von der Endmontage her gesteuert wird: Ein nachgelagerter Arbeitsgang entnimmt bei einem vorgelagerten nur das gerade benötigte Teil in der benötigten Menge zum benötigten Zeitpunkt, ähnlich wie in einem Supermarkt. Der vorgelagerte Arbeitsgang stellt aber nur die entnommene Menge des Teils her. Zur Koordination dieses 'Just-in-time'-Teileflusses implementierten Toyoda und Ohno das sogenannte 'Kanban-System'. Die notwendige Kommunikation zwischen den einzelnen Arbeitsgängen wird über kanban (japanisch für Schildchen) geregelt, die die im Transport befindlichen Einzelteile über den Produktionsweg begleiten und den Arbeitern oder externen Zulieferern signalisieren, in welchen Mengen Komponenten benötigt werden.

Die Abschaffung großer Zwischenlager führte dazu, dass Puffer bei Unterbrechungen im Produktionsprozess fehlten. Als Konsequenz musste Toyota eine umfassende Verbesserung der Zuverlässigkeit im gesamten Produktionsprozess vornehmen. Dies bedeutete ein Qualitätsmanagement, bei dem Defekte sofort aufgedeckt wurden. Ein positiver Effekt in dieser Hinsicht hängt unmittelbar mit dem 'Pull'-Konzept zusammen: Die Arbeiter, die sich ihre Teile von einer vorgelagerten Stufe holen, können diese sofort auf Fehler untersuchen und so eine Vielzahl von Qualitätsprüfern überflüssig machen. Ein weiteres Mittel zur Verbesserung der Produktionsqualität und damit zur Minimierung von Verschwendung war Toyotas Einführung der sogenannten 'autonomen Automation' oder 'autonomation'. Dabei wurde fast jede Maschine mit einem Gerät ausgestattet, das die Produktion schon bei kleinen Unregelmäßigkeiten automatisch anhält und die Massenproduktion fehlerhafter Teile verhindert. Autonome Automation verändert auch die Art der Aufsicht über die Maschinen: Bei Normalbetrieb wird kein Maschinenbediener benötigt, sondern nur dann, wenn die Produktion wegen einer Unregelmäßigkeit unterbrochen wird. Folglich kann die Anzahl der Arbeiter reduziert und die Produktivität erhöht werden. Auf diese Weise wurde Toyota schon in den 60er Jahren zu einem Weltführer in der Benutzung von Industrierobotern.

Ein weiterer Aspekt der autonomen Automation ist, dass Fehler in den Mittelpunkt der Aufmerksamkeit gerückt werden und so nach optimalen Lösungen gesucht werden kann. Dieser Gedanke führte bei Toyota zu der Erweiterung, dass bei manuell betriebenen Fließbändern die Arbeiter bei einer Unregelmäßigkeit das Band selbst anhalten sollten.

Die Notwendigkeit, Produktionsunterbrechungen schnell zu beseitigen, führte bei Toyota dazu, dass Mitarbeiter geschult wurden, Reparaturen und Wartungsarbeiten selbst durchzuführen. Dagegen erforderten in der US-amerikanischen Automobilindustrie solche Aufgaben Spezialisten. Bei Maschinenschäden stand der Arbeiter unproduktiv herum bis der Spezialist erschien und die Maschine wieder reparierte.

Ein anderer Faktor in der Organisation von Toyota war die Koordination mit seinen externen Zulieferen. Amerikanische Hersteller, wie General Motors, waren hochgradig vertikal integriert. Es wurden hohe Stückzahlen gleicher Komponenten produziert, die dann in verschiedenen Modellen eingesetzt wurden, so dass sich erhebliche Skaleneffekte realisieren ließen. Die geringeren Stückzahlen bei den Modellreihen von Toyota und die geringe Kapitalausstattung machte es unmöglich, alle Komponenten kostengünstig herzustellen. Damit war Toyota in besonderem Maße, gerade in Hinblick auf sein Just-in-time-Konzept, auf seine Zulieferfirmen angewiesen. Während die amerikanischen Automobilhersteller eine Vielzahl von Zulieferfirmen beschäftigten, um einen Preiswettbewerb zu induzieren, entschied sich Toyota bei der Fremdvergabe von Aufträgen für langfristige Verträge mit wenigen Firmen. Dies erleichterte die Kommunikation und steigerte die Bereitschaft der Zulieferer, die Risiken spezifischer Investitionen in Toyotas Bedarf zu tragen. Toyota war durch seine fehlenden Pufferlager darauf angewiesen, in besonderem Maß auf seine Zulieferfirmen Einfluss zu nehmen und auch dort die Prozesse zu verbessern.

All diese Maßnahmen reduzierten zum einen die Anzahl der Unterbrechungen in der Fließfertigung bei Toyota und verbesserten gleichzeitig auch die Zuverlässigkeit der Endprodukte.

Konsequenzen

International fand das neue Produktionssystem von Toyota zunächst wenig Resonanz. Dies änderte sich erst 1973, als die Ölkrise zu einer weltweiten Rezession führte. Im Vergleich zu anderen Unternehmen war Toyota sehr viel besser in der Lage, seine Gewinne relativ zu den ausländischen Konkurrenten aufrechtzuerhalten, auch wenn diese nominal aufgrund der Rezession schrumpften.

Die Überlegenheit des japanischen Produktionssystems gegenüber dem amerikanischen ergab sich dabei unmittelbar als Folge des niedrigen Wirtschaftswachstums: Bei der sinkenden Nachfrage nach Automobilen kam den Größenvorteilen, die mit dem amerikanischen Massenproduktionssystem verbunden waren, eine immer geringere Bedeutung zu. Dadurch reduzierten sich aber auch die Produktionskostenvorteile dieses Systems. Erschwerend kam hinzu, dass die Kundenbedürfnisse immer vielfältiger wurden. Die Automobilkäufer achteten hier verstärkt darauf, dass ein neuer Wagen auch ihre individuellen Anforderungen erfüllte. Auf beide Veränderungen konnte das System von Toyota sehr viel besser reagieren, da es ja grundsätzlich darauf ausgelegt war, eine große Varianz an Produkten in jeweils kleiner Stückzahl wirtschaftlich herzustellen.

Seit einer Reihe von Jahren gilt Toyota als der Primus der weltweiten Automobilindustrie, wenn man Kriterien wie Umsatz, Marktanteil, Wachstum, Gewinn, Qualität und Breite des Produktangebotes, das durchschnittliche Alter der Produkte, Stand der eingesetzten Technologie, die Präsenz auf den Weltmärkten durch Vertriebsorganisationen, Produktionswerke und Entwicklungsstätten sowie die Anzahl der Mitarbeiter heranzieht. Teilkomponenten des Produktionssystems von Toyota wurden seit den späten 70er Jahren in den USA und Europa von einer Vielzahl von Automobilunternehmen übernommen.

Das von Toyota ausgegebene Ziel, größter Automobilproduzent weltweit zu werden, ist mittlerweile erreicht. So konnte das Unternehmen bereits im Jahre 1990 einen Weltmarktanteil von über 10% verbuchen und 1991 eine Produktivität von ca. 64,3 Fahrzeuge pro Mitarbeiter aufweisen. Seit Anfang 2007 hat Toyota mit 2,367 Millionen produzierten und 2,348 Millionen abgesetzten Fahrzeugen im ersten Quartal erstmals den bisherigen Branchenprimus General Motors überholt.

2.4 Anhang: Die klassischen Theorien der Organisation

Folgt man der Untersuchung von Scott (1961), dann kann die Vielzahl der Organisationstheorien entsprechend ihrer historischen Entwicklung in drei Phasen gliedert werden: klassische, neoklassische und moderne Organisationstheorien. Im Folgenden stellen wir die drei klassischen Ansätze der Organisationstheorie vor, die in ganz unterschiedlichen Ländern Anfang dieses Jahrhunderts entwickelt wurden: der physiologischer Ansatz in den USA, der administrative Ansatz in Frankreich und der bürokratische Ansatz in Deutschland.

Physiologischer Ansatz

Die Arbeiten Frederick W. Taylors (1903; 1911) gelten als der Ausgangspunkt der wissenschaftlichen Auseinandersetzung mit Fragen der Arbeitsorganisation, die sich gegen Ende des 19. Jahrhunderts mit zunehmender Bedeutung industrieller Massenproduktion in den Unternehmungen stellten: Zwar konnten durch den technischen Fortschritt die Ausbringungsmengen an Zwischen- und Endprodukten in den Fabriken erheblich gesteigert werden, jedoch wurde die Produktivität durch eine ineffiziente Arbeitsorganisation drastisch eingeschränkt. Die Folge waren nicht ausgelastete Maschinen, anwachsende Läger oder nicht eingehaltene Liefertermine.

Die Lösung solcher Organisationsprobleme sah Taylor in einer Wissenschaftlichen Betriebsführung, dem 'Scientific Management'. Dabei ging es Taylor weniger um die Organisation als Ganzes, sondern vielmehr um die Analyse und Gestaltung konkreter Arbeitsläufe in der Produktion. Die Erfassung exakter Prinzipien zum rationellen Einsatz von Menschen und Maschinen in der Produktion stand also im Mittelpunkt des Ansatzes von Taylor. Sein Ziel war es, dass

> "under scientific management the 'initiative' of the workman (that is, their hard work, their good-will, and their ingenuity) is obtained with absolute uniformity and to ... daily work ... upon the men." (1911, S.36)

Ausgangspunkt der Überlegungen von Taylor war somit das von Adam Smith vorgeschlagene Prinzip der Arbeitsteilung, das er im Hinblick auf die rationale Arbeitsteilung und einen optimalen Arbeitsvollzug in zweierlei Weise anwendete: Zur Nutzung von Spezialisierungsvorteilen wurden zunächst ausführende Tätigkeiten konsequent von Planungs- und Kontrollfunktionen getrennt. Aufgabe des Managements war die Arbeitsplanung und -kontrolle, wohingegen sich die Arbeiter auf die Ausführung der geplanten Arbeitsverrichtungen konzentrieren sollten. Diese konsequente Trennung von Planung und Ausführung setzte eine systematische Gestaltung der Arbeitsabläufe der einzelnen Arbeiter voraus. Um auch hier die Vorteile der Arbeitsteilung zu nutzen, entwickelte Taylor Methoden und Kriterien zur Zerlegung von Arbeitsprozessen in ihre elementaren Bestandteile. Mit Hilfe von Arbeitszeit- und Arbeitsleistungsmessungen versuchte er dann, für jede dieser Elementartätigkeiten die zweckmäßigste Durchführung zu ergründen. Von der planvollen Kombination dieser Elementartätigkeiten zu Aufgabeneinheiten versprach sich Taylor enorme Effizienzsteigerungen im Produktionsprozess.

Dieses Kernprinzip seines Ansatzes verfeinerte Taylor durch weitere Prinzipien der Organisationsgestaltung. So schlug er vor, das Prinzip der Arbeitsteilung und die damit verbundenen Spezialisierungsvorteilen auch auf der Ebene des Managements umzusetzen: Die Leitung in den Betrieben sollte aus mehreren Werkmeistern bestehen, die über das erforderliche Spezialwissen ihrer jeweiligen Funktion verfügten. Neben einem 'Zeitmeister' sollten beispielsweise ein 'Instandhaltungsmeister' und ein 'Materialmeister' fungieren. Taylor entwickelte daraus ein System der Mehrfachunterstellung, das Funktionsmeistersystem: Jeder Arbeiter war gleichzeitig mehreren Funktionsmeistern unterstellt, die jeweils für ihr Aufgabengebiet verantwortlich waren und Weisungsbefugnis hatten.

Auch für die Gestaltung von Motivationsinstrumenten hatte die konsequente Arbeitsteilung im Produktionsprozess weitreichende Konsequenzen: Durch die Bildung von Aufgabeneinheiten, die jedem Arbeiter spezifische Tätigkeiten zuordneten, konnten zum einen die Arbeitsergebnisse unmittelbar kontrolliert werden. Die Arbeitsteilung und Spezialisierung ermöglichten somit auch eine effiziente Kontrolle der Arbeiter. Zudem konnte durch die Vorgabe von Arbeitszeiten für die Ausführung einer Arbeitseinheit ein Leistungslohn in Form eines Akkordlohns eingeführt werden. So ließen sich hohe Löhne bei gleichzeitig geringen Stückkosten realisieren. Darüber hinaus waren aufgrund der Arbeitsteilung die Anforderungen des einzelnen Arbeitsplatzes so genau spezifiziert, dass eine systematische Auswahl von Arbeitern ensprechend diesen Anforderungsprofilen vorgenommen werden konnte. Daher konnten auch ungelernte Arbeiter nach kurzer Anleitung im Produktionsprozess eingesetzt werden.

Administrativer Ansatz

Als herausragender Vertreter des administrativen Ansatzes gilt der französische Ingenieur Henry Fayol, der in seinem Buch 'Adminstration industrielle et générale' 1918 seine Überlegungen zur Gestaltung von Organisationen systematisierte. Im Gegensatz zu Taylor stand bei Fayol nicht die ausführende Arbeit der Angestellten und Arbeiter im Mittelpunkt, sondern diejenige der leitenden Führungskräfte, (1916, S.19):

> "La fonction administrative n'a pour organe et pour instrument que le corps social. Tandis que les autres fonctions mettent en jeu la matière et les machines, la fonction administrative n'agit que sur le personnel.
> La santé et le bon fonctionnement du corps social dépend d'un certain nombre de conditions que l'on qualifie à peu près indifféremment de principes, de lois ou de régles. J'emploierai de préférence le mot 'principes' en le dégageant de toute idée de rigidité. Il n'y a rien de rigide ni d'absolu en matière administrative; tout y est question de 'mesure'. On n'a presque jamais à appliquer deux fois le même principe dans des conditions identiques: il faut tenir compte des circonstances diverses et changeantes, des hommes également divers et changeants et de beaucoup d'autres éléments variables."

Fayol unterscheidet fünf Hauptaufgaben des Managements:

(1) Planung (prévoir)
(2) Organisation (organiser)
(3) Koordination (coordonner)

(4) Befehl (commander)

(5) Kontrolle (contrôler)

Unter Planung versteht Fayol dabei die Prognose der Zukunft und die Erarbeitung eines entsprechenden Handlungsplans für die Unternehmung. Organisation heisst dann die Gestaltung einer Organisationsstruktur, insbesondere im Hinblick auf die Entscheidungssystem der Unternehmung. Die Koordination hat die Funktion, die vielfältigen Aufgaben und Ressourcen in einer Unternehmung örtlich, zeitlich und sachlich in einen harmonischen Gesamtzusammenhang zu bringen. Durch Befehle soll dann die erfolgreiche Umsetzung dieses Koordinationsplans ereicht werden. Kontrollen sollen dann in Form von Überprüfung und Korrekturmaßnahmen garantieren, dass die einzelnen Mitarbeiter konform mit den aufgestellten Regeln und Befehlen handeln.

In seinen Ausführungen ging es Fayol somit vor allem um den Entwurf einer allgemeinen Organisationsstruktur nach logisch-technischen Gesichtspunkten. Die Implementierung dieser Struktur musste dann in einem anschließenden Schritt durch die möglichst reibungslose Integration der Mitarbeiter erreicht werden. Zur Unterstützung der Managementfunktionen formulierte Fayol dabei Handlungsanweisungen, die er als 'Managementprinzipien' verstanden wissen wollte, (1916, S.20ff): "Je vais passer en revue quelques-uns des principes d'administration que j'ai eu le plus souvent à appliquer:

(1) La division du travail (Arbeitsteilung): La division du travail a pour but d'arriver à produire plus et mieux avec le même effort.

(2) L'autorité (Autoriät und Verantwortung): L'autorité, c'est le droit de commander et le pouvoir de se faire obéir. ... La responsabilité est un corollaire de l'autorité, sa conséquence naturelle, sa contrepartie nécessaire. Partout où une autorité s'exerce, une responsabilité prend naissance.

(3) La discipline (Disziplin): La discipline, c'est essentiellement l'obéissance, l'assiduité, l'activité, la tenue, les signes extérieurs de respect réalisés conformément aux conventions établies entre l'entreprise et ses agents.

(4) L'unité de commandement (Einheit der Auftragserteilung): Pour une action quelconque, un agent ne doit recevoir des ordres que d'un seul chef.

(5) L'unité de direction (Einheit der Leitung): Ce principe a pour expression: Un seul chef et un seul programme pour un ensemble d'opérations visant le même but.

(6) La subordination des intérêts particuliers à l'intérêt général (Unterordnung der individuellen Interessen unter das Unternehmensziel): Ce principe rappelle que, dans une entreprise, l'intérêt d'un agent, ou d'un groupe d'agents, ne doit pas prévaloir contre l'intérêt de l'entreprise.

(7) La rémunération (Entlohnung): La rémunération du personnel est le prix du service rendu.

(8) La centralisation (Zentralisierung): Comme la 'division du travail' la centralisation est un fait d'ordre naturel. ... Du caractère du chef, de sa valeur, de la valeur des subordonnés et aussi des conditions de l'entreprise, dépend la part d'initiative qu'il convient de laisser aux intermédiares.

(9) La hiérarchie (Hierarchie): La hiérarchie est la série de chefs qui va de l'autorité supérieure aux agents inférieurs.

(10) L'ordre (Ordnung): On connaît la formule de l'ordre matériel: Une place pour chaque chose et chaque chose à sa place. La formule de l'ordre social est identique: Une place pour chaque personne et chaque personne à sa place.

(11) L'équité (Gleichheit): Pour que le personnel soit encouragé à apporter dans l'exercice de ses fonctions toute la bonne volonté et le dévouement dont il est capable, il faut qu'il soit traité avec bienveillance, l'équité résulte de la combinaison de la bienvaillance avec la justice.

(12) La stabilité du personnel (Stabilität in der Anstellung): Il faut du temps à un agent pour s'initier à une fonction nouvelle et pour arriver à la bien remplir – en admettant qu'il soit pourvu des aptitudes nécessaires.

(13) L'initiative (Initiative): L'initiative de tous, venant s'ajouter à celle du chef et, au besoin, la suppléer, est une grande force pour les entreprises.

(14) L'union du personnel (Einigkeit der Belegschaft): L'union fait la force."

Bürokratischer Ansatz

Der bürokratische Ansatz wurde maßgeblich von dem Soziologen Max Weber in seiner Arbeit 'Wirtschaft und Gesellschaft' 1921 entwickelt. Im Unterschied zu den Ansätzen von Taylor und Fayol ging es Weber in seinen Ausführungen dabei nicht um die Entwicklung von Prinzipien zur geeigneten Gestaltung von Organisationen. Vielmehr galt sein zentrales Interesse der Entstehung und Funktionsweise der großen Organisationen, die sich zu Anfang des 20. Jahrhunderts immer stärker herausbildeten: Mit welchen Mechanismen konnten diese Organisationen trotz ihres immensen Wachstums die Unüberschaubarkeit des Handelns aller Organisationsmitglieder überwinden und deren Koordination und Zielgerichtetheit sicherstellen?

Von entscheidender Bedeutung war für Weber dabei die Frage, wie man den Gehorsam der einzelnen Organisationsmitglieder gewährleisten kann. Weber stellt dabei auf den Begriff der Herrschaft ab, den er als "die Chance, für spezifische (oder: für alle) Befehle bei einer angebbaren Gruppe von Menschen Gehorsam zu finden" (1921, S.122) definiert. Die Bereitschaft, Herrschaft zu akzeptieren, hängt davon ab, inwieweit die Basis eines Befehls für legitim gehalten wird. Den Gehorchenden unterstellt Weber dabei einen 'Legitimitätsglauben', der auf drei verschiedenen Typen legitimer Herrschaft basieren kann: der traditionellen, charismatischen oder legalen Herrschaft. Während sich die Legitimation der ersten beiden Herrschaftstypen auf die geltende Tradition bzw. auf einen charismatisch qualifizierten Führer bezieht, beruht die legale Herrschaft "auf dem Glauben an die Legalität gesetzter Ordnung und des Anweisungsrechts der durch sie zur Ausübung der Herrschaft Berufenen" (1921, S.124). Legale Herrschaft hat demnach 'rationalen Charakter' in dem Sinne, dass sie auf rational geschaffenen, nachvollziehbaren Regeln besteht. Der reinste Typus legaler Herrschaft ist nach Weber die Bürokratie – jene Herrschaftsform, welche die wirksamste Herrschaftsausübung gewährleistet.

Seine Erklärung für den außerordentlichen Erfolg der Großorganisationen in den industriellen Gesellschaften beruht nun auf deren bürokratischen Strukturen: Die durch sie geschaffene Ordnung in Form der Organisationsstruktur und die Anerkennung dieser Ordnung durch die einzelnen Organisationsmitglieder ermögliche erst die Bewältigung der immensen Koordinationsprobleme, die sich in den Großorganisationen stellten:

"Der entscheidende Grund für das Vordringen der bürokratischen Organisation war von jeher ihre rein technische Überlegenheit über jede andere Form. Ein voll entwickelter bürokratischer Mechanismus verhält sich zu diesen genau wie eine Maschine zu den nicht mechanischen Arten der Gütererzeugung. Präzision, Schnelligkeit, Eindeutigkeit, Aktenkundigkeit, Kontinuierlichkeit, Diskretion, Einheitlichkeit, straffe Unterordnung, Ersparnisse an Reibungen, sachlichen und persönlichen Kosten sind bei streng bürokratischer, speziell: monokratischer Verwaltung durch geschulte Einzelbeamte gegenüber allen kollegialen oder ehren- und nebenamtlichen Formen auf das Optimum gesteigert." (1921, S.561f)

Der Idealtypus einer bürokratischen Organisation ist nach Weber durch eine Reihe von Merkmalen gekennzeichnet. Im Hinblick auf die Anreizstruktur sind hier z.B. die Lebenslänglichkeit der Stellung, eine fixierte Laufbahn oder eine 'standesgemäße' Entlohnung. Die wesentlichen Elemente der Organisationsstruktur drücken sich in Folgendem aus (1921, S.551f):

(1) Arbeitsteilung: "Es besteht das Prinzip der festen, durch Regeln ... generell geordneten behördlichen Kompetenzen, d.h. 1. Es besteht eine feste Verteilung der für die Zwecke des bürokratisch beherrschten Gebildes erforderlichen, regelmäßigen Tätigkeiten als amtliche Pflichten; 2. Die für die Erfüllung dieser Pflichten erforderlichen Befehlsgewalten sind ebenfalls fest verteilt und in den ihnen etwa zugewiesenen ... Zwangsmitteln durch Regeln fest begrenzt". Diese Arbeitsteilung ist jedoch nicht an den jeweiligen Amtsinhaber geknüpft, sondern an das Amt selbst (Unpersönlichkeit).

(2) Hierarchie: "Es besteht das Prinzip der Amtshierarchie und des Instanzenzuges, d.h. ein fest geordnetes System von Über- und Unterordnung". Die Aktivitäten unterer Instanzen werden von der übergeordneten Instanz koordiniert. Dabei zeichnen sich letztere nicht nur durch mehr Kompetenzen aus, sie verfügen auch über eine höhere Qualifikation, da diese ausschlaggebend für die Stellenbesetzung ist.

(3) Aktenmäßigkeit: "Die moderne Amtsführung beruht auf Schriftstücken (Akten), welche in Urschrift oder Konzept aufbewahrt werden". Die Aufgabenerfüllung ist schriftlich festzuhalten und aufzubewahren. Die Kommunikation zwischen den Organisationsmitgliedern ist an den Dienstweg gebunden und hat in der Regel schriftlich zu erfolgen.

(4) Regelbindung: "Die Amtsführung ... erfolgt nach generellen, mehr oder minder festen und mehr oder minder erschöpfenden, erlernbaren Regeln". Darin sind die Kompetenzen und Verfahren zur individuellen Aufgabenerfüllung definiert sowie Bestimmungen über den Dienstweg, die zulässigen Kommunikationswege, fixiert.

2.5 Zusammenfassung

Der einzelne Teilnehmer einer Organisation muss neben den Tätigkeiten, die er im Sinne des Organisationsziels ausführen soll, immer auch Entscheidungen treffen. Da zudem seine durchzuführenden Tätigkeiten das Resultat von vorgelagerten Entscheidungen sind, können wir eine Organisation als System von Entscheidungen verstehen.

Die beiden Grundbausteine der Organisation rücken dabei das individuelle und organisatorische Entscheidungsverhalten in den Mittelpunkt der Untersuchung: Individuelles Entscheidungsverhalten bezeichnet die Art und Weise, wie der einzelne Organisationsteilnehmer seine Entscheidungen trifft. Organisatorisches Entscheidungsverhalten bezieht sich auf das aggregierte Verhalten, das aus der Arbeitsteilung bei der Lösung eines komplexen Entscheidungsproblems resultiert. Arbeitsteilung kann dabei durch Strukturierung und Segmentierung erfolgen: Bei der Strukturierung wird ein Entscheidungsproblem in mehrere Teilprobleme zerlegt, die sequentiell von verschiedenen Entscheidungsträgern analysiert werden können. Bei einer Segmentierung wird ein Entscheidungsproblem in mehrere, simultan analysierbare Teilprobleme zerlegt, die dann verschiedenen Entscheidungsträgern zugewiesen werden.

Je nach Zerlegung des Entscheidungsproblems ergeben sich unterschiedliche Interdependenzen zwischen den Entscheidungsträgern: Sequentielle Interdependenzen liegen vor, wenn die Entscheidungsträger ihre Teilentscheidungen sequentiell durchführen, so dass die vor- und nachgelagerten Entscheidungsträger bei ihren Teilentscheidungen voneinander abhängig sind. Bei simultanen Interdependenzen trifft hingegen jeder Entscheidungsträger seine Teilentscheidungen in Unkenntnis der Entscheidungen der anderen Entscheidungsträger, so dass keiner sein Handeln unmittelbar auf das Handeln des anderen konditionieren kann.

Da sich a priori nicht exakt voraussagen lässt, wie sich ein Organisationsteilnehmer in einer Interaktion verhalten wird, besteht eine strategische Unsicherheit hinsichtlich seines Verhaltens. Berücksichtigt er das Verhalten anderer Parteien in seinem eigenen Entscheidungsprozess, sprechen wir von strategischem Entscheidungsverhalten.

Vier Problemtypen können aufgrund des strategischen Handelns eines Organisationsteilnehmers entstehen: Die Probleme der adversen Selektion und des moralischen Risikos bestehen in Situationen mit asymmetrischer Information, in denen eine Partei über mehr Informationen verfügt als die anderen Parteien und diesen Informationssprung zu ihrem eigenen Vorteil ausnutzt. Die Probleme des Holdup sowie des Wortbruchs treten hingegen auch in Situation mit symmetrischer Information auf, wenn der Entscheidungsspielraum der Parteien nicht im Vorfeld der Interaktion vollständig festgelegt wird.

Für die Koordination ökonomischer Aktivitäten innerhalb einer Organisation steht eine Vielzahl von Organisationsstrukturen zur Verfügung. Zwei alternative Koordinationsmechanismen können hier grundlegend unterschieden werden: Bei der reinen marktlichen Koordination regeln Preise als Koordinationsinstrument die Aktivitäten der Beteiligten. Diese entscheiden autonom und unabhängig voneinander. Bei der reinen hierarchischen Koordination dient die Anweisung als Koordinationsinstrument. Eine übergeordnete Partei steuert damit die Entscheidungen der ihr nachgeordneten Parteien. Neben der reinen marktlichen und hierarchischen Koordination gibt es eine Vielzahl intermediärer Koordinationsformen, die sowohl marktliche als auch hierarchische Elemente besitzen.

Für die Lösung des Koordinationsproblems sind zwei Aspekte von Bedeutung: Durch das Entscheidungssystem wird festgelegt, welches Tätigkeitsspektrum jeder Organisationsteilnehmer besitzt und welche Entscheidungsautonomie er bei der Durchführung seiner Tätigkeiten hat. Das Informations- und Kommunikationssystem regelt, wie die Kooperation zwischen den einzelnen Organisationsteilnehmern gestaltet ist.

Die beiden grundlegenden Mechanismen der marktlichen und hierarchischen Koordination bestimmen dabei die jeweils extremen Ausprägungen des Entscheidungssystems bzw. des Informations- und Kommunikationssystems. Bei der reinen marktlichen Koordination liegen ein dezentrales Entscheidungssystem und eine dezentrale Informationsverarbeitung vor. Die reine hierachische Koordination ist hingegen durch ein zentrales Entscheidungssystem und eine zentrale Informationsverarbeitung charakterisiert. Bei intermediären Koordinationsformen bestimmt der Grad der Entscheidungsautonomie der einzelnen Organisationsteilnehmer sowie der Umfang, in dem diese ihr spezifisches Wissen nutzen können, das Entscheidungssystem bzw. Informations- und Kommunikationssystem.

2.6 Literaturhinweise

Ein differenziertes Modell des organisatorisches Entscheidungsverhalten auf der Basis der eingeschränkten Rationalität wurde von Cyert und March (1963) entwickelt. Grundlegend hierfür sind auch die Arbeiten von Barnard (1938) und March und Simon (1958), in denen eine Organisation als ein System von Entscheidungen interpretiert wird. Siehe hierzu auch die organisationstheoretischen Ansätze von Laux und Liermann (1993) und Frese (1998).

Die Unterscheidung zwischen simultanen und sequentiellen Interdependenzen geht auf die Spieltheorie zurück, die sich mit der Interaktion von Parteien mit konkurrierenden Interessen beschäftigt. Sie unterscheidet sich von dem aus der Entscheidungstheorie bekannten Optimierungskalkül, indem sie neben der exogenen Unsicherheit auch die strategische Unsicherheit der Parteien berücksichtigt. Eine Einführung in die Spieltheorie im Zusammenhang mit unternehmensinternen Konfliktsituationen gibt Jost (1998b).

Die Probleme, die wir im Zusammenhang mit strategischem Entscheidungsverhalten diskutiert haben, wurden von verschiedenen Autoren in die ökonomische Literatur eingeführt: Die Begriffe der adversen Selektion und des moralischen Risikos sind der Versicherungsliteratur entliehen, siehe Rothschild und Stiglitz (1976) bzw. Arrow (1963) und Pauly (1968). Der Begriff des Holdup geht auf Goldberg (1976) zurück. Siehe auch Alchian und Woodward (1988), die den Unterschied zwischen dem Problem des Holdup und des moralischen Risikos herausarbeiten.

Die Vor- und Nachteile der beiden grundlegenden Koordinationsmechanismen werden in den Wirtschaftswissenschaften spätestens seit der Russischen Revolution intensiv diskutiert. Auf der Ebene der Gesamtwirtschaft geht es dabei um den Vergleich zwischen der kapitalistischen Marktwirtschaft und dem kommunistischen

Wirtschaftssystem. Der Beitrag von Hayek (1945) betont in diesem Zusammenhang die Rolle der Information und Kommunikation für eine effiziente Koordination. Arrow (1974) geht ebenfalls auf die Bedeutung von Informationen für das Funktionieren von Organisationen ein und arbeitet die Rolle der Informationskosten für die Gestaltung von Informationskanälen heraus. Aufbauend auf dieser Arbeit betrachten z.B. Arrow (1985), Cremer (1990), Radner (1992, 1996) oder Bolton und Dewatripont (1994) eine Organisation als ein Kommunikationsnetzwerk, das im Hinblick auf die Kosten der Aquisition neuer Informationen und die Kosten der Informationsweitergabe gestaltet werden sollte. Die geeignete Koordination bei dezentralen Informationen und spezifischem Wissen werden auch von Jensen und Meckling (1995) und Loasby (1998) diskutiert.

Die Bedeutung der Art der Interdependenz zwischen verschiedenen Akteuren für deren Koordination wird in der organisationstheoretischen Literatur in der Arbeit von Thompson (1967) diskutiert. Für die hier eingeführte Unterscheidung zwischen sequentiellen und simultanen Interdependenzen siehe Jost (1998b).

Verschiedene Formen der Koordination ökonomischer Aktivitäten zwischen der reinen marktlichen und der reinen hierarchischen Koordination werden in den Arbeiten von Williamsons (1975; 1985) untersucht. Siehe auch Baligh und Richartz (1967), Baligh (1986) oder Malone (1987) für eine Modellierung verschiedener Koordinationsformen. Imai und Itami (1984) betonen die Verknüpfung marktlicher und hierarchischer Elemente bei der Koordination ökonomischer Aktivitäten. Die Nutzung von hierarchischen und marktlichen Elementen bei der marktlichen bzw. hierarchischen Koordination wird ebenfalls eingehend von Bradach und Eccles (1989) diskutiert. Siehe hierzu auch Eccles (1985) und Eccles und Crane (1987), die die Bedeutung von Transferpreisen, Wettbewerb und anderen marktlichen Elementen in großen Unternehmungen aufzeigen. Die Verwendung hierarchischer Elemente in Verträgen betont Stichcombe (1985).

Neben der marktlichen und hierarchischen Koordination wird bei Dahl und Lindblom (1953) auch die Koordination durch Verhandlungen bzw. demokratische Entscheidungsverfahren als Koordinationsmechanismen diskutiert. Siehe hierzu auch die Literaturhinweise in den nachfolgenden Kapiteln.

Zur ökonomischen Analyse des Koordinationsproblems gibt es in der amerikanischen Literatur eine Reihe von Lehrbüchern, die nicht nur wertvolle Ergänzungen zu den in diesem Kapitel behandelten Themen liefern, sondern die auch zu anderen Aspekten in den nachfolgenden Kapiteln herangezogen werden können. Das Buch von Milgrom und Roberts (1992) kann als Pionierarbeit auf diesem Gebiet angesehen werden. Zusätzlich zu dem in diesem Buch behandelten Koordinationsproblem werden eine Reihe weiterer Managementaspekte wie beispielsweise die Motivation von Mitarbeitern, das Human Resource Management oder Finanzierungsentscheidungen in Unternehmungen ökonomisch diskutiert. Während dieses Buch ein fundiertes Methodenwissen voraussetzt, enthält das Buch von Acs und Gerlowski (1996) eine breitere Einführung in die ökonomischen Grundlagen. Brickley, Smith und Zimmerman (1997) stellen in ihrem Lehrbuch die Gestaltung der Organisationsarchitektur in den Vordergrund und behandeln insbesondere auch solche organisatorischen Fragestellungen, die aus betriebswirtschaftlicher Perspektive relevant sind. Besanko, Dranove und Shanley (1995) behandeln ebenfalls Fragen der organisatorischen Gestaltung. Da ihr Lehrbuch auf eine ökonomische Fundierung strategischer Fragestellungen abzielt, untersuchen sie vor allem Fragen der Gestaltung zwischenbetrieblicher Kooperationen. Kräkel (1999) wendet in seinem Buch den ökonomischen Ansatz auf interne Organisationsprobleme an und erklärt die Entstehung von Organisationen aus ökonomischer Sicht. Siehe auch das Lehrbuch von Neus (1998), der eine Einführung in die Betriebswirtschaftslehre gibt und dabei betriebliche Fragestellungen mit ökonomischen Methoden untersucht. Für eine ökonomische Beurteilung verschiedener Organisationsstrukturen in der deutschsprachigen betriebswirtschaftlichen Literatur siehe Laux und Liermann (1993), Picot, Dietl und Franck (1997) oder Frese (1998).

Das Fallbeispiel von General Motors wird ausführlich in Chandler (1962) diskutiert. In diesem Buch finden sich zudem ausführliche Studien über die Entwicklung der Unternehmen Du Pont, Standard Oil Company und Sears, Roebuck and Company. Das Fallbeispiel von Toyota ist dem Buch von Ohno (1993) entnommen, in dem er die Entwicklung des Toyota-Produktionssystems eingehend dargestellt. Über die Entwicklung der japanischen Automobilindustrie siehe auch Cusumano (1985).

Der Eingriff einer 'sichtbaren Hand' kann hier jedoch zumindest bezüglich einiger Persönlichkeitsmerkmale eine äußere Abstimmung herbeiführen.

Teil II
Die Koordination ökonomischer Aktivitäten: Vom Markt zur Hierarchie

3
Die Effizienz von Märkten

4
Die Analyse von Transaktionen

3
Die Effizienz von Märkten

Assume that somewhere in the world a new opportunity for the use of some raw material, say tin, has arisen, or that one of the sources of the supply of tin has been eliminated. It does not matter for our purpose – and it is very significant that it does not matter – which of these causes has made tin more scarce. All that the users of tin need to know is that some of the tin they used to consume is now more profitably employed elsewhere, and that in consequence they must economize tin. There is no need for the great majority of them even to know where the more urgent need has arisen, or in favor of what other needs they ought to husband the supply. If only some of them know directly of the new demand, and switch resources over to it, and if the people aware of the new gap thus created in turn fill it from still other sources, the effect will rapidly spread throughout the whole economic system and influence not only all the uses of tin, but also those of its substitutes and the substitutes of these substitutes, the supply of all the things made of tin, and their substitutes, and so on; and all this without the great majority of those instrumental in bringing about these substitutions knowing anything at all about the original cause of these changes. (Hayek, 1945)

In jedem ökonomischen System muss eine Vielzahl von Transaktionen koordiniert werden. Dies gilt nicht erst für unsere heutige Zeit, sondern schon für primitive Kulturen aus der Steinzeit: Erfindungen wie der Hausbau, die Getreide- und Haustierzucht oder die Töpferei führten zu einer stetig anwachsenden Spezialisierung der Menschen in individuelle Tätigkeiten. Diejenigen, die sich beispielsweise auf den Bau von Häusern konzentrierten, konnten mit der Zeit aus ihren bisherigen Erfahrungen lernen, spezifische Verfahren entwickeln und durch das wiederholte Häuserbauen bestimmte Fähigkeiten schulen und entwickeln. Somit entstanden aber Koordinationsprobleme: Wieviele Menschen sollten sich auf den Häuserbau spezialisieren? Wer sollte wieviele Steine für ein Haus herbeischaffen? Und wieviele Menschen sollten sich auf das Formen und Brennen von Töpfen spezialisieren? Wer sollte den Lehm dafür in welchem Umfang heranbringen?

Das von Hayek zitierte Beispiel zeigt in bemerkenswerter Weise, dass der Preismechanismus solche Koordinationsprobleme in überaus effizienter Weise lösen kann. Die Anpassung des Preisniveaus für Zinn und seine Substitute genügt als Information, die die ökonomischen Akteure in der Welt für ihre einzelwirtschaftlichen Entscheidungen benötigen. Als ob ihre individuellen Entscheidungen von der 'unsichtbaren Hand' von Adam Smith geleitet würden, führt dies zu einer Koordination der einzelnen Aktivitäten.

In diesem Kapitel soll der Preismechanismus zur Koordination marktlicher Aktivitäten näher betrachtet werden. In Abschnitt 3.1 untersuchen wir zunächst die grundsätzliche Funktionsweise des Preismechanismus und zeigen, unter welchen Bedingungen Märkte die Aktivitäten aller Marktteilnehmer effizient koordinieren. Die Existenz anderer Organisationsformen neben dem Markt erklären wir dann in Abschnitt 3.2 als Folge des Versagens des Preismechanismus. Den Staat als alternative Organisationsform zur Korrektur von Marktversagen betrachten wir in Abschnitt 3.3.

3.1 Der Preismechanismus als Koordinations- und Motivationsinstrument

Wie koordiniert der Preismechanismus die Aktivitäten der einzelnen Marktteilnehmer auf Märkten? Wie entsteht die Wertschöpfung dieser Organisation und inwieweit wird auf Märkten die Wertschöpfung des ökonomischen Systems maximiert?

Um diese Fragen zu beantworten, betrachten wir im Folgenden ein einfaches Modell einer Ökonomie mit lediglich zwei Gruppen von Marktteilnehmern, den privaten Haushalten und den Unternehmungen:[1]

- Die privaten Haushalte verfügen über sämtliche Produktionsfaktoren des ökonomischen Systems. Als Personengruppe oder Einzelperson bieten sie den Unternehmungen ihre Arbeitskraft, Kapital oder Land an. Für diese Leistungen fließt den Haushalten ein Einkommen zu, das sich aus dem Entgelt für die Arbeit, aus Zinsen oder Dividenden für das Kapital oder der Pacht oder sonstigen Erträgen für das Land zusammensetzt. Die Haushalte geben dieses Einkommen für Konsumgüter aus, die von den Unternehmungen angeboten werden.

- Die Unternehmungen fragen die von den Haushalten zur Verfügung gestellten Produktionsfaktoren nach. Hierzu zahlen sie den Haushalten ein entsprechendes Faktorentgelt. Die Inputfaktoren werden dann in Outputfaktoren transformiert und den Haushalten als Konsumgüter oder Dienstleistungen angeboten. Die Konsumausgaben der privaten Haushalte für die von ihnen eingekauften Güter und Dienstleistungen fließen den Unternehmungen dann als Umsatzerlöse zu.

Die Beziehung zwischen privaten Haushalten und Unternehmungen kann somit in zwei Kreisläufe unterteilt werden:

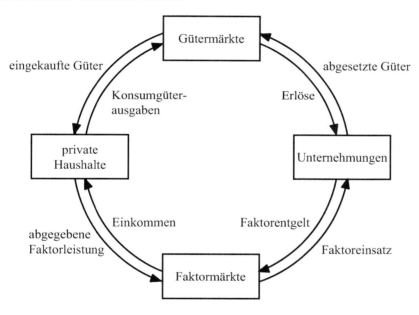

Abbildung 3.1: Der Wirtschaftskreislauf zwischen privaten Haushalten und Unternehmungen

Einerseits fließt ein Strom realer Güter und Dienstleistungen von den Haushalten zu den Unternehmungen – nämlich die drei Produktionsfaktoren Arbeit, Kapital und Land – und von den Unternehmungen zu den Haushalten – nämlich die Konsumgüter und Dienstleistungen. Dieser Strom wird auch als Güterkreislauf bezeichnet. Andererseits fließt ein Geldstrom in Form des Einkommens von den Unternehmungen zu den Haushalten sowie in Form von Konsumgüterausgaben von den Haushalten zu den Unternehmungen. Dieser Strom wird auch als Geldkreislauf bezeichnet. Güter- und Geldkreislauf zusammen bilden den **Wirtschaftskreislauf** zwischen privaten Haushalten und Unternehmungen.

Der Wirtschaftskreislauf eines ökonomischen Systems stellt die Richtung des Austauschs der Güter, Dienstleistungen und des Geldes zwischen den Marktteilnehmern dar. Die Koordination dieser Transaktionen erfolgt über Märkte. Ein **Markt** ist dabei definiert als die Interaktionen zwischen einem oder mehreren Käufern und einem oder mehreren Verkäufern eines Gutes oder Produktionsfaktors. Auf den Gütermärkten werden so Konsumgüter von den Unternehmungen angeboten und von den Haushalten nachgefragt, auf den Faktormärkten werden Faktorleistungen von den Haushalten angeboten und von den Unternehmungen nachgefragt.

Ziel des ökonomischen Systems als Organisation ist die Maximierung der Wertschöpfung: Zum einen sollen die Bedürfnisse der Haushalte nach Konsumgütern umfassend befriedigt werden, zum anderen sollen die Unternehmungen aber auch die von ihnen produzierten Konsumgüter absetzen können. Das damit verbundene Koordinationsproblem des ökonomischen Systems ist immens. Effizenz der Organisation erfordert hier, dass alle individuellen Bedürfnisse berücksichtigt werden müssen, dass die Informationen über die technischen Produktionsmöglichkeiten umfassend genutzt werden und dass die zur Produktion notwendigen Faktoren auch tatsächlich zum richtigen Zeitpunkt am richtigen Ort zur Verfügung stehen. Zudem müssen, nachdem eine geeignete Koordination der Einzelaktivitäten der Organisation gefunden ist, die einzelnen Akteure noch dazu bewegt werden, ihre vorgesehenen Aktivitäten entsprechend durchzuführen.

3.1.1 Angebot, Nachfrage und das Marktgleichgewicht

Wir werden im Folgenden zeigen, wie der Preismechanismus sowohl das Koordinationsproblem als auch das Motivationsproblem des ökonomischen Systems auf einfache und elegante Weise löst. Um die Wirkungsweise des Preismechanismus darzustellen, konzentrieren wir uns zunächst nur auf einen Markt mit einem Gut.

Wir nehmen an, dass die Transaktionen zwischen Käufern und Verkäufern auf diesem Markt durch vollständige Konkurrenz gekennzeichnet sind. Käufer sind dabei die Entscheidungsträger der Haushalte und werden als Konsumenten bezeichnet. Verkäufer sind die Entscheidungsträger der Unternehmungen. Sie werden als Unternehmer bezeichnet. **Vollkommene Konkurrenz** auf einem Gütermarkt zwischen Konsumenten und Unternehmern bedeutet, dass die folgenden vier Kriterien erfüllt sind:

(1) Anonymität von Unternehmern und Konsumenten: Diese Annahme hat zwei Implikationen. Erstens, die Unternehmer im Markt produzieren ein homogenes Gut. Die auf dem Markt angebotenen Güter sind also gleichartig und im Urteil der Konsumenten nicht unterscheidbar. Somit besteht für einen Konsumenten kein Anlass, das Gut eines Unternehmers dem eines anderen vorzuziehen. Die Unternehmer sind für ihn also anonym. Insbesondere impliziert diese Annahme, dass sich ein Konsument beim Kauf des Gutes nur nach dem Kaufpreis richten wird. Zweitens, aus Sicht eines Unternehmers sind alle Konsumenten identisch. Es ist einem Verkäufer also gleichgültig, an wen er seine Güter verkauft. In diesem Sinne sind also die Konsumenten für einen Unternehmer anonym. Beim Verkauf eines Gutes richtet sich also ein Verkäufer nur nach dem höchsten Angebot, das ihm von einem Konsumenten gemacht wird.

(2) Keine Marktmacht von Unternehmern und Konsumenten: Im Markt gibt es so viele Unternehmer und Konsumenten, dass kein Akteur mit seinen einzelwirtschaftlichen Entscheidungen Einfluss auf den Marktpreis für das Gut hat. Anbieter und Nachfrager sind also so zahlreich, dass die einzelne Transaktion zwischen zwei Transaktionspartnern im Verhältnis zum gesamten Transaktionsvolumen auf dem Markt beliebig klein ist. Weder kann ein Konsument durch seine Nachfrage nach dem Gut den Preis beeinflussen, noch kann dies ein Unternehmer durch Variation seiner Angebotsmenge tun. Alle Marktteilnehmer verhalten sich demnach als Preisnehmer. Die Konsumenten nehmen den geltenden Marktpreis bei ihren Konsumentscheidung als gegeben hin. Gleiches gilt für die Unternehmer bei ihren Absatzentscheidungen, die sie auf den geltenden Marktpreis abstellen.

(3) Vollkommene Informationen über das Gut und den Marktpreis: Alle Marktteilnehmer kennen alle entscheidungsrelevanten Informationen über die Qualität und sonstige Eigenschaften des Gutes sowie über den geltenden Marktpreis. Dies impliziert, dass es auf dem Markt nur einen Marktpreis für das Gut geben kann. Da alle Konsumenten gleich gut informiert sind und das Gut homogen ist, kann kein Unternehmer mehr als den herrschenden Marktpreis für seine Güter verlangen. Würde das Gut nämlich zu zwei verschiedenen Preisen an-

geboten, würde ein Unternehmer, der den höheren Preis verlangt, zu diesem Preis kein Gut verkaufen, da alle Konsumenten bei dem niedrigeren Preis eine umfassendere Bedürfnisbefriedigung erzielen würden. Somit müsste aber auch der Unternehmer seinen Verkaufspreis dem niedrigeren Preis anpassen, um die Verluste zu vermeiden, die entstehen würden, wenn er seine produzierten Güter nicht verkaufen könnte.

(4) Freier Marktzugang für Unternehmer und Konsumenten: Sowohl für einen Unternehmer als auch für einen Konsumenten besteht die Möglichkeit, sich aus dem Markt zurückzuziehen oder in den Markt neu einzutreten. Der Verkauf oder der Kauf eines Gutes ist dabei weder für einen Nachfrager noch für einen Anbieter mit Kosten verbunden. Darüber hinaus müssen die zur Herstellung des Gutes notwendigen Produktionsfaktoren flexibel sein und stets der jeweils vorteilhaftesten Verwendung zugeführt werden können. Ein Unternehmer wird sich also einem anderen Gütermarkt zuwenden, wenn der weitere Verkauf des Gutes für ihn mit Verlusten verbunden wäre. Gleiches gilt für die Nachfrage nach anderen alternativen Gütern durch die Konsumenten.

Die Funktionsweise des Preismechanismus auf einem Markt mit vollständigem Wettbewerb beruht auf zwei Wirkungszusammenhängen, die sich aus dem jeweiligen Käufer- bzw. Verkäuferverhalten ableiten lassen, nämlich der Nachfragefunktion des Marktes sowie der zugehörigen Angebotsfunktion nach dem Gut. Im Folgenden sollen sie zunächst vorgestellt werden.

Als **Nachfrage** eines Konsumenten nach einem Gut bezeichnen wir die Anzahl der Einheiten des Gutes, die er zur Befriedigung seiner Bedürfnisse kaufen möchte, vorausgesetzt, er besitzt die entsprechende Kaufkraft. Diese individuelle Nachfrage des Einzelnen ist durch vier Faktoren bestimmt: dem Wert, den der einzelne Konsument dem Gut zumisst, seinem Einkommen, um dieses Gut überhaupt zu erwerben, dem Marktpreis des betrachteten Gutes sowie den Marktpreisen für andere Güter, die der Konsument auf anderen Märkten erwerben kann. Da jeder Konsument dem betrachteten Gut im Allgemeinen einen anderen Wert beimisst – Unterschiede können sich beispielsweise durch verschiedene Bedürfnisse der einzelnen Konsumenten ergeben – wird jeder bei einem bestimmten Marktpreis eine andere Menge des Gutes nachfragen.

Da wir in unserer Betrachtung nur den Preismechanismus auf dem spezifischen Markt für das betrachtete Gut diskutieren wollen, können wir die Marktpreise der anderen Güter ebenso wie das Einkommen eines Konsumenten als gegeben ansehen. Der Nutzen, den ein Konsument aus dem Konsum des Gutes zieht, bestimmt dann in Abhängigkeit von dem Marktpreis des Gutes seine individuelle Nachfrage. Dieser Zusammenhang wird auch als individuelle **Nachfragefunktion** bezeichnet. Sie gibt an, wieviel Einheiten des Gutes ein Konsument bei einem gewissen Marktpreis zu kaufen bereit ist. In einer allgemeinen Form lässt sich eine Nachfragefunktion darstellen als

$$Q_D = f(p)$$

wobei Q_D die nachgefragte Menge des Gutes und p den Preis des Gutes bezeichnet.

Dabei kann im Allgemeinen von einem negativen Zusammenhang zwischen Preis und Nachfrage ausgegangen werden: Je niedriger der Preis des Gutes ist, desto größer wird die Nachfrage nach diesem Gut sein. Dieser Umstand beruht darauf, dass die Kaufbereitschaft und Kaufkraft eines Konsumenten bei niedrigerem Preis größer werden.

Die Nachfrage auf dem gesamten Markt setzt sich dann zusammen aus der Nachfrage jedes einzelnen Konsumenten nach diesem Gut. Die Gesamtnachfrage ist also die Aggregation der individuellen Nachfragen.

Die nachfolgende Abbildung zeigt die graphische Darstellung einer Nachfragefunktion als Nachfragekurve nach einem bestimmten Gut auf dem gesamten Markt. Sie repräsentiert die Beziehung zwischen dem Marktpreis des Gutes und der zugehörigen, von allen Konsumenten nachgefragten Menge. Jeder Punkt auf der Kurve spezifiziert eine bestimmte Preis-Mengen-Kombination. Bei einem Preis von 30 Geldeinheiten ergibt sich beispielsweise eine Nachfrage von 15 Einheiten des Gutes – dies entspricht dem Punkt A auf der Nachfragekurve. Ein Preisrückgang um 20 Einheiten auf 10 Geldeinheiten zeigt dann die Veränderung in der Konsumgüternachfrage an. Statt 15 Einheiten werden zu diesem Preis nun 45 Einheiten des Gutes nachgefragt. In der Abbildung entspricht dies der Veränderung von Punkt A zu Punkt A'.

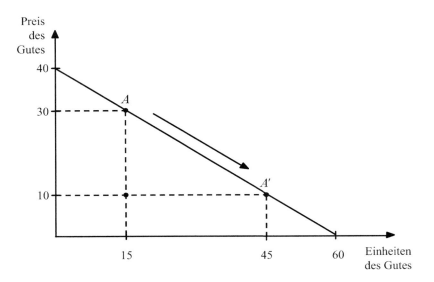

Abbildung 3.2: Die Nachfragekurve auf einem Markt

Die zweite Größe, die die Wirkungsweise des Preismechanismus beeinflusst, ist das Angebot des betrachteten Gutes durch die Unternehmer. Als **Angebot** an einem Gut bezeichnen wir die Anzahl der Einheiten des Gutes, die ein Unternehmer zu verkaufen bereit ist, vorausgesetzt, er kann die entsprechende Menge an Gütern auch produzieren. Das individuelle Angebot eines Unternehmers ist durch vier Faktoren bestimmt: die Technologie, die dem Unternehmer für die Produktion von Gütern zur Verfügung steht, die Kosten, die mit den jeweiligen Produktionsfaktoren verbunden sind; den Marktpreis des betrachten Gutes sowie den Marktpreisen für andere Güter, die der Unternehmer durch alternative Produktionen erzielen könnte.

Für die nachfolgenden Betrachtungen können wir wiederum die Marktpreise der Faktorleistungen sowie die Marktpreise der anderen Güter als gegeben voraussetzen. Die Menge, die ein Unternehmer von dem betrachteten Gut auf dem Markt anbietet, ist dann lediglich von seiner spezifischen Kostenstruktur und dem Marktpreis des Gutes abhängig. Da nicht davon auszugehen ist, dass alle Unternehmer mit derselben Kostenstruktur produzieren – Unterschiede können sich beispielsweise durch verschiedene Produktionstechnologien ergeben – werden die Unternehmer im Allgemeinen bei einem bestimmten Marktpreis unterschiedliche Mengen des Gutes anbieten.

Der Zusammenhang zwischen der von einem Unternehmer auf dem Markt angebotenen Menge des Gutes bei einem gewissen Marktpreis wird durch die individuelle **Angebotsfunktion** spezifiziert. Diese gibt an, wieviele Einheiten des Gutes er bei einem gewissen Marktpreis anzubieten bereit ist. In einer allgemeinen Form lässt sich eine Angebotsfunktion darstellen als

$$Q_S = f(p)$$

wobei Q_S die angebotene Menge des Gutes und p den Preis des Gutes bezeichnet.

Im Allgemeinen besteht zwischen diesen beiden Größen eine positive Abhängigkeit: Je niedriger der Preis des Gutes ist, den der Unternehmer auf dem Markt erzielen kann, desto weniger wird er von dem Gut anbieten wollen. Im nächsten Abschnitt werden wir auf diesen Zusammenhang näher eingehen.

Das gesamte Angebot aller Unternehmer auf dem Markt setzt sich wiederum aus dem Angebot jedes einzelnen Unternehmers zusammen. Das Gesamtangebot ist also die Aggregation der individuellen Angebote.

In der nachfolgenden Abbildung ist die Angebotsfunktion graphisch als Angebotskurve des betrachteten Gutes für den gesamten Markt dargestellt. Die Kurve bringt die Beziehung zwischen dem Marktpreis des Gutes und der zugehörigen, auf dem Markt angebotenen Menge zum Ausdruck. Wie bei der Nachfragekurve spezifiziert jeder Punkt auf der Angebotskurve eine bestimmte Preis-Mengen-Kombination. Punkt B auf der Angebotskurve entspricht beispielsweise einem Preis von 30 Geldeinheiten und einem Angebot von 45 Einheiten des Gutes. Ein Preisrückgang um 20 Einheiten auf 10 Geldeinheiten würde dann der Veränderung von Punkt B zu Punkt B' entsprechen: Statt 45 Einheiten werden zu diesem Preis nur noch 15 Einheiten des Gutes angeboten.

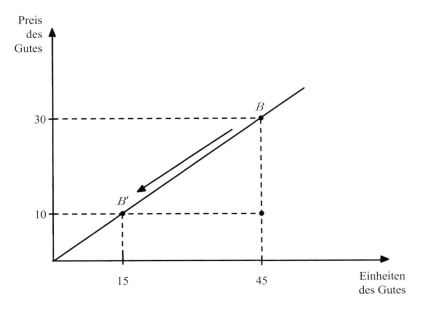

Abbildung 3.3: Die Angebotskurve auf einem Markt

Wie können nun die Vielzahl von Entscheidungen, die jeder einzelne Marktteilnehmer über seine Konsumgüternachfrage bzw. sein Konsumgüterangebot trifft, effizient aufeinander abgestimmt werden? In der Nachfragefunktion haben wir die Pläne der Konsumenten zusammengefasst, wieviele Einheiten des Gutes sie bei einem bestimmten Marktpreis nachfragen werden. Analog stellte die Angebotsfunktion die Pläne der Unternehmer dar, bei welchem Marktpreis sie wieviele Einheiten des Gutes anbieten wollen. Die Aktivitäten der beiden Marktseiten wären somit genau dann aufeinander abgestimmt, wenn bei einem bestimmten Preis alle Pläne miteinander vereinbar wären. Ein solcher Preis wird als **Gleichgewichtspreis** bezeichnet. Der Markt selbst befindet sich bei diesem Preis im **Gleichgewicht**.

Zur Ableitung des Gleichgewichtspreises kombinieren wir einfach die Konzepte der Nachfrage und des Angebots:

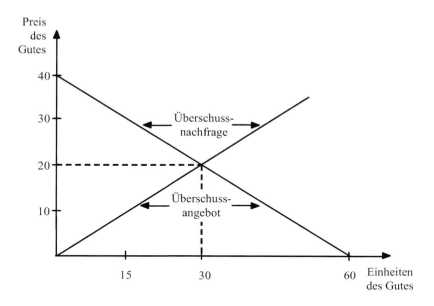

Abbildung 3.4: Das Marktgleichgewicht

Es gibt in unserem Beispiel genau eine Preis-Mengen-Kombination, bei der die nachgefragte Menge des Gutes mit der angebotenen Menge übereinstimmt: Der Gleichgewichtspreis liegt bei 20 Geldeinheiten, und das auf dem Markt gehandelte Volumen beträgt 30 Einheiten.

Bei allen anderen Preisen sind die Pläne der Marktteilnehmer nicht miteinander vereinbar: Betrachten wir beispielsweise einen Preis oberhalb des Gleichgewichtspreises. Dann ist zu diesem Preis die auf dem Markt angebotene Menge des Gutes größer als die nachgefragte Menge. Die Vorstellungen der Unternehmer im Hinblick auf die Mengen, die sie am Markt absetzen wollen, werden also nicht durch die Nachfragen der Konsumenten gedeckt. Es besteht somit ein Überschussangebot.

Analoges gilt aber auch bei einem Preis, der unterhalb des Gleichgewichtspreises liegt. Hier ist das Angebotsvolumen des Gutes kleiner als die nachgefragte Menge seitens der Konsumenten, das heißt die Angebotsmenge reicht nicht aus, um die Bedürfnisse aller Konsumenten zu befriedigen. Es besteht also eine Überschussnachfrage.

Wie können wir uns nun die Preisbildung auf dem Markt vorstellen? Welche Art von Verträgen liegt hier den Markttransaktionen zugrunde? Und wie beeinflusst das Verhalten der Marktteilnehmer die Stabilität des Gleichgewichtspreises?

Preisbildung in P.O.W. Camps

Besonders deutlich kann die Preisbildung auf kleinen, überschaubaren Märkten beobachtet werden. Der Ökonom Radford schildert die Entstehung und Funktionsweise von Märkten anhand seiner Erfahrungen in Prisoner of War (P.O.W.) Camps, also Gefangenenlagern während des 2. Weltkrieges.

Die Gefangenen erhielten dort Rationen vom Roten Kreuz, die Nahrung, Zigaretten und andere Kleinigkeiten, wie beispielsweise Toilettenutensilien, enthielten. Da der Wert der Güter von den Gefangenen unterschiedlich hoch eingeschätzt wurde, sahen sie Möglichkeiten, sich zu verbessern und etablierten einen Tauschhandel.

In den eher chaotischen Transitlagern war dieser Handel noch imperfekt. Man hatte wenig Kontakt zu anderen Baracken, in denen andere relative Preise existierten. Insofern gab es Arbitragemöglichkeiten, die gelegentlich auch genutzt wurden.

In den permanenten Gefangenenlagern wurde dieser Handel perfektioniert, wobei Zigaretten als Zahlungsmittel dienten. Anfangs gingen noch 'Verkäufer' von Baracke zu Baracke und riefen ihre Angebote aus. Dieses System erwies sich als unbefriedigend. Stattdessen wurden zentrale Tausch-Tafeln eingerichtet, wo man seinen Namen, Raumnummer sowie Angebote und Kaufgesuche aufschreiben konnte. Wurde ein Geschäft getätigt, wurde es von der Liste gestrichen. Die Veröffentlichung der Transaktionen führte dazu, dass die Zigarettenpreise im gesamten Lager bekannt waren und sich anglichen. Die Preise variierten jedoch immer noch stark im Zeitablauf: Durch Knappheiten vor der nächsten Lieferung sanken die Angebote, außerdem kam es durch den Verbrauch von Zigaretten immer wieder zu einer zeitweiligen Deflation.

Quelle: Radford (1945)

Betrachten wir zur Erklärung des Preismechanismus den folgenden Vertragsansatz: Unternehmer und Konsument schließen für die Transaktion, die zwischen ihnen stattfinden soll – also für den Kauf bzw. Verkauf einer bestimmten Menge des betrachteten Gutes – einen Vertrag ab. Dieser Vertrag beinhaltet ein Rücktrittsrecht: Wann immer der Unternehmer oder der Konsument einen für ihn vorteilhaften Vertrag mit einem anderen Marktteilnehmer abschließen kann, hat er die Möglichkeit, sich aus seinem bisherigen Vertrag zu lösen und einen neuen Vertrag einzugehen.

Angenommen nun, Unternehmer und Konsumenten vereinbaren in ihren Verträgen einen Preis, der unterhalb des Gleichgewichtspreises liegt. Aufgrund der Markttransparenz ist dieser Preis allen Marktteilnehmern bekannt. Da zu diesem Preis eine Überschussnachfrage besteht, werden nicht alle Konsumenten ihre Kaufwünsche vollständig befriedigen können. Solche Konsumenten, die ihren Bedarf nach dem Gut nicht decken können, werden daher neue Verträge abschließen und einen höheren Preis festlegen als bisher. Da der Markt vollständig transparent ist, werden nun die Unternehmer die alten Verträge lösen und Verträge zu dem neuen Preis abschließen. Der neue Preis wiederum führt zu einer Abnahme der Nachfrage, da einige Konsumenten aus dem Markt ausscheiden und alle anderen ihre individuelle Nachfrage reduzieren. Zugleich erhöht sich aber auch die von den Unternehmern angebotene Menge.

Dieser Prozess der Vertragsauflösung und -neuverhandlung findet solange statt, wie der Preis unter dem Gleichgewichtspreis liegt. Erst bei Verträgen, die den Gleichgewichtspreis aushandeln, besteht für keinen Marktteilnehmer mehr ein Anlass, einen neuen Vertrag abzuschließen. Er kann sich gegenüber dieser Situation nicht mehr verbessern.

Analoges gilt, wenn der ursprünglich von Unternehmern und Konsumenten vereinbarte Preis oberhalb des Gleichgewichtspreises liegt. Nun können aufgrund des Überschussangebots einige Unternehmer nicht mehr die Menge absetzen, die sie eigentlich absetzen wollten. Um dennoch Konsumenten zu finden, die mit ihnen einen Vertrag abschließen, senken sie in neuen Verträgen den vertraglich vereinbarten Preis. Die Markttransparenz bewirkt nun, dass alle Konsumenten zu diesem niedrigeren Preis Verträge abschließen wollen. Dies gilt insbesondere für diejenigen, deren ausgehandelter Preis höher war. Somit kommt es auch bei einem Überschussangebot sukzessive zu einer Anpassung des in den Verträge ausgehandelten Preises an den Gleichgewichtspreis.

Zum Abschluss wollen wir noch kurz die Frage diskutieren, inwieweit der so hergeleitete Gleichgewichtspreis tatsächlich zu einer Maximierung der Nutzen aller

Marktteilnehmer führt. Andernfalls wäre nach unserer Definition der Effizienz einer Organisation der Preismechanismus kein geeignetes Koordinationsinstrument für den Markt. Da in der hier betrachteten Organisation lediglich die Konsumenten und die Unternehmer als Organisationsteilnehmer involviert sind, setzt sich der Nutzen aller Markteilnehmer aus der Konsumenten- und der Produzentenrente zusammen.

Betrachten wir zunächst die Konsumentenrente. Diese gibt die Differenz an zwischen der Zahlungsbereitschaft der Konsumenten für eine bestimmte Mengeneinheit und dem Preis, den sie tatsächlich dafür bezahlen müssen. Nehmen wir zum Beispiel an, dass sich der Marktpreis in der nachfolgenden Abbildung über dem Gleichgewicht bei p' eingestellt hat. Dann würden die Unternehmer zu diesem Preis zwar gerne die Menge q'' absetzen, aber die Konsumenten fragen nur die Menge q' nach. Es werden in dieser Situation also q' Einheiten des Gutes zum Preis p' verkauft.

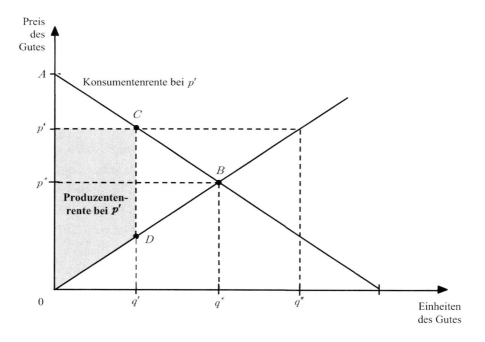

Abbildung 3.5: Die Renten der Konsumenten und Unternehmer

Die Nachfragefunktion gibt nun an, welchen Preis die Konsumenten für die jeweilige Mengeneinheit höchstens bereit sind zu zahlen. Bei einem Preis von p' haben nun einige Konsumenten eine noch höhere Zahlungsbereitschaft. Da sie für jede Einheit nicht das Maximale dessen, was sie zu zahlen bereit sind, sondern den tatsächlichen, niedrigeren Preis p' zahlen müssen, ergibt sich für sie ein Vorteil. Addiert man diese Differenz für alle Mengeneinheiten, dann erhalten wir die Konsumentenrente. In der obigen Abbildung entspricht diese also gerade der Fläche $p'AC$.

Analog bezeichnet die Produzentenrente die Differenz zwischen dem Preis, den die Unternehmer mindestens für eine bestimmte Mengeneinheit fordern, und dem Preis, zu dem sie tatsächlich verkaufen können. Die Angebotsfunktion zeigt nun, welche Mengeneinheiten sie zu welchem Preis verkaufen würden. Bei dem Preis von p' und dem Verkauf von q' Einheiten ist somit die Produzentenrente gegeben durch die Fläche $0p'CD$.

Die Summe aus Konsumenten- und Produzentenrente bei einem Marktpreis von p' entspricht also dem Viereck $0ACD$. Damit zeigt sich aber, dass bei einem Preis p' die Werte der Marktteilnehmer nicht maximiert sein können: Wäre nämlich der Marktpreis identisch mit dem Gleichgewichtspreis p^*, dann würde die Summe aus Konsumenten- und Produzentenrente genau dem Dreieck $0AB$ entsprechen. Gegenüber den Werten, die das ökonomische System bei einem Preis p' für die Marktteilnehmer schafft, ist dies eine Zunahme der Werte um das Dreieck BCD. Da dies für jeden Preis gilt, der nicht identisch mit dem Gleichgewichtspreis ist, maximiert also der oben dargestellte Preismechanismus die Werte aller Teilnehmer der Organisation.

3.1.2 Die neoklassische Theorie der Unternehmung

In der bisherigen Diskussion des Marktgleichgewichts haben wir uns vornehmlich mit dem Aspekt des Austauschs von Gütern auf Märkten auseinandergesetzt. Dabei war es grundsätzlich ohne Bedeutung, dass wir von Unternehmern als den Anbietern am Markt gesprochen haben. Genauso gut hätten wir auch von Verkäufern eines Gutes reden können, ohne dass sich an der Argumentation etwas geändert hätte.

Wir wollen deshalb im Folgenden die spezifische Rolle des Unternehmers in unserem Modell der vollkommenen Konkurrenz näher diskutieren. In der Literatur wird dies auch als die **neoklassische Theorie der Unternehmung** bezeichnet. Dazu gehen wir so vor: In einem ersten Schritt werden wir zunächst den Wertschöpfungsprozess darstellen, der in der neoklassischen Theorie der Produktion einer Unternehmung zugrunde liegt. Darauf aufbauend werden wir dann die Kostenstruktur von Unternehmungen untersuchen, die von deren grundsätzlichen Produktionsmöglichkeiten bestimmt wird. In einem dritten Schritt untersuchen wir das Verhalten des Unternehmers bezüglich seiner Angebotsentscheidung auf einem Markt mit vollkommener Konkurrenz.

Der Wertschöpfungsprozess wird in der neoklassischen Theorie der Produktion durch die Beziehung zwischen den für den Transformationsprozess notwendigen Inputfaktoren und dem resultierenden Output dargestellt. Der Transformationsprozess wird auch als Produktionsprozess bezeichnet und umfasst sowohl die Herstellung von Gütern als auch die Bereitstellung von Dienstleistungen. Die hierfür eingesetzte Technologie bezeichnen wir im Folgenden als **Produktionstechnologie**. Als Inputfaktoren werden im Allgemeinen die Produktionsfaktoren Arbeit, Kapital und Land betrachtet. Aber auch andere Einsatzfaktoren, die zur Herstellung eines Gutes notwendig sind, wie Rohmaterialen, Vor- oder Zwischenprodukte, können in die Betrachtung aufgenommen werden. Arbeit kann z.B. in die Arbeitskraft von Managern, qualifizierten Facharbeitern oder ungelernten Kräften unterschieden werden. Der Produktionsprozess wird durch die Produktionsfunktion vollständig beschrieben. Eine **Produktionsfunktion** stellt die Beziehungen zwischen den Input- und Outputfaktoren dar. Sie beschreibt, mit welchen Einsatzmengen welche Ausbringungsmengen maximal produziert werden können. Dabei berücksichtigt sie die technischen Möglichkeiten, die der Unternehmung aufgrund des momentanen technischen Wissens zur Verfügung stehen. Insbesondere wird also vorausgesetzt, dass der Produktionsprozess selbst technisch effizient ist, d.h. es werden keine Mengeneinheiten eines Faktors eingesetzt, ohne dass damit eine Produktionserhöhung verbunden ist.

In einer allgemeinen Form können wir eine Produktionsfunktion durch die Identität

$$Q = f(x_1, x_2, \ldots, x_n)$$

darstellen, wobei Q die produzierte Menge und $x_1, x_2, \ldots, x_n$ die eingesetzten Inputfaktoren bezeichnen, die für den Produktionsprozess benötigt werden. Statt dieser allgemeinen Form einer Produktionsfunktion wollen wir für die nachfolgenden Ausführungen ein klassisches Beispiel betrachten: So seien für die Produktion eines Maschinenteils lediglich die beiden Inputfaktoren Kapital und Arbeit notwendig und die Produktionsfunktion durch $Q = K^{1/2}L^{1/2}$ gegeben, wobei K das eingesetzte Kapital in Geldeinheiten und L die eingesetzte Arbeit gemessen in Arbeitsstunden angibt.[2] Bei einem Einsatz von 10 Geldeinheiten Kapital und 10 Stunden Arbeit ergibt sich also beispielsweise eine Ausbringungsmenge von 10 Maschinenteilen.

Ein wichtiges Merkmal einer Produktionsfunktion sind ihre Skalenerträge. **Skalenerträge** bezeichnen die Veränderung der Ausbringungsmenge bei einer prozentualen Veränderung aller Einsatzfaktoren. Bei konstanten Skalenerträgen entspricht die Zunahme der Ausbringungsmenge genau der prozentualen Veränderung aller Einsatzfaktoren. Eine 1%-ige Mengenerhöhung von Kapital und Arbeit zieht so bei der Produktionsfunktion $Q = K^{1/2}L^{1/2}$ eine Erhöhung der Maschinenteile um 1% nach sich.[3] Mit steigenden Skalenerträgen, auch economies of scale genannt, würde eine 1%-ige Veränderung der Inputfaktoren zu einer mehr als 1%-igen Veränderung der Ausbringungsmenge führen. Wäre die Produktionsfunktion beispielsweise von der Form $Q = K \cdot L$, dann würden 10 Geldeinheiten Kapital und 10 Arbeitsstunden zu 100 Maschinenteilen führen und 10,1 Geldeinheiten Kapital und 10,1 Arbeitsstunden zu 102,01 Maschinenteilen. Die 1%-ige Steigerung bei Kapital und Arbeit impliziert also eine ca. 2%-ige Erhöhung des Outputs. Bei fallenden Skalenerträgen würde schließlich eine 1%-ige Veränderung der Inputfaktoren zu einer Veränderung der Ausbringungsmenge führen, die weniger als 1% ist. Dies trifft beispielsweise auf die Produktionsfunktion $Q = K^{1/3}L^{1/3}$ zu.[4]

Im Allgemeinen wird die Produktion einer Unternehmung steigende Skalenerträge aufweisen, zumindest für einen weiten Bereich der Produktion. Grund hierfür sind die bereits in Kapitel 1 diskutierten Vorteile, die sich aus der Arbeitsteilung und Spezialisierung ergeben: Wenn in einer Stecknadelfabrik nur ein Mitarbeiter arbeiten würde, müsste er die Stecknadeln jeweils von Anfang bis Ende herstellen und müsste so über alle Fähigkeiten verfügen, die für diesen Produktionsprozess notwendig sind. Arbeiten hingegen in einer Stecknadelfabrik 10 Mitarbeiter, dann kann durch eine Spezialisierung der Mitarbeiter eine wesentlich höhere Anzahl Stecknadeln pro Mitarbeiter hergestellt werden. Fallende Skalenerträge wird man hingegen ab einer gewissen Grösse der Unternehmung und damit der Produktion vermuten: Zwar kann bei einer gegebenen Ausbringungsmenge eine Unternehmung einfach ein zweites Produktionswerk errichten und so mit der doppelten Menge von Inputs die doppelte Menge an Outputs produzieren – dies würde konstante Skalenerträge implizieren –, jedoch muss mit fallenden Skalenerträge gerechnet werden, wenn die mit der Produktionserweiterung verbundenen Kosten der Organisation überproportional steigen.[5]

Ein zweites wichtiges Merkmal einer Produktionsfunktion sind ihre Ertragszuwächse. **Ertragszuwächse** bezeichnen die Veränderung der Ausbringungsmenge, wenn ein Inputfaktor variiert wird und alle anderen Einsatzfaktoren konstant gehalten werden. Statt einer proportionalen Veränderung aller Einsatzfaktoren liegt hier das Augenmerk also auf der partiellen Faktorvariation. Ertragszuwächse können dabei entweder als absolute, durchschnittliche oder marginale Größen ausgedrückt werden:

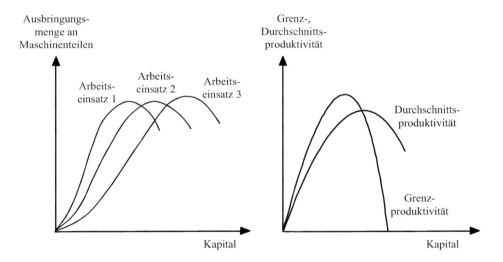

Abbildung 3.6: Die Produktionsfunktion und der Ertragszuwachs

Die beiden obigen Darstellungen zeigen den typischen Verlauf von Produktionskurven. Produktionskurven stellen die Ausbringungsmengen bei Variation eines Produktionsfaktors dar. Zur Vereinfachung haben wir hier wieder angenommen, dass lediglich zwei Inputfaktoren, nämlich Kapital und Arbeit, für die Produktion notwendig sind.

In der linken Darstellung ist die Gesamtproduktion bei Variation des Faktors Kapital dargestellt. Jede Kurve zeigt die Beziehung zwischen der Menge der produzierten Maschinenteile und dem Faktor Kapital für verschiedene Arbeitseinsätze. Da im Allgemeinen eine Erhöhung der eingesetzten Arbeitsstunden eine Reduzierung des Kapitaleinsatzes bei gleichbleibender Ausbringungsmenge bewirkt, entspricht eine weiter rechts liegende Produktionskurve einem niedrigeren Arbeitseinsatz, so dass der Arbeitseinsatz L_1 größer ist als L_2, der wiederum größer ist als L_3.

In der rechten Darstellung sind die Erträge aus dem Faktor Arbeit für eine bestimmte Produktionskurve nicht auf die absolute Ausbringungsmenge bezogen dargestellt, sondern als marginale bzw. durchschnittliche Größe. Der Grenzertrag – auch Grenzproduktivität genannt – des Faktors Kapital gibt an, wie sich die Ausbringungsmenge bei marginalen Veränderungen des eingesetzten Kapitals verändert. Die Durchschnittsproduktivität des Faktors Kapital gibt an, wie sich die Ausbringungsmenge zur eingesetzten Menge des Faktors Kapital verhält.[6]

Die obigen Abbildungen illustrieren, dass die Erträge nicht immer ansteigen müssen: Zunächst steigt die Grenzproduktivität des Kapitals an – in diesem Bereich nimmt die Ausbringungsmenge überproportional zu –, erreicht aber dann einen Punkt, ab dem sie wieder fällt – auch in diesem Bereich steigt die Ausbringungsmenge, allerdings mit abnehmenden Grenzerträgen – und wird dann sogar negativ – hier fällt die Ausbringungsmenge bei steigendem Kapitaleinsatz. Die Durchschnittsproduktivität steigt solange sie unterhalb der Grenzproduktivität liegt, sie ist maximal, wenn sie mit der Grenzproduktivität identisch ist, und fällt, wenn sie größer als die Grenzproduktivität ist. Dieser typische Verlauf der Erträge wird als **Gesetz des abnehmenden Ertragszuwachses** bezeichnet.

Ernährung und das Gesetz des abnehmenden Ertragszuwachses

John Strauss untersuchte anhand von Daten aus Sierra Leone, inwieweit die höhere Aufnahme von Kalorien die Produktivität eines landwirtschaftlichen Arbeiters verbessert. Strauss konnte zeigen, dass zwischen null und 5.200 Kilokalorien ein positiver Zusammenhang zwischen diesen beiden Größen besteht, die Relation jedoch einen abnehmenden Grenzertrag aufwies. Beispielsweise zeigte sich für Arbeiter mit einer Aufnahme von ungefähr 1.500 Kilokalorien, dass eine Erhöhung der Kalorienaufnahme um 1 Prozent zu einer Steigerung des landwirtschaftlichen Outputs um ein halbes Prozent führte. Diese Auswirkung des Kalorienkonsums auf den Output sank stetig bei Erhöhung der Kalorienaufnahme. Bei Arbeitern, die 4.500 Kilokalorien pro Tag konsumierten, führte eine Steigerung der Kalorienaufnahme um ein Prozent nur noch zu einer Outputsteigerung um 0,12 Prozent. Bei mehr als 5.200 Kilokalorien pro Tag war die Grenzproduktivität der Nahrungsaufnahme negativ: Zusätzliche Kalorien senkten den Output.

Quelle: Strauss (1986)

Im Allgemeinen stehen nun einer Unternehmung für die Produktion einer bestimmten Ausbringungsmenge verschiedene Alternativen zur Verfügung.[7] Bei der Produktionsfunktion $Q = K^{1/2}L^{1/2}$ können so z.B. 10 Maschinenteile nicht nur durch den Einsatz von 10 Geldeinheiten Kapital und 10 Arbeitsstunden hergestellt werden, sondern auch durch eine Faktorkombination mit 100 Geldeinheiten Kapital und 1 Arbeitsstunde oder, umgekehrt, mit 1 Geldeinheit Kapital und 100 Arbeitsstunden. Die Produktionsfunktion erlaubt also in einem gewissen Umfang die Substitution verschiedener Einsatzfaktoren. Die Kurve, die für eine gegebene Menge an Maschinenteilen durch die möglichen Faktorkombinationen von Kapital und Arbeit zur Produktion dieser Ausbringungsmenge definiert ist, wird als Isoquante bezeichnet.

Isoquanten sind üblicherweise konvex zum Ursprung. Dies impliziert, dass die Substituierbarkeit eines Einsatzfaktors durch einen anderen um so größer ist, je mehr von dem ersten Input eingesetzt wird. Wenn so in unserem Beispiel bei der Produktion von Maschinenteilen viel Kapital und wenig Arbeit eingesetzt wird, dann kann ein großer Anteil des Kapitals durch einen kleinen Anteil an Arbeit ersetzt werden, ohne dass sich an der Anzahl der produzierten Maschinenteile etwas ändert. Je mehr Arbeitsstunden allerdings eingesetzt werden, desto geringer ist die Möglichkeit der Substitution von Kapital durch Arbeit.

Ausgehend von diesen rein technischen Produktionsmöglichkeiten stellt sich nun die Frage, welche der Faktorkombinationen für die Herstellung einer bestimmten Ausbringungsmenge für die Unternehmung wirtschaftlich optimal sind. Jeder der Einsatzfaktoren wird im Allgemeinen mit anderen Kosten verbunden sein. Ist dies der Fall, dann wird die Unternehmung bestrebt sein, die Faktoren so zu kombinieren, dass die Produktionskosten minimiert werden. Die **Produktionskosten** ergeben sich dabei aus den Mengen der eingesetzten Faktoren und deren Preisen.

Wenn so für unser Beispiel der Zins pro eingesetzter Einheit Kapital p_K ist und der Lohn pro Arbeitsstunde p_L, dann sind die Produktionskosten gegeben durch $p_K \cdot K + p_L \cdot L$. Halten wir nun die Produktionskosten konstant, dann gibt es verschiedene Faktorkombinationen, die dieser Bedingung genügen. Bei einem Lohn von Euro 50 pro Arbeitsstunde und einem Zins von Euro 20 pro Geldeinheit können so alle Faktorkombinationen, die zu Produktionskosten von Euro 1.000 führen, durch die Kostengerade $K = 50 - 2,5 \cdot L$ dargestellt werden.

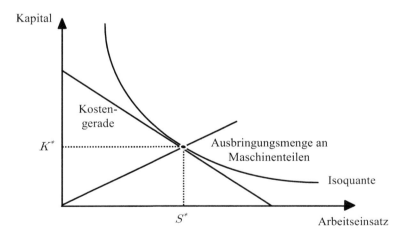

Abbildung 3.7: Die kostenminimale Produktion

Die obige Abbildung zeigt für eine vorgegebene Ausbringungsmenge die kostenminimale Produktion: Je weiter eine Kostengerade vom Ursprung entfernt liegt, desto höher sind die Produktionskosten. Daher muss für die kostenminimale Produktion einer gegebenen Ausbringungsmenge an Maschinenteilen eine Kostengerade gerade diese Isoquante tangieren. Ist dies nicht der Fall, kann entweder die Ausbringungsmenge nicht produziert werden – dies ist dann der Fall, wenn keine Kostengerade die Isoquante berührt – oder es kann eine kostengünstigere Produktion gefunden werden, wenn die Kostengerade die Isoquante schneidet. In diesem Fall lässt sich nämlich eine Kostengerade finden, die näher am Ursprung liegt und die es ermöglicht, dieselbe Ausbringungsmenge zu geringeren Kosten zu produzieren.[8]

Betrachten wir nun die Kosten, die bei der Produktion verschiedener Ausbringungsmengen entstehen. Diese Beziehung zwischen den Kosten und dem Output der Produktion kann in drei verschiedenen Kostenkurven dargestellt werden:

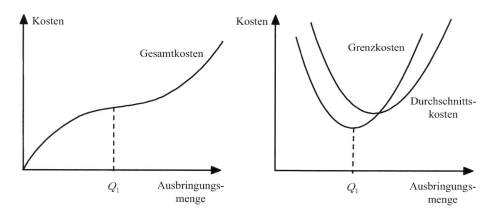

Abbildung 3.8: Gesamtkosten, durchschnittliche und marginale Kosten der Produktion

In der linken Darstellung ist der typische Verlauf einer Gesamtkostenkurve dargestellt. Die Gesamtkostenkurve gibt die Beziehung zwischen den Produktionskosten und der jeweiligen Ausbringungsmenge an. Jeder Punkt der Kurve stellt dabei eine kostenminimale Faktorkombination dar. Mit steigender Ausbringungsmenge steigen die Produktionskosten, jedoch zunächst bis zur Menge Q_1 mit einer fallenden Rate, ab der Menge Q_1 dann mit einer steigenden Rate.

In der rechten Darstellung zeigt dann die Kurve der durchschnittlichen Kosten das Verhältnis der Produktionskosten zur produzierten Menge. Die Grenzkostenkurve zeigt die Veränderung der Produktionskosten bei einer marginalen Veränderung der Ausbringungsmenge.[9] Aufgrund des Verlaufs der Produktionskosten müssen die Grenzkosten bis zur Ausbringungsmenge Q_1 fallen, anschließend steigen. Die Durchschnittskosten fallen, solange sie oberhalb der Grenzkosten liegen, und sie steigen, sobald sie unter ihnen liegen.

Bei konstanten Preisen für die Einsatzfaktoren ist die Gesamtkostenkurve bestimmt durch die zugrundeliegende Produktionsfunktion. Hat diese nämlich in einem bestimmten Bereich z.B. steigende Skalenerträge, dann müssen notwendigerweise die Durchschnittskosten fallen, da eine 1%-ige Erhöhung aller Inputfaktoren zu einer mehr als 1%-igen Erhöhung der Ausbringungsmenge führt. Analog steigen die Durchschnittskosten bei fallenden Skalenerträge bzw. bleiben konstant bei konstanten Skalenerträgen. Dem obigen U-förmigen Verlauf der Durchschnittskosten liegt also implizit die Annahme zugrunde, dass die Skalenerträge zunächst steigend und ab einer gewissen Ausbringungsmenge fallend sind.

Bei der Betrachtung der Kostenstruktur einer Unternehmung ist zu unterscheiden zwischen einer kurzfristigen und einer langfristigen Perspektive. Kurzfristig sind im Allgemeinen nicht alle Einsatzfaktoren variabel. So können zwar Rohstoffe, Zwischenprodukte oder Arbeitsstunden kurzfristig verändert werden, Faktoren wie die Ausstattung mit Gebäuden oder Maschinen sind jedoch kurzfristig nicht variabel. Da die Ausstattung mit den letztgenannten Einsatzfaktoren über einen längeren Zeitraum besteht bleibt, bezeichnen wir diese als die **Betriebsgröße** der Unternehmung. Langfristig kann die Betriebsgröße als variabel betrachtet werden.

Bei der kurzfristigen Betrachtung der Kosten sind die durch die Betriebsgröße verursachten Kosten fix. **Fixe Kosten** entstehen unabhängig davon, ob und in welchem Umfang die Unternehmung produziert. Dies trifft z.B. für die Gehälter der Mitarbeiter oder die Zinsen auf Fremdkapital zu. **Variable Kosten** sind hingegen abhängig von der Höhe der produzierten Ausbringungsmenge. Hierzu gehören z.B. die Kosten für Rohmaterialien oder Vorprodukte. Nur die variablen Kosten sind also bei der kurzfristigen Kostenstruktur einer Unternehmung von Bedeutung.

Die kurzfristigen Kosten der Produktion setzen sich aus der Summe der variablen und fixen Kosten zusammen. Die kurzfristigen Gesamtdurchschnittskosten ergeben sich ebenfalls aus der Summe der variablen und fixen Durchschnittskosten, während die kurzfristigen Grenzkosten den variablen Grenzkosten entsprechen.

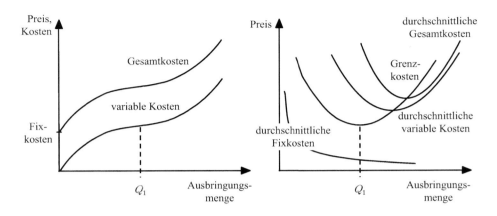

Abbildung 3.9: Kurzfristige Kosten der Produktion

Die linke Darstellung zeigt zunächst die Kurve der variablen Kosten sowie der kurzfristigen Produktionskosten, deren Verlauf wiederum durch das Gesetz des abnehmenden Ertragszuwachses bestimmt ist. Beide Kurven unterscheiden sich durch die Höhe der fixen Kosten. Die rechte Darstellung zeigt den U-förmigen Verlauf der variablen Durchschnittskosten der Produktion als Verhältnis der variablen Kosten zur Ausbringungsmenge. Die fixen Durchschnittskosten nehmen im Output ab, da sich die fixen Kosten jeweils auf eine größere Ausbringungsmenge beziehen. Der Verlauf der Grenzkostenkurve ist unabhängig von den Fixkosten, da diese bei einer marginalen Erhöhung der Ausbringungsmenge keine Kostenauswirkungen haben. Die Grenzkosten sind also nur durch die variablen Kosten der Produktion bestimmt.

Bei der Betrachtung der langfristigen Kosten der Produktion müssen nun nicht nur die variablen Kosten, sondern auch die fixen Kosten als veränderbar berücksichtigt werden. Die Betriebsgröße ist also langfristig eine Entscheidungsvariable. Jede Betriebsgröße bestimmt dabei eine andere Produktions- und somit Kostenstruktur, für die wir dann jeweils die damit verbundenen kurzfristige Kosten betrachten können.

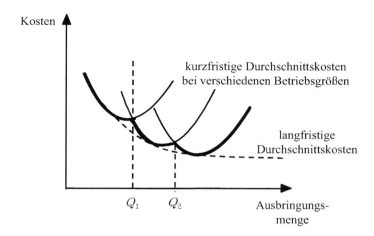

Abbildung 3.10: Langfristige Kosten der Produktion

Die obige Abbildung zeigt die Kurve der langfristigen Durchschnittskosten einer Unternehmung als Umhüllung ihrer kurzfristigen Durchschnittskostenkurven. Dem liegt die Beobachtung zugrunde, dass langfristig die durchschnittlichen Kosten entweder kleiner oder aber identisch mit den kurzfristigen Durchschnittskosten sein müssen. In der Abbildung sind hierzu die Kurven der kurzfristigen Durchschnittskosten für drei verschiedene Betriebsgrößen dargestellt. Bis zu einer Ausbringungsmenge Q_1 würde demnach die kleinste Betriebsgröße kostenminimal produzieren, von Q_1 bis zur Produktion von Q_2 wäre die mittlere Betriebsgröße am geeignetsten, während ab der Menge Q_2 die größte Betriebsgröße gewählt werden sollte. Stehen viele verschiedene Betriebsgrößen zur Auswahl, die sich jeweils nur unwesentlich in der Größe unterscheiden, dann ergibt sich eine langfristige Durchschnittskostenkurve entsprechend der gestrichelten Kurve.

Optimale Betriebsgrößen in der Praxis

1984 führte das Deutsche Institut für Wirtschaftsforschung (DIW) im Auftrag der Monopolkommission eine Studie über Betriebsgrößenvorteile durch. Auf der Basis von Expertenschätzungen wurden die Durchschnittskosten in Abhängigkeit von der Betriebsgröße durch Befragungen von Ingenieuren und anderen Fachleuten ermittelt. Betriebsgrößenvorteile liegen dann bei einer fallenden Durchschnittskosten-

kurve vor. Als mindestoptimale technische Betriebsgröße (MOTB) definierte die Monopolkommission die Produktionsmenge, bei der eine Produktionserhöhung zu keiner wesentlichen Reduzierung der Durchschnittskosten führte.

Branche/ Produktgruppe	Mindestoptimale technische Betriebsgröße (MOTB) (Produktionsmenge/Jahr)	Stückkosten- nachteil bei 1/3 MOTB	Anteil eines MOTB-Anbieters in %
Pkw	500 Tsd. Einheiten	hoch	14
Lkw	200 Tsd. Einheiten	hoch	100
Reifen	9 Mio. Stück	mittel	25
Farbfernsehgeräte	1,3 bis 2,2 Mio. Stück	gering	33-56
Mineralölprodukte	10 Mio. t Rohöleinsatzmenge	gering	14
Bier	2,8 Mio. hl	mittel	3
Zigaretten	70 Mrd. Stück	gering	44

Die obige Tabelle zeigt die mindestoptimalen Betriebsgrößen für verschiedene Branchen. Die dritte Spalte zeigt dabei die Durchschnittskostennachteile gegenüber einer MOTB-Produktion, wenn die Betriebsgröße auf ein Drittel der mindestoptimalen gesenkt würde. Der Durchschnittskostennachteil wird als gering, mittel bzw. hoch bezeichnet, wenn er unter 5%, zwischen 5 und 10% bzw. über 10% liegt. Die letzte Spalte zeigt, welcher Marktanteil für die Erreichung der mindestoptimalen Betriebsgröße in den jeweiligen Branchen erforderlich ist.

<u>*Quelle: 6. Hauptgutachten der Monopolkommission (1986)*</u>

Mit Hilfe der Kostenstruktur einer Unternehmung können wir nun die Frage beantworten, welche Ausbringungsmenge der Unternehmer in einem Wettbewerbsmarkt anbieten soll. Wir unterstellen dabei, dass die Unternehmung ihren Gewinn als Differenz ihrer Erträge und Kosten maximieren will.

Entsprechend unserer Darstellung der individuellen Nutzenmaximierung in Kapitel 1 wird der Unternehmer bei seiner Entscheidung über das optimale Produktionsniveau die damit verbundenen marginalen Kosten und Nutzen zugrunde legen. Die marginalen Kosten einer zusätzlichen Einheit der Ausbringungsmenge sind dabei durch die Grenzkosten der Produktion gegeben, während die marginalen Vorteile einer solchen Entscheidung durch die entsprechenden Grenzerlöse bzw. -umsätze bestimmt sind. Der Unternehmer sollte daher immer dann seine Produktion erweitern, solange die Grenzkosten kleiner sind als die Grenzerlöse. Er sollte keine zusätzliche Einheit mehr produzieren, wenn die Grenzerlöse kleiner sind als die Grenzkosten. Optimal ist daher diejenige Ausbringungsmenge, bei der gilt:

$$\text{Grenzkosten der Produktion} = \text{Grenzerlöse der Produktion}$$

In einem Wettbewerbsmarkt muss der Unternehmer den Preis für sein produziertes Gut als gegeben nehmen. Der Grenzerlös jeder zusätzlich produzierten Einheit ist daher identisch dem Marktpreis dieses Gutes. Kurzfristig, bei einer festen Betriebsgröße, sind die relevanten Kosten der Unternehmung durch ihre kurzfristigen variablen Kosten bestimmt. Die obige Bedingung für die kurzfristige Gewinnmaximierung lautet daher:

$$\text{Marktpreis des produzierten Gutes} = \text{kurzfristige variable Grenzkosten}$$

Der Unternehmer maximiert also genau dann seinen Gewinn, wenn er seine Ausbringungsmenge bis zu dem Punkt ausdehnt, an dem die variablen Grenzkosten dem Produktpreis entsprechen. Damit ist allerdings noch nichts über die Höhe des langfristigen Gewinns ausgesagt. Die Frage ist also, welche Aussagen wir aus der kurzfristigen Gewinnmaximierung über die Profitabilität der Unternehmung machen können.

Betrachten wir hierzu die nachfolgende Abbildung, in der neben den kurzfristigen Grenzkosten, den variablen Durchschnittskosten und den Gesamtdurchschnittskosten auch drei verschiedene Marktpreise dargestellt sind. Bei jedem Marktpreis befindet sich der Unternehmer in einer anderen Entscheidungssituation. Diese wollen wir im Folgenden diskutieren:

- Bei einem Marktpreis von p_1 ist die Gewinnmaximierungsbedingung bei einer Ausbringungsmenge von Q_1 erfüllt. Bei einer geringeren Ausbringungsmenge wären die Grenzerlöse einer marginalen Produktionserweiterung größer als die Grenzkosten, eine Erhöhung der Ausbringungsmenge würde mehr Erlöse als Kosten verursachen und sollte daher vorgenommen werden. Ist allerdings die Ausbringungsmenge größer als Q_1, wären die Grenzkosten größer als die Grenzerlöse und eine Reduzierung der Produktion wäre profitsteigernd. Da der Preis p_1 oberhalb der durchschnittlichen Produktionskosten liegt, ist bei dieser Ausbringungsmenge der Gewinn der Unternehmung positiv. Dieser kurzfristige Gewinn ist pro produzierter Einheit durch die Entfernung von Punkt A nach A' bestimmt.

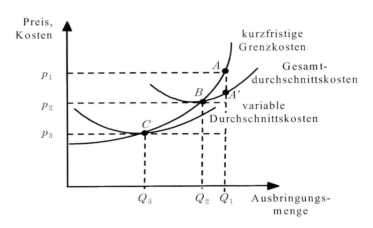

Abbildung 3.11: Die kurzfristige Gewinnmaximierung einer Unternehmung

- Ein Marktpreis von p_2 führt für den Unternehmer zu einer optimalen Ausbringungsmenge von Q_2. Im Punkt B tangiert nun gerade die Kurve der durchschnittlichen Produktionskosten die Grenzerlöskurve. Zum Preis p_2 wird der Unternehmer also keine Gewinne erzielen können, da die durchschnittlichen Kosten für die Produktion der Ausbringungsmenge gerade dem Marktpreis entsprechen.
- Bei einem Marktpreis von p_3 schließlich wäre die optimale Ausbringungsmenge Q_3. In dieser Situation tangiert nun im Punkt C die Kurve variabler Durchschnittskosten die Grenzerlöskurve. Der Marktpreis deckt also gerade die durchschnittlichen variablen Kosten der Produktion. Der Unternehmer ist somit indifferent zwischen dem Einstellen der Produktion oder der Produktion auf dem Niveau von Q_3: Im ersten Fall verliert er Geld, da er ohne Produktion seine Fixkosten nicht mehr decken kann, im zweiten Fall reichen die Erlöse gerade zur Deckung der variablen Kosten, allerdings bleiben die fixen Kosten ebenfalls ungedeckt. Liegt daher der Marktpreis unterhalb des Minimums der variablen

Durchschnittskosten, dann minimiert der Unternehmer seine Verluste, indem er seine Produktion einstellt. Liegt andererseits der Marktpreis zwischen den Preisen p_2 und p_3, erwirtschaftet der Unternehmer einen positiven Beitrag, allerdings einen negativen Gewinn. Kurzfristig ist die Produktion also gewinnmaximierend, langfristig ist die Unternehmung bei einem solchen Marktpreis aber nicht existenzfähig.

Genau hier unterscheidet sich die langfristige Betrachtung von der kurzfristigen Perspektive. Kurzfristig kann es optimal sein, Verluste durch die Produktion zu erwirtschaften, langfristig muss die Unternehmung jedoch profitabel sein. Dies bedeutet, dass langfristig der Marktpreis zumindest die langfristigen Durchschnittskosten decken muss, andernfalls verlässt die Unternehmung den Markt. Bleibt die Unternehmung im Markt, wird sie ihre Betriebsgröße optimal anpassen müssen. Bei ihrer Entscheidung über die gewinnmaximale Ausbringungsmenge wird sie dabei ihre langfristigen Grenzkosten zugrunde legen.

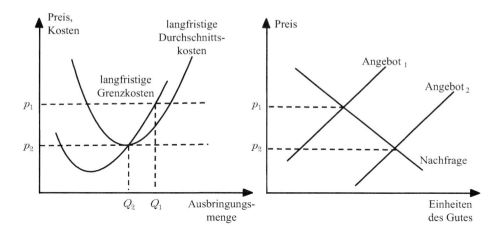

Abbildung 3.12: Die langfristige Gewinnmaximierung einer Unternehmung

Die Abbildung zeigt den Zusammenhang zwischen der Produktionsentscheidung einer repräsentativen Unternehmung und dem Angebot an Gütern auf dem entsprechenden Markt: Das Gesamtangebot am Markt ergibt sich als Summe der optimalen Ausbringungsmengen aller Unternehmungen am Markt.

Die Abbildung illustriert zudem, dass eine Unternehmung in einem Wettbewerbsmarkt langfristig keine Gewinne erwirtschaften kann: Denn angenommen, auf dem Wettbewerbsmarkt würde sich ein anderer Preis p_1 einstellen als derjenige Preis p_2, der die zweite Angebotskurve und die Nachfragekurve ausgleicht. Dann würde die Unternehmung aufgrund der Identität von Grenzerlösen und Grenzkosten eine optimale Ausbringungsmenge von Q_1 produzieren. Da der Marktpreis dann oberhalb der langfristigen Durchschnittskosten liegt, erwirtschaftet die Unternehmung Gewinne. Da allerdings in einem Markt mit vollkommener Konkurrenz freier Marktzutritt besteht, werden durch die Gewinne neuen Unternehmungen angelockt. Dies führt zu einer Verschiebung der Angebotskurve nach rechts und somit zu einer Preisreduzierung. Neue Unternehmungen werden nun solange in den Markt eindringen, bis die Gewinne verschwunden sind und kein Anreiz mehr zum Markteintritt besteht. Die erste Angebotskurve wird sich also bis zur zweiten Angebotskurve nach rechts verschieben, so dass der zugehörige Marktpreis p_2 identisch ist mit dem Minimum der durchschnittlichen Produktionskosten. In einem Wettbewerbsgleichgewicht gilt daher die Identität:

Marktpreis des produzierten Gutes = langfristige Grenzkosten
= Minimum der langfristigen Durchschnittskosten

3.1.3 Allgemeine Gleichgewichtstheorie: Die Koordination aller einzelwirtschaftlichen Aktivitäten

Die soeben hergeleitete optimale Ausbringungsmenge einer Unternehmung in einem Wettbewerbsmarkt hat natürlich unmittelbare Rückwirkungen auf die Nachfrage der Unternehmung nach Einsatzfaktoren. Die kostenminimale Produktion der ermittelten Ausbringungsmenge bestimmt, in welchem Umfang die Unternehmung Inputfaktoren einkaufen muss. Bei dieser Betrachtung ebenso wie bei der Diskussion des Marktgleichgewichts auf einem Gütermarkt sind wir dabei immer davon ausgegangen, dass die Preise der Produktionsfaktoren bzw. die Preise von Substituten gegeben sind. In diesem Sinne haben wir bisher stets eine partielle Gleichgewichtsanalyse durchgeführt: Wir haben einzelne Märkte betrachtet und sind davon ausgegangen, dass die Bedingungen auf allen anderen Märkten entweder unverändert blieben oder keine Rückwirkungen auf den von uns betrachteten Markt hatten.

Wir werden nun unsere Betrachtung auf alle Märkten ausdehnen. Ein solches umfassendes Modell ist von Kenneth J. Arrow und Gérard Debreu in den fünfziger Jahren formuliert worden und leitet ein simultanes Gleichgewicht auf allen Güter- und Faktormärkten her. Es wird daher auch als **allgemeines Gleichgewichtsmodell** bezeichnet. Wir wollen im Folgenden weder den formalen Modellrahmen, noch den Beweis der Existenz oder Eindeutigkeit eines allgemeinen Gleichgewichts geben. Wir begnügen uns vielmehr mit einer Skizze des Grundmodells und werden dann diskutieren, inwieweit der Preismechanismus das Koordinations- und Motivationsproblem der gesamten Ökonomie löst.

Das Grundmodell der Ökonomie besteht aus den beiden Gruppen von Marktteilnehmern, den privaten Haushalten und den Unternehmungen. Insgesamt gibt es I verschiedene Haushalte und J verschiedene Unternehmungen. Zudem existieren in der Ökonomie N verschiedene Produktionsfaktoren und Güter. Ein typisches Bündel X von Produktionsfaktoren und Gütern kann daher als eine Liste $(x_1, x_2, \ldots, x_N)$ mit N Eintragungen dargestellt werden, wobei x_n beispielsweise die Anzahl der Hosen oder die Größe des Grundbesitz in diesem Bündel angibt.

Um einen Überblick über die Vielzahl der ökonomischen Entscheidungen aller Marktteilnehmer in der Ökonomie zu gewinnen, betrachten wir noch einmal den Wirtschaftskreislauf, diesmal unter Berücksichtigung der Wirkungsweise der einzelnen Güter- und Faktormärkte:

Private Haushalte verfügen über Erstausstattungen an Gütern, die sie konsumieren können, sowie an Faktoren, die zur Produktion von Gütern eingesetzt werden können. Zu den Gütern gehören z.B. die Hemden und Hosen des Haushalts, zu den Produktionsfaktoren z.B. seine Arbeitszeit und sein Besitz an Grund und Boden. Haushalte können von ihrer Erstausstattung gewisse Güter oder Faktoren verkaufen. Wir bezeichnen dieses Angebot eines Haushalts mit Q_S^i, wobei Q_S^i eine Liste mit N Eintragungen für jedes Gut bzw. für jeden Faktor ist. Bietet der Haushalt z.B. keine Hosen an, ist der zugehörige Eintrag Null, ansonsten positiv. Zudem fragt jeder Haushalte auch gewisse Güter oder Faktoren nach. Diese Nachfrage bezeichnen wir analog mit Q_D^i, ebenfalls eine Liste mit N Eintragungen. Haushalte sind außerdem im Besitz von Unternehmensanteilen, so dass sie entsprechend ihren Anteilen an den Unternehmensgewinnen partizipieren.

Die Unternehmungen sind vollständig im Besitz der privaten Haushalte. Sie besitzen keine Erstausstattungen und fragen Güter bzw. Faktoren als Inputs für ihre Produktion nach. Diese Nachfrage wird mit Q_D^j für eine Unternehmung j bezeichnet. Als Ergebnis ihrer Produktion bietet die Unternehmung dann Güter an, die wir mit Q_S^j bezeichnen. Sowohl Angebot als Nachfrage der Unternehmung sind jeweils Listen, die N Eintragungen haben.

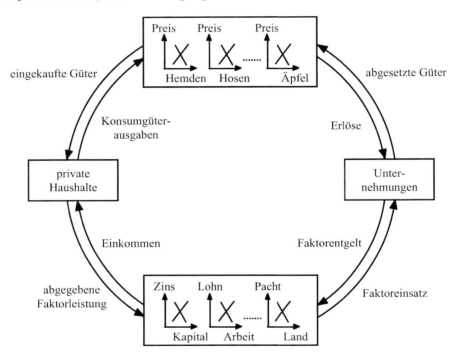

Abbildung 3.13: Das allgemeine Marktgleichgewicht

Wie treffen diese Akteure innerhalb der Ökonomie nun ihre einzelwirtschaftlichen Entscheidungen? Wie wir bereits im Zusammenhang mit dem Marktgleichgewicht gesehen haben, orientieren sich die Marktteilnehmer an den jeweiligen Preisen, die auf den verschiedenen Faktor- und Gütermärkten herrschen. Sei P die Liste aller N Preise für die in der Ökonomie existierenden Güter und Faktoren. Dann können wir die einzelwirtschaftlichen Entscheidungen wie folgt charakterisieren:

- Private Haushalte bieten diejenigen Güter und Faktoren an und fragen diejenigen Güter nach, die ihren individuellen Nutzen maximieren. Sie müssen dabei berücksichtigen, dass ihre Entscheidungen einer Budgetbeschränkung unterliegen: Die Summe der Ausgaben für Güter darf die Summe der Einnahmen aus dem Verkauf von Gütern und Faktoren der Erstausstattung und den Unternehmensanteilen nicht überschreiten. Inwieweit die Budgetbeschränkung bei einer bestimmten Angebots- und Nachfrageentscheidung erfüllt ist, hängt von den Preisen ab.
- Unternehmungen fragen diejenigen Einsatzfaktoren für ihre Produktion nach und bieten diejenigen Ausbringungsmengen an Gütern an, die ihren Gewinn maximieren. Sie müssen dabei ihre jeweilige Produktionstechnologie berücksichtigen. Ihre Nachfrage- und Angebotsentscheidungen wird eine Unternehmung von den geltenden Marktpreisen abhängig machen.

Die Komplexität der Abstimmung all dieser einzelwirtschaftlichen Entscheidungen ist ausgesprochen groß. Jeder einzelne Akteur kennt ja nur jeweils seine eigene spezifische Situation, sei es bezüglich seiner Präferenzen oder bezüglich der Produktionstechnologie. Seine Entscheidungsfindung ist also vollständig dezentralisiert. Jeder Unternehmer erstellt für sich einen gewinnmaximierenden Plan und jeder Konsument entwirft für sich einen nutzenmaximierenden Plan. Der Plan eines einzelnen Akteurs ist nun mit den Plänen vieler anderer Akteure interdependent. Ob jemand ein Kilo Bananen kaufen will und kann, ist z.B. davon abhängig, wieviele andere Konsumenten sonst noch Bananen kaufen wollen und ob überhaupt Bananen geerntet wurden.

Die Pläne aller Marktteilnehmer müssen also aufeinander abgestimmt sein, wenn sie alle ausgeführt werden sollen. Die individuell getroffenen Entscheidungen sind genau dann miteinander vereinbar, wenn die von den Unternehmungen hergestellten Produktionsmengen den von den Haushalten nachgefragten Mengen entsprechen und wenn die von den Haushalten angebotenen Einsatzfaktoren und die von den Unternehmungen nachgefragten Faktoreinheiten gleich sind.

Ein Schlüsselproblem für eine geeignete Koordination der Pläne besteht nun darin, dass dem Einzelnen a priori nicht alle Informationen zur Verfügung stehen, um konsistente Entscheidungen zu treffen. Hierzu müsste er die Präferenzen der anderen Akteure kennen ebenso wie die technologischen Produktionsmöglichkeiten oder die verfügbaren Ressourcen in der Ökonomie. Diese Informationen sind über alle Akteure verteilt, jeder besitzt spezielles Wissen. Somit hat also keiner a priori in der Ökonomie das Wissen, alle Pläne aufeinander abzustimmen und somit z.B. zu entscheiden, welche Unternehmung welche Güter in welchem Umfang produzieren soll.

Das ökonomische Problem besteht nun darin, den Entscheidungsträgern in der Ökonomie bei ihren dezentralen Entscheidungen diejenigen Informationen zukommen zu lassen, die sie benötigen, damit ihre jeweiligen Pläne konsistent aufeinander abgestimmt werden können. Zudem muss jeder dazu motiviert werden, seinen Plan dann auch entsprechend auszuführen.

Der Preismechanismus stellt hier den Marktteilnehmern diejenigen Informationen zur Verfügung, die zu einer Lösung des Koordinationsproblems notwendig sind. Wir haben oben gesehen, dass sich in einem isolierten Markt durch das Zusammenspiel von Angebot und Nachfrage ein Marktgleichgewicht einstellt. Der Preis gab den Anbietern und Nachfragern die Information, die sie zur Abstimmung ihrer Angebots- und Nachfrageentscheidung benötigten. Ein allgemeines Marktgleichgewicht erfordert daher die Übereinstimmung von Angebot und Nachfrage auf allen Märkten der Ökonomie. Existiert ein solches allgemeines Gleichgewicht,[10] dann gibt der **erste Hauptsatz der Wohlfahrtsökonomie** eine Antwort auf die Frage, inwieweit das Organisationsproblem der Ökonomie gelöst ist:

Wenn
(1) jede Unternehmung ihren Gewinn maximiert bei Kenntnis der Preise und unter Berücksichtigung der eigenen Produktionstechnologie,
(2) jeder Haushalt seinen Nutzen maximiert bei Kenntnis der Preise und der eigenen individuellen Präferenzen und unter Beachtung seiner Budgetbeschränkung und
(3) die Preise Angebot und Nachfrage auf allen Märkten ausgleichen,

dann ist die betrachtete Ökonomie effizient.

Dieses Theorem besagt zunächst einmal, dass die von den privaten Haushalten getroffenen Konsumpläne und die von den Unternehmungen erstellten Produktionspläne Pareto-effizient sind. Es gibt also kein anderes Set an Konsum- und Produktionsplänen, bei dem ein Marktteilnehmer besser gestellt werden kann, ohne dass ein anderer Marktteilnehmer schlechter gestellt wird. Da die Unternehmungen im Besitz der Haushalte sind, bezieht sich die Pareto-Effizienz auf das Nutzenniveau der Haushalte. Die Verteilung der Werte, die die Ökonomie für ihre Konsumenten schafft, ist also Pareto-effizient.

Die Logik des ersten Hauptsatzes der Wohlfahrtsökonomie ist einfach: Angenommen, die Konsum- und Produktionspläne der Marktteilnehmer wären nicht Pareto-effizient. Dann wäre es nach der Definition der Pareto-Effizienz möglich, einen Konsumenten besser zu stellen, ohne irgendjemand anderen in der Ökonomie schlechter zu stellen. Der Nutzen aus diesem alternativen Konsumentenplan muss für diesen Konsumenten also größer sein als der seines ursprünglichen Plans – sonst würde er den neuen Plan nicht wählen – und für alle anderen Konsumenten muss der Nutzen aus den alternativen Plänen mindestens so groß sein wie der aus den ursprünglichen Plänen – auch sonst würde zumindest ein Konsument durch den neuen Plan schlechter gestellt. Damit ist aber der Wert der gesamten Konsumentennachfrage größer als vorher. Dies ist jedoch unmöglich, da der Wert der gesamten Konsumentennachfrage ja identisch sein muss mit dem Wert der Produktion. Der Wert der Produktion ist aber bereits maximal und kann nicht mehr erhöht werden. Folglich ist es nicht möglich, einen Konsumenten besser zu stellen ohne jemand anderen schlechter zu stellen. Die ursprünglichen Konsumenten- und Produzentenpläne sind also Pareto-effizient.

Neben dem Koordinationsproblem löst der Preismechanismus automatisch auch das Motivationsproblem. Dies ist unmittelbar einsichtig, denn jeder Haushalt hat seinen Konsumplan gerade so erstellt, dass er seine eigenen Präferenzen maximiert und jede Unternehmung hat ihren Produktionsplan so erstellt, dass der unternehmerische Gewinn maximiert wird. Jeder Marktteilnehmer hat also einen Anreiz, sich bei den Marktpreisen auch tatsächlich an seinen Plan zu halten. Dies tut er aus reinem Eigeninteresse oder, mit den Worten von Adam Smith (1976, S.18): "It is not from the benevolence of the butcher, the brewer, or the baker, that we expect our dinner, but from their regard to their own interest."

Der Preismechanismus löst also sowohl das Koordinations- als auch das Motivationsproblem und somit das Organisationsproblem der Ökonomie. Die einzelwirtschaftlichen Entscheidungen aller Marktteilnehmer werden durch das Preissystem vollständig aufeinander abgestimmt. Jeder kann seine Entscheidungen unabhängig von den Entscheidungen und Informationen der anderen Marktteilnehmer treffen. Das System der Gleichgewichtspreise garantiert, dass jeder seinen Handlungsplan vollständig ausführen kann.

Bemerkenswert ist dabei, dass das Preissystem mit minimalen Informationen zur Koordination auskommt. Jeder Teilnehmer besitzt nur sein ganz spezifisches Wissen, lediglich die Preise sind generelles Wissen aller. Das dezentrale Entscheidungssystem kommt also vollständig ohne Kommunikation der lokalen, individuellen Informationen aus. Die Marktpreise alleine steuern hier die Entscheidungen der Marktteilnehmer. Jede Unternehmung produziert ihre Ausbringungsmenge auf Basis der Preise und ihrer gegebenen Produktionstechnologie. Jeder private Haushalt handelt nur auf der Grundlage der Preise und seiner eigenen Präferenzen bezüglich der von ihm nachgefragten Konsummengen. Jeder Gleichgewichtspreis komprimiert also alle relevanten Informationen des jeweils betrachteten Marktes.

3.1.4 Die Rolle der Unternehmung im neoklassischen Marktmodell

Das Modell der allgemeinen Gleichgewichtstheorie ist ein wichtiger Meilenstein für das Verständnis effizienter Organisationen. Es zeigt, dass die Koordination zwischen den Nachfrageentscheidungen von Käufern und den Angebotsentscheidungen von Verkäufern durch den Preismechanismus bei vollkommener Konkurrenz erreicht werden kann, ohne dass dabei ein zentrales Entscheidungssystems etabliert werden muss. Jeder trifft seine Entscheidungen dezentral, der Preis liefert als Steuerungsgröße genügend Informationen zur gemeinsamen Koordination. Die zentrale Entscheidungsfindung garantiert zudem, dass jeder auch motiviert ist, seine Entscheidungen durchzuführen.

Wir wollen nun die Rolle der Unternehmung im neoklassischen Marktmodell und ihre Implikationen für das Organisationsproblem einer Unternehmung kritisch diskutieren. Von den Annahmen, die wir explizit oder implizit gemacht haben, können wir die folgenden drei festhalten, die sich auf die Unternehmung im neoklassischen Marktmodell beziehen:

Die Unternehmung ist ein Nexus vollständiger Verträge

Wir haben die Unternehmung als Einheit diskutiert, die Produktionsfaktoren am Markt einkauft und diese zu Gütern oder Dienstleistungen transformiert. Zu den Produktionsfaktoren gehören insbesondere die Arbeitsleistungen derjenigen Organisationsteilnehmer, die für die Unternehmung produzieren. Der Unternehmer wird also die von ihm benötigten Arbeitsleistungen auf den jeweiligen Arbeitsmärkten nachfragen.

Dabei hat er vollständige Informationen: Er kennt alle Informationen, die für seine Entscheidung, mit einem potentiellen Arbeitnehmer einen Vertrag abzuschließen, relevant sein können. Er weiß zum Beispiel, welche Fähigkeiten der Vertragspartner hat, da es für jedes Qualifikationsniveau einen eigenen Arbeitsmarkt gibt. Der Unternehmer weiß auch, welchen Arbeitseinsatz jemand erbringen wird, mit dem er einen Vertrag abschließt. Ansonsten könnte es ja vorkommen, dass ein Arbeitnehmer seine Arbeitsleistungen nicht umfassend erbringt. Dies ist im Modell aber nicht berücksichtigt. Unsicherheit aufgrund des strategischen Verhaltens des anderen Vertragspartners können also nicht auftreten. Exogene Unsicherheiten führen ebenfalls nicht zu Vertragsproblemen. Im Modell kann jeder mögliche Zustand der Ökonomie vollständig beschrieben werden. Unsicherheit resultiert ausschließlich aus dem Umstand, dass gegenwärtig nicht bekannt ist, welcher Zustand in Zukunft tatsächlich eintreten wird. Dies erlaubt aber, konditionierte Verträge zu vereinbaren, nach denen eine gewisse Dienstleistung erbracht werden soll, vorausgesetzt, ein vorher spezifizierter Zustand ist eingetreten.

Neben dem Unternehmer hat natürlich auch der potentielle Arbeitnehmer vollständige Informationen. Er weiß zum Beispiel, welche Arbeitsbedingungen ihn bei der Unternehmung erwarten. Er weiß aber auch, welche Tätigkeit er zu welchem Zeitpunkt wie durchführen muss. Der Unternehmer kann also mit einem potentiellen Arbeitnehmer unter diesen Bedingungen einen vollständigen Vertrag vereinbaren: Ein **vollständiger Vertrag** bezeichnet eine Vereinbarung zwischen Vertragsparteien, die für alle möglichen Eventualitäten, die im Laufe der Transaktion auftreten könnten, ihre jeweils zu leistenden Beiträge und die Aufteilung der jeweils geschaffenen Werte im Vorhinein festlegt.

Die Unternehmung ist eine Ein-Mann-Unternehmung

Da der Unternehmer mit allen Arbeitnehmern einen vollständigen Vertrag abgeschlossen hat, sind deren Arbeitsleistungen bis ins Detail vertraglich geregelt. Selbst für Eventualitäten, über deren Eintreten bei Vertragsabschluss Unsicherheit besteht, wird das Arbeitsverhältnis vollständig determiniert. Keiner der Arbeitnehmer hat also im Rahmen seines Vertrages Entscheidungsautonomie. Alle möglichen Entscheidungen, die im Laufe des Arbeitsvollzugs überhaupt zu treffen sind, wurden bereits im Arbeitsvertrag spezifiziert, so dass der Arbeitnehmer an diese Vertragsbedingungen gebunden ist.

Damit werden aber alle Teilaufgaben, die bei der Produktion der Güter der Unternehmung anfallen, durch vollständig spezifizierte Dienst- und Arbeitsverträge abgewickelt. Diese Verträge begründen jeweils ein kurzfristiges Arbeitsverhältnis. Sie werden für die jeweils zu erbringende Leistung abgeschlossen. Eine langfristige und dauerhafte Beziehung ergibt sich so nicht durch einen entsprechenden allgemeinen langfristigen Arbeitsvertrag, sondern kann nur durch eine Reihe kurzfristiger Verträge entstehen.

In diesem Sinne kauft der Unternehmer also jeweils die von ihm benötigten Arbeitskräfte kurzfristig ein. Das Konzept der Unternehmung in der neoklassischen Theorie gründet sich somit auf der Idee einer Ein-Mann-Unternehmung: Die Arbeitnehmer, die für den Unternehmer arbeiten, sind keine Mitarbeiter im Sinne interner Organisationsteilnehmer, sondern gehören zur Unternehmensumwelt und sind externe Teilnehmer. Unternehmung und Unternehmer sind identisch.

Insbesondere wird durch diesen Ansatz das Problem der unternehmensinternen Organisation der Einzelaktivitäten ausgeklammert. Die Koordination der unternehmensinternen Aktivitäten ist durch die Arbeitsverträge vollständig spezifiziert. Die Motivation der Arbeitnehmer, die vereinbarten Verträge adäquat durchzuführen, ist sowohl durch den Preismechanismus auf dem Arbeitsmarkt als auch durch den Umstand gegeben, dass der Unternehmer keine Informationsdefizite hinsichtlich der Vertragserfüllung hat. Die Unternehmung ist also eine holistische Einheit, in der jeder die Ziele der Unternehmung verfolgt. Eine hierarchische Koordination innerhalb der Unternehmung ist so nicht notwendig.

Die Unternehmung maximiert nicht die Werte aller Organisationsteilnehmer

Da jede Unternehmung eine Ein-Mann-Unternehmung ist und alle Inputfaktoren auf den entsprechenden Faktormärkten kurzfristig beschafft werden, reduziert sich die Organisationsrente auf die Rente des Unternehmers, die Produzentenrente: Die Beiträge, die alle anderen Organisationsteilnehmer an die Unternehmung leisten, werden unmittelbar über die entsprechenden Märkte entlohnt. Ihre Renten ergeben sich durch den jeweiligen marktlichen Austausch. Daher ist es legitim, Gewinnmaximierung als das Ziel der Unternehmung zu unterstellen.

Inwieweit die Gewinnmaximierung des Unternehmers zu einer Maximierung der Werte aller Organisationsteilnehmer führt, ist im neoklassichen Modell davon abhängig, ob es für alle Werte der Organisationsteilnehmer Märkte bei vollkommener Konkurrenz gibt. Betrachten wir z.B. das Bedürfnis der Arbeitnehmer nach Arbeitszufriedenheit. Wenn ein Markt existiert, in dem die Arbeitszufriedenheit der Arbeitnehmer das gehandelte Gut ist, dann würde über diesen Markt die Nachfrage der Arbeitskräfte nach Arbeitszufriedenheit im Gleichgewicht gedeckt. Jede Arbeitskraft würde also im Gleichgewicht diejenige Arbeitszufriedenheit 'konsumieren', die ihr Handlungsplan in Abhängigkeit des 'Preises für Arbeitszufriedenheit' vorsieht, und daher ihren Nutzen maximieren. Insbesondere würde aber somit der Unternehmer bei der Verfolgung der Gewinnziels die Arbeitszufriedenheit seiner Arbeitskräfte – und die damit verbundenen Kosten – berücksichtigen.

Allerdings ist nicht davon auszugehen, dass die Arbeitszufriedenheit objektiv in Geldeinheiten zu messen ist. Daher existiert aber auch kein Markt für die Arbeitszufriedenheit der Arbeitnehmer und folglich wird sie die Unternehmung bei ihrer Gewinnmaximierung nicht berücksichtigen. Damit werden aber auch die Werte der Arbeitnehmer nicht maximiert. Dies gilt nicht nur kurzfristig, sondern auch langfristig, da der Unternehmer zum einen sowieso nur kurzfristige Arbeitsverträge abschließt, zum anderen gegenüber den Arbeitnehmern anonym bleibt.

3.2 Marktversagen

Der erste Hauptsatz der Wohlfahrtsökonomie zeigt eindrucksvoll, wie einfach und zugleich effizient ein System von Preisen zur Koordination der Einzelentscheidungen in einer Ökonomie beitragen kann. Zudem werden durch den Preismechanismus genau die Anreize für den einzelnen Marktteilnehmer gesetzt, die diese Koordinationsfunktion wirkungsvoll unterstützen.

So wichtig diese Erkenntnisse für die Gestaltung ökonomischer Organisationen sind, so wenig lässt sich das neoklassische Marktmodell als eine vollständige und detaillierte Beschreibung einer modernen Volkswirtschaft verstehen. Wäre nämlich das Wettbewerbsgleichgewicht im neoklassischen Marktmodell tatsächlich eine vollständige Beschreibung der Funktionsweise von Märkten, dann gäbe es keinen Grund für die Existenz irgendeiner anderen Form der ökonomischen Organisation.[11] Dies gilt natürlich auch für Unternehmungen: Die im neoklassischen Modell betrachteten Unternehmungen sind selbstständige Ein-Mann-Unternehmungen, sämtliche Teilaufgaben werden aufgrund frei vereinbarter Kauf- und Werksverträge erfüllt.

Offensichtlich entspricht dieses Bild nicht der Realität. Vielmehr beobachten wir die Bildung gigantischer Großunternehmen wie beispielsweise der Novartis als Fusion der Chemieunternehmen Ciba Geigy und Sandoz oder von DaimlerChrysler als Fusion von Daimler Benz und Chrysler. Auch die Bemühungen der Weltklimakonferenzen um eine Reduzierung der CO_2-Emissionen oder die staatliche Gesetzgebung z.B. bei der Bekämpfung der Kriminalität wären im neoklassischen Wettbewerbsmodell nicht notwendig. Langfristige Arbeitsverträge wie die im öffentlichen Dienst oder im Beamtenverhältnis sind genauso wenig erklärbar wie langfristige Lieferverträge in der Industrie.

Alfred Chandler (1962; 1977) hat in seinen Studien über das Entstehen und die Entwicklung von Unternehmungen herausgefunden, dass neue Unternehmungen historisch unter anderem dann entstehen, wenn Individuen denken, dass der Preismechanismus ineffizient funktioniert. Wenn nämlich Märkte und somit das Preissystem nicht zu einer effizienten Koordination der Einzelaktivitäten führen, besteht die Möglichkeit, dass andere ökonomische Organisationen diese Lücke schließen.

Diese Beobachtung soll hier diskutiert werden. Dabei gehen wir folgendermaßen vor: In einem ersten Schritt werden wir nach den Gründen fragen, die zu einem Marktversagen führen. **Marktversagen** ist dabei definiert als eine Funktionsstörung des Preismechanismus, die zu einer ineffizienten Allokation oder unproduktiven Nutzung von Ressourcen führt. Die im Anschluss diskutierten Gründe für ein Marktversagen stehen dabei in engem Zusammenhang mit den Annahmen, die für die Gültigkeit des Wohlfahrtstheorems zu treffen sind. In einem zweiten Schritt werden wir dann für jede dieser Formen des Marktversagens die Existenz von nichtmarktlichen Organisationen an einem Beispiel erklären.

3.2.1 Marktmacht

Das neoklassische Marktmodell geht davon aus, dass es eine Vielzahl von Anbietern und Nachfragern auf jedem Markt gibt. Insbesondere ist die einzelne Transaktion zwischen zwei Transaktionspartnern im Verhältnis zum gesamten Transaktionsvolumen auf jedem Markt beliebig klein. Somit kann kein Akteur einen Einfluss auf den Marktpreis nehmen, jeder muss den geltenden Marktpreis bei seinen Entscheidungen als gegeben hinnehmen.

Marktmacht liegt vor, wenn zumindest ein Teilnehmer oder eine Gruppe von Teilnehmern eines Marktes Einfluss auf die Preisbildung hat. Auf dem betreffenden Markt besteht dann unvollständige Konkurrenz. Diese Unvollkommenheit der Konkurrenz kann entweder auf der Nachfrageseite oder der Angebotsseite begründet sein. Im Folgenden wollen wir eine Marktform mit einer großen Anzahl kleiner Nachfrager untersuchen. Auf der Angebotsseite gehen wir von einem Monopol aus, also dem Fall, bei dem der Markt nur von einem Anbieter beherrscht wird.

Zwei Merkmale sind für ein solches Angebotsmonopol im Unterschied zu einem Markt mit vollkommener Konkurrenz bedeutsam:

(1) Den Konsumenten stehen, anders als bei der vollkommenen Konkurrenz, keine homogenen Substitute für die vom Monopolisten angebotenen Produkte zur Verfügung. Auf eine Preiserhöhung des Monopolisten werden die Konsumenten also nicht mit einem völligen Nachfrageverzicht reagieren – bei vollkommener Konkurrenz kann ja nur jeweils der billigste Anbieter seine Produkte absetzen, eine Preiserhöhung würde hier also dazu führen, dass kein Konsument mehr die Produkte dieser Unternehmung kauft. Vielmehr ist die Nachfragekurve für den Monopolisten identisch mit der Gesamtnachfragekurve des Marktes. Die monopolistische Unternehmung ist der Markt.

(2) Der Monopolist muss bei der Bestimmung seiner optimalen Ausbringungsmenge lediglich das Verhalten der Nachfrager, nicht aber das Verhalten möglicher Konkurrenten berücksichtigen. Dadurch verfügt er im Unterschied zum vollkommenen Wettbewerb über erhebliche Marktmacht. Dies hat starke Aus-

wirkungen auf den Erlös des Monopolisten: In einem Wettbewerbsmarkt entspricht der Grenzerlös eines Unternehmers dem Marktpreis, da von einer Änderung der Ausbringungsmenge keine Rückwirkungen auf den Preis ausgehen. Im Monopolfall verändert hingegen eine Produktionsausweitung den Marktpreis. Erhöht der Monopolist so sein Angebot, sinkt der Preis bei fallender Nachfrage der Konsumenten. Diese Preissenkung betrifft nun aber nicht nur die letzte produzierte Einheit, sondern die gesamte Produktionsmenge, die der Unternehmer am Markt anbietet. Aufgrund dieses letzten Effekts führt eine Produktionserhöhung im Monopol zu einem geringeren Grenzerlös als bei vollkommener Konkurrenz. Der Grenzerlös im Monopol liegt folglich immer unter dem Preis der Produkteinheit.

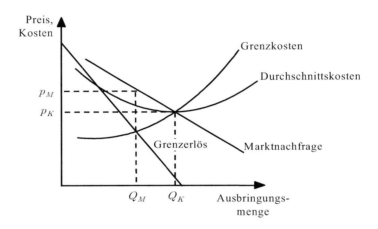

Abbildung 3.14: Preisbildung im Monopol

Die obige Darstellung zeigt die Preisbildung in einem monopolistischen Markt. Als Entscheidungsregel für die Gewinnmaximierung des Monopolisten gilt wie im Wettbewerbsfalls die Identität von Grenzkosten und Grenzerlösen der Produktion: Der Monopolist sollte seine Produktion ausweiten, solange die Grenzkosten kleiner sind als die Grenzerlöse. Er sollte keine zusätzliche Einheit mehr produzieren, wenn die Grenzerlöse kleiner sind als die Grenzkosten. Dies bestimmt seine optimale Ausbringungsmenge.

Da der Grenzerlös des Monopolisten immer unterhalb der Marktnachfrage – also der Preis-Absatz-Funktion des Monopolisten – liegt, wird im Monopol stets eine geringere Produktmenge angeboten als im Fall der vollkommenen Konkurrenz. Im Monopolfall ergibt sich hier eine Ausbringungsmenge von Q_M. Der zugehörige Marktpreis ergibt sich dann als p_M, da hier gerade die Zahlungsbereitschaft der Konsumenten aufgrund der Marktnachfragefunktion liegt. Im Wettbewerbsfall hingegen würde ein Unternehmer eine optimale Ausbringungsmenge von Q_K produzieren, der zugehörige Marktpreis wäre p_K. Im Vergleich zum Monopolfall ist also im Wettbewerbsfall die Angebotsmenge größer und der Preis niedriger.

Anders als im Wettbewerbsmarkt werden somit im Monopol nicht die Werte aller Marktteilnehmer maximiert. Konsumenten- und Produzentenrente sind nämlich genau dann maximal, wenn die Zahlungsbereitschaft der Konsumenten gerade den Grenzkosten der Produzenten entspricht. Ist dies bei vollkommener Konkurrenz erfüllt, so gibt es im Monopolfall Konsumenten, die bereit wären, mehr als die Grenzkosten der Produktion zu bezahlen, die aber aufgrund des hohen Monopolpreises trotzdem das Produkt nicht dafür erhalten. Alle Einheiten zwischen Q_M und Q_K verursachen hier Grenzkosten, die unterhalb der Zahlungsbereitschaft der Konsumenten liegen, so dass es wohlfahrtssteigernd wäre, wenn diese Einheiten produziert würden. Allerdings hat der Monopolist kein Interesse, diese Konsumentenbedürfnisse zu befriedigen. Eine Ausweitung der Produktionsmenge und eine Preissenkung für diese Konsumenten würde nämlich eine Preissenkung für alle Konsumenten bedeuten. Dadurch würden aber sein Grenzerlös unter seine Grenzkosten fallen.

Da der Monopolpreis oberhalb des Preises bei vollkommener Konkurrenz liegt, erwirtschaftet der Monopolist positive Gewinne. Somit haben aber andere Unternehmungen einen Anreiz, in den Markt einzutreten. Daher stellt sich die Frage, ob der Monopolist seine Monopolstellung langfristig überhaupt aufrecht erhalten kann.

Eine positive Antwort auf diese Frage ist dann gegeben, wenn die gesamten Durchschnittskosten der Produktion abnehmend sind, etwa weil die Grenzkosten der Produktion konstant sind. Sinkende Durchschnittskosten ergeben sich z.B. bei steigenden Skalenerträgen, da bei konstanten Inputpreisen jede proportionale Steigerung der Einsatzfaktoren zu einer mehr als proportionalen Steigerung der Ausbringungsmenge führt. Somit sinken die Kosten für die Produktion einer Einheit bei zunehmender Ausbringungsmenge.

In diesem Fall kann ein einziger Anbieter am Markt günstiger produzieren als mehrere. In der Literatur spricht man dann von einem **natürlichen Monopol**. Typisch hierfür sind z.B. die Bereiche der Energieversorgung oder der Eisenbahn. Die Errichtung und das Betreiben der jeweiligen Infrastruktureinrichtungen sind mit hohen Fixkosten verbunden, während die Grenzkosten der Marktversorgung relativ konstant sind.[12]

Natürliche Monopole sind unmittelbarer Ansatzpunkt staatlicher Regulierung. Einerseits ist es vorteilhaft, dass aufgrund der sinkenden Durchschnittskosten nur eine Unternehmung die Marktnachfrage deckt, andererseits verursacht aber die Monopolpreisbildung dieselben Ineffizienzen wie beim gewöhnlichen Monopol. Zur Lösung dieser Ineffizienzen im Monopolfall bietet sich daher eine staatliche Regulierung an, die den Markt zwar nur einer Unternehmung überlässt, diese aber dahingehend reguliert, dass beispielsweise ein zulässiger Höchstpreis nicht überschritten wird. Diese und andere Formen zur Regulierung von natürlichen Monopolen bzw. zur Vermeidung monopolistischer Marktstellungen einer Unternehmung werden im nächsten Abschnitt eingehender diskutiert. Im Folgenden soll eine besonders elegante Form der Regulierung vorgestellt werden, die ohne direkte regulative Eingriffe auskommt:

Der Mobilfunk in Deutschland und die Versteigerung von Monopolen

Eine relativ marktnahe Lösung des Machtproblems bei natürlichen Monopolen besteht in der Idee, den fehlenden Wettbewerb im Markt durch einen Wettbewerb um den Markt zu ersetzen. Dabei wird das natürliche Monopol von der Regulierungsbehörde öffentlich ausgeschrieben und zeitlich begrenzt versteigert. Derjenige Bieter erhält dann den Zuschlag, der den niedrigsten Preis für die Marktversorgung bietet.

Aufgrund der Konkurrenz in der Auktion kann dies bei Wahl eines geeigneten Auktionsverfahrens dazu führen, dass der Bieter mit den niedrigsten Durchschnittkosten den Zuschlag erhält und einen Preis am Markt verlangt, der gerade die Durchschnittskosten desjenigen Anbieters deckt, der die zweitniedrigsten Durchschnittskosten hat. Würde er nämlich einen höheren Preis in der Auktion verlangen, dann könnte er von dem Bieter mit den zweitniedrigsten Durchschnittskosten unterboten werden und dieser würde dann einen kleinen Gewinn erzielen. Je geringer nun der Kostenunterschied zwischen dem Bieter mit den niedrigsten Durchschnittkosten und dem mit den zweitniedrigsten ist, desto näher liegt der Preis des Meistbietenden an dem Preis, den die Regulierungsbehörde implementieren würde. Darüber hinaus kann der Staat die Einnahmen aus der Versteigerung zur Kompensation der Abnehmer verwenden.

Ein Beispiel für eine zeitlich befristete Versteigerung sind die vom Bundesminister für Post und Telekommunikation ausgeschriebenen Mobilfunknetze: Vor 1989 wurde der Markt vom analogen C-Netz-Monopol der Telekom beherrscht. 1989 wurde dann beim digitalen Mobilfunk in Deutschland ein Duopol eingeführt, indem zwei Linzenzen vergeben wurden. Zusätzlich zum C-Netz erhielt die Telekom eine der beiden Lizenzen, das D1-Netz. Die zweite Lizenz für das D2-Netz wurde zur Versteigerung ausgeschrieben und konnte von einem Unternehmenskonsortium unter Führung des Mannesmann-Konzerns ersteigert werden. Dieses kann nun für den Zeitraum von 15 Jahren ein konkurrierendes Mobilfunknetz zum D1-Netz unterhalten. 1993 wurde dann ein drittes Mobilfunktnetz (E1) an einen privaten Betreiber vergeben.

Quelle: Demsetz (1968) und Williamson (1985, S.326ff)[13]

3.2.2 Marktintransparenzen

Im neoklassischen Modell ist jeder Marktteilnehmer über alle für seine Transaktionen relevanten Daten vollständig informiert. Er kennt die Preise aller Güter und Dienstleistungen auf allen Märkten und er weiß, wo und was zu jedem Zeitpunkt zu kaufen oder zu verkaufen ist. Ein Nachfrager und ein Anbieter eines Gutes bzw. einer Dienstleistung können so in einem einfachen Kauf- bzw. Dienstvertrag festlegen, welche Menge des Gutes bzw. welchen Umfang an der Dienstleistung sie zum herrschenden Marktpreis austauschen.

In der Realität sind diese Annahmen der vollkommenen Konkurrenz im Allgemeinen nicht erfüllt. Informationen über potentielle Anbieter und Nachfrager eines relevanten Gutes und dessen Konditionen stehen nicht jedem Marktteilnehmer ohne weiteres zur Verfügung. Einige Konsumenten laufen beispielsweise von Supermarkt zu Supermarkt, um das beste Angebot für ein bestimmtes Produkt in Erfahrung zu bringen. Ebenso investieren Unternehmungen in Werbemaßnahmen, um potentielle Konsumenten über die Preise und Eigenschaften ihrer Produkte zu informieren.

Im Folgenden werden wir die Auswirkung solcher Marktintransparenzen auf das Marktverhalten von Anbietern und Nachfragern diskutieren. Entsprechend unserer Diskussion in Kapitel 2 können wir zwei Arten von Marktintransparenzen unterscheiden: Asymmetrische Informationen treten in einer Beziehung dann auf, wenn eine der Parteien über mehr Informationen verfügt als die andere Partei. Diese Informationen sind also grundsätzlich vorhanden, sie sind lediglich ungleich zwischen den Partnern verteilt und können somit nicht explizit zum Gegenstand des Vertrages gemacht werden. Daneben kann in einer Beziehung aber auch eine grundsätzliche Unkenntnis der Marktteilnehmer über relevante zukünftige Umweltentwicklungen bestehen. Da keine der Parteien mehr Informationen als eine andere hat, liegen in diesem Fall also symmetrische Informationen vor. Allerdings besteht eine exogene Unsicherheit auf beiden Marktseiten.

Bevor wir die Konsequenzen dieser Marktintransparenzen für das Versagen des neoklassischen Marktmodells diskutieren, wollen wir zunächst die grundsätzlichen Probleme ansprechen, die bei einer Transaktion aufgrund dieser Marktintransparenzen auftreten können. Beim unmittelbaren Austausch von Leistung und Gegenleistung können Informationsdefizite bezüglich der folgenden drei Aspekte bestehen:

- Produktnutzen: Der Anbieter ist nur unvollständig über den Nutzen informiert, den das Gut für einen Konsumenten stiftet. Unter Umständen weiß auch der Konsument trotz Kenntnis der Produktqualität nicht genau, welchen Nutzen das Gut für ihn hat.
- Produktpreis: Bei der enormen Komplexität des Preissystems ist der Konsument nur unzureichend über den Preis eines Gutes oder die Preisverteilung bei einer größeren Zahl von Anbietern eines Gutes informiert.
- Produktqualität: Der Anbieter eines Gutes ist besser über die Qualität oder andere transaktionsrelevante Eigenschaften des Gutes informiert als ein Nachfrager.

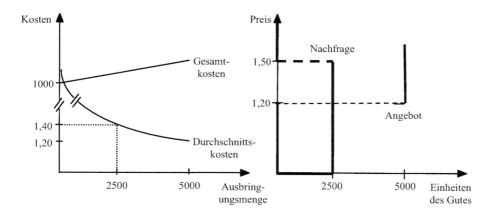

Abbildung 3.15: Das Versagen der Produktionsplanung

Im neoklassischen Modell orientiert sich ein Unternehmer bei seinen Produktionsentscheidungen ausschließlich an den Preisen der jeweiligen Einsatzfaktoren und Endprodukte. Lediglich die Preise sind als Informationen notwendig, um Angebot und Nachfrage auf den Märkten zu koordinieren. Dass diese Informationen jedoch nicht in allen Fällen für die Produktionsplanung einer Unternehmung ausreichen, zeigt das folgende Beispiel:[14]

Die linke Abbildung zeigt, dass die Produktion der Unternehmung steigende Skalenerträge aufweist: Der Kauf einer Produktionsanlage ist mit Kosten von Euro 1.000 verbunden. Diese Anlage kann maximal 5.000 Einheiten des Produkts herstellen bei variablen Kosten von Euro 1. Die durchschnittlichen Gesamtkosten fallen also von Euro 1.001 bei der Produktion einer Einheit auf Euro 1,20 bei 5.000 Einheiten. Bei einem Preis unter Euro 1,20 wird die Unternehmung also keine Produkte anbieten, bei einem Preis über Euro 1,20 liegt das Angebot bei 5.000 Produkteinheiten.

Die rechte Abbildung zeigt neben dieser Angebotsfunktion der Unternehmung die Nachfrage der Konsumenten. Diese sind bereit, bei einem Preis unter Euro 1,50 insgesamt 2.500 Produkteinheiten zu kaufen, haben jedoch für zusätzliche Einheiten keinen Bedarf. Offensichtlich gibt es in diesem Markt keinen Preis, der Angebot und Nachfrage ausgleicht. Der Markt versagt also, obwohl es durchaus für beide Marktseiten Vorteile aus einem Handel gäbe: Würde beispielsweise die Unternehmung genau 2.500 Einheiten produzieren, dann könnte sie ihre durchschnittlichen Gesamtkosten von Euro 1,40 pro Einheit bei einer Zahlungsbereitschaft von Euro 1,50 decken. Die Bereitstellung dieser Produkte würde also zu einer Wertschöpfung führen.

Zur Koordination von Angebot und Nachfrage ist also unter Umständen mehr als nur der Preis notwendig. In unserem Beispiel benötigt die Unternehmung zusätzliche Informationen über die von den Konsumenten nachgefragten Mengen. Im Allgemeinen gehört zur Planung der Produktion also auch eine Einschätzung der Bedürfnisse der Konsumenten hinsichtlich der Eigenschaften eines Produkts, seiner Qualität oder anderer Aspekte. Solche Konsumenteninformationen können durch die Marketingabteilung oder das Verkaufspersonal in einer Unternehmung gesammelt werden, sie können aber auch von speziell hierzu gegründeten Organisationen bereitgestellt werden:

Produktionsplanung in Japan und die Bildung von JETRO

Die Japan External Trade Organization (JETRO) ist eine staatliche Einrichtung zur Förderung des japanischen Außenhandels. Die JETRO bildet ein Informationssystem, von dem in erster Linie japanische Exporteure profitieren.

Nach dem Zweiten Weltkrieg wurde Japan durch die Alliierten vollkommen vom internationalen Handel isoliert. Auf diese Weise verlor Japan insbesondere seine Handelsposten in Übersee und damit seine Informationsnetzwerke und die bestehenden Beziehungen zum Ausland. Um inländische Informationen über ausländische Märkte bereitzustellen, wurde 1958 die Organisation JETRO gegründet. Dabei spezialisierte sich die JETRO nicht auf kundenspezifische Marktuntersuchungen, sondern auf allgemeine Informationsdienste. Die japanische Informationsstrategie besteht darin, dass Informationen zufällig gesammelt und dann sehr effizient verarbeitet werden. Das Resultat waren hochgradig standardisierte, verständliche und informative Berichte für japanische Unternehmen. Diese Informationen senkten die Unsicherheiten sowie die Markteintrittsbarrieren für japanische Unternehmen und verbesserten ihre Wettbewerbsfähigkeit. Im Jahre 1994 war die JETRO in 57 Ländern vertreten und über 5000 Mitgliedsunternehmen waren ihr angeschlossen.

Quelle: Göseke (1997)

Produktpreise sind im neoklassischen Modell allen Marktteilnehmern bekannt. Ist aber z.B. ein Konsument nur unzureichend über den Preis eines Gutes informiert, das von mehreren Anbietern angeboten wird, dann muss er im Allgemeinen Kosten aufwenden, um diese Information zu gewinnen. Entsprechend unserer Diskussion des individuellen Entscheidungsverhaltens wird es daher ein optimales Maß an Preisunkenntnis geben: Der Konsument wird bei seiner Informationsgewinnung die Kosten einer zusätzlichen Informationseinheit gegen den erwarteten zusätzlichen Nutzen abwägen. Insbesondere wird er nur solange bereit sein, Informationskosten aufzuwenden, wie sein Grenznutzen die Grenzkosten übersteigen.

Berücksichtigt man daher die Kosten der Informationssuche für die Konsumenten im Vorfeld des Kaufs eines Gutes, dann ist nicht unmittelbar eindeutig, dass sich auf einem Markt nur ein Preis, also der Gleichgewichtspreis, einspielt. Vielmehr kann es aufgrund der Grenzen der Informationsbeschaffung zu einer fehlenden Markträumung oder zu einer Abschöpfung der Konsumentenrente durch Preis- oder Produktdifferenzierung kommen. Die Effizienz des Marktes wird so z.B. in Frage gestellt, wenn ein potentieller Käufer nach seinen bisherigen Recherchen ein Gut aufgrund der für ihn unangemessenen Preise nicht erwirbt, obwohl es durchaus einen Anbieter gibt, bei dem er das Gut kaufen würde. Diese Uninformiertheit der Konsumenten bei verschiedenen Preisen für ein Gut bietet aber die Möglichkeit für das Entstehen neuer Unternehmungen: So sind beispielsweise in den USA Informationsagenturen entstanden, die einem potentiellen Käufer eines Gutes das beste Angebot 'verkaufen'.

Im neoklassischen Modell gibt es für alle nur denkbaren Güter einen eigenen Markt und jeder Marktteilnehmer weiß, auf welchem Markt er sich befindet. Die Güter sind also präzise definiert und können ungesehen gehandelt werden. Somit ist den Nachfragern von Gütern stets klar, welche Qualität ein Gut hat. Informationsdefizite von Konsumenten hinsichtlich der Qualität eines Gutes bzw. einer Dienstleistung können aber sowohl vor als auch nach der Markttransaktion auftreten. Der Grad des Informationsasymmetrie zwischen Anbieter und Nachfrager variiert dabei zwischen verschiedenen Typen von Gütern. In der Literatur werden vier Kategorien von Gütern unterschieden:

- Homogene Güter: Bei homogenen Gütern sind beide Marktseiten vollständig über die Eigenschaften eines Gutes informiert. Sie können ungesehen gehandelt werden. Dies sind also genau jene Güter, die im neoklassischen Modell abgebildet werden. Hierzu gehören insbesondere die Güter, die an der Börse gehandelt werden, wie Getreide- und Kaffeesorten oder Mineralöle.

- Such- oder Inspektionsgüter: Bei Such- und Inspektionsgütern kennt der Nachfrager die Qualität des Gutes a priori nicht. Eine Inaugenscheinnahme genügt jedoch, um die Produktqualität in Erfahrung zu bringen. Im Unterschied zu den homogenen Gütern entstehen ihm also Kosten für diese Informationsgewinnung.
- Erfahrungsgüter: Hierbei handelt sich um Güter, deren Qualität ein Konsument erst nach dem Kauf beurteilen kann. Die Qualität offenbart sich dem Konsumenten also im Ge- oder Verbrauch. Ein typisches Beispiel für Erfahrungsgüter ist z.B. das Essen in einem Restaurant.
- Vertrauensgüter: Die Qualität von Gütern dieser Kategorie lässt sich nie oder nur zu prohibitiv hohen Kosten ermitteln. Bei Gütern mit solchen Eigenschaften ist somit der Käufer auf die Zusicherungen des Verkäufers bzw. auf seine individuelle Einschätzung der Qualität angewiesen. Typische Beispiele von Vertrauensgütern sind die Vermögensverwaltung durch einen professionellen Portfoliomanager oder die Reparatur- und Instandhaltungsleistungen eines Serviceunternehmens.

Bei zwei Transaktionspartnern haben wir die Probleme, die aus einer asymmetrischen Informationsverteilung resultieren, im zweiten Kapitel als adverse Selektion und moralisches Risiko diskutiert. In einem marktlichen Kontext, in dem Informationen zwischen Anbietern und Nachfragern asymmetrisch verteilt sind, können diese Probleme zu Marktversagen führen. Diese Gefahr wird um so eher gegeben sein, je größer das Informationsdefizit der Nachfrager ist.

Um als Beispiel das Problem der adversen Selektion als Ursache von Marktversagen zu verdeutlichen, betrachten wir als Verallgemeinerung des in Kapitel 2 diskutierten Verkaufs eines Gebrauchwagens einen Gebrauchwagenmarkt. Nehmen wir zur Vereinfachung der Argumentation an, dass lediglich zwei Typen von Gebrauchwagen angeboten werden: Die Hälfte der angebotenen Wagen haben erhebliche Mängel, die restlichen Wagen sind hingegen von guter Qualität. Ein Wagen mit guter Qualität hat für seinen Besitzer noch einen Wert von Euro 3.000, während ein Käufer Euro 3.400 bezahlen würde, wenn er die Qualität kennt. Wagen mit schlechter Qualität sind hingegen ihren Besitzern nur noch Euro 1.000 wert, einem

Käufer bei Kenntnis der Qualität noch Euro 1.200. Da im Allgemeinen der Besitzer eines Wagens aufgrund seiner bisherigen Erfahrungen die Qualität seines Wagens gut einschätzen kann, ein potentieller Käufer hingegen diese Informationen vor dem Kauf in der Regel nicht hat, stellt der Gebrauchwagen ein typisches Erfahrungsgut dar.

Können nun die potentiellen Käufer die Qualität der Gebrauchswagen vor dem Kauf nicht beurteilen, dann werden sie ihre Kaufentscheidungen an der durchschnittlich zu erwartenden Qualität orientieren und lediglich bereit sein, dafür einen entsprechenden Preis zu zahlen. In unserem Beispiel würde ein Autokäufer somit höchstens den Erwartungswert von Euro 2.300 zahlen – mit jeweils 50%-iger Wahrscheinlichkeit hat der Wagen einen Wert von Euro 3.400 bzw. von Euro 1.200. Da aber für einen Preis von Euro 2.300 niemand einen guten Wagen verkaufen würde, werden diese erst gar nicht angeboten. Somit bleiben also nur noch Gebrauchwagen mit einer schlechten Qualität auf dem Markt übrig. Obwohl also der Handel mit guten Wagen für beide Marktseiten vorteilhaft wäre, findet aufgrund der Informationsasymmetrie eine adverse Auslese statt und es gibt keinen Markt für gute Wagen.

Diese extreme Form des Marktversagens beruht natürlich ganz wesentlich auf unseren Annahmen, aber selbst bei abgeschwächten Rahmenbedingungen ist einsichtig, dass eine adverse Auslese bei Informationsasymmetrien die Effizienz des Marktes in Frage stellt. Dies ermöglicht es anderen Organisationsformen, die Lücke zu schließen. Im Fall des Gebrauchwagenmarktes kann so beispielsweise ein Gebrauchwagenhändler das Informationsdefizit der Nachfrager reduzieren. Indem er Garantieleistungen, eine kostenlose Wartung oder andere Serviceleistungen für seine Gebrauchwagen anbietet, kann er potentiellen Käufern die Qualität seiner Gebrauchwagen signalisieren. Diese werden so ihre Erwartungen über die Qualität der angebotenen Wagen korrigieren und möglicherweise bereit sein, trotz Qualitätsunkenntnis einen Wagen zu kaufen.

3.2.3   Fehlende Märkte

Im neoklassischen Marktmodell können Markttransaktionen, die sich auf die Erbringung von Leistungen und Gegenleistungen in der Zukunft beziehen, einfach mit konditionierten Verträgen abgewickelt werden: Die möglichen Realisationen zukünftiger Ereignisse werden schlicht als verschiedene Zustände der Ökonomie interpretiert und entsprechend werden Güter eingeführt, die auf diese Zustände der Welt konditioniert sind. Für jedes dieser Güter gibt es dann einen eigenen Markt. So hätten wir z.B. einen Markt für Schirme-wenn-es-morgen-regnet im Unterschied zum Markt für Schirme-wenn-es-morgen-sonnig-ist.

Das Problem ist allerdings, dass es in der Regel aufgrund der begrenzten Rationalität der Marktteilnehmer nicht möglich ist, für alle Eventualitäten Vereinbarungen zu treffen. Aufgrund der Unvollständigkeit des Wissens und der Schwierigkeiten der Bewertung zukünftiger Ereignisse kann deshalb nicht immer eindeutig festgestellt werden, ob die Vertragsbedingungen nun tatsächlich eingetreten sind oder nicht. Beim Hausbau treten solche Probleme mit ziemlicher Sicherheit auf, beispielsweise wenn vor dem Erstellen des Fundaments bereits festgelegt wird, zu welchem Zeitpunkt das Dach vom Zimmermann errichtet werden soll. Jede Vereinbarung zwischen dem Bauherrn und dem Zimmermann wird hier notwendigerweise unvollständig sein, da nicht alle zwischenzeitlichen Verzögerungen oder frühzeitigen Fertigstellungen anderer Arbeiten am Bau im Vorhinein berücksichtigt werden können.

Konditionierte Verträge, bei denen zwei Marktteilnehmer für jede künftige Umweltsituation, die für die Transaktion relevant sein könnte, spezifizieren, welche Leistungen und Gegenleistung zu erbringen sind, werden daher eher die Ausnahme sein. Diese grundsätzliche Unkenntnis der Marktteilnehmer über relevante zukünftige Umweltentwicklungen, die wir bereits im Zusammenhang mit den Marktintransparenzen erwähnt haben, kann dann aber zu einem Marktversagen führen: Nicht für jeden möglichen zukünftigen Umweltzustand existiert ein Markt, auf dem entsprechende konditionierte Verträge gehandelt werden.

Zudem werden im Allgemeinen in einer Gesellschaft bestimmte Bereiche bewusst vom Preismechanismus ausgeschlossen. Hierzu zählt beispielsweise der Kauf und Verkauf von Organen oder der Handel mit Menschen. Auch der Kauf von politischen Ämtern oder Beamtenposten oder die Bestechung von Beamten sind in der Regel untersagt. Solche Märkte sind zumindest in demokratischen Gesellschaften aus Gründen der Gerechtigkeit oder Moral sowie der Erhaltung des politischen Systems verboten, obwohl solche Aktivitäten durchaus mit Hilfe des Preismechanismus geregelt werden könnten. Dies zeigen Beispiele aus der Vergangenheit, z.B. in

England oder Frankreich: So konnten Parlamentssitze käuflich erworben oder der Posten des Steuereinnehmers mit dem Recht zur Steuereintreibung gekauft werden.

Ein weiterer wichtiger Grund für die Unvollkommenheit des Marktsystems besteht in fehlenden Märkten für Externalitäten: Im neoklassischen Modell wurde implizit unterstellt, dass die an den Märkten gehandelten Produkte private Güter sind. Die Produktion und der Konsum eines solchen Gutes betraf jeweils nur die produzierende Unternehmung bzw. den einzelnen Konsumenten. Entscheidend ist dabei, dass weder Produktion noch Konsum Auswirkungen auf Dritte haben. Die Kosten und Vorteile aus diesen Aktivitäten fallen nur bei den jeweils handelnden Marktteilnehmern an.

Häufig muss jedoch davon ausgegangen werden, dass eine Aktivität auch auf Marktteilnehmer Auswirkungen hat, die nicht unmittelbar daran beteiligt sind. Solche Auswirkungen bezeichnet man als **externe Effekte** oder Externalitäten, da sie aus Sicht der handelnden Marktteilnehmer extern sind und deshalb bei der eigenen Entscheidung nicht berücksichtigt werden.[15]

Beim Vorliegen von Externalitäten hat ein Marktteilnehmer durch seine Aktivitäten indirekt positive oder negative Effekte auf den Nutzen eines anderen. Anderen Individuen werden also Kosten aufgebürdet oder Nutzen gestiftet, obwohl sie nicht direkt an den Aktivitäten beteiligt sind. Die folgenden Beispiele zeigen, dass solche externen Effekte nahezu in allen Produktions- und Konsumprozessen in mehr oder weniger ausgeprägter Weise auftreten können:

- Eine Eisen- und Stahlhütte emittiert Schadstoffe in die Luft, die sowohl den Ertrag eines benachbarten Imkers als auch die Gesundheit der anliegenden Bewohner beeinträchtigt.
- Die Ergebnisse der Grundlagenforschung einer Unternehmung, für die es keine Patentrechte gibt, stehen nach geltendem Recht auch anderen Unternehmungen zur Verfügung.
- Die Lautstärke beim Hören klassischer Musik wird von einigen Mitbewohnern in einem Mehrparteienhaus als angenehm, von anderen als Belästigung empfunden.

Die Beispiele zeigen, dass externe Effekte dann vorliegen, wenn das Handeln eines Entscheidungsträgers unmittelbare Auswirkungen auf den Nutzen eines anderen Konsumenten bzw. die Produktionsfunktion einer anderen Unternehmung hat. Entscheidend ist dabei, dass diese Auswirkungen nicht durch den Markt erfasst werden. Würde beispielsweise eine große Unternehmung ihre Nachfrage nach einem bestimmten Inputfaktor so erhöhen, dass der entsprechende Faktorpreis steigt, dann wirkt sich diese Nachfragesteigerung zwar negativ auf andere Unternehmungen aus. Diese Auswirkungen beeinflussen aber nicht die Effizienz des Marktes, da sie ein gewöhnliches Ergebnis des Marktmechanismus sind: Die Nachfragesteigerung erhöht die Inputpreise auch für andere Unternehmungen, die demzufolge ihre Produktionsmengen anpassen. Dieses Ergebnis ist unter Effizienzgesichtspunkten erwünscht, da die veränderten Faktorpreise nichts anderes als die Veränderung der Knappheitsrelationen anzeigen und so die Ressourcenallokation über den Markt steuern.

Der Umstand, dass bei einem Vorliegen von Externalitäten die Auswirkungen auf Dritte nicht über den Preismechanismus erfasst werden, kann zu Ineffizienzen des Marktsystems führen: Ein Marktteilnehmer berücksichtigt bei externen Effekten nicht alle anfallenden Kosten und Nutzen, die mit seiner Entscheidung verbunden sind. Die privaten Kosten und Nutzen seines Handelns differieren vielmehr von den sich gesamtgesellschaftlich ergebenden sozialen Kosten und Nutzen seines Handelns. Die Differenz dieser beiden Größen stellt die externen Kosten dar, die das Ausmaß des externen Effekts widerspiegeln.

Die folgende Abbildung zeigt die Auswirkungen, die die Nichtberücksichtigung externer Kosten bei der Entscheidung eines Unternehmers über seine Ausbringungsmenge hat. Die linke Darstellung zeigt zunächst das Entscheidungskalkül dieser Unternehmung: Der Unternehmer entscheidet aufgrund seiner privaten Grenzkosten über die Produktionsmenge, die bei Identität mit dem vorgegebenen Marktpreis bei Q_p liegt. Da er dabei die externen Kosten seiner Entscheidung nicht berücksichtigt, verläuft die Kurve der von ihm verursachten sozialen Grenzkosten oberhalb der privaten Grenzkostenkurve. Die sozial optimale Ausbringungsmenge wäre also durch Q_s gegeben. Die Unternehmung produziert daher zuviel.

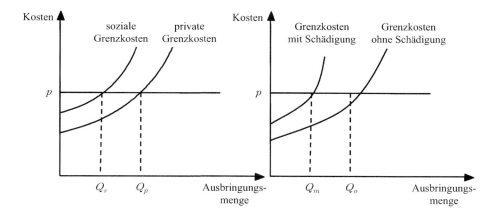

Abbildung 3.16: Die Folgen externer Effekte bei einer verursachenden und einer betroffenen Unternehmung

Die Auswirkungen dieses externen Effekts auf die Produktionsentscheidung einer betroffenen zweiten Unternehmung zeigt die rechte Darstellung. Die externen Kosten des verursachenden Unternehmers erhöhen hier die Grenzkosten des betroffenen Unternehmers. Würde dieser ohne diese Schädigung eine optimale Ausbringungsmenge von Q_o wählen, reduziert sich seine Produktionsmenge auf Q_m infolge des externen Effekts.

Die Argumentation zeigt, dass Marktpreise nur noch verzerrt die tatsächlichen sozialen Kosten und Nutzen widerspiegeln. Es kommt zu einer Fehlallokation der Ressourcen der Ökonomie. Dieses Marktversagen ist unmittelbar auf das Fehlen von Märkten zurückzuführen: Die Externalitäten beziehen sich auf Güter, die die Marktteilnehmer kaufen oder verkaufen würden, weil diese ihren eigenen Nutzen bzw. ihre Produktion beeinflussen. Da diese Güter aber nicht auf Wettbewerbsmärkten gehandelt werden, gibt es auch keine Preise, die die einzelwirtschaftlichen Entscheidungen effizient miteinander koordinieren. Das folgende Beispiel soll dies illustrieren:

'Time is Money' und der fehlende Markt für Zeit

Wer jemals von Berkeley nach San Francisco unterwegs war, weiß, dass es hierfür zwei alternative Reisewege gibt. Die eine Möglichkeit besteht darin, per Auto über die Bay Bridge zu fahren. Die andere Variante ist der Zug, der sogenannte Bay Area Rapid Transit oder kurz BART genannt.

Von beiden Möglichkeiten ist die Autoroute die kürzeste, und man benötigt ohne Verkehr etwa 20 Minuten für die Fahrt. Der BART ist gegenüber dieser Reisezeit aufgrund seiner vielen Stops natürlich wesentlich langsamer. Insgesamt braucht man im Durchschnitt etwa 40 Minuten für die Strecke inklusive dem Weg zum Bahnsteig und dem Warten auf den Zug. Diese Fahrzeit ist allerdings im Unterschied zur Autofahrt über die Bay Bridge unabhängig von der Anzahl der Mitfahrenden. In Stoßzeiten werden einfach zusätzliche Wagen eingesetzt, so dass die Fahrzeit relativ konstant ist. Hingegen kann es bei einem hohen Verkehrsaufkommen auf der Bay Bridge trotz vier Fahrbahnen zu relativ langen Wartezeiten kommen, so dass die Fahrt dann weit mehr als 40 Minuten dauert.

Wie koordinieren sich nun die Leute, die jeden Morgen von Berkeley nach San Francisco pendeln? Fahren sie eher mit dem Auto oder mit dem Zug? Geht man davon aus, dass die Kosten für beide Alternativen identisch sind, dann wird ein Pendler im Allgemeinen genau die Alternative wählen, die mit der kürzesten Fahrzeit verbunden ist. An einem durchschnittlichen Tag müssen dann aber die beiden Fahrzeiten identisch sein: Es ist weder vorteilhafter für einen Pendler mit dem Zug zu fahren, noch kann er Zeit mit dem Auto gewinnen.

Allerdings berücksichtigen diejenigen, die über die Bay Bridge fahren, nicht die externen Effekte, die sie anderen mit ihrer Entscheidung aufbürden. Wenn ein zusätzlicher Autofahrer über die Brücke fährt, wird die Fahrzeit aller anderen Autofahrer länger. Da die Kosten, die damit verbunden sind, von dem zusätzlichen Autofahrer nicht vollständig getragen werden müssen, hat seine Entscheidung für die Brücke negative Auswirkungen auf andere, ohne dass er diese mit in sein Entscheidungskalkül einbezieht. Es fehlt hier ein Markt, der das Gut 'Fahrzeit' monetär bewertet. Gäbe es einen solchen Markt, hätte dies unmittelbare Folgen für die Verteilung der Pendler auf Auto und Zug. Pendler, die weniger als 40 Minuten Fahrzeit in Kauf nehmen möchten, wären bereit, anderen Autofahrern für den Umstieg von Bahn auf Auto einen Geldbetrag zu zahlen. Würden nämlich einige der Pendler auf ihr Auto verzichten und den Zug wählen, dann würde sich an ihrer Fahrzeit nichts ändern – sie würde immer noch 40 Minuten benötigen. Die Autofahrer wären nun schneller in San Francisco: Sie hätten Zeit gespart.

Allerdings würde ein solcher Markt nicht funktionieren, denn von der Geldzahlung eines Autofahrers würden auch alle anderen Autofahrer profitieren. Aufgrund dieses externen Effektes wäre kein Autofahrer bereit, die Zahlung zu leisten.

Eine Möglichkeit, dieses Problem zu lösen, bestünde in der Erhebung einer Gebühr für die Benutzung der Bay Bridge. Diejenigen Pendler, die eine kürzere Fahrzeit gegenüber einer längeren bevorzugen, müssten hierfür einen Preis zahlen: 'Zeit ist Geld'. Somit würde sich also aufgrund des fehlenden Marktes für Reisezeit unmittelbar ein Anreiz für die Gründung einer Unternehmung ergeben, die für die Benutzung der Brücke eine Maut erhebt.

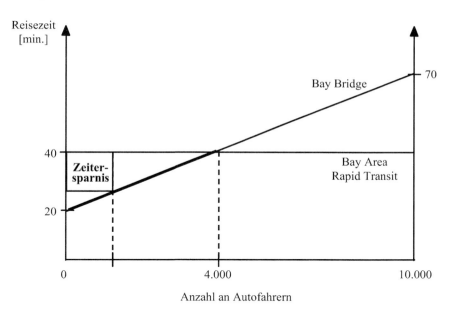

Abbildung 3.17: Berkeley - San Francisco

Quelle: Dixit und Nalebuff (1991, S.228ff)

3.3 Der Staat und das Coase-Theorem

Die Diskussion des Marktversagens hat gezeigt, dass die Ineffizienzen bei der Koordination der Einzelaktivitäten der Marktteilnehmer durch alternative ökonomische Organisationen beseitigt werden können. Wir haben gesehen, dass solche nichtmarktlichen Organisationsformen dabei entweder auf die Initiative privater Parteien oder auf staatliche Initiative gegründet waren. Marktversagen begründet also sowohl die Entstehung von Unternehmungen als auch die Legitimation für die Entstehung staatlicher Organe zur Teilnahme am Wirtschaftsgeschehen.

Die traditionelle Antwort in den Wirtschaftswissenschaften auf Marktversagen sind Eingriffe des Staates. Danach gründet sich staatliche Politikgestaltung auf zwei Annahmen: Märkte und Marktprozesse werden grundsätzlich als Mechanismen zur Koordination voneinander unabhängiger einzelwirtschaftlicher Entscheidungen akzeptiert. Zudem maximieren die in den Marktprozessen erzielten Marktergebnisse nicht die gesamtwirtschaftliche Wohlfahrt, also die Werte aller Marktteilnehmer.

Aus der Perspektive des Vertragsansatzes interpretieren wir im Folgenden den Staat als Vertragsnetzwerk zwischen den Bürgern – den Individuen der Ökonomie – und deren Vertretern, den politischen Entscheidungsträgern bzw. der Regierung. Ziel dieser Organisation ist die Maximierung der Werte aller Bürger. Die Koordination des Bürgerwillens erfolgt dabei in modernen Gesellschaften durch demokratische Entscheidungsverfahren wie Abstimmung und Wahlen. Dabei bestimmen die wahlberechtigten Bürger, welchen politischen Entscheidungsträgern die Durchführung politischer Maßnahmen zur Verwirklichung des Staatsziels übertragen werden soll. In Staaten, deren Verfassung auch Volksabstimmungen vorsehen, entscheiden die Bürger noch zusätzlich über einzelne Maßnahmen. Für die Implementierung der so festgelegten Maßnahmen ist dann im Wesentlichen die öffentliche Verwaltung einschließlich der Polizei sowie die Gerichtsbarkeit verantwortlich. Diese Einflussnahme des Staates erfolgt im Rahmen einer hierarchischen Koordination: Der Staat ist nach demokratischem Verständnis aufgrund einer gesellschaftlichen Entscheidung legitimiert, zur Steigerung der Werte aller Bürger in den Wirtschaftskreislauf einzugreifen. Der Staat steuert dann entsprechend der hierarchischen Koordination das Verhalten der einzelnen Bürger. Im Unterschied zur hierarchischen Koordination in anderen Organisationsformen, etwa in Unternehmungen, unterliegt der Staat bei der Wahl seiner Instrumente nur in wenigen Bereichen dem Wettbewerb. Er konkurriert im Allgemeinen nicht mit anderen Staaten und ist daher auch nicht gezwungen, unter Effizienzgesichtspunkten zu handeln. Die Gewaltenteilung zwischen den einzelnen Zweigen des staatlichen Handelns (Gesetzgebung, vollziehende Gewalt, Rechtsprechung) kann in diesem Sinne als Korrektiv angesehen werden. Aufgrund der Kompetenzen, die den drei Gewalten mittels Konsens zugewiesen ist, sollen sie sich gegenseitig kontrollieren.

Im Folgenden soll zunächst aufgezeigt werden, welche wirtschaftspolitischen Instrumente bzw. Programme dem Staat zur Beseitigung von Marktversagen grundsätzlich zur Verfügung stehen. Unter einem **politischen Programm** verstehen wir dabei ein Konstrukt, dessen Elemente dem Erreichen eines politischen Ziels dienen.[16] Sind die Unternehmungen die Adressaten solcher politischen Programme, dann geht es um die Frage, inwieweit der Staat durch die Gestaltung der wettbewerblichen Rahmenbedingungen Einfluss auf den Handlungsspielraum von Unternehmungen nehmen kann.

Diese Kenntnis der staatlichen Eingriffsmöglichkeiten ermöglicht zum einen ein geeignetes Reagieren der Unternehmungen. Zum anderen ist es für Unternehmungen wichtig, diese Eingriffsmöglichkeiten zu kennen, um den politischen Gestaltungsprozess zu ihren Gunsten beinflussen zu können. Die Entwicklung eines politischen Programms kann somit also auch als Ergebnis der Interaktion verschiedener Interessengruppen und politischer Entscheidungsträger gesehen werden. Wir werden daher im Folgenden auch darauf eingehen, wie Unternehmungen Einfluss auf die staatliche Politikgestaltung nehmen können.

3.3.1 Staatliche Wirtschaftspolitik zur Koordination wettbewerblicher Rahmenbedingungen

Bei der Diskussion des Marktes zur Koordination einzelwirtschaftlicher Aktivitäten haben wir eingehend die Wirkungsweise des Preismechanismus als Koordinationsinstrument untersucht. Dabei haben wir implizit die Existenz übergeordneter Koordinationsinstrumente vorausgesetzt, beispielsweise das Eigentumsrecht, das Vertragsrecht oder das Wettbewerbs- und Kartellrecht.

Diese Instrumente sind aber für die Effizienz von Märkten von entscheidender Bedeutung, da sie die Rahmenbedingungen für das Marktgeschehen und somit für das Funktionieren des Preismechanismus bilden. Wenn wir davon ausgegangen sind, dass die privaten Haushalte über eine Erstausstattung an Gütern verfügen, dann setzt dies das Eigentum an Sachen, also Eigentumsrechte, voraus. Das Recht auf Privateigentum ist auch Voraussetzung für die Übertragung von Rechten, etwa wenn ein Haushalt seinen Besitz an Grund und Boden als Produktionsfaktoren verkaufen will. Die Markttransaktionen, die wir durch den Abschluss kurzfristiger Kauf- und Dienstverträge dargestellt haben, bauen auf einem Vertrags- und Deliktrecht auf, das den vereinbarten Leistungsaustausch zwischen zwei Marktteilnehmern regelt und durchsetzt.

Um diese Spielregeln des Wettbewerbs festzulegen und durchzusetzen, bedarf es der Hilfe des Staates. Erst durch dessen Gestaltung einer Rechtsordnung und den zugehörigen Durchsetzungsmechanismen kann der Markt als Organisationsform überhaupt erst funktionieren. Zur Schaffung der wettbewerblichen Rahmenbedingungen ist der Staat also grundsätzlich notwendig.

Darüber hinaus kann der Staat durch wirtschaftspolitische Eingriffe aber auch eine stärkere Rolle bei der Gestaltung des Wettbewerbs auf bestimmten Märkten spielen. Ist es sein Ziel, hier durch wirtschaftspolitisches Handeln vorhandenes Marktversagen zu beseitigen, dann können grundsätzlich zwei Ansatzpunkte zur Verbesserung des Wettbewerbs unterschieden werden:

Wettbewerbspolitik

Durch Wettbewerbspolitik, die an der Marktstruktur ansetzt, versucht der Staat, die Bedingungen eines Wettbewerbsmarktes soweit wie möglich wiederherzustellen. Folgende Instrumente der Wettbewerbspolitik stehen zur Verfügung:

(1) Stärkung bzw. Schaffung des Wettbewerbs: Der Staat kann durch den Abbau juristischer oder finanzieller Marktzutrittsschranken den Eintritt neuer Anbieter in einen Markt fördern. Kleine Anbieter in einem Markt können in ihrer Zusammenarbeit gefördert werden, um den Wettbewerb gegenüber großen Anbietern zu verstärken. Weiterhin können auch staatliche Unternehmungen in einem Markt angesiedelt werden.

(2) Verhinderung von Wettbewerbsbeschränkungen: Der Staat kann versuchen, wettbewerbsschädigendes Verhalten von Unternehmungen zu unterbinden. Wettbewerbsbeschränkungen können sich z.B. gegen einen bestimmten Konkurrenten richten mit dem Ziel, diesen aus dem Markt zu drängen oder ihn

in eine abhängige Position zu zwingen. Maßnahmen gegen ein solches wettbewerbsschädigendes Verhalten können beispielsweise in der Aufhebung von Liefersperren bei einem Lieferboykott oder im Verbot von Diskriminierungen bei unterschiedlichen Preisen oder Lieferbedingungen bestehen.

(3) Kartellverbot: Vertragliche Absprachen zwischen Anbietern, deren Ziel die Beschränkung des Wettbewerbs ist, können durch wettbewerbspolitische Eingriffe verhindert werden. Bei solchen Kartellabsprachen handelt es sich vor allem um Vereinbarungen über zukünftige Preise (Preiskartelle), über die Aufteilung des Angebots im Markt (Quotenkartelle) oder über die regionale Marktaufteilung (Absatzkartelle).

(4) Fusionskontrolle: Wettbewerbspolitik versucht hier, den Zusammenschluss von Unternehmungen zu verbieten, wenn dieser zu einer marktbeherrschenden Stellung oder zu Wettbewerbsbeschränkungen führt. Dieses Verbot von Fusionen kann sich auf horizontale, vertikale oder konglomerate Unternehmenszusammenschlüsse beziehen. Im ersten Fall handelt es sich um Unternehmungen, die im gleichen Markt tätig sind, im zweiten Fall um solche, die auf vor- bzw. nachgelagerten Produktionsstufen operieren und im letzten Fall besteht zwischen den Produkten der Unternehmungen weder horizontal noch vertikal eine Verbindung.

Regulierung

Ist die Herstellung der Bedingungen eines Wettbewerbsmarktes nicht möglich oder der Markt nicht effizient, kann der Staat durch Regulierung versuchen, das Verhalten von Unternehmungen zu beeinflussen. Zwei Teilgebiete staatlicher Regulierung können hier unterschieden werden: Die Regulierung in monopolistischen Branchen und Branchen ohne Wettbewerbsstruktur sowie die Regulierung in der Umwelt-, Gesundheits- und Sicherheitspolitik.

Bei der Regulierung in monopolistischen Branchen stehen dem Staat folgende Instrumente zur Verfügung:[17]

(1) Preisregulierung: Bei dieser Form der Regulierung natürlicher Monopole geht es um die Bestimmung desjenigen Tarifs, der dem Monopolisten für seine Preissetzung genehmigt wird. Drei Alternativen sind hier möglich. Erstens, der Monopolist kann dazu verpflichtet werden, zu Grenzkostenpreisen anzubieten.

Das dabei entstehende Defizit des Monopolisten müsste dann über Subventionen aus allgemeinen Steuereinnahmen gedeckt werden. Dies ist beispielsweise bei der Deutschen Bahn AG der Fall. Zweitens, dem Monopolisten wird erlaubt, eine Preisdifferenzierung z.B. durch zweiteilige Tarife zu betreiben. Er produziert dann einerseits die Menge, die auch bei vollkommener Konkurrenz bereitgestellt würde. Andererseits erlaubt eine Grundgebühr mit einer verbrauchsabhängigen Komponente – wie z.B. beim Telefon – die Vermeidung eines Defizits. Drittens, der Monopolist wird dazu verpflichtet, seine Preise kostendeckend zu setzen, also entsprechend den Durchschnittskosten seiner Produktion. Wohlfahrtsverluste werden also bewusst in Kauf genommen.

(2) Qualitätsstandards: Besteht die Gefahr, dass ein Monopolist z.B. aufgrund der Wettbewerbsbeschränkungen zu geringe Anreize für die Innovation bestehender Produkte hat, können Qualitätsvorgaben gesetzt werden. Diese können auch verhindern, dass der Monopolist die Qualität seiner Produkte reduziert, um Produktionskosten einzusparen.

Auf den Gebieten der Umwelt-, Gesundheits- und Sicherheitspolitik kann sich staatliche Regulierung einer Vielzahl von Instrumenten bedienen, um das Verhalten der Marktteilnehmer zu beeinflussen. In der Umweltpolitik können z.B. folgende Instrumente genannt werden:

(1) Ge- und Verbote: Der Staat kann durch Auflagen in Form von Ge- und Verboten direkte Verhaltensvorschriften einführen. Beim Umweltschutz besteht so die Möglichkeit, durch Einführung einer Emissionsnorm die Luftverschmutzung einer Unternehmung zu begrenzen. Die Unternehmung muss dann im Rahmen ihrer Produktionsentscheidung die Schadstoffemission unterhalb dieses zugelassenen Grenzwertes halten. Auflagen für Produktionsverfahren oder Produktionsauflagen sind ebenfalls möglich.

(2) Steuern bzw. Subventionen: Der Staat besteuert bzw. subventioniert hier die Verursacher negativer bzw. positiver externer Kosten gerade so, dass die sozialen und privaten Grenzkosten der Aktivitäten identisch sind. Im Umweltschutz würde so die Produktion einer Unternehmung mit einer Steuer belastet, deren Höhe genau dem durch die zusätzliche Produktion entstandenen zusätzlichen Umweltschaden entspricht. Diese Alternative wird in der Literatur auch als Pigou-Steuer bzw. -Subvention bezeichnet.

(3) Zertifikate: Der Staat legt hier zunächst den Umfang der tolerierbaren Schädigung fest und vergibt dann Schädigungsrechte an die Verursacher der externen Effekte. Diese Rechte sind übertragbar und können von den Verursachern auf einem Markt gehandelt werden. Im Umweltbereich legt so der Staat eine Gesamtemissionsmenge für eine bestimmte Region fest, die die maximal tolerierbare Umweltbelastung definiert. Auf einem Markt für Emissionslizenzen, auf dem er als Anbieter auftritt, können dann die Unternehmungen der Region Emissionslizenzen erwerben und untereinander handeln. Die Anzahl der Emissionslizenzen legt die Schadstoffemission jeder Unternehmung fest.

(4) Haftungsregeln: Haftungsregeln legen fest, unter welchen Umständen und in welcher Höhe der Verursacher der externen Effekte den Geschädigten zu kompensieren hat. Im Umweltbereich gibt der Staat dem Geschädigten das Recht auf saubere Umwelt und macht den Unternehmer für einen Schaden haftbar. Von der Ausgestaltung der Haftungsregeln hängen die ökonomischen Konsequenzen für den Schädiger und den Geschädigten ab. Bei einer Gefährdungshaftung haftet der Schadenverursacher immer, unabhängig von dem Niveau seiner Vorsorgemaßnahmen. Bei einer Verschuldenshaftung muss der Schadenverursacher für den entstandenen Schaden haften, wenn er die mit seinem Handeln verbundene erforderliche Sorgfaltspflicht verletzt hat. Die erforderliche Sorgfalt wird durch einen Standard für das Niveau seiner Vorsorgemaßnahmen definiert.

Wenn Marktversagen staatliche Eingriffe legitimiert, dann können wir aus den im letzten Abschnitt dargestellten Gründen für Marktversagen die Aufgaben für die Organisation Staat ableiten. Die oben genannten Instrumente der Wettbewerbspolitik stecken hier den Rahmen der wirtschaftspolitischen Handlungsalternativen ab, innerhalb dessen die drei angeführten Ursachen eines Marktversagens grundsätzlich beseitigt werden können:

- Marktmacht und den damit verbundenen Wohlfahrtsverlusten der Gesellschaft kann der Staat durch Preisregulierung, Vorgaben hinsichtlich der Qualität der Produkte oder Marktzutrittsbeschränkungen entgegenwirken. Darüber hinaus kann er auch versuchen, den Wettbewerb zu stärken, eine gegengewichtige Marktmacht zu schaffen oder die Monopolstellung zeitlich befristet zu versteigern. Zudem muss bei einem volkswirtschaftlich erwünschten Monopol geklärt werden, inwieweit der Monopolist möglicherweise seine Monopolstellung auf andere Märkte ausdehnt, ohne dass dort aus gesamtwirtschaftlicher Sicht ein monopolistischer Markt sinnvoll wäre. Der Aktivitätsbereich eines Monopols muss also auf den relevanten Markt beschränkt werden, wobei darauf zu achten ist, dass es auf vor- und nachgelagerten Märkten keine Monopolstellung einnehmen kann. Dies hat in den letzten Jahren zu einer radikalen Deregulierung in vielen Bereichen geführt.

Die Deregulierung der Telekommunikation in Deutschland

Das Telekommunikationswesen hat sich in den letzten Jahren grundlegend gewandelt. Verschiedene Einflussfaktoren haben zu dieser Entwicklung beigetragen: Einerseits hat der rasche technologische Fortschritt auf der Angebotsseite neue Nutzungsmöglichkeiten eröffnet, z.B. durch den Mobilfunk oder die Digitalisierung des Fernmeldenetzes, und zu einer radikalen Senkung der Kosten geführt. Andererseits stieg sowohl im traditionellen Telekommunikationsbereich als auch in Bereichen, für die die Telekommunikation zu einem wichtigen Inputfaktor geworden ist, wie beispielsweise dem Internet, die Nachfrage stark an.

In Deutschland führte diese Entwicklung zu einer kritischen Diskussion über die Frage, inwieweit die monopolistische Stellung der Deutschen Bundespost im Telekommunikationswesen gerechtfertigt ist. Im Ergebnis kam die Bundesregierung zu dem Schluss, dass durch Deregulierungsmaßnahmen mehr Wettbewerb in diesem Bereich eingeführt werden sollte: Mit der ersten Postreform aus dem Jahre 1989 erfolgte zunächst die Aufteilung der Deutschen Bundespost in drei verschiedene Unternehmen, nämlich die Postbank, den Postdienst und die Telekom. Deren Umwandlung in Aktiengesellschaften wurde dann mit der zweiten Postreform von 1994 genehmigt, so dass Dienstleistungen im Post- und Telekommunikationsbereich nun durch drei Postaktiengesellschaften und durch private Wettbewerber erbracht werden.

Diese Aufspaltung in drei eigenständige Unternehmen und die Öffnung des Marktes bedeutet allerdings nicht, dass alle Regulierungsmaßnahmen abgeschafft worden sind. So erfolgt die Zulassung neuer Unternehmen nicht unbeschränkt sondern über die Vergabe von Lizenzen, die zeitlich begrenzt sein können wie beispielsweise beim Mobilfunk oder unbeschränkt gelten wie z.B. bei Paketen über 20 kg. Zudem werden

Preisober- und -untergrenzen reguliert und bestimmte qualitative Mindeststandards und Verhaltensregulierungen vorgegeben.

Quellen: Tetens und Voß (1995) oder Knieps und von Weizsäcker (1989)[18]

- Marktintransparenzen aufgrund von Qualitätsunsicherheiten können durch verschiedene wirtschaftspolitische Eingriffsmöglichkeiten reduziert werden. So kann beispielsweise die Einführung einer Pflichtversicherung das Problem der adversen Selektion im Versicherungsbereich ausschließen. Indem alle Betroffenen eine Versicherung abschließen müssen, kann so der Gefahr entgegen gewirkt werden, dass ansonsten nur die 'schlechten Risiken' eine Versicherung nachfragen, die 'guten Risiken' aufgrund der zu hohen Versicherungsprämie aber von einer Versicherung absehen. Dies würde beispielsweise die Versicherungspflicht für das Krankheitsrisiko rechtfertigen. Die Einführung von Mindeststandards, Qualitätskontrollen und Zulassungstests können ebenfalls Qualitätsunsicherheit reduzieren, wie etwa bei Ärzten oder Rechtsanwälten. Zudem kann der Staat Anbieter dazu verpflichten, über wichtige Produktmerkmale zu informieren, so wie dies bei Inhaltsstoffen oder Verfallsdaten geschieht. Auch die Einführung einer Haftung des Produzenten für bestimmte Eigenschaften der von ihm hergestellten Produkte kann als Maßnahme erwogen werden.
- Fehlenden Märkten im Zusammenhang mit Externalitäten kann der Staat durch eine Vielzahl von Eingriffen begegnen. Bei negativen externen Effekten kann er versuchen, die damit verbundenen Kosten in das Handlungskalkül der Marktteilnehmer zu internalisieren, so dass es zu einer Übereinstimmung zwischen den privaten und sozialen Grenzkosten der Produktion kommt. Die oben genannten Instrumente wie Ge- und Verbote, Steuern und Abgaben, handelbare Schädigungsrechte oder haftungsrechtliche Regelungen stehen hier zur Verfügung. Bei positiven externen Effekten, bei denen niemand vom Konsum eines Gutes ausgeschlossen werden kann und folglich dieses Gut allein über freiwillige Beiträge nicht finanzierbar ist, kann der Staat für die Bereitstellung dieses öffentlichen Gutes sorgen. Dies ist beispielsweise bei der inneren und äußeren Sicherheit eines Landes der Fall.

Die Ausführungen machen deutlich, wie der Staat versuchen kann, durch Wettbewerbspolitik die Rahmenbedingungen des Wettbewerbs zu verbessern: Mit Hilfe der zur Verfügung stehenden Instrumente soll der Wettbewerb so gefördert werden, dass die Schwächen des Preismechanismus reduziert und seine Vorteile besser genutzt werden können. Solche staatlichen Eingriffe zielen dann auf eine Korrektur der marktlichen Koordination: Durch zusätzliche koordinierende Maßnahmen soll der Wettbewerb zwischen den Marktteilnehmern so verändert werden, dass das Marktversagen aufgrund der unzureichenden Koordination des Preismechanismus behoben wird.

Die angemessene Maßnahme sowie die genaue Kalibrierung des staatlichen Vorgehens setzt natürlich eine sorgfältige Analyse der konkreten Umstände des Marktversagens voraus. Dabei ist einerseits zu berücksichtigen, dass staatliche Eingriffe auch unerwünschte Auswirkungen auf andere Bereiche des Wirtschaftslebens haben können. So belasten Benzinpreisbesteuerungen Haushalte mit niedrigem Einkommen relativ stärker als solche mit hohem Einkommen. Sie haben also unter Umständen eine unerwünschte Verteilungswirkung. Andererseits stehen dem Staat bei seinen wirtschaftspolitischen Maßnahmen im Allgemeinen nicht alle hierfür notwendigen Informationen zur Verfügung. Insbesondere beim Einsatz regulativer Instrumente besteht nämlich seitens des Staates oder der Verwaltung ein Informationsdefizit:

- So benötigt die Regulierungsbehörde für eine Preisregulierung die exakte Kostensituation des Monopolisten. Operiert der Monopolist nicht nur in regulierten, sondern auch in deregulierten Bereichen, dann besteht bei schwer zurechenbaren Gemeinkosten die Gefahr, dass dem Monopolisten zu hohe Preise genehmigt werden.
- Auch bei umweltpolitischen Instrumenten verfügen die Umweltbehörden im Allgemeinen über unzureichende Informationen. Bei Auflagen oder der Verschuldenshaftung muss die Behörde die Vermeidungskosten jeder einzelnen Unternehmung genau kennen, damit sie den optimalen Emissionsstandard bzw. die optimalen Sorgfaltspflichten vorgeben kann. Bei Steuern und Zertifikaten sind zur Bestimmung des optimalen Steuersatzes bzw. der optimalen Gesamtbelastung die aggregierten Grenzvermeidungskosten aller Unternehmungen erforderlich. Lediglich bei der Gefährdungshaftung sind keine Informationen über die

Vermeidungskosten eines Verursachers notwendig.

Dieses Informationsproblem ist offensichtlich bei den marktorientierten Instrumenten, also den Steuern, Zertifikaten oder Haftungsregeln, größer als bei dem dirigistischen Instrument der Auflagenpolitik. Zudem werden den Adressaten des Eingriffs bei marktorientierten Instrumenten 'lediglich' geeignete Anreize zum gewünschten Handeln gesetzt, ohne dass ihr Handlungsspielraum eingeschränkt wird. Der Staat verändert hier lediglich die mit dem Handeln verbundenen Kosten. Wie beim Preismechanismus liegt es also im Interesse der Adressaten, die Kosten ihres Handelns vollständig zu berücksichtigen. Aus Eigeninteresse werden sie so den staatlichen Vorstellungen bei der Regulierung folgen.

Da nun aber beim Einsatz eines wirtschaftspolitischen Instruments nicht eindeutig sicher ist, dass alle relevanten Informationen bei der Kalibrierung berücksichtigt wurden, kann a priori auch nicht davon ausgegangen werden, dass das zu behebende Marktversagen tatsächlich beseitigt wurde. Vielmehr ist damit zu rechnen, dass die Wirtschaftssubjekte ihre Aktivitäten unter das sozial optimale Niveau einschränken bzw. darüber hinaus ausdehnen. Informationsdefizite können also zu einem Versagen des Staates bei der Beseitigung von Marktversagens führen.

3.3.2 Staatlicher Vollzug zur Motivation der Adressaten der Wirtschaftspolitik

In den bisherigen Ausführungen haben wir implizit angenommen, dass die Adressaten der Wirtschaftspolitik die wettbewerbspolitischen und regulatorischen Vorgaben des Staates befolgen. So wurde beispielsweise nicht in Betracht gezogen, dass ein Adressat aus Kosten-Nutzen Gründen gegen eine Emissionsnorm verstoßen könnte oder mehr Schadstoffe emittiert, als er nach seinen Emissionslizenzen berechtigt wäre. Für die wirksame Beseitigung von Marktversagen ist die Reaktion der Adressaten auf den staatlichen Eingriff aber von entscheidender Bedeutung.

Von einer loyalen Haltung der Adressaten der Wirtschaftspolitik im Zusammenhang mit der Befolgung staatlicher Maßnahmen kann grundsätzlich nicht ausgegangen werden. Schließlich schränken staatliche Eingriffe den individuellen Entscheidungsspielraum der wirtschaftlichen Akteure ein. Folgen wir hier dem in Kapitel 1 dargestellten individuellen Entscheidungskalkül, dann wird ein Adressat bei seiner Entscheidung, ob er sich rechtskonform verhält, seinen erwarteten Vorteil aus einem

Verstoß gegen die dann zu erwartenden Sanktionen abwägen. Somit wird sich ein Adressat genau dann zu einem Verstoß gegen einen staatlichen Eingriff entscheiden, wenn sein erwarteter privater Vorteil größer ist als die Kosten der zu erwartenden Sanktionen. Dieser Sachverhalt wird auch durch eine Reihe empirischer Untersuchungen und Berichte aus der Praxis gestützt: So zeigt sich beispielsweise im Umweltbereich, dass sich Unternehmungen durchaus für eine Nichtbefolgung von Umweltauflagen entscheiden und mögliche Sanktionen in Kauf nehmen. Auch das vom Sachverständigenrat für Umweltfragen konstatierte Vollzugsdefizit im Bereich der deutschen Umweltpolitik belegt dieses Verhalten.

Neben der Koordination der wettbewerblichen Rahmenbedingungen seitens des Staates kommt daher dem staatlichen Vollzug entscheidende Bedeutung zu. Ziel des staatlichen Vollzugs ist es, das Verhalten der Adressaten staatlicher Eingriffe so zu steuern, dass eine optimale Befolgung sichergestellt ist. Es geht somit um die Motivation der Adressaten der Wirtschaftspolitik zu einem zielkonformen Handeln.

Inwieweit staatliche Vollzugsinstanzen die Befolgung von wirtschaftspolitischen Maßnahmen garantieren können, hängt wesentlich von den Rahmenbedingungen des Vollzugs und der Wirkungsweise des eingesetzten Instruments ab. Grundsätzlich besteht bei jedem Instrument ein Vollzugsproblem, sobald wir nicht davon ausgehen, dass die Adressanten der Politik a priori rechtskonform handeln. Dies soll im Folgenden für das Beispiel der Umweltpolitik diskutiert werden:

- Bei dirigistischen Maßnahmen, die Unternehmungen zur Einhaltung einer bestimmten Auflage verpflichten, müssen Umweltbehörden die Einhaltung bzw. die Höhe der Überschreitung kontrollieren.
- Wird eine Emissionssteuer erhoben, muss sichergestellt werden, dass die Emissionsquelle entsprechend ihrer tatsächlichen Emissionsbelastung veranlagt wird.
- Bei der Vergabe von Emissionslizenzen muss die Übereinstimmung der tatsächlichen Höhe der Schadstoffemissionen mit den erworbenen Verschmutzungsrechten kontrolliert werden.
- Bei der Einführung von Haftungsregeln sind Beweislastprobleme des Geschädigten (Nachweis seines Schadens, der Kausalität zwischen eingetretenem Schaden und Emissionen und gegebenenfalls des Verschuldens des Emittenten) zu berücksichtigen. Hinzu kommt das Problem, dass der Geschädigte einen Anreiz hat, im Vergleich zu seinem tatsächlich entstandenen Schaden höhere Schaden-

ersatzforderungen zu stellen. Auch hier stellt sich eine Kontrollaufgabe.

Neben den bereits erwähnten Informationsproblemen bei der geeigneten Festlegung der einzelnen Instrumente bestehen auch bei der Implementierung Informationsasymmetrien zwischen den Adressaten der Politik und der Umweltbehörde bzw. den Gerichten als Vollzugsinstanzen. Diese liegen vor, da die Vollzugsinstanzen im Allgemeinen die Aktivitäten der Adressaten nicht unmittelbar beobachten können. Selbst im Falle, dass das Ergebnis der Aktivitäten, etwa ein eingetretener Umweltschaden, unmittelbar beobachtbar ist, kann eine Vollzugsinstanz keinen sicheren Rückschluss auf die Handlungsweise des Adressaten ziehen: Das mit der Wahl der Aktivität verbundene Ergebnis hängt in der Regel von exogenen Faktoren ab, auf die der Adressat keinen direkten Einfluss hat. Daher kann aufgrund des Ergebnisses nicht zwischen einem vorsätzlichen Verstoß gegen den staatlichen Eingriff und einem durch exogene Einflüsse verursachten Verstoß unterschieden werden.

Zur Lösung des Motivationsproblems bei der Implementierung wirtschaftspolitischer Maßnahmen stehen dem Staat verschiedene Instrumente zur Verfügung. Die Gestaltung des Vollzugs ist dabei neben der spezifischen wirtschaftspolitischen Maßnahme und den institutionellen Rahmenbedingungen des Vollzugs – z.B. einer hierarchischen Vollzugsstruktur mit Vollzugsbehörden zentral auf Bundesebene und dezentral auf Länder- bzw. Gemeindeebene – im Wesentlichen durch folgende Vollzugsinstrumente bestimmt:

- Vollzugsinstanzen: Hier kann grundsätzlich zwischen einem öffentlichen Vollzug durch Behörden und einem privaten Vollzug durch private, profitorientierte Organisationen unterschieden werden. Bei einem privaten Vollzug ist sowohl ein Vollzugsmonopol als auch die Konkurrenz der Vollzugsinstanzen möglich.
- Vollzugsbudget: Der Staat weist einer Vollzugsbehörde Mittel zur Überwachung der Einhaltung von gesetzlichen Vorgaben, zur Ermittlung und Aufdeckung von Verstößen sowie zur Überführung rechtswidrig handelnder Adressaten zu. Von der Höhe des Budgets ist abhängig, in welchem Umfang die Behörde ihre jeweiligen Vollzugsaktivitäten durchführen kann.
- Zeitpunkt der Intervention: Eine Vollzugsinstanz kann grundsätzlich zu zwei verschiedenen Zeitpunkten Kontrollen durchführen. Im Falle der Überwachung wird die Intervention nach einem möglichen Verstoß, aber bevor ein Schaden eingetreten oder der Vollzugsinstanz bekannt geworden ist, durchgeführt. Im

Falle der Ermittlung erfolgt die Intervention hingegen nach dem Eintritt eines Schadens.
- Wahl der Sanktion: Für den Fall eines Verstoßes gegen staatliche Vorschriften muss neben der Höhe der Sanktion auch die Art der Sanktion festgelegt werden. Bei der Wahl der Sanktionsart unterscheidet man zwischen monetären und nicht-monetären Sanktionen. Nicht-monetäre Sanktionen sind dabei im Allgemeinen Haftstrafen für den Adressaten bei Aufdeckung eines Verstoßes.
- Verfahrensrechtliche Regelungen: Hierzu gehören beispielsweise administrative Verfahrensweisen und verwaltungsinterne Anweisungen bei den Überwachungs-, Ermittlungs- und Überführungstätigkeiten der Vollzugsbehörde ebenso wie gesetzlich festgelegte Widerspruchs- und Beschwerdemöglichkeiten (potentiell) rechtwidrig handelnder Adressaten.

Der Einsatz dieser Instrumente ist mit Kosten verbunden. Diese Kosten des Vollzugs müssen bei der Beurteilung eines wirtschaftlichen Eingriffs berücksichtigt werden. Unter gewissen Umständen können dabei die Vollzugskosten marktorientierter Instrumente wesentlich größer sein als die Vollzugskosten bei einer dirigistischen Regulierung. Daher muss für eine umfassende Beurteilung des wirtschaftlichen Eingriffs neben der Koordination der wettbewerblichen Rahmenbedingungen auch die Motivation der Adressaten zur deren Befolgung berücksichtigt werden.

Unabhängig vom Einsatz dieser Instrumente wird es aber aufgrund der Informationsasymmetrien zwischen den Vollzugsinstanzen und den Adressaten im Allgemeinen keinen vollständigen Vollzug der wirtschaftspolitischen Absichten geben. Auch die Informationsdefizite beim Vollzug können also zu einem eingeschränkten Erfolg des Staates bei der Beseitigung von Marktversagen führen. Hier können andere Formen der Koordination, die stärker auf die Einbindung privater Initiativen setzen, Alternativen darstellen.

3.3.3 Der Prozess der Politikgestaltung

In den vorangegangenen Ausführungen sind wir davon ausgegangen, dass staatliche Eingriffe immer mit dem Ziel der Beseitigung von Marktversagen erfolgen. Der Staat hat sozusagen die Rolle eines sozialen Planers, der die Gesamtwohlfahrt der Gesellschaft und somit die Werte aller Bürger maximiert. Dabei haben wir aber völlig vernachlässigt, dass die Entwicklung eines politischen Programms das Ergebnis der Interaktion verschiedener Interessengruppen und politischer Entscheidungsträger ist.

Im Folgenden wollen wir dieses Zusammenspiel der am Prozess der Politikgestaltung beteiligten Akteure näher betrachten. Dabei unterscheiden wir drei Gruppen von Akteuren: Politische Entscheidungsträger, die die wirtschaftspolitischen Programme gestalten; Mitglieder der Vollzugsbehörden, die diese Programme in die Praxis umsetzen, und Adressaten des wirtschaftspolitischen Eingriffs, also die betroffenen Unternehmungen, Wirtschaftszweige und Bürger.

Entsprechend den Verhaltensannahmen, die der ökonomischen Analyse von Organisationen zugrundeliegen, gehen wir davon aus, dass diese drei Gruppen von Akteuren bestrebt sind, ihren individuellen Eigennutz zu maximieren:

- Das Verhalten der politischen Entscheidungsträger: Unterstellt man, dass die politischen Entscheidungsträger ein Interesse an der Übernahme oder Weiterführung der Regierung haben, dann besteht ihr Ziel in der Maximierung der auf sie entfallenden Wählerstimmen. Damit ist aber Politikgestaltung das Ergebnis der Konkurrenz politischer Parteien um Wählerstimmen. Politische Entscheidungsträger gestalten dann ihre Programme so, dass sie nach Möglichkeit durch dieses Programm nicht mehr Wählerstimmen verlieren als sie gewinnen. Eine zu starke Erhöhung der Mineralölsteuer würde so wahrscheinlich eher zu einem Stimmenverlust als zu einem Stimmengewinn führen, da das Umweltbewusstsein der meisten Autofahrer nur bis zu einem gewissen Grad ausgeprägt ist.

- Das Verhalten der Vollzugsbehörden: Politische Entscheidungsträger sind darauf angewiesen, dass sich die Vollzugsbehörden bei der Implementierung politischer Programme an den durch sie vorgegebenen Zielen orientieren. Grundsätzlich ist aber davon auszugehen, dass die Vollzugsinstanzen ihre eigenen Interessen verfolgen. Da eine Wettbewerbs- oder Umweltbehörde beispielsweise auf die Information von Unternehmungen angewiesen ist, hat sie einen Anreiz, Konflikte mit Unternehmungen zu vermeiden oder sogar deren Interessen zu vertreten. Zudem kann ihr auch daran gelegen sein, ihren Einfluss und ihr Ansehen in wirtschaftlichen und politischen Kreisen zu vergrößern. Da größere Bürokratien über ein höheres Prestige und einen stärkeren Einfluss verfügen als kleinere Bürokratien, streben Behörden nach einer Maximierung des verfügbaren Bud-

getvolumens.
- Das Verhalten der Bürger: Staatsbürger können als nutzenmaximierende Wähler von politischen Programmen verstanden werden. Sie werden denjenigen politischen Entscheidungsträgern ihre Stimme geben, die ihren eigenen Nutzenvorstellungen am besten entsprechen. Die Frage nach dem Gemeinwohl ist dann gegenüber der individuellen Betroffenheit durch die staatliche Maßnahme von nachrangiger Bedeutung. Nicht die Effizienz eines Programms sondern seine Popularität bestimmt demnach seine politische Umsetzung.
- Das Verhalten der Unternehmungen: Unternehmungen und deren Interessengruppen, die (potentiell) von einem wirtschaftspolitischen Programm betroffen sind, können versuchen, den politischen Gestaltungsprozess zu ihren Gunsten zu beeinflussen. Gegenüber den politischen Entscheidungsträgern ist dies durch eine Zusicherung von Geld, Stimmen oder einem politikkonformen Verhalten möglich. Da zudem die politischen Entscheidungsträger im Allgemeinen unzureichende Informationen über die Auswirkungen staatlicher Maßnahmen haben, können Interessengruppen die gewünschten Informationen bereitstellen und so die Informationsbeschaffung für die politischen Entscheidungsträger erheblich vereinfachen. Dadurch haben sie aber die Möglichkeit, politische Entscheidungen in ihrem Sinn zu beeinflussen, etwa durch selektive Informationsweitergabe oder Verzerrung von Informationen. Gegenüber den Vollzugsbehörden können Unternehmungen Einfluss nehmen, indem sie Konflikte mit den Behörden vermeiden, ihnen bereitwillig die für ihre Aktivitäten notwendigen Informationen zur Verfügung stellen oder diese bestechen.

Versteht man ein politisches Programm als Ergebnis des Zusammenwirkens dieser Akteure, dann ist a priori nicht davon auszugehen, dass wirtschaftspolitische Eingriffe Marktversagen beheben. Auf der Ebene der Politikgestaltung können so trotz offenkundigen Marktversagens staatliche Eingriffe unterbleiben, wie beispielsweise bei den externen Effekten im Straßenverkehr. Darüber hinaus kann Marktversagen aber auch nur unzureichend beseitigt werden wie z.B. im Umweltschutz. Oder der Staat greift in den Wirtschaftsprozess ein, ohne dass ein Marktversagen vorliegt, etwa bei der Agrarpolitik der Europäischen Gemeinschaft.

Der Einfluss von Interessengruppen auf staatliche Eingriffe im Umweltschutz

Im Zusammenhang mit der Einführung einer Emissionsnorm in der Blei- und Silberhüttenindustrie soll im Folgenden der Einfluss einer Interessengruppe auf die staatliche Regulierung im Umweltschutz dargestellt werden.

Angenommen, die Blei- und Silberproduzenten dieser Industrie haben unterschiedliche Produktionskosten. Dann kann die Einführung einer Emissionsnorm, die für die gesamte Industrie gilt und nicht unternehmensspezifisch ist, im Interesse eines Teils der Produzenten sein, denn sie bedingt, dass alle Produzenten dieselbe Emissionstechnologie installieren müssen: Blei- und Silberproduzenten mit hohen Produktionskosten werden so aus dem Markt gedrängt, so dass der Marktpreis für Blei und Silber steigt. Der dadurch entstehende zusätzliche Profit für die im Markt verbliebenen Unternehmungen kann je nach Elastizitäten dann die Kosten für die Umweltschutzmaßnahmen übersteigen.

Sind die finanziellen Begünstigungen einer Interessengruppe durch einen staatlichen Eingriff hinreichend groß und ihre Kosten zur Beeinflussung politischer Entscheidungsträger gering, dann besteht ein Anreiz zur Einflussnahme auf den politischen Gestaltungsprozess. Diese Einflussnahme kann sozial nachteilig sein, wenn eine Interessengruppe erreicht, dass Einkommen durch einen Regulierungseingriff zu ihr hin umverteilt oder Wettbewerb ausgeschaltet wird.

Quelle: Buchanan und Tullock (1975)

Selbst wenn ein politisches Programm zur Behebung eines Marktversagens geeignet ist, kann sein Erfolg auf der Ebene der Umsetzung in Frage gestellt sein. Eine Vollzugsbehörde besitzt hinsichtlich der Implementierung politischer Programme im spezifischen Umfeld bessere Informationen als die politischen Entscheidungsträger. Diesen Informationsvorsprung kann sie in zweierlei Hinsicht nutzen: Ist die Behörde in die Entwicklung des Programms mit eingebunden, kann sie dessen Gestaltung durch selektive Informationsweitergabe oder Verzerrung von Informationen beeinflussen. Hat die Behörde weiterhin bei der Konkretisierung des Programms Handlungsspielräume, dann kann sie diese zu ihrem eigenen Vorteil nutzen. Hier kann es z.B. Absprachen zwischen Vollzugsbehörden und den Adressaten des Programms geben. In beiden Fällen kommt es zu einer Beeinträchtigung des Erfolgs der staatlichen Maßnahme bei der Implementierung.

3.3.4 Koordination durch Verhandlungen – das Coase-Theorem

Vor 1960 waren die oben diskutierten staatlichen Eingriffe zur Internalisierung externer Effekte allgemein akzeptiert. Nur der Staat konnte das Versagen des Preismechanismus und die damit verbundene unzureichende Koordination der Marktaktivitäten verhindern. Je nach Instrument differiert dabei der Umfang des staatlichen Eingriffs. Bei dirigistischen Maßnahmen ist er am umfassendsten, da hier der Handlungsspielraum der Akteure am weitesten eingeschränkt wird: Sie müssen die gesetzten Auflagen erfüllen, ansonsten droht bei Missachtung eine Sanktionierung. Bei marktorientierten Instrumenten ist der Eingriff weniger massiv. Hier werden Preise für Aktivitäten gesetzt, die mit externen Kosten verbunden sind, und die Akteure können eigenständig den Umfang ihres Handelns bestimmen.

1960 erschien dann der Aufsatz 'The Problem of Social Costs' von Ronald Coase, der die Notwendigkeit von staatlichen Eingriffen bei externen Effekten grundsätzlich in Frage stellte. Coase argumentierte, dass durchaus auch private Verhandlungen zwischen den betroffenen Parteien zu einer vollständigen Internalisierung der externen Effekte führen können. Solange nämlich Verfügungsrechte frei gehandelt werden können, besteht für die Parteien ein Anreiz, ihre Rechte zu tauschen, um ihre Aktivitäten effizienter aufeinander abzustimmen. Staatliche Eingriffe müssen also nicht unbedingt notwendig und können in einigen Fällen sogar sozial unerwünscht sein. Durch dezentrale Entscheidungen der Betroffenen kann ebenfalls gesamtwirtschaftliche Effizienz erreicht werden.

Die Logik dieses Gedankens lässt sich am Beispiel des Umweltschutzes einfach darstellen: Betrachten wir die Beziehung zwischen dem Inhaber einer Blei- und Silberhütte und einem Imker in deren unmittelbarer Nähe. Jede Erhöhung der Blei- und Silberproduktion senkt durch die zusätzliche Luftverschmutzung den Honigertrag des Imkers. Bei individueller Gewinnmaximierung und kostenloser Nutzung des Umweltgutes Luft bezieht der Unternehmer die Auswirkungen seiner Produktionsentscheidungen auf die Luftverschmutzung nicht in sein Handlungskalkül ein. Die privaten Grenzkosten, denen sich der Inhaber der Blei- und Silberhütte gegenübersieht, sind daher geringer als die anfallenden sozialen Grenzkosten. Es liegen externe Effekte vor.

Bei der Verteilung der Verfügungsrechte am Umweltgut Luft durch den Staat können wir grundsätzlich zwei entgegengesetzte verfügungsrechtliche Rahmenbedingungen unterscheiden:

- Bei der 'Laissez-faire-Regelung' sind die verfügungssrechtlichen Rahmenbedingungen so gestaltet, dass dem Unternehmer als potentiellem Schadenverursacher ein Recht auf sein Handeln gegeben ist.
- Bei der 'Verursacherregelung' hingegen hat der potentiell Geschädigte, also der Imker, ein Recht auf Nichtbeeinträchtigung durch den potentiellen Schadenverursacher, also den Inhaber der Blei- und Silberhütte.

Betrachten wir nun zunächst die Argumentation von Coase für den Fall der Laissez-faire-Regelung. Der Unternehmer kann hier uneingeschränkt durch seine Produktion die Luft verschmutzen, ohne die Kosten des entstandenen Schadens zu tragen. Die Ineffizienz dieses Handelns würde darin bestehen, dass er auch dann noch die Umwelt belastet, wenn der dadurch hervorgerufene Grenznutzen bereits kleiner ist als der Grenzschaden des Imkers:

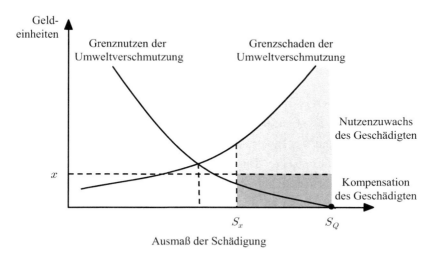

Abbildung 3.18: Die Internalisierung externer Effekte durch Verhandlungen bei einer Laissez-faire-Regelung

Wenn allerdings der Grenzschaden des Imkers größer als der Grenznutzen des Unternehmers ist, dann hat der Imker einen Anreiz, dem Unternehmer zur Vermeidung der Umweltverschmutzung eine Kompensationszahlung anzubieten. Er kauft ihm also dessen Recht auf Luftverschmutzung ab. Angenommen, das Ausmaß der Umweltverschmutzung des Unternehmer liege bei S_L. Bezahlt der Imker nun beispielsweise einen Betrag x pro vermiedener Einheit Umweltverschmutzung dafür, dass das Ausmaß der Schädigung nur S_x ist, dann hat auch der Unternehmer einen Anreiz, diese Kompensationszahlung anzunehmen und seine Produktion entsprechend zu drosseln. Denn beide Parteien können bei dem Betrag x ihren Nutzen erhöhen, der Imker, weil x geringer ist als sein Grenzschaden, der Unternehmer, weil x größer ist als sein Grenznutzen.

Beide Parteien haben also einen Anreiz, über eine Reduktion der Umweltverschmutzung zu verhandeln. Sie werden dies solange tun, bis durch eine Umverteilung der Verfügungsrechte keiner mehr profitieren kann. Der Verhandlungsprozess wird somit dann beendet sein, wenn Grenznutzen und Grenzschaden der Luftverschmutzung identisch sind, sich also das sozial optimale Niveau an Umweltbelastung einstellt.

Durch Verhandlungen können die beiden Parteien also ihre Aktivitäten so aufeinander abstimmen, dass externe Effekte Pareto-effizient internalisiert werden: Verhandlungen lösen also das Koordinationsproblem, da es nicht mehr möglich ist, den Nutzen eines Beteiligten zu erhöhen ohne gleichzeitig den Nutzen des anderen zu senken.

Diese Argumentation ist nun aber völlig unabhängig davon, wie die Verfügungsrechte durch den Staat festgelegt wurden. Betrachten wir dazu einfach die Verursacherregelung: Hier hat der Imker ein Recht auf Nichtbeeinträchtigung durch den potentiellen Schadenverursacher. Das Handeln des Unternehmers unterliegt daher der Zustimmungspflicht des Imkers. In diesem Fall hat der Unternehmer also einen Anreiz, dem Imker sein Recht auf saubere Luft abzukaufen. Der Preis hierfür geht in die Kalkulation des Unternehmers ein, wenn er über seine Produktion und seine Umweltbelastung entscheidet. Auch hier kommt es also wieder zur Internalisierung der externen Kosten. Der Unternehmer wird das sozial optimale Niveau an Umweltbelastung wählen und dem Imker den Erwartungswert der dabei entstehenden Schäden zahlen. Dadurch werden seine Gesamtkosten minimiert.

Im Ergebnis führen also Verhandlungen unabhängig von der Verteilung der Verfügungsrechte zu einer vollständigen Internalisierung der externen Effekte. Die Effizienz des Verhandlungsergebnisses ist also immer gesichert, verfügbare Ressourcen werden Pareto-effizient eingesetzt und genutzt. In unserem Beispiel belastet der Inhaber der Blei- und Silberhütte die Luft mit demselben Emissionsniveau, unabhängig davon, ob er oder der Imker die Verfügungsrechte an dem Gut saubere Luft haben. Die treibende Kraft hinter diesem Ergebnis liegt natürlich in den bereits in Kapitel 1 diskutierten Vorteilen des Tauschs. Solange ein Austausch von Verfügungsrechten zwischen den beiden Parteien zu ihrem beiderseitigen Vorteil ist, solange werden sie einen Anreiz haben, nach vorteilhaften Tauschmöglichkeiten zu suchen und diese zu verwirklichen.

Die Unabhängigkeit der Effizienz der Verhandlungslösung von den Verfügungsrechten bedeutet natürlich nicht, dass die Verteilung der Verfügungsrechte keine distributiven Auswirkungen hätte. So erhält etwa bei der Laissez-faire-Regelung der Unternehmer Kompensationszahlungen vom Imker. Eine Änderung der Verfügungsrechte hat dann aber sehr wohl Auswirkungen auf die Einkommensverteilung. So kommt bei der Verursacherregelung der Imker in den Genuss der Kompensationszahlungen durch den Unternehmer.

Verhandlungen lösen aber nicht immer das Externalitätenproblem. Wir haben zum einen darauf hingewiesen, dass die Verfügungsrechte durch den Staat eindeutig zugewiesen und handelbar sein müssen. Wenn beispielsweise ein Rechtssystem fehlt, das vertragliche Vereinbarungen auch durchsetzt, dann wird es kaum zu Verhandlungen kommen: Nachdem etwa der Imker an den Unternehmer Kompensationszahlungen leistet, so dass dieser die Luftbelastung reduziert, könnte der Unternehmer nach Erhalt der Zahlung von seinem Versprechen absehen, ohne das der Imker Anspruch auf Schadenersatzleistungen hätte.

Von entscheidender Bedeutung ist aber auch, dass die Kosten, die mit Verhandlungen verbunden sind, hinreichend klein sind. Grundsätzlich sind die Transaktionen, die für das Zustandekommen der Verhandlungslösung notwendig sind – also der Austausch von Verfügungsrechten – mit Kosten verbunden. Diese 'Transaktionskosten' beinhalten z.B. die Kosten für die Konkretisierung der Verhandlungslösung oder die Kosten für die Überwachung und Durchsetzung ihrer Einhaltung. Übersteigen diese Kosten beispielsweise für den Imker seinen erwarteten Nutzen aus den Verhandlungen, dann wird es nicht zu Verhandlungen kommen. In Situationen, in denen die Luftverschmutzung der Blei- und Silberhütte auch noch andere Wirtschaftssubjekte schädigt, würden diese von einer bilateralen Verhandlung zwischen dem Unternehmer und dem Imker profitieren. Vorsorge ist in diesem Fall ein öffentliches Gut. Von daher kann es zu einem Trittbrettfahrerverhalten von potentiell Geschädigten kommen, so dass unter Umständen keiner der Geschädigten Verhandlungen mit dem potentiellen Schadenverursacher aufnimmt.

Zusammenfassend können wir also festhalten, dass private Verhandlungen zwischen Parteien unabhängig von der Verteilung ihrer Verfügungsrechte immer dann zu einer effizienten Allokation von Ressourcen führen, wenn die Verfügungsrechte eindeutig zugewiesen und handelbar sind und die mit den Verhandlungen verbundenen Transaktionskosten hinreichend klein sind. Dieses Ergebnis wird auch als **Coase-Theorem** bezeichnet.

Das Coase-Theorem und die 'Fabel von den Bienen'

Die sogenannte 'Fabel von den Bienen' stellt ein klassisches Beispiel für positive externe Effekte dar: Imker stellen mit ihren Bienen Pollenträger für die Bestäubung von Obstbäumen umliegender Plantagen bereit und profitieren im Gegenzug von dem Nektar, der durch die Obstbäume zur Verfügung steht. Falls weder die Imker noch die Obstbauern für den gestifteten Nutzen gegenüber der anderen Partei kompensiert werden, kommt es aus wohlfahrtstheoretischer Sicht zu Unterinvestitionen in diese Aktivitäten.

Das Coase-Theorem sagt aus, dass Imker und Obstbauern private Verhandlungen durchführen können, um dieses Externalitätenproblem zu überwinden. In der Tat findet genau das statt, wie die Untersuchung von Cheung bestätigt: Imker und Obstbauern schließen Verträge, in denen die Obstbauern Bienenstöcke mieten, um die Bestäubung nektararmer Obstsorten zu gewährleisten. Auf der anderen Seite bezahlen Imker die Obstbauern für das Privileg, dass ihre Bienen besonders nektarreiche Bäume 'abernten' dürfen. Diese Zahlungen können dazu führen, dass Imker und Obstbauern die Externalitäten ihres Handelns berücksichtigen und sich durch private Verhandlungen effizient koordinieren. Die Ergebnisse von Cheung sind in folgender Tabelle zusammengefasst:

Jahreszeit	Frucht	Mehrertrag an Honig (£/Stock)	Bestäubungs- gebühr	Miete pro Bienen- stock
frühes Frühjahr	Mandeln (Californien)	0	$5-$8	-
	Kirschen	0	$6-$8	-
spätes Frühjahr (Hauptbe stäubungs- periode)	Äpfel etc.	0	$9-$10	-
	Blaubeeren (mit Ahorn)	40	$5	-
	Kohl	15	$8	-
	Kirschen	0	$9-$10	-
	Preißelbeeren	5	$9	-
Sommer und früher Herbst	Luzerne (als Grünfutter)	60	-	13¢-60¢
	Luzerne (mit Bestäub.)	25-35	$3-$5	-
	Waldweidenröschen	60	-	25¢-63¢
	Minze	70-75	-	15¢-65¢
	Roter Klee	60	-	65¢
	Roter Klee (Bestäub.)	0-35	$3-$6	-
	Süßer Klee	60	-	20¢-25¢

Quelle: Cheung (1973)

Die Koordination einzelwirtschaftlicher Entscheidungen durch Verhandlungen stellt somit neben der rein marktlichen und hierarchischen Koordination einen weiteren Koordinationsmechanismus dar, der bei den folgenden Ausführungen zur Koordination ökonomischer Aktivitäten eine Rolle spielen wird: Im Unterschied zur rein marktlichen Koordination besteht keine anonyme Beziehungen zwischen den verhandelnden Parteien und ihr Handeln wird nicht nur durch Preise bestimmt. Im Unterschied zur rein hierarchischen Koordination stehen die Verhandlungsparteien nicht in einem über- bzw. untergeordneten Verhältnis zueinander, sondern bleiben autonom handelnde Einheiten.

3.4 Zusammenfassung

Eine effiziente Koordination der Transaktionen zwischen Käufern und Verkäufern auf einem Markt ist genau dann gegeben, wenn die Kauf- bzw. Verkaufspläne aller Marktteilnehmer aufeinander abgestimmt sind. Herrscht auf dem Markt vollkommene Konkurrenz, dann führt der Preismechanismus zu einer effizienten Koordination: Derjenige Preis, der Angebot und Nachfrage auf dem Markt ausgleicht, der sogenannte Gleichgewichtspreis, maximiert die Werte aller Marktteilnehmer. Nur bei Verträgen, die diesen Gleichgewichtspreis aushandeln, besteht für keinen Marktteilnehmer mehr ein Anlass, einen neuen Vertrag auszuhandeln.

Die Rolle des Unternehmers als Anbieter von Gütern oder Dienstleistungen auf einem Markt mit vollkommener Konkurrenz wird im Rahmen des neoklassischen Modells untersucht. Grundlage der unternehmerischen Wertschöpfung ist die Produktionsfunktion, die den Zusammenhang zwischen Input- und Outputfaktoren bestimmt. Diejenigen Kombinationen von Inputfaktoren, die für bestimmte Ausbringungsmengen die kostenminimalste Produktion gewährleisten, bestimmen die Kostenstruktur der Unternehmung.

Bei einer kurzfristigen Perspektive muss die Betriebsgröße der Unternehmung als fix gegeben betrachtet werden. Die Grenzkosten der Produktion entsprechen demnach den variablen Grenzkosten. Kurzfristig maximiert daher die Unternehmung genau dann ihren Gewinn, wenn der Unternehmer seine Ausbringungsmenge soweit ausdehnt, dass die variablen Grenzkosten dem Produktpreis entsprechen.

Bei einer langfristigen Betrachtung der Produktionskosten ist auch die Betriebsgröße eine Entscheidungsvariable des Unternehmers. Eine kostenminimale Produktion erfordert demnach auch die Wahl einer optimalen Betriebsgröße. Die Übereinstimmung zwischen den langfristigen Grenzkosten der Produktion und dem Marktpreis bestimmt nun die optimale Ausbringungsmenge. Im Unterschied zur kurzfristigen Perspektive, bei der es für eine Unternehmung optimal sein kann, einen kurzfristigen Gewinn oder auch Verlust zu erwirtschaften, wird die Unternehmung langfristig keinen Gewinn machen können. Der Marktpreis entspricht gerade den minimalen langfristigen Durchschnittskosten.

Das allgemeine Gleichgewichtsmodell erweitert nun die Betrachtung von einem einzelnen Markt auf das gesamte ökonomische System. Der erste Hauptsatz der Wohlfahrtsökonomie garantiert, dass die Pläne aller Marktteilnehmer auf allen Märkten effizient aufeinander abgestimmt sind. Der Preismechanismus löst somit nicht nur das Koordinationsproblem der Ökonomie, sondern führt automatisch auch zu einer Lösung des Motivationsproblems.

Die Rolle der Unternehmung im allgemeinen Gleichgewichtsmodell ist allerdings durch sehr einschränkende Ausnahmen bestimmt: Zum einen stellt sich die Unternehmung als Nexus vollständiger Verträge dar, so dass die Beiträge und Ansprüche jedes Teilnehmers der Unternehmung vollständig spezifiziert werden können. Zum anderen wird dadurch die Unternehmung zur Ein-Mann Unternehmung, da die Produktion vollständig durch kurzfristige Dienst- und Arbeitsverträge abgewickelt werden kann. Unternehmer und Unternehmung sind identisch.

Ineffizienzen des Preismechanismus können zur Bildung nichtmarktlicher Organisationen führen. Die Gründe für ein solches Marktversagen stehen dabei in engem Zusammenhang mit den Ausnahmen, unter denen das Wohlfahrtstheorem gültig ist.

Marktmacht bezeichnet den Fall, in dem einer der Marktteilnehmer Einfluss auf die Preisbildung hat. Anders als auf einem Wettbewerbsmarkt werden unter diesen Umständen nicht die Werte aller Marktteilnehmer maximiert. Insbesondere bietet ein Monopolist im Vergleich zum Wettbewerbsfall eine kleinere Ausbringungsmenge bei einem höheren Preis an.

Marktintransparenzen treten auf, wenn nicht alle Marktteilnehmer alle relevanten Informationen für ihre Transaktionen kennen. Informationsdefizite können sich dabei auf den Produktnutzen, den Produktpreis oder die Produktqualität beziehen. Bezüglich der Produktqualität können je nach der Informationsasymmetrie zwischen Anbieter und Nachfrager verschiedene Kategorien von Gütern unterschieden werden. Insbesondere bei Gütern, deren Qualität erst nach dem Kauf oder überhaupt nicht beurteilt werden kann, können die Probleme der adversen Selektion und des moralischen Risikos auftreten.

Fehlende Märkte können ebenfalls die Funktionsweise des Preismechanismus beeinträchtigen. Entweder können in diesem Fall keine umfassenden, konditionierten Verträge abgeschlossen werden, oder bestimmte Bereiche sind bewusst vom Preismechanismus ausgeschlossen. Externalitäten stellen einen dritten Grund für fehlende Märkte dar: Obwohl das Handeln eines Marktteilnehmers unmittelbare Auswirkungen auf den Nutzen anderer hat, werden diese Auswirkungen nicht über den Preismechanismus erfasst. Dadurch differieren aber die privaten Kosten und Nutzen des Handels von den sozialen Kosten und Nutzen.

Aus normativer Sicht wird ein Versagen des Marktes als Legitimation für staatliche Eingriffe angesehen. Zwei Ansatzpunkte zur Verbesserung des Wettbewerbs bieten sich dem Staat: Wettbewerbspolitik dient der Wiederherstellung der Bedingungen eines Wettbewerbsmarktes und setzt an der Marktstruktur an. Durch Regulierung wird versucht, das Verhalten der Marktteilnehmer zu beeinflussen.

Die wirksame Beseitigung von Marktversagen setzt allerdings voraus, dass ein effizienter Vollzug der staatlichen Maßnahmen gewährleistet ist. Zur Lösung dieses Motivationsproblems stehen dem Staat verschiedene Instrumente zur Verfügung, jedoch ist deren Einsatz mit Kosten verbunden. Diese Vollzugskosten, aber auch bestehende Informationsasymmetrien zwischen Vollzugsinstanzen und den Adressaten des staatlichen Eingriffs bedingen, dass im Allgemeinen Marktversagen nicht vollständig beseitigt werden kann.

Darüber hinaus muss berücksichtigt werden, dass staatliche Eingriffe das Ergebnis der Interaktion verschiedener Interessengruppen und politischer Entscheidungsträger sind. Daher ist a priori nicht davon auszugehen, dass solche Eingriffe Marktversagen überhaupt beheben können. Aber selbst wenn dies gegeben wäre, kann der Erfolg einer Maßnahme durch die Eigeninteressen der Vollzugsinstanzen bei der Implementierung gefährdet sein.

Als Alternative zu staatlichen Eingriffen bei Externalitäten können private Verhandlungen angesehen werden. Unter gewissen Rahmenbedingungen kann nämlich der Austausch von Verfügungsrechten zwischen den beteiligten Parteien zu einer effizienten Koordination ihrer Entscheidungen führen. Die Gültigkeit des Coase-Theorems ist allerdings an die Annahme gekoppelt, dass die Kosten, die mit solchen Verhandlungen verbunden sind, hinreichend klein sind.

3.5 Literaturhinweise

Die Untersuchung der Wirkungsweise des Preismechanismus auf Märkten als Resultat des dezentralen Handelns der Wirtschaftssubjekte ist Gegenstand der mikroökonomischen Theorie. Als Einführung in diese Theorie bieten sich beispielsweise die Lehrbücher von Kreps (1990), Varian (1992) oder Feess (1997) an. Die historische Entwicklung von Märkten wird anschaulich z.B. in Garvy (1944) dargestellt, wo man auch die Geschichte der New Yorker Börse nachlesen kann.

Der Ursprung der mikroökonomischen Theorie geht auf Adam Smith's Wealth of Nations (1776) zurück. Eine erste grundlegende neoklassische Analyse für einzelne Märkten findet sich bei Marshall (1920). Das Verhalten von Konsumenten wird eingehend von Deaton und Muelbauer (1980) behandelt, die die Konsumententheorie auch auf die Schätzung von Nachfragefunktionen anwenden. Eine Darstellung der neoklassischen Theorie der Unternehmung findet sich in Samuelson (1948), für eine systematische Darstellung der Eigenschaften von Kostenfunktionen siehe Shephard (1953). Das neoklassische Marktmodell wurde zuerst von Walras (1954) formuliert. Die Darstellung in diesem Buch geht auf Debreu (1959) zurück, dessen Monographie zusammen mit den Erweiterungen von Arrow und Hahn (1971) die heutigen Grundlagen des allgemeinen Gleichgewichtsmodells darstellt. Für einen Beweis des ersten Hauptsatzes des Wohlfahrtstheorems siehe Koopmans (1957), der Zusammenhang zur Effizienz wird in Negisihi (1960) herausgestellt.

Die Grenzen des allgemeinen Marktmodells und die Probleme des Preissystems bei unvollkommenem Wettbewerb, Marktintransparenzen oder Externalitäten werden ebenfalls in den oben genannten Lehrbüchern zur mikroökonomischen Theorie dargestellt. Speziell zu diesem Thema siehe auch Fritsch, Wein und Evers (1993). Die Idee, dass sich andere Organisationsformen als Ergebnis eines Marktversagen bilden, wird neben den Arbeiten von Chandler (1962; 1977) insbesondere auch in Arrow (1974) entwickelt.

Steigende Skalenerträge und damit verwandte Eigenschaften von Kostenfunktionen behandeln grundlegend Baumol, Panzar und Willig (1982). Sie diskutieren auch, inwieweit sich Marktmacht auf Märkten ohne Marktzutrittsbeschränkungen, sogenannten 'contestable markets', begrenzen lässt. Eine ausführliche Diskussion der Preisbildung und anderer Aspekte im Monopolfall findet sich bei Tirole (1988). Informationsdefizite auf Märkten im Zusammenhang mit Produktqualitäten und die damit verbundenen Auswirkungen für die Preisbildung wurden zuerst von Arrow (1963) und Akerlof (1970) analysiert. Auf Akerlof geht auch unsere Diskussion des Gebrauchwagenmarktes als Beispiel für einen 'market for lemons' zurück. Eine Diskussion der Qualitätsunkenntnis in Abhängigkeit von den Eigenschaften des jeweils angebotenen Gutes findet sich bei Nelson (1970) sowie Darby und Karni (1973). Die Auswirkungen von Informationsdefiziten bezüglich des Produktpreises wurden zuerst von Alchian (1969) untersucht, zu Problemen der Unkenntnis über den Produktnutzen siehe Külp u.a. (1984). Die verschiedenen Ursachen und Konsequenzen aus der Existenz fehlender Märkte wird im Beitrag von Newberry (1990) behandelt. Siehe hierzu auch die Arbeit von Arrow (1953). Der Begriff der Externalität geht auf auf Buchanan und Stubblebine (1962) zurück, die Folgen externer Effekte und ihre Internalisierung werden grundlegend von Pigou (1920) und Coase (1960) diskutiert.

Staatliche Eingriffe zur Lösung von Marktversagen sind in der wirtschaftswissenschaftlichen Literatur Gegenstand der normativen Theorie der Regulierung. Das bereits erwähnte Buch von Fritsch, Wein und Evers (1993) geht hier z.B. auf die verschiedenen Instrumente und ihre Wirkungsweisen ein. Siehe hierzu auch die Arbeit von Jost (1998a), in der insbesondere das Vollzugsproblem behandelt wird, das sich bei staatlicher Regulierung stellt. Speziell im Umweltbereich werden Vollzugsprobleme in der Arbeit von Terhard (1986) oder im Umweltgutachten des Rats von Sachverständigen für Umweltfragen (1974) thematisiert. Vollzugskosten werden für die Beurteilung eines staatlichen Eingriffs beispielsweise in den Arbeiten von Wittman (1977), Kambhu (1990) oder Malik (1992) berücksichtigt. Die Einbeziehung des politischen Entscheidungsprozesses in die Formulierung staatlicher Maßnahmen ist in der wirtschaftswissenschaflichen Literatur Gegenstand der positiven Theorie der Regulierung. Jost (1998a) bietet auch hier einen umfassenden Literaturüberblick. Eine ausführliche Darstellung der ökonomischen Theorie der Politik findet sich z.B. bei Bernholz und Breyer (1993).

Die Internalisierung von externen Effekten durch Verhandlungen wird zuerst von Coase (1960) behandelt. Zum Coase-Theorem, seinen Voraussetzungen und Implikationen siehe z.B. Dahlman (1979), Farrell (1987) oder Cooter (1989). Die Gültigkeit des Coase-Theorems bei Existenz von Transaktionskosten wird von Schweizer (1988), Malin und Martimort (2000) und Anderlini und Felli (2006) untersucht. Siehe auch Schmitz (2001), der zeigt, dass es bei privaten Informationen der Verhandlungspartner vorteilhaft sein kann, wenn die Verfügungsrechte nicht eindeutig zugewiesen sind.

4
Die Analyse von Transaktionen

Suppose a visitor from Mars approaches the earth from space, equipped with a telescope that reveals social structures. The firms reveal themselves, say, as solid green areas with faint interior contours marking out divisions and departments. Market transaction costs show as red lines connecting firms, forming a network in the spaces between them. Within the firms the approaching visitor also sees pale blue lines, the lines of authority connecting bosses with various levels of workers . . . . No matter whether the visitor approaches the United States or the Soviet Union, urban China or the European Community, the greater part of the space below would be within the green areas, for almost all the inhabitants would be employees, within firm boundaries. Organizations would be dominant feature on the landscape. A message sent back home, describing the scene, would speak of 'large green areas interconnected by red lines'. It would not likely speak of a 'network of red lines connecting green spots'. (Simon, 1991)

Die Geschichte von Simon macht deutlich, dass es neben marktlichen Transaktionen eine Vielzahl von Transaktionen gibt, die innerhalb von Unternehmungen durchgeführt werden. Im letzten Kapitel haben wir gesehen, dass das Marktversagen eine Erklärung für die Existenz nicht-marktlicher Organisationsformen darstellt. Neben dem Staat sind also insbesondere Unternehmungen eine Antwort auf Marktversagen. Das folgende Beispiel illustriert, dass darüber hinaus auch andere Formen der Organisation als Alternative zur Beseitigung von Marktversagen dienen können: Wenn ein Student aufgrund seines starken Knoblauchkonsums am Vortag einige geruchsempfindliche Kommilitonen aus einer überfüllten Vorlesung vertreibt, dann liegt offensichtlich wegen den mit dem Genuss verbundenen negativen externen Effekten ein Marktversagen vor. Ob es zur Vermeidung solcher Situationen aber sinnvoll ist, dass der Staat etwa ein Verbot von oder eine Steuer auf Knoblauch einführt, scheint fraglich. Wenn, dann wird man eher vermuten, dass andere Organisationen dieses Problem viel besser lösen können. So kann die Gesellschaft beispielsweise durch eine Übereinkunft, die auf Rücksichtnahme untereinander abzielt, die externen Effekte beim Knoblauchkonsum sehr viel einfacher in das Essenskalkül des Einzelnen internalisieren: Ein nach Knoblauch riechender Mitmensch muss damit rechnen, dass er gesellschaftlich isoliert und ausgegrenzt wird. Er wird dann die sozialen Kosten seines Knoblauchkonsums bei seiner Entscheidung über sein Essen berücksichtigen.

Wie dieses Beispiel zeigt, müssen wir der Erklärung von nicht-marktlichen Organisationen ein Kosten-Nutzen-Kalkül zugrunde legen: Eine Organisation käme danach grundsätzlich als Lösung für das Problem eines Marktversagens in Betracht, wenn der Nutzen der Teilnehmer aus der vermehrten Wertschöpfung der Organisation die entsprechenden Kosten für das 'Funktionieren' der Organisation übersteigt. So müssen den Wohlfahrtsgewinnen durch eine Steuer auf den Knoblauchkonsum auch die dazugehörigen Kosten des staatlichen Eingriffs gegenübergestellt werden. Hierzu gehören z.B. die Personal- und Sachkosten der Verwaltung ebenso wie die Kosten für Informationsbeschaffung, Kontrollen und die Kosten von Fehlentscheidungen.

Bieten sich aufgrund dieses Kosten-Nutzen-Kalküls mehrere Organisationen zur Behebung des Marktversagens an, stellt sich die Frage, welche Organisation davon die geeignetste ist. Das in Kapitel 1 eingeführte Effizienz-Prinzip für Organisationen hilft uns hier weiter: Diejenige Organisation wird die beste Antwort auf ein Marktversagen sein, die die realisierte Wertschöpfung der Organisation maximiert. Neben dem jeweiligen Nutzen aus der Bedürfnisbefriedigung der Organisationsteilnehmer sind also insbesondere deren Beiträge an die Organisation ausschlaggebend. So kann in unserem obigen Beispiel durchaus die gesellschaftliche Übereinkunft, dass der Knoblauchkonsum eines Mitbürgers zu seiner zeitweiligen Isolation führt, eine effizientere Lösung sein als ein staatlicher Eingriff, da die Einhaltung und Sanktionierung dieser Norm durch die Gesellschaft kostengünstiger erfolgen kann.

Indem wir ein solches Kosten-Nutzen-Kalkül für die Analyse von Organisationen heranziehen, können wir ein Verständnis dafür entwickeln, wie soziale Gebilde ökonomische Aktivitäten 'internalisieren'. Der Fokus der Untersuchung von Organisationen wird dabei auf ihre Bedeutung für die Wertschöpfung, ihr Funktionieren und ihre Effizienz gelenkt: Welche Funktion haben Märkte, Unternehmungen,

Eigentumsrechte oder andere Organisationen und Institutionen? Was sind die Kosten für das Funktionieren einer Organisation? Welcher Zusammenhang besteht zwischen diesen Kosten und der Effizienz von Organisationen?

Mit diesen Fragen wollen wir uns im Folgenden eingehender auseinandersetzen. In Abschnitt 4.1 betrachten wir zunächst die Kosten, die bei der Organisation ökonomischer Aktivitäten entstehen. Wir zeigen, welche Relevanz diese Kosten für die Gestaltung von Organisation haben, und analysieren die verschiedenen Einflussgrößen, die die Höhe der Kosten bestimmen. Die explizite Berücksichtigung dieser Kosten rückt die organisatorische Gestaltung von Transaktionen mit ihren jeweiligen spezifischen Merkmalen in den Mittelpunkt der Untersuchung.

Wie eine Transaktion am effizientesten koordiniert werden sollte, wird dann in Abschnitt 4.2 behandelt. Zur Abwicklung der Transaktion betrachten wir hier das gesamte Spektrum möglicher Koordinationsformen zwischen der reinen marktlichen Koordination und der reinen hierarchischen Koordination. Ausgehend von einem vorgegebenen Ziel der Transaktionsparteien für ihre Zusammenarbeit diskutieren wir die Vor- und Nachteile einzelner Koordinationsformen.

4.1 Transaktionskosten

Für viele Transaktionen ist nicht sofort ersichtlich, ob sie besser über den Markt oder in einer Unternehmung abgewickelt werden sollten. Soll ein Automobilhersteller beispielsweise die Karosserien seiner Wagen in Eigenproduktion herstellen, oder soll er den Auftrag für die Herstellung an eine andere Unternehmung vergeben? Soll eine Großunternehmung die EDV-Unterstützung ihrer Fachabteilungen an einen Computerhersteller oder ein Softwarehaus übergeben, oder soll sie weiterhin eine eigene EDV-Abteilung unterhalten? Diese Fragen nach dem 'Make or Buy' einer Transaktion berühren unmittelbar das Problem des geeigneten Koordinationsmechanismus: Unter welchen Umständen soll eine ökonomische Aktivität marktlich über den Preismechanismus koordiniert werden bzw. wann soll sie in Form der hierarchischen Koordination über Anweisungen erfolgen?

Dell
und seine Antwort auf 'Make or Buy'

Die heutige Dell Computer Corporation wurde 1984 von Michael Dell unter dem Namen PCs Limited mit einer Investition von 1.000 US-Dollar gegründet. Trotz starken Wettbewerbs behauptete sich das Unternehmen in dem schnell wachsenden Markt für Personalcomputer. Der Börsengang 1988 erbrachte 31.1 Millionen Dollar, 1992 kamen durch eine Emission weiterer Aktien zusätzliche 150 Millionen Dollar hinzu.

Im Unterschied zu seinen Konkurrenten setzte Dell dabei auf eine spezielle Unternehmensstrategie: Während die Wettbewerber zumeist standardisierte Computer auf Lager produzierten, um diese dann über den Einzelhandel abzusetzen, stellte Dell seine Rechner auf Bestellung individuell zusammen und vertrieb sie direkt. Eine Belegschaft von 560 Verkäufern nahm Bestellungen direkt über eine gebührenfreie Telefonnummer entgegen. Der Kunde konnte die Komponenten seines Rechners aus einer Vielfalt von Bauteilen und Software auswählen. Diese Bauteile stellte Dell allerdings nicht selbst her, sondern orderte sie von Merisel oder anderen Hardware-Großhändlern. Die Computer wurden dann jeweils in einer von zwei kleinen, von Dell angemieteten Fabriken zusammengebaut.

Die durch den Verzicht auf eigene Produktions- und Verkaufsstätten eingesparten Kosten konnten in die Ausbildung von Verkaufs- und Servicepersonal investiert werden. Der Direktverkauf sparte zusätzliche Kosten, wodurch Dell trotz kompetitiver Preise überdurchschnittliche Gewinne erwirtschaften konnte. Dies ermöglichte es dem Unternehmen, auch international Fuß zu fassen. Dell erreichte im Jahr 1997 Umsätze von über 7,7 Milliarden Dollar.

Quellen: Pope (1992), Pitta (1992), Tully (1993) und Dell Geschäftsbericht (1998)

Vor 1937 war theoretisch völlig ungeklärt, warum in einer Marktwirtschaft Transaktionen dem Preismechanismus entzogen und hierarchisch innerhalb einer Unternehmung koordiniert werden sollten. Selbst bei der Diskussion des allgemeinen Gleichgewichtsmodells in Kapitel 3 haben wir zwar die Existenz von Unternehmungen vorausgesetzt, innerhalb des Modells aber keine Erklärung dafür geben können. Tatsächlich haben wir gesehen, dass in dieser Theorie die Rolle der Unternehmung der einer Ein-Mann-Unternehmung entspricht, also alle Aktivitäten über den Markt abgewickelt werden. "In view of the fact that while economists treat the price mechanism as a co-ordinating instrument, they also admit the co-ordinating function of the 'entrepreneur', it is surely important to inquire why co-ordination is the work of the price mechanism in one case and of the entrepreneur in another." Für diese zuerst von Ronald Coase (1937, S.389) aufgeworfene Frage gab er in seinem Aufsatz 'The Nature of the Firm' eine schlüssige Antwort, die auf der folgenden Argumentationskette aufbaut:

(1) Er argumentierte zunächst, dass die Nutzung des Preismechanismus immer auch mit Kosten verbunden ist. Hierzu zählte er vor allem die Such- und Informationskosten, die notwendig sind, um die relevanten Preise im Markt ausfindig zu machen. Darüber hinaus verursacht aber auch das Aushandeln und der Abschluss von Verträgen Kosten, ebenso wie bei langfristigen Verträgen Anpassungskosten entstehen, da zum Zeitpunkt des Vertragsabschlusses nicht alle künftigen Entwicklungen berücksichtigt werden können.

(2) Aus der Existenz dieser Kosten folgerte er dann die Existenz von Unternehmungen. Unternehmensintern können diese Kosten zwar nicht vollständig beseitigt, aber zumindest gesenkt werden: So sind Informationen über die zu koordinierenden Aktivitäten innerhalb einer Unternehmung unter Umständen kostengünstiger zu erhalten als auf den vielen verschiedenen Märkten. Darüber hinaus kann die Vielzahl von Einzelverträgen, die zwischen Anbietern und Nachfragern für die Produktion bei einer marktlichen Koordination notwendig sind, durch einen zentralen Vertrag zwischen Unternehmung und Anbietern ersetzt werden. Und bei langfristigen Verträgen kann eine Unternehmung aufgrund des Weisungsrechts einen Vertrag zu geringeren Kosten an sich ändernde Bedingungen anpassen als dies über den Markt möglich wäre.

(3) Neben Unternehmungen bleiben aber weiterhin Märkte bestehen, da das Wachstum von Unternehmungen durch die Existenz spezifischer Kosten der innerbetrieblichen Organisation begrenzt ist. Mit zunehmender Unternehmensgröße steigen diese Kosten überproportional an: Ausschlaggebend hierfür sind abnehmende Grenzerträge, da mit der Anzahl der Aktivitäten, die in einer Unternehmung durchgeführt werden, deren räumliche Ausdehnung und Heterogenität zunimmt. Zudem führt die zunehmende Komplexität der innerbetrieblichen

Koordination zu ineffizienteren Faktoreinsätzen, da die Wahrscheinlichkeit unternehmerischer Fehlentscheidungen steigt.

Fasst man die Argumentation von Coase zusammen, dann zeigt er, dass die Organisation jeder ökonomischen Aktivität mit Kosten verbunden ist, gleichgültig ob sie über den Markt abgewickelt wird oder in der Unternehmung stattfindet. Die Höhe dieser sogenannten **Transaktionskosten** ist dann entscheidend für die Vorteilhaftigkeit einer der beiden Alternativen: Eine Unternehmung wird solange marktliche Transaktionen integrieren, bis die Kosten für die Einbeziehung einer zusätzlichen Transaktion höher sind als die Kosten bei einer Koordination durch den Preismechanismus. Die optimale Größe einer Unternehmung ergibt sich bei Übereinstimmung der Grenzkosten der Koordination einer zusätzlichen Aktivität in der Unternehmung bzw. bei Nutzung des Marktes.

4.1.1 Die Struktur von Transaktionskosten

Die Arbeit von Coase markiert den Beginn der ökonomischen Analyse von Organisationen. Der Fokus der Betrachtung wird auf die einzelne Transaktion und die mit ihr verbundenen Transaktionskosten gelenkt. Dadurch öffnet sich die Analyse von Organisationen einem marginalanalytischen Kalkül: Die Wahl eines Koordinationsmechanismus orientiert sich an den marginalen bzw. inkrementellen Kosten der Nutzung des jeweiligen Mechanismus. Somit sollte derjenige Koordinationsmechanismus zur Abwicklung einer Transaktion gewählt werden, für den die damit verbundenen marginalen Kosten am geringsten sind.

Im Folgenden wird der Zusammenhang zwischen einer Minimierung der Kosten von Organisationen und dem in Kapitel 1 eingeführten Konzept der Effizienz von Organisationen geklärt. Ferner untersuchen wir, inwieweit die Kosten der Nutzung des Preismechanismus Ursache des Marktversagens sind, das wir in Kapitel 3 ausführlich erörtert haben. Bevor wir im Folgenden auf diese Punkte eingehen, müssen wir zunächst den Begriff der Transaktionskosten näher spezifizieren.

Wir haben Transaktionskosten als die Kosten zur Durchführung einer Transaktion definiert. Transaktionskosten sind also lediglich von der Art und Weise, wie eine Transaktion ausgeführt wird, abhängig. Mit Arrow (1969, S.48) können wir Transaktionskosten auch als 'costs of running the economic system' bezeichnen, also als Kosten für die Einrichtung und Erhaltung bzw. Veränderung einer Organisation sowie deren laufende Kosten des Betriebs. Im Hinblick auf unsere Differenzierung des Organisationsproblems in ein Koordinations- und Motivationsproblem werden somit gerade die Kosten der Koordination und die Kosten der Motivation angesprochen. **Koordinationskosten** sind die Transaktionskosten, die bei der Lösung des Koordinationsproblems entstehen, **Motivationskosten** sind die Transaktionskosten, die mit der Lösung des Motivationsproblems verbunden sind.[1]

Verschiedene Koordinationsmechanismen mit ihren jeweiligen spezifischen Instrumenten stellen unterschiedliche Lösungen des Organisationsproblems dar. Die Argumentation von Coase macht deutlich, dass auch die Transaktionskosten je nach Koordinationsmechanismus unterschiedlich sind. Im Folgenden soll die Struktur der Transaktionskosten für die beiden grundlegenden Mechanismen der marktlichen bzw. hierarchischen Koordination näher erläutert werden.

Koordinationskosten auf Märkten umfassen all diejenigen Kosten, die bis zum Abschluss eines Vertrages über die durchzuführende Transaktion anfallen. Hierzu zählen die Kosten der Anbahnung des Vertrags, also Such- und Informationskosten, sowie die Kosten für den Abschluss eines Vertrages, also Verhandlungs- und Entscheidungskosten:

- Anbahnungskosten: Je nach der durchzuführenden Transaktion müssen sich die zwei Transaktionspartner zunächst einmal finden. Bei dieser Suche nach dem geeigneten Transaktionspartner entstehen Kosten. Auf der Verkäuferseite betreiben Unternehmungen beispielsweise Werbung und Marketing, um potentielle Kunden über ihre Produkte zu informieren, oder Außendienstmitarbeiter machen Vertreterbesuche bei möglichen Kunden. Auch die Suche nach qualifizierten Arbeitskräften verursacht Kosten, beispielsweise in Form von Inseratkosten, Interviewkosten oder den Kosten für eine Personalberatungsfirma. Auf Seiten der Käufer kommen die Aufwendungen hinzu, die mit der Sammlung von Informationen über die Preise eines Gutes und seine Qualität bei verschiedenen Anbietern verbunden sind. Auch die Kosten, die für die Kontrolle der Produktqualität entstehen, zählen hierzu, etwa bei Gütern wie Gebrauchtwagen die Fahr- und Motortests oder bei Dienstleistungen wie Reparaturen die Überprüfung der Eignung des Anbieters.

Je nach Art der Transaktion ist es auch wichtig, die Interessen und Bedürfnisse des jeweils Anderen ausfindig zu machen. Auch diese Informationsbeschaffung

ist mit Kosten verbunden. Unternehmungen führen so beispielsweise Marktstudien durch, um die Wünsche und Bedürfnisse von Kunden in Erfahrung zu bringen.
- Vertragskosten: Die beiden Transaktionspartner müssen miteinander verhandeln, um die Rahmenbedingungen der Transaktion zu spezifizieren und diese gegebenenfalls in einem Schriftstück abzufassen. So müssen Preise und andere Details der Transaktion festgelegt werden. Dies verursacht Kosten. Desweiteren können teure Rechtsberatungen notwendig sein, Kosten für die Aufbereitung sämtlicher für den Vertragsabschluss wichtigen Informationen entstehen oder Notariatskosten anfallen.

Zu den Vertragskosten sind auch die Kosten zu rechnen, die aufgrund ineffizienter Vertragsergebnisse entstehen können. So haben wir bei der Diskussion des Coase-Theorems in Kapitel 3 gesehen, dass bei bilateralen Verhandlungen ein Trittbrettfahrerverhalten bestehen kann. Profitieren nämlich von dem Vertragsergebnis auch andere Parteien, haben diese aufgrund der mit der Verhandlung verbundenen Kosten einen reduzierten Anreiz, an der Verhandlung teilzunehmen. Die mangelnde Koordination zwischen den Parteien kann also dazu führen, dass letztlich überhaupt kein Vertrag zustande kommt.

Koordinationskosten in Hierarchien umfassen die Kosten, die bis zum Abschluss des Koordinationsplans entstehen. Hierzu gehören die Kosten, die für Einrichtung und Unterhaltung der Organisationsstruktur anfallen, sowie die Kosten für die laufende Koordination. Soweit es sich um die Integration einer Transaktion in eine bestehende Organisation handelt, z.B. bei der Einstellung eines neuen Mitarbeiters in eine Unternehmung, fallen dieselben Koordinationskosten wie bei der marktlichen Koordination an. Innerhalb einer Hierarchie können wir demnach folgende Koordinationskosten unterscheiden:

- Kosten der Organisationsstruktur: Hierzu zählen die Kosten für die Einrichtung, Erhaltung und Änderung einer Organisationsstruktur. Betrachten wir beispielsweise ein Produktionsunternehmen: Die Kosten, die mit seinen Verwaltungsgebäuden und der eingesetzten Informations- und Kommunikationstechnologie verbunden sind, gehören hier ebenso zu den Kosten der Organisationsstruktur wie die Kosten für die Mitarbeiter, die den Koordinationsplan der Organisation umsetzen. So sind z.B. die Mitarbeiter in der Personal- und Organisationsabteilung für die Erhaltung der Organisation bzw. für deren Veränderungen zuständig. Koordinationskosten entstehen auch, wenn sich ein Mitarbeiter innerhalb der Unternehmung bezüglich seines Aufgabenbereichs verändert oder ein Zulieferer in die Unternehmung integriert wird. In beiden Fällen entstehen Kosten durch eine Änderung des Koordinationsplans.

- Kosten des Betriebs der Organisation: Vorgesetzte in einer Unternehmung präzisieren im laufenden Arbeitsprozess die Aufgaben der ihnen unterstellten Mitarbeiter. Für solche Koordinationsentscheidungen sind Informationen notwendig, die unter Umständen innerhalb der Unternehmung verteilt sind. Diese Informationen müssen übermittelt und verarbeitet sowie die Anweisungen kommuniziert werden. Dies verursacht Koordinationskosten, die auch entstehen, wenn eine Entscheidungsfindung in Gremien oder Arbeitsgruppen stattfindet. Aufgrund der beschränkten Rationalität der Entscheidungsträger und der imperfekten Kommunikation müssen zu den Kosten des laufenden Betriebs auch die Opportunitätskosten aufgrund entgangener Gewinne gerechnet werden. Produktionsverzögerungen aufgrund mangelhafter oder verzögerter Kommunikation oder falsche Entscheidungen aufgrund falscher Interpretation der Informationen sind Beispiele hierfür.

Ausschlaggebend für die Höhe der Motivationskosten sind die in Kapitel 2 diskutierten Probleme, die aufgrund der strategischen Unsicherheit bei einer Transaktion auftreten können. Zwei Problemklassen können wir hier unterscheiden:

- Bei einer asymmetrischen Informationsverteilung zwischen den Transaktionspartnern können Probleme der adversen Selektion und des moralischen Risikos entstehen. Die Partei, die dabei nicht über alle vertragsrelevanten Informationen verfügt, hat in diesen Fällen ein Beurteilungsproblem: Sie weiß nicht, inwieweit die Bedingungen des Vertrages akzeptabel sind oder ob die vertraglichen Vereinbarungen tatsächlich durchgeführt werden.
- Bei einer symmetrischen Informationsverteilung zwischen den Transaktionspartnern können Probleme des Wortbruchs und des Holdup auftreten, wenn im Vertrag nicht alle relevanten Eventualitäten berücksichtigt wurden. Dadurch können Probleme der Durchsetzung der vertraglichen Vereinbarungen entstehen, die gegebenenfalls zu einer Anpassung der Vertragsbedingungen führen.

Motivationskosten auf Märkten beinhalten so die Kosten, die bei der Absicherung, Durchsetzung und für eventuelle Anpassungen der vertraglichen Vereinbarungen entstehen. So besteht die Notwendigkeit, vereinbarte Lieferfristen zu überwachen oder die Qualität und Menge gelieferter Produkte zu kontrollieren. Dabei entstehen Kosten. Gibt es zudem Abweichungen zwischen dem vertraglich vereinbarten und dem gelieferten Gut, können Folgekosten entstehen, wie z.B. durch Nachverhandlungen oder gerichtliche Auseinandersetzungen.

Zu den Motivationskosten müssen auch die Kosten aus ineffizienten Verhandlungen gerechnet werden. Der Markt für Gebrauchtwagen, den wir bereits im Zusammenhang mit dem Problem der adversen Selektion diskutiert haben, ist hierfür ein extremes Beispiel. Wenn nämlich ein interessierter Käufer unzureichend über die Qualität des Wagens eines Autoverkäufers informiert ist und er deshalb den Wagen nicht kauft, dann muss die durch das gescheiterte Geschäft nicht realisierte Wertschöpfung in die Transaktionskosten der marktlichen Koordination einfließen. Ebenso sind die Kosten, die ein Autohändler hat, um eine Reputation für qualitativ gute Gebrauchtwagen aufzubauen, zu den Motivationskosten zu rechnen.

Motivationskosten in Hierarchien bestehen vor allem aus den Kosten für die Überwachung der Durchführung von Anweisungen und der Bewertung der jeweiligen Leistungen der Mitarbeiter. Hierzu gehören in einer Unternehmung z.B. die Kosten für die Vorgesetzten, die die Ausführung der Aufgaben der ihnen unterstellten Mitarbeiter kontrollieren. Die mit der Messung der Leistung von Mitarbeitern verbundenen Kosten zählen ebenfalls zu den Motivationskosten, etwa wenn der Verkaufsleiter Schwierigkeiten bei der Beurteilung hat, ob ein Außendienstmitarbeiter tatsächlich seine gesamte Arbeitszeit seinen Aufgaben widmet. Da grundsätzlich nicht davon auszugehen ist, dass die Durchsetzung der Anweisungen in einer Hierarchie vollständig gelingt, entstehen aufgrund des Motivationsproblems Einbußen bei der Erreichung des organisatorischen Ziels. Die Kosten, die so durch Drückebergerei, nicht-konforme Entscheidungen von Mitarbeitern, Auseinandersetzungen über Ressourcen, unternehmensschädigende Konflikte oder falsch spezifizierte operative Ziele entstehen, müssen ebenfalls berücksichtigt werden.

Die folgende Abbildung fasst die Klassifizierung der Transaktionskosten zusammen:

	Koordinationskosten	**Motivationskosten**
Markt	Anbahnungskosten - Suchkosten - Informationskosten Vertragskosten - Verhandlungskosten - Einigungskosten - Kosten ineffizienter Vertragsergebnisse	Kosten der Absicherung - Reputationskosten - Vertragsanpassungen - reine Verhandlungskosten durch Neuverhandlungen - Kosten der aus diesen Neuverhandlungen resultierenden Unterinvestitionen Kosten der Durchsetzung - Gerichtskosten
Hierarchie	Kosten der Organisationsstruktur - Kosten der Einrichtung, Erhaltung und Änderung Kosten des Betriebs - Entscheidungskosten - Informationskosten	Kontroll- und Überwachungskosten Kosten der Leistungsbewertung Kosten durch nicht konforme Entscheidungen Kosten durch Konflikte

Abbildung 4.1: Koordinations- und Motivationskosten bei marktlicher bzw. hierarchischer Koordination

4.1.2 Transaktionskosten und ihre Bedeutung für die Organisation

Die Diskussion der Struktur von Transaktionskosten deutet bereits an, dass die Koordination ökonomischer Aktivitäten den Einsatz erheblicher Ressourcen erfordern kann. Im Folgenden wollen wir die Relevanz von Transaktionskosten für die Koordination ökonomischer Aktivitäten eingehend darstellen. Wir gehen dabei so vor: Zunächst illustrieren wir kurz, welcher Umfang an Ressourcen in der Praxis für die Durchführung von Transaktionen aufgewendet wird. Anschließend verdeutlichen wir die Bedeutung von Transaktionskosten für die Lösung des Organisationsproblems. Wir werden hier das in Kapitel 3 aufgezeigte Marktversagen als Transaktionskostenproblem diskutierten sowie die Relevanz des Coase-Theorems für das Organisationsproblem aufzeigen.

Eine exakte Messung der mit einer Transaktion verbundenen Kosten stößt im Allgemeinen auf unüberwindbare Probleme: Betrachten wir beispielsweise den Kauf eines Gebrauchtwagens. Auf der Seite des Käufers bestehen die Transaktionskosten z.B. aus der Zeit, die er für das Suchen eines Gebrauchtswagens aufwendet, den Kosten für die Sammlung von Information über Gebrauchtwagenpreise oder alternative Wagen, den Kosten für die Aufnahme eines Kredits zur Finanzierung des Wagens oder den Kosten für die Prüfung der Fahrtüchtigkeit des Wagens. Auf der Seite des Verkäufers setzen sich die Transaktionskosten z.B. aus den Kosten für das Annoncieren seines Wagens oder aus der Zeit für das Warten auf Interessenten und deren Probefahrten zusammen. Einige dieser Kosten werden aufgrund von Marktaktivitäten verursacht, etwa wenn der Käufer einen Mechaniker mit der Überprüfung des Wagens beauftragt, andere Kosten jedoch nicht. Hierzu zählt beispielsweise die Zeit, die der Verkäufer für das Warten auf Interessenten aufwendet. Für eine Ermittlung der absoluten Höhe der beim Gebrauchtwagenverkauf anfallenden Transaktionskosten können nun aber nur die Kosten beobachtet und gemessen werden, die im Zusammenhang mit Marktaktivitäten stehen. Kosten für das Suchen eines Gebrauchtwagens können hingegen nicht quantifiziert werden.

Eine objektive Messung der Opportunitätskosten für Aktivitäten, die nicht über einen Markt abgewickelt werden, ist im Allgemeinen nicht möglich. Beispielsweise entstehen dem Gebrauchtwagenverkäufer Opportunitätskosten, wenn er Zeit mit dem Verkauf zubringt, die er stattdessen lieber mit seinen Kindern verbringen würde. Diese Kosten sind subjektiv und individuell verschieden. Dennoch kann bereits die Höhe der operationalisierbaren Kosten einen wichtigen Hinweis über die Aufwendungen geben, die bei der Koordination ökonomischer Aktivitäten anfallen.

Prozesskostenrechnung
und die Ermittlung der Kosten betrieblicher Transaktionen

Seit Ende der siebziger Jahre hat sich durch die beschleunigte technologische Entwicklung und die hohe Wettbewerbsintensität die Struktur der betrieblichen Wertschöpfung stark verändert: Vorbereitende, planende, steuernde und überwachende Tätigkeiten in den Unternehmen wurden wichtiger, also gerade solche Aktivitäten, die mit der Durchführung innerbetrieblicher Transaktionen verbunden sind. Durch diese Veränderungen stieg der Anteil der Gemeinkosten an der betrieblichen Wert-

schöpfung überproportional an. Miller und Vollmann zeigten in ihrer Studie für die amerikanische Industrie, dass in den letzten 100 Jahren die Gemeinkosten bezogen auf die Gesamtwertschöpfung von unter 50% auf über 75% stetig anstiegen.

Diese Veränderung in der Kostenstruktur der Unternehmen stellte erhöhte Anforderungen an das betriebliche Rechnungswesen: Die Kosten der betrieblichen Aktivitäten mussten ermittelt werden, um so eine verursachergerechtere Zurechnung der Gemeinkosten des Unternehmens zu ermöglichen. Damit sollte eine verbesserte Grundlage unternehmerischer Entscheidungen geschaffen werden.

Dies ist das Ziel der Prozesskostenrechnung, die von Cooper (1988, S.53) und O'Guin (1990, S.39) auch als 'transaction costing' bezeichnet wird. Ausgangspunkt dieser Form der Kostenrechnung ist eine Systematisierung von betrieblichen Transaktionen bzw. Prozessen. Jede Kostenstelle im Unternehmen muss dann die dort ablaufenden Transaktionen und die hierzu erforderlichen Personal- und Sachmittel angeben. Nach Cooper und Kaplan (1988, S.101) sollen dabei "virtually all organizational costs ... be traced to the activities for which these resources are used". Die kostenstellenübergreifende Zusammenfassung dieser Aufwendungen bildet dann die Grundlage für die Zuordnung der Gemeinkosten auf die Produkte.

Quelle: Miller und Vollmann (1985), Cooper (1988), Cooper und Kaplan (1988) sowie O'Guin (1990)

Die Berücksichtigung der Transaktionskosten, die ausschließlich aufgrund von Marktaktivitäten entstehen, bildet auch die Grundlage der empirischen Untersuchung von Wallis und North (1988). Sie schätzten den Anteil der Transaktionskosten am erwirtschafteten Bruttosozialprodukt der US-amerikanischen Wirtschaft von 1870 bis 1970. In ihrer Studie gibt das Bruttosozialprodukt die Wertschöpfung der Wirtschaft an. Für ihre Untersuchung unterscheiden Wallis und North drei Wirtschaftsbereiche:

- Transaktionsindustrien: Hierzu gehören diejenigen Unternehmen, die die Durchführung von Transaktionen in einer Ökonomie ermöglichen, also eine Servicefunktion wahrnehmen. Groß- und Einzelhandelsunternehmen gehören hierzu ebenso wie Finanzierungs- und Versicherungsunternehmen. Alle Ressourcen, die für die Aktivitäten in diesen Industrien genutzt werden, gehen in die Schätzung der Transaktionskosten ein.

- Nicht-Transaktionsindustrien: Hierzu gehören diejenigen Unternehmen, die nicht primär Serviceleistungen für die Abwicklung von Transaktionen bereitstellen, wie z.B. landwirtschaftliche Betriebe, die verarbeitende Industrie oder Versorgungsunternehmen. In diesen Industrien wurden die Arbeitskosten aller Aktivitäten, die mit dem Einkauf von Inputfaktoren, der Koordination und Überwachung der Produktion sowie dem Verkauf der Produkte zu tun haben, bei der Bestimmung der Transaktionskosten berücksichtigt.
- Öffentlicher Sektor: In diesem Bereich wurden die Kosten der staatlichen Serviceleistungen erfasst, die für die Abwicklung ökonomischer Aktivitäten aufgebracht werden. Die Kosten des Rechtssystems, d.h. Gerichtskosten und die Kosten für die Polizei, sowie die Kosten für die staatliche Verteidigung zum Schutz des Landes gehören hierzu. Weiterhin werden Ressourcen aufgewendet, um die soziale Ordnung zu gewährleisten, beispielsweise in den Bereichen Erziehung und Bildung, Gesundheitswesen oder Straßen- und Wohnungsbau.

Die historische Entwicklung der so in diesen drei Bereichen ermittelten Transaktionskosten zeigt die nachfolgende Abbildung:

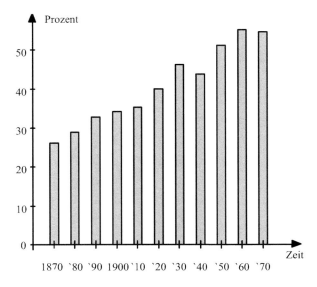

Abbildung 4.2: Der Anteil der Transaktionskosten am Bruttosozialprodukt der US-amerikanischen Wirtschaft

Die Untersuchung zeigt eindrücklich, dass die Transaktionskosten einen signifikanten Anteil an den Kosten ökonomischer Aktivitäten ausmachen. Die Studie verdeutlicht auch die steigende Bedeutung, die der Bereitstellung von Transaktionsleistungen in einer Ökonomie zukommt. Während 1870 lediglich 26,09% der ökonomischen Aktivitäten auf solche Leistungen entfielen, betrug der Anteil der Transaktionskosten am Bruttosozialprodukt 100 Jahre später 54,71%. Mehr als die Hälfte des erwirtschafteten Volkseinkommens wurde 1970 also für die Koordination und Motivation der ökonomischen Aktivitäten in der US-amerikanischen Wirtschaft eingesetzt.

Zwei Gründe sind im Hinblick auf die Frage nach der geeigneten Organisation ökonomischer Aktivitäten für diesen Anstieg der Transaktionskosten von Bedeutung: Zum einen waren aufgrund der zunehmenden Arbeitsteilung seit der zweiten Hälfte des 19. Jahrhunderts immer mehr Tauschakte zwischen Personen notwendig. Diese bauten im Allgemeinen nicht mehr auf einer langfristigen Beziehung zwischen den Parteien auf, sondern waren unpersönlich. Die Spezifizierung und Durchsetzung von Verträgen wurde daher immer wichtiger. Zum anderen führte der technologische Wandel in der Produktion und im Transport zu einer Zunahme der Transaktionsleistungen: Kapitalintensivere Produktionsmethoden erforderten größere Unternehmen, da die Vorteile des Fortschritts meist nur bei hohen Ausbringungsmengen genutzt werden konnten. Zunehmende Koordination und Überwachung waren die Folge.

Somit stehen also den Vorteilen einer zunehmenden Arbeitsteilung die Nachteile eines steigenden Organisationsaufwandes für die Koordination der daraus resultierenden ökonomischen Aktivitäten entgegen. Der vermehrten Wertschöpfung einer Organisation durch die Nutzung der Vorteile aus Kooperation und Spezialisierung sind also Grenzen gesetzt. Transaktionskosten limitieren hier die Ausnutzung von steigenden Skalenerträgen in der Produktion. Daher kommt nach Wallis und North (1988, S.121) der Reduzierung der Transaktionskosten eine entscheidende Bedeutung zu: "Until economic organizations developed to lower the costs of exchange we could not reap the advantage of ever greater specialization. Economic history is then the story of the reduction of transaction costs that permit the realization of gains from greater specialization".

Nachdem wir die reale Bedeutung von Transaktionskosten dargestellt haben, zeigen wir nun, welche Auswirkung die Existenz von Transaktionskosten grundsätzlich für die Lösung des Organisationsproblems hat. Betrachten wir als Beispiel die Gestaltung der Organisation des Verkehrs – hier die Interaktionen zwischen Autofahrern und Fußgängern:[2]

- In einer Welt ohne Transaktionskosten hätte jeder Verkehrsteilnehmer vollständige Informationen über alle verkehrsrelevanten Charakteristika der anderen Teilnehmer. Jeder wüsste also zum Beispiel, ob ein bestimmter Autofahrer besonders gute Fahreigenschaften besitzt, Sehstörungen oder ein Bedürfnis für schnelles Fahren hat. Eine effiziente Gestaltung der Organisation des Verkehrs müsste dann die individuellen Charakteristika der Verkehrsteilnehmer berücksichtigen und würde so für jeden Autofahrer je nach Verkehrssituation ein bestimmtes Geschwindigkeitslimit vorgeben. Die Durchsetzung solcher individuellen Geschwindigkeitsbeschränkungen wäre vollkommen unproblematisch, da wir in unserer Welt ohne Transaktionskosten deren Einhaltung natürlich kostenlos kontrollieren könnten.

- In einer Welt mit Transaktionskosten ist die Situation gänzlich anders. Da nun nicht mehr alle relevanten Informationen über jeden Verkehrsteilnehmer kostenlos zur Verfügung stehen und auch die Überprüfung der Einhaltung individueller Geschwindigkeitsbeschränkungen mit Kosten verbunden ist, wäre die oben dargestellte individuelle Regelung des Straßenverkehrs nicht mehr effizient. Tatsächlich würden bei einer solchen Lösung immense Kosten entstehen und sie dadurch im Allgemeinen unmöglich machen: So müsste beispielsweise festgelegt werden, wer unter welchen Bedingungen wie schnell fahren darf. Oder bei Verkehrskontrollen müsste der Polizist wissen, ob der Autofahrer nun 85 km/h oder lediglich 21 km/h fahren durfte.

Da wir im Allgemeinen immer davon ausgehen müssen, dass mit der Lösung eines Organisationsproblems Transaktionskosten verbunden sind, müssen wir diese also notwendigerweise bei der Wahl der effizienten Organisation berücksichtigen. Die in einer Straßenverkehrsordnung vorgeschriebenen allgemeingültigen Verkehrsregeln für jeden Verkehrsteilnehmer können wir demnach als Instrumente verstehen, die der Minimierung der Transaktionskosten im Straßenverkehr dienen. Der Sinn von organisatorischen Regelungen, wie sie in Handbüchern oder Routinen festgelegt sind, ist daher nur in einer Welt mit Transaktionskosten und unvollständiger Information nachzuvollziehen.

Unsere Diskussion zeigt auch, dass wir das in Kapitel 3 aufgezeigte Marktversagen als ein relatives Marktversagen interpretieren müssen. Da mit dem Funktionieren des Preismechanismus immer auch Kosten verbunden sind, ist Marktversagen dann gegeben, wenn "transaction costs are so high that the existence of the market is no longer worthwhile", Arrow (1969, S.60).

Die Annahmen, die dem allgemeinen Gleichgewichtsmodell zugrunde liegen, schließen die Existenz von Transaktionskosten aus. Berücksichtigen wir in dieser Welt ohne Transaktionskosten neben der Koordination durch den Preismechanismus noch die Koordination durch Verhandlungen, dann tritt nach dem Coase-Theorem ein Marktversagen aufgrund von Monopolen, externe Effekte oder Marktintransparenzen überhaupt nicht mehr auf: Im Monopolfall könnten sich die Käufer ohne Kosten zusammenschließen und durch Verhandlungen den Monopolisten zu einer Preispolitik veranlassen, die der bei vollständigem Wettbewerb entspricht. Marktversagen aufgrund fehlender Märkte und dem damit verbundenen Problem der Internalisierung externer Kosten wird nach Coase ebenfalls gelöst. Und Marktintransparenzen, wie beispielsweise auf dem Markt für Gebrauchtwagen, sind annahmegemäß ausgeschlossen.

Während somit nicht-marktliche Organisationen in Abwesenheit von Transaktionskosten keine Relevanz haben, werden sie von entscheidender Bedeutung, sobald wir diese Kosten in die Betrachtung mit einbeziehen. So ist ohne Transaktionskosten nach dem Coase-Theorem die Gestaltung einer effizienten Organisation unabhängig davon, wie die Entscheidungsrechte zwischen den Parteien verteilt sind. Es macht hier keinen Unterschied, ob diese Rechte zentral in einer Hand liegen oder ob die Entscheidungsrechte dezentral an mehrere Entscheidungsträger vergeben sind. Erst die Einführung von Transaktionskosten macht solche organisatorischen Fragestellungen relevant. Die Organisationsform des Marktes wird dann zu einer Alternative unter vielen anderen Organisationsformen, die die Koordination ökonomischer Aktivitäten ermöglichen. Nach unserer Definition einer effizienten Organisation wird sich dann diejenige Organisation bzw. Institution zur Lösung des Organisationsproblems herausbilden, die auch die Minimierung der Transaktionskosten bei ihrer Wertschöpfung einbezieht.

4.1.3 Die Effizienz von Organisationen und die Wechselwirkung von Technologie und Transaktionskosten

Die bisherige Diskussion macht deutlich, dass für die Frage nach der effizienten Gestaltung einer Organisation der Aspekt der Minimierung der Transaktionskosten eine wichtige Rolle spielt. Allerdings wäre es falsch, für die Bewertung einer Organisation lediglich dieses Kriterium zugrunde zu legen. Auch die Produktionskosten sind hierbei von Bedeutung. Dieser Zusammenhang soll im Folgenden diskutiert werden.

Wir haben in Kapitel 1 eine effiziente Organisation dadurch charakterisiert, dass sie die Renten aller relevanten Organisationsteilnehmer maximiert. Betrachten wir die Beiträge, die einzelne Teilnehmer für die Organisation leisten, als Kosten der Organisation, dann ist eine Organisation genau dann effizient, wenn die Differenz zwischen der Netto-Wertschöpfung und den hierfür notwendigen Kosten maximal ist. Insbesondere müssen also für eine effiziente Organisation die mit der Wertschöpfung verbundenen Kosten minimal sein.

Neben den Transaktionskosten, die zur Sicherstellung der Kooperation der Organisationsteilnehmer anfallen, müssen dabei auch die Produktionskosten berücksichtigt werden. Transaktions- und Produktionskosten zusammen bilden die Kosten, die mit der Wertschöpfung verbunden sind. Unter Produktionskosten hatten wir in Kapitel 3 die Gesamtkosten der Produktion, d.h. die Summe der mit ihren Preisen bewerteten Inputmengen, definiert. Bezogen auf die einzelne Transaktion erfassen die Produktionskosten die Kosten für die von den Transaktionspartnern ausgetauschten Güter und Leistungen. Die Produktionskosten sind dabei durch die eingesetzte Produktionstechnologie – also die Produktionsfunktion – bestimmt. Demgegenüber sind die Transaktionskosten abhängig von der spezifischen Form der Organisation der ökonomischer Aktivität. Sie erfassen die Kosten, die für die Abwicklung der Transaktion entstehen.

Produktions- und Transaktionskosten sind nicht immer strikt zu trennen: Betrachten wir ein neu gestrichenes Haus, das der Hauseigentümer verkaufen möchte.[3] Sind die Kosten für diesen Anstrich Transaktions- oder Produktionskosten? Einerseits könnten wir argumentieren, dass der Hausanstrich Produktionskosten verursacht hat, da diese Arbeiten zu den üblichen Instandhaltungsarbeiten an einem

Haus gehören. Andererseits können wir aber auch gute Gründe dafür angeben, dass der Hausanstrich Transaktionskosten verursacht hat. Der momentane Hauseigentümer könnte nämlich das Haus nur deshalb neu gestrichen haben, um eine gewisse Qualität des Hauses vorzutäuschen und somit den Verkauf zu begünstigen.

Trotz solcher möglichen Zuordnungsprobleme ist das Kriterium der Minimierung von Transaktions- und Produktionskosten für die effiziente Gestaltung jeder Organisation zwingend. Produktionseffizienz, also die Minimierung der Produktionskosten, ist somit im Unterschied zur neoklassischen Theorie nicht das alleinige Entscheidungskriterium für eine Organisation. Selbst wenn eine neue Produktionstechnologie zu geringeren Produktionskosten führt, muss dies nicht notwendigerweise eine größere Wertschöpfung nach sich ziehen. So können die mit der neuen Technologie verbundenen organisatorischen Änderungen so immens sein, dass die induzierten Transaktionskosten den Produktionskostenvorteil kompensieren. In diesem Fall wäre es also nicht sinnvoll, die neue Produktionstechnologie überhaupt einzuführen. Beispielsweise kann die Neugestaltung des Produktionsprozesses dazu führen, dass die Tätigkeiten der Produktionsmitarbeiter weniger einfach zu überprüfen sind oder dass die Leistungen der Einzelnen schwieriger zu bewerten sind. Aufgrund der veränderten Produktion können zudem durch veränderte Vertragsbeziehungen, z.B. mit Lieferanten, höhere Kosten entstehen.

Welchen Einfluss Koordinationskosten auf die Produktionseffizienz haben können, zeigt das Phänomen des 'Dual Sourcing':

Dual Sourcing in der Halbleiterindustrie
und die Abwägung von Produktions- und Transaktionskosten _____

Die Produktion integrierter Schaltkreise ist durch steigende Skalenerträge und erhebliche Lerneffekte gekennzeichnet. Die durchschnittlichen Produktionskosten eines Chipherstellers sind also um so geringer, je größer seine Produktionsmenge ist. Man würde daher erwarten, dass ein Hersteller, der einen Computerchip neu entwickelt hat, sein Produktionsvolumen möglichst weit ausdehnen möchte.
Tatsächlich gaben in der Praxis aber Chiphersteller das Design ihrer Neuentwicklungen zu geringen Gebühren an ihre unmittelbaren Wettbewerber weiter, ein Schritt, der offensichtlich nicht mit der Minimierung von Produktionskosten vereinbar ist. Verstehen kann man dieses Vorgehen allerdings dann, wenn man auch die Trans-

aktionskosten berücksichtigt, die dem Hersteller des neuen Chips gegenüber seinen Abnehmern entstehen: Bei einem einzigen Hersteller des neuen Chips könnten die Abnehmer des Chips befürchten, dass das Unternehmen seine Monopolstellung ihnen gegenüber ausnutzen würde. Dieses Problem des Holdup umgeht der Chiphersteller, indem er bewusst den Wettbewerb am Markt durch Vergabe der Innovationen an andere Unternehmen fördert. Da nun der Mikroprozessor von verschiedenen Chipherstellern angeboten wird, besteht für die Abnehmer nicht mehr die Gefahr, dass der eigentliche Innovator des Chips seine Monopolstellung ausnutzen könnte.

Quelle: Shepard (1987) und Farrell und Gallini (1988)

Umgekehrt führt auch das Kriterium der Minimierung der Transaktionskosten nicht notwendigerweise zu einer maximalen Wertschöpfung einer Organisation. So kann es bei ausschließlicher Berücksichtigung der Transaktionskosten sinnvoll sein, eine Transaktion, wie beispielsweise die EDV-technische Unterstützung der Materialwirtschaft, unternehmensintern abzuwickeln. Berücksichtigt man allerdings auch die Produktionskostenvorteile des Marktes bei der Entwicklung der EDV-Unterstützung, dann kann unter Umständen eine marktliche Koordination vorteilhafter sein.

Produktions- und Transaktionskosten müssen also gemeinsam bei der Gestaltung einer Organisation berücksichtigt werden. Die Untersuchungen von North (1981) zur Entwicklung der US-amerikanischen Wirtschaft zeigen hier eine enge Wechselwirkung zwischen Technologie und Transaktionskosten. So sind die neuen Technologien der 'zweiten industriellen Revolution' durch hohe Kapitalinvestitionen gekennzeichnet. Die in Kapitel 2 am Fallbeispiel von General Motors beschriebenen organisatorischen Veränderungen waren notwendig, um das Produktionspotential der neuen Technologien zu nutzen. Zudem wurden durch den signifikanten Anstieg der Spezialisierung und des Leistungsaustauschs und den damit verbundenen höheren Transaktionskosten auch andere Technologien entwickelt, die zur Senkung der Transaktionskosten beitrugen. Nach North (1981, S.169) sind "transaction costs and technology ... of course inextricably intertwined. It was increased specialization which induced organizational innovations, which induced the technical change, which in turn required further organizational innovation to realize the potential of the new technology".

Ziel bei der Minimierung der Kosten der Wertschöpfung einer Organisation muss es somit sein, beide Kosten zu berücksichtigen und gegeneinander aufzuwiegen. Williamson (1991b) bezeichnet diese Suche nach dem geeigneten Trade-off als 'economizing'. So müssen bei der Frage nach dem 'Make or Buy' einer Dienstleistung Produktions- und Transaktionskosten gegenübergestellt werden: Wenn mit dem marktlichen Bezug der Dienstleistung niedrigere Produktionskosten verbunden sind, ihre Integration in den unternehmensinternen Wertschöpfungsprozess aber eine bessere Koordination ermöglicht, müssen beide Kostenblöcke notwendigerweise gegeneinander abgewogen werden.

Den Zusammenhang zwischen der Minimierung der Transaktions- und Produktionskosten und der Effizienz einer Organisation illustriert die folgende Abbildung.

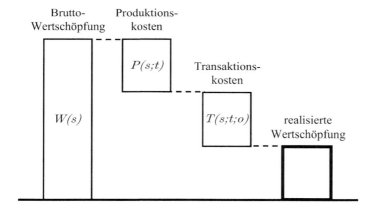

Abbildung 4.3: Die Effizienz einer Organisation und die Minimierung der Transaktions- und Produktionskosten

Die realisierte Wertschöpfung einer Organisation hatten wir im ersten Kapitel als Differenz zwischen der Brutto-Wertschöpfung und den Gesamtkosten für die Bereitstellung seiner Produkte definiert. Da sich die Gesamtkosten der Organisation aus den Produktions- und Transaktionskosten zusammensetzen, ergibt sich die realisierte Wertschöpfung also aus der Differenz zwischen den für die Konsumenten geschaffenen Werten und den hierfür notwendigen Produktions- und Transaktionskosten.

Bei der Minimierung der Produktions- und Transaktionskosten gehen wir davon aus, dass zunächst die effiziente Produktionstechnologie und anschließend die effiziente Organisationsarchitektur zu bestimmen sind. Dies ist gerechtfertigt, da im Allgemeinen die Organisationsarchitektur durch eine gegebene Technologie nicht vollständig festgelegt ist. Eine Technologie schränkt vielmehr die Menge der möglichen Organisations- und Anreizstrukturen ein. Die Minimierung der Transaktionskosten bei gegebener Technologie bezieht sich dann auf die Wahl einer geeigneten Organisationsarchitektur.

Die Produktionskosten einer Organisation sind von der Organisationsstrategie und der eingesetzten Produktionstechnologie abhängig. Die Transaktionskosten sind außer von der Organisationsstrategie und der Produktionstechnologie auch von der Organisationsarchitektur bestimmt. Da der Konsumentennutzen lediglich von der Organisationsstrategie abhängig ist, ergibt sich für die Maximierung der realisierten Wertschöpfung folgendes Kalkül:

Sei $W(s)$ die Brutto-Wertschöpfung aus den von der Organisation bereitgestellten Gütern oder Dienstleistungen, $P(s,t)$ die hierfür notwendigen Produktionskosten und $T(s,t,o)$ die Transaktionskosten, wobei s die Organisationsstrategie, t die eingesetzte Produktionstechnologie und o die gewählte Organisationsarchitektur bezeichnet. Dann führt folgende Logik zur Maximierung der realisierten Wertschöpfung der Organisation:

1. Schritt: Für eine gegebene Organisationsstrategie s und Produktionstechnologie t wähle diejenige Organisationsarchitektur o, die die Transaktionskosten $T(s,t,o)$ minimiert. Diese optimale Organisationsarchitektur ist dann abhängig von der gegebenen Organisationsstrategie und Produktionstechnologie, $o = o^*(s,t)$.

2. Schritt: Für eine gegebene Organisationsstrategie s wähle diejenige Produktionstechnologie t, die bei optimaler Organisationsarchitektur die Produktions- und Transaktionskosten $P(s,t) + T(s,t,o^*(s,t))$ minimiert. Diese optimale Produktionstechnologie ist dann abhängig von der gegebenen Organisationsstrategie, $t = t^*(s)$.

3. Schritt: Die maximale realisierte Wertschöpfung ergibt sich dann durch diejenige Organisationsstrategie s^*, für die die geschaffenen Werte abzüglich der Produktions- und Transaktionskosten bei optimaler Produktionstechnologie

und Organisationsarchitektur maximal sind. s^* ist also die Lösung des Maximierungsprogramms $W(s) - P(s, t^*(s)) - T(s, t^*(s), o^*(s, t^*(s)))$.

Bei der Beurteilung der Effizienz einer ökonomischen Organisation muss auch berücksichtigt werden, dass jede ökonomische Transaktion in dem Umfeld anderer Transaktionen stattfindet. Bei der Frage nach der effizienten Gestaltung einer Transaktion muss daher immer auch das institutionelle Umfeld berücksichtigt werden. Ein Motivationsinstrument, das in Japan zur Minimierung der Transaktionskosten beiträgt, kann in anderen Ländern mit viel größeren Transaktionskosten verbunden sein. Gesellschaftliche Werte und Normen wie beispielsweise die Loyalität des Mitarbeiters gegenüber 'seiner' Unternehmung können so in Japan zu geringeren Motivationskosten führen als in den USA.

Grizzlybären
und die Bedeutung des institutionellen Umfelds

Gelegentlich erscheinen gewisse Geschäftspraktiken als ineffizient und durch einfache Änderungen verbesserbar. Häufig liegt diese Einschätzung aber nur daran, dass der Betrachter nicht das gesamte institutionelle Umfeld mit berücksichtigt. Das Prinzip des ökonomischen Darwinismus lässt es plausibel erscheinen, dass althergebrachte Praktiken, die sich schon lange gehalten haben, auch sinnvoll sind. Als Beispiel aus der Biologie kann die Interaktion von Grizzlybären und Murmeltieren herangezogen werden:

Zoologen haben festgestellt, dass Bären im Herbst Felsblöcke verschieben und in der Erde graben, um an Murmeltiere als Nahrung zu gelangen. Nach Einschätzung der Zoologen ist allerdings der Kalorienverbrauch für die Suche nach Murmeltieren größer als der Nährwert von Murmeltieren. Die Suche nach Murmeltieren scheint also ein ineffizienter Einsatz von Ressourcen der Bären bei der Vorbereitung auf einen harten Winter. Fossilienfunde belegen allerdings, dass Bären schon seit langer Zeit dieses Verhalten an den Tag legen.

Es gibt nun viele mögliche Erklärungen dafür, dass sich die Suche nach Murmeltieren für Bären über die Kalorienaufnahme hinaus doch lohnt. Eine solche Erklärung wäre, dass die Bären beim Graben und Zerren an den Felsen ihre Krallen schärfen, was ihnen bei der Nahrungssuche im Eis nach dem Winterschlaf von Nutzen ist.

Dieses Beispiel illustriert, dass die Beurteilung von Effizienz immer unter Einbeziehung des institutionellen Umfeldes geschehen sollte.

Quelle: McGee (1980) und Brickley, Smith und Zimmerman (1997, S.187)

4.1.4 Der Einfluss der Transaktionsmerkmale

Nach dieser grundsätzlichen Diskussion zur Rolle der Transaktionskosten in einer Organisation wollen wir im Folgenden aufzeigen, wie diese Kosten von den spezifischen Merkmalen einer Transaktion abhängen. Da die absolute Höhe der Transaktionsaktionskosten durch den gewählten Koordinationsmechanismus bestimmt ist, werden wir die relativen Auswirkungen der Transaktionsmerkmale darstellen. Entsprechend der in Kapitel 1 eingeführten Charakterisierung einer Transaktion können wir fünf Merkmale unterscheiden:

Spezifität der zur Durchführung der Transaktion notwendigen Investitionen

Mit dem Umfang der für eine Transaktion notwendigen transaktionsspezifischen Investitionen steigt die Abhängigkeit der Transaktionspartner. Sind die spezifischen Investitionen getätigt, können sie nicht rückgängig gemacht werden. Somit kann aber die Partei, die diese Kosten trägt, nicht ohne weiteres ihren Transaktionspartner wechseln. Ein Lieferant für Fahrzeugkarosserien begibt sich so in Abhängigkeit zu einem Autohersteller, wenn er sich im Rahmen einer standortspezifischen Investition in unmittelbarer Nähe zu diesem Hersteller ansiedelt. Dadurch reduziert er zwar die Lager- und Transportkosten, vergrößert aber dieselben Kosten, wenn er seine Produkte an einen anderen Automobilhersteller liefern würde.

Eine Partei wird daher nur dann transaktionsspezifische Investitionen vornehmen, wenn sie mit einer gewissen Sicherheit davon ausgehen kann, dass die Transaktion trotz der damit verbundenen Abhängigkeiten für sie vorteilhaft ist. Ein langfristiger Liefervertrag wird also für den Lieferanten von Fahrzeugkarosserien Voraussetzung für die Investition sein. Ebenso wird eine Unternehmung eine abnehmerspezifische Investition nicht vornehmen, wenn nicht die Erwartung bestehen würde, einen ganz spezifischen Kundenauftrag durchzuführen. Transaktionen mit spezifischen Investitionen erfordern daher einen detaillierten Vertrag über die Rahmenbedingungen der Durchführung. Dies impliziert hohe Koordinationskosten.

Aufgrund der begrenzten Rationalität der Parteien lassen sich aber grundsätzlich nicht alle Eventualitäten bei Vertragsabschluss berücksichtigten. Sind dann aber von einem Transaktionspartner transaktionsspezifische Investitionen durchgeführt worden, besteht die Gefahr des Holdup: Die andere Partei nutzt den nichtvereinbarten Verhaltensspielraum opportunistisch aus und droht mit Beendigung der Transaktion, wenn die Vertragsbedingungen nicht zu ihren Gunsten geändert werden. Um sich vor einem solchen Verhalten im Vorhinein abzusichern, wird die abhängige Partei auf bestimmte Vertragsklauseln oder sonstige Schutzmechanismen bestehen. Die andere Partei muss sich also in irgendeiner Weise an ein spezielles Verhalten binden, ansonsten besteht die Möglichkeit des Wortbruchs. Die Motivationskosten steigen daher mit dem Umfang der transaktionsspezifischen Investitionen.

Unsicherheit, die mit der Transaktion verbunden ist

Je größer die Unsicherheit ist, die über die situativen Rahmenbedingungen der Transaktion und deren künftige Entwicklung besteht, desto größer sind die damit verbundenen Transaktionskosten. Dies gilt sowohl für die Koordinationskosten als auch für die Motivationskosten.

Betrachten wir zunächst die Koordinationskosten einer Transaktion. Mit steigender Komplexität der Umwelt nimmt die Anzahl verschiedener Faktoren zu, die einen Einfluss auf die Transaktion haben. Damit wird aber auch die Spezifikation des Vertrages, der der Transaktion zugrunde liegt, immer komplexer. So ist bei der Entwicklung eines neuen Medikaments eine detaillierte Beschreibung der im Forschungsprozess notwendigen Arbeiten sehr viel schwieriger als die einzelnen Arbeitsschritte beim Zusammenbau eines Kinderbettes. Gleiches gilt für die Dynamik der Umwelt. Bei sich ständig verändernden Rahmenbedingungen der Transaktion müssen die Transaktionspartner immer mehr Eventualitäten bei der Festlegung ihrer Austauschbeziehung berücksichtigen. Dadurch steigen ebenfalls die Aufwendungen für die notwendige Informationssammlung sowie die Verhandlungs- und Entscheidungskosten.

Die begrenzte Rationalität der Transaktionspartner schränkt allerdings grundsätzlich die Möglichkeit der Erfassung aller Unsicherheitsfaktoren ein. Lediglich bei einfachen Verträgen wie beim Brötchenkauf werden die Parteien genau spezifizieren können, was ihre jeweilige Leistung und Gegenleistung ist. Mit zunehmender Unsicherheit über die Transaktion können aber weder alle relevanten Einflussgrößen noch alle Kontingenzen vertraglich vollständig berücksichtigt werden. Damit erhöht sich aber mit wachsender Unsicherheit auch der nicht vertraglich festgelegte Handlungsspielraum der Parteien. Somit wird es jedoch immer wahrscheinlicher, dass einer der Transaktionspartner im Verlauf der Transaktion ein Interesse hat, die Vertragskonditionen den geänderten Bedingungen anzupassen oder den Handlungsspielraum zu seinen Gunsten zu nutzen. Die Motivationskosten steigen demnach.

Häufigkeit der Transaktion

Je häufiger eine Transaktion durchgeführt wird, desto geringer sind im Allgemeinen die mit der Abwicklung verbundenen Koordinationskosten. Bei Transaktionen, die weniger häufig stattfinden, werden die Parteien im Allgemeinen auf einen Standardvertrag zurückgreifen, den u.a. das jeweilige Rechtssystem zur Verfügung stellt. Damit sind zwar geringe Koordinationskosten verbunden, jedoch können aufgrund von opportunistischem Verhalten nach Vertragsabschluss hohe Motivationskosten auftreten, da der Vertrag nicht auf die spezifischen Rahmenbedingungen der Transaktion zugeschnitten sein wird.

Bei wiederholten Transaktionen haben die Parteien hingegen einen Anreiz, einen speziell für ihre Beziehung gestalteten Vertrag abzuschließen. Dies ist vorteilhaft, da sich mit der Abwicklung mehrerer identischer Transaktionen Skalen- und Synergievorteile realisieren lassen. Routinen und standardisierte Abläufe in Unternehmungen sind Beispiele hierfür. Mit steigender Häufigkeit der Transaktion sinken dabei die Kosten pro Transaktion.

Zudem sinken mit der Häufigkeit der Transaktion auch die Motivationskosten. Zwei Gründe sind hierfür ausschlaggebend: Da zum einen der Vertrag zwischen den Parteien auf die Spezifika ihrer Beziehung zugeschnitten ist, können die Kosten der Konfliktlösung niedrig gehalten werden. Während so bei Standardverträgen mögliche Differenzen nach Vertragsabschluss vor Gericht gelöst werden, tritt dies für Konflikte zwischen einem Vorgesetzten und seinem Mitarbeiter selten zu. Stattdessen werden in der Unternehmung andere Konfliktlösungsmechanismen eingesetzt, die die Transaktionskosten senken, etwa die Einschaltung des Betriebsrats. Zum anderen sinken mit der Häufigkeit von Transaktionen die Transaktionskosten aber auch, weil die Parteien Vertrauen zueinander aufbauen können. Die Möglichkeit, ein vom Vertrag abweichendes Verhalten in späteren Transaktionen zu sanktionieren, kann hier zum Aufbau eines gemeinsamen impliziten Verstehens führen. Dadurch werden einerseits die Motivationskosten gesenkt, andererseits können aber auch die Koordinationskosten sinken, da eine exakte vertragliche Festlegung der Rahmenbedingungen der Transaktionen nicht mehr unbedingt erforderlich ist.

Messbarkeit der durch die Transaktion geschaffenen Werte

Je schwieriger es für einen Transaktionspartner ist, die in einer Transaktion geschaffenen Werte zu beurteilen, desto unsicherer ist diese Partei im Hinblick auf die Leistungserfüllung der anderen Partei. Dadurch besteht aber die Gefahr, dass die andere Partei diese Unsicherheit zu ihren eigenen Gunsten ausnutzt. Die potentiellen Probleme, die dabei auftreten, werden im Folgenden beispielhaft dargestellt:

Ein an Zahnschmerzen leidender Patient wird im Allgemeinen zahnärztliche Fähigkeiten nicht beurteilen können. Da er also nicht exakt weiß, ob ein anderer Zahnarzt seinen kranken Zahn vielleicht besser behandeln könnte, besteht das Problem der adversen Selektion: Der Patient weiß nicht, ob der Zahnarzt seine Erwartung auf eine umfassende Behandlung seines Zahnes überhaupt erfüllen kann.

Ebenso wird ein Fuhrunternehmer im Allgemeinen nicht beurteilen können, inwieweit seine Fahrer sorgsam und gewissenhaft mit den von ihnen gefahrenen LKW´s umgehen. So kann ein Motorschaden einerseits auf einem Materialfehler beruhen, andererseits aber auch durch den Fahrstil des LKW-Fahrers verursacht sein. Hier kann das Problem des moralischen Risikos bestehen, da der Fuhrunternehmer nicht weiß, inwieweit seine Fahrer die ihnen auferlegte Verpflichtung, mit den Fahrzeugen sorgfältig umzugehen, überhaupt erfüllen werden. Da dies für die Fahrer mit Mühen verbunden ist, die nicht entgolten werden, werden sie möglicherweise auf ihre Fahrzeuge nicht besonders achten.

Zudem kann es zu Schwierigkeiten bei der Leistungsbewertung aufgrund von Mess- oder Zurechnungsproblemen kommen. Ein Transaktionspartner weiß dann nicht, ob die andere Partei ihre Verpflichtungen erfüllt hat oder nicht. Bei Messproblemen können quantifizierbare Kriterien zur Leistungsbeurteilung eingeführt werden, allerdings besteht dabei die Gefahr, dass sie die eigentliche Leistung nicht adäquat widerspiegeln und somit opportunistisches Verhalten ermöglichen. Bei Zurechnungsproblemen bieten sich z.B. organisatorische Veränderungen an: Ein LKW, der von mehreren Fahrern benutzt wurde, wird nun einem speziellen Fahrer zugeordnet. Allerdings können sich dadurch die Koordinationskosten erhöhen.

Die genannten Probleme bei der Beurteilung der durch die Transaktion geschaffenen Werte führen jeweils zu höheren Transaktionskosten bei der Durchführung der Austauschbeziehung. Davon sind insbesondere die Motivationskosten betroffen, jedoch kann es auch zu einer Erhöhung der Koordinationskosten kommen.

Interdependenzen mit anderen Transaktionen

Bestehen zwischen der betrachteten Transaktion und anderen Transaktionen enge Beziehungen, dann müssen diese Abhängigkeiten bei den vertraglichen Vereinbarungen berücksichtigt werden. Dadurch erhöhen sich die Kosten, die mit der Durchführung der Transaktion verbunden sind: Die vertragliche Spezifikation der Transaktion muss nun auch auf die Rahmenbedingungen abgestimmt werden, in denen sie durchgeführt wird. Die Komplexität der Umwelt, in der die Transaktion stattfindet, erhöht sich und verursacht höhere Koordinations- und Motivationskosten.

Die folgende Abbildung fasst die Diskussion über die Auswirkungen der Transaktionsmerkmale auf die Kosten, die mit der Durchführung der Transaktion verbunden sind, zusammen. Von den aufgezeigten Merkmalen kommt dabei der Spezifität der zur Durchführung der Transaktion notwendigen Investitionen eine besondere Bedeutung zu: Die Notwendigkeit transaktionsspezifischer Investitionen verändert nämlich grundlegend die Beziehung zwischen den Transaktionspartnern im Laufe ihrer Zusammenarbeit. Bevor die spezifischen Investitionen von einer Partei getätigt sind, stehen dieser Partei im Allgemeinen eine Reihe von möglichen Transaktionspartnern zur Verfügung. Ein Automobilzulieferer kann z.B. mit verschiedenen Automobilherstellern Gespräche über die Lieferung von Autokarosserien aufnehmen. Somit besteht eine Wettbewerbssituation zwischen den verschiedenen Automobilherstellern um die Lieferung der Autokarosserien. Hat der Automobilzulieferer allerdings die transaktionsspezifische Investition gemacht, wandelt sich diese Situation zu einem Abhängigkeitsverhältnis. Im Extremfall ist nun die Partei, die die Kosten der transaktionsspezifischen Investition zu tragen hat, auf den anderen Partner festgelegt. Ein Wechsel des Transaktionspartners ist dann nicht mehr möglich oder nur noch bei Inkaufnahme sehr hoher Kosten. Insbesondere ist also ein Wettbewerb zwischen verschiedenen Transaktionspartnern nach der Investition ausgeschlossen. Stattdessen ist die Beziehung durch bilaterale Verhandlungen zwischen den Parteien (neu) bestimmt.

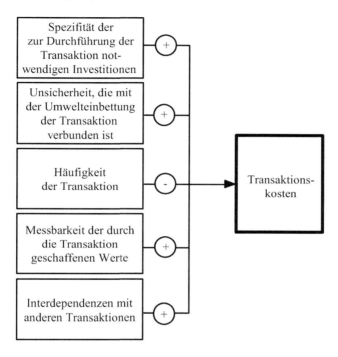

Abbildung 4.4: Der Einfluss der Merkmale einer Transaktion auf die Transaktionskosten

Der Einfluss der Merkmale einer Transaktion auf die Transaktionskosten Diese Veränderung in der Natur der Beziehung zwischen Transaktionsparteien wird nach Williamson (1985, S.61ff) als **fundamentale Transformation** bezeichnet: Sobald eine transaktionsspezifische Investition durchgeführt ist, verändert sich die Beziehung von einer Wettbewerbssituation mit vielen möglichen Partnern zu einer Verhandlungssituation mit wenigen möglichen Partnern.

Die fundamentale Transformation in der US-amerikanischen Automobilindustrie

Die fundamentale Transformation lässt sich gut in der Beziehung zwischen US-Automobilherstellern und ihren Zulieferern nachvollziehen: Die Hersteller vergeben kurzfristige Verträge, die typischerweise für ein Jahr gültig sind. Diese Verträge spezifizieren Preis, Qualität und Lieferbedingungen der jeweiligen Komponenten. In der Regel konkurrieren mehrere Zulieferbetriebe um einen solchen Vertrag. Sobald dieser dann abgeschlossen ist, befinden sich der Automobilhersteller und sein Zulieferer häufig in einem gegenseitigen Abhängigkeitsverhältnis: Für gewisse Komponenten muss der Automobilhersteller hohe Investitionen in seine Produktionswerkzeuge vornehmen. Der Zulieferer muss hingegen in Maschinen investieren, die auf die spezifischen Komponenten des Herstellers zugeschnitten sind.

Durch diese transaktionsspezifischen Investitionen ist beiden Vertragsparteien klar, dass die Zulieferer nicht nur für einen Einjahresvertrag bieten, sondern sich für eine langfristige Geschäftsbeziehung binden. Allerdings besteht für beide Parteien die Gefahr, von der jeweils anderen Partei ausgenutzt zu werden: Der Zulieferer weiß aus Erfahrung, dass er immer einen Grund finden kann, den vereinbarten Preis mit dem Hersteller zu seinen Gunsten nachzuverhandeln. Der Automobilhersteller seinerseits kann dem Zulieferer mit der Kündigung des Vertrages drohen, um die Preise für die Komponenten niedrig zu halten.

Damit ist aber die Beziehung zwischen Automobilhersteller und Zulieferer in vielen Fällen durch Misstrauen und schlechte Zusammenarbeit geprägt. In den Worten von Womack, Jones und Roos (1991, S.144) aus Sicht des Zulieferers: "what goes on in my factory is my own business".

Quelle: Siehe Kapitel 6 in Womack, Jones und Roos (1991)

Aufgrund der fundamentalen Transformation wird diejenige Partei, die transaktionsspezifische Investitionen vorgenommen hat, von der anderen Partei erpressbar. Dieses Problem des Holdup wird um so größer, je höher die transaktionsspezifischen Investitionen sind, da für den Investor die Deckung entsprechend hoher Kosten auf dem Spiel steht, die nicht rückgängig gemacht werden können. Bei unspezifischen Investitionen hingegen entstehen diese Probleme nicht. In diesem Fall kann der Transaktionspartner jederzeit ohne große Einbußen eine andere Austauschbeziehung eingehen, wenn sich die Beziehung mit dem bisherigen Partner für ihn nachteilig entwickelt.

4.2 Die Koordination interorganisatorischer Beziehungen

Als wichtige Determinante der Wertschöpfung einer Organisation hatten wir in Kapitel 1 die Beziehungen zu ihrer Umwelt identifiziert. Insbesondere ist hier die Organisationsumwelt als Quelle knapper und wertvoller Inputfaktoren von entscheidender Bedeutung für das Überleben der Organisation. So kann eine Unternehmung beispielsweise für die eigene Wertschöpfung auf das Know-how oder die Produkte anderer Unternehmungen, deren Kompetenz oder deren Marktzutrittsmöglichkeiten z.B. zu Kapitalmärkten angewiesen sein.

Diese Ressourcenabhängigkeit einer Organisation impliziert allerdings nicht notwendigerweise, dass sie reaktiv von ihrer Umwelt abhängt. Vielmehr wird die Organisation versuchen, aktiv Kontrolle über diese Ressourcen zu erlangen, um ihre Abhängigkeit zu minimieren.

Eine Möglichkeit, diese Ressourcenabhängigkeit und die damit verbundene Unsicherheit für die eigene Wertschöpfung zu reduzieren, ist die Kooperation mit anderen Organisationen. So versuchten Fluggesellschaften während der Ölkrise Anfang der 70er Jahre, zur Deckung ihres Kraftstoffverbrauchs langfristige Verträge mit Treibstoffversorgern einzugehen bzw. Energieunternehmen und Pipelinebetreiber zu übernehmen, um so in den Besitz größerer Öltanks und anderer Treibstoffanlagen zu gelangen. Aufgrund von immensen Investitionen, die heute für neue Produkte oder Fertigungstechnologien in der EDV- und Elektronikindustrie notwendig sind, arbeiten z.B. auch viele Wettbewerber in der Forschung und Entwicklung zusammen, um so die Entwicklungskosten zu reduzieren. Im Großanlagen- und Systembau, wo die Projekte so komplex sind, dass eine einzelne Unternehmung das notwendige Know-how oder andere Kapazitäten alleine nicht bereitstellen kann, sind Kooperationen zwischen Unternehmungen ebenfalls die einzige Möglichkeit für deren Abwicklung.

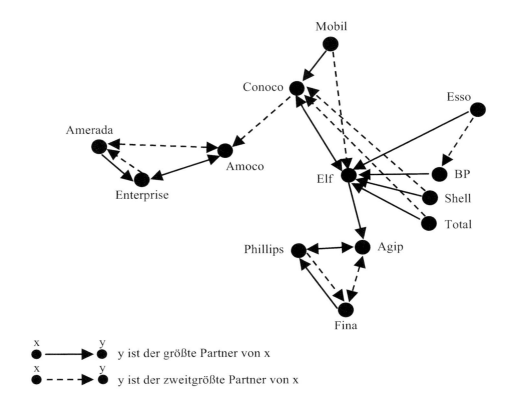

Abbildung 4.5: Zwischenbetriebliche Kooperationen in der Mineralölindustrie, siehe Hansen (1997, S.142)

Grundlage einer solchen Kooperation zwischen Organisationen bildet eine formale Beziehung, also eine explizite vertragliche Vereinbarung: Die Ressourcen, die jede der Parteien in die Kooperation einbringt, werden darin ebenso festgelegt wie die Verteilung der durch die Zusammenarbeit geschaffenen Werte der Kooperation. Zudem garantiert eine solche vertragliche Regelung die Autonomie der einzelnen Vertragsparteien: Der Einfluss, den der jeweils andere Vertragspartner auf die Gestaltung der eigenen Organisationsstrategie und -architektur hat, ist beschränkt. Jede Organisation bleibt rechtlich selbständig. Auf Unternehmensebene ist eine **zwischenbetriebliche Kooperation** eine vertraglich vereinbarte Zusammenarbeit zwischen selbständigen Unternehmungen.[4]

Die Koordination interorganisatorischer Beziehungen ordnet sich somit zwischen den alternativen Koordinationsmechanismen der reinen marktlichen und reinen hierarchischen Koordination als intermediärer Koordinationsmechanismus ein: Einerseits besteht keine anonyme Beziehung zwischen den Vertragsparteien wie bei der reinen marktlichen Koordination und ihre Zusammenarbeit wird nicht nur durch das Zusammenspiel von Angebot und Nachfrage geregelt sondern ist das Ergebnis expliziter Vereinbarungen. Andererseits bleiben die Vertragsparteien aber autonom, ein einseitiges Abhängigkeitsverhältnis durch Integration in eine einzige Organisation findet nicht statt, so dass auch keine reine hierarchische Koordination gegeben ist. Koordinationsinstrument bei interorganisatorischen Beziehungen ist die Verhandlung zwischen den Parteien. Das Verhandlungsergebnis wird durch einen formalen Kooperationsvertrag festgehalten.

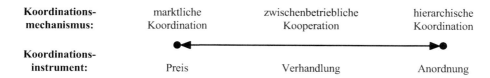

Abbildung 4.6: Die zwischenbetriebliche Kooperation als intermediärer Koordinationsmechanismus zwischen marktlicher und hierarchischer Koordination

Die aktive Einflussnahme einer Organisation auf ihre Umweltbeziehungen rückt die Frage nach der geeigneten Gestaltung ihrer interorganisatorischen Beziehungen in den Mittelpunkt der Diskussion: Einerseits will sie durch die Kooperation mit anderen Organisationen den Zugang zu den für sie wesentlichen Ressourcen sicherstellen, andererseits erhöht sich dadurch aber auch die Abhängigkeit der eigenen Ziele von den Zielen der anderen Organisationen. Wenn so beispielsweise ein Automobilhersteller einen exklusiven Liefervertrag mit einem Automobilzulieferer eingeht und dieser produktionsspezifische Einzelteile liefert, dann erhöht sich dadurch die Produktionseffizienz. Allerdings verliert der Automobilherhersteller auch einen Teil seiner unternehmerischen Freiheiten, da er bis zu einem gewissen Umfang von dem Automobilzulieferer abhängig ist, etwa bezüglich der Qualität der Einzelteile oder bei seinen Produktionsentscheidungen, bei denen er die Kapazitäten der Zulieferer mitberücksichtigen muss.

Dieser Trade-off zwischen den zusätzlich erwarteten Werten, die durch eine interorganisatorische Kooperation geschaffen werden können, und den damit verbundenen erwarteten Beiträgen entscheidet über die Motivation einer Organisation, eine solche Kooperation überhaupt einzugehen. Nur wenn hier die Vorteile aus dem Ressourcenzugang die Nachteile der Abhängigkeit überwiegen, wird eine solche interorganisatorische Beziehung zustandekommen. Dies ist analog zur Diskussion der Teilnahme einer Person an einer Organisation in Kapitel 1: Die erwarteten Anreize, die eine Organisation von einer interorganisatorischen Kooperation erwarten kann, müssen größer sein als ihre Beiträge, die sie für diese Zusammenarbeit leisten wird.

4.2.1 Wertschöpfungsvorteile zwischenbetrieblicher Kooperationen

Das Ziel jeder interorganisatorischen Beziehung besteht in der Schaffung von Werten für die beteiligten Organisationen, die ohne diese Kooperation nicht realisierbar wären. Somit zielt die zwischenbetriebliche Kooperation auf eine Effizienzsteigerung der beteiligten Unternehmungen ab. Gehen wir dabei von dem oben diskutierten Zusammenhang zwischen der Effizienz einer Organisation und der Minimierung ihrer Transaktions- und Produktionskosten aus, dann kann eine Unternehmung grundsätzlich drei Ziele mit einer zwischenbetrieblichen Kooperation verfolgen:

Steigerung der Brutto-Wertschöpfung

Dieses Ziel orientiert sich an den Werten, die eine Unternehmung für die Konsumenten schafft. Durch eine Kooperation mit anderen Unternehmungen und eine entsprechende Modifikation der eigenen Unternehmensstrategie soll die realisierte Wertschöpfung erhöht werden, so dass mehr Werte an alle Organisationsteilnehmer verteilt werden können. Ansatzpunkt dieser Zielsetzung ist also eine Veränderung der Markt- und Wettbewerbsstruktur der Unternehmung, um so ihre Wettbewerbsposition zu verbessern.[5]

Hier sind insbesondere Absprachen zwischen Unternehmungen über die Schaffung von Marktstandards zu nennen. Setzen sich diese Standards im Markt durch, dann muss jede Unternehmung, die in den Markt eintreten will, diese als gegeben hinnehmen. Beispiele hierfür finden sich vor allem in der Industrie für Mikroelektronik: Das Softwareunternehmen Microsoft hat sich so mit einer Vielzahl von Hardwareherstellern auf einen gemeinsamen Standard für den Datenaustausch zwischen verschiedenen Geräten wie PCs, Faxgeräten und Druckern geeinigt. Dieser Standard ist heute für jeden neuen Hardware-Hersteller bindend.

Standardisierungen können zudem auf der Nachfragerseite zu zusätzlichen Werten führen: Infolge der Standardisierung werden auf dem Markt nur noch identische oder kompatible Produkte angeboten. Dadurch erhöht sich der Nutzen des einzelnen Konsumenten entweder unmittelbar aufgrund der gestiegenen Verbindungsmöglichkeiten mit anderen Konsumenten – der Käufer eines Telefons profitiert davon, dass andere bereits ein Telefon haben – oder indirekt durch das größere Angebot von zusätzlichen Leistungen oder komplementären Produkten, die erst durch die Kombination mit dem standarisierten Produkt vorteilhaft sind. Für einen solchen indirekten Nutzengewinn ist das UNIX-Betriebssystems ein Beispiel, weil aufgrund der Standardisierung die Verfügbarkeit zusätzlicher Software und der EDV-Support verbessert wurde. Allerdings kann die Standardisierung für die Konsumenten auch nachteilig sein. Dies ist insbesondere dann zu vermuten, wenn eine Unternehmung dadurch eine Monopolstellung erzielt. Unsere Ausführungen in Kapitel 3 zeigen hier, welche Ineffizienzen mit einer solchen Marktmacht verbunden sein können.

Zwischenbetriebliche Kooperationen tragen ebenfalls zur Verbesserung der unternehmerischen Wettbewerbsposition bei, wenn sie einer Unternehmung den Zugang zu neuem Know-how und somit zu neuen Märkten sichert. Durch die Kooperation mit einer anderen Unternehmung wird dabei auf die Kernkompetenzen des Kooperationspartners zugegriffen. Diese **Kernkompetenzen** stellen nach Prahalad und Hamel (1990) dessen spezifische technische, technologische, vertriebliche oder organisatorische Fähigkeiten dar. Durch eine entsprechende Kooperation kann eine Unternehmung also zusätzliche Kompetenzen schnell und mit geringem Aufwand erwerben, ohne diese selbst aufweisen zu müssen. Verschiedene Formen der Zusammenarbeit sind hier möglich:

- Bei Vertriebskooperationen wird eine unter Umständen gegenseitige Nutzung von Distributionskanälen vereinbart. Regionale oder nationale Barrieren lassen sich so mit der jeweils anderen Unternehmung überwinden. Ein Erzeuger von Zitrusfrüchten konnte so durch die Kooperation mit einem Milchproduktehersteller auf dessen Verteilersystem zurückgreifen, das für den Transport gekühlter Produkte eingerichtet war, und sich auf diese Weise zusätzlich den Markt für nicht konservierten Orangensaft erschließen.[6]

- Auch durch F&E- oder Produktionskooperationen kann der Zugang zu spezifischem Know-how erleichtert werden. Insbesondere Großunternehmungen gehen hier in bestimmten Bereichen Kooperationen mit innovativen, in der Regel kleinen Unternehmungen ein, um sich so deren spezifische Kompetenzen in Forschung und Entwicklung oder Fertigung zu sichern. Umgekehrt haben durch solche Kooperationen die kleineren Unternehmungen die Möglichkeit, bestehende Produktionskapazitäten des Partners oder dessen Distributionsnetz zu nutzen. Auch der Zugang zu günstigeren Finanzierungsmöglichkeiten wird durch solche Kooperationen für kleine Unternehmungen erleichtert.

Zwischenbetriebliche Kooperationen können darüber hinaus für die Entwicklung neuer Produkte oder Produktionsverfahren grundsätzlich notwendig sein. Einerseits stehen der einzelnen Unternehmung nur begrenzt Kapital und Know-how zur Durchführung solcher Innovationen zur Verfügung. Andererseits kann der mit der Innovation verbundene Kapitaleinsatz so groß sein oder die Aufgabe volumenmäßig so komplex und umfassend sein, dass eine einzelne Unternehmung dieses Projekt gar nicht durchführen kann. Entsprechende Kooperationen zur Überwindung dieser Grenzen sind dann die einzige Alternative.

Privatwirtschaftliche und staatliche
Kooperation in der japanischen Grundlagenforschung

Die Herstellung von Halbleitern erfolgt in einem komplizierten Prozess, bei dem sehr viele unterschiedliche Bearbeitungsprozesse und Produktionsmittel benötigt werden. Bei der Entwicklung eines grundsätzlich neuen Typs von Halbleitern müssen diese erst geschaffen bzw. entdeckt werden. Das hierfür notwendige technisch-naturwissenschaftliche Know-how ist im Allgemeinen äußerst unterschiedlich und nicht in einer Unternehmung alleine verfügbar. Zwischenbetriebliche Kooperationen bei der Herstellung von Halbleitern können daher sinnvoll sein.
Ein Beispiel für eine solche Kooperation ist die VLSI (Very Large Scale Integrated Circuits) Technology Research Association in Japan. Hier arbeiteten fünf große Halbleiter-Hersteller mit dem staatlichen elektrotechnischen Institut des MITI zu-

sammen, um die vierte Generation von hoch integrierten Schaltkreisen zu entwickeln. Die Mitarbeiter in dieser Kooperation waren jeweils in einer gemeinsamen Struktur räumlich zusammengefasst. Diese Wissenschaftler blieben für etwa zwei Jahre in der Organisation und kehrten dann in ihr Mutterunternehmen zurück, das sie während dieser Zeit weiterhin finanzierte.
Neben der Entwicklung der Halbleiterformen, die wahrscheinlich von keinem der Unternehmen allein hätte getragen werden können, ergab sich als zweiter Vorteil die Möglichkeit, von den Kollegen aus anderen Unternehmen Wissen zu erwerben. Die Unternehmen hatten also ein Interesse, ihre besten Mitarbeiter für das Projekt abzustellen, da diese möglichst viel Wissen für die Firma erwerben konnten.

Quelle: Ouchi und Bolton (1988)

Eine weitere Motivation für zwischenbetriebliche Kooperationen kann im Management von Unsicherheiten liegen. AT&T ist hierfür ein Beispiel:[7] Nach der Entflechtung von AT&T durch die US-amerikanischen Behörden war das Unternehmen unsicher über seine langfristige Strategieausrichtung. AT&T investierte daher in eine ganze Reihe von Kooperationen mit anderen Unternehmen – zu einem Zeitpunkt waren es fast 400 Kooperationen – um so Einblicke in das ökonomische Potential verschiedener Geschäftsbereiche zu gewinnen. Jede dieser Kooperationen wurde als Option verstanden: Sobald sich die Unsicherheiten über die tatsächlichen Aussichten in einem Geschäftsbereich reduzierten, konnte AT&T die Kooperation entweder aufkündigen oder das andere Unternehmen integrieren und in den neuen Markt eintreten.

Zudem können Unternehmungen, die auf denselben Märkten agieren, durch eine zwischenbetriebliche Kooperation von ihren Wettbewerbern lernen. Die Zusammenarbeit zwischen General Motors und Toyota im Rahmen der New United Motor Manufacturing, Inc. (NUMMI) in Kalifornien liefert hierfür ein Beispiel: GM hatte durch diese Kooperation die Möglichkeit, Einblicke in die Produktionsstrukturen von Toyota zu erlangen. Dieses Know-how konnte von GM dann im eigenen Unternehmen genutzt werden: Die Saturn Division profitierte für ihre Produktion von Wagen hoher Qualität entscheidend von diesem Wissenstransfer. Toyota hingegen bekam so Zutritt zum amerikanischen Markt.

Reduzierung der Produktionskosten

Ziel der Unternehmung ist hier die Nutzung von Kostensenkungspotentialen in der Produktion von Gütern oder Dienstleistungen. Durch zwischenbetriebliche Kooperationen sollen die Produktionskosten entweder durch die Ausnutzung steigender Skalenerträge oder durch den Einsatz alternativer Technologien gesenkt werden. Die Kooperation zwischen Unternehmungen bezieht sich dabei auf die Bereiche der Fertigung und der Forschung und Entwicklung.

Produktionkosteneinsparungen können immer dann erreicht werden, wenn die Produktion der Unternehmung steigende Skalenerträge aufweist. Kann die Unternehmung diese steigenden Skalenerträge aufgrund ihres Marktanteils nicht durch die eigene Ausbringungsmenge nutzen, ist unter Umständen ein Zusammenlegen der Fertigung mit anderen Unternehmungen sinnvoll. Die Produktion des Boxters von Porsche bei Volvo in Schweden ist hierfür ein Beispiel.[8]

Solche Fertigungskooperationen können darüber hinaus zu einer Reduzierung der Produktionskosten führen, wenn freie Kapazitäten oder (Vor-)Produkte zwischen den Unternehmungen ausgetauscht werden und somit eine bessere Kapazitätsauslastung und eine höhere Produktionsflexibilität erzielt wird. Zudem kann durch solche Kooperationen die Qualität des Wertschöpfungsprozesses verbessert werden: Entweder können durch die Zusammenarbeit technologisch bessere Produktionsanlagen eingesetzt werden oder der Wissenstransfer erhöht die Produktionseffizienz einer Unternehmung.

Kooperationen zur Reduzierung der Produktionskosten einer Unternehmung müssen dabei nicht notwendigerweise den betrieblichen Wertschöpfungsprozess direkt zum Gegenstand haben. Sie können auch im Hinblick auf die Abstimmung mehrerer Unternehmungen erfolgen und beziehen sich damit auf Absprachen über technische Standards und Normen bei der Herstellung von Produkten. Dadurch haben diese Kooperationen indirekte Auswirkungen auf spätere Kostensenkungen in der Produktion, entweder durch die oben beschriebenen Fertigungskooperationen oder durch die Steigerung des Nutzens für die Nachfrager der Produkte und die damit verbundenen erhöhten Absatzmengen. Ein Beispiel hierfür ist die Entwicklung auf dem Markt für Videorecorder:[9] Hier waren sowohl die Abnehmer als auch die Hersteller von Videokassetten durch die verschiedenen parallel entwickelten Systeme von Philips, Matsushita und Sony verunsichert. Erst die Zusammenarbeit von

Philips und Sony mit Matsushita und deren Übernahme des VHS-Systems führten zu einer gemeinsamen Normierung und waren Voraussetzung für die anschließende Expansion des Marktes.

Oftmals sind solche Absprachen gekoppelt an eine Zusammenarbeit in der Forschung und Entwicklung. Apple, IBM und Motorola haben so neben der gemeinsamen Entwicklung eines Standards für einen RISC-Prozessor auch ein gemeinsames Technologiezentrum gegründet. Durch solche F&E-Kooperationen, die durch die gemeinsamen Nutzung von technischen Einrichtungen und dem verfügbaren Know-how gekennzeichnet sind, können Ressourcen eingespart bzw. besser ausgelastet werden. Dies gilt auch für F&E-Kooperationen, bei denen die Schritte eines gemeinsamen Forschungsprojekts simultan bzw. sequentiell durchgeführt werden und die eigenen Forschungsergebnisse dem jeweils anderen Partner zur Verfügung gestellt werden.

Die parallele Entwicklung von neuen Produkten oder Produktionstechnologien, das sogenannte Simultaneous Engineering, kann zudem zu drastischen Zeitverkürzungen in der Forschung und Entwicklung führen. Dies gilt auch, wenn der Zugang zu Ressourcen und Kapazitäten der jeweils anderen Unternehmung gewährleistet ist, da in diesem Fall auf den Aufbau eigener Potentiale verzichtet werden kann. In Märkten, in denen die Produktlebenszyklen immer kürzer werden oder in denen sich die Präferenzen der Konsumenten immer schneller wandeln, sind daher solche Kooperationen unausweichlich.

Reduzierung der Transaktionskosten

Im Mittelpunkt der zwischenbetrieblichen Kooperation kann auch die Verringerung der Kosten stehen, die mit der Abwicklung eines Leistungsaustauschs verbunden sind. Eine unternehmensübergreifende Kooperation dient hier also der Senkung der Koordinations- bzw. Motivationskosten.

Beschaffungskooperationen sind ein Beispiel für die Verringerung von Transaktionskosten. In vertikaler Dimension geht es dabei um die Bereitstellung von Vorprodukten innerhalb des Wertschöpfungsprozesses einer Unternehmung. Die Vereinbarung einer langfristigen Zusammenarbeit mit einem Lieferanten ermöglicht es hier, spezifische Arrangements über den Leistungsaustausch zu treffen. So kann z.B. im Rahmen des Just-in-Time Managements die Abstimmung mit einem Zulieferer verbessert werden, wenn dieser vorzeitig über die Produktionsplanung der

Unternehmung informiert ist. Langfristige Lieferantenverträge sind zudem oftmals Voraussetzung für transaktionsspezifische Investitionen, etwa wenn der Zulieferer eines Automobilproduzenten seine Produktionsstätte in unmittelbarer Nähe zur Automobilproduktion errichtet.

Beschaffungskooperationen können aber auch bei Unternehmungen derselben Wertschöpfungsstufe zu Transaktionskosteneinsparungen führen. Hier ist z.B. eine wechselseitige Übernahme von Beschaffungsaktivitäten oder ein Austausch der beschafften Vorprodukte möglich. Auch die Zusammenarbeit bei der Lagerhaltung oder dem Transport sind hier zu nennen. Darüber hinaus kann eine gemeinsame Beschaffung etwa in Form einer Einkaufsgesellschaft angestrebt werden.

Der gemeinsame Aufbau einer Vertriebsgesellschaft oder eines Distributionssystems oder die gemeinsame Durchführung von Vertriebsaktivitäten führen zu einer Reduzierung der Transaktionskosten durch Vertriebskooperationen. Dabei können wechselseitig auch die Vertriebsfunktionen des jeweils anderen Partners bezüglich bestimmter Produkte oder Märkte übernommen werden, beispielsweise bei Kundendienstleistungen. So haben die beiden Pharmaunternehmen Glaxo GmbH und E. Merck ihren Außendienst zusammengelegt, um bei Ärztebesuchen Produkte beider Firmen gleichzeitig anbieten zu können.

Bei Unternehmungen, die Marktforschung betreiben, können Marketingkooperationen zu Einsparungen führen: Der Austausch von Informationen, gemeinsame Marktuntersuchungen oder die Gründung einer Marktforschungsgesellschaft sind hier als Beispiele zu nennen.

Die folgende Abbildung fasst die möglichen Vorteile aus einer zwischenbetrieblichen Kooperation zusammen:

> **Steigerung des (Brutto-)Konsumentennutzens:**
>
> - Aufbau von Markteintrittsbarrieren
> - Zugang zu neuen Märkten bzw. Marktsegmenten
> - Management von Kapazitätsgrenzen
> - Management von Unsicherheiten
> - Lernen von Wettbewerbern
> - Einführung von Standards
>
> **Reduzierung der Produktionskosten:**
>
> - Ausnutzung von Größenvorteilen
> - Entwicklung von Produktionsstandards
>
> **Reduzierung der Transaktionskosten:**
>
> - Verbesserte Abstimmung mit Zulieferern
> - Reduzierung von Beschaffungs-, Marketing- oder Vertriebskosten

Abbildung 4.7: Motive für die Beteiligung an einer zwischenbetrieblichen Kooperation

Im Allgemeinen werden Unternehmungen mit einer zwischenbetrieblichen Kooperation mehrere Ziele gleichzeitig verfolgen bzw. durch die Verfolgung eines Ziels auch andere Vorteile interorganisatorischer Zusammenarbeit realisieren. Eine Unternehmung im Konsumgüterbereich, die durch eine Marketingkooperation mit einer anderen Unternehmung besser auf ihre Kunden und deren Bedürfnisse eingehen möchte, erhöht damit den Wert ihrer Produkte für die Kunden. Gleichzeitig kann diese Maßnahme aber auch zu einer Reduzierung der Kosten für Reklamationen führen und somit die mit dieser Transaktion verbundenen Kosten senken.

Zudem sind Kooperationen im Allgemeinen nicht nur auf einen Funktionsbereich beschränkt. Eine Kooperation im F&E-Bereich, die auf die Einführung eines neuen Produktes abzielt, kann auch eine Vereinbarung über eine gemeinsame Produktion oder Distribution des Produktes umfassen. Neben der zusätzlichen Schaffung von Werten werden damit auch Produktions- und Transaktionskosten reduziert.

Ein Beispiel, das die Interdependenzen zwischen verschiedenen Kooperationen veranschaulicht und aufzeigt, welche Vorteile eine unternehmensübergreifende Zusammenarbeit für die Wertschöpfung einer Unternehmung haben kann, ist die bereits erwähnte Einführung des VHS-Systems bei Videorecordern: Zu Anfang der Entwicklung von Videorecordern waren die verschiedenen Systeme von Philips, Matsushita und Sony untereinander nicht kompatibel. Durch Produktionskooperationen mit anderen Elektronikherstellern wie Telefunken und Thorn sowie durch eine Vertriebskooperation mit RCA konnte Matsushita eine größere Verbreitung des VHS-Systems erzielen als seine Konkurrenten. Durch die Zusammenarbeit mit Philips und Sony wurde das VHS-System dann zum Industriestandard für Videorecorder.

Die bisher angesprochenen zwischenbetrieblichen Kooperationen waren entweder durch die Zusammenlegung oder den Austausch der Ressourcen verschiedener Unternehmungen gekennzeichnet. Ziel dieser ressourcenbedingten Kooperationen war die Erhöhung der organisatorischen Wertschöpfung durch eine gemeinsame Nutzung von Ressourcen. Von diesen zwischenbetrieblichen Beziehungen sind solche Kooperationen zu unterscheiden, die wettbewerbsbeschränkend sind. Ziel dieser Kooperationen ist nicht die Schaffung zusätzlicher Werte für die Konsumenten der Unternehmung – und somit die Effizienzsteigerung – sondern die Umverteilung geschaffener Werte zu Lasten der Konsumenten durch Einschränkung des Wettbewerbs. Unter Umständen können solche Kooperationen auch zu einer reduzierten Wertschöpfung der Organisation führen. Kooperationen zwischen Unternehmungen, die vertraglich eine wettbewerbshemmende Zusammenarbeit vereinbaren, werden als **Kartelle** bezeichnet.

In der Terminologie von Kapitel 3 bedingen Kartelle ein Marktversagen. Der Wettbewerb zwischen Unternehmungen wird durch Absprachen eingeschränkt, so dass eine effiziente Koordination der einzelwirtschaftlichen Aktivitäten nicht zustande kommen kann. Der staatlichen Wirtschaftspolitik kommt hier eine entscheidende Bedeutung zu. Will der Staat vertragliche Absprachen zwischen Unternehmungen mit dem Ziel der Wettbewerbsbeschränkung verhindern, muss er geeignete wettbewerbspolitische Rahmenbedingungen für zwischenbetriebliche Kooperationen schaffen.

Die rechtliche Grundlage zum Verbot von Kartellen ist in Deutschland durch das Gesetz gegen Wettbewerbsbeschränkungen (GWB) gegeben, für die Europäische Union durch die Regelungen des Vertrages zur Gründung der Europäischen

Wirtschaftsgemeinschaft (EWG-Vertrag) bzw. der Europäischen Gemeinschaft für Kohle und Stahl (EGKS-Vertrag) und für die USA durch die 'antitrust laws'. Sowohl im deutschen als auch im europäischen Recht sind neben einem grundsätzlichen Kartellverbot eine Reihe von Ausnahmeregelungen verankert:

Anmeldefreie Kartelle	Anmelde-kartelle	Widerspruchs-kartelle	Erlaubnis-kartelle	Verbotene Kartelle
• Einkaufskartelle	• Norm- und Typenkartelle • Exportkartelle ohne Inlandswirkung	• Mittelstandskartelle • Konditionenkartelle • Rabattkartelle	• Strukturkrisenkartelle • Exportkartelle mit Inlandswirkung • Importkartelle • Ministerkartelle	• Preiskartelle • Produktions- und Kontingentierungskartelle • Gebietskartelle

Abbildung 4.8: Zulässige und verbotene Kartellarten im deutschen Gesetz gegen Wettbewerbsbeschränkungen

Kartellabsprachen, bei denen es sich um Vereinbarungen über zukünftige Preise (Preiskartelle), über die Aufteilung des Angebots im Markt (Produktions- bzw. Kontingentierungskartelle) oder über die Marktaufteilung handelt (Gebietskartelle), sind grundsätzlich verboten (§1 GWB). Die Ausnahmen vom Kartellverbot (§§2-8 GWB) können je nach wettbewerbsrechtlicher Zulässigkeit der Kartelle in vier Stufen unterteilt werden:

- Anmeldefreie Kartelle, die ohne eine Mitwirkung der Kartellbehörde wirksam werden, etwa bei der Durchsetzung günstiger Einkaufskonditionen (Einkaufskartelle).
- Anmeldekartelle, die alleine durch die Anmeldung bei der Kartellbehörde wirksam werden. Dies ist z.B. bei der Standardisierung von Produkten gegeben (Normen- und Typenkartelle).
- Widerspruchskartelle, die nur wirksam werden, sofern die Kartellbehörde keinen Widerspruch gegen die Anmeldung einlegt. Hierzu gehören z.B. Abstim-

mung von Unternehmungen bezüglich der Einhaltung allgemeiner Geschäfts-, Lieferungs- und Zahlungsbedingungen (Konditionenkartelle) oder Kooperationen zur Stärkung der Wettbewerbsposition kleiner und mittelständischer Unternehmungen (Mittelstandskartelle).

- Erlaubniskartelle, die die ausdrückliche Genehmigung seitens der Kartellbehörde voraussetzen. So ist z.B. die Kooperation zulässig, wenn sie die internationale Wettbewerbsfähigkeit deutscher Unternehmungen steigert (Export- und Importkartelle).

4.2.2 Relationale Vertragsbeziehungen als Grundlage der zwischenbetrieblichen Kooperation

Jeder zwischenbetrieblichen Kooperation liegt ein Netzwerk von Verträgen zwischen den beteiligten Unternehmungen zugrunde. Diese Verträge regeln, welche Aufgaben von welcher Unternehmung im Rahmen der Kooperation durchgeführt werden sollen und welchen Anteil der gemeinsam geschaffenen Wertschöpfung die einzelne Unternehmung erhält.

Hat das Wissen der Vertragsparteien um ihre beschränkte Rationalität Auswirkungen auf die Vertragsgestaltung, und wenn ja, welche? Um diese Fragen zu beantworten, betrachten wir zur Illustration die folgenden beiden Beziehungen, die eine Fluggesellschaft mit ihrer Umwelt eingeht:

- Das Auftanken eines Flugzeugs: Es handelt sich hierbei um eine Beziehung, die die Fluggesellschaft mit einer Mineralölgesellschaft eingeht. Diese verkauft an die Fluggesellschaft Kerosin, ein homogenes Gut, das von verschiedenen Mineralölgesellschaften mehr oder weniger in derselben Qualität angeboten wird und dessen Qualität die Fluggesellschaft daher relativ gut kennt. Zudem muss sich die Fluggesellschaft keine großen Gedanken um den Service nach dem Auftanken des Flugzeugs machen, da die Transaktion im Wesentlichen mit dem Tanken beendet ist. Die Mineralölgesellschaft wiederum benötigt keine speziellen Informationen über die Fluggesellschaft, vorausgesetzt, diese kann die Tankfüllung auch tatsächlich bezahlen
- Der Kauf eines neuen Flugzeugs: In diesem Fall geht es um die Beziehung der Fluggesellschaft zu einem Flugzeughersteller. Im Unterschied zum Auftanken

eines Flugzeugs handelt es sich hierbei um eine Transaktion, die wesentlich komplexer ist. Weder die Fluggesellschaft noch der Flugzeuglieferant können a priori genau spezifizieren, wie ihre Leistungen und Gegenleistungen exakt aussehen werden. So kann z.B. die Spezifikation der Eigenschaften des Flugzeugs von einer Reihe von exogenen Umweltfaktoren abhängig sein, wie beispielsweise der Entwicklung der Technologie während der Bauzeit des Flugzeugs.

Wie unterscheiden sich nun diese beiden Beziehungen der Fluggesellschaft mit ihrer Umwelt im Hinblick auf die jeweilige Vertragsgestaltung, die der Transaktion zugrunde liegt? Welche Auswirkungen haben die Rahmenbedingungen, unter denen die Transaktionen durchgeführt werden, auf deren Durchführung und die Beziehung der Kooperationspartner?

Betrachten wir hierzu zunächst das erste Beispiel. Der Vertrag, der in diesem Fall zwischen den beiden Unternehmungen abgeschlossen ist, hat den Charakter eines vollständigen Vertrages, da vertraglich die Beiträge und Ansprüche der beiden Vertragspartner für jeden relevanten Zustand der Ökonomie spezifiziert werden: Einerseits handelt es sich beim Auftanken des Flugzeugs um einen zeitpunktbezogenen Austausch von Gütern. Daher ist eine Betrachtung anderer Umweltsituationen nicht notwendig. Andererseits sind zum Zeitpunkt des Austauschs Leistung und Gegenleistung der Parteien eindeutig spezifiziert: Genormtes Kerosin gegen gesetzliches Zahlungsmittel.

Darüber hinaus ist die Durchsetzbarkeit des Vertrags gesetzlich gewährleistet. In Deutschland beispielsweise wäre der Kaufvertrag zwischen der Fluggesellschaft und der Mineralölgesellschaft im Bürgerlichen Gesetzbuch BGB geregelt. Daher ist ein Verstoss gegen die Vereinbarung Kerosin gegen Geld gerichtlich sanktionierbar. Bei dieser Transaktion spielen also weder die exogene Unsicherheit über irgendwelche Umweltsituationen noch das strategische Verhalten des anderen Transaktionspartners eine große Rolle. Die begrenzte Rationalität der beiden Parteien ist für das Zustandekommen der Transaktion ohne Bedeutung.

Solche Verträge werden in der juristischen Literatur als klassische Verträge bezeichnet, in der ökonomischen Literatur werden sie auch 'spot market'-Verträge genannt. Sie bilden die vertragliche Grundlage für einfache Transaktionen, die schnell und problemlos abgewickelt werden können und bei denen die Transaktionsparteien keiner strategischen Unsicherheit ausgesetzt sind. Die Eventualitäten, die im Laufe der Transaktion auftreten könnten und vertragsrelevant wären, sind unter diesen Umständen so selten bzw. so unbedeutend, dass sie umfassend berücksichtigt werden können.

Klassische Verträge sind in der Regel von kurzer Dauer, im Idealfall zeitpunktbezogen, so dass Leistung und Gegenleistung zeitlich zusammenfallen. Fallen Leistung und Gegenleistung zeitlich nicht zusammen, erstreckt sich also die Transaktion über einen längeren Zeitraum, berücksichtigt der Vertrag alle möglichen künftigen Umweltveränderungen. Nach Macneil (1978, S. 863) wird die Zukunft vergegenwärtigt: "It is a recognition that the future has been brought effectively into the present so that it may be dealt with just as if it were in fact the present".

Bei klassischen Verträgen setzt die Vertragsbeziehung demnach nur eine begrenzte persönliche Interaktion zwischen den Vertragsparteien voraus. Da zudem der Austausch von Gütern oder Dienstleistungen klar bestimmt ist und einen isolierten Charakter hat, sind für die momentane Transaktion weder frühere Transaktionen noch zukünftige Beziehungen relevant. Verändern sich aus irgendwelchen Gründen die Rahmenbedingungen der Transaktion, dann erfolgt eine einseitige Anpassung des Vertrages durch eine der Vertragsparteien, ohne dass dies mit dem anderen Transaktionspartner abgestimmt ist. Die präzise Beschreibung von Leistung und Gegenleistung der Vertragsparteien im Vertrag garantiert hier, dass Gerichte die Einhaltung der vertraglichen Regelungen überprüfen können. Konflikte zwischen den Vertragsparteien werden daher auf dem Rechtsweg gelöst. Damit greifen solche Vertragsbeziehungen indirekt für die Implementierung der zugrundeliegenden Transaktion auf das gesetzliche Vertragsrecht zurück. Das Vertragsrecht stellt hier eine Reihe von rechtlichen Regelungen bereit, die für eine große Klasse von Transaktionen anwendbar sind. Damit besteht für die Transaktionsparteien nicht die Notwendigkeit, solche Vorkehrungen für die Transaktion zu spezifizieren.[10]

Betrachten wir als Beispiel den Kaufvertrag, im deutschen Recht nach §§430ff BGB geregelt. Danach ist der Kauf ein gegenseitiger schuldrechtlicher Vertrag, durch den sich der Verkäufer zur Übergabe und Übereignung des Gutes an den Käufer verpflichtet. Der Käufer ist seinerseits gehalten, dem Verkäufer den vereinbarten Kaufpreis zu zahlen. Darüber hinaus haftet z.B. der Verkäufer dann, wenn das Gut bei der Übergabe mit einem Fehler behaftet ist, der den Wert des Gutes zu dem gewöhnlichen oder dem vorausgesetzten Gebrauch aufhebt oder mindert. Bei einem solchen Sachmangel kann der Käufer verlangen, dass der Kauf rückgängig gemacht wird, oder er kann die Herabsetzung des Kaufpreises fordern.

Betrachten wir nun unser zweites Beispiel, den Kauf eines neuen Flugzeugs. In diesem Fall legt der Vertrag, der zwischen der Fluggesellschaft und dem Flugzeuglieferanten abgeschlossen wird, Leistung und Gegenleistung der beiden Parteien explizit fest. Aufgrund der Abhängigkeit der genauen Spezifikation des Flugzeugs von exogenen Umweltfaktoren spielt hier nun die exogene Unsicherheit eine entscheidende Rolle bei der Durchführung der Transaktion: Da die beiden Transaktionspartner beschränkt rational sind, ist nicht davon auszugehen, dass ein vollständiger Vertrag wie beim Tanken des Flugzeuges vereinbar ist. Hierzu müssten die beiden Unternehmungen alle zukünftigen Umweltentwicklungen, z.B. die technologischen Entwicklungen, antizipieren und für jede dieser Eventualitäten spezifizieren, welchen Anforderungen das Flugzeug genügen soll oder wieviel dies kosten soll. Ein solcher Vertrag, der eine vollständige Voraussicht und eine unzweideutige Beschreibung aller Eventualitäten voraussetzt, ist nicht realistisch. Dem steht die beschränkte Rationalität der Parteien entgegen.

Neben der beschränkten Rationalität der Parteien kann es noch andere Faktoren geben, die dem Abschluss eines vollständigen Vertrages entgegenstehen. So kann es schwierig für die Vertragsparteien sein, die im Vertrag festgelegten Leistungen eindeutig zu messen. Messfehler können hier auftreten und es kann mit zu hohen Kosten verbunden sein, diese Messfehler völlig zu beseitigen. Beispielsweise kann bei einem Flugzeug nicht eindeutig angegeben werden, welche Schubleistung die Motoren exakt haben. Daher ist es möglich, dass eine Maschine unterschiedliche Leistungen aufweist, je nachdem, welche Messmethode angewendet wurde. Dies kann zu Vertragsproblemen führen, selbst wenn alle Eventualitäten im Vertrag berücksichtigt wurden.

Aber auch wenn alle Eventualitäten berücksichtigt sind und keine Probleme bei der Spezifikation und der Messung der Leistung auftreten, muss ein Vertrag nicht notwendigerweise vollständig sein. Die Vertragsparteien könnten beispielsweise nicht den gleichen Zugang zu allen vertragsrelevanten Informationen haben. Ist dies der Fall, dann hat zumindest eine der Vertragsparteien private Informationen. Es besteht also eine asymmetrische Informationsverteilung zwischen den Parteien. So kann z.B. der Flugzeughersteller Kenntnis über eine neue Technologie haben, die für die Spezifikation der Eigenschaften des Flugzeuges relevant ist, die aber der Fluggesellschaft selbst nicht zur Verfügung stehen. Unter Umständen wird er diese Informationen der Fluggesellschaft nicht mitteilen wollen, etwa wenn er bereits ein Flugzeug mit der alten Technologie hergestellt oder noch entsprechende Bauteile auf Lager hat.

Unter diesen Rahmenbedingungen werden somit die Fluggesellschaft und der Flugzeughersteller lediglich einen unvollständigen Vertrag vereinbaren können. Ein **unvollständiger Vertrag** bezeichnet hier eine Vereinbarung zwischen zwei Parteien, die nicht für alle möglichen Umweltsituationen die zu leistenden Beiträge und die sich daraus ableitenden Ansprüche im Vorhinein im Detail präzisiert. Die Vertragsparteien können also aufgrund der sich ändernden Rahmenbedingungen während der Vertragslaufzeit den Vertrag nicht auf alle möglichen künftigen Ereignisse perfekt anpassen.[11] Es gibt zwei grundsätzlich verschiedene Alternativen zur Lösung dieses Problems:

- Zum einen können die Parteien einen relativ inflexiblen Vertrag schreiben, der unabhängig von den möglichen Veränderungen im Laufe der Vertragsbeziehung Leistungen und Gegenleistungen unveränderlich fixiert. Die Vertragsinhalte greifen also unabhängig von der tatsächlichen Entwicklung und sind breit anwendbar. Der Vorteil eines solchen Vertrages sind die minimalen Vertragskosten, die für die Berücksichtigung von Eventualitäten und die Spezifikation der jeweiligen Leistungen anfallen. Allerdings hat ein solcher Vertrag einen gravierenden Nachteil: Da er sich über eine längere Zeitspanne erstreckt, können aufgrund der inflexiblen Vereinbarungen die Parteien ihr Handeln nicht den sich ändernden Rahmenbedingungen der Transaktion anpassen. Dadurch können aber die Vertragsinhalte, die sie ex ante festgelegt haben, ex post unangemessen und damit ineffizient für die Wertschöpfung sein.
- Zum anderen können die Parteien aber auch lediglich die Rahmenbedingungen vertraglich festlegen, unter denen die Transaktion durchgeführt wird. Hier wird also weder von den Parteien der Versuch unternommen, alle Eventualitäten möglichst vollständig zu erfassen, noch möchten die Parteien im Vorhinein alle Eventualitäten durch eine inflexible Vereinbarung ignorieren. Vielmehr wollen die Parteien flexible, aber dennoch begrenzte Reaktionen auf zukünftige Veränderungen zulassen. Sie legen in diesem Fall also lediglich die Ziele der Zu-

sammenarbeit und die grundsätzlichen Vertragsbestimmungen fest. Hierzu kann beispielsweise eine Vereinbarung darüber gehören, unter welchen Umständen auf zukünftige Veränderungen reagiert werden kann, welche Partei in diesen Situationen handeln kann und welcher Handlungsspielraum ihr dabei zur Verfügung steht. Zudem wird die Verteilung der durch die Transaktion geschaffenen Werte durch vertraglich vereinbarte Mechanismen und Prozeduren geregelt, die auf eine Vielzahl künftiger Entwicklungen anwendbar sind. In der Literatur werden solche Verträge als **relationale Verträge** bezeichnet.

Relationale Verträge sind immer dann von Bedeutung, wenn es für die Vertragsparteien zu teuer oder unmöglich ist, einen vollständigen Vertrag zu schreiben. Indem solche Verträge nicht das eigentliche Verhalten der Parteien festlegen sondern lediglich die Rahmenbedingungen, innerhalb derer sich die Parteien verhalten können, entstehen notwendigerweise vertragliche Lücken. Somit sind relationale Verträge in einem bestimmten Ausmaß informell und beruhen auf mündlichen Vereinbarungen der Parteien. Der volle Umfang des Vertrags ist daher nicht rechtsverbindlich. Er kann nicht mit Hilfe Dritter durchgesetzt werden, ist also vor Gericht nicht umfassend durchsetzbar. Je komplexer dabei die Transaktion zwischen den Parteien ist, desto mehr verdrängen solche impliziten Vereinbarungen die expliziten Regelungen des Vertrags.

Relationale Verträge begründen eine **relationale Vertragsbeziehung** zwischen den Vertragsparteien. Im Unterschied zur Vertragsbeziehung bei klassischen Verträgen gewinnt dabei die Identität der Transaktionspartner an Bedeutung: Da implizite Vereinbarungen gerichtlich nicht durchsetzbar sind, setzen sie in einem gewissen Umfang ein gemeinsames Werte- und Normensystem der Parteien voraus. Dies trägt zu einer Vertrauensbildung bei und reduziert somit die Wahrscheinlichkeit, dass eine Vertragspartei eine Vertragslücke zu ihren Gunsten interpretiert.

Zudem bedingt die Offenheit des Vertrages, dass es während der Vertragsbeziehung zu vertraglichen Anpassungen an die geänderten Rahmenbedingungen kommt. Damit beschränkt sich die Vertragsbeziehung aber nicht mehr nur auf den diskreten Akt des Austauschs von Leistung und Gegenleistung. Vielmehr müssen sich die Vertragsparteien nach Abschluss des Vertrages bilateral über die notwendigen Anpassungen abstimmen oder die Vertragslücken werden durch eine im Voraus bestimmte Vertragspartei geschlossen.

Die Parteien werden versuchen, den möglichen Anpassungsbedarf im Laufe der Vertragsbeziehung durch entsprechende Anpassungs- und Sicherungsklauseln ex ante im Vertrag zu berücksichtigen. Diese spezifischen, auf die jeweilige Transaktion zugeschnittenen vertraglichen Regelungen sollen sicherstellen, dass der vertraglich nicht festgelegte Entscheidungsspielraum einer Vertragspartei nicht opportunistisch ausgenutzt wird.

Im Unterschied zu Vertragsbeziehungen bei klassischen Verträgen tritt so bei relationalen Beziehungen die gerichtliche Lösung von Streitfällen in den Hintergrund. Aufgrund der Unvollständigkeit des Vertrages werden die Vertragsparteien vielmehr verstärkt Dritte für die Schlichtung ihrer Konflikte einschalten oder diese untereinander bilateral lösen.

Betrachten wir als Beispiel den Arbeitsvertrag, im deutschen Recht in einer Vielzahl von Rechtsquellen geregelt: Nach §611 Abs. 1 BGB verpflichtet sich der Arbeitnehmer durch den Arbeitsvertrag, gegen Entgelt für den Arbeitgeber Arbeit zu leisten. Diese Pflicht ist im Arbeitsvertrag nur grob und vage formuliert. Art und Umfang der Arbeitspflicht des Arbeitnehmers bestimmt der Arbeitgeber aufgrund seines Direktionsrechts. Er hat damit das Recht, dem Arbeitnehmer durch Anordnungen im Laufe der Arbeitsbeziehung spezifische Aufgaben zuzuweisen. Die arbeitsvertraglichen Pflichten des Arbeitnehmers, werden somit in der jeweiligen Situation konkretisiert. Bei nicht zumutbaren oder übertriebenen Forderungen des Arbeitsgebers kann der Arbeitnehmer grundsätzlich den Arbeitsvertrag kündigen. Der Arbeitgeber kann seinerseits unter Beachtung der gesetzlichen Bestimmungen des Kündigungsschutzgesetzes dem Arbeitnehmer kündigen, wenn dieser es ablehnt, die ihm übertragenen Aufgaben durchzuführen. Bestehen allerdings Unstimmigkeiten zwischen Arbeitgeber und Arbeitnehmer, werden diese im Allgemeinen nicht vor dem Arbeitsgericht, sondern untereinander oder durch Einschaltung des Betriebsrats gelöst.

In der Praxis wird letztlich jede Transaktion eher relationalen als klassischen Charakter haben, da vertragliche Vereinbarungen im Allgemeinen unvollständig sein werden. Notwendige Voraussetzung für einen vollständigen Vertrag wäre nämlich die globale Rationalität der Parteien: Um alle Eventualitäten voraussehen zu können, die während der Interaktion entstehen könnten, müsste jede Partei uneingeschränkten Zugang zu allen relevanten Informationen haben. Darüberhinaus müssten alle diese Informationen so verarbeitet werden, dass die jeweils effizienteste Verteilung von Beiträgen und Anreizen durch die Zusammenarbeit erzielt werden würde.

Gerade bei Geschäftsbeziehungen wird dies aber im Allgemeinen nicht gegeben sein. So betont bereits Macaulay (1963, S.58ff) in seinen empirischen Untersuchungen: "Businessmen often prefer to rely on 'a man's word' in a brief letter, a handshake, or 'common honesty and decency' – even when the transaction involves exposure to serious risks", und "businessmen pay more attention to describing the performance in an exchange than to planning for contingencies or defective performance or to obtaining legal enforceability of their contracts".

Relationale Vertragsbeziehungen bestehen dabei insbesondere bei der zwischenbetrieblichen Kooperation sowie bei der vertikalen Integration. Entweder werden die Transaktionen zwischen zwei Unternehmungen durch Kooperationsverträge abgewickelt oder arbeitsrechtlich in eine Unternehmung integriert. In beiden Fällen werden die Vereinbarungen unvollständig und die Beiträge und Ansprüche der Transaktionspartner nicht für alle Eventualitäten spezifiziert sein. Die vertragliche Grundlage der rein hierarchischen Koordination und der Koordination durch Verhandlung ist somit eine relationale Vertragsbeziehung zwischen den Parteien.

4.2.3 Die Gestaltung zwischenbetrieblicher Beziehungen als Organisationsproblem

Unabhängig von den spezifischen Zielen, die Unternehmungen mit einer zwischenbetrieblichen Kooperation verfolgen, sollen mit dieser Zusammenarbeit möglichst viele Werte für die beteiligten Parteien geschaffen werden. Dies setzt eine effiziente Organisation der zwischenbetrieblichen Kooperation voraus.

Versteht man das Gesamtsystem der Beziehungen bei einer zwischenbetrieblichen Kooperation selbst als eine übergeordnete Organisation, die sich als Netzwerk der einzelnen beteiligten Unternehmungen ergibt, so entstehen für die Gestaltung der zwischenbetrieblichen Kooperation dieselben Probleme, die bereits in Kapitel 1 thematisiert wurden: Wie können die Ziele der zwischenbetrieblichen Kooperation durch eine Organisationsarchitektur so umfassend wie möglich implementiert werden? Dies ist das Organisationsproblem der Kooperation. Und, differenziert nach dem Koordinations- und Motivationsproblem: Welche Beiträge zur Kooperation sollen von welcher Unternehmung wie und wann am besten geleistet werden und wie kann die einzelne Unternehmung – als korporativer Akteur – dazu bewegt werden, diese entsprechenden Beiträge auch tatsächlich zu leisten?

Die effiziente Gestaltung einer zwischenbetrieblichen Kooperation wäre zumindest im Hinblick auf das Motivationsproblem relativ einfach zu lösen, wenn die beteiligten Parteien einen vollständigen Vertrag vereinbaren könnten: Die Parteien würden für alle möglichen Eventualitäten, die im Laufe ihrer Beziehung auftreten könnten, die Beiträge und die geschaffenen Werte so untereinander aufteilen, dass es im Interesse eines jeden Beteiligten wäre, die Zusammenarbeit einzugehen und sich an diese Vereinbarungen zu halten. Insbesondere könnte so bereits bei Abschluss des Kooperationsvertrages das mögliche Abweichen einer Partei von ihren vertraglichen Verpflichtungen berücksichtigt und durch eine Sanktion entsprechend unterbunden werden.

Im Unterschied zu vollständigen Verträgen ist nun bei unvollständigen Verträgen die Gestaltung der Vertragsbeziehung schwieriger. Bei unvollständigen Verträge bleiben den Vertragsparteien aufgrund der vertraglichen Lücken Entscheidungsspielräume, die nicht durch vertraglich spezifizierte Rechte und Pflichten determiniert sind. Jeder Vertragspartner kann also im Rahmen dieser Entscheidungsspielräume eigenständig entscheiden, inwieweit er seinen Beitrag für die Kooperation leistet und wie er damit die Verteilung der Wertschöpfung beeinflusst.

Damit ergibt sich aber eine strategische Unsicherheit: Das Verhalten einer Vertragspartei kann von der anderen Partei nicht mehr mit Sicherheit vorausgesagt werden. Unter der Annahme, dass die Parteien ihre eigenen Interessen und Ziele verfolgen, muss dann aber grundsätzlich davon ausgegangen werden, dass sie sich opportunistisch verhalten: Sie könnten im Rahmen ihrer Entscheidungsspielräume versuchen, ihre eigenen Vorteile zu maximieren. Dieses Streben nach Eigennutz wäre möglicherweise zum Nachteil der jeweils anderen Partei. So kann beispielsweise der Flugzeughersteller gegenüber der Fluggesellschaft verschweigen, dass eine neue Technologie verfügbar ist. Dies kann für ihn vorteilhaft sein, wenn er dadurch z.B. bereits getätigte Investitionen noch nutzbringend verwenden kann.

Der Umfang, in dem sich eine Partei opportunistisch verhält, bestimmt entscheidend, welche Werte die Vertragsparteien durch die Kooperation erzielen können. Unter Umständen kann die strategische Unsicherheit dazu führen, dass eine

Partei zu wenig in die Kooperation investiert. Aufgrund der Befürchtung, nicht die entsprechenden Erträge daraus erzielen zu können, wird sie unter Umständen sogar gänzlich von einem Vertrag Abstand nehmen.

Grundsätzlich können in einer Vertragsbeziehung aufgrund der strategischen Unsicherheit alle Probleme auftreten, die wir in Kapitel 2 als Konsequenz der strategischen Unsicherheit diskutiert haben. Es stellt sich also die Frage, wie sich die Vertragsparteien bereits im Vorhinein bei der Gestaltung ihres Vertrages vor solchen Problemen schützen können. Dabei werden die Parteien nicht nur das vorvertragliche Problem der adversen Selektion bei der Gestaltung des Vertrages berücksichtigen. Vielmehr werden sie auch versuchen, Probleme des moralischen Risikos, des Holdup oder des Wortbruchs, die nach Abschluss des Vertrages auftreten können, vertraglich zu berücksichtigen.

Damit transformiert sich aber das Motivationsproblem, das nach Vertragsabschluss besteht, in ein Koordinationsproblem vor Vortragsabschluss: Welche speziellen Schutzvorkehrungen können für die Koordination der Zusammenarbeit getroffen werden, damit die Ziele der Kooperation möglichst umfassend sichergestellt werden?

Im Folgenden wollen wir die geeignete Gestaltung einer zwischenbetrieblichen Kooperation näher untersuchen. Wir interpretieren hierzu die Zusammenarbeit zwischen zwei Unternehmungen als Transaktion, bei der bestimmte Leistungen und Gegenleistungen zwischen den Parteien ausgetauscht bzw. verknüpft werden. Wir nehmen an, dass das spezifische Ziel dieser Zusammenarbeit nicht vollständig die Struktur der zwischenbetrieblichen Kooperation determiniert. Für die Gestaltung der Beziehung steht also grundsätzlich noch ein gewisses Spektrum an alternativen Koordinationsformen zur Verfügung. Innerhalb dieses Spektrums ist dann die effiziente Organisation dadurch ausgezeichnet, dass sie dieses Kooperationsziel möglichst umfassend umsetzt.

Im Allgemeinen ist dabei im Vorhinein nicht klar, wie die Zusammenarbeit zwischen Organisationen am besten gestaltet werden sollte. Hier ist das Spektrum der zur Koordination möglichen zwischenbetrieblichen Organisationsstrukturen außerordentlich vielfältig. Betrachten wir z.B. die Beziehung zwischen einem Automobilhersteller und seinem Zulieferer: Sie kann sowohl in Form der marktlichen Koordination durch einen einfachen Kaufvertrag gestaltet werden, als auch durch komplexe Lieferverträge geregelt sein, in denen die beiden Parteien die jeweiligen Vertragsbedingungen miteinander aushandeln. Unter Umständen kann die Transaktion sogar hierarchisch koordiniert werden, wobei der Automobilhersteller den Zulieferer aufkauft und vertikal in seine Unternehmung integriert. Die Vielfalt möglicher Koordinationsformen zwischen Organisationen wird auch bei der Gestaltung eines optimalen Vertriebssystems eines Versicherungsunternehmens deutlich: Unabhängige Versicherungsmakler kommen hier ebenso in Betracht wie Einfirmenvertreter, an die exklusive Vertriebsrechte vergeben werden, oder ein Vertrieb durch den angestellten Außendienst.

4.2.4 Vor- und Nachteile verschiedener Koordinationsmechanismen

Betrachtet man die zwischenbetriebliche Kooperation als intermediären Koordinationsmechanismus zwischen der marktlichen und hierarchischen Koordination, dann stellen sich zwei Fragen: Erstens, welche systematischen Kosten- und Nutzenunterschiede bestehen zwischen diesen beiden Extremen? Zweitens, wann und unter welchen Bedingungen haben intermediäre Koordinationsformen der zwischenbetrieblichen Kooperation Vorteile gegenüber diesen Extremen? Zur Beantwortung dieser Fragen werden wir die Vor- und Nachteile der verschiedenen Koordinationsmechanismen näher untersuchen.

Betrachten wir zunächst die reine marktliche Koordination. Transaktionen werden hier durch vertragliche Vereinbarungen abgewickelt, die Leistung und Gegenleistung der Parteien eindeutig spezifizieren. Grundlage der reinen marktlichen Koordination bildet somit das Konzept des klassischen Vertrages. Wir können daher auch sagen, dass dem in Kapitel 3 diskutierten neoklassischen Marktmodell klassische Vertragsbeziehungen zugrunde liegen: Dort haben wir argumentiert, dass alle Transaktionen innerhalb der Ökonomie durch Kauf- und Dienstverträge abgewickelt werden, die die Beiträge und Ansprüche der Transaktionspartner für jeden Zustand der Ökonomie spezifizieren.

Folglich übertragen sich aber unmittelbar die Vorteile der marktlichen Koordination auf klassische Vertragsbeziehungen. Die Diskussion der neoklassischen Theorie der Unternehmung in Kapitel 3 zeigte, dass in einem Wettbewerbsmarkt effizient produziert wird – der Produzent eines Gutes orientiert seine Produktionsentscheidung an seinen minimalen langfristigen Durchschnittskosten. Zudem kann der Käufer das Produkt zu dessen Grenzkosten erwerben, da in einem Wettbewerbsmarkt ein Produzent langfristig keine Gewinne erwirtschaften kann. Neue Technologien, die zu geringeren Produktionskosten oder einer Verbesserung der Produktqualität führen, werden vom Produzenten direkt eingeführt und geringere Kosten der Produktion direkt an die Käufer in Form niedriger Preise weitergegeben.

Die Abwicklung von Transaktionen über eine marktliche Koordination in Wettbewerbsmärkten ermöglicht somit die Nutzung von Produktions- und Koordinationskostenvorteilen gegenüber der hierarchischen Koordination in einer Unternehmung:

- Zum einen können die Produktionskostenvorteile des Marktes aufgrund der Realisierung von Skaleneffekten in der Produktion genutzt werden. Eine unternehmensinterne Produktion wird hier im Allgemeinen zu einer viel kleineren Produktionsmenge führen, so dass die Durchschnittskosten bei Eigenproduktion über den Durchschnittskosten am Markt lägen. Grundsätzlich könnte zwar auch die Unternehmung steigende Skalenerträge in der Produktion dadurch nutzen, dass sie ihre Überschussproduktion am Markt verkauft. Allerdings würden die damit verbundenen Transaktionskosten innerhalb der Unternehmung die der marktlichen Koordination im Allgemeinen überschreiten.[12]
- Zum anderen hat die marktliche Koordination auch Vorteile im Hinblick auf die Motivationskosten: Da Leistung und Gegenleistung eng aneinander gekoppelt und von beiden Transaktionspartnern unmittelbar bewertbar sind, können die durch die Transaktion geschaffenen Werte direkt beurteilt werden. Zusammen mit der Homogenität des ausgetauschten Gutes und der Vielzahl verschiedener Anbieter ist somit opportunistisches Verhalten durch die Konkurrenz anderer möglicher Transaktionspartner wirksam eingeschränkt. Bei der internen Produktion in der Unternehmung müssen hingegen erst entsprechende Anreiz- und Kontrollmechanismen implementiert werden. Dies ist mit Kosten verbunden und garantiert nicht automatisch, dass effizienter produziert wird.
- Weiterhin hat auch der Markt Koordinationskostenvorteile: Da die Durchsetzung der Vertragserfüllung aufgrund der genauen Spezifikation von Leistung und Gegenleistung gerichtlich erfolgen kann und eine Vertragsverletzung entsprechende rechtliche Sanktionen zur Folge hätte, ist es für die Parteien nicht

notwendig, spezifische, auf die Transaktion zugeschnittene Schutzvorkehrungen zu vereinbaren. Die Parteien können vielmehr auf das gesetzliche Vertragsrecht zurückgreifen. Zudem erlaubt die Kurzfristigkeit des Vertrages eine autonome Anpassung an sich ändernde Rahmenbedingungen der Transaktion.

Durch diese Vorteile der marktlichen Koordination gegenüber der hierarchischen Koordination wird eine Unternehmung eine Vielzahl ihrer Inputfaktoren über den Markt beziehen. Dadurch kann es auf gut funktionierenden Wettbewerbsmärkten die Anreize, die zu einer effizienten Produktion und niedrigen Preisen führen, ausnutzen. Dies gilt z.B. für Firmenwagen, Treibstoff, Telefone, Schreibpapier oder Bleistifte, also solche Güter, die nicht spezifisch auf die jeweilige Transaktion zugeschnitten sind.

Die marktliche Koordination ist also insbesondere dann vorteilhaft, wenn beide Transaktionsparteien nur einer geringen strategischen Unsicherheit ausgesetzt sind. Dies ist der Fall, wenn nur wenige transaktionsspezifische Investitionen zur Durchführung der Transaktion notwendig sind und die im Rahmen der Transaktion erbrachten Leistungen relativ gut bewertbar sind. Dadurch sind die in Kapitel 2 erwähnten Probleme der adversen Selektion, des moralischen Risikos, des Wortbruchs und des Holdup entsprechend unbedeutend.

Wenn allerdings die strategische Unsicherheit innerhalb der Beziehung zwischen den Parteien groß ist, reduzieren sich diese Vorteile der marktliche Koordination. So macht z.B. die Diskussion der fundamentalen Transformation im vorherigen Abschnitt deutlich, dass bei umfangreicheren Investitionen, die zur Erstellung des auszutauschenden Gutes notwendig sind, eine marktliche Koordination mit steigenden Kosten verbunden ist. Hohe transaktionsspezifsche Investitionen verändern die Beziehung zwischen den Transaktionspartnern von einer Wettbewerbssituation ex ante zu einer ex post Beziehung, die durch bilaterale Verhandlungen zwischen den Parteien gekennzeichnet ist. Die Möglichkeit des Holdup führt hier zu steigenden Koordinations- und Motivationskosten: Zum einen müssen spezifische Regelungen gefunden werden, die das Problem des Holdup reduzieren. Dadurch steigen die Vertragskosten. Zum anderen werden im Allgemeinen aufgrund der Unvollständigkeit des Vertrages immer noch Vertragslücken bleiben, so dass der Anreiz steigt, die Abhängigkeit der anderen Transaktionspartei opportunistisch auszunutzen. Dadurch entstehen hohe Konflikt- und Einigungskosten. Zudem reduzieren sich mit zunehmenden transaktionsspezifischen Investitionen auch die Produktionskostenvorteile des Marktes: Die ausgetauschten Güter sind weniger homogen und standardisiert, so dass die Nachfrage für diese spezifischen Produkte geringer ist. Daher können die Vorteile des Marktes bei steigenden Skalenerträgen nicht mehr entsprechend genutzt werden.

General Motors, Fisher Body und die Unvollständigkeit von Verträgen

In der Frühzeit der US-amerikanischen Automobilindustrie waren die Karosserien der Fahrzeuge meist handgefertigte Holzkonstruktionen, die spezialisierte Zulieferer der Automobilhersteller produzierten. Im Jahre 1919 verhandelte General Motors mit seinem Karosseriezulieferer Fisher Body über einen Vertrag zur Lieferung von geschlossenen Metallkarosserien, die für einen kleinen Teil der GM-Produktion verwendet werden sollten. Für die Herstellung dieser Metallkarosserien waren große Pressen erforderlich, die nur für einen spezifischen Karosserietyp verwendet werden konnten.

Ein kurzfristiger Vertrag lag aufgrund der erheblichen spezifischen Investition in diese Karosseriepressen nicht im Interesse der Vertragsparteien. Fisher Body wollte sichergehen, dass sich die Investitionen in die Pressen auch rentierten. Insbesondere wollte das Unternehmen verhindern, dass GM, z.B. mittels der Drohung, weniger Karosserien abzunehmen oder sich von einem anderen Hersteller beliefern zu lassen, Preiszugeständnisse erpresste, nachdem die Investitionen in die GM-spezifischen Karosseriepressen getätigt waren. Daher drängte Fisher Body auf einen langfristigen Liefervertrag. Man vereinbarte schließlich einen Exklusivvertrag, der GM dazu verpflichtete, seine Metallkarosserien in den nächsten 10 Jahren ausschließlich von Fisher Body zu beziehen.

GM hatte seinerseits ein Interesse zu verhindern, dass Fisher Body seine durch den Exklusivvertrag erworbene Monopolstellung während der Laufzeit des Vertrages opportunistisch ausnutzen konnte, etwa durch Lieferung schlechterer Qualität oder durch überhöhte Preise. Die beiden Unternehmen vereinbarten daher ebenfalls verschiedene Absicherungen und Preisbindungsklauseln: So wurde z.B. der Abnahmepreis auf 117,6 % der Herstellungskosten auf Basis der Lohn- und Materialkosten festgelegt. Für den Fall von Konflikten über die Interpretation und Einhaltung des

Liefervertrages wurde ein verbindliches Schiedsgerichtsverfahren vereinbart. Die hohen Kosten für diese spezifische Vertragsgestaltung wurden von den Parteien aufgrund der verbesserten Absicherung gegenüber einem klassischen Vertrag in Kauf genommen. Beide gingen davon aus, sich gegen die negativen Konsequenzen möglichen opportunistischen Verhaltens des anderen hinreichend abgesichert zu haben. Die weitere Entwicklung der Austauschbeziehung zeigte jedoch, dass der Vertrag trotz der getroffenen Absicherungen und Konfliktlösungsmechanismen aufgrund unvorhergesehener Änderungen der Rahmenbedingungen immer noch opportunistisches Verhalten zuließ, also trotz allem unvollständig war.

Nicht vorhergesehen hatten die Vertragspartner nämlich die sprunghaft ansteigende Nachfrage nach Metallkarosserien. Im Jahre 1924 besaßen 65 % der von GM gefertigten Fahrzeuge Metallkarosserien. Gleichzeitig belebte sich die Konkurrenz der Automobilhersteller. GM musste Kosten sparen. Das Unternehmen war der Ansicht, dass Fisher Body aufgrund der stark gestiegenen Produktionsmenge in eine Kapazitätserweiterung investieren, Skaleneffekte realisieren und die Karosserien daher zu einem günstigeren Preis an GM abgeben könnte. Fisher Body allerdings hatte gar kein Interesse an einer kapitalintensiveren Fertigung, da die Unternehmung auf der Basis von 117,6 % ihrer Lohn- und Materialkosten bezahlt wurde. Auch ein weiterer Vorschlag, der GM Kosten gespart hätte, wurde abschlägig beschieden: Fisher Body weigerte sich, die Karosseriefertigung zwecks Einsparung von Transportkosten neben die GM-Fabrik zu verlegen. Denn Fisher Body befürchtete, durch die notwendigen standortspezifischen Investitionen in eine zu große Abhängigkeit von GM zu geraten. Fisher Body konnte sich einer bilateralen Anpassung der Vertragskonditionen widersetzen, weil selbst ein Ausfall von GM als Kunde aufgrund der stark gestiegenen Nachfrage anderer Automobilhersteller zu verkraften gewesen wäre.

Die langfristige Vertragsbeziehung konnte durch Fisher Body trotz der getroffenen Absicherungen letztlich doch opportunistisch ausgenutzt werden. Für GM resultierten daraus höhere Kosten für Vorprodukte, höhere Transportkosten und Verhandlungskosten, die sich nicht auszahlten. Darüber hinaus verhinderte die mangelnde Anpassungsfähigkeit des langfristigen Vertrages an geänderte Umstände sinnvolle Rationalisierungsinvestitionen.

1926 entschloss sich GM, Fisher Body aufzukaufen, und ging in der Karosserieproduktion damit von einer Fremderstellung zu einer Eigenerstellung über.

<u>Quelle:</u> *Siehe Klein, Crawford und Alchian (1978) und Williamson (1985, S.130ff)*

Welchen Unterschied macht aber nun eine hierarchische Koordination in Situationen, die z.B. durch hohe transaktionsspezifische Investitionen oder bedeutende Bewertungsprobleme ausgezeichnet sind? Warum können innerhalb einer Unternehmung die Koordinations- und Motivationsprobleme besser gelöst werden als bei der marktlichen Koordination? Im Folgenden wollen wir verschiedene Gründe hierfür aufzeigen:[13]

- Reduzierte Vertragskosten: Um die mit einer Transaktion verbundene strategische Unsicherheit zu reduzieren, müssen bei einer marktlichen Koordination für alle relevanten Umweltsituationen die zu leistenden Beiträge und die sich daraus ableitenden Ansprüche im Vorhinein präzisiert werden. Dies ist aufgrund der beschränkten Rationalität ausgeschlossen oder mit entsprechend hohen Kosten verbunden. Eine relationale Vertragsbeziehung, die hier lediglich die Rahmenbedingungen festlegt, innerhalb derer sich die Parteien verhalten können, und die einer Transaktionspartei das Recht zuweisen, unilateral die Durchführung der Transaktion an die spezifischen Rahmenbedingungen anzupassen, reduziert die Vertragskosten erheblich.

- Erhöhte Anpassungsfähigkeit: Eng verbunden mit der Vertragsgestaltung ist die Flexibilität des Vertrages. Können aufgrund der Komplexität der Vertragsbedingungen nicht alle relevanten Eventualitäten bei Vertragsabschluss berücksichtigt werden, dann ermöglicht die hierarchische Koordination eine wesentlich bessere Adaption als die marktliche Koordination. Verändern sich nämlich die Rahmenbedingungen der Transaktion im Laufe der Vertragsbeziehung, dann können die vertraglichen Lücken durch Anordnungen unmittelbar ausgefüllt werden: Wenn beispielsweise aufgrund einer Nachfrage- oder Faktorpreisänderung ein Gut in einer anderen Qualität, Quantität oder Zeit bereitgestellt werden soll, dann können durch das Direktionsrecht der übergeordneten Partei solche Anpassungen schnell und mit relativ geringen Kosten vorgenommen werden. So kann eine Unternehmenszentrale den Transferpreis zwischen zwei Divisionen einseitig verändern und den Divisionen die neuen Austauschbedingungen vorgeben.

Dieser einseitigen Adaption können im Fall der marktlichen Koordination langwierige Verhandlungen und teure Konfliktlösungen entgegenstehen. Wenn sich beispielsweise die Rahmenbedingungen der Transaktion zwischen dem Käufer und dem Verkäufer eines Gutes durch höhere Produktionskosten verändern, dann müssen Neuverhandlungen über den Austausch durchgeführt werden, oder der Käufer löst den Vertrag unter Beachtung der entsprechenden Vertragsklauseln. In beiden Fällen entstehen den Parteien hohe Transaktionskosten, die durch die innerbetriebliche Entscheidungsfindung gesenkt werden können.

Zudem kann die Anpassungsfähigkeit auch durch den unternehmensinternen Informationsfluss besser sein als bei der marktlichen Koordination: Bei der hierarchischen Koordination kann die übergeordnete Partei die Herausgabe spezifischer Informationen fordern bzw. fördern. Über den Markt hingegen wären solche Information nicht so schnell und kostengünstig zu besorgen. Der einfachere Zugang zu solchen Informationen innerhalb der hierarchischen Koordination kann dann sowohl die Anpassungsentscheidungen als auch die Entscheidungen bei der innerbetrieblichen Lösung von Konflikten verbessern.

- Erhöhte Investitionsanreize: Wir haben schon darauf hingewiesen, dass transaktionsspezifische Investitionen zu reduzierten Investitionsanreizen der Parteien führen können. Betrachten wir zur Illustration das Beispiel eines Automobilzulieferers, der Euro 1 Million in eine Maschine investiert hat, um ein bestimmtes Zulieferteil herzustellen. Falls dieses Teil nur von einem Automobilproduzenten genutzt werden kann, ist die Investition in die Maschine transaktionsspezifisch. Angenommen, die variablen Produktionskosten des Zulieferers betragen 10 Euro und er kann 100.000 Stück auf der Maschine herstellen. Dann muss er das Zulieferteil mindestens für 20 Euro verkaufen, wenn er seine Kosten decken will. Ohne einen vollständigen Vertrag geht der Zulieferer nun aber die Gefahr ein, dass der Automobilproduzent nach dem Kauf der Maschine den Preis des Zuliefererteils unter 20 Euro drückt. Da nämlich zu diesem Zeitpunkt die Investition in die Maschine für den Zulieferer Sunk costs darstellen, wird er auf diesen Preisdruck so lange eingehen, wie seine variablen Kosten gedeckt sind. Der Automobilproduzent wird den Zulieferer also bis auf 10 Euro pro Teil drücken können. Antizipiert der Zulieferer diese Gefahr des Holdup, wird er nicht in die Maschine investieren solange ihm nicht mindestens 20 Euro pro Teil bei einer Mindestabnahme von 100.000 Stück garantiert werden. Andererseits kann aber auch der Automobilproduzent der Gefahr eines Holdup ausgesetzt sein, beispielsweise dann, wenn der Zulieferer weiß, dass der Produzent größere Auftragsrückstände besitzt und deshalb auf die Zulieferteile dringend angewiesen ist. In diesem Fall könnte der Zulieferer einen höheren Preis verlangen.

Vertikale Integration, also die hierarchische Abwicklung der Transaktion, kann hier mögliche Investitionsverzerrungen verhindern. So muss sich der Automobilproduzent keine Gedanken über spätere Preisverhandlungen machen, wenn er selbst in die Maschine investiert oder den Zulieferer aufkauft. In beiden Fällen kann er die Vorteile der Investition vollständig realisieren.

- Bessere Messbarkeit der Leistung: In manchen Situationen kann es für eine Transaktionspartei schwierig sein, die Leistungen, die die andere Partei in der Transaktion erbringt, präzise zu beurteilen. Das Zustandekommen der Transaktion ist aber ganz wesentlich von den Werten abhängig, die die Partei aus der Beziehung erwarten kann. Um solche Erwartungen zu bilden, muss die Leistung der anderen Partei daher in einem gewissen Umfang gemessen werden. Eine hierarchische Koordination kann hier zu einer Einsparung von Messkosten und somit zu einer besseren Bewertung der Leistung der anderen Partei führen. Betrachten wir als Beispiel einen Automobilproduzenten. Ein von ihm benötigtes Teil ist ein Erfahrungsgut: Er kann erst nach langjähriger Benutzung durch den Autokäufer feststellen, in welchem Umfang das Teil tatsächlich seinen Qualitätsanforderungen entspricht. In diesem Fall hat der Zulieferer einen Anreiz, den Automobilproduzenten opportunistisch auszunutzen. Sobald nämlich ein Preis für das Teil festgelegt ist, kann der Zulieferer die Qualität des Teils mindern und somit den eigenen Nutzen aus der Transaktion steigern. Dies ist insbesondere dann möglich, wenn der Automobilproduzent auch in Zukunft an ihn gebunden bleibt oder wenn die Transaktion aus irgendeinem Grund einmalig ist. Ist nun aber die Qualität des Zulieferteils entscheidend für den Wert des gesamten Fahrzeugs, dann kann eine unternehmensinterne Produktion sinnvoll sein, um die gewünschte Qualität des Teils zu garantieren. Dies erlaubt der Unternehmung, vertragliche Anreize zu setzen, damit die Mitarbeiter die geforderte Produktqualität erzeugen, oder durch andere Kontroll- und Steuerungsmechanismen die Produktqualität sicherzustellen.

Entsprechend dieser Argumentation würden in einer Unternehmung diejenigen Transaktionen durchgeführt, bei denen die Leistung schwer zu bewerten ist. Barzel (1982, S.42) behauptet hier, "ownership will change more frequently the less the commodity is subject to change."

- Einfachere Gesamtkoordination: Ist die betrachtete Transaktion eingebettet in ein Netzwerk anderer Transaktionen, dann ist die Abstimmung zwischen diesen Transaktionen entscheidend für den Wert, der durch die betrachtete Transaktion geschaffen wird. Die hierarchische Koordination aller derart verbundenen Transaktionen kann hier zu einer einfacheren Gesamtkoordination führen.

Wenn beispielsweise ein Konsumgüterhersteller in den Aufbau eines Markennamens und spezifische Kundenbindung investiert hat, dann kann es sinnvoll sein, den Verkauf seiner Produkte durch ein eigenes Händlernetz zu organisieren: Die Investition in den Markennamen erhöht die Nachfrage nach den Produkten der Unternehmung. Unabhängige Händler könnten hier einen Anreiz haben, keine eigenen Anstrengungen zur Förderung des Markennamens zu unternehmen und stattdessen auf die Bemühungen des Konsumgüterherstellers und anderer Händler zu bauen. Ein solches Trittbrettfahrerverhalten kann z.B. durch reduzierte lokale Werbung oder schlecht qualifizierte Verkäufer erfolgen, beides Maßnahmen, die für den einzelnen Händler den Wert aus der Transaktion mit dem Konsumgüterhersteller zu seinen Gunsten erhöhen können, ohne dass er alle Konsequenzen aus seinem Handeln zu tragen hat.

Zudem kann es für die Unternehmung schwierig sein, die Marketingmaßnahmen der einzelnen Händler aufeinander abzustimmen. Aus Unternehmenssicht kann es so z.B. sinnvoll sein, die Produktpreise bei einer zu geringen lokalen Nachfrage durch Sonderangebote zu senken oder spezielle Werbeaktivitäten durchzuführen. Solche Maßnahmen müssen aber aus Sicht des betroffenen Händlers, der nur den Gewinn seiner eigenen Verkaufseinheit im Auge hat, nicht notwendigerweise im eigenen Interesse sein.

Eine vertikale Integration des Händlernetzes ermöglicht es dem Konsumgüterhersteller hier, die Marketingaktivitäten der einzelnen Händler besser aufeinander abzustimmen. Die Motivation zur Durchführung der jeweiligen lokalen Maßnahmen kann durch entsprechende Entlohnungssysteme gefördert werden.

Somit kann auch dem Trittbrettfahrerverhalten der Manager der einzelnen Verkaufseinheiten entgegengewirkt werden.

Die aufgezeigten Vorteile der hierarchischen Koordination gegenüber der Abwicklung einer Transaktion über den Markt könnten zu dem Schluss verleiten, dass in den genannten Situationen die unternehmensinterne Leistungserstellung stets der Koordinationsmechanismus ist, der die Kosten der Durchführung minimiert. Diese Folgerung ist aber aus zwei Gründen voreilig: Erstens sind mit der hierarchischen Koordination auch Nachteile verbunden. Zweitens ist die hierarchische Koordination nicht die einzige Alternative zur marktlichen Koordination. Vielmehr ergeben sich durch zwischenbetriebliche Kooperationen eine Vielzahl intermediärer Koordinationsformen, die unter gewissen Bedingungen sowohl der marktlichen als auch der hierarchischen Koordination überlegen sein können. Diese werden im nächsten Abschnitt eingehend diskutiert.

Betrachten wir zunächst die Nachteile, die mit der hierarchischen Koordination verbunden sein können:

- Reduzierte Anreizwirkung: Im Unterschied zur marktlichen Koordination fehlt bei der hierarchischen Koordination die Anreizwirkung des Wettbewerbs. Die Leistungen werden so nicht durch ihre jeweiligen Grenzproduktivitäten entlohnt. Um die damit einhergehenden Anreizdefizite zu reduzieren, werden spezielle Steuerungs- und Anreizsysteme eingeführt. Mit der Einführung und Nutzung dieser Systeme sind allerdings erhebliche Transaktionskosten verbunden, wie die Studie von Wallis und North (1988) zeigt.

  Zudem ist die Wirkungsweise dieser Anreizsysteme gegenüber dem marktlichen Austausch eingeschränkt: Hier bestehen vor allem Messprobleme bei der Bewertung unternehmensintern erstellter Leistungen. Wäre nämlich der Beitrag des einzelnen Transaktionspartners unmittelbar aufgrund seiner Leistung messbar, dann könnte diese Transaktion marktlich koordiniert und der mit der unternehmensinternen Leistungserstellung verbundene Kostenaufwand reduziert werden. Somit werden aber innerhalb einer Unternehmung vor allem diejenigen Transaktionen durchgeführt, bei denen die Leistung einfacher durch die Einsatzfaktoren oder andere quantifizierbare Kriterien als durch die Ausbringungsmenge gemessen werden kann. Dadurch entstehen zum einen die mit der strategischen Unsicherheit verbundenen Probleme der adversen Selektion und des moralischen

Risikos, zum anderen besteht dabei die Gefahr, dass die eigentliche Leistung nicht adäquat widergespiegelt wird.

Diese Argumentation steht im engen Zusammenhang mit den vielfältigen Interdependenzen zwischen verschiedenen Transaktionen in einer Unternehmung. Durch diese Leistungsverflechtungen mit anderen Mitarbeitern wird die Beurteilung der individuellen Leistung erschwert. Zwar kann hier die gemeinsame Leistung als Resultat der Einzelleistungen durchaus messbar sein, jedoch ist der einzelne Beitrag eines Mitarbeiters nicht identifizierbar.

- Verzerrte Investitionsanreize: Aufgrund der oben genannten Mess- und Zurechnungsprobleme sind Leistung und Gegenleistung bei einer hierarchischen Koordination nur unzureichend miteinander gekoppelt. Steuerungs- und Anreizsysteme können hier die damit verbundenen Kosten reduzieren, nicht aber vollständig beseitigen. Selbst bei strikter hierarchischer Kontrolle ist so ein opportunistisches Verhalten nicht auszuschließen. Dies gilt unter Umständen auch dann, wenn eine eindeutige Leistungsbewertung möglich ist. Die Folge können unzureichende Investitionen sein.

Betrachten wir hierzu ein Automobilunternehmen, das bisher seine Bremssysteme von einem Zulieferunternehmen bezogen hat. Die Integration des Herstellers als eigenständige, von anderen Unternehmenstransaktionen unabhängige Abteilung kann hier zu einer Verzerrung von Investitionsanreizen führen: Senkt z.B. eine Innovation die Produktionskosten für Bremssysteme, dann werden dem Management dieser Abteilung nicht alle Verdienste dieser wertsteigernden Aktivitäten zukommen. Auch das Management der Gesamtunternehmung wird davon profitieren. Wenn nun das Management der Abteilung allein über diese Innovation entscheidet, können die Anreize reduziert sein, in solche innovativen Aktivitäten zu investieren. Im Fall eines eigenständigen Herstellers von Bremssystemen würde hingegen eine marktliche Koordination den Investitionsanreizen nicht schaden: Jede Senkung der Produktionskosten für Bremssysteme würde dem Management des Zulieferers direkt zufließen.

- Nicht-produktive Aktivitäten: Zusätzlich zu diesen Nachteilen der hierarchischen Koordination können in Unternehmungen zudem noch mögliche nicht-produktive Aktivitäten der Transaktionsparteien kommen. Hier besteht die Gefahr, dass Mitarbeiter versuchen, Kontrolle über interne und externe Ressourcen zu bekommen, etwa indem sie Vorgesetzte bei deren Entscheidungen zu ihren Gunsten beeinflussen. Solche Aktivitäten können zu einer besseren Entlohnung, der Neufestlegung von Verfahrensregeln oder einer besseren finanziellen Ausstattung einer Abteilung führen.

- Zusätzliche Interessenkonflikte: Auch die Bewältigung unternehmensinterner Interessengegensätze erfordert Ressourcen, die zu zusätzlichen Kosten der hierarchischen Koordination führen können. Neben der organisatorischen Rolle wird einem Mitarbeiter nämlich auch eine Position innerhalb der Organisationshierarchie zugewiesen. Beides kann zu spezifischen Interessen führen, die einer adäquaten Durchführung seiner Aufgabe entgegenstehen: So wird ein Betriebsbeauftragter für Umweltschutz bei einer zu starken Identifikation mit seiner organisatorischen Rolle die Investition in eine Anlage nur noch unter Umweltaspekten beurteilen. Der Leiter eines Produktionswerks wird bemüht sein, seine Position innerhalb der Hierarchie zu halten oder durch zusätzliche Statussymbole wie Macht oder Budget zu verbessern.

4.2.5 Die Auswirkungen von Transaktionsmerkmalen und Technologie auf die zwischenbetriebliche Koordination

In der bisherigen Diskussion haben wir die grundsätzlichen Vor- und Nachteile der marktlichen sowie der hierarchischen Koordination vorgestellt. Dabei wurde deutlich, dass die marktliche Koordination insbesondere in solchen Situationen ein ungeeigneter Koordinationsmechanismus ist, in denen die Transaktionsparteien strategischer Unsicherheit ausgesetzt sind. Dem konnte zwar eine hierarchische Koordination entgegenwirken, allerdings waren auch mit diesem Mechanismus Koordinations- und Motivationskosten verbunden. Dies unterstützt die Argumentation von Coase, dass die Organisation jeder ökonomischen Aktivität mit Kosten verbunden ist, gleichgültig ob sie über den Markt abgewickelt wird oder in der Unternehmung stattfindet.

Die zwischenbetriebliche Kooperation als intermediärer Koordinationsmechanismus zwischen der marktlichen und hierarchischen Koordination blieb in der obigen Betrachtung unberücksichtigt. Dabei ist aufgrund der Nachteile der beiden extremen Koordinationsalternativen durchaus denkbar, dass die zwischenbetriebliche Kooperation unter gewissen Bedingungen die Vorteile der marktlichen und hierarchischen Koordination miteinander verbinden. Dies soll im Folgenden dargestellt werden. Dabei werden wir systematisch die Auswirkungen der einzelnen Transaktionsmerkmale sowie der Technologie, die zur Durchführung der Transaktion zur Verfügung steht, auf die Koordination der zugrundeliegenden Transaktion untersuchen:

Spezifität der zur Durchführung der Transaktion notwendigen Investitionen

Die Argumentation im letzten Abschnitt legt die Vermutung nahe, dass die geeignete Koordination einer Transaktion ganz wesentlich von den transaktionsspezifischen Investitionen abhängt, die eine Transaktionspartei tätigen muss. Bei Transaktionen ohne spezifische Investitionen stellt die marktliche Koordination das geeignete Arrangement dar, da durch den Wettbewerb opportunistisches Verhalten beschränkt wird und autonome Anpassungsprozesse kostengünstig möglich sind. Andererseits ist bei Transaktionen mit hochspezifischen Investitionen die hierarchische Koordination vorteilhaft, da sie die Investitionsanreize nicht verzerrt, opportunistisches Verhalten durch spezifische Steuerungs- und Kontrollmechanismen reduziert und ex post Anpassungen schnell und kostengünstig durchgeführt werden können.

Die Wahrscheinlichkeit, dass eine Transaktion hierarchisch koordiniert wird, ist also um so größer, je höher die transaktionsspezifischen Investitionen sind. Im Hinblick auf das Gesamtspektrum möglicher Koordinationsformen ist zudem zu erwarten, dass intermediäre Koordinationsformen bei einem mittleren Niveau der spezifischen Investitionen der extremen marktlichen bzw. hierarchischen Koordination überlegen sind. Dies soll im Folgenden näher begründet werden. Dazu werden wir zunächst die Vorteile der zwischenbetrieblichen Kooperation herausarbeiten und dann begründen, unter welchen Bedingungen dieser Koordinationsmechanismus vorteilhaft ist.

Zwischenbetriebliche Kooperationen können als intermediäre Koordinationsformen Vorteile der marktlichen und hierarchischen Koordination miteinander verbinden. Die folgenden Punkte lassen sich hier anführen:

- Vorteile gegenüber der marktlichen Koordination: Als relationale Vertragsbeziehung begründet eine zwischenbetriebliche Kooperation wie die hierarchische Koordination im Allgemeinen eine langfristige Beziehung zwischen den Transaktionsparteien. Diese relationale Vertragsbeziehung ist Voraussetzung dafür, dass zwischen den Parteien Vertrauen entstehen kann: Wenn eine Partei in eine langfristige Beziehung mit einer anderen Partei eingebunden ist, wird sie die langfristigen Auswirkungen ihres gegenwärtigen Verhaltens berücksichtigen. Die einseitige Durchsetzung der eigenen Interessen kann nämlich dazu führen, dass die andere Partei künftig ihr Verhalten anpassen wird und ihrerseits auf die Durchsetzung eigener Interessen besteht oder dass die Beziehung vorzeitig beendet wird. Übersteigen hier die Nachteile, die aus einem opportunistischen Verhalten für die künftige Zusammenarbeit resultieren, die kurzfristigen Vorteile aus einem solchen Verhalten, dann kann dies eine kooperationsfördernde Wirkung haben.

Somit fördern die Vorteile, die eine Partei aus der künftigen Zusammenarbeit erwarten kann, wie auch die bisher geleisteten Beiträge der Parteien die gemeinsame Zusammenarbeit. Je mehr die Parteien wechselseitig aufeinander angewiesen sind und je eher sie die geplante Wertschöpfung nur gemeinsam realisieren können, desto eher werden sie ihre individuellen Interessen zurückstellen.

Zudem kann das gegenseitige Vertrauen durch unterstützende Maßnahmen gefördert werden:[14] Spezifische Investitionen vor und nach dem Vertragsabschluss erhöhen so die Selbstverpflichtung zur Kooperation. Dies kann beispielsweise die Form von Geschenken oder Besuchen haben, aber auch durch gemeinsame Investitionen in die Schaffung einer gemeinsamen Organisation oder größere Marketingausgaben geschehen. Auch die gegenseitige Absicherung durch 'Geiseln' wie z.B. Kautionen, die wechselseitige Mitgliedschaft im Aufsichtsrat oder der Austausch von Eigentumsanteilen, kann als vertrauensbildende Maßnahmen betrachtet werden.

Somit kann die langfristige Beziehung in Form einer zwischenbetrieblichen Kooperation ebenso wie die hierarchische Koordination zu einer Reduzierung der strategischen Unsicherheit bei transaktionsspezifischen Investitionen führen. So können langfristige Absprachen mit Lieferanten eine Alternative zur vertikalen Integration sein.

- Vorteile gegenüber der hierarchischen Koordination: Im Unterschied zur hierarchischen Koordination werden durch zwischenbetriebliche Kooperationen die Anreizwirkungen des Marktes nicht vollständig ausgeschaltet. Während bei der hierarchischen Koordination durch die langfristige Bindung an den Partner eine direkte Konkurrenz fehlt, ist es bei interorganisatorischen Beziehungen oftmals einfacher möglich, die Transaktionspartei zu wechseln. Die Produktionsabteilung einer Unternehmung, die Vorprodukte unternehmensintern durch Transferpreise von einer anderen Abteilung bezieht, ist hier in einer engeren Bindung zu dieser Abteilung als in einer Situation, in der sie über einen langfristigen Liefervertrag die Vorprodukte von einer anderen Unternehmung bezieht. Im letzteren Fall kann die Produktionsabteilung bzw. die Unternehmensleitung nicht nur unter verschiedenen Lieferanten den günstigsten auswählen, sondern sie hat die Möglichkeit, ihre Lieferantenentscheidung immer wieder zu überprüfen. Jarillo (1988, S.35) merkt so an, "networking introduces a cost discipline that may be absent in an integrated firm, with its captive internal markets".

Den genannten Vorteilen intermediärer Koordinationsformen stehen natürlich auch Nachteile gegenüber. Die Abwägung der Vor- und Nachteile bestimmt dann, in welchen Situationen zwischenbetriebliche Kooperationen gegenüber den extremen Koordinationsmechanismen vorteilhaft sind:

- Nachteile gegenüber der marktlichen Koordination: Im Unterschied zu Transaktionen, die über den Markt abgewickelt werden, sind mit intermediären Koordinationsformen explizite Vertragsverhandlungen und somit höhere Vertragskosten verbunden. Zudem sind bei marktlichen Transaktionen aufwendige Kontroll- und Steuerungsmechanismen nicht notwendig, da opportunistisches Verhalten durch den Wettbewerbsdruck unterbunden wird. Die Gefahr rechtlicher Sanktionen oder die Androhung, künftige Transaktionen mit anderen Parteien abzuwickeln, kann diese Anreizwirkung des Marktes unter Umständen kompensieren, allerdings können Kontroll- und Sanktionsmechanismen, die speziell auf die Transaktion zugeschnitten sind, bei zwischenbetrieblichen Kooperationen zu einem hohen vertraglichen Gestaltungsaufwand führen.
- Nachteile gegenüber der hierarchischen Koordination: Diese können bestehen, wenn für die Durchführung der Transaktion zu hohe transaktionsspezifische Investitionen notwendig sind. So können in einer zwischenbetrieblichen Koope-

ration die notwendigen Investitionsanreize zu gering sein. Zwei eigenständige Unternehmungen könnten möglicherweise vor zu hohen Investitionen in eine Transaktion zurückschrecken, weil sie Probleme des Holdup und die vorzeitige Beendigung ihrer Beziehung befürchten. Sind die beiden Unternehmungen Abteilungen innerhalb eines gemeinsamen Konzerns, dann ist ihre Bindung wesentlicher enger. Somit müssen sie weit weniger befürchten, dass sie ihre Verluste aus transaktionsspezifischen Investitionen nicht durch die Wertschöpfung aus ihrer Zusammenarbeit ausgleichen können.

Da mit steigenden transaktionsspezifischen Investitionen die Produktion immer stärker auf die spezifische Transaktion zugeschnitten sein muss, verringern sich sukzessive die Vorteile, die aus steigenden Skalenerträgen und Lerneffekten resultieren können. Die Produktionskostenvorteile der marktlichen Koordination werden also mit steigender Spezifität der Transaktion geringer.

Zusammen mit unserer obigen Diskussion ergibt sich somit folgende Beziehung zwischen dem Umfang der transaktionsspezifischen Investition und dem geeigneten Koordinationsmechanismus:

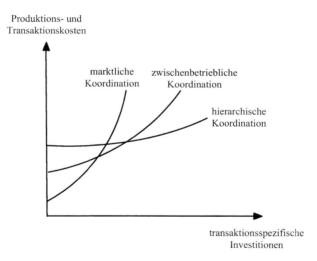

Abbildung 4.9: Die Abhängigkeit der Kosten verschiedener Koordinationsmechanismen vom Umfang der zur Durchführung einer Transaktion notwendigen transaktionsspezifischen Investitionen

Transaktionen mit niedriger Spezifität werden marktlich koordiniert, in einem Zwischenbereich mit mittlerer Spezifität ist die Koordination durch zwischenbetriebliche Kooperation optimal und bei hohen transaktionsspezifischen Investitionen ist die hierarchische Koordination vorteilhaft. Dieses Ergebnis wird durch eine Reihe empirischer Arbeiten belegt, die diese Abhängigkeiten in verschiedenen Branchen nachweisen konnten, ebenso wie bei der geeigneten Gestaltung einzelner Unternehmensbereiche.[15]

Transaktionsspezifische Investitionen in der Strom erzeugenden Industrie

In einer Reihe von Artikeln beschäftigt sich Paul Joskow mit den Vertragsbeziehungen zwischen US-amerikanischen Kohlekraftwerken und Minen, die Kohle fördern. Aus Transaktionskostensicht sind diese Beziehungen folgendermaßen gekennzeichnet:

Kohlekraftwerke siedeln sich im Allgemeinen in unmittelbarer Nähe der sie beliefernden Minen an. Der Grund hierfür ist neben den damit verbundenen geringeren Transportkosten beim Kohletransport eine bessere Produktionseffizienz des Kraftwerks: Indem das Kraftwerk eine 'mine-mouth' Investition tätigt, setzt es kohlespezifische Öfen ein, die auf die jeweilige Qualität der Kohle abgestimmt sind, die die Mine liefert. Darüber hinaus investiert das Kohlekraftwerk im Allgemeinen in die Eisenbahnstrecke zur Mine und in entsprechende Transportkapazitäten. Auch die Kohleminen tätigen spezifische Invesitionen, indem sie ihre Förderkapazitäten auf die Stromerzeugung des Kohlekraftwerks abstimmen. Beide Unternehmen sind so durch transaktionsspezifische Investitionen aneinander gebunden.

Interessanterweise lässt sich nun der Kohlebergbau in den USA nach der Art der Kohleförderung geographisch in zwei Regionen trennen: Im Osten herrscht der Untertagebau vor, die Kohlequalität ist relativ homogen und es lassen sich kaum Skaleneffekte realisieren. Im Westen wird die Kohle dagegen weitgehend im Tagebau gefördert, bei dem erhebliche Skaleneffekte möglich sind. Allerdings schwankt die Qualität der Kohle innerhalb der verschiedenen westlichen Minen. Zudem sind die Transportkosten, die eine beträchtliche Komponente des Kohlepreises ausmachen, durch die bessere Infrastruktur im Osten wesentlich geringer als im Westen.

Aufgrund unserer Überlegungen zu den Auswirkungen transaktionspezifischer Investitionen auf die Gestaltung zwischenbetrieblicher Kooperationen würden wir fol-

gendes vermuten: Die Kraftwerke, die spezifische 'mine-mouth' Investitionen getätigt haben, werden entweder vertikal integriert sein oder die Kohleminen werden durch komplexe, langfristige Verträge mit den Kohlekraftwerken die Gefahr des Holdup verringern.

Joskos empirische Untersuchungen bestätigen deutlich die Vorhersagen des Transaktionskostenansatzes: Verträge zwischen den Kraftwerken und Minen im Osten sind typischerweise von viel geringerer Laufzeit. Die Verträge im Westen sind viel komplexer und auf längere Dauer ausgelegt. Darüber hinaus sind Spot-Märkte im Osten für den Handel von Kohle äußerst wichtig, während sie im Westen nahezu ohne Bedeutung sind.

Quelle: Joskow, P. (1985; 1987; 1988)

Neben langfristigen Vertragsbeziehungen oder einer vertikalen Integration besteht in bestimmten Situationen auch durch Ausnutzung des Marktes die Möglichkeit, das Problem des Holdup bei transaktionsspezifischen Investitionen zu reduzieren:[16] Angenommen, der Abnehmer eines Produkts muss transaktionsspezifische Investitionen vornehmen und der Lieferant kann ex post diese Ressourcenabhängigkeit ausbeuten, etwa indem er die Qualität des Produkts reduziert. Dann kann der Abnehmer durch das bereits erwähnte Dual Sourcing einen ex post-Wettbewerb einführen, indem er mit mindestens zwei Lieferanten zusammenarbeitet, die miteinander um die Produktqualität konkurrieren.

Unsicherheit, die mit der Transaktion verbunden ist

Empirische Arbeiten deuten an, dass transaktionsspezifische Investitionen um so eher eine hierarchische Koordination motivieren, je größer die mit der Transaktion verbundene Unsicherheit ist. So untersucht z.B. Masten (1984) die Make-or-Buy Politik eines US-Luftfahrtunternehmens bei staatlichen Aufträgen. Die Spezifität dieser Transaktionen war durch das Design der zu fertigenden Produkte und durch den Produktionsort bestimmt, also durch den Umfang der anlage- und standortspezifischen Investitionen. Die Unsicherheit, die mit den Transaktionen verbunden ist, wurde durch die Komplexität des jeweiligen Produktdesigns abgebildet. Masten zeigte, dass bei Produkten, die sowohl anlage- als auch standortspezifische Investitionen erfordern und komplex sind, mit 92%-iger Wahrscheinlichkeit eine unternehmensinterne Produktion durchgeführt wurde. Reduziert sich hingegen die Unsicherheit bei Vertragsabschluss aufgrund eines einfacheren Produktdesigns, dann fällt die Wahrscheinlichkeit für eine interne Produktion auf 31%. Besteht zudem auch keine Spezifität, dann beträgt diese Wahrscheinlichkeit nur noch 2%.

Diese Aussagen sind konsistent mit unserer Analyse: Bei unspezifischen Transaktionen ist die marktliche Koordination im Allgemeinen optimal, unabhängig von der Unsicherheit, die mit der Durchführung der Transaktion verbunden ist. Transaktionspartner können auf jeden Fall einfach gewechselt werden und die Anreizfunktion des Marktes bleibt.

Bei spezifischeren Transaktionen ändert sich dies jedoch: Je größer hier die Unsicherheit über die situativen Rahmenbedingungen der Transaktion und deren künftige Entwicklung, desto unvollständiger sind in der Regel die vertraglichen Vereinbarungen, da nicht alle möglichen Eventualitäten berücksichtigt werden können. Damit steigt jedoch bei transaktionsspezifischen Investitionen die Gefahr des Holdup. Eine Koordination durch zwischenbetriebliche Kooperation oder eine vertikale Integration werden so vorteilhaft.

Wenn die mit der Transaktion verbundene Unsicherheit niedrig ist, kann ein bis auf wenige Ausnahmen vollständiger Vertrag vereinbart werden, der durch spezielle Schutzvorkehrungen und andere Regelungen auch bei hohen transaktionsspezifischen Investitionen das Problem des Holdup einschränkt. Steigt die Unsicherheit, lässt sich dieses Problem allerdings nur noch durch aufwendige vertragliche Regelungen begrenzen. Damit sind aber immer höhere Vertragskosten mit der zwischenbetrieblichen Kooperation verbunden. Die hierarchische Koordination bei spezifischen Transaktionen wird also mit steigender Unsicherheit wahrscheinlicher.

Die folgende Abbildung fasst die Diskussion zur optimalen Gestaltung von Koordinationsmechanismen in Abhängigkeit von der Unsicherheit und der Spezifität der Transaktion zusammen:

		transaktionsspezifische Investitionen		
		niedrig	mittel	hoch
Unsicherheit	niedrig	marktliche Koordination	zwischenbetriebliche Koordination	zwischenbetriebliche Koordination
	mittel	marktliche Koordination	zwischenbetriebliche oder hierarchische Koordination	zwischenbetriebliche oder hierarchische Koordination
	hoch	marktliche Koordination	zwischenbetriebliche oder hierarchische Koordination	hierarchische Koordination

Abbildung 4.10: Optimale Koordinationsmechanismen in Abhängigkeit von der Unsicherheit und der Spezifität der Transaktion

Häufigkeit der Transaktion

Die Transaktionshäufigkeit kann in Verbindung mit der Spezifität der Transaktion ebenfalls die Gestaltung des optimalen Koordinationsmechanismus beeinflussen. Dies ist unmittelbar einsichtig, da mit jeder zusätzlichen Durchführung der Transaktion die bereits bestehenden vertraglichen Vereinbarungen weitgehend übernommen werden können. Somit lohnen sich selbst hohe Kosten, die bei einer aufwendigen Vertragsgestaltung für die Parteien entstehen.

Für Transaktionen, die keine spezifischen Investitionen erfordern und die über die marktliche Koordination abgewickelt werden, spielt die Häufigkeit der Transaktion keine bedeutende Rolle. Die Vorteile des Wettbewerbs können hier unabhängig von der Transaktionshäufigkeit genutzt werden: Bei gelegentlichen Transaktionen werden sich die Parteien auf den Preismechanismus, Beratungsstellen oder die Erfahrungen anderer Käufer stützen, bei wiederholten Transaktionen werden sie ihre eigene Erfahrung zugrunde legen.

Mit steigender Spezifität der Transaktion wird die Transaktionshäufigkeit jedoch für die Gestaltung relevant. Aufgrund der Unvollständigkeit des Vertrages werden hier die Vertragsparteien bei einmaligen oder gelegentlichen Transaktionen versuchen, opportunistisches Verhalten durch Vertragsstrafen, Pfandzahlungen oder andere Regelungen zu begrenzen. Mögliche nachträgliche Anpassungen werden vertraglich durch Anpassungsklauseln abgefangen. Auseinandersetzungen zwischen den Vertragsparteien werden im Allgemeinen durch Einschaltung dritter Parteien geregelt. Bei wiederholten Transaktionen können die Parteien natürlich andere Vertragsbeziehungen eingehen. Durch die Langfristigkeit der Vertragsvereinbarungen können die Parteien Vertrauen innerhalb der Beziehung aufbauen und dies durch vertrauensbildende Maßnahmen unterstützen. Zudem werden spezifische Kontroll- und Steuerungsmechanismen sinnvoll, da sich die Kosten für deren Etablierung und Nutzung rechnen. Somit reduziert sich insgesamt die Gefahr des Opportunismus. Zudem werden Konflikte nun eher zwischen den Parteien direkt gelöst als durch unabhängige Dritte.

Bei hochspezifischen Investitionen ist bei wiederholten Transaktionen die hierarchische Koordination aus den bereits genannten Vorteilen optimal. Bei weniger häufigen Transaktionen können zudem auch zwischenbetriebliche Kooperationen sinnvoll sein, da sich hier die zusätzlichen Kosten, die mit der hierarchischen Abwicklung verbunden sind, nicht lohnen.

Die folgende Abbildung fasst die Diskussion zur optimalen Gestaltung von Koordinationsmechanismen in Abhängigkeit von der Häufigkeit und der Spezifität der Transaktion zusammen:

Die Koordination interorganisatorischer Beziehungen

transaktionsspezifische Investitionen

	niedrig	mittel	hoch
gelegentlich	marktliche Koordination	zwischen-betriebliche Koordination	zwischen-betriebliche oder hierarchische Koordination
wiederholt	marktliche Koordination	zwischen-betriebliche Koordination	hierarchische Koordination

Häufigkeit (Zeilenbeschriftung)

Abbildung 4.11: Optimale Koordinationsmechanismen in Abhängigkeit von der Häufigkeit und der Spezifität der Transaktion

Die Argumentation kann erklären, warum in der Vergangenheit zunehmend unternehmensinterne Aufgaben ausgelagert und an andere Unternehmungen vergeben wurden. Hierzu gehört beispielsweise die Ausgliederung des unternehmensinternen EDV-Supports an entsprechende Serviceunternehmen, also eine Transaktion, die wiederholt durchgeführt wird. Der Wechsel von einer hierarchischen Koordination zu einer zwischenbetrieblichen Kooperation, die durch eine langfristige Beziehung gekennzeichnet ist, wurde durch verschiedene Entwicklungen verursacht: So ist z.B. durch die zunehmende Standardisierung im EDV-Bereich sowie die Entwicklung neuer Informations- und Kommunikationstechnologien die Spezifität dieser Aufgaben gesunken. Nichtsdestotrotz sind diese Aktivitäten so spezifisch, dass eine reine marktliche Abwicklung nicht möglich ist. Zum anderen hat der zunehmende internationale Wettbewerb den Druck auf die Unternehmungen verstärkt, Kosten zu senken und effizienter zu werden.

Messbarkeit der durch die Transaktion geschaffenen Werte

Bei marktlichen Transaktionen bestehen im Allgemeinen keine Probleme bei der Bewertung der zwischen den Transaktionspartnern ausgetauschten Leistungen. Aufgrund der Homogenität der ausgetauschten Produkte besteht für die Käufer keine Notwendigkeit, in die Beurteilung der Produktqualität zu investieren. Da zudem der Spielraum für die Ausnutzung opportunistischen Verhaltens aufgrund des Wettbewerbs relativ gering ist, gibt es auch keinen Anreiz, in die Aufdeckung privater Informationen zu investieren.

Bei relationalen Vertragsbeziehungen ist die Situation hingegen anders. Aufgrund der Unvollständigkeit des Vertrages und der bestehenden Vertragslücken gibt es hier die Möglichkeit, private Informationen zum eigenen Vorteil zu nutzen. Die damit verbundenen Probleme der adversen Selektion und des moralischen Risikos machen es dann aber für die schlechter informierte Partei schwer, die durch die Transaktion geschaffenen Werte eindeutig zu beurteilen. Um sich in solchen Situationen dennoch eine Einschätzung zu bilden, muss die Leistung in der einen oder anderen Art gemessen werden.

Inwieweit solche Messungen möglich sind, ist wesentlich von der Art der Information abhängig, die den Informationsvorsprung der informierten Partei begründet: Bei **verifizierbaren Informationen** handelt es sich um Informationen, die vom Empfänger überprüft werden können, sobald dieser sie erhalten hat. Die Messung ist hier relativ einfach. Ob ein Kunde beispielsweise eine größere Menge an Produkten bestellt hat, lässt sich anhand des Auftragseingangs verifizieren.

Bei **nicht-verifizierbaren Informationen** handelt es sich hingegen um Informationen, die nicht unmittelbar überprüft werden können. So kann der Vorgesetzte eines Versicherungsvertreters beispielsweise nicht mit Sicherheit sagen, ob sein Mitarbeiter wusste, dass ein bestimmter Kunde mit der Kündigung seines Vertrages gedroht hat oder nicht. In solchen Situationen besteht die Gefahr, dass die informierte Partei ihre Informationen erfolgreich verbirgt. Sie wird dies insbesondere dann versuchen, wenn die Aufdeckung dieser Informationen für sie mit negativen Konsequenzen verbunden ist. Gerade in solchen Situationen hat aber die uninformierte Partei ein besonderes Interesse an diesen Informationen.

Andererseits kann aber auch die informierte Partei versuchen, durch ihr Handeln der uninformierten Partei ihre privaten Informationen zu signalisieren. Für die zwischenbetriebliche Kooperation hat Barzel (1982) verschiedene Möglichkeiten untersucht, um die Kosten für die Beurteilung einer Leistung zu senken:

- Produktgarantien: In unserem Beispiel des Gebrauchtwagenmarktes konnte der Autokäufer vor dem Kauf eines Gebrauchswagens nicht genau beurteilen, inwieweit der ihm angebotene Wagen eine gute oder schlechte Qualität besitzt. Der Verkäufer ist hier im Allgemeinen besser informiert. Um die Kosten der Beurteilung des Wagens zu senken und um damit den Kauf überhaupt perfekt zu machen, kann der Autoverkäufer dem Käufer eine Produktgarantie geben. Damit vereinbaren die beiden Parteien einen konditionierten Vertrag: Wenn der Käufer bei der Benutzung des Wagens nach dem Vertragsabschluss Produktmängel feststellt, garantiert der Verkäufer eine Beseitigung dieser Mängel.

    Produktgarantien reduzieren darüber hinaus aber auch die Messkosten, wenn beide Transaktionsparteien nicht vollständig über die Produktqualität informiert sind. Der Konsument eines Gutes kann nämlich durch seinen Konsum die Qualität einfach und kostengünstig feststellen. Der Verkäufer, der selbst die Produktqualität nicht genau kennt, kann also Messkosten einsparen, indem er den Käufer das Produkt durch den Gebrauch testen lässt. Dies erklärt nach Barzel (1982, S.33) auch die Garantien für Neuwagen: "The fact that some new cars have numerous defects is not necessarily a sign of poor workmanship. The consumer may simply be more efficient than the seller in providing quality control".

- Markennamen: Eine andere Möglichkeit des Verkäufers, dem Käufer die Qualität eines Produktes zu signalisieren, besteht im Aufbau eines Markennamens. Wenn ein Käufer davon überzeugt werden soll, das Produkt nicht bei jedem Kauf auf seine Qualität hin zu überprüfen, dann muss der Verkäufer ihn von der Produktqualität im Vorhinein überzeugen. Damit sich hier der Käufer auf die Zusicherung des Verkäufers verlassen kann, ist die Verwendung eines Markennamen zweckmäßig. Wenn der Verkäufer eine Reputation für eine hohe Produktqualität besitzt, dann reduzieren sich dadurch die Kosten für notwendige Qualitätskontrollen seitens des Käufers.

    Der Aufbau einer Reputation ist für den Verkäufer natürlich mit Kosten verbunden. Diese entstehen zum einen bei den Qualitätskontrollen, die einen gleichmäßig hohen Qualitätsstandard der Produkte garantieren sollen. Zum anderen entstehen dem Verkäufer auch dann Kosten, wenn er die Produktqualität bei exogenen Einflüssen, z.B. sich ändernden Faktorpreisen für die Inputfaktoren, auf dem bisherigen Niveau halten muss. Er wird daher nur dann in den Aufbau eines Markennamens investieren, wenn sich die damit eingesparten Messkosten beim Käufer in einem entsprechend höheren Preis und Absatz niederschlagen. Von entscheidender Bedeutung für die positive Signalwirkung eines Markennamens sind die Kosten, die für den Verkäufer mit dem Verlust seiner Reputation verbunden sind. Nach Barzel (1982, S.37) kann der Kunde langfristig gebunden werden: "the seller ... persuades him that he himself will suffer a substantial loss if his product is found deficient. By backing the quality of the item with a brand name, a bad item sold under that name will tarnish the entire brand."

- Blockverkäufe: Eine weitere Möglichkeit zur Reduzierung der Messkosten besteht in der Bündelung heterogener Produkte. Der Verkäufer bündelt dabei seine Produkte und offeriert sie dem Käufer en bloc zum Verkauf. Wenn dieser davon ausgeht, dass der Verkäufer die Produkte innerhalb des Bündels zufällig ausgewählt hat und die Qualität einer Gleichverteilung folgt, dann reduzieren sich dadurch die Kosten zur Beurteilung der einzelnen Items auf beiden Seiten. Sofern der Käufer dem Verkäufer daher bei der Zusammenstellung des Bündels vertraut, wird er bereit sein, aufgrund seiner eingesparten Messkosten einen Preis zu zahlen, der über dem Durchschnittswert der einzelnen Produkte des Bündels liegt.

Blockverkäufe zielen bewusst darauf ab, Informationen zu unterdrücken. Hätte nämlich ein Käufer die Möglichkeit, einen Teil des Bündels abzulehnen, dann würde er in die Aufdeckung der Produktqualitäten investieren. Der Teil, der von ihm abgelehnt würde, müsste dann vom Verkäufer ebenfalls auf seine Qualität hin untersucht werden und einem anderen Käufer zu einem niedrigeren Preis angeboten werden. Neben der Bündelung von Äpfeln oder Orangen in einem geschlossenen Beutel ist die Arztwahl von Patienten ein weiteres Beispiel für unterdrückte Informationen: In der medizinischen Ausbildung wird nach Barzel (1982, S.38f) "a high uniformity of skill among physicians ... attained through the control of training, of qualifying examinations, and of admission to medi-

cal schools". Dadurch wird die Wahl eines Arztes zur Zufallsauswahl durch den
Patienten.

Interdependenzen mit anderen Transaktionen

Bestehen bei der Koordination einer Transaktion Interdependenzen mit anderen Transaktionen, dann bedingt dies eine wesentlich komplexere Gesamtkoordination. Inwieweit hier eine spezifische Koordinationsform optimal ist, hängt entscheidend von der Art und Weise der Abwicklung der anderen Transaktionen ab. Neben der vertikalen Integration stellen zwischenbetriebliche Kooperationen eine alternative Möglichkeit für eine einfachere Gesamtkoordination dar.

Die Geschichte der US-amerikanischen Eisenbahn bietet hier sowohl für die Vorteile zwischenbetrieblicher Kooperation als auch für die Nachteile mangelnder Kooperation Beispiele:

*Die Entwicklung
der US-amerikanischen Eisenbahnindustrie*

Als im 19. Jahrhundert in Amerika die ersten Eisenbahnstrecken gebaut wurden, fehlte es an einer gemeinsamen Koordination der einzelnen Eisenbahngesellschaften im Hinblick auf die Spurbreite der Eisenbahnschienen. Eisenbahnwagen können aber nicht ohne weiteres von einer Spurbreite auf ein anderes System umgestellt werden. Daher mussten Warensendungen, die über eine längere Distanz transportiert wurden, an mehreren Stellen von einem Wagen auf einen anderen Wagen umgeladen werden. Eine Standardisierung der Spurbreite durch eine Kooperation der Eisenbahngesellschaften hätte hier erhebliche Kosten gespart.

Ende des 19. Jahrhunderts entstanden verschiedene Formen zwischenbetrieblicher Beziehungen zwischen den einzelnen US-amerikanischen Eisenbahngesellschaften. Zum Teil waren diese Kooperationen motiviert durch die Vorteile eines gemeinsamen koordinierten Vorgehens. 1880 konnten beispielsweise erstmals Güter ohne Umschlag über längere Distanzen transportiert werden. Solche Kooperationen erleichterten auch die Koordination des Gesamtstreckennetzes: So mussten die einzelnen Eisenbahngesellschaften immer wieder Hilfs- und Ausweichstrecken anderer Gesellschaften benutzen.

Grundsätzlich hätte diese Nutzung anderer Streckennetze über eine marktliche Ko-

ordination abgewickelt werden können. Die Eisenbahngesellschaften entschieden sich hingegen für ein gemeinsames Netzwerk, das diese Koordinationsprobleme intern löste.

Quelle: Chandler (1977, S.81ff)

Technologie, die zur Durchführung der Transaktion zur Verfügung steht

Die zur Verfügung stehende Technologie kann sich sowohl auf die Erstellung der ausgetauschten Güter bzw. Dienstleistungen beziehen als auch auf die Abwicklung der Transaktion selbst:

- Im ersten Fall dient die Technologie der eigentlichen Produktion der Güter bzw. Dienstleistungen, die im Rahmen der Transaktion ausgetauscht werden sollen. Diese Technologie hatten wir in Kapitel 3 als Produktionstechnologie bezeichnet. Sie beeinflusst vor allem die Produktionskosten, die mit der Transaktion verbunden sind, sie kann aber auch indirekt andere Transaktionsmerkmale und damit die Höhe der Transaktionskosten beeinflussen.
- Im zweiten Fall dient die Technologie der Übermittlung von Informationen bzw. dem Transfer von Gütern im Zusammenhang mit der Abwicklung der Transaktion. Diese Technologie bezeichnen wir als **Informations- und Kommunikationstechnologie**. Sie hat unmittelbare Auswirkungen auf die Höhe der mit der Transaktion verbundenen Kosten.

Die eingesetzte Produktionstechnologie hat im Zusammenhang mit der Häufigkeit, mit der die Transaktion durchgeführt wird, direkte Auswirkungen auf die Realisierung von Skaleneffekten in der Produktion. Je höher beispielsweise die Fixkosten sind, die mit einer Investition in eine Produktionstechnologie verbunden sind, desto eher können steigende Skalenerträge erzielt werden. In diesem Fall können durch eine marktliche Koordination der Transaktion die damit verbundenen Produktionskostenvorteile bei großen Ausbringungsmengen genutzt werden. Inwieweit dies durch eine hierarchische Koordination möglich ist, hängt von den Produktionsmengen bei einer unternehmensinternen Produktion ab. Sind diese zu klein, können die steigenden Skalenerträge nicht vollständig genutzt werden, so dass die internen Durchschnittskosten der Produktion über den Durchschnittskosten der Produktion am Markt liegen. Auch der Verkauf überschüssiger Produkte bei Ausnutzung steigender Skalenerträge in der Produktion würde die Vorteile des Marktes nicht aufwiegen, da damit zusätzliche Transaktionskosten innerhalb der Unternehmung verbunden sind. Je eher also die Produktionstechnologie steigende Skalenerträge aufweist, desto eher besteht das Bestreben, die Transaktion durch marktliche Koordination bzw. zwischenbetriebliche Kooperationen abzuwickeln.

Darüber hinaus kann die Produktionstechnologie auch Auswirkungen auf die transaktionsspezifischen Investitionen haben, die für die Durchführung der Transaktion notwendig sind und somit deren unternehmensinterne bzw. -externe Abwicklung beeinflussen. Die Entwicklung einer neuen Technologie, die etwa die Produktion verschiedener spezifischer Bauteile ermöglicht, senkt die notwendigen transaktionsspezifischen Investitionen und erhöht somit den Anreiz für eine Ausgliederung dieser Aufgabe aus der Unternehmung. Umgekehrt kann eine neue Produktionstechnologie auch zu einer Erhöhung der transaktionsspezifischen Investitionen führen, so dass in diesem Fall die Integration der Aufgabe in die Unternehmung vorteilhafter wird.

Ist aufgrund der Produktionstechnologie die marktliche Koordination einer Transaktion vorteilhaft, dann reduzieren sich damit auch die Probleme, die im Zusammenhang mit der Bewertung der zwischen den Transaktionspartnern ausgetauschten Leistungen stehen. Durch den Marktwettbewerb wird nämlich, wie bereits erwähnt, die Gefahr eines opportunistischen Verhaltens durch den anderen Transaktionspartner gesenkt.

Die bei der Durchführung der Transaktion eingesetzte Informations- und Kommunikationstechnologie hat ebenfalls Auswirkungen auf die Gestaltung der zwischenbetrieblichen Kooperation. Durch den Einsatz neuer Technologien wie beispielsweise dem Electronic Data Interchange (EDI) können die Kosten der Informationsübermittlung bei der Abwicklung der Transaktion erheblich gesenkt werden. Dadurch werden die mit der Transaktion verbundenen Transaktionskosten reduziert. Bei Transaktionen, die bisher innerbetrieblich durchgeführt wurden, kann hier durch eine direkte und kostengünstige Informationsübermittlung eine zwischenbetriebliche Kooperation vorteilhaft werden. Just-in-Time Management zwischen einer Unternehmung und ihren Lieferanten oder F&E-Kooperationen zwischen verschiedenen Unternehmungen werden somit attraktiv bzw. erst ermöglicht.

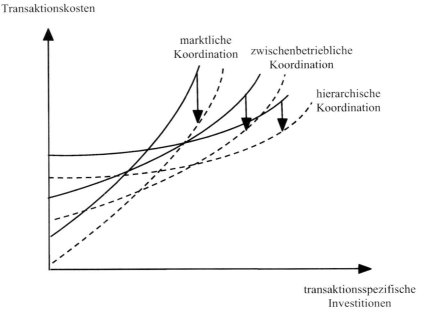

Abbildung 4.12: Der Einfluss der Informations- und Kommunikationstechnologie auf die Transaktionskosten

Die Abbildung zeigt die Auswirkungen neuer Informations- und Kommunikationstechnologien auf die Kosten, die mit den verschiedenen Koordinationsmechanismen verbunden sind: Für eine gegebene transaktionsspezifische Investition reduzieren diese Technologien bei allen drei Koordinationsmechanismen tendentiell die damit verbundenen Transaktionskosten der Abwicklung. Somit erhöht sich aber der kritische Investitionsumfang, ab dem die zwischenbetriebliche Kooperation bzw. die hierarchische Koordination Kostenvorteile gegenüber den beiden jeweils anderen Koordinationsmechanismen hat. So kann es vorteilhaft sein, eine Transaktion, die bisher aufgrund ihrer Spezifität unternehmensintern durchgeführt wurde, mit Einführung der neuen Informations- und Kommunikationstechnologie zwischenbetrieblich abzuwickeln bzw. sogar marktlich zu koordinieren.

4.2.6 Zwischenbetriebliche Koordinationsformen

Zwischenbetriebliche Kooperationen können in unterschiedlichen Formen auftreten und nach verschiedenen Merkmalen klassifiziert werden: Sie können z.B. unterschieden werden nach ihrer räumlichen Ausdehnung in regionale, nationale oder internationale Kooperationen, nach dem betroffenen Unternehmensbereich in F&E-, Logistik-, Produktions- oder Marketingkooperationen, nach der Art der Verflechtung in Austausch- oder Gemeinschaftskooperation oder nach der Dauer der Zusammenarbeit in vorübergehende oder dauerhafte Kooperationen. Als Grundlage für eine ökonomische Analyse zwischenbetrieblicher Kooperationen sind solche Klassifizierungen jedoch nicht zweckmäßig: Da hier die Frage nach der geeigneten Gestaltung der Zusammenarbeit im Vordergrund steht, haben diese Kriterien entweder keinen unmittelbaren Bezug zur Beantwortung dieser Frage – dies gilt z.B. für die räumlichen Ausdehnung oder die betroffenen Unternehmensbereiche – oder sie nehmen bereits Elemente der Lösung vorweg – dies gilt für die Art und die Dauer der Zusammenarbeit.

Aus ökonomischer Perspektive ist vielmehr die Art der Interdependenz zwischen den an einer zwischenbetrieblichen Kooperation beteiligten Unternehmungen von Bedeutung:

- Bei einer **vertikalen Kooperation** geht es um die Beziehungen zwischen einem Hersteller und den Lieferanten seiner Inputfaktoren bzw. den Distributoren seiner Endprodukte. Vertikale Kooperationen beziehen sich also auf Unternehmungen, die innerhalb der Wertschöpfungskette eines Produkts aufeinanderfolgen.
- **Laterale Kooperationen** sind hingegen dadurch charakterisiert, dass die beteiligten Unternehmungen nicht innerhalb der Wertschöpfungskette desselben Produkts aufeinanderfolgen, also in keiner vertikalen Beziehung zueinander stehen. Vielmehr ist das Ziel der Kooperation, Produkte oder Dienstleistungen gemeinsam zu entwickeln, herzustellen, zu vermarkten oder zu distribuieren.

Im Vordergrund der Untersuchung bei vertikalen Kooperationen steht die produzierende Unternehmung: Inwieweit kann sie durch die Art der Zusammenarbeit mit ihren Lieferanten bzw. Distributoren sicherstellen, dass die Ziele, die sie mit der Zusammenarbeit verbindet, möglichst umfassend erreicht werden? Es handelt sich hier also um eine Auftraggeber-Auftragnehmer-Beziehung zwischen dem Hersteller einerseits und seinem Lieferanten bzw. Distributor andererseits. In der Beziehung zum Lieferanten geht es z.B. darum, die Vorprodukte in der gewünschten Qualität, der gewünschten Menge und zum gewünschten Zeitpunkt geliefert zu bekommen. Bei der Kooperation mit einem Distributor muss gewährleistet sein, dass beispielsweise die Endprodukte im gewünschten Umfang, mit der gewünschten Kundenbetreuung oder dem gewünschten lokalen Marketing vertrieben werden.

Im Fall der lateralen Kooperation ist die Zusammenarbeit zwischen den Unternehmungen hingegen nicht durch eine Auftraggeber-Auftragnehmer-Beziehung gekennzeichnet sondern durch eine gleichberechtigte Partnerschaft zwischen den beteiligten Parteien. Im Rahmen einer ökonomischen Analyse geht es nun um die Frage, wie die Kooperation geeignet gestaltet werden sollte, so dass die mit der Kooperation verbundenen Ziele aller Unternehmungen erfüllt werden.

Für die Gestaltung vertikaler und lateraler Kooperationen stehen innerhalb des Spektrums der marktlichen und hierarchischen Koordination eine Reihe verschiedener Koordinationsformen zur Verfügung. Diese unterscheiden sich im jeweiligen Grad der Integration, also im Ausmaß, mit dem der andere Kooperationspartner autonom über die Gestaltung seiner eigenen Organisation entscheiden kann: Von der reinen marktlichen Koordination, bei der die Parteien vollkommen autonom und unabhängig voneinander entscheiden, über die zwischenbetriebliche Koordination, bei der die Parteien zwar noch autonom sind, ihre Entscheidungen aber aufeinander abgestimmen, bis hin zur reinen hierarchischen Koordination, bei der eine Partei alleine die Entscheidungen trifft, nimmt der Autonomiegrad sukzessive ab.

Für vertikale und laterale Kooperationen ergeben sich so z.B. die folgenden Koordinationsformen in Abhängigkeit vom Integrationsgrad:

Abbildung 4.13: Vertikale und laterale Kooperationsformen zwischen marktlicher und hierarchischer Koordination

Im Folgenden wollen wir drei spezifische Formen der zwischenbetrieblichen Kooperation eingehender diskutieren. Franchisesysteme als eine Möglichkeit zur Distribution, Strategische Allianzen als laterale oder vertikale Kooperationsformen sowie Keiretsu als eine für Japan typische Form der lateralen und vertikalen Kooperation.

Beim **Franchising** werden die beiden Kooperationspartner als Franchisegeber bzw. Franchisenehmer bezeichnet. Der Franchisegeber überlässt dem Franchisenehmer langfristig seinen Markennamen bzw. ein bestimmtes Geschäftssystem zum Vertrieb. Der Markenname und das spezifische Know-how sind transaktionsspezifische Investitionen, die der Franchisegeber in diese Beziehung einbringt. Daher besteht für ihn die Gefahr, dass der Franchisenehmer diese Investitionen opportunistisch nutzt: Die Reputation, die der Franchisegeber durch seinen Markennamen beispielsweise bezüglich der Qualität seiner Produkte aufgebaut hat, könnte der Franchisenehmer durch minderwertige Vorprodukte oder reduzierten Kundenservice zerstören.[17]

Durch vertragliche Vereinbarungen wird der Franchisegeber daher versuchen, dieser Gefahr des Holdup entgegenzuwirken und sich entsprechend abzusichern.

Der Franchisenehmer wird z.B. gewisse Fristen bei der Kündigung des Vertrages einhalten müssen, während der Franchisegeber bei gewichtigen Gründen schneller die Beziehung aufkündigen kann. Darüber hinaus wird der Franchisegeber spezifische Bestimmungen z.B. über die eingesetzten Materialien, den Preis oder die Servicequalität vertraglich festlegen. Auch Anweisungen an das Management oder die Verpflichtung, permanente Aus- und Weiterbildung zu betreiben, können hier vertraglich zur Absicherung des Franchisegebers vorgesehen werden. Sind diese Investitionen in das Humankapital des Franchisenehmers unternehmensspezifisch, wie beispielsweise bei McDonald's, das ein eigenes Trainingscenter besitzt, dann stellen sie für den Franchisenehmer eine spezifische Investition dar. Diese kann als Geisel verstanden werden, da der Franchisenehmer bei einer Beendigung der Beziehung mit dem Verlust des Ertrags aus dieser Investition sanktioniert wird. Sie dient dem Franchisegeber also als Sicherheit vor opportunistischem Verhalten. Auch andere Schutzvorkehrungen in Form spezifischer Investitionen sind hier denkbar. So kann der Franchisegeber z.B. verlangen, dass der Franchisenehmer seine Verkaufsgebäude selbst finanziert und entsprechend den vertraglichen Vorgaben spezifisch ausstattet.

McDonald's
und die Geschichte eines Franchisesystems

McDonald's Corporation ist mit über 31.377 Restaurants in 118 Ländern die weltweit größte und bekannteste Schnellrestaurantkette. Die weltweiten Umsätze im Jahr 2007 beliefen sich auf $46,943 Mrd.

Die Geschichte von McDonald's begann 1937 mit den Brüdern Dick und Mac McDonald, die einen Hamburgerstand in Kalifornien eröffneten. Die Brüder verfolgten die Geschäftsidee, ein sauberes Schnellrestaurant zu eröffnen, das lediglich eine begrenzte Speisekarte mit Hamburgern und Pommes Frites führte. Raymond Kroc hatte dann die Vision, diese Idee auf die gesamten USA auszuweiten. Die McDonald Brüder verkauften Kroc das Exklusivrecht, Kopien ihres Unternehmens zu franchisen.

Dieses Franchisesystem, mit dem McDonald's seine enorme Größe und sein Wachstum erreichte, ist durch eine hochgradige Standardisierung sowohl der Produkte als auch der Restaurants gekennzeichnet. Der Kunde kann davon ausgehen, dass er, egal ob er nun in Tokyo, Berlin oder New York in ein McDonald's Restaurant geht, einen Hamburger gleicher Rezeptur und Qualität erhält, ebenso wie gewisse Aspekte der Inneneinrichtung in jedem Restaurant dieselben sind.

Quellen: Love (1986) und McDonald's Geschäftsbericht (2007)

Als zwischenbetriebliche Kooperationsform vereint das Franchisesystem die Vorteile der marktlichen und hierarchischen Koordination. Indem der Franchisenehmer als relativ eigenständiger Unternehmer agiert, können die durch den Wettbewerb gesetzten Anreize besser im Vergleich zur vertikalen Integration genutzt werden. Dadurch reduziert sich der Kontrollaufwand seitens des Franchisegebers und der Franchisenehmer hat die Möglichkeit, dezentral auf die spezifischen Gegebenheiten vor Ort zu reagieren. Da sich der Franchisegeber vertraglich das Recht gesichert hat, in einem gewissen Umfang in die Managemententscheidungen des Franchisenehmers einzugreifen, können zudem die Vorteile einer Gesamtkoordination des Franchisesystems genutzt werden.

Strategische Allianzen können sowohl laterale als auch vertikale Kooperationen sein. Sie können im Wesentlichen in zwei Klassen unterteilt werden:

- Im Rahmen einer vertraglichen Vereinbarung beschließen zwei oder mehr Unternehmungen, gemeinsam ein Projekt durchzuführen oder produktive Ressourcen bzw. spezifische Informationen auszutauschen. Bei einer lateralen Kooperation entschließen sich beispielsweise zwei Unternehmungen in derselben Branche zu einer Produktions-Kooperation, wie das Beispiel von General Motors und Toyota in Kalifornien illustriert, oder die Unternehmungen sind aus unterschiedlichen Branchen. So haben McDonald's und Toys'R'Us vereinbart, in Japan sechs Spielzeugläden inklusive Restaurant zu bauen. Bei einer vertikalen Kooperation kommt es zu einer Zusammenarbeit durch langfristige Lieferabkommen oder Vertriebsvereinbarungen. Texas Instruments und ACER, Taiwans größtes Computerunternehmen, haben beispielsweise Ende der 80er Jahre in Taiwan gemeinsam ein Werk für die Chipherstellung errichtet.

- Im Unterschied zu einer vertraglichen Vereinbarung setzt ein **Joint Venture** die Gründung einer separaten, unabhängigen Unternehmung voraus. Die einzelnen Unternehmungen des Joint Ventures stellen hierzu Kapital oder andere

Ressourcen zur Verfügung. Aus den Profiten der neuen Unternehmung werden dann die Unternehmungen für ihre Investitionen kompensiert. Die Partner sind gemeinsam im Besitz aller Anteile dieser Organisation und üben die Kontrolle gemeinsam aus. Joint Ventures sind typisch für Hochtechnologie-Industrien oder die Computer-Industrie. So haben z.B. Apple Computer, Sony und Motorola die General Magic Inc. gegründet, ein Unternehmen, dass neue Produkte zur individuellen Kommunikationsunterstützung entwickeln sollte. Später kamen AT&T, Matsushita und Philips Electronics als Partner hinzu.

Bedingt die Zusammenarbeit in einer strategischen Allianz, dass eine Partei eine transaktionsspezifische Investition tätigen muss, dann besteht das bereits diskutierte Problem des Holdup.[18] Die Ausführungen im Zusammenhang mit der Gestaltung zwischenbetrieblicher Kooperationen lassen hier den folgenden Schluss zu: Je höher die transaktionsspezifischen Investitionen sind, desto instabiler wird die Zusammenarbeit und desto vorteilhafter wird die Durchführung der Aktivitäten durch eine vertikale Integration.

Die Bildung einer eigenständigen Unternehmung im Rahmen eines Joint Ventures kann hier als eine Antwort auf das Problem des Holdup verstanden werden: Wenn die strategische Unsicherheit gering ist, genügt eine vertragliche Vereinbarung zwischen den Parteien. Nimmt die Gefahr eines opportunistischen Verhaltens durch einen Partner zu, wird ein Joint Venture als Koordinationsform attraktiv. Indem die Parteien in ein gemeinsames Projekt investieren und die Deckung dieser Investitionen alleine von den Gewinnen der gemeinsamen Unternehmung abhängen, wird die Möglichkeit eines opportunistischen Verhaltens reduziert. Zudem kann natürlich auch der Aufbau von Vertrauen die strategische Unsicherheit der Parteien reduzieren.

Eine für Japan typische Form der zwischenbetrieblichen Kooperation ist das **Keiretsu:** Hierbei handelt es ich um vertikale und laterale Kooperationen von mehreren Unternehmungen aus verschiedenen Branchen. Eine der größten Keiretsu ist beispielsweise Mitsubishi.

Das komplexe Netzwerk an Verbindungen in einem Keiretsu zeigt die nachfolgende Abbildung:

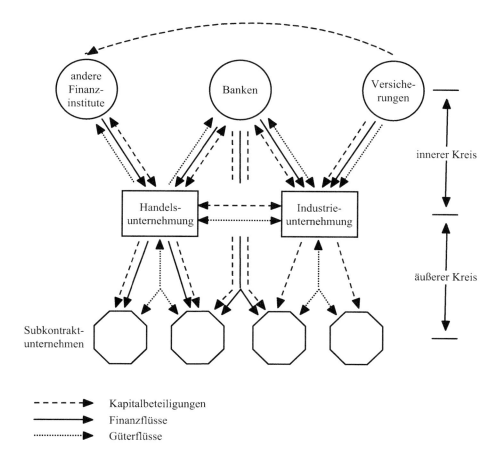

Abbildung 4.14: Kapitalverflechtungen, Finanzierungen und Handel in einem Keiretsu, siehe Gerlach und Lincoln (1994, S.494)

Den Kern einer solchen branchenübergreifenden Zusammenarbeit bildet eine Großbank, um die sich verschiedene Unternehmungen gruppieren. Diese Bank finanziert zusammen mit anderen Finanzinstituten und Versicherungen, die dem Netzwerk angehören, die einzelnen Unternehmungen.

Zum inneren Kreis des Keiretsu gehören Handels- und Industrieunternehmen, die unterschiedlichen Branchen angehören. Bis zu 100 Unternehmungen können diesen inneren Kreis bilden. Untereinander sind die Unternehmungen durch wechselseitige Kapitalverflechtungen und Mitgliedschaften in den jeweils anderen Unternehmensvorständen miteinander verbunden. Den Beziehungen zwischen den Unternehmungen liegen Verträge zugrunde, die im Allgemeinen sehr vage gefasst sind und lediglich die Bereitschaft zur Zusammenarbeit belegen.

Dem äußeren Kreis des Keiretsu gehören weiterhin eine Reihe von Zulieferunternehmen an. Diese sogenannten Subkontrakt-Unternehmen haben im Allgemeinen enge und langfristige Lieferbeziehungen zu den Industrieunternehmen aus dem inneren Kreis des Keiretsu. Die Verträge, die diesen Beziehungen zugrunde liegen, sind typische Rahmenverträge. So werden Preisanpassungsregeln statt genaue Abnahmepreise spezifiziert. Darüber hinaus besteht die vertikale Zusammenarbeit mit einer Subkontrakt-Unternehmung nicht nur in der Zulieferung von Komponenten, sondern auch in der gemeinsamen Produkt- und Prozessinnovation. Auch personelle, finanzielle oder technische Unterstützungen zwischen den Unternehmungen sind charakteristisch.

Die intensive Zusammenarbeit der Unternehmungen innerhalb eines Keiretsu trägt zur Reduktion der Gefahr eines opportunistischen Verhaltens eines Mitgliedsunternehmens bei: Tätigt z.B. eine Unternehmung bei der gemeinsamen Planung und Durchführung eines größeren Innovationsvorhabens eine hochspezifische Investition, dann besteht aufgrund der vielfältigen finanziellen und personellen Verflechtungen zwischen den Unternehmungen aus dem inneren Kreis nur eine geringe strategische Unsicherheit. Dies gilt auch für die Beziehungen der Produktionsunternehmen zu den Zulieferern. Zwar sind im Allgemeinen die Zulieferunternehmen durch hochspezifische Investitionen in spezielle Anlagen und Maschinen von den Abnehmern abhängig, die Einzigartigkeit der Zuliefererprodukte begründet aber eine gegenseitige Abhängigkeit.

Das folgende Beispiel vergleicht die Beziehungen von japanischen und US-amerikanischen Unternehmungen, wenn hohe transaktionsspezifische Investitionen einer Partei für die Transaktion notwendig sind:

Transaktionsspezifische Investitionen
in der japanischen und US-amerikanischen Automobilindustrie

Ein Vergleich von Dyer zwischen den japanischen Automobilherstellern Nissan und Toyota mit den amerikanischen Firmen Ford, Chrysler und General Motors im Hinblick auf ihre Beziehungen zu ihren Zulieferern zeigt die jeweils unterschiedli-

che Bereitschaft in den Ländern, in langfristige Beziehungen zu investieren. Diese transaktionsspezifischen Investitionen, zu denen die japanischen Firmen weit eher bereit sind, führen häufig zu bedeutenden Produktivitätssteigerungen.

Ein auffälliges Ergebnis der Untersuchung ist beispielsweise, dass japanische Zulieferer viel eher als amerikanische Unternehmen bereit sind, standortspezifische Investitionen zu tätigen. Zu Toyota gehörige Zulieferbetriebe sind so im Durchschnitt nur 50 km von den Montagefabriken entfernt, die unabhängigen Zulieferer 140 km. Im Unterschied dazu beträgt die Distanz zwischen US-Herstellern und ihren Zulieferern zwischen 560 km und 640 km. Die Nähe reduziert nicht nur Transportkosten, sondern garantiert den Herstellern auch, dass dringend benötigte Komponenten relativ schnell beschafft werden können. Ein Resultat ist, dass die japanischen Lagerkosten 50% geringer sind als die in den USA.

Ein weiteres Ergebnis der Untersuchung von Dyer betrifft die Investitionen in spezifisches Humankapital. Die Zulieferer müssen häufig nach Entwürfen der Hersteller arbeiten, die nicht detailliert vorliegen. Zulieferbetriebe in Japan mit langjähriger Erfahrung und enger Kommunikation zu ihren Abnehmern können besser einschätzen, welche Anforderungen an die Komponenten gestellt werden, ohne auf kostenintensive, detaillierte Erläuterungen warten zu müssen wie in amerikanischen Kooperationen. Das reduziert die Entwicklungszeit und verbessert die Zuverlässigkeit der Produkte.

Japanische Zulieferer sind weiterhin eher bereit, die Entwicklung ihrer Komponenten an die Bedürfnisse eines bestimmten Herstellers anzupassen, während US-Zulieferunternehmen zur Herstellung von standardisierten Produkten neigen, die von verschiedenen Automobilfirmen genutzt werden können.

Quelle: Dyer (1994)

Im Hinblick auf die Beantwortung der Frage, inwieweit ein Keiretsu eine geeignete Form der zwischenbetrieblichen Zusammenarbeit begründet, spielen auch kulturelle und historische Aspekte eine entscheidende Rolle. Hier ist zum einen das für Japan typische Streben nach Harmonie zu nennen, ein über Unternehmensgrenzen reichender Gruppenzusammenhalt, die Kultur des gegenseitigen Gebens und Nehmens oder die Personalisierung von Beziehungen. Daneben haben japanische Unternehmungen im Vergleich zu US-amerikanischen oder europäischen Unternehmungen tendenziell eine geringere Risikoneigung, so dass eine vertikale Integration eine weniger attraktive Alternative zur zwischenbetrieblichen Kooperation ist. Auch die historische Entwicklung der Keiretsu steht vertikalen Integrationen entgegen: Keiretsu-Organisationen sind im Wesentlichen im 19. Jahrhundert aus Familienkonzernen hervorgegangen. Aufgrund des mangelnden Wettbewerbs innerhalb eines Keiretsu konzentrierten sich die Unternehmungen schon sehr frühzeitig auf ihr eigentliches Kerngeschäft und lagerten vor- und nachgelagerte Produktionsstufen aus. Zudem stehen der Übernahme durch eine andere Unternehmung die Kapitalverflechtungen innerhalb des Keiretsu entgegen.

4.3 Zusammenfassung

Transaktionskosten sind die Kosten, die bei der Durchführung einer Transaktion entstehen. Im Unterschied zu den Produktionskosten, die die Kosten für die von den Transaktionspartnern ausgetauschten Güter und Leistungen erfassen, sind die Transaktionskosten abhängig von der Art und Weise, wie eine Transaktion ausgeführt wird. Die Überlegungen von Coase zeigen, dass die Organisation jeder ökonomischen Aktivität mit Transaktionskosten verbunden ist, gleichgültig ob sie über den Markt abgewickelt wird oder in der Unternehmung stattfindet. Die Höhe der Transaktionskosten ist dann entscheidend für die Vorteilhaftigkeit eines Koordinationsmechanismus.

Differenziert man das Organisationsproblem in ein Problem der Koordination und Motivation, dann können die Transaktionskosten in zwei Kostenarten unterteilt werden: Koordinationskosten stellen die Kosten dar, die mit der Lösung des Koordinationsproblems verbunden sind. Motivationskosten sind die Transaktionskosten, die bei der Lösung des Motivationsproblems entstehen. Koordinationskosten auf Märkten umfassen alle Anbahnungs- und Vertragskosten, die bis zum Abschluss eines Vertrages über die durchzuführende Transaktion anfallen, während die Motivationskosten die Kosten beinhalten, die bei der Absicherung, Durchsetzung und für eventuelle Anpassungen des Vertrages entstehen. In Hierarchien setzen sich die Koordinationskosten aus den Kosten zusammen, die für Einrichtung und Unterhaltung der Organisationsstruktur anfallen, sowie den Kosten für die laufende Koordination. Motivationskosten entstehen dabei vor allem aus den Kosten für die Überwachung der Durchführung von Anweisungen und der Bewertung der jeweiligen Leistungen der Mitarbeiter.

Empirische Untersuchungen zeigen, dass die Transaktionskosten einen signifikanten Anteil an den Kosten ökonomischer Aktivitäten ausmachen. Bei der Lösung des Organisationsproblems müssen daher die Transaktionskosten, die mit der jeweiligen Organisationsgestaltung verbunden sind, berücksichtigt werden. Das in Kapitel 3 aufgezeigte Marktversagen muss folglich als ein relatives Marktversagen interpretieren werden.

Neben den Transaktionskosten müssen aber auch die Produktionskosten bei der Gestaltung beachtet werden. Beide Kosten zusammen bilden die Gesamtkosten, die mit der Wertschöpfung verbunden sind. Darüber hinaus ist immer auch das institutionelle Umfeld, in dem die Transaktion stattfindet, für die Lösung des Organisationsproblems von Bedeutung. Kulturelle oder historische Faktoren können z.B. die Höhe der Transaktionskosten beeinflussen und somit spezifische Koordinations- und Motivationsinstrumente attraktiv machen.

Unabhängig von dem gewählten Koordinationsmechanismus sind für die relative Höhe der Transaktionskosten auch die Ausprägungen der einzelnen Transaktionsmerkmale entscheidend. Folgende Zusammenhänge liegen hier vor: Die Motivations- und Koordinationskosten sind umso höher, je größer der Umfang der transaktionsspezifischen Investitionen ist bzw. je größer die Unsicherheit ist, die über die situativen Rahmenbedingungen der Transaktion und deren künftige Entwicklung besteht. Gleiches gilt, wenn es für einen Transaktionspartner schwieriger wird, die in einer Transaktion geschaffenen Werte zu beurteilen, oder wenn zwischen der betrachteten Transaktion und anderen Transaktionen enge Beziehungen bestehen. Lediglich für den Fall, dass eine Transaktion häufiger durchgeführt wird, sinken die mit der Abwicklung verbundenen Koordinations- und Motivationskosten.

Die geeignete Wahl eines Koordinationsmechanismus haben wir in diesem Kapitel anhand der Koordination interorganisatorischer Beziehungen eingehend analysiert. Als vertraglich vereinbarte Zusammenarbeit zwischen selbständigen Unternehmungen ordnet sich die zwischenbetriebliche Kooperation als intermediärer Koordinationsmechanismus ein zwischen der reinen marktlichen und reinen hierarchischen Koordination. Das Ziel solcher Kooperationen besteht in der Schaffung von Werten für die beteiligten Unternehmungen, die ohne diese Kooperation nicht realisierbar wären. Neben der Reduzierung von Transaktions- und Produktionskosten kann dabei auch die Steigerung der Brutto-Wertschöpfung Ziel der Kooperation sein. Kooperationen, die zu einer reduzierten Wertschöpfung oder zu einer Umverteilung geschaffener Werte zu Lasten der Konsumenten führen, werden als Kartelle bezeichnet. Dem Staat stehen verschiedene wettbewerbspolitische Maßnahmen zur Verfügung, solche vertraglichen Absprachen zwischen Unternehmungen mit dem Ziel der Wettbewerbsbeschränkung zu verhindern.

Grundlage jeder zwischenbetrieblichen Kooperation ist eine relationale Vertragsbeziehung zwischen den Parteien. Im Unterschied zu einer klassischen Vertragsbeziehung, bei der ein vollständiger Vertrag zwischen den Vertragsparteien alle möglichen Eventualitäten der Transaktion berücksichtigt, ist eine relationale Vertragsbeziehung durch einen unvollständigen Vertrag gekennzeichnet. Da nicht für alle möglichen relevanten Umweltsituationen die zu leistenden Beiträge und die sich daraus ableitenden Ansprüche im Vorhinein detailliert präzisiert werden können, legen die Parteien nicht ihr eigentliches Verhalten fest sondern lediglich die Rahmenbedingungen, innerhalb derer sie sich verhalten können. Dadurch entstehen notwendigerweise vertragliche Lücken, die während der Vertragsbeziehung zu vertraglichen Anpassungen an die relevanten Umweltsituationen führen.

Bei der Analyse zwischenbetrieblicher Kooperation haben wir zunächst herausgearbeitet, welche systematischen Kosten- und Nutzenunterschiede zwischen marktlicher und hierarchischer Koordination bestehen. Folgende Ergebnisse haben wir dabei hergeleitet:

Wenn die Transaktionsparteien nur einer geringen strategischen Unsicherheit ausgesetzt sind, ist die Abwicklung von Transaktionen über eine marktliche Koordination in Wettbewerbsmärkten vorteilhafter als die hierarchische Koordination in einer Unternehmung. In diesem Fall können nämlich durch die Ausnutzung von Skalenerträgen, den Wettbewerbsdruck sowie den Rückgriff auf das gesetzliche Vertragsrecht Produktions- und Koordinationskostenvorteile genutzt werden. Die strategische Unsicherheit ist dabei insbesondere dann gering, wenn nur wenige transaktionsspezifische Investitionen für die Durchführung der Transaktion erforderlich sind und die im Rahmen der Transaktion erbrachten Leistungen relativ gut bewertbar sind.

Wenn hingegen die strategische Unsicherheit innerhalb der Beziehung zwischen den Parteien größer wird, reduzieren sich diese Vorteile der marktliche Koordination. Bei hohen transaktionsspezifischen Investitionen oder bedeutenden Bewertungsproblemen können dann die damit verbundenen Koordinations- und Motivationsprobleme innerhalb einer Unternehmung besser gelöst werden als bei einer marktlichen Koordination. Ausschlaggebend hierfür sind neben den reduzierten Vertragskosten und der verbesserten Anpassungsfähigkeit des Vertrages die erhöhten Investitionsanreize, die bessere Messbarkeit von Leistungen sowie die einfachere Gesamtkoordination. Allerdings bestehen bei der hierarchischen Koordination auch Nachteile gegenüber der marktlichen Abwicklung von Transaktionen: Eine reduzierte Anreizwirkung, möglicherweise verzerrte Investitionsanreize, nicht-produktive Aktivitäten der Transaktionsparteien sowie zusätzliche Interessenkonflikte sind hier zu nennen.

Die Analyse der Auswirkungen der einzelnen Transaktionsmerkmale bzw. der Technologie auf die Organisationsgestaltung rückte dann die zwischenbetriebliche Koordination in den Vordergrund der Betrachtung. Als intermediärer Koordinationsmechanismus kann die zwischenbetriebliche Kooperation unter gewissen Bedingungen die Vorteile der marktlichen und hierarchischen Koordination miteinander verbinden. Folgende Ergebnisse wurden hier hergeleitet:

Die Wahrscheinlichkeit, dass eine Transaktion hierarchisch koordiniert wird, ist um so größer, je höher die transaktionsspezifischen Investitionen sind. Im Hinblick auf das Gesamtspektrum möglicher Koordinationsformen ist zudem zu erwarten, dass intermediäre Koordinationsformen bei einem mittleren Niveau an spezifischen Investitionen der extremen marktlichen bzw. hierarchischen Koordination überlegen sind.

Die Unsicherheit, die mit der Durchführung einer Transaktion verbunden ist, hat bei unspezifischen Transaktionen keine Auswirkungen auf die Organisationsgestaltung: In diesem Fall ist die marktliche Koordination im Allgemeinen optimal. Bei spezifischeren Transaktionen wird jedoch mit steigender Unsicherheit eine Koordination durch zwischenbetriebliche Kooperation oder eine vertikale Integration vorteilhafter.

Die Häufigkeit der Transaktion spielt bei Transaktionen, die nur geringe spezifische Investitionen erfordern, keine bedeutende Rolle: Sie werden über die marktliche Koordination abgewickelt. Mit steigender Spezifität der Transaktion wird die Transaktionshäufigkeit jedoch für die Gestaltung relevant. Während bei gelegentlichen Transaktionen nämlich eher zwischenbetriebliche Kooperationen mit entsprechenden vertraglichen Regelungen oder Anpassungsklauseln vereinbart werden, ist bei wiederholten Transaktionen die hierarchische Abwicklung vorteilhaft, da sich nun die zusätzlichen Kosten für spezifische Kontroll- und Steuerungsmechanismen rechnen.

Das Problem der Messbarkeit der durch eine Transaktion geschaffenen Werte kann in zwischenbetrieblichen Kooperationen durch verschiedene Instrumente reduziert werden. Je nach der spezifischen Problemsituation können hier Produktgarantien, der Aufbau eines Markennamens oder Blockverkäufe die Kosten für die Beurteilung einer Leistung senken.

Bestehen hohe Interdependenzen mit anderen Transaktionen, kann die Komplexität der Gesamtkoordination durch vertikale Integration oder zwischenbetriebliche Kooperationen reduziert werden.

Die eingesetzte Produktionstechnologie hat im Zusammenhang mit der Häufigkeit, mit der die Transaktion durchgeführt wird, direkte Auswirkungen auf die Realisierung von Skaleneffekten in der Produktion. Daneben hat auch die Informations- und Kommunikationstechnologie, die bei der Übermittlung von Informationen bzw. beim Transfer von Gütern im Zusammenhang mit der Abwicklung der Transaktion eingesetzt wird, unmittelbare Auswirkungen auf Organisationsgestaltung: Da sich mit Einführung einer solchen Technologie die Koordinationskosten tendenziell reduzieren, kann es vorteilhaft sein, statt einer hierarchischen Koordination nun für die Abwicklung der Transaktion eine zwischenbetriebliche oder sogar eine marktliche Koordination zu wählen.

4.4 Literaturhinweise

Die Analyse der mit einer Transaktion verbundenen Kosten sowie die Idee, dass die Koordination ökonomischer Aktivitäten durch die Minimierung der Transaktionskosten bestimmt ist, geht auf den klassischen Aufsatz von Coase (1937) zurück. Diese richtungsweise Arbeit ist ein absolutes Muss für eine Einführung in den Transaktionskostenansatz. Für die Weiterentwicklung dieses Ansatzes sind ebenfalls die Arbeiten von Williamson eine unerlässliche Referenz. Sein Buch von 1985 gibt hier einen exzellenten Überblick über seine wichtigsten Beiträge. Die Wechselwirkung zwischen diesem Transaktionskostenansatz und dem ressourcenbasierten Ansatz der Literatur zum Strategischen Management zur Erklärung von Unternehmen wird in Foss und Foss (2005) und Jacobides und Winter (2005) herausgearbeitet.

Eine Klassifikation der Transaktionskosten in Koordinations- und Motivationskosten sowie ihre verschiedenen Ausprägungen in Märkten bzw. Unternehmungen findet sich beispielsweise in Milgrom und Roberts (1992). Die Einteilung der Transaktionskosten in Kosten, die vor bzw. nach dem Vertragsabschluss entstehen, orientiert sich dabei an der Arbeit von Matthews (1986). Siehe hierzu auch die Arbeit von Alston und Gillespie (1989). Sie systematisieren Transaktionskosten nach verschiedenen Phasen der Transaktion und den jeweils eingesetzten Inputfaktoren und spezifizieren innerhalb dieses Rahmens die Transaktionkosten, die auf Märkten bzw. in Unternehmungen entstehen. Einen guten Einblick in die quantitative Messung von Transaktionskosten und die verschiedenen Arten von Transaktionskosten gibt neben der Studie von Wallis und North (1988) auch die Arbeit von Demsetz (1968a). Am Beispiel der New York Stock Exchange untersucht Demsetz empirisch die Kosten, die mit der Transaktion von Finanztiteln verbunden sind. Siehe hierzu auch den Überblicksartikel von Wang (2003).

Grundlegend für den Zusammenhang zwischen Transaktionskosten und Marktversagen ist der Aufsatz von Coase (1960). Er kann als Ausgangspunkt der Literatur angesehen werden, in der Marktversagen und somit die Existenz alternativer Organisationsformen auf die Existenz von Transaktionskosten zurückgeführt wird. Dies hebt insbesondere Arrow (1969) hervor, indem er Marktversagen als nichts Absolutes charakterisiert, sondern vielmehr die Berücksichtigung von Transaktionskosten im Allgemeinen Gleichgewichtsmodell fordert. Arrow geht dabei vor allem auf das Problem externer Effekte ein. Für die Bedeutung von Transaktionkosten bei der Beurteilung von Monopolen siehe speziell Demsetz (1968b; 1980). Die methodischen Probleme, die sich ergeben können, wenn man Transaktionskosten in ökonomischen Modellen zur Erklärung von Organisationsformen heranzieht, werden in Papandreou (1994) thematisiert. Siehe hierzu auch Dahlman (1979), der schon früh die Modellierung von Transaktionskosten im neoklassischen Modell kritisiert. Barzel (1985) zeigt auf, inwieweit die Ergebnisse des neoklassischen Gleichgewichtsmodells modifiziert werden müssen, wenn man positive Transaktionskosten berücksichtigt.

Die Literatur zur Koordination zwischenbetrieblicher Kooperationen ist sehr umfangreich. So zeigen eine Reihe von Einzeluntersuchungen für die verschiedensten Branchen und Unternehmensbereiche auf, welche Wettbewerbsvorteile sich durch eine Kooperation ergeben können. Neben der im Text genannten Literatur geben z.B. Kogut (1988) oder Barney und Hesterly (1996) einen Überblick über die verschiedenen Wertschöpfungsvorteile, die sich aus zwischenbetrieblichen Beziehungen ergeben können.

Die zwischenbetriebliche Kooperation als intermediärer Koordinationsmechanismus zwischen der marktlichen und der hierarchischen Koordination wird z.B. in Imai und Itami (1984), Thorelli (1986) oder Powell (1987) betont. Siehe auch Powell (1990), der in dieser Arbeit argumentiert, dass zwischenbetriebliche Kooperationen nicht zwischen Markt und Hierarchie einzuordnen seien. Ob es zwischen der reinen marktlichen Koordination und der reinen hierarchischen Koordination ein Kontinuum an zwischenbetrieblichen Kooperationsformen gibt oder ob intermediäre Formen lediglich diskret vorkommen, wird von Bradach und Eccles (1989) thematisiert. Hennart (1988) argumentiert hier für die erste Alternative, während Williamson (1991c) die zweite Alternative vorzieht.

Die Theorie relationaler Verträge hat sich aus der klassischen Vertragstheorie entwickelt. Grundlegend ist hierzu der Aufsatz von Macaulay (1963), der mit Hilfe einer empirischen Untersuchung zeigt, dass geschäftliche Beziehungen vertraglich im Allgemeinen sehr unvollständig spezifiziert sind und Konflikte zwischen den Vertragsparteien selten auf gerichtlichem Wege gelöst werden. Macneil (1974; 1978) greift diese Ergebnisse auf und klassifiziert das Vertragsrecht in verschiedene Vertragsbeziehungen. Goldberg (1976; 1980) und Williamson (1976; 1991a) übertragen diese Konzeption dann in die Wirtschaftswissenschaften.

Die Vor- und Nachteile der marktlichen Koordination gegenüber der hierarchischen Koordination sowie die Auswirkungen der Transaktionsmerkmale und der Technologie auf die zwischenbetriebliche Kooperation sind in einer Vielzahl von Arbeiten dargestellt. Neben Williamson (1975; 1985) haben vor allem Klein, Crawford und Alchian (1978) auf das Problem des Holdup bei transaktionsspezifischen Investitionen aufmerksam gemacht. Siehe auch Riordan und Williamson (1985), die die Auswirkungen transaktionsspezifischer Investitionen unter Berücksichtigung der damit verbundenen Produktionskosten analysieren. Den Einfluss der Unsicherheit und Häufigkeit auf die Gestaltung zwischenbetrieblicher Kooperationen untersucht eingehend Williamson in seinen Arbeiten. Eine empirische Studie, die die Auswirkungen transaktionsspezifischer Investitionen und Unsicherheit auf zwischenbetriebliche Kooperationen aufzeigt, findet sich in Artz und Brush (2000). Barzel (1982) analysiert, welche Auswirkungen sich für die Koordination einer Transaktion ergeben, wenn die dabei geschaffenen Werte nur unzureichend messbar sind. Siehe hierzu auch die Untersuchung von Kenney und Klein (1983), die Blockverkäufe als eine Alternative zur Reduzierung von Messkosten in verschiedenen Anwendungsbeispielen diskutieren, sowie Klein und Leffler (1981) zur Rolle eines Markennamens. Das Merkmal der Interdependenz einer Transaktion mit anderen Transaktionen wird von Milgrom und Roberts (1992) analysiert. Die Auswirkung der Produktionstechnologie auf die Art der Koordination wird zuerst in Richardson (1972) diskutiert, der Einfluss der Informations- und Kommunikationstechnologie auf die Transaktionskosten stellen z.B. Ciborra (1981; 1987) oder Picot, Ripperger und Wolff (1996) dar.

Die Literatur zu den verschiedenen zwischenbetrieblichen Kooperationsformen ist ausgesprochen umfangreich. Da zudem die von den Autoren verwendete Begriffsbildung sehr uneinheitlich ist, ergibt sich für den Leser auf den ersten Blick ein ausgesprochen verwirrendes Bild. Für die in diesem Abschnitt angesprochenen Kooperationsformen sind folgende Lektürehinweise nützlich: Franchisesysteme diskutieren aus ökonomischer Perspektive z.B. Rubin (1978), Klein (1980), Hadfield (1990) oder Dnes (1992). Einen Überblick über diese Literatur gibt Dnes (1996). Strategische Allianzen werden von Hennart (1988; 1991) und Kogut (1988) untersucht. Für einen Literaturüberblick hierzu siehe z.B. Sydow (1992), Sandler (1993) oder Barney und Hesterley (1996). Grundlegend für eine ökonomische Diskussion des Keiretsu ist Aoki (1988). Die kulturellen und historischen Unterschiede zwischen Japan und westlichen Industrienationen werden in Sydow (1991) diskutiert. Andere intermediäre Koordinationsformen finden sich z.B. in Klein, Crawford und Alchian (1978) und Flath (1980) zum Leasing, in Eccles (1981) zu Subkontrakt-Systemen oder in Miles und Snow (1995) zu neuen Netzwerk-Organisationen.

Unter den neu gestalteten Rahmenbedingungen führt nun die Selbstkoordination der Parteien zu einem harmonisch abgestimmten Spielen.

Teil III
Die Hierarchie als Koordinationsmechanismus

5
Grundformen hierarchischer Koordination

6
Innerbetriebliche Koordination

5
Grundformen hierarchischer Koordination

Am folgenden Morgen setzte sich Mose, um für das Volk Recht zu sprechen. Die Leute mussten vor Mose vom Morgen bis zum Abend anstehen. Als der Schwiegervater des Mose sah, was er alles für das Volk zu tun hatte, sagte er: Was soll das, was du da für das Volk tust? Warum sitzest du hier allein, und die vielen Leute müssen vom Morgen bis zum Abend vor dir anstehen? Mose antwortete seinem Schwiegervater: Die Leute kommen zu mir, um Gott zu befragen. Wenn sie einen Streitfall haben, kommen sie zu mir. Ich entscheide dann ihren Fall und teile ihnen die Gesetze und Weisungen Gottes mit.

Da sagte der Schwiegervater zu Mose: Es ist nicht richtig, wie du das machst. So richtest du dich selbst zugrunde und auch das Volk, das bei dir ist. Das ist zu schwer für dich; allein kannst du es nicht bewältigen. Nun hör zu, ich will dir einen Rat geben, und Gott wird mit dir sein. Vertritt du das Volk vor Gott! Bring ihre Rechtsfälle vor ihn, unterrichte sie in den Gesetzen und Weisungen, und lehre sie, wie sie leben und was sie tun sollen. Du aber sieh dich im ganzen Volk nach tüchtigen, gottesfürchtigen und zuverlässigen Männern um, die Bestechung ablehnen. Gib dem Volk Vorsteher für je tausend, hundert, fünfzig und zehn! Sie sollen dem Volk jederzeit als Richter zur Verfügung stehen. Alle wichtigen Fälle sollen sie vor dich bringen, die leichteren sollen sie selber entscheiden. Entlaste dich, und laß auch andere Verantwortung tragen! Wenn du das tust, sofern Gott zustimmt, bleibst du der Aufgabe gewachsen, und die Leute hier können alle zufrieden heimgehen. (Exodus 18,13-23)

Das 20. Jahrhundert war lange Zeit geprägt von unzähligen Kontroversen über die Vor- und Nachteile der kapitalistischen Marktwirtschaft gegenüber dem kommunistischen Wirtschaftssystem. Auf der einen Seite stand die Anreiz- und Selektionsfunktion des privatwirtschaftlichen Tauschs, auf der anderen Seite die Planungs- und Steuerungsfunktion der zentralen Planungsbehörde. Die osteuropäischen Revolutionen Anfang der 90er Jahre und die seither in Gang gesetzten Transformationsprozesse in den ehemals kommunistischen Ländern haben diesen Debatten ein Ende gesetzt: Das kommunistische System der Planwirtschaft ist zusammengebrochen und wurde vom kapitalistischen System der Marktwirtschaft abgelöst.

Die historische Entwicklung der letzten Jahre scheint somit die These zu belegen, dass eine zentral durchgeführte Planung einer Ökonomie weniger gut funktioniert als der freie Wettbewerb auf Märkten. Bei näherer Betrachtung wird aber direkt klar, dass auch in einer kapitalistischen Marktwirtschaft ein Großteil der ökonomischen Aktivitäten durch eine zentrale Planung und Steuerung durchgeführt werden. In den meisten Unternehmen der kapitalistischen Welt werden nämlich Entscheidungen von Unternehmern und Managern getroffen, die denen in einer zentralen Planungsbehörde recht nahe kommen: Es wird beispielsweise vom Management vorgegeben, was produziert werden soll oder welche Produktionsmethoden eingesetzt werden sollen.

Solche zentral getroffenen Managemententscheidungen können Ressourcen von Milliarden von Euro und Tausende von Mitarbeitern betreffen und stehen daher nicht hinter vielen nationalen Ökonomien zurück: Beispielsweise betrug 1998 das Bruttoinlandsprodukt in Finnland Euro 225 Milliarden. Im Vergleich dazu war der Umsatz von General Motors im selben Jahr Euro 283 Milliarden. Wenn also eine zentral durchgeführte Planung tatsächlich so schlecht ist wie es die Zusammenbrüche der kommunistischen Wirtschaftssysteme vermuten lassen, warum werden dann innerhalb von Unternehmen viele ökonomische Aktivitäten zentral geplant und gesteuert?

Nachdem wir in den Kapiteln 3 und 4 bereits eingehend aufgezeigt haben, wie ein System von Märkten funktioniert und unter welchen Umständen eine zwischenbetriebliche oder hierarchische Koordination dem reinen Preismechanismus überlegen ist, wollen wir uns in diesem Kapitel mit der Frage beschäftigen, wie ökonomische Aktivitäten innerhalb einer Organisation koordiniert werden sollten:

Abschnitt 5.1 beschäftigt sich mit der grundsätzlichen Gestaltung einer Organisation als hierarchisches Entscheidungssystem. Hierzu müssen die Tätigkeitsspektren der einzelnen Organisationsmitglieder sowie deren zugehörige Entscheidungsautonomien so festgelegt werden, dass die organisatorischen Ziele möglichst umfassend erreicht werden können. Da mit der Verteilung der Gesamtaufgabe einer Organisation auf ihre Organisationsmitglieder immer auch eine Arbeitsteilung verbunden ist, stellt sich die Frage, wie der dadurch hervorgerufene Koordinationsbedarf durch den Einsatz von geeigneten Instrumenten gedeckt werden kann.

In Abschnitt 5.2 untersuchen wir die Koordinationsinstrumente, die zur Abstimmung der Einzelaktivitäten auf das vorgegebene Organisationsziel zur Verfügung stehen. Wir stellen zunächst die verschiedenen Instrumente der vertikalen bzw. lateralen Koordination vor und zeigen ihre Vor- und Nachteile auf. Nach der Diskussion der hierarchischen Koordination durch Abteilungsbildung werden wir abschließend auf die Koordination des Einsatzes der verschiedenen Koordinationsinstrumente innerhalb der Organisation eingehen. Dabei geht es vor allem um die geeignete Gestaltung des Weisungs-, Planungs- und Informations- und Kommunikationssystems einer Organisation.

In Abschnitt 5.3 untersuchen wir dann, welche Auswirkungen die Organisationsaufgabe auf die Vor- und Nachteile der einzelnen Gestaltungsalternativen hat. Wir charakterisieren hierzu eine Organisationsaufgabe durch sechs Merkmale und zeigen systematisch auf, welchen Einfluss diese einzelnen Aufgabenmerkmale einer Organisation auf ihre organisatorische Gestaltung haben.

5.1 Die Gestaltung des hierarchischen Entscheidungssystems

Das Ziel jeder ökonomischen Organisation ist die Maximierung ihrer Wertschöpfung. Geht man von einer gegebenen Organisationsstrategie aus, dann müssen hierzu die Inputfaktoren möglichst effizient in Outputfaktoren transformiert werden. Diese Gesamtaufgabe einer Organisation beinhaltet neben den Tätigkeiten, die die einzelnen Organisationsmitglieder ausführen müssen, auch immer Entscheidungen, die diesen Tätigkeiten vorgelagert sind. Die Gesamtaufgabe einer Organisation kann daher in zwei Dimensionen gegliedert werden:

- Die mit der Gesamtaufgabe verbundenen Einzeltätigkeiten der Organisation. Sie werden auch als **operative Tätigkeiten** bezeichnet und umfassen alle mit der Wertschöpfung verbundenen Tätigkeiten. In einem Automobilunternehmen sind z.B. Konstruktionszeichnungen und Produktionspläne zu erarbeiten, Lackierarbeiten zu erledigen, Verkaufspreise festzulegen oder Anlieferungen durchzuführen. Aufgrund der Abhängigkeit der Organisationsstrategie von der Umwelt der Organisation beeinflusst letztere auch den Umfang der in einer Organisation durchzuführenden Tätigkeiten entscheidend.

- Die mit den Einzeltätigkeiten verbundenen Entscheidungsautonomien. Diese geben an, welche Entscheidungsspielräume der Organisation als Einheit bei der Durchführung der einzelnen Tätigkeiten zur Verfügung stehen. Aufgrund der Umweltbeziehungen der Organisation können hier die Entscheidungsspielräume durch Rahmenbedingungen der Umwelt beschränkt sein. So sind z.B. der Konstruktion eines Automobils aerodynamische Grenzen gesetzt, die Produktion und das Lackieren unterliegen produktionstechnischen Restriktionen und der Festlegung von Verkaufspreisen und Anlieferkonditionen sind rechtliche Grenzen gesetzt.

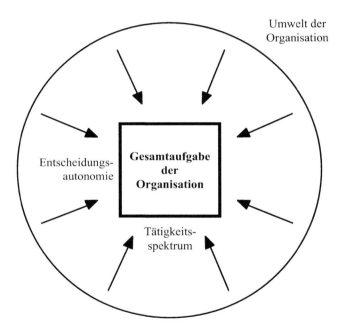

Abbildung 5.1: Die Gesamtaufgabe einer Organisation im Kontext ihrer Umwelt

Die Frage, welche dieser für die organisatorische Wertschöpfung notwendigen Einzelaktivitäten von welchem Organisationsmitglied mit welchen Kompetenzen durchgeführt werden sollen, bildet das Ausgangsproblem jeder organisatorischen Gestaltung. Die durch die Organisationsstrategie spezifizierte Gesamtaufgabe der Organisation muss hierzu in einzelne Teilaufgaben zerlegt werden. Diese Teilaufgaben werden dann auf bestimmte Organisationsmitglieder übertragen, die diese ausführen sollen. Die Verteilung der Gesamtaufgabe auf die Organisationsmitglieder wird als **organisatorische Differenzierung** bezeichnet. Ziel der organisatorischen Differenzierung muss es sein, die Vorteile der Arbeitsteilung durch Spezialisierung der einzelnen Organisationsmitglieder unter Berücksichtigung der damit verbundenen Kosten möglichst umfassend zu nutzen.

Bei der Diskussion der geeigneten organisatorischen Differenzierung im Rahmen der hierarchischen Koordination gehen wir im Folgenden zunächst von einer einfachen Hierarchie aus: Eine übergeordnete Partei verteilt die Gesamtaufgaben der Organisation an die ihr nachgeordneten Organisationsmitglieder. Die Verteilung der einzelnen Teilaufgaben erfolgt über Anordnungen. Alle Organisationsmitglieder sind der übergeordneten Partei unmittelbar unterstellt, die Hierarchie ist also einstufig. In diesem Diskussionsrahmen werden wir das Ausgangsproblem der organisatorischen Gestaltung in zwei Schritten behandeln:

In einem ersten Schritt untersuchen wir, wie die Gesamtheit der innerhalb der Organisation durchzuführenden Tätigkeiten in verschiedene Einzeltätigkeiten zerlegt werden kann und wie diese am besten einer spezifischen organisatorischen Einheit zugeordnet werden sollten. Das Vorgehen dabei entspricht der in Kapitel 2 angesprochenen Segmentierung eines Entscheidungsproblems: Die Gesamtaufgabe der Organisation wird als umfassender Entscheidungskomplex betrachtet und durch die Segmentierung in simultan durchführbare Teilentscheidungen zerlegt. Diese Segmentierung der Gesamtaufgabe führt zu einer Verteilung der mit der Gesamtaufgabe verbundenen Einzeltätigkeiten auf verschiedene organisatorische Einheiten. Jede Einheit ist dabei für die Umsetzung der mit ihren Tätigkeiten verbundenen Entscheidungen zuständig. Hierarchisch sind diese Einheiten gleichgeordnet, also auf derselben Stufe. Die Verteilung der Gesamttätigkeiten wird daher als **horizontale Differenzierung** einer Organisation bezeichnet.

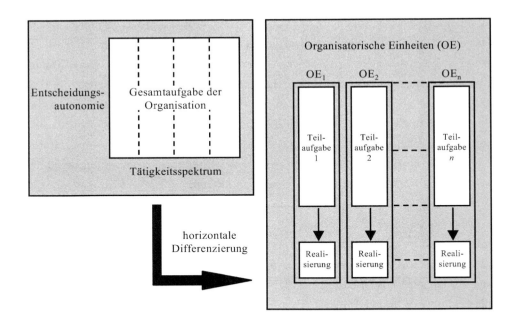

Abbildung 5.2: Die horizontale Differenzierung einer Organisation

Jede Tätigkeit ist das Ergebnis eines individuellen Entscheidungsverhaltens. Die mit der Durchführung seiner operativen Teiltätigkeiten verbundenen Entscheidungen eines Organisationsmitglieds werden als **operative Entscheidungen** bezeichnet. In der obigen Darstellung besitzt somit jedes einzelne Organisationsmitglied eine vollständige Entscheidungsautonomie bei seinen operativen Entscheidungen.

Eine solche vollständige Zuordnung der Entscheidungsautonomie auf die einzelnen Organisationsmitglieder wird allerdings nur in Extremfällen für die Wertschöpfung einer Organisation effizient sein. Führt nämlich z.B. die horizontale Differenzierung der Organisation zu einem hinreichend hohen Bedarf an Koordination zwischen den einzelnen Organisationsmitgliedern, dann kann eine übergeordnete Partei durch Einschränkung der Entscheidungsautonomie der nachgeordneten Parteien deren Einzeltätigkeiten durch entsprechende Anordnungen aufeinander abstimmen. Diese Entscheidungen der übergeordneten Partei werden wir als organisatorische Entscheidungen bezeichnen: **Organisatorische Entscheidungen** sind Entscheidungen einer übergeordneten Instanz, die darauf abzielen, die Entscheidungen und

Tätigkeiten der nachgeordneten Organisationsmitglieder zu steuern. Organisatorische Entscheidungen beziehen sich somit immer auf die Wahl der einzusetzenden Koordinations- bzw. Motivationsinstrumente.

Die horizontale Differenzierung hat so im Allgemeinen eine vertikale Differenzierung zur Folge. Als **vertikale Differenzierung** einer Organisation wird die Verteilung der Entscheidungskompetenzen bei der Durchführung der Gesamtaufgabe auf verschiedene hierarchisch geordnete organisatorische Einheiten bezeichnet. Mit der Zuweisung ihrer Entscheidungskompetenzen wird die Entscheidungsautonomie einer Einheit bestimmt. Im Rahmen ihrer Entscheidungsautonomie bestimmt die übergeordnete Einheit durch die Umsetzung ihrer Teilentscheidungen den Entscheidungskomplex der nachgeordneten Einheit. In der Hierarchie nimmt demnach die Entscheidungsautonomie der Einheiten bei der Durchführung der Gesamtaufgabe ab.

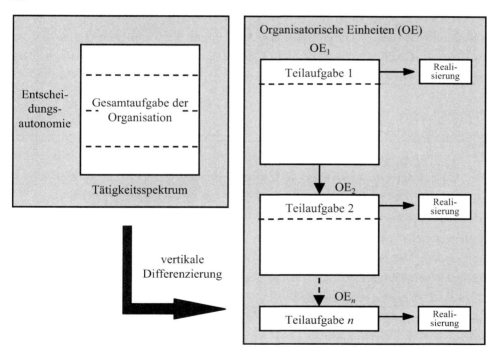

Abbildung 5.3: Die vertikale Differenzierung einer Organisation

In einem zweiten Schritt werden wir daher untersuchen, wie die mit den verschiedenen Einzeltätigkeiten verbundene Entscheidungsautonomie am besten auf die organisatorischen Einheiten verteilt werden sollten. Der vertikalen Differenzierung liegt dabei die in Kapitel 2 angesprochenen Strukturierung von Entscheidungsproblemen zugrunde: Durch die Strukturierung der Gesamtaufgabe erfolgt die Bildung über- und untergeordneter Teilentscheidungen und deren Zuordnung auf spezifische organisatorische Einheiten. Die Teilentscheidung einer übergeordneten Einheit strukturiert dabei das Entscheidungsproblem der untergeordneten Einheit

Die Segmentierung und Strukturierung der Gesamtaufgabe einer Organisation führen zu einer organisatorischen Differenzierung, die sich an den beiden Dimensionen der Gesamtaufgabe orientiert: Durch die Segmentierung werden die mit der Gesamtaufgabe verbundenen Einzeltätigkeiten der Organisation verteilt, durch die Strukturierung werden die mit den Einzeltätigkeiten verbundenen Entscheidungsautonomien festgelegt. Durch sukzessive Anwendung der Segmentierung und Strukturierung auf die Gesamtaufgabe der Organisation entsteht so eine stufenweise Differenzierung der Organisation.

Microsoft
und die organisatorische Differenzierung

Die horizontale und vertikale Differenzierung einer Organisation sowie deren zeitliche Anpassungen an sich ändernde Umweltbedingungen illustriert eindrücklich das Beispiel der Softwarefirma Microsoft Corp.
Microsoft wurde im August 1975 von Bill Gates und Paul Allen gründet. Ziel des Unternehmens war die Entwicklung von Programmiersprachen für MITS/Altair und andere Mikrocomputer. Microsoft war das erste Unternehmen, das sich ausdrücklich mit der Herstellung von Software für diese Art Computer befasste.
Zunächst übernahmen beide Unternehmensgründer die mit der Softwareentwicklung verbundenen Aufgaben. Gates war zudem für den Verkauf des Produkts BASIC an Firmen wie General Electric, NCR und Citibank zuständig. Der Erfolg des Unternehmens sowie die zunehmenden Programmierungstätigkeiten machten die Einstellung zusätzlicher Mitarbeiter notwendig. Es erfolgte eine horizontale Differenzierung: Jeder Programmierer kümmerte sich jeweils um eine oder mehrere

Computersprachen für einen bestimmten Prozessor.

Jahr	Anzahl der Mitarbeiter	Jahresumsatz in Mio. $
1975	2	
1977	6	0,5
1978	13	1
1979	25	2,5
1980	40	8
1981	125	16
1982	200	34
1983	383	69
1984	608	125
1985	910	140
1986	1.200	197
1987	2.000	300
1988	2.800	590
1989	4.000	803,8
1990	5.200	1.000

1977 hatte Microsoft insgesamt 6 Mitarbeiter. Gates konzentrierte sich aufgrund seiner zunehmenden Verkaufsaktivitäten weitgehend auf die Vermarktung und Werbung der Softwareprodukte. Zusätzlich übernahm er die Verwaltungsaufgaben. Die Ausweitung der geschäftlichen Tätigkeiten und die daraus resultierenden zunehmenden administrativen Aufgaben machten jedoch bald die Einstellung einer Sekretärin erforderlich. Sie übernahm Aufgaben wie Buchführung, Einkauf und Auftragsbearbeitung. Microsoft wurde vertikal differenziert.

1978 arbeiteten 13 Mitarbeiter im Unternehmen. In der Geschäftsleitung teilten sich Gates und Allen die Aufgaben, die nach verschiedenen Funktionen segmentiert wurden. Paul Allen überwachte die Entwicklung neuer Software-Werkzeuge und Bill Gates pflegte die Beziehungen zu Herstellern und übernahm die täglichen Managementaufgaben. 1980 wurde ein Assistent der Geschäftsleitung eingestellt, dessen Aufgaben Rechnungswesen, Personalwirtschaft und einige andere Funktionen umfaßten. Microsoft weitete den Geschäftsbereich von Programmiersprachen auf Anwendungssoftware aus.

Aufgrund des schnellen Wachstums des Unternehmens gab es zu dieser Zeit gravierende Koordinationsprobleme. So wurde erst Mitte 1981 die Buchhaltung auf Computer umgestellt. Das Finanzwesen war völlig ungeordnet und das Fehlen eines

Finanzberaters führte dazu, dass die Hälfte des 1981 erwirtschafteten Gewinns an das Finanzamt abgeführt wurde. Für die DV-Abteilung gab es keine Budgetplanung. Die Geschäftsleitung wurde nicht ausreichend mit Informationen versorgt und einige Programme konnten nicht schnell genug produziert werden, um die Nachfrage zu befriedigen.

1982 wurde ein Manager als Präsident von Microsoft eingestellt, der die Managementaufgaben von Gates übernahm. Ein Jahr später wurde Microsoft neu strukturiert. Der Assistent der Geschäftsleitung wurde Leiter der Marketingabteilung und es wurde zusätzlich ein Finanzleiter eingestellt. Gates konnte sich so vorwiegend auf Forschung und Entwicklung konzentrieren.

Quelle: Ichbiah (1993)

Durch die organisatorische Differenzierung entsteht für jedes Organisationsmitglied ein spezifisches Aufgabengebiet, er wird zum Träger einer spezifischen Teilaufgabe der Organisation. Dieser Aufgabenkomplex, der personenunabhängig von einem Organisationsmitglied durchgeführt werden kann, wird als **Stelle** bezeichnet. Die Unabhängigkeit der Stellenbildung von der Person soll dabei garantieren, dass sich die Aufgabenbündelung in ihrem Umfang und Anspruchsniveau mehr oder weniger an den quantitativen und qualitativen Kapazitäten einer durchschnittlich ausgebildeten Person orientiert. Die Stelle bildet die kleinste organisatorische Einheit einer Organisation.

Das Prinzip der Arbeitsteilung wird bei der Bildung einer Stelle durch die horizontale und vertikale Differenzierung einer Organisation unmittelbar umgesetzt. Bei der horizontalen Differenzierung erfolgt die Arbeitsteilung innerhalb einer Organisation in horizontaler Weise und führt somit zu einer horizontalen Spezialisierung der einzelnen Organisationsmitglieder. Die horizontale Spezialisierung kennzeichnet dabei ihren Tätigkeitsspielraum, also den Umfang der von ihnen wahrzunehmenden Tätigkeiten. Die vertikale Differenzierung manifestiert das Prinzip der Arbeitsteilung innerhalb einer Organisation in vertikaler Weise und bringt somit eine vertikale Spezialisierung der einzelnen Organisationsmitglieder mit sich. Die vertikale Spezialisierung legt die Entscheidungsautonomie eines Organisationsmitglieds fest, also den Grad, mit dem es bei der Durchführung der ihm zugewiesenen Tätigkeiten frei von Beschränkungen ist.

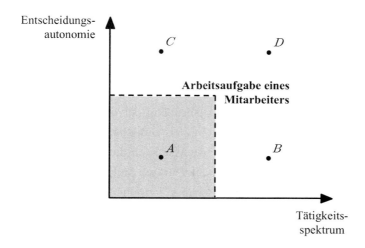

Abbildung 5.4: Die Arbeitsaufgabe eines Mitarbeiters

Die horizontale und vertikale Spezialisierung bestimmen, welche **Arbeitsaufgabe** ein Organisationsmitglied wahrnehmen soll. Die Arbeitsaufgabe verschiedener Organisationsmitglieder kann dabei im Umfang der Tätigkeiten und der zugehörigen Entscheidungsautonomie differieren. Die obige Abbildung zeigt vier verschiedene Möglichkeiten: Die Kombination in Punkt A charakterisiert eine Arbeitsaufgabe, die wenige Tätigkeiten mit geringen Entscheidungskompetenzen umfasst. Ein Beispiel hierfür ist ein Produktionsmitarbeiter am Fließband eines Automobilunternehmens, der für eine spezifische Tätigkeit, z.B. den Einbau der Fensterscheiben, zuständig ist. Punkt B zeigt z.B. die Situation der Sekretärin, die für viele Tätigkeiten zuständig ist wie Briefe schreiben, Terminkalender führen oder Anrufe entgegennehmen, aber die nur eine geringe Entscheidungsautonomie hat. Punkt C stellt eine Arbeitsaufgabe dar, die mit einem kleinen Tätigkeitsspektrum mit umfassenden Entscheidungskompetenzen ausgestattet ist. Ein Beispiel hierfür ist ein Portfoliomanager einer Bank, der nur einen Anlagefonds für einen Kunden zu betreuen hat. Punkt D ist schließlich für einen Mitarbeiter charakteristisch, dem ein breites Spektrum an Tätigkeiten mit weitreichenden Entscheidungskompetenzen zugeordnet ist. Ein Außendienstmitarbeiter eines Versicherungsunternehmens, der gegenüber seinen Kunden für alle Versicherungsprodukte zuständig ist und dabei auch maßgeblich bei der Risikoprüfung und den Geschäftsabschlüssen mitwirkt, ist hierfür ein Beispiel.

5.1.1 Dekomposition der organisatorischen Wertschöpfung

Im Folgenden wollen wir das Ausgangsproblem der organisatorischen Gestaltung zunächst unter dem Aspekt der horizontalen Differenzierung eingehender betrachten. Im Vordergrund stehen zwei Fragen: Wie kann die Gesamtaufgabe einer Organisation geeignet in ihre einzelnen Teilaktivitäten zerlegt werden und welche Möglichkeiten gibt es, diese Einzelaktivitäten auf verschiedene organisatorische Einheiten zu übertragen? Die erste Frage betrifft die Analyse der Gesamtaufgabe und wird in diesem Abschnitt beantwortet. Die zweite Frage, bei der es um die geeignete Aufgabensynthese geht, werden wir im nächsten Abschnitt eingehender untersuchen.

Entsprechend unseren Ausführungen in Teil I dieses Buches muss der Ausgangspunkt der organisatorischen Gestaltung die Wertschöpfung einer Organisation sein. Dies gilt somit insbesondere auch für die Aufgabenanalyse, die demnach in der Dekomposition der organisatorischen Wertschöpfung besteht. Grundlegend hierfür ist die Idee von Porter (1985, S.36), eine Organisation als "collection of activities that are performed to design, produce, market, deliver, and support its products" zu interpretieren. Alle diese für die Wertschöpfung notwendigen Einzelaktivitäten haben wir in Kapitel 1 als Wertschöpfungskette einer Organisation bezeichnet. Sie können wir als Analyserahmen für die organisatorische Gestaltung heranziehen: Die durch die Dekomposition der Wertschöpfung einer Organisation entstandene Wertschöpfungskette bildet mit ihren Einzelaktivitäten die Grundlage für die Aufgabensynthese und die Zuordnung von Teilaufgaben zu organisatorischen Einheiten.

Nach Porter können wir zunächst die Gesamtheit aller Aktivitäten, die zur Wertschöpfung einer Organisation beitragen, in zwei Klassen einteilen.

Die primären Aktivitäten sind unmittelbar mit der Herstellung und dem Vertrieb von Produkten der Organisation verbunden:

- Die Eingangslogistik fasst alle Aktivitäten zusammen, die den Wareneingang, die Lagerung sowie die innerbetriebliche Bereitstellung der materiellen Inputfaktoren der Organisation betreffen.

- Die Produktion umfasst alle Aktivitäten, die mit der Transformation dieser Inputfaktoren in Outputfaktoren zu tun haben, also die Fertigung bzw. Montage, Zwischenlagerung, Verpackung oder Qualitätskontrollen.
- Die Ausgangslogistik bezieht sich auf alle Aktivitäten von der Lagerung der Endprodukte bis zu ihrer Auslieferung und Distribution.
- Im Marketing und Vertrieb sind alle absatzwirtschaftlichen Aktivitäten zusammengefasst, also beispielsweise die Verkaufsvorbereitung und -förderung oder die Planung der Absatzkanäle und die Preisfestsetzung.
- Der Kundendienst beinhaltet alle Aktivitäten, die der Erhaltung oder Verbesserung des Kundennutzens dienen, also z.B. die Installation, die Schulung, die Wartung oder die Produktanpassung.

Abbildung 5.5: Die Wertschöpfungskette nach Porter

Von diesen primären Aktivitäten für die Wertschöpfung einer Organisation sind die sekundären Aktivitäten zu unterscheiden. Diese unterstützen die primären Aktivitäten durch Versorgungs- und Steuerungsfunktionen. Im Einzelnen gehören hierzu:

- Die Beschaffung, die alle Aktivitäten umfasst, die mit dem Einkauf der für die Wertschöpfung benötigten Inputfaktoren in Bezug stehen.
- Die Forschung und Entwicklung, die sich auf alle Aktivitäten bezieht, die zur Innovation von Produkten oder Verfahren gehören.

- Das Personalwesen, das alle Aktivitäten im Zusammenhang mit dem Management der Ressource Mitarbeiter zusammenfasst, also beispielsweise die Personalbeschaffung, Einstellung, Weiterbildung oder Karriereplanung.
- Die Unternehmensinfrastruktur, die sich auf alle Aktivitäten bezieht, die mit der Gesamtorganisation in Bezug stehen, also z.B. die Unternehmensführung, die Finanzwirtschaft, das Rechnungswesen oder die Klärung von Rechtsfragen.

Die Wertschöpfungskette nach Porter kann als Ausgangspunkt für eine Dekomposition der organisatorischen Wertschöpfung betrachtet werden. Nach der bisherigen Formulierung beschreibt die Wertschöpfungskette die Aktivitäten innerhalb der Organisation bei der Transformation der Inputfaktoren in Outputfaktoren. Sie beschreibt somit den Wertschöpfungsprozess auf der Ebene der gesamten Organisation. Unter einem **Prozess** verstehen wir dabei allgemein eine Folge inhaltlich zusammenhängender Aktivitäten mit klar definierten Input- und Outputfaktoren und zugehörigen Prozessquellen und -senken. Die Input- und Outputfaktoren können materielle oder immaterielle Güter sein. Die Inputfaktoren werden von entsprechenden Prozessquellen bereitgestellt, Outputfaktoren werden an die Prozesssenken geliefert. Die einzelnen Aktivitäten innerhalb des Prozesses, die sequentiell oder simultan durchgeführt werden können, transformieren die Inputfaktoren zu Outputfaktoren:

Abbildung 5.6: Die Elemente eines Prozesses

Dem Wertschöpfungsprozess einer Organisation liegen sämtliche Aktivitäten der Wertschöpfungskette zugrunde. Prozessquellen sind dabei z.B. alle Lieferanten von Vorprodukten oder Rohmaterialien, Prozesssenken sind z.B. die Kunden der Endprodukte.

Dieser Wertschöpfungsprozess muss nun im Hinblick auf eine Aufgabenanalyse der Organisation sukzessive strukturiert und in kleinere Einheiten zerlegt werden. Hierzu wählen wir das folgende Vorgehen:

In einem ersten Schritt werden zunächst sogenannte Geschäftsprozesse der Organisation definiert. Ein **Geschäftsprozess** bezeichnet dabei einen abgeschlossenen Prozess innerhalb der Organisation, der durch eine Kundenbeziehung gekennzeichnet ist. Die Abgeschlossenheit des Prozesses besagt, dass das Ergebnis der damit verbundenen Aktivitäten zu einem inhaltlich abgeschlossenen Output führt, so dass für die Weiterverwendung oder den Gebrauch dieses Outputs diese Aktivitäten nicht mehr von Bedeutung sind. Der Output kann also direkt anderen Verwendungen zugänglich gemacht werden. Ein abgeschlossener Prozess kann demnach als autonom betrachtet werden. Der Kundenbezug bei der Leistungserstellung kann sich dabei entweder auf einen externen oder einen internen Kunden beziehen:

- Eine externe Kundenbeziehung liegt vor, wenn der Geschäftsprozess aus primären Aktivitäten innerhalb der Wertschöpfungskette besteht und die Aktivitäten zur Erstellung und Vermarktung eines Produktes oder einer Dienstleistung für einen externen Kunden führen. Hierzu zählt beispielsweise die Bestellabwicklung eines Kundenauftrags, die Herstellung eines Endprodukts oder die Rechnungsstellung.
- Eine interne Kundenbeziehung liegt hingegen vor, wenn der Geschäftsprozess auf die Unterstützung einer organisatorischen Einheit, also einem organisationsinternen Kunden, abzielt. Der Geschäftsprozess kann dabei sekundäre Aktivitäten innerhalb der Wertschöpfungskette verknüpfen und sich somit auf die Bereitstellung und Verwaltung der für primäre Aktivitäten notwendigen Ressourcen beziehen. Hierfür ist die Beschaffung von Rohmaterialien oder die Produktentwicklung ein Beispiel. Oder der Geschäftsprozess verknüpft primäre Aktivitäten, ohne allerdings einen unmittelbaren externen Kundenbezug zu haben. Hierzu zählen die Produktion von Zwischenprodukten oder der organisationsinterne Materialfluss z.B. vom Rohstofflager zur Produktion.

Der gesamte Wertschöpfungsprozess der Organisation muss nun systematisch in einzelne Geschäftsprozesse zerlegt werden. Hierzu können zunächst die Tätigkeitsbereiche der Organisation nach den beiden Kriterien Endprodukt und externe Kundengruppen segmentiert werden. Darauf aufbauend können dann die unternehmensinternen Geschäftsprozesse nach den Kriterien Zwischenprodukt bzw. Dienstleistung und interne Kundengruppen berücksichtigt werden.

Da im Allgemeinen die so definierten Geschäftsprozesse immer noch komplex sind, müssen sie weiter zerlegt werden. Dabei kann die organisatorische Differenzierung von Geschäftsprozessen in zwei Richtungen erfolgen: In horizontaler Dimension bietet sich eine Differenzierung der Prozesse nach ihrer Komplexität an. So kann beispielsweise der Auftragsabwicklungsprozess in Routinefälle, mittelschwere Fälle und komplexe Fälle unterteilt werden. Neben dieser Segmentierung in Prozessvarianten können Geschäftsprozesse auch vertikal in Prozessabschnitte strukturiert werden. So bietet es sich an, die einzelnen spezifizierten Aktivitäten des Gesamtprozesses inhaltlich weiter zu zerlegen und schrittweise auf Teilprozesse zu reduzieren. Hierzu wird zunächst jede Aktivität eines Geschäftsprozesses in ihre Teilaktivitäten aufgelöst. Anschließend werden diese Teilaktivitäten als Ausgangspunkt für die jeweils nächste Ebene der Prozessdekomposition gewählt. Auf der letzten Ebene ergeben sich dann die Elementarprozesse der Organisation. Ein **Elementarprozess** bezeichnet dabei einen Prozess, dessen (Elementar-)Verrichtungen gerade noch einen messbaren positiven Beitrag zur Wertschöpfung der Organisation liefern. Definieren wir analog zur Gesamtwertschöpfung einer Organisation in Kapitel 1 die Wertschöpfung eines (Elementar-) Prozesses als

Wertschöpfung eines Prozesses = interner bzw. externer Kundennutzen −
Kosten der Leistungserstellung,

dann muss dieser Wert also stets positiv sein. Der Wert der Leistung muss für den Kunden größer sein als die damit verbundenen Kosten.

Diese schrittweise Dekomposition eines Geschäftsprozesses kann sich an den Kriterien Verrichtung oder Objekt orientieren: Eine Strukturierung nach dem Kriterium Verrichtung zerlegt einen Prozess bzw. die damit verbundene übergeordnete Tätigkeit in die einzelnen, hierfür notwendigen Aktivitäten. Eine Aktivität bezeichnet dabei immer eine Verrichtung an einem materiellen oder immateriellen Objekt. Der Prozess 'Bearbeiten eines Auftrags' kann so in die Teilaktivitäten 'Auftrag annehmen', 'Auftrag prüfen' und 'Auftrag fakturieren' zerlegt werden. Daneben kann die Strukturierung eines Prozesses grundsätzlich auch nach den bearbeiteten Objekten vorgenommen werden. So könnte der Prozess 'Bearbeiten eines Auftrags' genauso gut in die Teilaktivitäten 'Bearbeiten von Aufträgen des Typs 1' bis 'Bearbeiten von Aufträgen des Typs xyz' untergliedert werden.

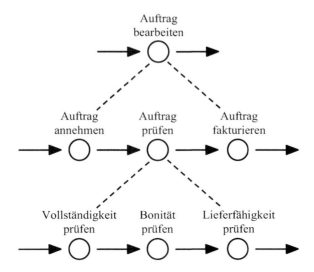

Abbildung 5.7: Die schrittweise Dekomposition eines Geschäftsprozesses

5.1.2 Enlargement und horizontale Differenzierung

Nachdem die Gesamtwertschöpfung einer Organisation schrittweise in ihre Elementarprozesse und -aktivitäten zerlegt ist, geht es im Rahmen der Aufgabensynthese nun um die Übertragung dieser Einzelaktivitäten auf verschiedene organisatorische Einheiten und die Zuordnung einer entsprechenden Entscheidungsautonomie bei der Durchführung dieser Tätigkeiten. Diese horizontale und vertikale Spezialisierung organisatorischer Einheiten werden wir im Folgenden zunächst für die Bildung von Stellen als kleinste organisatorische Einheiten diskutieren. Wir gehen dabei in drei Schritten vor: In einem ersten Schritt betrachten wir die Stellenbildung unter dem Aspekt der horizontalen Spezialisierung. Dies ist Gegenstand der nachfolgenden Ausführungen. Im nächsten Abschnitt untersuchen wir dann die zweite Dimension der Arbeitsaufgabe, also die vertikale Spezialisierung von Stellen. Im anschließenden Abschnitt geht es dann um die geeignete Stellenbildung unter Berücksichtigung beider Dimensionen der Arbeitsgestaltung.

Unter dem Aspekt der horizontalen Spezialisierung kommen für die Art der Stellenbildung grundsätzlich zwei Möglichkeiten in Betracht:

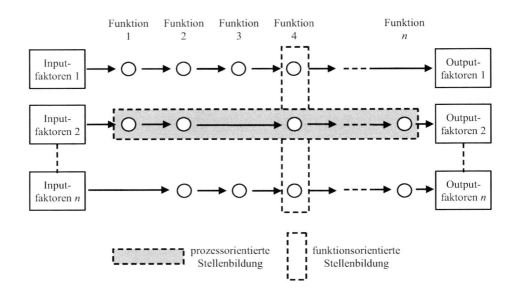

Abbildung 5.8: Die funktions- und prozessorientierte Stellenbildung

Bei einer **funktionsorientierten Stellenbildung** werden von einem Stelleninhaber Einzelaktivitäten durchgeführt, die durch eine gleichartige Verrichtung bzw. Funktion gekennzeichnet sind. Diese Vorgehensweise bei der Verteilung von Aufgaben wird als **Verrichtungsprinzip** bezeichnet: Organisatorische Einheiten spezialisieren sich auf bestimmte Tätigkeiten. Bei der Stellenbildung werden dabei aus unterschiedlichen Elementarprozessen gleichartige Funktionen herausgelöst und in einer Stelle zusammengefasst. Ungleichartige Tätigkeiten werden organisatorisch getrennten Stellen zugeordnet. Dadurch wird jedem Aufgabenträger ein kleineres Tätigkeitsspektrum zugewiesen.

Henry Ford und die Massenproduktion des Model T

Die funktionsorientierte Zuweisung elementarer Verrichtungen an einzelne Mitarbeiter wurde auf breiter Ebene erstmals in der US-amerikanischen Automobilindustrie Anfang dieses Jahrhunderts praktiziert. Eine herausragende Rolle kam dabei Henry Ford und der Ford Motor Company bei der Massenproduktion des Model T zu:

Um die Jahrhundertwende wurden Automobile traditionell von Teams ausgebildeter Handwerker und Mechaniker hergestellt. Jeder Wagen wurde an einem bestimmten Platz innerhalb des Fabrikgebäudes zusammengebaut und die einzelnen Arbeiter wanderten von einem Wagen zum nächsten, um diese sukzessive fertigzustellen. Dieser Produktionsprozess war relativ ineffizient und es kam regelmäßig zu Behinderungen zwischen verschiedenen Montageteams. So war es nicht erstaunlich, dass der Herstellungsprozess für ein Fahrzeug bis zu 13 Wochen dauern konnte.

Erste Ansätze zu einer Umstrukturierung des Produktionsprozesses bestanden in der Einführung eines Fördergestells, auf dem ein zu fertigender Wagen von einer Arbeitsgruppe zur nächsten geschoben wurde. Jeder Arbeiter hatte so einen bestimmten Platz innerhalb einer einfachen Produktionsstraße. War er mit seinen Arbeiten fertig, schob er den Wagen zum nächsten Arbeitsplatz.

Der entscheidende Durchbruch in der Rationalisierung der Produktion gelang Henry Ford 1913 mit der Einführung eines automatischen Fließbands. Damit hatte nicht mehr der einzelne Arbeiter die Kontrolle über sein Arbeitstempo, sondern das Management bestimmte die Geschwindigkeit des Montagebandes. Der Arbeitstakt wurde somit integraler Bestandteil der Arbeitsplatzgestaltung.

Die Einführung der Fließbandfertigung führte zu erheblichen Produktivitätssteigerungen. Waren so z.B. beim traditionellen Produktionsprozess für die Montage von 1.000 Motoren 1.100 Arbeiter mit einem 9-Stunden-Tag notwendig, konnten mit der neuen Fertigungsmethode 1.400 Arbeiter 3.000 Motoren bei einem 8-Stunden-Tag herstellen. Dies entspricht einer Personaleinsparung von 62,3%. Allerdings ging mit den neuen Produktionsmethoden eine deutliche Verschlechterung der Arbeitsbedingungen einher. Aufgrund der enormen Spezialisierung wurde die Arbeit nicht nur monotoner, die Erhöhung des Arbeitstaktes führte auch zu einer Zunahme der Arbeitsbelastung.

Die menschliche Dimension dieser Form der Arbeitsorganisation kommt ironisch in dem Roman von Aldous Huxley 'Brave new World' zum Ausdruck: Der Große Ford ist Führer der Welt, der Große Henry, eine Turmuhr, zeigt für alle sichtbar die Zeit an, und in der Fordson-Vereinigungshalle finden Fordtagsfeiern statt, bei denen regelmäßig die Eintrachthymne gesungen werden muss:

"Ford, we are twelve; oh, make us one,
Like drops within the Social River;
Oh, make us now together run
As swiftly as thy shining Flivver."

In der deutschen Übersetzung lautet die vierte Zeile "Schnell wie dein 12-PS-Modell!".

Quelle: Ford Motor Company (1918), Ford (1923) und Huxley (1932)

Bei der **prozessorientierten Stellenbildung** führt ein Stelleninhaber hingegen ungleichartige Tätigkeiten aus, die jedoch inhaltlich zusammenhängend aufeinanderfolgen. Die Stellenbildung folgt hier dem **Objektprinzip** bei der Verteilung von Aufgaben: Organisatorische Einheiten spezialisieren sich auf Tätigkeiten, die an bestimmten Objekten durchzuführen sind. Ein einzelner Aufgabenträger führt somit entweder alle Tätigkeiten innerhalb eines Elementarprozesses durch oder er ist innerhalb eines umfangreicheren Elementarprozesses für einen bestimmten Prozessabschnitt verantwortlich. Sein Tätigkeitsspektrum ist in diesem Fall breit. Eine solche Erweiterung seines Tätigkeitsspektrums wird in der Literatur als **(Job) Enlargement** bezeichnet.

Die Art der Stellenbildung führt zu unterschiedlichen Interdependenzen zwischen den einzelnen Aufgabenträgern. Bei einer funktionsorientierten Stellenbildung ergeben sich vielfältige Abhängigkeiten zwischen den verschiedenen Mitarbeitern, die in einen Arbeitsprozess involviert sind: Zwischen den einzelnen Stellen ergibt sich aufgrund der geringen Tätigkeitsspektren der Mitarbeiter die Notwendigkeit eines permanenten Austauschs von Zwischenprodukten oder Leistungen. Dadurch entstehen insbesondere simultane Interdependenzen zwischen den einzelnen Aufgabenträgern.

Betrachten wir zur Illustration dieser Interdependenzen das Beispiel eines kleineren Produktionsunternehmens. Die Unternehmensaufgabe sei nach dem Verrichtungsprinzip in die Teilaufgaben der Beschaffung von Vorprodukten, der Produktion, des Absatzes der Endprodukte sowie der Forschung und Entwicklung neuer Produkte zerlegt. Jeder dieser Teilaufgabenblöcke sei einem spezifischen Stelleninhaber zugeordnet. Aufgrund dieser horizontalen Differenzierung ergeben sich nun aber auch wechselseitige Abhängigkeiten zwischen den verschiedenen Mitarbeitern. Folgende Interdependenzen können z.B. auftreten:

- Der Mitarbeiter, der Forschungs- und Entwicklungsaufgaben durchführt, muss sich bei der Entwicklung eines neuen Produkts mit dem Mitarbeiter abstimmen, der für den Absatz der Produkte zuständig ist. Ansonsten würde bei der Produktentwicklung gegebenenfalls nur die technische Realisierbarkeit im Vordergrund stehen, die Befriedigung der Kundenbedürfnisse aber weitgehend unberücksichtigt bleiben. Umgekehrt darf ein Mitarbeiter des Absatzes natürlich für die Realisierung seiner Produktideen die technischen Möglichkeiten nicht vernachlässigen.
- Der für den Absatz zuständige Mitarbeiter muss sich ferner mit dem Produktionsmitarbeiter bei der Produktionsplanung abstimmen, damit spezielle Kundenaufträge noch kurzfristig in der Planung berücksichtigt werden können. Der Produktionsmitarbeiter hingegen muss bei seiner Produktionsplanung auf die Einsparung von Produktionskosten durch die Ausnutzung von Losgrößenvorteilen achten.
- Der Mitarbeiter, der für den Einkauf von Rohstoffen zuständig ist, muss sich bei schwankenden Einkaufspreisen mit dem Produktionsmitarbeiter abstimmen, damit geklärt wird, inwieweit die Rohstoffpreise bei der Produktion berücksichtigt werden sollten.

Bei der prozessorientierten Stellenbildung sind die Interdependenzen zwischen den involvierten Mitarbeitern geringer. Eine Stelle übernimmt hier alle Tätigkeiten innerhalb eines abgeschlossenen Prozesses oder eines zusammenhängenden Prozessabschnitts. Die Abgeschlossenheit des Prozesses garantiert dabei eine weitgehende Unabhängigkeit von anderen Prozessen. Im Idealfall ist ein Mitarbeiter weder zeitlich noch inhaltlich auf einen vorgeordneten Prozess bzw. Mitarbeiter angewiesen.

Ist ein Prozess zu umfangreich, um von einem einzelnen Mitarbeiter vollständig durchgeführt zu werden, kommt es auch bei der prozessorientierten Stellenbildung zu Interdependenzen zwischen den Aufgabenträgern der einzelnen Prozessabschnitte. Dies wird bei einem umfangreicheren Geschäftsprozess sogar die Regel sein. Betrachten wir hierzu einen Produktionsmitarbeiter, der für einen beliebigen Abschnitt innerhalb des Produktionsprozesses zuständig ist. Der Vorteil der Arbeitsteilung aufgrund der horizontalen Differenzierung wirkt sich nur dann produktionssteigernd aus, wenn zwei Bedingungen erfüllt sind: Zum einen muss ein Mitarbeiter, der für den vorgeordneten Prozessabschnitt zuständig ist, seine Zwischenprodukte in entsprechender Zeit und Qualität sowie entsprechendem Umfang bereitstellen. Zum anderen muss ein Mitarbeiter auf der nachgeordneten Produktionsstufe die bearbeiteten Zwischenprodukte entgegennehmen und seine entsprechenden Aktivitäten zur Erstellung des Endprodukts adäquat durchführen. Auch hier besteht also die Notwendigkeit, die einzelnen Teilaktivitäten aufeinander abzustimmen. Allerdings entstehen bei der prozessorientierten Stellenbildung im Allgemeinen sequentielle Interdependenzen.

Eine geeignete Zerlegung eines größeren Prozesses in weitgehend unabhängige Prozessabschnitte kann hier analog zur Vorgehensweise bei der Dekomposition der Wertschöpfung den Koordinationsbedarf der einzelnen Stelleninhaber reduzieren: Als Maßstab für die Dekomposition kann das Kriterium der Abgeschlossenheit einzelner Prozessaktivitäten herangezogen werden: Eine Aktivität bezeichnen wir dabei als abgeschlossen, wenn das Ergebnis der Aktivität inhaltlich abgeschlossen ist und es somit unmittelbar für eine andere Aktivität weiterverwendet werden kann. Der Grad der Abgeschlossenheit einer Prozessaktivität gibt also an, wieviele Informationen bei der Durchführung der nachgeordneten Aktivität über die vorgelagerte Aktivität notwendig sind. Die einzelnen Stellen zugewiesenen Prozessabschnitte sollten daher so gebildet werden, dass zwischen den Aufgabenträgern ein möglichst geringer Informationstransfer stattfinden muss. Dies reduziert die Abhängigkeiten zwischen den Stelleninhabern.

Um die Vor- und Nachteile der funktions- bzw. prozessorientierten Stellenbildung aus ökonomischer Perspektive zu diskutieren, betrachten wir das Beispiel eines Versicherungsunternehmens: Das Unternehmen hat sowohl Privatpersonen als auch Industrieunternehmen als Kunden. Die Aufgaben der Versicherung seien zur Vereinfachung grob in den Verkauf von Versicherungspolicen und die Bearbeitung von Schäden untergliedert. Ingesamt sind in dem Versicherungsunternehmen somit vier Tätigkeiten auszuführen: Der Versicherungsverkauf und die Schadenbearbeitung für Privat- und Industriekunden:

	Versicherungs- verkauf	Schaden- bearbeitung
Privat- personen	Tätigkeits- bereich 1	Tätigkeits- bereich 2
Industrie- unternehmen	Tätigkeits- bereich 3	Tätigkeits- bereich 4

Abbildung 5.9: Die Tätigkeiten in einem Versicherungsunternehmen

Das Versicherungsunternehmen hat nun eine neue Zweigstelle geplant. Jede der vier Tätigkeiten beansprucht aufgrund der Größe des Versicherungsbezirks vier Arbeitsstunden pro Tag, so dass zwei neue Mitarbeiter eingestellt werden müssen. Die beiden Arten der Stellenbildung führen dann zu folgenden Tätigkeitsbereichen: Bei einer funktionsorientierten Stellenbildung würde sich ein Mitarbeiter auf eine bestimmte Funktion gegenüber beiden Kundengruppen konzentrieren, also entweder auf den Versicherungsverkauf oder die Schadenbearbeitung. Bei einer prozessorientierten Stellenbildung würde sich ein Mitarbeiter auf eine bestimmte Kundengruppe spezialisieren und dabei sowohl den Versicherungsverkauf als auch die Schadenbearbeitung durchführen.

Aus dieser unterschiedlichen Bündelung der Einzeltätigkeiten ergeben sich relative Vor- und Nachteile. Die Vorteile der funktionsorientierten Stellenbildung gegenüber der prozessorientierten Stellenbildung können im Wesentlichen auf drei Punkte zurückgeführt werden:

- Ausnutzung komparativer Vorteile: Durch eine funktionsorientierte Stellenbildung kann es für die Organisation einfacher sein, Mitarbeiter mit entsprechenden Fähigkeiten und Eigenschaften zu finden, die den Anforderungen der spezifischen Tätigkeiten genügen.[1] Umgekehrt kann es aufgrund der spezifischen Anforderungen einer Stelle für Mitarbeiter möglich sein, ihre individuellen Begabungen anzuwenden und zu entwickeln. In unserem Versicherungsbeispiel besteht ein grundsätzlicher Unterschied zwischen den Anforderungen an einen Versicherungsverkäufer und einen Sachbearbeiter für Schadenfälle. Das Unternehmen kann auf dem Arbeitsmarkt also direkt nach Versicherungsverkäufern bzw. Bürokaufleuten suchen.

- Reduzierte Personalkosten: Die Ausbildung, die ein Mitarbeiter zur Bewältigung eines kleinen Tätigkeitsspektrums haben muss, ist weniger umfangreich als bei einer Stelle mit vielen verschiedenen Tätigkeiten. Unter Umständen ist es bei mehr als zwei Funktionen notwendig, einen Mitarbeiter spezifisch in der einen Tätigkeit auszubilden. Wenn so im Beispiel des Versicherungsunternehmens die Schadenbearbeitung eine abgeschlossene Berufsaufbildung als Versicherungskaufmann verlangt, die Verkaufstätigkeit hingegen lediglich einen Volksschulabschluss, dann müssten bei einer prozessorientierten Stellenbildung zwei Mitarbeiter mit kaufmännischer Ausbildung eingestellt werden. Beide müssten zusätzlich für ihre Verkaufstätigkeiten geschult werden. Bei einer funktionsorientierten Stellenbesetzung könnten hingegen ohne kostenintensive Schulung ein Mitarbeiter mit qualifiziertem Abschluss und ein Mitarbeiter mit Hauptschulabschluss eingestellt werden.

- Ausnutzung steigender Skalenerträge: Da ein Mitarbeiter bei der funktionsorientierten Stellenbildung seine Tätigkeit wiederholt durchführt, kann seine Produktivität größer sein, als wenn er neben dieser Tätigkeit noch weitere durchzuführen hat. Dadurch sinken die Arbeitskosten pro Einheit mit zunehmender Ausbringungsmenge. Zudem können Fixkosten auf größere Produktionsmengen verteilt werden und somit steigende Skalenerträge realisiert werden. Wenn beispielsweise ein Mitarbeiter zur Schadenbearbeitung einen PC benötigt und der Versicherungsverkäufer einen Firmenwagen zur Verfügung gestellt bekommt, dann fallen die damit verbundenen Kosten bei der prozessorientierten Stellenbildung für beide Mitarbeiter an, bei der funktionsorientierten Stellenbildung hingegen nur einmal.

Den Vorteilen, die eine funktionsorientierte Stellenbildung im Vergleich zu einer prozessorientierten Stellenbildung haben kann, stehen allerdings auch Nachteile gegenüber. Hier sind im Wesentlichen vier Punkte zu nennen:

- Erhöhte Kosten der Informationsübermittlung: Da ein Mitarbeiter bei der funktionsorientierten Stellenbildung nur jeweils eine Tätigkeit innerhalb eines größeren Prozesses durchführt, ist eine Abgeschlossenheit dieser Aktivität nicht notwendigerweise garantiert. Dies tritt insbesondere dann auf, wenn ein Mitarbeiter durch seine Tätigkeiten spezifisches Wissen aufbaut. Ist das der Fall, dann entstehen hohe Kosten der Informationsübermittlung, wenn der Mitarbeiter der nachgeordneten Prozessaktivität seine eigene Tätigkeit adäquat durchführen soll und dazu diese Informationen benötigt. So können beispielsweise bei der Beratung und beim Verkauf einer Versicherungspolice wichtige Informationen über die Risikoneigung des Kunden gewonnen werden, die bei einer späteren Schadenbearbeitung von Bedeutung sein könnten. Wenn hier der Versicherungsverkauf getrennt von der Schadenbearbeitung von zwei Mitarbeitern durchgeführt wird, ist es weniger wahrscheinlich als bei einer prozessorientierten Stellenbildung, dass diese Informationen genutzt werden.
- Erhöhte Abstimmungskosten: Bei einer funktionsorientierten Stellenbildung entstehen vielfältige Interdependenzen zwischen den einzelnen Stelleninhabern. Das organisatorische Entscheidungsverhalten der Beteiligten muss deshalb aufeinander abgestimmt werden. Im Beispiel des Versicherungsunternehmens muss sich der Mitarbeiter für die Schadenbearbeitung mit dem Versicherungsverkäufer über neu abgeschlossene, geänderte oder gekündigte Versicherungspolicen abstimmen. Zudem müssen Regeln aufgestellt werden, wie in Ausnahmefällen verfahren werden sollte, z.B. wenn ein Versicherungsfall eintritt. Auch kann es problematisch sein, dass sich spezialisierte Mitarbeiter zu sehr mit ihren eigenen Tätigkeiten identifizieren, weil sie dadurch möglicherweise den Gesamtprozess aus den Augen verlieren und die Abstimmung untereinander erschweren.
- Reduzierte Flexibilität: Wenn die Mitarbeiter auf jeweils eine bestimmte Funktion spezialisiert sind, kann dies die Flexibilität der Organisation beeinträchtigen. Wenn so der Mitarbeiter für die Schadenbearbeitung ausfällt, dann können seine Aufgaben nicht adäquat durchgeführt werden, wenn der Versicherungsverkäufer keine Kenntnisse über die Abwicklung von Schadenfällen hat. Bei einer

prozessorientierten Stellenbildung kann ein Mitarbeiter aufgrund seiner breiten Ausbildung sehr viel flexibler in solchen Situationen eingesetzt werden.

- Erschwerte Anreizgestaltung: Da bei einer funktionsorientierten Stellenbildung die einzelnen Stelleninhaber nur ein kleines Spektrum von (Elementar-) Verrichtungen innerhalb der gesamten Wertschöpfungskette zugewiesen bekommen, ist ihr Beitrag zu den insgesamt geschaffenen Werten im Allgemeinen nur marginal. Dadurch sind die durch die Verrichtungen tatsächlich geschaffenen Werte schwierig zu beurteilen. Aber selbst wenn die Wertschöpfung eines einzelnen Mitarbeiters hinreichend groß ist, sind dem Einsatz eines leistungsorientierten Entlohnungssystems Grenzen gesetzt, da es schwierig sein kann, den Beitrag des einzelnen Mitarbeiters zum Erreichen des Organisationsziels unmittelbar zu beobachten. Kontrollen des Mitarbeiterverhaltens können dieses Problem lösen, wenn der Beitrag messbar und die damit verbundenen Kosten hinreichend gering sind. Aufgrund der Interdependenzen der Tätigkeiten des Mitarbeiters mit denen anderer Mitarbeiter führen solche Kontrollen jedoch meist nicht zu einer eindeutigen Erfolgszurechnung. In solchen Fällen wirken finanzielle Anreize nur eingeschränkt.

Im Unterschied dazu ist die Anreizgestaltung bei einer prozessorientierten Stellenbildung einfacher. Wenn dem einzelnen Mitarbeiter hier ein abgeschlossener Prozessabschnitt zugewiesen wurde, steht am Ende seiner Verrichtungsfolge ein inhaltlich abgeschlossener Output. Sofern dieser messbar ist, kann er als Grundlage für ein leistungsorientiertes Anreizsystem herangezogen werden. Durch finanzielle Anreize kann so eine zielkonforme Durchführung der Tätigkeiten gefördert werden. Da zudem aufgrund der Abgeschlossenheit des Prozesses die Interdependenzen zu anderen Prozessen reduziert sind, kann ein Stelleninhaber seine Entlohnung im Wesentlichen durch seine eigenen Aktivitäten selbst beeinflussen. Darüber hinaus kann ein weites Tätigkeitsspektrum auch der Monotonie am Arbeitsplatz entgegenwirken und den Bedürfnissen des Mitarbeiters nach Abwechslung entgegenkommen.

Aus ökonomischer Perspektive setzt nun die geeignete Bildung von Stellen ein Abwägen der mit den jeweiligen Alternativen verbundenen Koordinations-, Motivations- und Produktionskosten voraus. Eine funktionsorientierte Stellenbildung hat gegenüber der prozessorientierten Stellenbildung den Vorteil reduzierter Produktionskosten, bedingt allerdings höhere Koordinations- und Motivationskosten. Die geeignete Gestaltung der Arbeitsaufgaben in einer Organisation ist somit von den zugrundeliegenden technologischen Rahmenbedingungen, von der Informationsstruktur sowie der Anreizwirkung abhängig.

Die Wahl der geeigneten Stellenbildung wird dabei ganz wesentlich sowohl von der relativen Komplementarität zwischen den Aktivitäten innerhalb einer spezifischen Funktion als auch von der zwischen funktionsübergreifenden Aktivitäten abhängen: Verschiedene Aktivitäten werden dabei als **komplementär** bezeichnet, wenn eine verstärkte Durchführung einer der Aktivitäten die Grenzproduktivität der anderen Aktivitäten erhöht. Sind beispielsweise die Grenzkosten für die Durchführung einer Aktivität aufgrund von steigenden Skalenerträgen oder Lerneffekten fallend, dann profitieren davon auch alle nachfolgenden Aktivitäten, die damit gekoppelt sind. Die Herstellung eines Zwischenprodukts bei sinkenden Grenzkosten ist komplementär zur Produktion verschiedener Endprodukte, bei denen dieses Zwischenprodukt eingesetzt wird.

Für die Beurteilung der relativen Komplementarität in unserem Versicherungsbeispiel muss somit untersucht werden, inwieweit sich die Verkaufsaktivitäten bzw. die Schadenbearbeitung bei Privatpersonen und Industrieunternehmen ergänzen. Wenn hier z.B. der Verkauf an Privatpersonen wesentlich andere Anforderungen stellt als der Verkauf an Industriekunden, dann besteht kein Grund, diese beiden Einzeltätigkeiten zu kombinieren. Unterscheidet sich hingegen der Verkauf nur unwesentlich, dann ist ein Mitarbeiter, der für den Privatkundenbereich ausgebildet ist, auch im Industriekundengeschäft einsetzbar und umgekehrt. Zudem bestehen beim Versicherungsverkauf kaum steigende Skalenerträge. Bei funktionsübergreifenden Aktivitäten stellt sich die Frage, inwieweit sich diese bei einer alleinigen Durchführung durch einen Mitarbeiter ergänzen. Bestehen hier nur geringe Komplementaritäten, weil sich z.B. bei Verkaufsgesprächen keine wertvollen Informationen für die Schadenbearbeitung ergeben, dann können die beiden Funktionen auch getrennt von zwei Mitarbeitern durchgeführt werden. Die Abstimmung kann hier durch einfache Routineregelungen erzielt werden. Wird hingegen bei Versicherungsverkäufen spezifisches Wissen über den Kunden generiert, das auch bei der Schadenbearbeitung von Bedeutung ist, dann sollten beiden Funktionen eher von einem Mitarbeiter durchgeführt werden.

In den bisherigen Ausführungen haben wir die funktionale und die prozessorientierte Stellenbildung als Extremformen der Aufgabenbündelung betrachtet. Im ersten Fall umfasste das Tätigkeitsspektrum jedes Stelleninhabers ein und dieselbe Aktivität aus verschiedenen Prozessen, im zweiten Fall wurden jedem Stelleninhaber alle Aktivitäten innerhalb desselben Prozesses zugewiesen. Der Grad der horizontalen Spezialisierung eines Organisationsmitgliedes, gemessen an der Anzahl der verschiedenen Tätigkeiten innerhalb seines Tätigkeitsspektrums, ist bei einer funktionalen Stellenbildung maximal, bei einer prozessorientierten Stellenbildung hingegen minimal.

Grundsätzlich kann bei einer Stellenbildung natürlich die Spezialisierung eines Aufgabenträgers durch Variation des Umfangs seines Tätigkeitsspektrums beliebig zwischen diesen beiden Extremformen verändert werden. Damit ändern sich aber auch die Produktions- und Transaktionskosten, die mit der Stellenbildung verbunden sind.

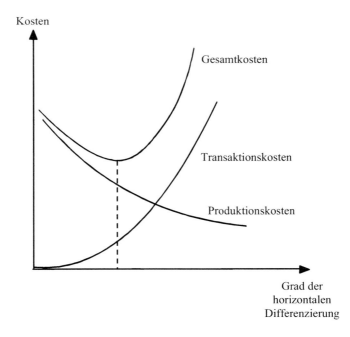

Abbildung 5.10: Der Einfluss des Tätigkeitsspielraums auf die Gesamtkosten

Die Abbildung zeigt, welche Auswirkungen eine Variation der horizontalen Spezialisierung eines Aufgabenträgers auf diese Kosten hat: Die Produktionskosten nehmen mit zunehmendem Grad der horizontalen Spezialisierung ab: Je weniger Tätigkeiten ein Stelleninhaber aufgrund der Stellenbildung durchführen muss, desto größer sind die oben diskutierten Vorteile, die sich aufgrund der funktionalen Spezialisierung ergeben. Umgekehrt steigen jedoch die Abhängigkeiten zwischen den einzelnen Stelleninhabern bei zunehmender Differenzierung, so dass die dargestellten Transaktionskosten mit steigendem Grad der Spezialisierung ansteigen.

5.1.3 Empowerment und vertikale Differenzierung

Bei der Bildung einer Stelle werden dem Stelleninhaber nicht nur verschiedene Tätigkeiten zur Durchführung übertragen, sondern er erhält immer auch entsprechende Entscheidungskompetenzen für die Ausführung dieser Tätigkeiten. Mit diesen Entscheidungskompetenzen wird dem Stelleninhaber das Recht übertragen, Entscheidungen im Zusammenhang mit der Durchführung seiner Tätigkeiten eigenständig zu treffen. Der Grad seiner Entscheidungsautonomie wird dabei durch die übergeordnete Partei festgelegt.

Im Folgenden wollen wir das Ausgangsproblem der organisatorischen Gestaltung unter dem Aspekt der vertikalen Differenzierung eingehender betrachten. Dabei geht es im Wesentlichen um die Frage, welche Entscheidungsautonomie dem einzelnen Stelleninhaber bei der Durchführung seiner Einzelaktivitäten übertragen werden sollte.

Betrachten wir für die Beantwortung dieser Frage zunächst den Extremfall eines zentralen Entscheidungssystems. In diesem Fall wird die übergeordnete Partei alle Aktivitäten der einzelnen Organisationsmitglieder durch eine zentrale Planung vollständig festlegen. Sämtliche Entscheidungen bezüglich der jeweiligen Aufgabendurchführung werden also von ihr alleine getroffen.

Wenn nun die einzelnen Stelleninhaber im Zuge ihrer Aufgabendurchführung spezielles Wissen erwerben, dann entstehen aufgrund dieser Entscheidungszentralisierung hohe Kosten der Informationsübermittlung: Damit die übergeordnete Partei ihre Entscheidungen auf der Grundlage aller relevanten Informationen treffen kann, muss das spezifische Wissen jedes einzelnen Organisationsteilnehmers an sie weitergegeben werden. Ein zentrales Entscheidungssystem erfordert immer eine zentrale Informationsverarbeitung.

Eine Dezentralisierung von Entscheidungen führt hier zu einer Reduzierung der Kosten der Informationsübermittlung: Die übergeordnete Partei räumt dem einzelnen Organisationsmitglied das Recht ein, auf der Grundlage seines spezifischen Wissens eigenständig über seine Aufgabendurchführung zu entscheiden. Dieses selbstverantwortliche Handeln bei einem gesteigerten Grad an Entscheidungsautonomie wird in der Literatur als **(Job) Empowerment** bezeichnet.

Empowerment
und die Nutzung des spezifischen Wissens in einer Organisation

Die folgende Geschichte von Hammer und Champy illustriert, welchen Vorteil das Empowerment für eine Organisation und ihre Wertschöpfung haben kann:

> "A guest approached the doorman at a major hotel and complained that his radar detector had been stolen from his car in the hotel's garage. The doorman, empowered to perform customer service, asked how much it cost, took the guest to the front desk, and commanded "Give this man $150" to the clerk. Everybody gulped, but the customer was satisfied. Two weeks later, the general manager received a letter from this customer that stated he had found his radar detector in his trunk. In the envelope was also a check for $150. The postscript to the letter added: "By the way, I will never stay at any other hotel chain for the rest of my life."

Quelle: Hammer und Champy (1993, S.70f)

Die Entscheidungskompetenzen, die einem Stelleninhaber übertragen werden können, beziehen sich im Allgemeinen auf verschiedene Rechte. Folgende Kompetenzarten können hier im Wesentlichen unterschieden werden:

- Ausführungskompetenz: Dem Stelleninhaber wird das Recht zugewiesen, über die Durchführung der ihm übertragenen Aufgabe unter Beachtung zeitlicher und verfahrensbezogener Restriktionen selbst zu entscheiden.
- Verfügungskompetenz: Diese beinhaltet das Recht eines Stelleninhabers, auf bestimmte Informationen, Materialien, Maschinen und andere Arbeitsobjekte außerhalb seines Arbeitsplatzes zurückzugreifen.

- Weisungskompetenz: Der Stelleninhaber hat das Recht, anderen Organisationsmitgliedern Weisungen darüber zu geben, welche Aktivitäten im Rahmen ihrer Arbeitsaufgabe konkret durchzuführen sind.
- Richtlinienkompetenz: Hiermit hat der Stelleninhaber das Recht, anderen Organisationsmitgliedern allgemeine Rahmenbedingungen für ihre Aufgabendurchführung vorzugeben.
- Sanktions- und Belohnungskompetenz: Dem Stelleninhaber wird hier das Recht zugesprochen, über andere Organisationsmitglieder bestimmte Sanktionen zu verhängen bzw. ihnen bestimmte Belohnungen zu gewähren.
- Delegationskompetenz: Diese beinhaltet für den Stelleninhaber das Recht, Entscheidungskompetenzen an andere Organisationsmitglieder zu übertragen.
- Partizipationskompetenz: Der Stelleninhaber hat hier das Recht, andere Organisationsmitglieder an seiner eigenen Entscheidungsfindung zu beteiligen.
- Mitsprachekompetenz: Diese gibt einem Stelleninhaber das Recht, bei der Entscheidung anderer Organisationsmitglieder mitzuwirken.
- Vertretungskompetenz: Der Stelleninhaber hat das Recht, für andere Organisationsmitglieder bei deren Verhinderung zu entscheiden bzw. die Organisation gegenüber Externen zu vertreten.

Je nach der Verteilung dieser Entscheidungskompetenzen können wir grundsätzlich zwei verschiedene Stellenarten unterscheiden:

Ausführungsstelle	Instanzen (Leitungsstellen)
• Ausführungskompetenz • Verfügungskompetenz	• Weisungskompetenz • Richtlinienkompetenz • Sanktions- und Belohnungskompetenz • Delegationskompetenz • Partizipationskompetenz

Abbildung 5.11: Stellenarten und die ihnen zugewiesenen Entscheidungskompetenzen

- **Ausführungsstellen** sind solche Stellen, die mit der Durchführung operativer Tätigkeiten beauftragt sind. Diese Stellen sind insbesondere mit Ausführungs- und Verfügungskompetenzen ausgestattet. Ausführungsstellen befinden sich in einer hierarchischen Organisation auf der untersten Stufe.
- Als **Leitungsstellen** oder **Instanzen** werden in einer hierarchischen Organisation solche Stellen bezeichnet, die mit Koordinations- und Motivationsmaßnahmen die ihnen unterstellten Organisationsmitglieder steuern können. In einer hierarchischen Organisation besetzen die Organisationsmitglieder von der ersten bis zur vorletzten Stufe Leitungsstellen, in unserer bisher betrachteten einstufigen Hierarchie also die übergeordnete Partei. Leitungsstellen sind vor allem mit Weisungs-, Richtlinien-, Sanktions-, Belohnungs-, Delegations- und Partizipationskompetenzen ausgestattet. Mit ihren Weisungs-, Richtlinien- und Delegationskompetenzen hat eine Leitungsstelle im Wesentlichen die Möglichkeit, die ihr nachgeordneten Aufgabenträger zu koordinieren. Diese Rechte dienen also zur Lösung des Koordinationsproblems. Die Sanktions-, Belohnungs- und Partizipationskompetenzen zielen darauf ab, eine zielkonforme Aufgabendurchführung der nachgeordneten Organisationsmitglieder zu erreichen. Damit ermöglichen sie die Lösung des Motivationsproblems.

Im Folgenden wollen wir nun die Frage diskutieren, in welchem Umfang einem nachgeordneten Stelleninhaber bei der Durchführung seiner Einzelaktivitäten Entscheidungskompetenzen übertragen werden sollen. Um die Vor- und Nachteile einer Entscheidungsdezentralisierung gegenüber einer Entscheidungszentralisierung aus ökonomischer Perspektive zu diskutieren, betrachten wir noch einmal das Beispiel des Versicherungsunternehmens: Zur Vereinfachung gehen wir von zwei Zweigstellen 1 und 2 des Unternehmens aus. In den jeweiligen Versicherungsbezirken ist Herr Meier bzw. Herr Müller für den Verkauf von Versicherungspolicen im Industriekundengeschäft zuständig. Frau Schmidt ist die unmittelbare Vorgesetzte der beiden Mitarbeiter in der Zentrale des Versicherungsunternehmens.

DIE GESTALTUNG DES HIERARCHISCHEN ENTSCHEIDUNGSSYSTEMS

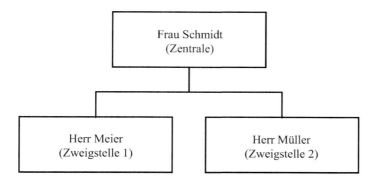

Abbildung 5.12: Die Organisationsstruktur eines Versicherungsunternehmens

Die Frage, die wir in diesem Kontext beantworten wollen, ist die nach der geeigneten Preissetzungspolitik: Soll Frau Schmidt als Vorgesetzte die Prämien für Versicherungspolicen zentral festlegen oder soll sie die Prämienkalkulation an die beiden Zuständigen in den Zweigstellen delegieren? Die Antwort auf diese Frage ist abhängig von den relativen Vor- und Nachteilen einer Entscheidungsdezentralisierung gegenüber einer Entscheidungszentralisierung. Folgende Vorteile sind hier zu nennen:

- Bessere Nutzung des lokalen spezifischen Wissens: Wie bereits oben angesprochen kann durch eine Entscheidungsdelegation das spezifische Wissen der Organisationsmitglieder umfassender und kostengünstiger genutzt werden. So können in unserem Beispiel die beiden Mitarbeiter der Zweigstellen jeweils spezifische Informationen über den lokalen Versicherungsmarkt in ihrem Versicherungsbezirk haben. So werden sie z.B. mehr Informationen über einzelne Industrieunternehmen haben als ihre Vorgesetzte oder die zu versichernden spezifischen Risiken vor Ort genau evaluieren können.

Bei einer zentralen Festlegung der Versicherungsprämie müssten diese Informationen an die Vorgesetzte übermittelt werden. Da die Informationen im Wesentlichen spezifisches lokales Wissen der Mitarbeiter darstellen, ist deren Übermittlung mit hohen Kosten verbunden. Daher kann es aus Sicht des Gesamtunternehmens durchaus sinnvoll sein, einige entscheidungsrelevante lokale Informationen zu ignorieren. Auf jeden Fall muss nun die Vorgesetzte eine Risiko- und Prämienbestimmung durchführen und ihre Entscheidungen zur Implementation an die Zweigstellenmitarbeiter zurück übermitteln. Somit sind also mit der zentralen Entscheidungsfindung nicht nur hohe Kosten der Informationsübermittlung verbunden, sondern es können auch zusätzliche Kosten aufgrund mangelnder Informationen oder einer zu langsamen Entscheidungsfindung auftreten, beispielsweise wenn ein Kunde in der Zwischenzeit mit einer anderen Versicherung eine Police abschließt.

Eine dezentrale Festlegung der Versicherungsprämie durch den jeweiligen Zweigstellenmitarbeiter führt hier zu einer Reduzierung dieser Kosten. Durch die Delegation der Prämiensetzung kann das lokale spezifische Wissen der Mitarbeiter unmittelbar in die Entscheidungsfindung einfließen.

- Freisetzung von Managementkapazitäten: Eine Delegation der Prämiensetzung an seine nachgeordneten Mitarbeiter entlastet die Vorgesetzte. Mit einer zentralen Entscheidungsfindung sind unter Umständen hohe Opportunitätskosten verbunden, da sie in dieser Zeit keine anderen Leitungsaufgaben wahrnehmen kann. Bei einer Entscheidungsdezentralisierung kann sie sich so beispielsweise intensiver mit Fragen der Unternehmensstrategie auseinandersetzen, etwa der Neugestaltung von Versicherungsprodukten oder dem Marketing der Produkte. In diesem Zusammenhang ist auch die begrenzte Rationalität von Entscheidungsträgern von Bedeutung. Unter Umständen kann hier ein Vorgesetzter die ihm zur Verfügung gestellten Informationen nur in einem begrenzten Umfang aufnehmen und verarbeiten. Aufgrund der Komplexität einer Entscheidung kann also eine Entscheidungsdelegation sinnvoll sein und zu einer Entlastung des Vorgesetzten führen.

- Verbesserte Motivation der Mitarbeiter: Die Dezentralisierung von Entscheidungen ermöglicht es nachgeordneten Mitarbeitern, eigenständig Entscheidungen zu treffen. Dies kann die Motivation eines Mitarbeiters fördern, wenn er das Bedürfnis nach Anerkennung oder Selbstverwirklichung am Arbeitsplatz hat. Zudem kann ein Mitarbeiter zusätzliches Wissen erwerben, indem er Einblick in die Arbeit übergeordneter Instanzen bekommt. Dies qualifiziert ihn für einen späteren Aufstieg in der Organisation.

Das Einräumen von Entscheidungsautonomie und die damit verbundenen Motivationswirkungen und Entwicklungsmöglichkeiten können zudem solche Stellen auch für neue talentierte Mitarbeiter attraktiv machen.

Diesen Vorteilen einer Entscheidungsdezentralisierung gegenüber einer Entscheidungszentralisierung stehen allerdings auch Nachteile gegenüber. Hier sind im Wesentlichen drei Punkte zu nennen, die gegen eine Entscheidungsdelegation sprechen:

- Erhöhtes moralisches Risiko: Der Vorgesetzte ist bei einer Entscheidungsdezentralisierung nicht nur darauf angewiesen, dass der Mitarbeiter seinen Entscheidungsspielraum respektiert, er weiß in der Regel auch nicht unmittelbar, ob der Mitarbeiter ihn tatsächlich zur Erreichung des Organisationsziels einsetzt. Hier besteht die Gefahr, dass der Mitarbeiter aufgrund seiner relativen Autonomie suboptimale Entscheidungen für die Organisation trifft, um seine eigenen Interessen zu verfolgen. Beispielsweise könnte der Mitarbeiter einer Zweigstelle einem Versicherungskunden eine nicht risikogerechte Prämie als Gegenleistung für kleinere Geschenke einräumen. Durch die asymmetrische Verteilung von Informationen zwischen der Vorgesetzten und ihrem Mitarbeiter aufgrund dessen spezifischen Wissens besteht dabei für die Vorgesetzte das Problem, dass sie die Entscheidung des Mitarbeiters nicht unmittelbar auf ihre Konformität hin prüfen kann.

Ein Kontrollsystem zur Reduzierung des moralischen Risikos wird hier im Allgemeinen mit relativ hohen Kosten verbunden sein bzw. unter Umständen überhaupt nicht zur Verfügung stehen. Auch die Alternative eines Entlohnungssystems, das dem Mitarbeiter finanzielle Anreize bei einer zielkonformen Durchführung einer Aufgabe setzt, kommt nicht immer als Lösung des Problems in Frage, da aufgrund von Interdependenzen des Mitarbeiters mit anderen organisatorischen Einheiten eine eindeutige Erfolgszurechnung in der Regel nicht möglich ist. Der Vorgesetzte kann dann die Qualität der Entscheidung des Mitarbeiters nicht anhand der damit verbundenen Wertschöpfung für die Organisation beurteilen und diese zur Bemessungsgrundlage für ein leistungsorientiertes Entlohnungssystem machen. In solchen Fällen wirken finanzielle Anreize nur eingeschränkt.

- Erhöhte Abstimmungskosten: Bei einer Entscheidungsdelegation können die Entscheidungen eines Mitarbeiters suboptimal sein, wenn er keine genaue Kenntnis über seine Abhängigkeiten von anderen Mitarbeitern hat. Der Mitarbeiter ignoriert in diesem Fall bei seinen Entscheidungen die Interdependenzen mit anderen Entscheidungsträgern im Unternehmen. So kann die Prämienfestsetzung für den Bezirk einer Zweigstelle Auswirkungen auf die Nachfrage nach Versicherungspolicen in dem anderen Versicherungsbezirk haben. Zudem besteht der Nachteil, dass Synergien zwischen den beiden Zweigstellen nicht ausreichend genutzt werden, beispielsweise bei der Risikobeurteilung eines Industriekunden, wenn dieser in beiden Versicherungsbezirken ansässig ist. Bei einer Entscheidungszentralisierung könnten solche Interdependenzen zwischen den Mitarbeitern hingegen berücksichtigt werden.

- Schlechtere Nutzung zentraler Informationen: Eine Dezentralisierung von Entscheidungen führt auch zu einer schlechteren Ausnutzung des spezifischen Wissens der vorgesetzten Instanzen. So kann die Vorgesetzte der beiden Zweigstellenmitarbeiter wichtige Informationen über die Schadenregulierung, neue Versicherungsprodukte oder Wettbewerber haben, die bei der Prämiengestaltung von Bedeutung wären. Zudem kann die Vorgesetzte aufgrund ihrer Erfahrungen spezielle Fähigkeiten in der Prämienkalkulation erworben haben, die bei einer Entscheidungsdelegation ebenfalls nicht genutzt würden. Wenn außerdem mit der Prämienkalkulation für mehrere Zweigstellen steigende Skalenerträge verbunden sind, werden diese ebenfalls nicht ausgeschöpft.

Die Diskussion der Vor- und Nachteile der Entscheidungsdelegation macht deutlich, dass bei einer Dezentralisierung von Entscheidungen an nachgeordnete Mitarbeiter der Vorgesetzte die Abstimmung zwischen den Mitarbeitern und einen geeigneten Informationsfluss in lateraler und vertikaler Richtung sicherstellen muss. Aus ökonomischer Perspektive ist die Wahl zwischen einem zentralen oder einem dezentralen Entscheidungssystem mit einem Abwägen der Koordinations- und Motivationskosten der jeweiligen Alternativen verbunden. Eine Entscheidungsdezentralisierung hat gegenüber der Entscheidungszentralisierung vor allem den Vorteil reduzierter Koordinationskosten aufgrund der Nutzung des spezifischen lokalen Wissens der Mitarbeiter. Allerdings führt eine Entscheidungsdezentralisierung zu höheren Motivationskosten aufgrund der damit verbundenen Gefahr des moralischen Risikos.

Die geeignete Gestaltung des Entscheidungssystems in einer Organisation ist somit von der Verteilung des spezifischen Wissens innerhalb der Organisation, von der Informationsstruktur sowie der Anreizwirkung abhängig. Besitzen die nachgeordneten Mitarbeiter keine spezifischen entscheidungsrelevanten Informationen, dann ist eine Entscheidungszentralisierung vorzuziehen. Haben die Mitarbeiter hingegen spezifisches Wissen und kann die Qualität der Entscheidungen durch ein geeignetes Anreizsystem gesteuert werden, dann sollte eine Entscheidungsdezentralisierung stattfinden. Die Vorteile hieraus werden jedoch um so geringer, je schwieriger eine Anreizsteuerung für den Vorgesetzten ist.

Im Hinblick auf den Grad der Entscheidungsautonomie, die ein Stelleninhaber bei der Durchführung seiner Tätigkeiten haben sollte, haben wir bisher die beiden Extremfälle behandelt: Bei einer Entscheidungszentralisierung hatten die beiden Zweigstellenmitarbeiter keine Entscheidungsautonomie über die Prämienkalkulation, bei der Entscheidungsdezentralisierung hatten sie hingegen maximale Entscheidungsautonomie. Zwischen diesen beiden Extremen sind natürlich beliebige Abstufungen möglich: So kann die Vorgesetzte die Prämie für eine bestimmte Versicherung zentral vorgeben, den Zweigstellenmitarbeitern aber erlauben, diese innerhalb eines ebenfalls vorgegebenen Rahmens zu ändern.

Grundsätzlich kann bei einer Stellenbildung die Entscheidungsautonomie eines Aufgabenträgers beliebig variiert werden. Dadurch ändern sich aber auch die oben genannten Vor- und Nachteile, die mit dem jeweiligen Entscheidungssystem verbunden sind. Die folgende Abbildung illustriert, wie sich die Transaktionskosten mit dem Grad der Entscheidungsautonomie eines Aufgabenträgers verändern:

Die Koordinationskosten nehmen mit steigendem Grad der Entscheidungsautonomie ab, da das spezifische lokale Wissen der Mitarbeiter immer besser ausgenutzt wird. Allerdings steigt mit dem Ausmaß der Entscheidungsdelegation die Gefahr des moralischen Risikos, so dass die Motivationskosten mit steigendem Grad der Entscheidungsautonomie ansteigen. Bei der Abbildung haben wir unterstellt, dass die Kosten bei der Übermittlung zentraler entscheidungsrelevanter Informationen nur unwesentlich ins Gewicht fallen.

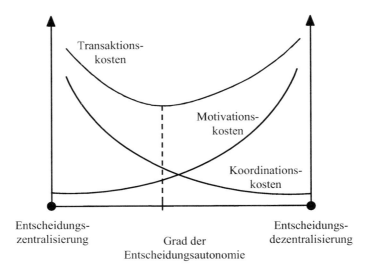

Abbildung 5.13: Der Einfluss der Entscheidungsautonomie auf die Transaktionskosten

5.1.4 Stellenbildung und organisatorische Differenzierung

In der bisherigen Diskussion haben wir die beiden Dimensionen der Arbeitsgestaltung getrennt diskutiert: Im Rahmen der horizontalen Differenzierung wurden die beiden grundlegenden Arten der Stellenbildung aufgezeigt, die funktions- und die prozessorientierte Stellenbildung. Bei der vertikalen Differenzierung standen die Alternativen der Entscheidungszentralisierung bzw. -dezentralisierung im Vordergrund der Untersuchung.

Im Folgenden werden wir beide Dimensionen der Differenzierung bei der Gestaltung der geeigneten Arbeitsteilung innerhalb einer Organisation gleichzeitig berücksichtigen. Zwei Fragen stehen dabei im Vordergrund der Untersuchungen: Erstens, wie beeinflusst die Art der Stellenbildung die zugehörige Entscheidungsautonomie des Stelleninhabers? Zweitens, welche neuen Gestaltungsalternativen ergeben sich durch eine differenzierte Ausgestaltung der beiden Dimensionen bei der Spezialisierung von Stelleninhabern?

Betrachten wir zunächst die Wechselwirkungen zwischen horizontaler und vertikaler Differenzierung. Die funktionsorientierte Stellenbildung haben wir durch ein enges Tätigkeitsspektrum des einzelnen Stelleninhabers charakterisiert. Unmittelbare Konsequenz daraus waren die vielfältigen Interdependenzen zwischen den einzelnen Stelleninhabern, die wiederum zu einer erschwerten Anreizgestaltung führen, da eine eindeutige Erfolgszurechnung im Allgemeinen nur eingeschränkt möglich ist. Dadurch ist aber eine Entscheidungsdelegation bei funktionaler Stellenbildung problematisch: Eine Erweiterung des Entscheidungsspielraums eines Stelleninhabers erhöht das moralische Risiko. Dem kann nur durch ein geeignetes Kontroll- oder Entlohnungssystem begegnet werden. Kontrollen stellen allerdings im Allgemeinen selbst dann, wenn die damit verbundenen Kosten hinreichend gering sind, keine Lösung dar, weil die Konformität der Entscheidungen des Stelleninhabers nicht unmittelbar verifiziert werden kann. Finanzielle Anreize sind wiederum aufgrund der Interdependenzen des Stelleninhabers mit anderen Mitarbeitern im Allgemeinen nicht möglich. Somit spielen aber die Nachteile einer Entscheidungsdelegation bei einer funktionalen Stellenbildung eine größere Rolle als die damit verbundenen Vorteile, zumal ein Stelleninhaber im Allgemeinen sein lokal gewonnenes spezifisches Wissen aufgrund seines meist engen Tätigkeitsspielraums sowieso selbst nicht nutzen kann. Eine funktionale Stellenbildung erfordert tendentiell also eher eine Entscheidungszentralisierung.

Im Unterschied dazu erlaubt eine prozessorientierte Stellenbildung eine umfassendere Delegation von Entscheidungskompetenzen. Bei einer prozessorientierten Stellenbildung ist nämlich das Tätigkeitsspektrum des einzelnen Stelleninhabers breit und durch eine Folge inhaltlich zusammenhängender Tätigkeiten charakterisiert. Da der Stelleninhaber entweder alle Tätigkeiten innerhalb eines Prozesses bzw. innerhalb eines bestimmten Prozessabschnitts durchführt, ist eine relative Abgeschlossenheit seiner Aufgabe in Form eines abgeschlossenen Outputs garantiert. Dadurch kann aber das moralische Risiko bei einer Entscheidungsdelegation erheblich eingeschränkt werden: Sofern der Output des einzelnen Stelleninhabers messbar ist, kann er als Grundlage für ein leistungsorientiertes Anreizsystem herangezogen werden, da die reduzierten Interdependenzen zu anderen Stelleninhabern eine relativ eindeutige Erfolgszurechnung zulassen. Somit können aber bei einer prozessorientierten Stellenbildung die Vorteile des lokalen spezifischen Wissens der Mitarbeiter umfassend genutzt werden. Eine prozessorientierte Stellenbildung ermöglicht im Allgemeinen also eine Entscheidungsdezentralisierung.

In der bisherigen Diskussion haben wir die funktions- und prozessorientierte Stellenbildung als Grundformen der horizontalen Differenzierung eingehend untersucht. Wir haben gesehen, dass beide Arten der Stellenbildung jeweils spezifische Vor- und Nachteile aufweisen. Inwieweit diese relevanten Vor- und Nachteile bei der organisatorischen Gestaltung relevant sind, hängt natürlich entscheidend von der jeweiligen Gesamtaufgabe der Organisation ab. Nur in wenigen Ausnahmefällen – oftmals auch nur bezüglich bestimmter Teilaufgaben der Organisation – wird hier eine der beiden Alternativen einen eindeutigen Vorzug gegenüber der anderen haben. Dies wäre beispielsweise dann der Fall, wenn bei einer funktionsorientierten Stellenbildung der Vorteil reduzierter Produktionskosten den Nachteil höherer Transaktionskosten bei weitem überschritte. In unserem Versicherungsbeispiel wäre dies etwa gegeben, wenn ein Sachbearbeiter für Schadenregulierungen zuständig wäre, die spezifische Fähigkeiten und eine spezifische Ausbildung erfordern, z.B. die Beantwortung rechtlicher Fragen bei einer Arbeitsrechtsschutzversicherung. Wenn allerdings die Schadenbearbeitung keine spezifischen Kenntnisse voraussetzt, etwa bei einer Hausratversicherung, dann können die Vorteile geringerer Transaktionskosten bei der prozessorientierten Stellenbildung genutzt werden.

Im Allgemeinen werden bei der Stellenbildung jedoch bei einigen Aktivitäten innerhalb eines Prozesses die Vorteile einer funktionalen Spezialisierung überwiegen, während für andere Aktivitäten des Prozesses eine prozessorientierte Spezialisierung vorzuziehen ist. Eine einheitliche Stellenbildung wäre also immer mit gravierenden Nachteilen verbunden. Bei einer differenzierten Ausgestaltung der Spezialisierung von Stelleninhabern könnten hingegen die Vorteile einer funktions- und prozessorientierten Stellenbildung genutzt werden und gleichzeitig die damit verbundenen Nachteile reduziert werden. Im Folgenden sollen drei alternative Gestaltungsformen zur organisatorischen Differenzierung vorgestellt werden:

- Funktionsorientierte Stellenbildung mit prozessorientierten Stabsstellen
- Funktions- und prozessorientierte Stellenbildung mit entsprechenden Matrixstellen
- Prozessorientierte Stellenbildung mit funktionsorientierten Servicestellen

Alle drei Formen führen nicht zu einer Stellenbildung nach einem einzigen Grundprinzip, sondern erlauben eine Kombination von funktions- und prozessorientierter Stellenbildung. Zudem werden durch diese alternativen Gestaltungsformen unterschiedliche Entscheidungskompetenzen an die jeweiligen Stelleninhaber verteilt.

Funktionsorientierte Stellenbildung mit prozessorientierten Stabsstellen

Bei dieser Gestaltungsalternative erfolgt die organisatorische Differenzierung grundsätzlich nach dem Verrichtungsprinzip. Die so gebildeten funktionsorientierten Stellen werden aber zusätzlich durch prozessorientierte Stabsstellen unterstützt. **Stabsstellen** sind dabei Stellen, die Linienstellen (Ausführungs- oder Leitungsstellen) bei der Vorbereitung und Kontrolle von Entscheidungen beratend zur Seite stehen. Insbesondere beschaffen sie Informationen und arbeiten Entscheidungsalternativen aus, auf deren Grundlage die Linienstelle ihre Entscheidungen trifft. Stabsstellen haben allerdings keine Weisungskompetenz, können also den Ausführungs- oder Leitungsstellen selbst keine Anordnungen geben.

Diese organisatorische Gestaltung wird auch als **Stabsprinzip** bezeichnet: Ein Aufgabenkomplex wird entsprechend dem Entscheidungsprozess in die beiden Aufgabenbereiche zerlegt, die mit den Teilphasen Entscheidungsvorbereitung und -kontrolle bzw. Entscheidungsfindung korrespondieren. Die so gebildeten Aufgabenblöcke werden dann verschiedenen organisatorischen Einheiten zur Durchführung zugeordnet. Beide Einheiten sind eigenständig für ihre jeweilige Aufgabendurchführung zuständig.

In unserem Fall werden somit Stabsstellen gebildet, die für spezifische Prozesse innerhalb der Organisation zuständig sind. Sie beraten die nach Funktionen spezialisierten Stellen bei der Durchführung ihrer Aufgaben und stellen ihnen Informationen bezüglich des jeweiligen Gesamtprozesses zur Verfügung.

Aufgrund dieser Unterstützung funktionsorientierter Stellen durch prozessorientierte Stabsstellen werden einerseits die Vorteile der reinen funktionalen Spezialisierung weiterhin genutzt, andererseits können deren Nachteile verringert werden: Die Interdependenzen zwischen den einzelnen funktionsorientierten Stellen werden innerhalb eines Prozesses durch eine zentrale, auf diesen Prozess spezialisierte Stabsstelle reduziert. Diese kann den einzelnen funktionsorientierten Stellen Informationen über alle vor- und nachgeordneten Prozessaktivitäten zur Verfügung stellen, so dass das organisatorische Entscheidungsverhalten besser aufeinander abgestimmt ist. Sowohl die Kosten der Informationsübermittlung als auch die Abstimmungskosten können also gegenüber der reinen funktionsorientierten Stellenbildung reduziert werden, wobei diesen Kosteneinsparungen natürlich die Personalkosten für die Besetzung der Stabsstelle gegenüber stehen.

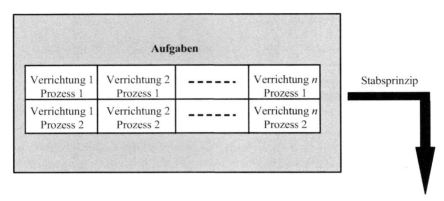

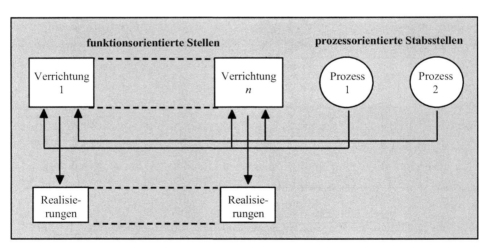

Abbildung 5.14: Funktionsorientierte Stellenbildung mit prozessorientierten Stabsstellen

Reduzierten Koordinationskosten stehen allerdings zusätzliche Motivationskosten entgegen. Diese können auf drei Punkte zurückgeführt werden:

- Erhöhtes moralisches Risiko: Die funktionsspezialisierten Stelleninhaber sind bei ihren Entscheidungen auf die entscheidungsvorbereitenden Aktivitäten der prozessorientierten Stabsstellen angewiesen. In der Regel kann hier die Ausführungs- oder Leitungsstelle aber nicht unmittelbar beurteilen, inwieweit die zur Verfügung gestellten Informationen tatsächlich der adäquaten Durchführung ihrer Aufgaben dienen. Vielmehr kommt es aufgrund des spezifischen prozessrelevanten Wissens des Stabsmitarbeiters zu einer asymmetrischen Informationsverteilung zwischen den Mitarbeitern der Stabs- und Linienstellen. Hier besteht die Gefahr, dass der Mitarbeiter einer Stabsstelle seinen Informationsvorsprung nutzt, um seinen Eigeninteressen nachzukommen.
- Erschwerte Anreizgestaltung: Das Problem des moralischen Risikos wird zudem durch die Kompetenzverteilung zwischen Stabs- und Linienstellen verschärft. Die funktionsorientierten Mitarbeiter sind für ihre Entscheidungen alleine verantwortlich, ein prozessorientierter Stabsmitarbeiter ist aufgrund seiner fehlenden Weisungskompetenz weitgehend ohne Verantwortung für die Folgen seines Handelns. Dadurch entfällt aber eine eindeutige Erfolgszurechnung der Tätigkeiten eines Stabsmitarbeiters und somit die Möglichkeit, sein Handeln durch finanzielle Anreize zu beeinflussen.

Darüber hinaus kann aber auch die Anreizgestaltung gegenüber den Mitarbeitern in Linienpositionen erschwert sein: Sind diese in ihren Entscheidungen auf die Informationen der Stabsstellen angewiesen – im Extremfall würde die endgültige Entscheidung einer Linienstelle durch die Entscheidungsvorbereitung der Stabsstelle vorweggenommen – dann wird eine Anreizgestaltung, die an ihren Handlungsergebnissen ansetzt, unberücksichtigt lassen, dass ein Mitarbeiter in einer Linienposition in der Regel aufgrund seines fehlenden spezifischen Wissens gar nicht die Möglichkeit hat, die Güte der Entscheidungsvorbereitung zu überprüfen. Somit würde er für Entscheidungen sanktioniert bzw. belohnt werden, deren Qualität er partiell nicht beeinflussen, kontrollieren und beurteilen kann.

Eine Möglichkeit zur Verbesserung der Anreizgestaltung kann darin bestehen, Stabsstellen ein begrenztes funktionales Weisungsrecht zuzuweisen: Auf einem eng begrenzten Aufgabengebiet kann hier eine Stabsstelle Weisungen gegenüber Linienstellen eingeräumt werden. Für eine Verbesserung der Anreizgestaltung setzt dies aber zweierlei voraus: Zum einen müssen die Entscheidungskompetenzen zwischen Linien- und Stabsstellen klar abgegrenzt werden. Zum anderen müssen für eine Erfolgszurechnung die Interdependenzen zwischen den beiden Stelleninhabern entsprechend gering sein.

- Verstärkte Interessengegensätze: Die Zusammenarbeit zwischen Stabs- und Linienstellen kann sowohl aufgrund der strukturellen Rahmenbedingungen als auch aufgrund von Persönlichkeitseigenschaften der Stelleninhaber konfliktträchtig sein. So haben Stabsstellen aufgrund der fehlenden Weisungskompetenz keine Möglichkeiten zur formellen Durchsetzung ihrer Entscheidungsvorschläge. Diese können von den Linienstellen folglich ignoriert werden. Mangelnde Motivation und fehlende Erfolgserlebnisse können hier die Folge sein. Andererseits können die Linienstellen aufgrund ihres fehlenden spezifischen Wissens die von den Stabsstellen bereitgestellten Informationen nicht nachvollziehen, tragen aber die volle Ergebnisverantwortung für ihre Entscheidungen.

Dieses Konfliktpotential kann sich durch Unterschiede in den individuellen Eigenschaften von Stabs- und Linienmitarbeitern noch verschärfen.[2] Beispielsweise sind Mitarbeiter in Stabspositionen meist in ihren ersten Berufsjahren und haben eine akademische Ausbildung absolviert. Sie sind Veränderungen gegenüber erfahrungsgemäß aufgeschlossen. Mitarbeiter in Linienpositionen haben hingegen in der Regel eine langjährige Berufserfahrung und sind innerhalb der Hierarchie stufenweise aufgestiegen. Sie haben tendenziell eher ein Interesse an der Beibehaltung bestehender Strukturen, mit denen sie gute Erfahrungen gemacht haben.

Funktions- und prozessorientierte Stellenbildung mit entsprechenden Matrixstellen

Die organisatorische Differenzierung erfolgt bei dieser Gestaltungsalternative sowohl nach dem Verrichtungsprinzip als auch nach dem Objektprinzip, d.h. es werden gleichzeitig funktions- und prozessorientierte Stellen gebildet. Die Zusammenarbeit der Stellen ist nach dem **Matrixprinzip** geregelt: Ein Aufgabenkomplex wird gleichzeitig nach zwei unabhängigen Kriterien segmentiert. Die dadurch gebildeten Aufgabenblöcke werden dann unterschiedlichen organisatorischen Stellen zugeordnet. Jede Stelle ist dafür zuständig, dass bei der Durchführung ihres Aufgabenblocks die Dimension, für die sie entsprechend ihrer Spezialisierung verantwortlich ist, angemessen berücksichtigt wird. Durch die gleichzeitige Segmentierung der Aufgabe nach zwei unabhängigen Kriterien überschneiden sich die Entscheidungskompetenzen zwischen jeweils zwei Stellen. Beide Einheiten müssen daher gemeinsam über die Aufgabendurchführung entscheiden. Die für eine bestimmte Spezialisierung zuständige Stelle wird auch als **Matrixstelle** bezeichnet.

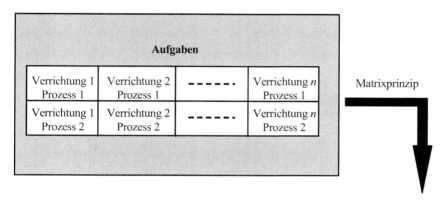

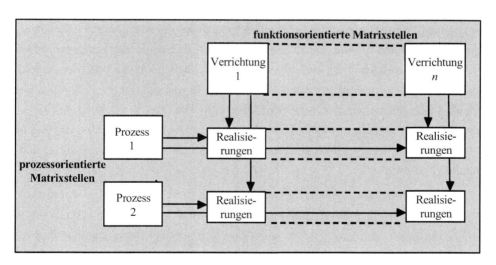

Abbildung 5.15: Funktions- und prozessorientierte Stellenbildung mit entsprechenden Matrixstellen

In unserem Fall wird die Aufgabe also nach den beiden Kriterien Verrichtung und Objekt segmentiert, und aus den sich daraus ergebenden Einzelaktivitäten werden gleichzeitig funktions- und prozessorientierte Stellen gebildet. Die funktionsorientierte Stellenbildung bleibt somit erhalten und wird durch eine Prozessorientierung überlagert. Im Unterschied zum Stabsprinzip liegen dabei die Entscheidungskompetenzen nicht mehr ausschließlich beim Funktionsverantwortlichen, vielmehr sind beide Stelleninhaber gemeinsam entscheidungsberechtigt.

Auch das Matrixprinzip hat wie das Stabsprinzip das Ziel, durch eine Überlagerung der funktionsorientierten Stellen mit prozessorientierten Matrixstellen die funktionsübergreifende Abstimmung zu verbessern, ohne die Produktionskostenvorteile der funktionalen Spezialisierung aufzugeben. Zusätzlich betont es aber mit der Übertragung von Entscheidungskompetenzen an die prozessorientierten Stelleninhaber die Prozessdimension. Dadurch finden prozessrelevante Informationen eine größere Berücksichtigung bei der Durchführung der einzelnen Teilaufgaben und die Prozessorientierung wird durch die gleichberechtigte, gemeinsame Entscheidungsfindung stärker verankert.

Die Einführung prozessorientierter Matrixstellen verbessert wie das Stabsprinzip die Koordination der funktionsorientierten Stellen und reduziert die Kosten der Informationsübermittlung und Abstimmung gegenüber der ausschließlich funktionsorientierten Stellenbildung. Durch die zusätzlichen Entscheidungskompetenzen der Prozessverantwortlichen ist zudem gewährleistet, dass prozessspezifische Aspekte bei der Aufgabendurchführung auch angemessen berücksichtigt werden. Inwieweit sich dadurch das organisatorische Entscheidungsverhalten tatsächlich verbessert, ist dann davon abhängig, welche zusätzlichen Koordinations- und Motivationsprobleme auftreten. Im Vergleich zum Stabsprinzip können hier die folgenden Punkte angeführt werden:

- Erhöhte Abstimmungskosten: Zwar wird durch die Überlagerung der funktionsorientierten Stellenbildung mit prozessorientierten Matrixstellen die prozessbezogene Abstimmung verbessert, allerdings setzt diese Lösung die jeweilige Abstimmung zwischen den funktions- und prozessorientierten Mitarbeitern voraus. Durch die gemeinsame und gleichberechtigte Entscheidungsfindung ist hier ein Zwang zum Konsens gegeben: Durch die im Vorhinein festgelegten Kompetenzüberschneidungen zwischen funktions- und prozessorientierten Stellen werden Konflikte zwischen den Parteien bewusst institutionalisiert. Entscheidungsinterdependenzen, die beim Stabsprinzip möglicherweise noch durch die alleinige

Entscheidung der funktionsorientierten Einheit unberücksichtigt bleiben, müssen so beim Matrixprinzip explizit in die Entscheidungsfindung einbezogen werden.

Die Konflikte, die sich durch diese Interdependenzen notwendigerweise ergeben, können sich auf die Durchführung der Aufgaben sowohl negativ als auch positiv auswirken: Im einen Extremfall kann es zu einem gegenseitigen Blockieren der Entscheidungen kommen, so dass gemeinsame Entscheidungen zeitlich stark verzögert getroffen werden. Unter Umständen sind die Konflikte auch gar nicht zwischen den Parteien lösbar. Im anderen Extremfall kann durch die offene Austragung der Konflikte der Informationsstand der Beteiligten so verbessert sein, dass sich die Qualität der Entscheidungen entscheidend erhöht. Gegebenenfalls werden bei komplexen Entscheidungsproblemen dadurch erst innovative Lösungen möglich.

Inwieweit sich hier das organisatorische Entscheidungsverhalten tatsächlich verbessert oder verschlechtert, ist von verschiedenen Einflussfaktoren abhängig: Neben den Persönlichkeitseigenschaften der beteiligten Stelleninhaber wie einer ausgeprägten Kooperationsbereitschaft können auch die strukturellen Rahmenbedingungen die Zusammenarbeit beeinflussen. So kann die gleichberechtigte Kompetenzverteilung durch eine differenzierte Kompetenzregelung modifiziert werden, die spezifische Entscheidungskompetenzen den jeweiligen Anforderungen der Aufgabe entsprechend unterschiedlich für die beiden Stelleninhaber festlegt. Durch eine solche einseitige Kompetenzverlagerung nähert sich das Matrixprinzip dem Stabsprinzip an.

- Verbesserte Anreizgestaltung: Durch die Zuweisung von Entscheidungskompetenzen an die prozessorientierten Matrixstellen verändern sich die Möglichkeiten zur Anreizgestaltung gegenüber dem Stabsprinzip. Da nämlich beide Matrixstellen ihre Entscheidungen gleichberechtigt treffen, können sie gemeinsam für die Aufgabenerfüllung verantwortlich gemacht werden. Hier sind zwei Möglichkeiten für die Anreizgestaltung gegeben: Im einfachsten Fall ist die gemeinsame Aufgabenerfüllung mit einer messbaren Steigerung der Wertschöpfung verbunden, so dass der gemeinsam erzielte Erfolg bei der individuellen Anreizgestaltung berücksichtigt werden kann. Ist dies nicht möglich, kann unter Umständen zumindest eine funktionsübergreifende Erfolgszurechnung Basis für eine individuelle Anreizgestaltung sein: Da während des Prozesses bzw. Prozessabschnitts, für den der prozessorientierte Stelleninhaber zuständig ist, ein inhaltlich abgeschlossener Output entsteht, kann dieser als Bemessensgrundlage für eine individuelle Anreizgestaltung der am Prozess beteiligten Stelleninhaber dienen.

Neben diesen Entlohnungsmöglichkeiten aufgrund gemeinsamen Handelns kann zudem bei relativ klaren Verantwortungsbereichen und einer relativ eindeutigen Erfolgszurechnung der Tätigkeiten von zwei Mitarbeitern in Matrixstellen die Anreizgestaltung durch die Berücksichtigung individueller Erfolgskomponenten verbessert werden. Dabei darf natürlich nicht übersehen werden, dass Anreizprobleme, die bei einer rein funktionsorientierten Stellenbildung aufgrund der Interdependenzen zwischen verschiedenen funktionsorientierten Mitarbeitern entstehen, auch beim Matrixprinzip weiterhin bestehen bleiben.

- **Erhöhtes moralisches Risiko**: Der verbesserten Anreizgestaltung beim Matrixprinzip steht jedoch das zusätzliche moralische Risiko entgegen, das aufgrund dieser Entlohnung an einem gemeinsamen Ergebnis entsteht. Ist nämlich die individuelle Entlohnung eines Mitarbeiters in einer Matrixstelle nicht nur von seinem eigenen Beitrag abhängig, sondern von der Gesamtproduktivität aller mit ihm zusammenarbeitender Mitarbeiter, dann hat er grundsätzlich einen verstärkten Anreiz, seinen eigenen Arbeitseinsatz zu reduzieren: Der gemeinsame Erfolg hängt von dem Beitrag aller Beteiligten ab. Somit ist aber unter Umständen der Einfluss des Einzelnen auf die insgesamt geschaffenen Werte nur sehr gering. Dies gilt um so eher, je mehr Mitarbeiter an der Wertschöpfung beteiligt sind. Reduziert nun in einer solchen Situation der Mitarbeiter in einer Matrixstelle seinen Arbeitseinsatz, dann hat dies nur geringe Auswirkungen auf sein Einkommen – vorausgesetzt, alle anderen verändern nicht ihr Verhalten –, allerdings kann er seine eigenen Bedürfnisse dadurch möglicherweise besser befriedigen. Dieses Problem wird in der ökonomischen Literatur auch als **Trittbrettfahrerproblem** diskutiert.[3]

Inwieweit dieses Motivationsproblem gelöst werden kann, hängt von einer Reihe von Faktoren ab: Zum einen kann in einer engen Beziehung zwischen den Mitarbeitern ein solcher Gruppendruck entstehen, dass eine soziale Sanktionierung den Einzelnen von einem nichtkonformen Verhalten abhält. Zum anderen kann unter Umständen die vorgesetzte Instanz das Verhalten des einzelnen Mitarbeiters einer Matrixstelle kontrollieren und einen zu niedrigen Arbeitseinsatz sanktionieren.

Prozessorientierte Stellenbildung mit funktionsorientierten Servicestellen

Als dritte mögliche Gestaltungsalternative, die eine funktions- und prozessorientierte Stellenbildung miteinander kombiniert, kommt eine organisatorische Differenzierung nach dem Objektprinzip in Frage, bei der die so gebildeten prozessorientierten Stellen zusätzlich durch funktionsorientierte Servicestellen unterstützt werden. Eine **Servicestelle** bezeichnet dabei eine Stelle, die im Auftrag einer Linienstelle die Durchführung einer bestimmten Aufgabe übernimmt. Die Servicestelle verfügt dabei über alle Entscheidungskompetenzen und Ressourcen, die für ihre Aufgabendurchführung notwendig sind.

Diese organisatorische Gestaltung beruht auf dem **Ausgliederungsprinzip**: Dabei wird ein größerer Aufgabenkomplex gleichzeitig nach zwei unabhängigen Kriterien segmentiert. Hierzu wird zunächst der Aufgabenkomplex nach dem ersten Kriterium in mehrere Aufgabenblöcken zerlegt. Aus jedem so gebildeten Aufgabenblock wird dann nach dem zweiten Kriterium jeweils eine bestimmte Teilaufgabe herausgelöst und einer eigenständigen organisatorischen Einheit übertragen. Die restlichen Teilaufgaben eines Aufgabenblocks werden ebenfalls einer eigenständigen organisatorischen Einheit zugewiesen.

In unserem Fall werden also aus den prozessorientiert gebildeten Stellen bestimmte Funktionen ausgegliedert und an Servicestellen zur Bearbeitung übertragen. Jede Servicestelle ist für spezifische Verrichtungen innerhalb der Organisation zuständig und unterstützt die nach Prozessen spezialisierten Stellen bei der Durchführung ihrer Aufgaben, indem sie die entsprechenden Teilaktivitäten des jeweiligen Prozesses eigenständig ausführt.

Die Ausgliederung funktionsorientierter Teilaufgaben aus dem Aufgabenblock prozessorientierter Stellen ist eine Gestaltungsalternative, die einerseits die Vorteile der reinen funktionsorientierten Spezialisierung ausnutzt, andererseits deren Nachteile verringert: Durch die Bildung funktionsorientierter Servicestellen können die Verrichtungen, die durch steigende Skalenerträge oder komparative Vorteile charakterisiert sind, weiterhin produktionskostenminimal abgewickelt werden. Für die verbleibenden Aktivitäten innerhalb der einzelnen Prozesse sind dann prozessorientierte Stelleninhaber verantwortlich, die sicherstellen, dass das im Laufe des Prozesses generierte spezifische Wissen unmittelbar genutzt wird und somit die Abstimmung zwischen den einzelnen Prozessaktivitäten gewährleistet ist.

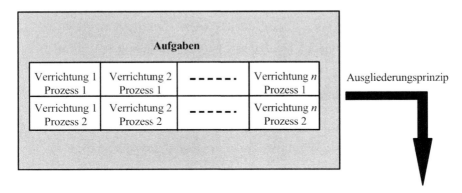

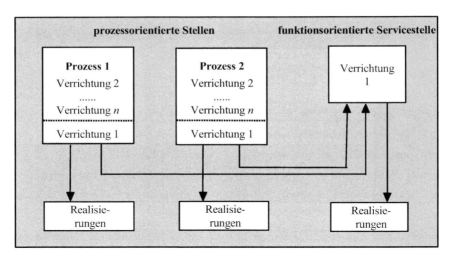

Abbildung 5.16: Prozessorientierte Stellenbildung mit funktionsorientierten Servicestellen

Im Unterschied zum Matrixprinzip wird dabei allerdings eine Überschneidung der Entscheidungskompetenzen von prozess- und funktionsorientierten Stellen vermieden. Dies reduziert zwar das Konfliktpotential zwischen den Stelleninhabern und erleichtert somit die Entscheidungsfindung. Gleichzeitig werden aber auch die

Entscheidungsinterdependenzen nicht mehr explizit berücksichtigt, so dass es aufgrund der bestehenden Leistungsverflechtungen zu Abstimmungsproblemen zwischen den Servicestellen und den prozessorientierten Stellen kommen kann.

Aufgrund der starken Betonung der Prozessdimension besteht ein unmittelbarer Zusammenhang zwischen der reinen prozessorientierten Stellenbildung und der prozessorientierten Stellenbildung mit ausgegliederten funktionsorientierten Servicestellen. Die folgenden relativen Vor- und Nachteile können hier gegenüber der reinen prozessorientierten Stellenbildung im Wesentlichen angeführt werden:

- Reduzierte Produktionskosten: Die Zusammenfassung von einzelnen Teilaktivitäten in einer spezifischen Servicestelle garantiert, dass damit zusammenhängende Produktionskostenvorteile genutzt werden können. Neben steigenden Skalenerträgen oder komparativen Vorteilen sind hier auch die reduzierten Personalkosten zu nennen.

- Erhöhte Informationsübermittlungs- und Abstimmungskosten: Ein Mitarbeiter, der bei der prozessorientierten Stellenbildung für einen Gesamtprozess bzw. einen Prozessabschnitt zuständig ist, gibt nach dem Ausgliederungsprinzip spezifische Einzelaktivitäten aus seinem Prozess an entsprechende funktionsspezialisierte Mitarbeiter ab. Damit dieser Mitarbeiter seine Verrichtungen prozessadäquat durchführen kann, muss seine Aufgabendurchführung auf die Entscheidungen des Prozessverantwortlichen abgestimmt werden. Durch die Ausgliederung von Serviceaktivitäten aus einer reinen prozessorientierten Stellenbildung entstehen also Entscheidungsinterdependenzen zwischen den verschiedenen Stelleninhabern.

Diese Interdependenzen können berücksichtigt werden, indem entsprechende Informationen von dem Prozessverantwortlichen an den Funktionsspezialisten übermittelt werden. Dadurch kann sichergestellt werden, dass auch bei der Durchführung der ausgegliederten Verrichtungen der Gesamtprozess berücksichtigt wird. Da allerdings dem Prozessverantwortlichen ein Prozess(-abschnitt) zugewiesen ist, der nach dem Kriterium der Abgeschlossenheit gebildet wurde, ist mit der Ausgliederung bestimmter Prozessaktivitäten im Allgemeinen ein hoher Informationstransfer verbunden. Handelt es sich hierbei um spezifische Informationen, dann sind mit der Informationsübermittlung zudem hohe Kosten verbunden. Dieselbe Problematik tritt auf, wenn der Prozess nach der

Durchführung der Serviceaktivitäten wieder vom Prozessverantwortlichen weiter betreut wird.
- Erschwerte Anreizgestaltung: Im Unterschied zur reinen prozessorientierten Stellenbildung ist durch die Ausgliederung spezifischer Einzelaktiviäten aus dem Gesamtprozess die Autonomie des Prozessverantwortlichen eingeschränkt. Er ist nicht mehr alleine für den Output verantwortlich, der am Ende des ihm zugewiesenen Prozesses bzw. Prozessabschnitts steht, sondern er ist auf die Zusammenarbeit mit den jeweiligen Servicestellen angewiesen. Da das Ergebnis seiner Aktivitäten somit aber auch von der Aufgabendurchführung anderer Mitarbeiter abhängt, ist eine eindeutige Erfolgszuweisung wie bei einer reinen prozessorientierten Stellenbildung nicht mehr möglich. Für die Gestaltung eines leistungsorientierten Anreizsystems kann somit nicht mehr nur der Output als Bemessungsgrundlage herangezogen werden, sondern es müssen auch die zusätzlich entstandenen Interdependenzen berücksichtigt werden. Dies erschwert die Anreizgestaltung. Zudem kann sich auch die Einengung seines Tätigkeitsspektrums negativ auf die Motivation des Prozessverantwortlichen auswirken.

Die Interdependenzen zwischen den Mitarbeitern können auch bei der Gestaltung eines leistungsorientierten Anreizsystems für die Mitarbeiter in den Servicefunktionen problematisch sein: Im Allgemeinen wird zwar ein Funktionsverantwortlicher autonom über die Durchführung seiner Aktivitäten entscheiden können, allerdings wird das Ergebnis seines Handelns aufgrund der Interdependenzen mit den Prozessverantwortlichen von deren Entscheidungen und Informationen abhängig sein.

Inwieweit diese Interdependenzen bei der Gestaltung von Anreizsystemen berücksichtigt werden können, hängt entscheidend von der Abgeschlossenheit der Aktivitäten ab, die von den Servicemitarbeitern durchgeführt werden: Sind die von ihnen durchgeführten Aufgaben nicht abgeschlossen, steht also am Ende ihrer Verrichtungen kein inhaltlich abgeschlossener Output, dann fehlt eine adäquate Bemessensgrundlage für eine finanzielle Entlohnung. Ähnlich wie bei der funktionsorientierten Stellenbildung besteht dann das Problem, dass die von den Servicestellen geschaffenen Werte schwierig zu beurteilen sind. Dadurch sind gleichzeitig auch die Aktivitäten der Prozessverantwortlichen schwierig zu bewerten, da die Interdependenzen mit den Servicemitarbeitern nicht ohne weiteres berücksichtigt werden können.

Liefert allerdings ein Servicemitarbeiter einen relativ abgeschlossenen Output, für den er zudem autonom verantwortlich ist, dann ist die Anreizgestaltung weitgehend unproblematisch, sofern dieser Output messbar ist: Der Output des Servicemitarbeiters wird als Bemessensgrundlage für ein leistungsorientiertes Entlohnungssystem herangezogen. Da der Servicemitarbeiter den Output durch sein Handeln eigenständig bestimmt, kann durch finanzielle Anreize eine adäquate Durchführung seiner Tätigkeiten sichergestellt werden. Damit ist aber auch die Anreizgestaltung des Prozessverantwortlichen vereinfacht, da in dessen Beurteilung die Leistungserstellung des Servicemitarbeiters einfließen kann. Im Idealfall, wenn der Output des Servicemitarbeiters auch extern am Markt verfügbar ist, kann der entsprechende Marktpreis für die Serviceleistung als Grundlage des Leistungsaustauschs und somit des jeweiligen Anreizssystems herangezogen werden.

Ziel der Ausgliederung von Serviceaufgaben muss es daher sein, die Abgeschlossenheit der jeweiligen Teilprozesse zu wahren. Dies entspricht dem bereits bei der prozessorientierten Stellenbildung angesprochenen Verfahren der Zerlegung größerer Prozesse. Hier ist wesentlich, dass der Servicestelle nicht nur ein abgeschlossener Teilprozess übertragen wird, sondern dass auch der vorgelagerte Teilprozess des Prozessverantwortlichen abgeschlossen ist. Beides stellt sicher, dass der Informationstransfer zwischen den Mitarbeitern minimal ist und jeweils ein autonom erarbeiteter Output ausgetauscht wird.

Zusammenfassend können wir die drei diskutierten organisatorischen Gestaltungsalternativen zwischen die beiden Grundformen der reinen funktionsorientierten bzw. reinen prozessorientierten Stellenbildung einordnen. Die folgende Systematisierung zeigt, wie die Gestaltungsformen hinsichtlich der Berücksichtigung der Verrichtungs- bzw. Prozessdimension bei der Stellenbildung variieren.

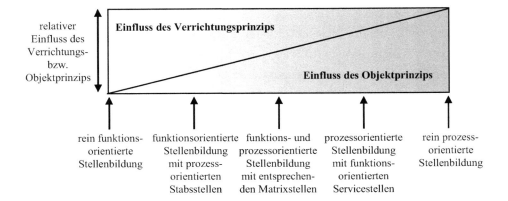

Abbildung 5.17: Organisatorische Gestaltungsalternativen bei der Stellenbildung

5.2 Die Gestaltung der vertikalen und lateralen Koordination

Bei der Diskussion der vertikalen Differenzierung haben wir die Vor- und Nachteile der Entscheidungsdelegation aufgezeigt. Dabei haben wir untersucht, in welchem Umfang eine Instanz einer nachgeordneten Partei Entscheidungskompetenzen im Zusammenhang mit der Durchführung ihrer Tätigkeiten einräumen soll. Die Argumentation hat gezeigt, dass die Instanz der nachgeordneten Partei dabei immer einen positiven Grad an Entscheidungsautonomie zuordnen wird: Einerseits sind die operativen Verrichtungen der nachgeordneten Partei immer auch Ergebnis ihres individuellen Entscheidungsverhaltens. Andererseits kann mit steigendem Grad an Entscheidungsautonomie aber auch das spezifische Wissen der nachgeordneten Partei besser genutzt werden. Die Ausführungen haben aber auch gezeigt, dass im Allgemeinen eine vollständige Entscheidungsdezentralisierung nicht effizient ist: Mit steigender Entscheidungsautonomie der nachgeordneten Partei erhöhen sich nämlich auch die Motivationskosten sowie die Nachteile einer fehlenden zentralen Koordination.

In diesem Abschnitt wollen wir die geeignete vertikale Differenzierung unter drei zusätzlichen Aspekten betrachten:[4]

(1) Bisher haben wir nicht angesprochen, wie die Instanz den Entscheidungsspielraum ihrer nachgeordneten Mitarbeiter festlegt. Als Koordinationsinstrument haben wir bisher von Anweisungen gesprochen, ohne dabei genau zu spezifizieren, in welcher Form diese Anweisungen erteilt werden sollten. Hier stehen einer Instanz grundsätzlich verschiedene hierarchische Koordinationsinstrumente zur Verfügung. Aufgrund der Über- und Unterordnungsbeziehung zwischen der Instanz und ihren nachgeordneten Mitarbeitern sind diese Koordinationsinstrumente Instrumente der **vertikalen Koordination**: Die Koordinationsentscheidung wird durch die übergeordnete Instanz getroffen.

(2) Neben der Möglichkeit, jedem einzelnen nachgeordneten Mitarbeiter eine gewisse Entscheidungsautonomie einzuräumen, gibt es auch noch andere Alternativen zur Verteilung von Entscheidungsrechten. Betrachten wir hierzu noch einmal das Beispiel des Versicherungsunternehmens. Bei der Delegation von Entscheidungsrechten über die Festlegung der Prämien für Versicherungspolicen kann Frau Schmidt die Entscheidungsrechte für die Prämiensetzung in den Zweigstellen auch an beide Mitarbeiter delegieren und sie auffordern, gemeinsam über die Prämien zu entscheiden. Herr Meier und Herr Müller müssen sich dann wechselseitig abstimmen. Da sie dies ohne Einschaltung ihrer Vorgesetzten tun, sprechen wir auch von einer **lateralen Koordination**.

(3) Darüber hinaus kann die geeignete vertikale Differenzierung aber auch zu einer Bildung von Zwischeninstanzen bzw. Abteilungen führen. So hat Frau Schmidt in dem Versicherungsbeispiel auch die Möglichkeit, einem der beiden Mitarbeiter das Recht einzuräumen, die Prämien für beide Zweigstellen festzulegen. Eine solche Bildung von Zwischeninstanzen führt dann aber unmittelbar zu dem Problem, dass die verschiedenen Instanzen den Einsatz ihrer Koordinationsinstrumente aufeinander abstimmen müssen.

Im Folgenden werden wir zunächst die einzelnen Instrumente der vertikalen Koordination sowie die damit verbundenen Vor- und Nachteile diskutieren. Die Möglichkeiten der lateralen Koordination werden anschließend angesprochen. Nach der Diskussion der hierarchischen Koordination durch Abteilungsbildung werden wir abschließend die Koordination des Einsatzes verschiedener Koordinationsinstrumente innerhalb der Organisation aufzeigen.

5.2.1 Instrumente der vertikalen Koordination

Wir haben bisher diskutiert, wie eine übergeordnete Partei im Rahmen der organisatorischen Differenzierung die Einzelaktivitäten der jeweiligen Organisationsmitglieder mit den entsprechenden Kompetenzen spezifizieren sollte. Im Allgemeinen wird die Instanz dabei die Aufgaben, die ein Organisationsmitglied erfüllen soll, zunächst nur relativ grob vorgeben:

- Einerseits können die Parteien nämlich nicht für alle möglichen Eventualitäten, die im Laufe der Arbeitsbeziehungen auftreten könnten, im Vorhinein eine explizite Vereinbarung treffen. Ihre begrenzte Rationalität, eine asymmetrische Informationsverteilung oder andere, in Kapitel 4 diskutierte Faktoren schließen einen vollständigen Vertrag aus.
- Andererseits ist aber auch eine Aufgabenspezifikation, die unabhängig von den möglichen Veränderungen im Laufe der Arbeitsbeziehung die Leistungen eines Organisationsmitglieds festlegt, nicht vorteilhaft, da sie inflexibel ist und so Chancen zur Wertschöpfung bei sich ändernden Rahmenbedingungen nicht ausnutzen kann.

Die Festlegung der Arbeitsaufgabe eines Organisationsmitglieds erfolgt also typischerweise durch einen relationalen Vertrag, den Arbeitsvertrag: Die Instanz gibt dem einzelnen Organisationsmitglied personenunabhängig vor, welchen Aufgabenkomplex es durchführen soll. Diese Vorgabe legt noch nicht das eigentliche Verhalten des Organisationsmitglieds fest sondern lediglich die Rahmenbedingungen, innerhalb derer sich die Partei verhalten soll. Ihren Ausdruck findet sie in der Stellenbeschreibung. Diese legt den horizontalen und vertikalen Umfang der Arbeitsaufgabe fest und bestimmt somit den Freiraum, innerhalb dessen die Instanz dem Stelleninhaber konkrete personenbezogene Anweisungen geben kann.

Aufgrund der Unvollständigkeit des Arbeitsvertrages und der daraus resultierenden unvollständigen Spezifikation der Arbeitsaufgabe stellt die Anweisung das grundlegende Instrument der Koordination in hierarchischen Beziehungen dar: Durch Anweisungen wird das Verhalten der Organisationsmitglieder zur Maximierung der Wertschöpfung der Organisation gesteuert. Der Vorgesetzte konkretisiert die jeweils durchzuführende Arbeitsaufgabe durch konkrete Weisungen an den Mitarbeiter. Diese Anweisungen erfolgen in Abhängigkeit von den jeweiligen konkreten exogenen Rahmenbedingungen der Arbeitssituation. Damit stimmt die Instanz gleichzeitig natürlich auch die Einzelaktiviäten verschiedener Organisationsmitglieder aufeinander ab.

Die Ausgestaltung der organisatorischen Differenzierung mittels Anweisungen kann als eine unmittelbare Weiterentwicklung der Struktur des hierarchischen Entscheidungssystems verstanden werden: Durch die Gestaltung des hierarchischen Entscheidungssystems werden die grundsätzlichen Entscheidungs- und Tätigkeitsspielräume der einzelnen Organisationsmitglieder langfristig festgelegt. Die so konzipierten Arbeitsaufgaben bilden die Basis für die Aufgabenerfüllung. Ihre Konkretisierung erfolgt dann entsprechend den jeweiligen Rahmenbedingungen der Organisationsumwelt durch die Zuweisung mittel- und kurzfristiger Aufgaben an die organisatorischen Einheiten.

Der Vorgesetzte kann dabei mit einer Anweisung die Arbeitsaufgabe eines unterstellten Mitarbeiters explizit festlegen oder implizit vorgeben: Im ersten Fall gibt er dem Mitarbeiter direkt vor, welche Aktivitäten er ausführen soll. Dessen Entscheidungsspielraum bei der Aufgabendurchführung ist also minimal. Im Extremfall gibt der Vorgesetzte die Aktivität bis ins letzte Detail vor. Im zweiten Fall gibt der Vorgesetzte dem Mitarbeiter ein Aufgabenziel vor und spezifiziert gegebenenfalls explizit den Entscheidungsspielraum des Mitarbeiters. Im Rahmen seiner Entscheidungsautonomie kann der Mitarbeiters dann eigenständig über die Durchführung der Aufgabe entscheiden. Mittels Anweisung kann also eine Instanz den Entscheidungs- und Tätigkeitsspielraum eines Mitarbeiters innerhalb des vorgegebenen Rahmens beliebig konkretisieren.

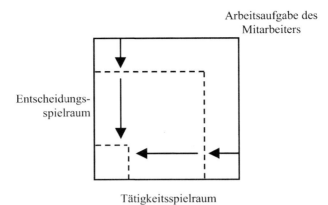

Abbildung 5.18: Konkretisierung der Arbeitsaufgabe durch Anweisungen

Von besonderer Bedeutung für die geeignete Steuerung nachgeordneter Mitarbeiter durch eine Instanz ist die Frage nach der Standardisierung der Aufgabenerfüllung. Bei einer **persönlichen Weisung** legt die Instanz die Arbeitsaufgabe eines Mitarbeiters fallweise, je nach Ausprägung der Organisationsumwelt fest. Bei einer Standardisierung hingegen erfolgt die Konkretisierung der Arbeitsaufgabe nicht durch laufende persönliche Anweisungen, sondern sie wird für einen bestimmten Zeitraum durch eine generelle Verhaltensvorschrift vom Vorgesetzten festgelegt. Diese wird dem Mitarbeiter durch eine persönliche Weisung dann verbindlich für den betreffenden Zeitraum vorgegeben, so dass die Instanz während der Geltungsdauer der Vorschrift in der Regel keine zusätzlichen persönlichen Anweisungen mehr geben muss. Im Folgenden diskutieren wir zwei grundsätzliche Formen der Standardisierung:

Standardisierung von Arbeitsprozessen

Arbeitsprozesse werden durch Programme standardisiert. Ein **Programm** bezeichnet dabei eine generelle organisatorische Regelung, die das Verhalten eines Organisationsmitglieds im Vorhinein für bestimmte Situationen festlegt. Es kann sich dabei sowohl auf die Durchführung der Arbeitsaufgabe eines einzelnen Mitarbeiters beziehen als auch auf die Koordination zwischen verschiedenen organisatorischen Einheiten. Im ersten Fall legt das Programm generelle Handlungsvorschriften eines Mitarbeiters fest, im zweiten Fall werden durch das Programm generelle Verfahrensrichtlinien fixiert, die sich auf die Abstimmung der Aktivitäten mehrerer Stelleninhaber beziehen.

Programme legen die Aktivitäten von Organisationsmitgliedern auf Dauer fest. Aufgrund der begrenzten Rationalität der Parteien kann ein Programm während seiner Geltungsdauer im Allgemeinen nicht auf alle möglichen künftigen Ereignisse perfekt anpasst werden. Bei der Standardisierung von Arbeitsprozessen treten daher dieselben Probleme auf, wie wir sie bereits bei der Vertragsgestaltung in längerfristigen Beziehungen in Kapitel 4 diskutiert haben: Ein Programm ist immer unvollständig. Im Unterschied zur fallweisen persönlichen Weisung eines Vorgesetzten verbleibt dem Mitarbeiter also immer ein positiver Entscheidungsspielraum.

Für unsere Diskussion sind zwei verschiedene Alternativen bei der Programmformulierung von Bedeutung:

- Erstens besteht die Möglichkeit, alle relevanten Eventualitäten, die im Laufe der Geltungsdauer eintreten können, so vollständig wie möglich zu erfassen. Der Detaillierungsgrad des Programms wäre in diesem Fall sehr hoch. Dies hat den Vorteil, dass sich das Verhalten der Beteiligten flexibel auf sich verändernde, antizipierte Rahmenbedingungen anpassen kann. Allerdings sind mit diesem Vorgehen hohe Kosten der Programmierung verbunden und es setzt eine hohe Qualifikation der Mitarbeiter voraus. Je nach Umfang des Programms müsste ein Mitarbeiter zudem viel Zeit mit der Identifizierung des für ihn relevanten Programmschritts zubringen, wobei ihm hohe Kosten entstehen.

- Zweitens kann das Programm auch eine bestimmte feste Handlungsfolge vorgeben, ohne dabei mögliche Veränderungen im Laufe der Geltungsdauer zu berücksichtigen. In diesem Fall ist das Programm relativ inflexibel, da eine Verhaltensanpassung der Beteiligten an sich ändernde Rahmenbedingungen bei der Programmdurchführung nicht vorgesehen ist. Dafür sind jedoch die Programmierungskosten niedrig.

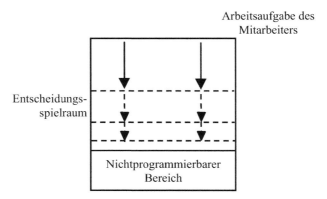

Abbildung 5.19: Konkretisierung der Arbeitsaufgabe durch eine Standardisierung von Arbeitsprozessen

*McDonald's
und die Zubereitung von Hamburgern*

Standardisierung ist ein Erfolgsrezept der McDonald's Corporation: Jemand, der einen Hamburger kaufen möchte, soll dasselbe Produkt mit demselben Kundenservice bekommen, unabhängig davon, ob er sich in einem McDonald's Restaurant in London, New York oder Koblenz befindet. Um diese Uniformität in den über 30.000 Restaurants in über 100 Ländern der Welt zu erzielen, müssen die Anforderungen an Qualität, Service und Sauberkeit weltweit standardisiert werden.

Der Schlüssel zu dieser Standardisierung ist das 658 Seiten umfassende 'Operations and Training Manual', die 'Bibel' für jeden Franchisenehmer, Restaurantmanager und Mitarbeiter von McDonald's. Dieses Handbuch schreibt z.B. jedem McDonald's Mitarbeiter nahezu jeden Handgriff minutiös vor. Beispielsweise blinkt ein Licht auf, das dem Koch die genaue Zeit vorgibt, wann die Burger gewendet werden müssen. Fünf 'perfekte Tropfen' Senf haben in der Mitte des Brötchens plaziert zu sein. Pommes Frites dürfen maximal sieben Minuten unter dem Wärmelicht bleiben. Die Produktstandardisierung geht soweit, dass beispielsweise die Frikadelle für die typischen Burger ein von einer Maschine zugeschnittenes 1,6 Unzen schweres Stück reines Rinderhackfleisch mit maximal 19% Fettgehalt sein muss, die Milchbrötchen 13,3% Zucker enthalten und vieles andere mehr.

Um sicherzustellen, dass die Mitarbeiter auch den vorgegebenen Regeln folgen, kontrolliert eine spezielle Einheit kontinuierlich die einzelnen Restaurants. Darüber hinaus gibt es weitere datailierte Vorgaben für Kleidung und Styling der Mitarbeiter sowie die Ansprache der Kundschaft.

Quelle: Love (1986)

Zudem ist es natürlich für den Vorgesetzten auch möglich, lediglich ein Rahmenprogramm vorzugeben, das den Prozessablauf nur grob spezifiziert. Durch allgemeine Richtlinien wird hier die Entscheidungsautonomie eines Organisationsmitglieds eingeschränkt, ohne dass sein Verhalten vollständig determiniert wird. Künftige Koordinationsanforderungen können dann durch die Beteiligten selbst oder durch den Einsatz anderer Koordinationsinstrumente bewältigt werden. In diesem Sinne ist die Stellenbeschreibung eines Mitarbeiters ein Rahmenprogramm: Seine Arbeitsaufgabe wird durch allgemeine Tätigkeitsanweisungen mit entsprechenden Entscheidungskompetenzen programmiert.

Standardisierung von Arbeitsergebnissen

Neben der Standardisierung der Arbeitsprozesse kann die Instanz auch die Arbeitsergebnisse ihrer Mitarbeiter standardisieren. Eine Standardisierung der Ergebnisse von Arbeitsprozessen erfolgt durch Pläne. Ein **Plan** bezeichnet Vorgaben, die für eine bestimmte Periode das Verhalten von Organisationsmitgliedern steuern sollen. Ein Plan beinhaltet immer Zielvorgaben, die festlegen, welche Ergebnisse nach Quantität und Qualität von einem bestimmten Organisationsmitglied erreicht werden sollen. Innerhalb des Plans kann das Organisationsmitglied frei entscheiden, wie es diese Zielvorgaben erreicht. Ein Plan beeinhaltet also immer eine gewisse Entscheidungsautonomie für den Mitarbeiter, obwohl die Instanz sein Verhalten auch weiter konkretisieren könnte.

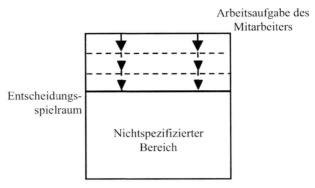

Abbildung 5.20: Konkretisierung der Arbeitsaufgabe durch eine Standardisierung der Arbeitsergebnisse

Eine Standardisierung von Arbeitsergebnissen unterscheidet sich von einer Standardisierung von Arbeitsprozessen in zwei wichtigen Punkten:

- Geltungsdauer der Vorschrift: Programme legen das Verhalten von Organisationsmitgliedern langfristig fest. Sie sind also auf Dauer angelegt. Pläne hingegen haben nur für eine gewisse Periode Gültigkeit, so dass die Planinhalte von Periode zu Periode wechseln können. Somit sind bei einer Standardisierung von Arbeitsergebnissen die laufenden Koordinationskosten höher als bei einer Programmierung der Arbeitsprozesse, da die vorgesetzte Instanz die Verhaltenvorschriften ihrer Mitarbeiter periodisch anpassen muss. Dem stehen erhöhte Programmierungsaufwendungen entgegen.

  Ferner können bei einer Standardisierung der Arbeitsergebnisse diese Zielvorgaben natürlich periodisch an die veränderten Rahmenbedingungen der Arbeitssituation angepasst werden. Dies ist bei der Vorgabe eines Programms nicht möglich. Da bei der Programmformulierung aufgrund der Komplexität der Aufgabensituation im Allgemeinen nicht alle relevanten Eventualitäten berücksichtigt werden können, kann es hier während der Geltungsdauer des Programms zu Ineffizienzen bei der Koordination kommen.

- Entscheidungsautonomie der Mitarbeiter: Durch Programme werden die Aktivitäten der Organisationsmitglieder innerhalb der jeweiligen Arbeitsprozesse explizit festgelegt. Durch Vorgabe entsprechender Handlungsvorschriften oder Verfahrensrichtlinien werden so ihre Entscheidungsspielräume erheblich eingeschränkt. Programme sind also explizite Verhaltensvorschriften. Sie führen zu einer Zentralisierung von Entscheidungskompetenzen. Im Unterschied hierzu sind Pläne implizite Verhaltensvorschriften. Durch die Vorgabe von Zielen gibt die Instanz dem einzelnen Organisationsmitglied nicht explizit vor, welche Verhaltensweise er in welcher Situation wählen soll. Vielmehr räumt sie dem Organisationsmitglied einen entsprechenden Entscheidungsspielraum ein, der über den bei einer Programmierung hinausgeht.

Über den Weg zur Zielerreichung kann das Organisationsmitglied im Rahmen seiner Entscheidungsautonomie selbst entscheiden. Eine Standardisierung der Arbeitsergebnisse führt also zu einer Dezentralisierung von Entscheidungskompetenzen. Die im letzten Abschnitt diskutierten Vor- und Nachteile der Entscheidungsdezentralisierung gegenüber der Entscheidungszentralisierung können also unmittelbar auf den Vergleich von Programmen und Plänen übertragen werden.

Im Folgenden wollen wir nun auf die grundsätzlichen Vor- und Nachteile von generellen Verhaltensvorschriften gegenüber fallweisen persönlichen Anweisungen des Vorgesetzten eingehen. Als relative Vorteile einer Standardisierung der Aufgabenerfüllung können drei Punkte genannt werden:

- Reduzierte Verhaltensunsicherheit: Durch eine Standardisierung wird das Verhalten eines Mitarbeiters und/oder das Ergebnis seines Handelns eingeschränkt. Dadurch können die anderen Beteiligten seine Reaktionen besser antizipieren und in ihrem eigenen Handeln entsprechend berücksichtigen. Wird so beispielsweise einem Mitarbeiter im Einkauf für einen bestimmten Rohstoff eine benötigte Mindestmenge vorgeben, dann kann die Fertigung grundsätzlich davon ausgehen, dass dieser Rohstoff in dem entsprechenden Umfang bereitsteht: Eine Unterschreitung des Lagerbestands löst bei dem Einkaufsmitarbeiter automatisch einen Bestellvorschlag aus.
- Freisetzung von Managementkapazitäten: Durch den Einsatz von generellen Verhaltensvorschriften reduziert sich für eine Instanz die Notwendigkeit, die Aktivitäten ihrer nachgeordneten Mitarbeiter durch persönliche Weisungen laufend zu koordinieren. Entweder gibt sie die Standardisierung einmal verbindlich vor und legt damit fest, dass ein Mitarbeiter immer dann, wenn eine bestimmte

Situation eintritt, nach dieser Vorschrift verfahren soll. In diesem Fall ist eine weitere Anweisung des Vorgesetzten nicht mehr notwendig. Oder die Instanz behält sich vor, abhängig von der jeweiligen Situation das Verhalten eines Mitarbeiters durch eine spezielle Vorschrift zu steuern. In diesem Fall beschränkt sich die Anweisung darauf, nach der entsprechenden Standardisierung vorzugehen. In beiden Fällen wird die Instanz durch die Standardisierung in ihren Koordinationsentscheidungen entlastet.

- Einfachere Gesamtkoordination: Bei komplexen Aufgaben können vielfältige Interdependenzen zwischen den einzelnen durchzuführenden Tätigkeiten bzw. Arbeitsprozessen bestehen. Ein Arbeitsprozess ist hier eingebettet in ein Netzwerk anderer Prozesse. In diesen Fällen ist die Abstimmung zwischen den einzelnen Prozessen entscheidend für eine adäquate Durchführung der Gesamtaufgabe. Eine Standardisierung aller so in Beziehung zueinander stehenden Prozesse kann zu einer einfacheren Gesamtkoordination führen. Insbesondere wird der zur Koordination notwendige Austausch von Informationen erheblich reduziert.

Diesen Vorteilen stehen aber auch Nachteile gegenüber, die im Wesentlichen aus den folgenden zwei Argumenten bestehen:

- Reduzierte Anpassungsfähigkeit: Im Unterschied zur Koordination durch persönliche Weisungen wird durch die Vorgabe von generellen Verhaltensvorschriften immer eine Vorauskoordination durchgeführt, da die Entscheidungen über die Koordination von Organisationsmitgliedern vorausschauend getroffen werden müssen. Eine situationsbezogene Koordination bei unerwarteten Störungen, beispielsweise im Arbeitsablauf eines Mitarbeiters, ist so durch Programme nicht möglich. Dieser Nachteil ist bei periodischen Anpassungen von Arbeitsergebnissen natürlich geringer als bei einer dauerhaften Regelung von Arbeitsprozessen. Können bei der Standardisierung aufgrund der Komplexität der Aufgabensituation somit nicht alle relevanten Eventualitäten berücksichtigt werden, dann kann es während der Geltungsdauer der Verhaltensvorschrift zu Ineffizienzen bei der Koordination kommen. Bei einer Koordination durch persönliche Weisungen kann hingegen flexibel auf die jeweilige Situation reagiert werden. Dies setzt allerdings eine entsprechende Qualifikation der koordinierenden Instanz voraus.
- Hohe Kosten der Standardisierung: Je detaillierter in einer Vorschrift explizit oder implizit mögliche künftige Umweltsituationen berücksichtigt werden, desto

höher sind die mit der Standardisierung verbundenen Kosten. Diese Investitionen stellen fixe Kosten dar. Je häufiger hier die Verhaltensvorschrift in mehr oder weniger derselben Form zur Anwendung kommt, desto geringer sind die durchschnittlichen Standardisierungskosten pro Ausführung. Hier lassen sich also bei der häufigen Abwicklung identischer oder ähnlicher Aufgabenerfüllungen Skalen- und Synergieeffekte realisieren.

5.2.2 Instrumente der lateralen Koordination

In den bisherigen Ausführungen sind wir stets von Situationen ausgegangen, in denen eine übergeordnete Partei im Rahmen der hierarchischen Koordination die Arbeitsaufgaben der ihr nachgeordneten Mitarbeiter vollständig konkretisiert. Insbesondere haben wir unterstellt, dass sie die Entscheidungs- und Tätigkeitsspielräume jedes einzelnen Mitarbeiters selbst festlegt. Die Koordination der Mitarbeiter erfolgt vertikal alleine durch die Instanz.

Neben dieser ausschließlich vertikalen Koordination hat die Instanz aber auch die Möglichkeit, einen größeren interdependenten Aufgabenkomplex an mehrere nachgeordnete Mitarbeiter zu delegieren und ihnen die Koordination der Aufgabendurchführung selbst zu überlassen. In diesem Fall wird die vertikale Koordination der Instanz durch eine laterale Koordination ergänzt: Die Abstimmung der Mitarbeiter im Hinblick auf die Aufgabendurchführung erfolgt dann innerhalb der Gruppe ohne weitere Steuerung des Vorgesetzten. Laterale Kooperation setzt somit immer die Delegation von Entscheidungen an eine Gruppe von Mitarbeitern voraus.

Für die laterale Koordination innerhalb einer Organisation stehen grundsätzlich drei verschiedene nicht-hierarchische Koordinationsinstrumente zur Verfügung:

- Verhandlungen
- Demokratische Entscheidungsverfahren
- Transferpreise

Alle drei Koordinationsinstrumente haben wir in diesem Buch bereits kennengelernt. Die Verhandlung als Koordinationsinstrument wurde intensiv in Kapitel 4 bei der Koordination interorganisatorischer Beziehungen diskutiert. Demokratische Entscheidungsverfahren haben wir in Kapitel 3 im Zusammenhang mit der Koordination des Bürgerwillens in modernen Gesellschaften angesprochen. Der Preismechanismus wurde ebenfalls detailliert in Kapitel 3 zur Koordination von Angebot und Nachfrage untersucht. Alle drei Koordinationsinstrumente waren so an spezifische Koordinationsmechanismen gekoppelt. Für die jeweils zugrundeliegende Organisationsform, nämlich die zwischenbetriebliche Kooperation, die demokratische Gesellschaft und den Markt, war das entsprechende Koordinationsinstrument vorteilhaft. Inwieweit dies auch bei einer Übertragung auf den innerbetrieblichen Kontext gilt, wird im Folgenden diskutiert:

Laterale Koordination durch Verhandlungen

Das von der Instanz an eine Gruppe von Mitarbeitern delegierte, interdependente Entscheidungsproblem wird in diesem Fall von den Betroffenen selbst durch Verhandlungen koordiniert: Die Mitarbeiter treffen die notwendigen organisatorischen Entscheidungen gemeinsam und führen – zumindest in einer einstufigen Hierarchie – auch die entsprechenden operativen Tätigkeiten durch. In der Literatur wird diese Abstimmung auch als **Selbstkoordination** bezeichnet.

In Unternehmungen werden solche Gruppen in unterschiedlichen Bereichen gebildet. Zumindest drei Gruppentypen können hier unterschieden werden: Erstens können Gruppen eingesetzt werden, um bestimmte Organisationsaufgaben zu koordinieren. Solche Gruppen bestehen im Allgemeinen aus Mitarbeitern mit einer unterschiedlichen funktionalen Spezialisierung. Sie sollen Abstimmungsprobleme zwischen den funktionalen Teilbereichen in einer Unternehmung klären, beispielsweise in Form von Abteilungsleiterkonferenzen oder Meisterbesprechungen. Zweitens können Gruppen auch mit der Durchführung von operativen Tätigkeiten beauftragt sein. Sie sind dann meistens im produktiven Bereich als sogenannte teilautonome Arbeitsgruppen angesiedelt. Organisatorische Entscheidungen, wie beispielsweise Fragen der Arbeitszeitregelungen oder die Einstellung neuer Mitarbeiter werden von diesen Arbeitsgruppen eigenständig durchgeführt. Drittens können Gruppen eingesetzt werden, um bestimmte Projekte innerhalb der Organisation durchzuführen. Im Unterschied zu den ersten beiden Gruppentypen, die langfristig im Hinblick auf die Abwicklung bestimmter Geschäfts- oder Elementarprozesse gebildet werden, werden Projektgruppen für kurzfristige Unternehmensaufgaben eingesetzt. Nach Abschluss des Projekts werden diese Gruppen wieder aufgelöst.

Beispiele hierfür sind Ausschüsse, die mit der Neuentwicklung von Produkten oder der Erstellung eines Marketingkonzepts beauftragt sind.

Aus ökonomischer Sicht wird die Bedeutung der Selbstkoordination durch das Coase-Theorem begründet. In Kapitel 3 hatten wir diskutiert, dass private Verhandlungen zwischen Parteien immer dann zu einer effizienten Allokation von Ressourcen führen, wenn die Verfügungsrechte an den Ressourcen eindeutig zugewiesen und handelbar sind und die mit den Verhandlungen verbundenen Transaktionskosten hinreichend klein sind. Die erste Bedingung impliziert, dass jede Partei einen Anreiz hat, den Wert ihrer Ressource zu maximieren. Die zweite Bedingung garantiert, dass die Ressourcen von denjenigen Parteien erworben werden, die den größten Nutzen daraus erwirtschaften können. Auf den innerbetrieblichen Kontext übertragen kann also die Selbstkoordination zu einer effizienten Lösung des Entscheidungsproblems führen, wenn die Gruppenmitglieder durch die Kopplung des Verhandlungsergebnisses an die Entlohnung entsprechende Anreize für effizientes Verhandeln haben und die Verhandlungskosten und Kosten der Implementation der Verhandlungslösung nicht zu groß sind.

Um die Vor- und Nachteile der Selbstkoordination gegenüber der reinen vertikalen Koordination zu diskutieren, betrachten wir noch einmal das Beispiel des Versicherungsunternehmens: Bisher hatten wir den Fall der reinen vertikalen Koordination diskutiert, in dem Frau Schmidt jedem ihrer beiden Mitarbeiter in den Zweigstellen eine gewisse Entscheidungsautonomie bei der Prämiengestaltung einräumt. Alternativ dazu könnte der Vorgesetzte aber auch die Entscheidung über die Prämiensetzung in den beiden Zweigstellen an beide Mitarbeiter gemeinsam delegieren. Diese würden dann in Selbstabstimmung die Prämien für die Kunden in ihren jeweiligen Versicherungsbezirken festlegen.

Die relativen Vorteile der Delegation einer Entscheidung an eine Gruppe gegenüber der an nur einen Mitarbeiter können im Wesentlichen in den folgenden drei Punkten zusammengefasst werden:

- Bessere Nutzung des verteilten lokalen spezifischen Wissens: Bei der Diskussion der Vorteile einer Entscheidungsdelegation haben wir argumentiert, dass bei einer dezentralen Festlegung der Versicherungsprämie durch die jeweiligen Zweigstellenmitarbeiter deren lokales spezifisches Wissen unmittelbar in die Entscheidungsfindung einfließen kann.

Bei dieser individuellen Zuweisung von Entscheidungsrechten oblag dem Vorgesetzten die Abstimmung der jeweiligen Prämienfestsetzung der beiden Mitarbeiter. Dies ist insbesondere dann von Bedeutung, wenn die beiden lokalen Versicherungsmärkte interdependent sind, die Festsetzung der Prämien in einem Versicherungsbezirk also z.B. die Nachfrage nach Versicherungspolicen in dem anderen Versicherungsbezirk beeinflusst. Ist dies der Fall, dann müssen für die Koordinationsentscheidungen des Vorgesetzten aber immer noch gewisse spezifische Informationen über die Kunden in den lokalen Versicherungsmärkten übermittelt werden.

Hier kann es vorteilhaft sein, die Entscheidung über die jeweilige Prämienfestsetzung an beide Mitarbeiter in den Zweigstellen gemeinsam zu übertragen, so dass eine gegenseitige Abstimmung unmittelbar erfolgen kann. Das verteilte spezifische Wissen, das für diese Abstimmung notwendig ist, kann auf diese Weise umfassend und kostengünstiger genutzt werden.

Neben den reduzierten Kosten der Informationsübermittlung kann die Delegation eines interdependenten Entscheidungsproblems an mehrere Mitarbeiter noch andere Vorteile hinsichtlich der Nutzung des spezifischen lokalen Wissens bringen. So können durch den direkten Informationsaustausch in einer Gruppe neue Ideen und Lösungen für das Entscheidungsproblem generiert werden, die bei einer bilateralen Kommunikation zwischen dem einzelnen Mitarbeiter und der Instanz nicht entstehen würden. Dies kann beispielsweise bei der Entwicklung neuer Produkte genutzt werden, wenn hierzu die spezifischen Informationen von Mitarbeitern aus unterschiedlichen Abteilungen notwendig sind. Das Problemlösungspotential ist somit bei einer gemeinsamen Entscheidungsfindung in einer Gruppe von Wissenschaftlern, Technikern, Produktionsmitarbeitern und Verkäufern höher als bei einer zentralen Problemlösung durch eine Instanz.

- Freisetzung von Managementkapazitäten: Die Delegation eines interdependenten Entscheidungskomplexes an die nachgeordneten Mitarbeiter entlastet den Vorgesetzten von seinen Koordinationsaufgaben, da nun die Mitarbeiter selbst für die Abstimmung ihrer Entscheidungen zuständig sind. Dadurch kann sich der Vorgesetzte intensiver mit anderen Aufgaben beschäftigen.

  Zudem können die Opportunitätskosten aufgrund der begrenzten Rationalität von Entscheidungsträgern reduziert werden. So können die Kapazitäten eines einzelnen Vorgesetzten unter Umständen für die Lösung komplexer Entscheidungsprobleme nicht ausreichen, wenn die Aufnahme und Verarbeitung der ihm zur Verfügung gestellten Informationen zu große Anforderungen stellt. Auch hier trägt eine Entscheidungsdelegation an eine Gruppe zur Entlastung des Vorgesetzten bei.

- Erhöhte Motivation der Mitarbeiter: Mit der zusätzlichen Entscheidungsautonomie können positive Motivationswirkungen verbunden sein, beispielsweise wenn die Mitarbeiter den Wunsch nach einer anspruchsvollen Arbeit haben und die damit gekoppelte Verantwortung nicht scheuen. Weiterhin kann durch die Einbindung der Mitarbeiter in den Entscheidungsprozess ihre Akzeptanz für die getroffenen Entscheidungen erhöht werden. Sie sind dann auch eher bereit, die gemeinsamen Entscheidungen umzusetzen und zu implementieren.

Durch die gemeinsame Entscheidungsfindung werden die einzelnen Mitarbeiter zudem über den Gesamtzusammenhang des Entscheidungsproblems besser informiert. Private Informationen, die jeder einzelne für die Lösung des Problems besitzt, können so besser verteilt werden. Die Reduzierung der asymmetrischen Informationsverteilung senkt auch die Unsicherheit der Mitarbeiter im Hinblick auf die Konsequenzen der Entscheidung.

Aufgrund der verbesserten Qualifikation der Mitarbeiter ergeben sich weitere Motivationswirkungen: Durch das zusätzlich erworbene Wissen können sich hier die Entwicklungsmöglichkeiten eines Mitarbeiters verbessern und ihn für einen späteren Aufstieg in der Organisation qualifizieren.

Den Vorteilen der Selbstkoordination von Mitarbeitern im Vergleich zur ausschließlichen vertikalen Koordination durch die vorgesetzte Instanz stehen auch Nachteile gegenüber. Folgende Punkte sind hier zu nennen:

- Erhöhter Zeitaufwand bei kollektiven Entscheidungsprozessen: Bei einer Selbstkoordination der Mitarbeiter kann es zu Verzögerungen bei der kollektiven Entscheidungsfindung kommen. Diese können auf verschiedene Gründe zurückgeführt werden: Erstens setzt die abgestimmte Zusammenarbeit zwischen den Gruppenmitgliedern eine gewisse Form der Arbeitsteilung und somit eine Segmentierung des vorgegebenen Entscheidungsproblems voraus. Diese Arbeitsteilung muss sich erst herausbilden und zudem den Fähigkeiten der beteiligten Mitarbeiter entsprechen. Zweitens muss innerhalb der Gruppe unter Umständen eine große Menge von Informationen verarbeitet werden. Gründen sich diese Informationen auf das spezifische Wissen der Beteiligten, dann kann aufgrund der Spezialisierung der Mitarbeiter der Informationsaustausch mit erheblichen Kommunikationskosten verbunden sein. Drittens ist nicht davon auszugehen, dass alle Mitglieder der Gruppe dieselben Zielvorstellungen besitzen. Meinungsverschiedenheiten und das Austragen von Konflikten können hier die gemeinsame Entscheidungsfindung hinauszögern.

- Schlechtere Nutzung zentraler Informationen: Die Delegation eines interdependenten Entscheidungskomplexes an eine Gruppe von Mitarbeitern kann zu einer schlechteren Ausnutzung des spezifischen Wissens der vorgesetzten Instanzen führen. Dies gilt insbesondere dann, wenn die einzelnen Mitarbeiter jeweils in ihrem Aufgabengebiet besonders qualifiziert sind, ihnen jedoch das spezifische Wissen über die Auswirkungen ihrer Entscheidung auf andere Bereiche der Organisation fehlt. In diesem Fall wird die Gesamtkoordination der Gruppenentscheidung mit anderen Entscheidungen in der Organisation vernachlässigt.

- Mögliche gegenseitige Verhaltensbeeinflussung: Aufgrund möglicher Interessengegensätze zwischen den Gruppenmitgliedern bei der Lösung des Entscheidungsproblems besteht die Gefahr, dass einzelne Mitarbeiter den Entscheidungsprozess manipulieren oder politisch zu ihren Gunsten beeinflussen. So kann eine Partei beispielsweise versuchen, ihre eigenen Interessen gegenüber den Interessen der anderen Gruppenmitglieder durch Drohungen, Versprechen, Provokationen oder sonstige strategische Züge durchzusetzen. Dies ist insbesondere dann möglich, wenn eine Partei spezifisches Wissen besitzt. Durch falsche oder selektive Informationen kann sie hier versuchen, ihren Informationsvorsprung gegenüber den anderen Gruppenmitgliedern strategisch bei der Lösung des Entscheidungsproblems zu nutzen.

- Erhöhtes individuelles moralisches Risiko: Jedes Gruppenmitglied muss die Anstrengungen, die mit seinem Einsatz für die Gruppe verbunden sind, selbst tragen. Die Vorteile, die aus der gemeinsamen Lösung des Entscheidungsproblems resultieren, teilt es hingegen mit allen anderen Gruppenmitgliedern gleichermaßen. Dies erhöht den Anreiz, seinen eigenen Einsatz zu Lasten des Gesamtergebnisses zu reduzieren. Inwieweit für den Einzelnen ein solches Trittbrettfahrerverhalten möglich ist, hängt insbesondere von der gegenseitigen Kontrolle der

Gruppenmitglieder untereinander ab.

In diesem Rahmen ist auch das Problem zu nennen, dass sich ein Gruppenmitglied bei einer kollektiven Entscheidungsfindung nur noch unzureichend einsetzt, wenn es sich gegenüber einer alleinigen Entscheidung nicht mehr persönlich für das Ergebnis der Gruppenentscheidung verantwortlich fühlt. Wenn hier der Einfluss des einzelnen Mitglieds auf das Gesamtergebnis der Gruppe zu gering ist, wird es weder sein spezifisches Wissen noch seine Kenntnisse und Fähigkeiten für die Erarbeitung der Gruppenlösung einbringen.

- Erhöhtes kollektives moralisches Risiko: Der Vorgesetzte ist darüber hinaus darauf angewiesen, dass sich die Gruppe an dem von ihm vorgegebenen Ziel orientiert und ihren Entscheidungsspielraum tatsächlich zur Erreichung des Organisationsziels einsetzt. Hier besteht die Gefahr, dass sich aus der sozialen Interaktion der Gruppenmitglieder Gruppenziele ergeben, die von den Zielen der Organisation abweichen. Aus klassischen Untersuchungen der Organisationspsychologie ist hier beispielsweise das Phänomen bekannt, dass eine Arbeitsgruppe ihr Leistungsniveau bewusst unterhalb des von der Organisation festgelegten Standards ansiedelt. Die Befürchtung, dass bei einer Erfüllung des gesetzten Standards sukzessive höhere Standards eingeführt werden oder dass es zu organisatorischen Änderungen im Arbeitsablauf kommen könnte, führt hier zur kollektiven Leistungszurückhaltung. In der ökonomischen Literatur ist dieses Phänomen auch als **Ratchet-Effekt** bekannt.[5]

Aufgrund der diskutierten Vor- und Nachteile bei der Delegation einer Entscheidung an eine Gruppe bzw. an einzelne Mitarbeiter ist nicht davon auszugehen, dass eine laterale Koordination gegenüber einer vertikalen Koordination grundsätzlich immer vorteilhaft ist. So ist z.B. die Gruppenzusammensetzung neben dem Entscheidungsproblem selbst und der damit verbundenen Segmentierung von entscheidender Bedeutung: Die Vorteile einer kollektiven Entscheidungsfindung werden um so größer sein, je mehr das spezifische Wissen für eine Entscheidung zwischen den einzelnen Mitarbeitern verstreut ist und je besser die Mitarbeiter für eine gemeinsame Problemlösung qualifiziert sind und sich ihre Informationen und Fähigkeiten ergänzen. Die angesprochenen möglichen Nachteile einer Selbstkoordination wie beispielsweise das Trittbrettfahrerverhalten oder das kollektive moralische Risiko können zudem durch den Einsatz spezifischer Anreizsysteme und entsprechender Leistungsbeurteilungen zumindest teilweise reduziert werden.

Insbesondere beeinflusst aber auch die Gruppengröße, inwieweit die angeführten Nachteile einer Selbstkoordination für den Gruppenentscheidungsprozess relevant sind: Die Kosten, die mit einer kollektiven Entscheidungsfindung verbunden sind, sind tendenziell um so geringer, je weniger Mitarbeiter an der Gruppenentscheidung beteiligt sind. Dem steht allerdings die geringere Nutzung des spezifischen Wissens verschiedener Gruppenmitglieder gegenüber.[6]

Laterale Koordination durch demokratische Entscheidungsverfahren

In der bisherigen Diskussion sind wir davon ausgegangen, dass die Gruppenmitglieder ihre Zusammenarbeit im Rahmen eines Verhandlungsprozesses abstimmen. Im Unterschied dazu erfolgt bei demokratischen Entscheidungsverfahren die Abstimmung der Mitglieder nach vorgegebenen Entscheidungsmechanismen. Diese betreffen im Allgemeinen die Regeln, nach denen sich die Gruppenmitglieder auf eine Lösung des Entscheidungsproblems einigen, sie können aber auch Vorgaben über den Verlauf des Entscheidungsprozesses beinhalten, z.B. über die Verteilung der Aufgaben innerhalb der Gruppe, die Festlegung der Gruppensitzungen oder die zeitliche Terminierung der Gruppenentscheidung.

Gegenüber einer Selbstkoordination hat die Koordination durch demokratische Entscheidungsverfahren den Vorteil, dass der Abstimmungsprozess zwischen den Gruppenmitgliedern geregelt erfolgt. Zwei Punkte können hier genannt werden:

- Erleichterter Informationsaustausch: Der Informationsaustausch zwischen den Mitgliedern kann erleichtert werden. Während nämlich grundsätzlich bei einer Koordination durch Verhandlungen eine Gesamtkoordination auch durch eine Vielzahl bilateraler Verhandlungen möglich ist, können Gruppensitzungen diesen Kommunikationsprozess erleichtern. Ist dies der Fall, dann vereinfacht sich auch die Gesamtkoordination bei der Lösung des gemeinsamen Entscheidungsproblems.
- Institutionalisiertes Management von Interessengegensätzen: Durch den vorgegebenen Entscheidungsmechanismus wird ein Konsens zwischen den Gruppenmitgliedern herbeigeführt, auch wenn die einzelnen Gruppenmitglieder divergierende Interessen über die Lösung des Entscheidungsproblems haben. Im Ver-

gleich zur Selbstkoordination, bei der eine solche formale Abstimmung nicht vorgegeben ist, wird der Zeitaufwand für eine gemeinsame Entscheidungsfindung so im Allgemeinen reduziert.

In der Unternehmenspraxis z.B. werden die Vorteile eines demokratischen Entscheidungsverfahrens dadurch genutzt, dass die reine Selbstkoordination um entsprechende Kommunikations- und Entscheidungsregeln ergänzt wird. Solche Regeln können dabei entweder von der vorgesetzten Instanz vorgegeben werden oder sie sind Ergebnis einer Einigung zwischen den Gruppenmitgliedern gleich zu Anfang ihrer Zusammenarbeit. Grundsätzlich ist die Einführung solcher Verfahrensregeln für alle oben angesprochen Typen von Gruppen möglich, die innerhalb einer Unternehmung gebildet werden können. Unter Umständen kann dabei die Abstimmung zwischen den Gruppenmitgliedern auch informell sein. In diesem Fall ist die Entscheidungsregel nicht explizit vorgegeben, sondern die Gruppenmitglieder, die eine Minderheitsmeinung vertreten, beugen sich nach einer Gruppendiskussion der Mehrheit, so dass eine tatsächliche Abstimmung unnötig wird.

Neben den Vorteilen, die die Koordination durch demokratischen Entscheidungsverfahren gegenüber der Koordination durch Verhandlungen hat, existieren aber auch Nachteile. Hier sind die folgenden zwei Punkte zu nennen:

- Strategisches Entscheidungsverhalten: Je nach dem Entscheidungsmechanismus, der der gemeinsamen Abstimmung zugrunde liegt, ist die Zustimmung des einzelnen Gruppenmitglieds für einen Gruppenbeschluss entscheidend. Ist sich hier jemand bewusst, dass seine Stimme für eine positive Entscheidung unbedingt notwendig ist, könnte er von denjenigen, die einen solchen Beschluss herbeiführen wollen, entsprechende Gegenleistungen einfordern. Solche Kompensationszahlungen können unter Umständen negative Auswirkungen auf die Gesamtwertschöpfung durch die Gruppe haben, z.B. wenn die Aushandlung solcher Zahlungen den Abstimmungsprozess verzögert.[7]

Darüber hinaus können die einzelnen Gruppenmitglieder aber auch einen Anreiz haben, ihre tatsächlichen Interessen zu verschweigen und eine davon abweichende Entscheidung zu treffen. Diese Gefahr des strategischen Wählens ist besonders in solchen Situation gegeben, in denen der Entscheidungsmechanismus mehrere Wahlgänge vorsieht: Durch paarweise Abstimmung zwischen den in Frage kommenden Entscheidungsalternativen scheidet sukzessive eine Alternative aus, bis eine endgültige Entscheidung getroffen ist. Indem sich hier ein Gruppenmitglied in den ersten Wahlgängen nicht für seine präferierten Lösung des Gesamtproblems ausspricht, sondern bei seiner Entscheidung das Wahlverhalten der anderen Gruppenmitglieder berücksichtigt, kann es seine Interessen möglicherweise am besten durchsetzen.

In diesem Zusammenhang kommt auch der Wahl der Reihenfolge, nach der abgestimmt werden soll, entscheidende Bedeutung für den Wahlausgang zu. Kann beispielsweise ein Mitglied der Gruppe den Entscheidungsmechanismus bestimmen – etwa der Vorsitzende eines demokratischen Gremiums – dann kann es unter Umständen das Abstimmungsergebnis dadurch beeinflussen, dass es die Reihenfolge der Vorlagen geschickt festlegt. Die Wahl der Entscheidungsregel hat dann bereits einen erheblichen Einfluss auf das Ergebnis des Entscheidungsprozesses.

Mehrabstimmungen und die Reihenfolge der Abstimmungsvorlagen

Die Probleme, die bei einer kollektiven Entscheidungsfindung auftreten können, wurden eingehend von Kenneth Arrow untersucht. Das folgende Beispiel zeigt, welchen Einfluss die Reihenfolge, nach der abgestimmt werden soll, für den Wahlausgang hat:

Die Geschäftsleitung einer Unternehmung hat eine Projektgruppe mit der Konzeption eines neuen Produkts beauftragt. Die Projektgruppe besteht aus drei Mitarbeitern verschiedener Abteilungen: einem Vertriebsmitarbeiter, einem Produktionsmitarbeiter und einem Mitarbeiter aus der F&E-Abteilung. Drei Konzeptionen A, B und C stehen als Produktalternativen zur Verfügung. Aufgrund ihrer Positionen in der Unternehmung präferieren die drei Mitarbeiter jeweils diejenige Produktalternative, die für ihre Abteilung die meisten Vorteile erwarten lässt. Im Einzelnen seien ihre Präferenzen wie folgt geordnet:

Die Gestaltung der vertikalen und lateralen Koordination 359

	Vertriebs- mitarbeiter	Produktions- mitarbeiter	F&E- Mitarbeiter
1. Präferenz	A	B	C
2. Präferenz	C	A	B
3. Präferenz	B	C	A

Abbildung 5.21: Präferenzen der Projektmitarbeiter

Für die Auswahl eines neuen Produkts hat sich die Projektgruppe zunächst auf eine Mehrheitsabstimmung geeinigt. Da jedoch bei der gleichzeitigen Abstimmung über alle drei Alternativen jede Konzeption eine Stimme erhält und damit keine Alternative ausgewählt wird, entschließen sie sich für eine paarweise Abstimmung: Dabei wird in einer ersten Abstimmungsrunde zunächst zwischen zwei Alternativen ausgewählt. Die Alternative mit den meisten Stimmen konkurriert dann in der zweiten Runde mit der noch unberücksichtigten, dritten Alternative. Dasjenige Produkt wird endgültig ausgewählt, das in der zweiten Runde die meisten Stimmen erhält.

Reihenfolge der Vorlagen	Ausgang 1. Runde	Ausgang 2. Runde
A vs B, dann C	B	C
A vs C, dann B	A	B
B vs C, dann A	C	A

Abbildung 5.22: Ergebnisse verschiedener Abstimmungsverfahren

Die obige Tabelle zeigt, dass je nach Reihenfolge der Abstimmungsvorlagen eine andere Alternative ausgewählt wird.

Quelle: Arrow (1963)

- Möglichkeit logisch inkonsistenter Entscheidungen: Durch den Entscheidungsmechanismus sollen die Präferenzen der Gruppenmitglieder zu einer 'konsistenten' Entscheidung aggregiert werden. Das obige Beispiel über die Reihenfolge der Abstimmungsvorlagen zeigt aber, dass dies nicht immer möglich ist: Bei einer Mehrheitsabstimmung zwischen den Alternativen A und B gewinnt B, bei einer Abstimmung zwischen B und C gewinnt die Alternative C. Setzt man für eine konsistente Entscheidungsfindung die Transitivitätsannahme voraus, dann müsste eigentlich C der Alternative A vorgezogen werden. Dies ist aber offensichtlich nicht der Fall.

  Dieses Paradox kann auch für andere Entscheidungsmechanismen verallgemeinert werden, bei denen kein Vergleich aller Entscheidungsalternativen gesamthaft durchgeführt wird. Dies hat Arrow (1951) in seinem Unmöglichkeitstheorem gezeigt. Demnach lässt sich im Allgemeinen kein Gruppenziel aus individuellen Bedürfnissen ableiten, wenn man an den Zielbildungsprozess einfache Plausibilitätsaxiome stellt, wie beispielsweise die Transitivitätsannahme.[8]

- Erhöhtes moralisches Risiko bei der Durchsetzung der Entscheidung: Wird die Entscheidung über die gemeinsame Koordination durch einen Abstimmungsmechanismus festgelegt, müssen sich bei abweichenden Interessen einige Mitglieder der Mehrheit der Gruppenmitglieder beugen. Daher kann das gewählte Verfahren nicht immer gewährleisten, dass sich jedes einzelne Gruppenmitglied in seinen Interessen repräsentiert fühlt. Durch diese erzwungene Einigung auf eine gemeinsame Entscheidung kann sich das mit dem moralischen Risiko verbundene Trittbrettfahrerverhalten verschärfen, indem sich nicht alle Mitglieder an den getroffenen Gruppenbeschluss halten sondern diesen missachten. Inwieweit ein solches Verhalten einzelner Gruppenmitglieder möglich ist, hängt wesentlich davon ab, welche Maßnahmen die Gruppe gegen ein einseitig abweichendes Verhalten vorsieht. Eine solche Maßnahme ist die Bestrafung abweichenden Verhaltens z.B. durch soziale Isolation oder Gruppenausschluss. Ein entscheidender Faktor für die Durchsetzbarkeit des Beschlusses ist dabei die Gruppengröße: Je größer die Gruppe ist, desto schwieriger wird tendenziell die vollständige Durchsetzung der Entscheidung sein.

Für eine Koordination durch Abstimmung stehen eine Reihe von demokratischen Entscheidungsmechanismen zur Verfügung. Neben neueren Verfahren wie dem Punktwahlverfahren, der Abstimmung mittels Veto oder der Abstimmung mittels Zufallsauswahl ist die Mehrheitsabstimmung am weitesten verbreitet.[9] Je nach Anzahl der zur Wahl stehenden Alternativen können dabei unterschiedliche Zustimmungserfordernisse gegeben sein:

- Einfache Mehrheitsregel: Bei zwei Entscheidungsalternativen gilt diejenige als gewählt, die mehr als die Hälfte der Stimmen auf sich vereinen kann.
- Qualifizierte Mehrheitsregel: In diesem Fall muss ein vorher festgelegter Zustimmungsanteil von mehr als 50% für eine der beiden Alternativen in der Abstimmung erzielt werden. Im Allgemeinen wird eine Zwei-Drittel oder Drei-Viertel Mehrheit festgelegt.
- Einstimmigkeitsregel: Eine Entscheidung gilt hier als angenommen, wenn alle Gruppenmitglieder derselben Alternative ihre Stimme geben.
- Absolute Mehrheitsregel: Bei mehr als zwei Entscheidungsalternativen gilt hier diejenige Alternative als gewählt, die mehr Stimmen bekommen hat als alle anderen Alternativen zusammen.
- Relative Mehrheitsregel: In diesem Fall hat bei mehr als zwei Entscheidungsalternativen diejenige Alternative die Wahl gewonnen, die mehr Stimmen auf sich vereinigt als jede der anderen Alternativen.

Welche Mehrheitsregel als Entscheidungsmechanismus für die Koordination der Gruppe eingesetzt wird, bestimmt entscheidend das Gewicht der oben genannten Vor- und Nachteile. Betrachtet man die Koordinations- und Motivationskosten, die auf der Ebene des Grundkonsenses mit der jeweiligen Regel verbunden sind, dann stellen sich diese wie folgt dar:

Motivationskosten entstehen der Gruppe aufgrund des Widerstands einzelner Gruppenmitglieder, gegen deren Willen entschieden wird. Je größer hier das Erfordernis der Zustimmung ist, desto geringer ist die Gefahr, durch den Gruppenbeschluss nicht berücksichtigt zu werden. Bei einer einfachen Mehrheit sind die Kosten beispielsweise höher als bei einer Drei-Viertel Mehrheit, da der Einzelne mit seiner Stimme die Gruppenentscheidung stärker beeinflussen kann. Im Extremfall, bei der Einstimmigkeitsregel, sind die Motivationskosten minimal, da jedes Gruppenmitglied mit seiner Stimme seine nicht präferierte Alternative ablehnen kann. Ein Beschluss kommt nur dann zustande, wenn sich dadurch niemand schlechter stellt.

Den Motivationskosten stehen die Koordinationskosten gegenüber, die der Gruppe entstehen, damit sie zu einer Einigung gelangt. Je niedriger hier der Zustimmungsgrad für eine Entscheidung ist, desto geringer sind diese Kosten. So ist es bei einer einfachen Mehrheitsentscheidung weniger schwierig, die für eine Entscheidung notwendige 50%-ige Mehrheit zu erzielen, als bei einer Drei-Viertel Mehrheit. Die Koordinationskosten sind bei der Einstimmigkeitsregel am höchsten, da hier der einzelnen Stimme die größte Bedeutung zukommt.

Der optimale Zustimmungsgrad bei Mehrheitsentscheidungen minimiert die Gesamtkosten. Er wird wie folgt bestimmt:[10]

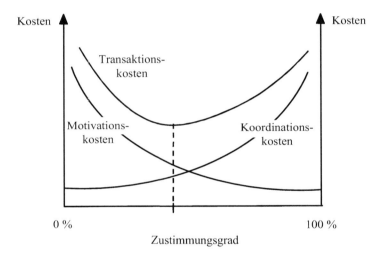

Abbildung 5.23: Der optimale Zustimmungsgrad bei Mehrheitsentscheidungen

Laterale Koordination durch Transferpreise

Eine weitere Möglichkeit der nicht-hierarchischen Koordination innerhalb einer Organisation ist die Nutzung des marktlichen Koordinationsmechanismus. So wie Preise Angebot und Nachfrage auf Märkten aufeinander abstimmen, sollen hier Transferpreise den Güter- und Leistungsaustausch auf organisationsinternen Märkten steuern: Die Einheit, die ein Zwischenprodukt liefert oder eine Dienstleistung bereitstellt, repräsentiert die Angebotsseite des internen Marktes. Die Einheit, die das Zwischenprodukt empfängt oder die Dienstleistung in Anspruch nimmt, repräsentiert die Nachfrageseite. Jede Einheit kann autonom entscheiden, in welchem Umfang sie das Zwischenprodukt bzw. die Dienstleistung anbietet bzw. nachfragt. Gegebenenfalls kann sie auch entscheiden, ob sie organisationsintern oder extern am Markt agiert.

Die Einheiten werden ihre Entscheidungen über Angebot oder Nachfrage nur dann an den vorgegebenen Transferpreisen orientieren, wenn sie eine Gewinnverantwortung tragen. In diesem Fall geht der Preis, den die beziehende Einheit für den Austausch der Leistung bezahlt hat, bei ihr als Kostengröße ein, während bei der liefernden Einheit der Preis als Erlösgröße in die Leistungsbewertung eingeht. Analog zum Preismechanismus kann die Einführung von Transferpreisen damit nicht nur zur lateralen Koordination der Einheiten beitragen, sondern auch eine Motivationsfunktion erfüllen: Um den Beitrag einer Einheit an der organisatorischen Wertschöpfung zu messen, müssen die transferierten Güter und Dienstleistungen für jede innerbetriebliche Transaktion bewertet werden. Transferpreise dienen der Leistungsbeurteilung von organisatorischen Einheiten. Voraussetzung für den Erfolg von Transferpreisen als Koordinations- und Motivationsinstrumente ist jedoch ihre Möglichkeit, auf Angebots- und Nachfrageänderungen flexibel und schnell zu reagieren.

Betrachten wir zur Illustration den Austausch von Kohle zwischen einer Zeche und einem Elektrizitätswerk, die beide zu einem Elektrizitätsunternehmen gehören. Die Zeche als organisatorische Einheit baut die Kohle ab und liefert sie an das Elektrizitätswerk, das in seinem Kohlekraftwerk Strom erzeugt. In dieser Situation wird die Kohle als Zwischenprodukt von der Zeche an das Elektrizitätswerk verkauft. Der Transferpreis für die Transaktionen geht in den Gewinn der Zeche ein, während er sich als Kostenelement in der finanziellen Bewertung des Elektrizitätswerks niederschlägt. Der Transferpreis ist somit ein wesentlicher Faktor für den Erfolg der beiden organisatorischen Einheiten.

Für eine vorgegebene Menge an Kohle, die von der Zeche an das Elektrizitätswerk geliefert wird, beeinflusst der Transferpreis nicht die Wertschöpfung des Elektrizitätsunternehmens: Durch den Transferpreis wird lediglich die gesamte Wertschöpfung der Organisation auf die beiden Einheiten verteilt.

Können allerdings die beiden Einheiten frei entscheiden, ob sie auch externe Transaktionen am Markt tätigen, dann kann die Gesamtwertschöpfung der Organisation vom Transferpreis abhängig sein: Wenn das Elektrizitätswerk der Zeche einen Transferpreis zahlen muss, der niedriger als der Marktpreis für Kohle ist, dann hat die Zeche einen Anreiz, ihre Kohle am Markt zu verkaufen. Wenn umgekehrt der Transferpreis, den das Elektrizitätswerk der Zeche für die Kohle zahlt, höher ist als der Marktpreis für Kohle, dann kann das Elektrizitätswerk seine Produktionskosten durch den Kauf von Kohle am Markt reduzieren. In beiden Fällen haben die externen Transaktionen am Markt einen negativen Einfluss auf die Gesamtwertschöpfung, wenn es für das Elektrizitätsunternehmens vorteilhaft ist, dass nur unternehmensinterne Transaktionen durchgeführt werden.

Darüber hinaus beeinflussen Transferpreise aber auch andere Entscheidungen innerhalb der organisatorischen Einheiten: Je nachdem wie der Transferpreis festgelegt ist, sind nämlich gewisse Entscheidungsalternativen entweder vorteilhafter als andere oder nicht. So können Investitions- und Produktionsentscheidungen aufgrund falsch spezifizierter Transferpreise getroffen werden, auch wenn sie für die Gesamtorganisation nachteilig sind. Ist beispielsweise der interne Preis für Kohle zu niedrig, hat das Elektrizitätswerk einen Anreiz, in zusätzliche Elektrizitätsanlagen zu investieren oder andere Inputfaktoren gegen Kohle zu substituieren, obwohl dies für das Elektrizitätsunternehmen tatsächlich höchst unprofitabel ist.

Für die Koordination der einzelnen Einheiten ist somit die Bestimmung des richtigen Transferpreises im Hinblick auf die Gesamtwertschöpfung der Organisation von entscheidender Bedeutung. Prinzipiell ist aus ökonomischer Sicht die Preissetzung nach der Diskussion in Kapitel 3 relativ einfach: Die Einheit, die Leistungen bereitstellt, wird bis zu dem Punkt produzieren, an dem die Grenzkosten für eine Erhöhung der Ausbringungsmenge dem Transferpreis entsprechen. Die Einheit, die Leistungen empfängt, wird solange ihre Nachfrage erhöhen, bis der Grenzerlös mit dem Transferpreis identisch ist. In beiden Fällen orientieren sich die Einheiten also an den Opportunitätskosten der Transaktion, also an dem Wert, den der Transfer der Leistungen in der nächstbesten Alternative besitzt.

Maximieren also beide Einheiten ihre Gewinne, dann wird auch der Gewinn der Organisation maximiert, wenn der Transferpreis für die Leistung mit den Opportunitätskosten der Transaktion identisch ist. Wäre der Transferpreis nämlich höher bzw. niedriger als die Opportunitätskosten, dann würden zu wenige bzw. zu viele Transaktionen getätigt und die Wertschöpfung der Organisation wäre nicht maximiert.

Der optimale Transferpreis ist also identisch mit den Opportunitätskosten der Transaktion. Dies klingt nach einer einfachen Regel, bedeutet aber, dass die Opportunitätskosten für eine Transaktion zu bestimmen sind. Je nach den Rahmenbedingungen, die dem Leistungsaustausch zweier Einheiten zugrunde liegen, können grundsätzlich vier Methoden zur Preisfestsetzung herangezogen werden:

- Marktbasierte Transferpreise: Der einfachste Fall zur Bestimmung der Opportunitätskosten für einen innerbetrieblichen Transfer ist dann gegeben, wenn ein Wettbewerbsmarkt für das transferierte Produkt bzw. die Dienstleistung existiert. Entstehen der Organisation in dieser Situation keine zusätzlichen Kosten oder Nutzen für die Nutzung des externen Marktes, dann sind die Opportunitätskosten der innerbetrieblichen Transaktion identisch mit dem Marktpreis. Die Leistung sollte also zum Marktpreis transferiert werden. Die folgende Abbildung illustriert die Logik dieser Aussage.

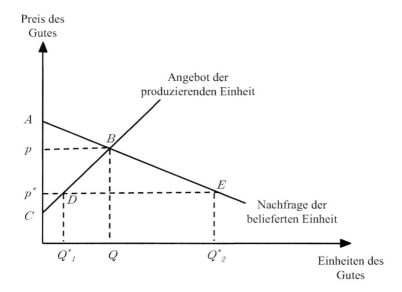

Abbildung 5.24: Die Festlegung des Transfer-Preises bei externem Wettbewerbsmarkt

Die ansteigende Kurve beschreibt die Grenzkosten der organisatorischen Einheit, die das betreffende Gut bereitstellt. Sie entspricht ihrer Angebotsfunktion. Die fallende Kurve stellt den Grenzerlös der organisatorischen Einheit dar, die das betreffende Gut erhält. Sie ist identisch mit ihrer Nachfragefunktion. Der Preis, bei dem Angebot und Nachfrage auf dem internen Markt ausgeglichen sind, ist mit p bezeichnet, p^* stellt den Marktpreis dar. Beide Preise werden im Allgemeinen voneinander abweichen. Angenommen, der Transferpreis würde gleich p gesetzt. Die Wertschöpfung der beiden Einheiten wäre dann analog der Argumentation in Kapitel 3 die Fläche ABC – in der Terminologie von Kapitel 3 entspricht dies der Konsumenten- und Produzentenrente. Wenn nun allerdings der Transferpreis identisch dem Marktpreis p^* gesetzt ist, kann die Organisation ihre Wertschöpfung erhöhen: Die produzierende Einheit stellte Q_1^* Einheiten des Gutes her, die abnehmende Einheit erwirbt diese und zusätzlich $Q_2^* - Q_1^*$ Einheiten vom externen Markt. Die Wertschöpfung der beiden Einheiten entspricht in diesem Fall der Fläche CDp^* für die produzierende Einheit und AEp^* für die abnehmende Einheit. Die gesamte Wertschöpfung ist also um die Fläche BDE gestiegen.

Allerdings stellt sich in der dargestellten Situation die Frage, warum die Organisation überhaupt die betrachtete Leistung intern produziert. Da sie weder Vor- noch Nachteile aus einer innerbetrieblichen Produktion hat, gibt es aufgrund der Argumentation in Kapitel 4 keinen Grund, diese Transaktionen nicht vollständig über den externen Markt abzuwickeln.

Im Allgemeinen werden daher Transaktionen nur dann innerhalb der Organisation abgewickelt, wenn die Transaktions- und Produktionskosten der innerbetrieblichen Leistungserstellung geringer sind als eine externe Bereitstellung. Solche Differenzen können z.B. aufgrund von Synergien mit anderen Produkten der Organisation, aufgrund von Interdependenzen mit anderen organisationsinternen Transaktionen oder aufgrund von Kostenvorteilen bei wiederholter innerbetrieblicher Vertragsgestaltung entstehen.

Ist dies der Fall, dann misst der externe Marktpreis aber nicht mehr die Opportunitätskosten, die bei der Transaktion tatsächlich entstehen. So kann ein innerbetrieblicher Leistungsaustausch auch dann vorteilhaft sein, wenn die Produkte auf dem Markt zu günstigeren Preisen zu erwerben sind. Der tatsächliche

Transferpreis muss dann um die entsprechenden Vor- und Nachteile korrigiert werden.

- Grenzkostenbasierte Transferpreise:
Bestehen große Interdependenzen und Synergien mit anderen innerbetrieblichen Transaktionen und ist daher ein extern bezogenes Produkt kein vollständiges Substitut für das intern hergestellte oder existiert überhaupt kein externer Wettbewerbsmarkt, dann ist die Bestimmung der Opportunitätskosten auf marktlicher Basis problematisch. In diesem Fall können die Grenzkosten der Leistungserstellung eine alternative Bestimmung des Transferpreises ermöglichen. Betrachten wir hierzu ein einfaches Beispiel: Angenommen, eine Produktionseinheit hat bei der Produktion eines Zwischenprodukts keine Engpässe in der Produktion. Zudem kann die Vertriebseinheit das Zwischenprodukt für einen Marktpreis von p pro Stück absetzen. Entsprechend unseren Ausführungen in Kapitel 3 maximiert die Gesamtorganisation genau dann ihren Gewinn, wenn sie ihre Ausbringungsmenge bis zu dem Punkt Q^* ausdehnt, an dem die Grenzkosten der Produktion und des Vertriebs dem Marktpreis entsprechen:

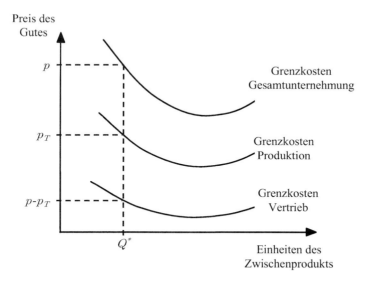

Abbildung 5.25: Die grenzkostenbasierte Bestimmung des Transferpreises

Genau dieselbe Menge an Zwischenprodukten wird nun von der Produktionseinheit an die Vertriebseinheit transferiert, wenn der Transferpreis p_T identisch den Grenzkosten der Produktion im Gewinnmaximum gesetzt ist: Die Produktionseinheit produziert in diesem Fall die für die Gesamtorganisation optimale Menge Q^* an Zwischenproduktion. Die Vertriebsabteilung, die einen Grenzerlös von $p - p_T$ pro Stück hat, setzt genau Q^* Einheiten des Zwischenprodukts ab. Der Transferpreis sollte also identisch den Grenzkosten der Produktion gesetzt werden.

Die Preissetzung anhand der Grenzkosten bringt aber mehrere Probleme mit sich: Zum einen haben wir angenommen, dass keine Produktionsengpässe bestehen. Ist dies nicht der Fall und kann daher die Ausbringungsmenge nicht beliebig ausgeweitet werden, dann muss der Transferpreis neben den Grenzkosten der Produktion auch die Opportunitätskosten des Engpasses einschließen: Angenommen, die Produktionseinheit stellt nicht nur das Zwischenprodukt sondern auch ein anderes Produkt her, das sie direkt am externen Markt absetzen kann. Aufgrund ihrer beschränkten Kapazitäten kann die Produktionseinheit entweder nur an den Vertrieb oder extern verkaufen. Dann müssen bei der Bestimmung des optimalen Transferpreis auch die entgangenen Gewinne der durch die Produktion des Zwischenprodukts verdrängten Menge des anderen Produkts berücksichtigt werden. In diesem Fall ist also der Transferpreis nicht identisch mit den Grenzkosten der Produktion.

Bisher haben wir implizit angenommen, dass die oberste Instanz für die Setzung des Transferpreises alle notwendigen Informationen besitzt, also z.B. über die Grenzkosten der Produktion, Produktionsengpässe, den Preis bei einem direkten Verkauf oder die Grenzerlöse des Vertriebs. Ist dies tatsächlich der Fall, dann kann die Instanz grundsätzlich das Koordinationsproblem zwischen den beiden organisatorischen Einheiten auch selbst lösen und den Einheiten die entsprechenden auszutauschenden Mengen vorgeben. Es besteht also kein Vorteil in der lateralen Koordination. Allerdings handelt es sich im Allgemeinen bei Informationen, die zur Bestimmung der Opportunitätskosten der Transaktion notwendig sind, um spezifisches lokales Wissen der Einheiten. Bei der Übermittlung der zur Preisfestsetzung notwendigen Informationen entstehen der Organisation also erhebliche Kosten. Indem die Zentrale das Entscheidungsproblem an die Einheiten delegiert, können diese ihr spezifisches Wissen daher unmittelbar für die gemeinsame Koordination nutzen. Allerdings muss die Instanz damit rechnen, dass die Einheiten ihre Grenzkosten und Kapazitäten verzerrt weiterleiten: Da der Erfolg der Einheit wesentlich von der Höhe des Transferpreises abhängt, kann eine Einheit z.B. durch Angabe höherer Grenzkosten eine Erhöhung des Transferpreises bewirken.

Ein weiteres Problem bei der Festlegung der Transferpreise aufgrund von Grenzkosten besteht darin, dass die Fixkosten der Produktionseinheit nicht notwendigerweise gedeckt sind: Werden alle Zwischenprodukte intern verkauft und sind die Grenzkosten der Produktion niedriger als die durchschnittlichen Gesamtkosten, dann macht die Produktionseinheit Verluste. Dieses Problem besteht insbesondere bei Erweiterungsinvestitionen: Langfristig sind diese Investitionskosten variable, kurzfristig stellen sie hingegen Fixkosten der Produktion dar. Im ersten Fall müssten sie bei der Bestimmung des Transferpreise berücksichtigt werden, im zweiten Fall nicht. Eine Möglichkeit, solche Fixkosten der Produktion zu decken, kann in der folgenden Modifikation der bisherigen Preissetzungsregel bestehen: Die Vertriebseinheit zahlt zusätzlich zu den Grenzkosten einen fixen Aufschlag für die Dienstleistung der Produktionseinheit. Dieser Aufschlag stellt eine Gebühr dar, durch die der Vertrieb das Recht erwirbt, zu Grenzkosten von der Produktionseinheit zu kaufen. Je nach der Höhe des Aufschlags kann die Produktionseinheit so ihre Fixkosten decken.[11]

Die Preisfestsetzung auf Grenzkostenbasis kann zudem problematisch sein, wenn die Grenzkosten der Produktion nicht konstant sind, sondern mit der Ausbringungsmenge variieren, und wenn mehrere Einheiten die unternehmensinterne Leistung nachfragen. Bezahlen nämlich alle Käufer der Leistung denselben Transferpreis, dann ist unklar, welche Grenzkosten der Preisbestimmung zugrunde gelegt werden sollen. Hier kann es zu Meinungsunterschieden zwischen den nachfragenden Einheiten kommen. Insbesondere würden z.B. bei steigenden Grenzkosten alle Einheiten einen höheren Preis zahlen, obwohl nur eine Einheit ihre nachgefragte Menge erhöht hat.

- Vollkostenbasierte Transferpreise:
Die angesprochenen Probleme der grenzkostenbasierten Preisfestsetzung können teilweise überwunden werden, wenn der Transferpreis auf Vollkostenbasis

bestimmt wird. Als Summe der variablen und fixen Kosten der Produktion können so z.B. die oben angesprochenen Konflikte über die Klassifikation von Kosten vermieden werden. Je besser dabei die tatsächlichen Vollkosten in der Produktion ermittelt werden können, desto mehr reduzieren sich die Manipulationsmöglichkeiten, die die organisatorischen Einheiten bei der Preisfestsetzung haben. Neben der größeren Objektivität besteht zudem ein großer Vorteil in der Einfachheit der Kalkulation. Dadurch lassen sich auch Implementationskosten reduzieren.

Allerdings besteht bei dieser Methode das Problem, dass durch Vollkosten im Allgemeinen die tatsächlichen Opportunitätskosten einer Transaktion zu hoch eingeschätzt werden. Dadurch werden aber organisationsintern zu wenige Leistungen nachgefragt und somit die Wertschöpfung der Organisation nicht maximiert. Darüber hinaus besteht die Gefahr, dass die Produktionseinheit Ineffizienzen in der Produktion an die Vertriebseinheit weitergibt. Diese Möglichkeit besteht zwar auch bei einer grenzkostenbasierten Preisfestsetzung, allerdings ist dies bei vollkostenbasierten Transferpreisen problematischer, da die Produktionsabteilung in diesem Fall keinen Anreiz hat, effizient zu produzieren.

- Ausgehandelte Transferpreise:
Eine weitere Möglichkeit der Festlegung von Transferpreisen besteht in der Verhandlung zwischen den produzierenden und abnehmenden Einheiten. Geht man vom Ergebnis des Coase-Theorems aus, dann können solche Verhandlungen tatsächlich zu einer effizienten Koordination führen: Indem jede Einheit nach ihrem Erfolg beurteilt wird, hat sie ein starkes Interesse, ihre eigene Position in der Verhandlung zu vertreten. Die Produktionseinheit wird so im Allgemeinen keinem Preis zustimmen, der nicht ihre Opportunitätskosten deckt, und die Vertriebseinheit wird nicht bereit sein, einen Preis zu zahlen, zu dem sie die Leistungen auch extern am Markt kaufen kann. In diesem Fall können die Verhandlungspartner ihre Aktivitäten so aufeinander abstimmen, dass die Wertschöpfung für die Gesamtorganisation maximiert wird.

Zumindest zwei Voraussetzungen müssen hierzu aber erfüllt sein: Zum einen dürfen die Transaktionskosten, die mit dem Transfer verbunden sind, nicht zu hoch sein. Hier ist insbesondere von Bedeutung, inwieweit die Vertriebseinheit die nachgefragten Produkte auch extern am Markt beschaffen kann. Ist dies nur in einem eingeschränkten Rahmen möglich, dann kann die Produktionseinheit ihre Monopolstellung für sich ausnutzen.

Zum andern ist wesentlich, dass die beiden Verhandlungspartner nicht nur über den Transferpreis verhandeln, sondern auch gleichzeitig über die transferierte Menge. Wird nur der Preis festgelegt, nicht aber die Quantität, die zu diesem Preis transferiert werden soll, dann kann eine Einheit ihre Nachfrage- bzw. Angebotsentscheidung an dem festgelegten Transferpreis orientieren. Damit ist aber nicht mehr sichergestellt, dass auch die Menge ausgetauscht wird, die die gesamte Wertschöpfung der Transaktion maximiert.

5.2.3 Abteilungsbildung und organisatorische Differenzierung

In den bisherigen Betrachtungen sind wir vom Fall einer einfachen, einstufigen Hierarchie ausgegangen: Eine Instanz, die für die adäquate Durchführung der Organisationsaufgabe zuständig ist, verteilt die damit verbundenen Tätigkeiten auf die Organisationsmitglieder der nachgeordneten Stufe. Für die Verteilung der Kompetenzen zur Durchführung der zugehörigen operativen Entscheidungen stehen der Instanz zwei Alternativen zur Verfügung. Entweder entscheidet sie weitgehend alleine über die Durchführung der Einzeltätigkeiten und überlässt den nachgeordneten Mitarbeitern vor allem die jeweiligen operativen Verrichtungen. Oder sie delegiert weitreichende Entscheidungskompetenzen an die nachgeordneten Organisationsmitglieder, so dass diese die operativen Entscheidungen, die für die Durchführung ihrer Teilaktivitäten notwendig sind, eigenständig treffen.

Neben der Verteilung der Entscheidungskompetenzen für die operativen Tätigkeiten muss die Instanz auch die Kompetenzen für die durchzuführenden organisatorischen Entscheidungen verteilen. Je nach dem zugrunde liegenden Entscheidungssystem für die operativen Tätigkeiten kommen hier ebenfalls zwei Alternativen in Betracht:

(1) Die Instanz fällt alle organisatorischen Entscheidungen, die zur Lösung des Organisationsproblems zu treffen sind. Diese Alternative ist zwingend, wenn bereits die operativen Entscheidungen zentral von ihr getroffen werden. Sie kann aber auch dann gewählt werden, wenn die Mitarbeiter operative Entschei-

dungskompetenzen besitzen. In diesem Fall delegiert die Instanz nur voneinander unabhängige Entscheidungsprobleme an ihre nachgeordneten Mitarbeiter und trifft alle interdependenten Entscheidungen selbst.

(2) Die Instanz delegiert in einem gewissen Umfang interdependente organisatorische Entscheidungsprobleme an die nachgeordneten Mitarbeiter. Die Mitarbeiter stimmen sich dann durch laterale Koordination untereinander über die Durchführung der operativen Tätigkeiten ab. Diese Alternativen setzt voraus, dass die Kompetenzen für die operativen Entscheidungen dezentral verteilt sind.

Im Folgenden wollen wir eingehender diese Verteilung der organisatorischen Entscheidungen innerhalb einer Organisation diskutieren. Wir gehen in zwei Schritten vor: Zunächst werden wir argumentieren, dass durch die Bildung von größeren organisatorischen Einheiten und somit die Herausbildung komplexerer Hierarchien die Abstimmung der Mitarbeiter auf der operativen Ebene verbessert werden kann. Eine solche stärkere vertikale Differenzierung einer Organisation führt unmittelbar zur Frage nach der horizontalen Differenzierung: Nach welchen Kriterien sollen diese organisatorischen Einheiten gebildet werden? Wir werden deshalb in einem zweiten Schritt die geeignete Bündelung der mit der Organisationsaufgabe verbundenen Tätigkeiten in größere Einheiten untersuchen.

Im Hinblick auf die Effizienz der Organisation wird die oben diskutierte einfache Hierarchie nur dann sinnvoll sein, wenn die Durchführung der Organisationsaufgabe quantitativ und qualitativ geringe Anforderungen stellt. Das für die Durchführung der Organisationsaufgabe zu lösende Entscheidungsproblem ist also weder umfangreich noch besonders komplex. Die damit verbundenen Tätigkeiten können von wenigen Organisationsmitgliedern bewältigt werden und die Abstimmung der Mitarbeiter aufeinander stellt keine großen Anforderungen.

Überschreitet nun die Gesamtaufgabe der Organisation einen gewissen quantitativen und qualitativen Umfang, dann sind den beiden oben diskutierten Alternativen zur Verteilung der Kompetenzen bei organisatorischen Entscheidungen Grenzen gesetzt: Im ersten Fall wird die Instanz aufgrund ihrer begrenzten Rationalität mit der alleinigen Durchführung der organisatorischen Entscheidungen überfordert sein. Im zweiten Fall werden die nachgeordneten Mitarbeiter ebenfalls mit der gemeinsamen Durchführung der organisatorischen Entscheidungen überlastet sein, da der Abstimmungsprozess gegenüber den eigentlichen operativen Tätigkeiten zu viel Zeit in Anspruch nimmt.

Welche Auswege gibt es in einer solchen Situation? Betrachten wir zunächst die Entscheidungszentralisierung. In diesem Fall könnte die Instanz einen Stab bilden, der sie in ihren Entscheidungen entlastet. Der Stab würde also Aufgaben der Entscheidungsvorbereitung übernehmen, die eigentlichen organisatorischen und operativen Entscheidungen würde die Instanz selbst treffen. Je größer allerdings die Anforderung sind, die die Organisationsaufgabe in quantitativer und qualitativer Hinsicht stellt, desto weniger wird die Instanz tatsächlich noch die vorbereiteten Handlungsalternativen des Stabs beurteilen können. Die Koordinationsfunktion wird also verstärkt vom Stab wahrgenommen, ohne dass er für die Entscheidungen verantwortlich ist. Parallel hierzu wird eine gemeinsame Entscheidungsvorbereitung aller Mitarbeiter des Stabs aufgrund der Anforderungen der Organisationsaufgabe nicht bei allen Entscheidungen möglich sein. Vielmehr werden sich die einzelnen Stabsmitarbeiter auf bestimmte Aufgabenbereiche spezialisieren. Überträgt die Instanz den Stabsmitarbeitern schließlich Weisungskompetenzen, entwickelt sich somit aus dem Stab eine zusätzliche Hierarchieebene: Stabsmitglieder, die für bestimmte Aufgabenbereiche zuständig sind, werden aufgrund der Überlastung der Instanz selbst die Entscheidungen treffen und somit zu Vorgesetzten der Mitarbeiter auf der operativen, untersten Ebene.

Eine solche Bildung von Zwischeninstanzen wird auch bei der Entscheidungsdezentralisierung eine Lösung sein: Aufgrund der Anforderungen, die der von der Instanz delegierte Entscheidungskomplex an die Mitarbeiter stellt, werden auch sie mit der lateralen Koordination, die sie zusätzlich zu ihren operativen Tätigkeiten ausführen müssen, überlastet sein. Eine Möglichkeit zur Entlastung bietet sich hier durch eine personelle Trennung von Entscheidungsfindung und Tätigkeitsverrichtung an: Ein Teil der Mitarbeiter spezialisiert sich auf die Durchführung der operativen Tätigkeiten, der andere Teil ist für die Koordination der Aufgabendurchführung zuständig und trifft die notwendigen organisatorischen Entscheidungen. Dadurch reduzieren sich die Anforderungen an die jeweiligen Mitarbeiter und die vertikale Spezialisierung verstärkt sich. Wenn nun eine gemeinsame Abstimmung aller organisatorischen Entscheidungen aufgrund der Anforderungen an die Koordination nicht möglich ist, werden sich zur weiteren Entlastung die hierfür zuständigen

Mitarbeiter auf bestimmte Aufgabenbereiche spezialisieren. Durch die Kompetenzen, die sie zur Lösung organisatorischer Entscheidungsprobleme innerhalb ihrer jeweiligen Aufgabenbereiche haben, sind sie dann gegenüber den zugehörigen Mitarbeitern auf der operativen Ebene weisungsberechtigt. Im Ergebnis ist so durch die Trennung der organisatorischen Entscheidungen von den operativen Aufgaben eine neue Hierarchieebene entstanden.

In beiden Fällen ist somit die Einführung zusätzlicher Zwischeninstanzen ein notwendiges Instrument der vertikalen Differenzierung. Die oberste Instanz wird bei umfangreichen und komplexen Organisationsaufgaben nicht nur in ihren Koordinationsentscheidungen, sondern auch im Hinblick auf die Gestaltung von geeigneten Anreizen entlastet.

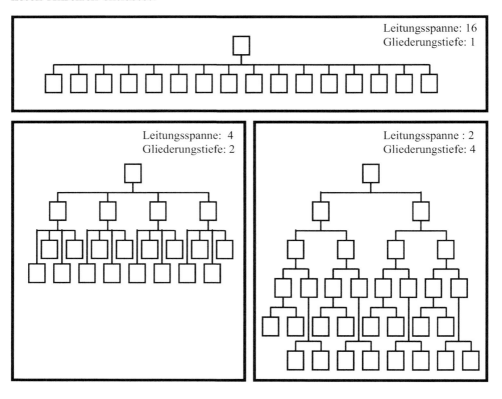

Abbildung 5.26: Gliederungstiefe und Leitungsspanne bei alternativen Hierarchien

Mit der Einführung von Zwischeninstanzen ist so eine Abteilungsbildung vollzogen: Eine **Abteilung** ist eine Bündelung von mehreren Stellen, die von einer gemeinsamen Instanz geleitet werden. Die Bündelung erfolgt dabei dauerhaft nach einem bestimmten Kriterium. Mit der Abteilungsbildung hat sich auch die **Gliederungstiefe** der Hierarchie, also die Anzahl der Hierarchiestufen und somit das Ausmaß der vertikalen Spezialisierung, erhöht. Die Hierarchie wird so komplexer. Andererseits ist wird dadurch die **Leitungsspanne** einer Instanz, also die Anzahl der ihr direkt unterstellten Mitarbeiter, geringer.

Nachdem wir die Abteilungsbildung in gewissen Situationen als notwendiges Instrument zur Senkung der Transaktionskosten eingeführt haben, stellt sich unmittelbar die Frage nach der geeigneten Abteilungsbildung. Diese Frage soll im Folgenden in zwei Schritten beantwortet werden: Wir werden zunächst die beiden grundsätzlichen Prinzipien, die wir bereits bei der Stellenbildung diskutiert haben, auf die Gruppierung von Stellen in größere organisatorische Einheiten übertragen und ihre jeweiligen Vor- und Nachteile diskutieren. Anschließend werden wir untersuchen, wie ein gegebener Aufgabenkomplex durch eine differenzierte Anwendung dieser beiden Prinzipien auf verschiedene Abteilungen verteilt werden kann, so dass die angesprochenen Nachteile der beiden Prinzipien vermieden werden können.

Analog zur Stellenbildung kommen bei der horizontalen Spezialisierung für die Art der Abteilungsbildung grundsätzlich zwei Möglichkeiten in Betracht:

- Bei einer funktionsorientierten Abteilungsbildung werden organisatorische Einheiten nach ihrer funktionalen Spezialisierung gebündelt. Diese Vorgehensweise entspricht dem Verrichtungsprinzip: Einheiten mit gleichartigen Verrichtungen bzw. Funktionen werden in einer Abteilung zusammengefasst. In unserem Beispiel des Versicherungsunternehmens werden so alle Stellen, die den Verkauf von Versicherungspolicen bzw. die Bearbeitung von Schäden umfassen, in die beiden Abteilungen Verkauf bzw. Schadenbearbeitung eingruppiert.

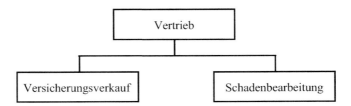

Abbildung 5.27: Die funktionsorientierte Abteilungsbildung in einem Versicherungsunternehmen

- Bei der objektorientierten Abteilungsbildung werden hingegen organisatorische Einheiten zusammengefasst, die sich auf Tätigkeiten an bestimmten Objekten spezialisiert haben. Die Abteilungsbildung folgt hier dem Objektprinzip: Einheiten mit ungleichartigen Tätigkeiten aber einem bestimmten Objektbezug werden in einer Abteilung gebündelt. Dabei können Produkte, Märkte, Kunden oder andere Objekte das gestaltungsbildende Kriterium für die Zuordnung sein. In unserem Versicherungsbeispiel könnte so eine Abteilungsbildung nach Produkten zu einer Abteilung für Gebäudeversicherungen und einer für KFZ-Versicherungen führen. Eine Einteilung nach Märkten würde zu den Abteilungen Region Nord und Region Süd führen. Eine Gliederung nach Kunden schließlich würde eine Abteilung für Privatpersonen sowie eine für Industrieunternehmen ergeben.

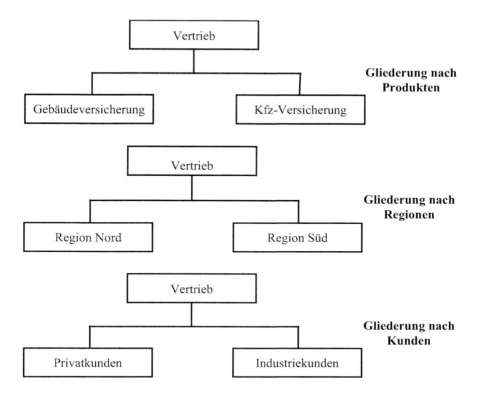

Abbildung 5.28: Objektorientierte Abteilungsbildung in einem Versicherungsunternehmen

Bei einer funktionsorientierten Abteilungsbildung können die zusammengefassten Einheiten sowohl funktions- als auch objektorientiert sein, allerdings bearbeiten die Einheiten nie einen zusammenhängenden Geschäftsprozess. Im Falle objektorientierter Einheiten können so in der Abteilung Versicherungsverkauf die Stellen für den Verkauf von Versicherungspolicen in der Region Nord bzw. in der Region Süd zusammengefasst sein. Oder es können in dieser Abteilung nach dem Kriterium der Kundengruppe Stellen für den Versicherungsverkauf an Privatkunden bzw. Industriekunden eingruppiert sein.

Im Unterschied dazu können bei der objektorientierten Abteilungsbildung die gebündelten Einheiten auch gesamtprozessorientiert sein: So können etwa bei einer Gliederung nach Kunden die zusammengefassten Stellen in der Abteilung Privatkunden jeweils für bestimmte Privatkundengruppen sowohl den Versicherungsverkauf als auch die Schadenbearbeitung durchführen. Einer objektorientierten Abteilungsbildung kann natürlich auch eine funktionsorientierte Stellenbildung zugrunde liegen. Im diesem Fall umfasst die Abteilung Privatkunden z.B. die Stellen Versicherungsverkauf und Schadenbearbeitung.

Je nach Art der Abteilungsbildung ergeben sich relative Vor- und Nachteile der Gliederung. Die Vorteile der funktionsorientierten Abteilungsbildung gegenüber der objektorientierten Abteilungsbildung können auf vier Punkte zurückgeführt werden:

- Reduzierte Personalkosten: Bei einer funktionsorientierten Abteilungsbildung sind die zusammengefassten Einheiten auf dieselbe Verrichtung spezialisiert. Somit muss auch die vorgesetzte Instanz lediglich für diese spezifische Funktion ausgebildet sein. Der Leiter der Abteilung Verkauf von Versicherungspolicen muss hier ebenso wie seine Mitarbeiter in Verkaufstätigkeiten geschult sein.

  Dies kann bei einer objektorientierten Abteilungsbildung anders sein: Wenn hier beispielsweise in einer Abteilung die Stellen für den Versicherungsverkauf und die Schadenbearbeitung für Privatpersonen zusammengefasst sind, dann muss der zuständige Leiter dieser Abteilung in beiden Aufgabenbereichen Kenntnisse besitzen. Im Allgemeinen müssen hier die Abteilungsleiter zusätzlich ausgebildet werden.

  Die Spezialisierung der Abteilungsleiter bei einer funktionsorientierten Abteilungsbildung auf spezifische Funktionen gibt zudem den nachgeordneten Mitarbeitern einen klaren, wohldefinierten Karriereweg vor: So ist in einer Versicherung häufig der Aufstieg im Vertrieb vom Außendienstmitarbeiter über den Gruppenleiter und Regionalleiter bis hin zum Direktionsleiter vorgezeichnet.

- Höhere abteilungsinterne Flexibilität: Der Abteilungsleiter einer funktionsorientierten Abteilung kann den Mitarbeitern spezifische kurzfristige Aufgaben geben, die aufgrund ihrer momentanen Arbeitsbelastung oder ihrer Spezialkenntnisse für die Durchführung besonders geeignet sind. Dies ist bei einer objektorientierten Abteilungsbildung in einem viel geringeren Umfang möglich, da hier viel weniger Mitarbeiter zur Verfügung stehen.

- Geringere Kosten bei der Übermittlung fachspezifischen Wissens: Darüber hinaus ist die Übermittlung fachspezifischer Informationen innerhalb einer funktionsorientierten Abteilung im Allgemeinen einfacher. Wenn so z.B. ein Mitarbeiter in einer Serviceabteilung einer Unternehmung ein technisches Problem gelöst hat, dann kann der Abteilungsleiter dieses neue spezifische Wissen schneller verbreiten, weil alle Mitarbeiter eine im Wesentlichen gleiche Fachsprache haben, die Fachlogik beherrschen und häufig auch über eine ähnliche Wissensbasis verfügen.

- Ausnutzung steigender Skalenerträge und Synergien: Durch die Zusammenfassung von organisatorischen Einheiten, die dieselbe funktionale Orientierung aufweisen, können die zur Verfügung stehenden Ressourcen besser genutzt werden. Da Ressourcen häufig unteilbar sind und die damit zusammenhängenden Fixkosten nicht einfach verteilt werden können, sollte eine solche Ressource intensiv genutzt werden. Bei einer funktionsorientierten Abteilungsbildung ist die Ausnutzung einer Ressource maximal.

Diesen Vorteilen einer funktionsorientierten Abteilungsbildung im Vergleich zu einer objektorientierten Abteilungsbildung stehen allerdings auch Nachteile gegenüber. Die folgenden vier Punkte sind hier zu nennen:[12]

- Erhöhte Kosten bei der Übermittlung prozessspezifischen Wissens: Durch die funktionsorientierte Abteilungsbildung entstehen organisatorische Einheiten, die auf eine relativ begrenzte Anzahl an Tätigkeiten spezialisiert sind. Da Geschäftsprozesse eine Vielzahl unterschiedlicher Prozessaktivitäten erfordern, ist innerhalb einer Abteilung im Allgemeinen die Abgeschlossenheit von größeren Prozessen nicht garantiert. Somit entsteht ein hoher Kommunikationsaufwand zwischen den Abteilungen, der insbesondere bei dem Austausch spezifischen Wissens zu hohen Informationsübermittlungskosten führt.

  Bei einer objektorientierten Stellenbildung werden hingegen ganze Prozesse oder zumindest größere Prozessabschnitte innerhalb einer Abteilung abgewickelt. Dadurch reduzieren sich die Kommunikationswege zwischen den einzelnen Mitarbeitern, so dass geringere Kosten bei der Informationsübermittlung anfallen.

- Erhöhte abteilungsübergreifende Abstimmungskosten: Die funktionale Spezialisierung von Abteilungen führt zu einer Vielzahl von Interdependenzen zwischen den einzelnen Abteilungen. Im Allgemeinen sind diese Interdependenzen simultan, begründen also einen hohen Koordinationsbedarf. Größere Prozesse innerhalb der Organisation werden so von vielen Mitarbeitern aus verschiedenen Abteilungen bearbeitet. Dadurch entstehen zahlreiche Schnittstellen. Die Abstimmung zwischen Mitarbeitern aus unterschiedlichen Abteilungen kann aber hohe Kosten erfordern: Da sie nicht unmittelbar einem gemeinsamen Vorgesetzten unterstehen, kann erst eine nächsthöhere Instanz durch persönliche Weisungen steuernd eingreifen. Dies führt nicht nur zu einer verzögerten, zeitaufwändigen Abstimmung, sondern bindet auch entsprechende Managementkapazitäten.

Im Unterschied dazu werden bei der objektorientierten Abteilungsbildung solche Einheiten zusammengefasst, die aufgrund des Objektbezugs bereits eine hohe Interdependenz aufweisen. Damit wird eine Abstimmung zwischen den einzelnen Abteilungen erleichtert bzw. ist im Extremfall nur noch bezüglich ganz spezifischer Berührungspunkte erforderlich. Abstimmungsprobleme zwischen Mitarbeitern, die Teile eines größeren Prozesses bearbeiten, können so gegebenenfalls von ihrem unmittelbaren Vorgesetzten gelöst werden. Zudem sind im Allgemeinen die Interdependenzen zwischen den Abteilungen aufgrund der Art der Abteilungsbildung sequentiell und erfordern somit einen geringeren Abstimmungsaufwand als bei funktionsorientientierten Abteilungen.

- Erschwerte Anreizgestaltung: Im Unterschied zur funktionsorientierten Abteilungsbildung entstehen bei Anwendung des Objektprinzips relativ abgeschlossene autonome Aufgabenbereiche innerhalb der Organisation. Dadurch sind einerseits die Beiträge, die eine objektorientierte Abteilung zur Wertschöpfung der Organisation erbringt, weitgehend unabhängig von der Aufgabendurchführung in anderen Abteilungen. Andererseits führen die Aufgaben, die in einer objektorientierten Abteilung durchgeführt werden, zu einem inhaltlich relativ abgeschlossenen Output, der somit als Grundlage für ein Bewertung der Abteilung herangezogen werden kann. Abhängig von den bestehenden Interdependenzen kann so bei einer objektorientierten Abteilungsbildung eine bessere Ergebnisverantwortung der Abteilungsleiter verwirklicht werden.

Bei einer funktionsorientierten Abteilungsbildung ist hingegen aufgrund der vielfältigen Interdependenzen der Erfolg einer Abteilung auch von der Aufgabenerfüllung in den anderen Abteilungen abhängig. Der unmittelbare Beitrag der einzelnen Abteilung innerhalb der gesamten Wertschöpfungskette kann daher nur schwer beurteilt werden. Somit müssen für eine Beurteilung des Erfolgs einer Abteilung aber andere operative Größen herangezogen werden. In der

Unternehmung werden für die Marketingabteilung Umsatzgrößen oder für die Produktionsabteilung Kostengrößen vorgegeben. Sollen diese Größen möglichst unabhängig von der Aufgabenerfüllung in anderen Abteilungen sein, besteht das Problem, dass sie das eigentliche Ziel nicht adäquat abbilden. Eine daran orientierte Leistungsbeurteilung würde also nicht notwendigerweise im Einklang mit den organisatorischen Zielen stehen.

Der Vergleich der relativen Vor- und Nachteile einer funktions- und objektorientierten Abteilungsbildung macht deutlich, dass die Produktions-, Koordinations- und Motivationskosten, die mit den jeweiligen Alternativen verbunden sind, entscheidend für die effiziente Gestaltung übergeordneter organisatorischer Einheiten sind. Im Wesentlichen stehen den Produktionskostenvorteilen der funktionsorientierten Abteilungsbildung die Transaktionskostenvorteile der objektorientierten Abteilungsbildung gegenüber.

Zwei Fragen müssen im Hinblick auf die geeignete Gestaltung größerer organisatorischer Einheiten noch beantwortet werden: Erstens, nach welchem Kriterium sollte eine objektorientierte Abteilungsbildung durchgeführt werden? Zweitens, wie können die beiden Gestaltungsprinzipien so miteinander kombiniert werden, dass die Produktionskostenvorteile bei manchen Aufgaben genutzt werden, ohne gleichzeitig die Koordinationskostenvorteile einer objektorientierten Abteilungsbildung vollständig aufzugeben?

Betrachten wir zunächst die erste Frage. Zum einen können wir hier natürlich auf die oben diskutierten relativen Vor- und Nachteile der objektorientierten Abteilungsbildung zurückgreifen. So ist in unserem Versicherungsbeispiel die Art der objektorientierten Abteilungsbildung ganz wesentlich von der relativen Komplementarität zwischen den Aktivitäten innerhalb einer spezifischen Abteilung und der zwischen abteilungsübergreifenden Aktivitäten abhängig. Bei einer Gliederung nach Kunden ist es von Bedeutung, inwieweit sich die Verkaufsaktivitäten bzw. die Schadenbearbeitung bei Privatpersonen und Industrieunternehmen ergänzen. Stellen hier die beiden Kundengruppen ähnliche Anforderungen an die Durchführung der jeweiligen Tätigkeiten, dann bestehen Synergien zwischen den beiden Abteilungen, die nicht genutzt werden können. Eine Gliederung der Abteilungen nach Regionen würde in diesem Fall diese Synergien besser ausnutzen können. Sind allerdings z.B. die Industrieunternehmen überregional vertreten, dann kann eine Abteilungsgliederung nach Regionen zu erheblichen Kosten bei der Informationsübermittlung und Abstimmung zwischen den Abteilungen führen. Die Koordinationskosten wären in diesem Fall bei einer Gliederung nach Kundengruppen wesentlich geringer, da dann eine überregional agierende Unternehmung umfassend betreut werden könnte.

Welche Produktions- und Transaktionskosten bei der objektorientierten Abteilungsbildung entstehen, hängt natürlich ganz wesentlich von der zugrundeliegenden Stellenbildung ab. Wurde im Versicherungsbeispiel eine Gliederung nach Kundengruppen durchgeführt, ist es entscheidend für die Effizienz dieser Gestaltung, inwieweit die Stellen innerhalb der Kundengruppen prozess- oder funktionsorientiert gestaltet sind. Im ersten Fall würde z.B. in der Abteilung für Privatpersonen jeder Kunde durch einen Mitarbeiter im Versicherungsverkauf sowie in die Schadenbearbeitung betreut, im zweiten Fall wären unterschiedliche Mitarbeiter für jeden Kunden zuständig.

Darüber hinaus besteht bei der Abteilungsbildung die Möglichkeit, Abhängigkeiten zu berücksichtigen, die bei der Stellenbildung aufgrund größerer Komplementaritäten keine Berücksichtigung gefunden haben: Angenommen, in unserem Versicherungsbeispiel hätten die Produktionskostenvorteile zu einer funktionsorientierten Stellenbildung geführt, obwohl sich bei Verkaufsgesprächen wertvolle Informationen für die Schadenbearbeitung ergeben. Dann kann z.B. durch eine Abteilungsgliederung nach Regionen eine sehr viel engere Kommunikation zwischen dem Verkaufsmitarbeiter und dem Sachbearbeiter erzielt werden als bei einer überregionalen Bildung nach Kundengruppen, wenn der Sachbearbeiter im ersten Fall vor Ort tätig ist. Die Koordinationsnachteile, die bei der funktionsorientierten Stellenbildung in Kauf genommen wurden, um die Produktionskostenvorteile zu nutzen, können also bei der Abteilungsbildung zumindest gemindert werden.

Neben der Reduzierung von Produktions- und Transaktionskosten kommt bei der Abteilungsbildung der Ausnutzung von Wertschöpfungspotentialen besondere Bedeutung zu. Betrachten wir hierzu noch einmal die beiden oben dargestellten Abteilungsgliederungen des Versicherungsunternehmens nach Produkten und Kundengruppen. Bei einer Differenzierung der Abteilungen nach Gebäude- bzw. KFZ-Versicherungen sind die beiden zuständigen Abteilungsleiter für die jeweiligen Produktgruppen innerhalb ihres Verantwortungsbereichs zuständig. Aufgrund der relativen Autonomie der Abteilungen liegt somit ihr besonderes Interesse auf Fragen, die mit diesen Produkten zusammenhängen, beispielsweise: Welche neuen Versicherungsprodukte können wir für das KFZ-Geschäft entwickeln? Welche besonderen Marketingmaßnahmen können wir zur Steigerung der Abschlüsse im Gebäudeversicherungsgeschäft durchführen? Dabei ist von untergeordneter Bedeutung, welche Aktivitäten in der jeweils anderen Abteilung durchgeführt werden.

Bei einer Abteilungsbildung nach Kundengruppen liegt hingegen das Interesse der Abteilungsleiter auf den Privat- bzw. Industriekunden. Auch hier sind aufgrund der relativen Autonomie der Abteilungen vor allem Fragen innerhalb der eigenen Abteilung von Bedeutung. In diesem Fall stehen allerdings die Besonderheiten der jeweiligen Kundengruppe im Vordergrund, beispielsweise: Wie können wir Privatpersonen umfassend durch Gebäude- und KFZ-Versicherungen absichern? Wie können wir durch eine besondere Prämienpolitik oder andere Marketingmaßnahmen Privatkunden mit Gebäudeversicherungen auch zum Abschluss einer Hausratversicherung bewegen? Welche Aktivitäten dabei in der Abteilung für Industriekunden durchgeführt werden, ist nur von sekundärer Bedeutung.

Die Art der Abteilungsabteilung führt demnach zu jeweils anderen strategischen Fragestellungen innerhalb der Abteilungen. Daher hat zunächst einmal die Strategie des Versicherungsunternehmens – also welche Versicherungsprodukte wie und für welche Kundengruppe produziert werden sollen – einen wichtigen Einfluss auf die Abteilungsbildung und somit auf die Wertschöpfung der Organisation. Gleichzeitig wird durch die Organisationsstruktur aber nicht nur die Organisationsstrategie implementiert, sondern es besteht eine Wechselwirkung zwischen den beiden Faktoren: Welche strategische Orientierung eine Organisation zukünftig realisieren kann, wird durch die Organisationsstruktur – hier die Abteilungsbildung – stark geprägt. Bei dem Versicherungsunternehmen werden so z.B. bei der Gliederung nach Produkten Wertschöpfungspotentiale im jeweiligen Produktbereich getrennt realisiert. Ist in der Zukunft allerdings eine Strategie erforderlich, die auf eine Rundumbetreuung des Kunden abzielt, dann ist dies mit dieser Struktur nur eingeschränkt möglich. Eine Abteilungsgliederung nach Kunden wäre hier vorteilhafter.

Mit demselben Argument ist der Wertschöpfungsaspekt natürlich auch bei der Art der Stellenbildung zu berücksichtigen: Bei einer funktionsorientierten Stellenbildung kommt der Koordination der Prozesse innerhalb einer Organisation eine geringere Bedeutung zu als den Produktionskostenvorteilen. Eine Organisationsstrategie, die die verschiedenen Produkte oder Kundengruppen der Organisation differenziert berücksichtigt, ist dann nur mit sehr viel höheren Kosten zu implementieren als im Falle einer prozessorientierten Stellenbildung. Letztere ist vielmehr Voraussetzung dafür, dass die damit verbundenen Koordinationskosten möglichst gering sind.

Zum Abschluss unserer Untersuchungen zur Abteilungsbildung wollen wir uns nun mit der zweiten oben gestellten Frage beschäftigen und verschiedene Mischformen bei der Gestaltung größerer organisatorischer Einheiten untersuchen. Bisher haben wir die funktions- und objektorientierte Abteilungsbildung als Grundformen diskutiert und die zugrundeliegenden Gestaltungsprinzipien einheitlich auf die gesamte Organisation angewendet. Unsere obige Argumentation zeigte aber, dass die relativen Vor- und Nachteile bei der organisatorischen Gestaltung von den jeweiligen spezifischen Aktivitäten abhängen, die zu einer größeren Einheit zusammengefasst werden sollen. So haben wir gesehen, dass es aufgrund der steigenden Skalenerträge beispielsweise im Forschungs- und Entwicklungsbereich sinnvoll sein kann, diese Aufgaben funktional in einer Abteilung zu gruppieren, während sich für andere Teilaufgaben der Organisation wie beispielsweise regionale Aktivitäten durchaus eine objektorientierte Bündelung als vorteilhaft erweist.

Die gleichzeitige Anwendung der beiden Gestaltungsprinzipien garantiert hier eine differenziertere Gestaltung von Abteilungen. Ziel muss es dabei sein, die Nachteile, die mit einer einheitlichen Abteilungsbildung verbunden sind, durch Modifikation zu reduzieren bzw. zu beseitigen. Im Folgenden sollen ausgehend von einer objektorientierten Abteilungsbildung fünf alternative Gestaltungsformen aufgezeigt werden:

- Objektorientierte Abteilungsbildung mit funktionsorientierter zentraler Stabsabteilung
- Objektorientierte Abteilungsbildung mit funktionsorientierter zentraler Serviceabteilung
- Objekt- und funktionsorientierte Abteilungsbildung nach dem Matrixprinzip
- Objektorientierte Abteilungsbildung mit weisungsberechtigter funktionsorientierter Zentralabteilung

- Objektorientierte Abteilungsbildung mit autonomer funktionsorientierter Zentralabteilung

Entsprechend der Reihenfolge der Darstellung nimmt dabei sukzessive der Einfluss der objektorientierten Abteilung zugunsten der funktionsorientierten Einheiten ab. Analog hätten wir ebenso von einer reinen funktionsorientierten Abteilungsbildung ausgehen können und nach demselben Schema sukzessive den Einfluss objektorientierter Einheiten verstärken können. Da den einzelnen Gestaltungsalternativen dieselben Prinzipien zugrunde liegen, die wir bereits bei der organisatorischen Differenzierung der Stellenbildung eingehend diskutiert haben, beschränken sich die nachfolgenden Ausführungen auf eine Darstellung der einzelnen Ausprägungen. Die jeweiligen relativen Vor- und Nachteile dieser Alternativen lassen sich unmittelbar aus der bisherigen Argumentation ableiten.

Objektorientierte Abteilungsbildung mit funktionsorientierter zentraler Stabsabteilung

Dieser organisatorischen Gestaltungsalternative liegt das Stabsprinzip zugrunde:

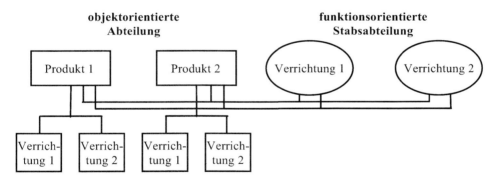

Abbildung 5.29: Objektorientierte Abteilungsbildung mit funktionsorientierter zentraler Stabsabteilung

Die organisatorische Differenzierung erfolgt in diesem Fall nach dem Objektprinzip. Die so gebildeten objektorientierten Abteilungen werden aber zusätzlich durch eine zentrale funktionsorientierte Stabsabteilung unterstützt. Die Stabsabteilung übernimmt dabei für die einzelnen Abteilungen die Vorbereitung und Kontrolle von solchen Entscheidungen, die ihre spezifische funktionale Ausrichtung betreffen. Die Stabsabteilung hat dabei keine Weisungskompetenz gegenüber den Abteilungen, sondern sie ist lediglich für die Beschaffung von Informationen und die Ausarbeitung von Entscheidungsalternativen zuständig. Die objektorientierten Abteilungen treffen ihre Entscheidungen auf der Grundlage dieser Daten sowie der abteilungsinternen Gegebenheiten.

Objektorientierte Abteilungsbildung mit funktionsorientierter zentraler Serviceabteilung

Im Unterschied zur zentralen Stabsabteilung verfügt in diesem Fall die zentrale Serviceabteilung über funktionsbezogene Entscheidungskompetenzen: Im Auftrag der objektorientierten Abteilungen übernimmt die Serviceabteilung die Durchführung von Aufgaben, die sich auf ihre spezifische Funktionsorientierung beziehen. Die Serviceabteilung verfügt dabei über alle Entscheidungskompetenzen und Ressourcen, die für ihre Aufgabendurchführung notwendig sind. Die objektorientierten Abteilungen entscheiden, in welcher Situation sie welche Aufgaben an die Serviceabteilung vergeben. Grundsätzlich können sie dabei auch die Kompetenz besitzen, zwischen der Vergabe von Aufträge an die Serviceabteilung oder an externe Dienstleister zu wählen. Diese organisatorische Gestaltung folgt dem Ausgliederungsprinzip.

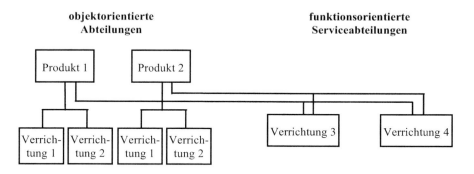

Abbildung 5.30: Objektorientierte Abteilungsbildung mit funktionsorientierter zentraler Serviceabteilung

Objekt- und funktionsorientierte Abteilungsbildung nach dem Matrixprinzip

Bei dieser organisatorischen Gestaltungsalternative werden Abteilungen gleichzeitig funktions- und prozessorientiert nach dem Matrixprinzip gebildet: Indem die einzelnen Teilaufgaben sowohl nach dem Objektbezug als auch nach dem funktionalen Zusammenhang segmentiert werden, ergibt sich eine Überschneidung der Entscheidungskompetenzen zwischen den jeweiligen Abteilungen. Die beiden Grundformen der Abteilungsbildung überlagern sich also. Dabei sind beide organisatorischen Einheiten nur gemeinsam entscheidungsbefugt.

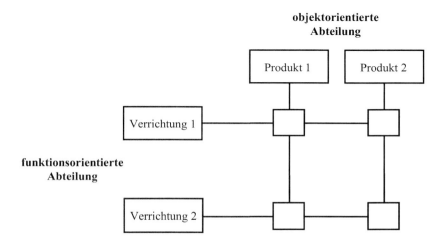

Abbildung 5.31: Objekt- und funktionsorientierte Abteilungsbildung nach dem Matrixprinzip

Objektorientierte Abteilungsbildung mit weisungsberechtigter funktionsorientierter Zentralabteilung

In diesem Fall werden die funktions- und objektorientierte Abteilungsbildung so miteinander kombiniert, dass in beiden Einheiten funktionsbezogene Teilaufgaben wahrgenommen werden: Die funktionsorientierte Zentralabteilung ist für grundsätzliche Entscheidungen bezüglich der betreffenden funktionsbezogenen Aufgaben zuständig, in den einzelnen objektorientierten Abteilungen sind jeweils spezifische Einheiten mit der Durchführung der entsprechenden funktions- und objektbezogenen Aufgaben betraut. Die Zentralabteilung ist dabei weisungsberechtigt gegenüber den funktionsorientierten Einheiten innerhalb der einzelnen objektorientierten Abteilungen. Aufgrund der Richtlinienkompetenz der Zentralabteilung wird diese Gestaltungsform in der Literatur auch als Richtlinienmodell bezeichnet.

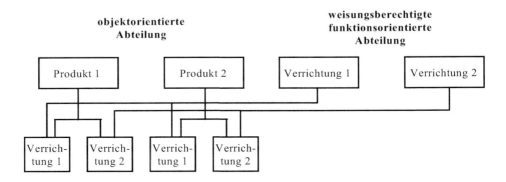

Abbildung 5.32: Objektorientierte Abteilungsbildung mit weisungsberechtigter funktionsorientierter Zentralabteilung

Objektorientierte Abteilungsbildung mit autonomer funktionsorientierter Zentralabteilung

Bei dieser letzten Gestaltungsalternative sind im Unterschied zum Richtlinienmodell die mit der betreffenden Funktion verbundenen Aufgaben vollständig ausgegliedert. Diese Gestaltung entspricht dem Ausgliederungsprinzip: Die betrachtete Teilfunktion wird umfassend aus den einzelnen objektorientierten Abteilungen ausgelagert und in einer autonomen funktionsorientierten Zentralabteilung gebündelt. Die Zentralabteilung ist hier eigenständig für die wahrzunehmenden Aufgaben verantwortlich. Sie ist insbesondere auch mit der Durchführung der Aufgaben betraut.

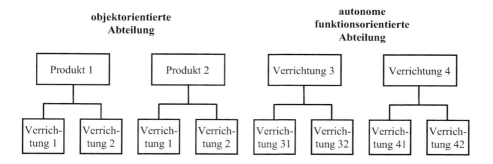

Abbildung 5.33: Objektorientierte Abteilungsbildung mit autonomer funktionsorientierter Zentralabteilung

Ein Beispiel für die gleichzeitige Anwendung des Objekt- und Verrichtungsprinzips bietet in der Unternehmenspraxis das Kundenmanagement im Absatzbereich: Beim **Kundenmanagement** werden Aufgaben, die im Zusammenhang mit spezifischen Kundengruppen und deren Bedürfnissen und Erfordernissen stehen, in einer eigenständigen organisatorischen Einheit zusammengefasst. Dadurch soll neben der funktionsorientierten Grundstruktur des Absatzbereichs – hier können beispielsweise Abteilungen für Marktforschung, Verkauf, Kundenservice und Werbung gebildet sein – eine Kunden- bzw. Marktorientierung verankert werden. Ein Kundenmanager ist zuständig für einen einzelnen Großkunden bzw. für eine abgegrenzte Kundengruppe und mit allen kundenspezifischen Marketingaktivitäten beauftragt. In der Praxis wird er auch als Key Account Manager bezeichnet. Dadurch soll der Bedeutung umsatzstarker Abnehmer (-gruppen) des Unternehmens Rechnung getragen werden. Seinen Ursprung hat dieses Konzept in der Investitionsgüterindustrie und es ist seit den 70er Jahren auch in der Konsumgüterindustrie verbreitet.

Als Möglichkeiten für die organisatorische Verankerung des Kundenmanagements im Absatzbereich haben in der Praxis von den oben genannten fünf Gestaltungsformen vor allem das Stabs- und Matrixprinzip Anwendung gefunden. Im ersten Fall fehlen dem Kundenmanager allerdings in Gesprächen mit den Kunden erforderliche Entscheidungskompetenzen. Die Verankerung des Kundenmanagements nach dem Matrixprinzip vermeidet dieses Problem. Aufgrund der Kompetenzaufteilung zwischen dem Kundenmanager und den funktionalen Abteilungen des Absatzbereichs erhält der Kundenmanager in diesem Fall eingeschränkte Entscheidungskompetenzen.

5.2.4 Die Gestaltung des Weisungssystems

Im Rahmen der Abteilungsbildung werden verschiedene Aufgabenträger innerhalb der Organisation durch verschiedene Instanzen in ihren Einzelaktivitäten koordiniert. Es stellt sich somit die Frage, wie die Anweisungen verschiedener Instanzen so aufeinander abgestimmt werden können, dass sie die Maximierung der gesamten Wertschöpfung der Organisation ermöglichen. Die Abteilungsbildung rückt somit die Koordination des Einsatzes hierarchischer Koordinationsinstrumente in den Mittelpunkt der Untersuchung.

Dies soll im Folgenden in zwei Schritten diskutiert werden. Zunächst gehen wir auf die grundsätzlichen Möglichkeiten der Verteilung von Weisungskompetenzen in einer Organisation ein. Darauf aufbauend schauen wir uns im nächsten Abschnitt dann an, wie innerhalb der Gesamtorganisation eine Koordination von Anweisungen durchgeführt werden kann.

Voraussetzung für die Erteilung einer Anweisung durch eine Instanz ist ihre entsprechende Weisungskompetenz. Das Recht, einem anderen Organisationsmitglied persönliche Weisungen zu geben, bringt hier die Struktur der hierarchischen Beziehung zwischen den beiden Parteien zum Ausdruck. Die durch die vertikale Differenzierung der Organisationsaufgabe entstandenen Unter- und Überordnungsverhältnisse begründen somit ein System von Weisungsbefugnissen zwischen den einzelnen Stelleninhabern. Dieses wird in der Literatur auch als **Weisungs-** bzw. **Leitungssystem** bezeichnet. Grundsätzlich können wir zwei Grundformen von Weisungssystemen unterscheiden:

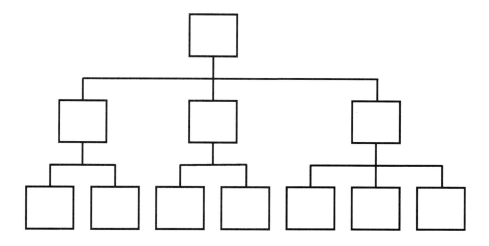

Abbildung 5.34: Das Einliniensystem

In einem **Einliniensystem** hat jede nachgeordnete organisatorische Einheit nur eine übergeordnete Instanz, die ihr gegenüber weisungsberechtigt ist. Das Einliniensystem setzt das von Fayol (1916, S.25) formulierte Prinzip der Einheit der Auftragserteilung um: "Pour une action quelconque, un agent ne doit recevoir des ordres que d'un seul chef." Nur die übergeordnete Stelle ist also berechtigt, ihren unmittelbar nachgeordneten Organisationsmitgliedern Weisungen zur Durchführung ihrer Arbeitsaufgaben zu geben.

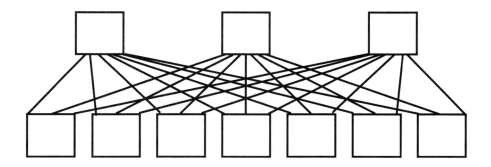

Abbildung 5.35: Das Mehrliniensystem

In einem **Mehrliniensystem** sind hingegen einem nachgeordneten Organisationsmitglied mindestens zwei vorgesetzte Instanzen zugeordnet. Das Mehrliniensystem verwirklicht das von Taylor (1911, S.123f) entwickelte Funktionsmeisterprinzip:

> "Under functional management, the old-fashioned single foreman is superseded by eight different men, each one of whom has his own special duties .... Being each one chosen for his knowledge and personal skill in his specialty, they are able not only to tell the workman what he should do, but in case of necessity they do the work themselves in the presence of the workman, so as to show him not only the best but also the quickest methods."

Der Universalmeister im Einliniensystem wird also durch mehrere Funktionsmeister ersetzt, die entsprechend ihrer jeweiligen Spezialisierung den nachgeordneten Mitarbeitern Weisungen erteilen.

Aus dieser unterschiedlichen Verteilung von Weisungskompetenzen ergeben sich relative Vor- und Nachteile. Die Vorteile des Einliniensystems gegenüber dem Mehrliniensystem können im Wesentlichen auf zwei Punkte zurückgeführt werden:

- Reduzierte Abstimmungskosten: Das Einliniensystem zeichnet sich durch klare und eindeutige Unterstellungsbeziehungen aus. Dadurch ergeben sich klare Kompetenzabgrenzungen zwischen den einzelnen Stelleninhabern. Koordinationsprobleme können somit von der dafür zuständigen Instanz alleine gelöst werden. Dies ist bei einem Mehrliniensystem im Allgemeinen nicht gegeben. Hier bestehen aufgrund der Mehrfachunterstellung eines Mitarbeiters Kompetenzüberschneidungen zwischen den verschiedenen vorgesetzten Instanzen. Diese Entscheidungsinterdependenzen können zu Konflikten zwischen den Instanzen führen und eine Lösung des Koordinationsproblems erschweren. Im Unterschied zum Einliniensystem kann allerdings die Spezialisierung der einzelnen Instanzen zu einer qualitativ besseren Entscheidung führen.

- Erleichterte Anreizgestaltung: Da beim Einliniensystem die Kompetenzen der Stelleninhaber klar gegeneinander abgrenzt sind, sind den einzelnen Einheiten eindeutige Verantwortlichkeiten zugeordnet. Im Rahmen ihrer Entscheidungskompetenzen kann also eine übergeordnete Instanz für das Handeln ihrer untergeordneten Mitarbeiter verantwortlich gemacht werden. Bestehen hier geringe Interdependenzen mit Mitarbeitern, die der Instanz hierarchisch nicht unterstellt sind, dann kann die Leistungserstellung der eigenen Mitarbeiter als Bemessungsgrundlage für ein leistungsorientiertes Anreizsystem der Instanz herangezogen werden.

Die Anreizgestaltung bei einem Mehrliniensystem ist hingegen schwieriger. Hier bestehen aufgrund der Kompetenzüberschneidungen keine klaren Verantwortlichkeiten der übergeordneten Instanzen. Aufgrund der Interdependenzen zwischen den Instanzen kann somit aber keine eindeutige Erfolgszurechnung vorgenommen werden. Somit ist lediglich eine einheitliche Anreizgestaltung an dem gemeinsam erzielten Erfolg aller vorgesetzten Instanzen möglich. Durch mögliches Trittbrettfahrerverhalten besteht dann aber die Gefahr des moralischen Risikos. Dabei wird das Trittbrettfahrerproblem um so schwieriger zu lösen sein, je größer die Mehrfachunterstellung in der Organisation ist.

Darüber hinaus ist beim Einliniensystem im Allgemeinen auch die Gestaltung der Anreize der nachgeordneten Mitarbeiter vereinfacht: Da diese nur einer Instanz unterstellt sind und die Instanz ihnen gegenüber alleinige Weisungsbefugnis besitzt, kann die Aufgabenerfüllung eines Mitarbeiters direkt kontrolliert werden. Bei einer Mehrfachunterstellung sind diese Kontrollen aufgrund der Kompetenzüberschneidungen nicht so einfach durchzuführen.

Den Vorteilen, die ein Weisungssystem mit Einfachunterstellungen im Vergleich zu einem System mit Mehrfachunterstellungen haben kann, stehen allerdings auch Nachteile gegenüber. Hier sind im Wesentlichen zwei Punkte zu nennen:

- Erhöhte Kosten der Informationsübermittlung: Das Prinzip der Einheit der Auftragserteilung führt dazu, dass immer nur zwischen zwei aufeinanderfolgenden hierarchisch geordneten Mitarbeitern Kommunikationsbeziehungen bestehen können. Treten daher Abstimmungsprobleme zwischen zwei Stelleninhabern auf, die nicht unmittelbar derselben Instanz untergeordnet sind, dann müssen die beiden direkten Vorgesetzten der Mitarbeiter das Koordinationsproblem jeweils an ihre vorgesetzte Instanz weiterleiten. Dieser vertikale Informationsfluss läuft solange, bis eine gemeinsame organisatorische Einheit die Entscheidungskompetenz hat, das Koordinationsproblem zu lösen. Deren Entscheidung muss dann durch Anweisungen denselben Weg innerhalb der Hierarchie zurückgeleitet werden. Diese langen Informations- und Weisungswege beim Einliniensystem führen so zu einer verzögerten Abstimmung innerhalb der Organisation. Außerdem besteht die Gefahr, dass bei der Informationsübermittlung Informationen von den Zwischeninstanzen verzerrt weitergeleitet werden. Die Einbindung der verschiedenen organisatorischen Einheiten zur bloßen Weitergabe der Informationen bzw. der Entscheidungen führt zudem zu hohen Opportunitätskosten.

Im Unterschied dazu können Abstimmungsprobleme bei einem Mehrliniensystem schneller gelöst werden: Bestehen hier Abstimmungsprobleme zwischen zwei Stelleninhabern, dann kann diejenige vorgesetzte Instanz, die die Kompetenz zur Abstimmung hat, unmittelbar steuernd eingreifen. Hier bestehen also kurze Informations- und Weisungswege.

- Reduzierte Ausnutzung komparativer Vorteile: Durch die Spezialisierung der einzelnen Instanzen auf bestimmte Aufgabenbereiche kann es bei einem Mehrliniensystem für die Organisation einfacher sein, Mitarbeiter mit entsprechenden Fähigkeiten und Eigenschaften für diese Stellen zu finden. Neben der Möglichkeit eines Mitarbeiters, seine jeweiligen spezifischen Begabungen anzuwenden und zu entwickeln, kann die Spezialisierung auch zu geringeren Personalkosten führen: Im Unterschied zum Einliniensystem muss ein Mitarbeiter nur bezüglich seines spezifischen Aufgabenbereichs ausbildet sein. Dem steht allerdings ein höherer Bedarf an Spezialisten als im Einliniensystem gegenüber.

5.2.5 Die Gestaltung des Planungssystems

Nach der Diskussion der beiden grundsätzlichen Möglichkeiten der Verteilung von Weisungskompetenzen in einer Organisation betrachten wir jetzt die Koordination der einzelnen Anweisungen verschiedener Instanzen. Dies ist insbesondere bei der Standardisierung der Ergebnisse der einzelnen Arbeitsprozesse verschiedener Organisationsmitglieder von Bedeutung: Im Unterschied zur persönlichen Weisung, die fallweise das Verhalten von Mitarbeitern steuert, ermöglicht eine Standardisierung von Verhaltensvorschriften eine Gesamtkoordination der Aktivitäten mehrerer organisatorischer Einheiten. Dazu müssen aber die bestehenden Interdependenzen zwischen den einzelnen organisatorischen Einheiten berücksichtigt werden. Im Unterschied zur Standardisierung von Arbeitsprozessen erfordert die Erstellung von Plänen eine permanente Koordination der jeweiligen Einheiten. Die Komplexität der Koordination, die durch die Berücksichtigung der vielfältigen Informationen aus den einzelnen Einheiten entsteht, muss hier laufend bewältigt werden, so dass die

Standardisierung nicht wie bei der Programmierung für einen längeren Zeitraum Bestand hat.

Die laufende Konkretisierung der Arbeitsaufgaben durch Vorgabe von Plänen erfolgt im Rahmen des organisatorischen Planungssystems. Aufgabe des **Planungssystems** ist es, die Einzelpläne der jeweiligen organisatorischen Einheiten entsprechend der horizontalen und vertikalen Differenzierung der Organisation in einem Gesamtplan abzustimmen. In diesem Sinne ist ein Gesamtplan das Ergebnis eines organisatorischen Entscheidungsprozesses, dem sogenannten Planungsprozess. Das Planungssystem muss sich demnach an der organisatorischen Struktur orientieren, die durch die Segmentierung und Strukturierung der Gesamtaufgabe der Organisation vorgegeben ist. Nach einer kurzen Darstellung der verschiedenen Planungsebenen einer Organisation werden wir im Folgenden auf die jeweiligen Planungsverfahren bei horizontaler und vertikaler Abstimmung von Plänen eingehen.

Gegenstand der Planung können alle mit der Wertschöpfung einer Organisation verbundenen Aspekte sein. Das Planungssystem einer Organisation lässt sich hier in drei Teilsysteme einteilen, die mit verschiedenen Planungsinhalten befasst sind. Entsprechend ihrer Bedeutung für die Wertschöpfung der Organisation lassen sich die Planungsinhalte hierarchisch in drei Planungsebenen gliedern:

- Generelle Zielplanung: Gegenstand der generellen Zielplanung ist die Formulierung der offiziellen Ziele der Organisation. Festgelegt werden hier die Leitlinien, die sich die Organisation formal vorgibt. Die Absichten der Organisation im Hinblick auf die Wertschöpfung für ihre Teilnehmer kommen hier zum Ausdruck.
- Strategische Planung: Im Mittelpunkt der strategischen Planung steht die Entwicklung der Organisationsstrategie. Die Organisationsstrategie dient der Umsetzung der offiziellen Ziele der Organisation. Sie legt fest, welche Güter wie und für wen von der Organisation produziert werden sollen und bestimmt somit die Gesamtaufgabe der Organisation.
- Operative Planung: Die operative Planung setzt die strategische Planung in den einzelnen organisatorischen Einheiten um. Sie ist auf die laufenden Aktivitäten im Zusammenhang mit der Gesamtaufgabe der Organisation ausgerichtet. Im Mittelpunkt der operativen Planung steht die Formulierung der operativen Ziele, die sich unmittelbar auf die jeweiligen Tätigkeiten und Entscheidungen

innerhalb des Wertschöpfungsprozesses beziehen.

Die generelle Zielplanung sowie die strategische Planung sind Aufgaben des strategischen Managements. Diesen Planungsebenen liegt eine Metaperspektive zugrunde, die die Organisation in ihrer jeweiligen Organisationsumwelt als Ganzes betrachtet. Für die Konkretisierung des hierarchischen Entscheidungssystems haben diese Planungen somit keine wesentliche Bedeutung. Für die Zuweisung mittel- und kurzfristiger Aufgaben an die einzelnen organisatorischen Einheiten ist vor allem die operative Planung relevant. Im Folgenden soll aufgezeigt werden, welche Verfahren für eine Koordination der operativen Planung in der Organisation zur Verfügung stehen.

Ausgangspunkt der Diskussion bildet dabei eine Situation, in der es für die oberste Instanz einer Organisation ökonomisch nicht sinnvoll ist, die Aktivitäten aller Organisationsmitglieder zentral zu planen. Vielmehr delegiert die oberste Instanz die Planerstellung für einzelne organisatorische Einheiten an die jeweiligen Entscheidungsträger. Aufgrund der Interdependenzen zwischen diesen Einheiten stellt sich nun das Problem, dass diese Teilpläne aufeinander abgestimmt werden müssen. In diesem Kontext werden wir im Folgenden zunächst auf die laterale Koordination dieser Teilpläne eingehen und anschließend deren Koordination in vertikaler Dimension diskutieren.

Die laterale Koordination von Teilplänen auf derselben Hierarchieebene muss sich grundsätzlich an den Interdependenzen zwischen den betrachteten organisatorischen Einheiten orientieren. Entsprechend unseren Ausführungen in Kapitel 2 können wir dabei zwischen sequentiellen und simultanen Interdependenzen unterscheiden: Liegt eine sequentielle Interdependenz zwischen zwei Einheiten vor, dann ist die Planung der nachgeordneten Einheit abhängig von der Planung der vorgeordneten Einheit. Bei einer simultanen Interdependenz kann hingegen keine der beiden Einheiten ihre Planung auf den jeweiligen Plan der anderen Einheit konditionieren. Somit ergeben sich je nach Struktur der Interdependenzen bei mehr als zwei Einheiten grundsätzlich drei mögliche Planungsverfahren zur lateralen Koordination:

(1) Simultane Planung: Bestehen zwischen den organisatorischen Einheiten simultane Interdependenzen, dann sind die jeweils zu erstellenden Teilpläne gegenseitig voneinander abhängig und müssen aufeinander abgestimmt wer-

den. Für die laterale Koordination stehen dabei grundsätzlich alle oben diskutierten nicht-hierarchischen Koordinationsinstrumente zur Verfügung: Die Teilpläne können durch eine gemeinsame Abstimmung der beteiligten Instanzen in Form der Selbst- oder Gruppenabstimmung koordiniert werden. In diesen Fällen würden die Instanzen zunächst vorläufige Teilpläne erstellen, die sie dann gemeinsam in einem Gesamtplan aufeinander abstimmen. Oder die einzelnen Planungen der Einheiten erfolgen vollständig autonom und werden durch Transferpreise koordiniert.

(2) Sequentielle Planung: In diesem Fall werden die Teilpläne der verschiedenen Einheiten nacheinander festgelegt. Auf der Grundlage des ersten Plans erfolgt die sukzessive Erstellung der Teilpläne aller nachfolgenden Einheiten. Für den Gesamtplan aller Einheiten ist dabei von Bedeutung, dass eine vorgeordnete Einheit bei ihrer Planung auch die Konsequenzen ihrer Entscheidungen auf die nachgeordneten Einheiten berücksichtigt.

(3) Sequentielle Gruppenplanung: Im Allgemeinen werden zwischen den organisatorischen Einheiten sowohl simultane als auch sequentielle Interdependenzen bestehen. In diesem Fall kann eine Gesamtplanung durch eine gleichzeitige Anwendung der simultanen und sequentiellen Planung erfolgen. Bei diesem Planungsverfahren werden entsprechend den zugrundliegenden Abhängigkeiten alle organisatorischen Einheiten mit simultanen Interdependenzen in verschiedenen Plangruppen zusammengefasst. Innerhalb einer Plangruppe erfolgt die Abstimmung der simultanen Abhängigkeiten durch simultane Planung. Die zwischen den Plangruppen bestehenden sequentiellen Interdependenzen werden dann durch die sequentielle Planung einbezogen. Für die Gesamtabstimmung ist dabei entscheidend, dass der simultan erstellte Teilgruppenplan einer vorgeordneten Plangruppe die Planungen der nachfolgenden Plangruppen mitberücksichtigt.

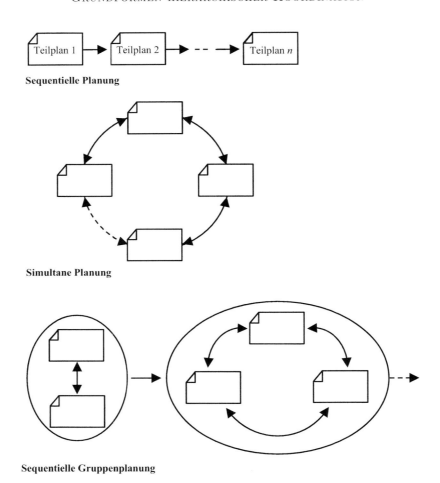

Abbildung 5.36: Verfahren zur horizontalen Koordination der Planung

Welches Planungsverfahren aufgrund der bestehenden Interdependenzen eingesetzt werden kann, ist entscheidend von der horizontalen Differenzierung der Organisation abhängig. Bei einer funktionsorientierten Stellenbildung kommt es im Allgemeinen zu simultanen Interdependenzen zwischen den einzelnen organisatorischen Einheiten, so dass eine simultane Planung das geeignete Planungsverfahren darstellt. Bei einer prozessorientierten Stellenbildung sind hingegen die Interdependenzen zwischen den Aufgabenträgern eher sequentiell, so dass auch die Planung in der Regel sequentiell durchgeführt werden kann.

Im Allgemeinen werden natürlich größere organisatorische Einheiten immer simultan interdependent sein: Dies ergibt sich unmittelbar aus der horizontalen Differenzierung, bei der die Gesamtaufgabe der Organisation durch Segmentierung in simultan bearbeitbare Teilaufgaben zerlegt wurde. Daher muss die Gesamtplanung in einer Organisation simultan durchgeführt werden. Allerdings kann es aufgrund der Komplexität dieser Planung sinnvoll sein, bestehende simultane Abhängigkeiten als sequentiell zu unterstellen. In diesem Fall wird eine Rangordnung unter den organisatorischen Einheiten erstellt, die dann der Erstellung der einzelnen Teilpläne zugrundeliegt. Inwieweit eine solche Vereinfachung der Planungsanforderungen ökonomisch sinnvoll ist, hängt von den relativen Vor- und Nachteilen einer sequentiellen Planung gegenüber einer simultanen Planung ab. Folgender zentraler Vorteil der sequentiellen Planung ist hier zu nennen:

- Geringere Abstimmungskosten: Aufgrund der Komplexität der Gesamtplanung ist es im Allgemeinen kaum möglich, alle Interdependenzen zwischen den einzelnen organisatorischen Einheiten gleichzeitig zu berücksichtigen. Aber selbst bei einer eingeschränkten Berücksichtigung der Interdependenzen sind die Kosten einer simultanen Planung im Allgemeinen sehr hoch. Zudem können die Probleme, die wir bereits bei der lateralen Koordination diskutiert haben, zusätzliche Kosten verursachen.

Im Unterschied dazu ist die Komplexität einer sequentiellen Planung wesentlich geringer. Hier kann eine nachgeordnete Einheit ihre Planung auf den Vorgaben aufbauen, die der Plan der vorlagerten Einheiten setzt, ohne die Interdependenzen zu dieser Einheit weiter berücksichtigen zu müssen. Dies ist alleinige Aufgabe der vorgeordneten Einheit. Die mit der sequentiellen Planung verbundenen Kosten sind somit niedriger als bei einer simultanen Planung.

In einer Unternehmung erfolgt so im Allgemeinen die Erarbeitung der Unternehmensplanung trotz vielfältiger Interdependenzen zwischen den einzelnen Abteilungen auf der Grundlage einer sequentiellen Planung: Priorität bei der Planung wird dabei derjenigen Abteilung zugesprochen, die innerhalb des Wertschöpfungsprozesses der Unternehmung einen Engpassbereich darstellt, also durch die knappsten Kapazitäten gekennzeichnet ist. Dies kann z.B. die Absatzabteilung sein, wenn die Nachfrage nach standardisierten Produkten der Unternehmung gering ist und im Produktionsbereich keine Produktionsengpässe zu erwarten sind. In diesem Fall erstellt dann diese Abteilung einen Absatzplan alleine auf Grundlage einer Prognose der Absatzentwicklungen. Als zweiter Teilplan wird dann der Produktionsplan erarbeitet, darauf wiederum aufbauend der Beschaffungsplan, gefolgt von den anderen Plänen.

Diesem Vorteil stehen allerdings auch Nachteile gegenüber, die eine sequentielle Planung im Vergleich zu einer simultanen Planung hat. Hier sind im Wesentlichen zwei Punkte zu nennen:

- Reduzierte Gesamtkoordination: Bei der sequentiellen Planung werden bestehende Interdependenzen zwischen den verschiedenen Einheiten im Allgemeinen weniger umfassend berücksichtigt als bei einer simultanen Planung. So müsste jede vorgeordnete Instanz bei der Erstellung ihres Teilplans die Auswirkungen ihrer Planung auf die nachgeordneten Einheiten mit einzubeziehen. Für die Instanz, die den ersten Teilplan erstellt, impliziert dies die Berücksichtigung aller Interdependenzen der anderen Einheiten und wäre so identisch mit einer simultanen Planung durch eine zentrale Instanz. Diesem Vorgehen sind allerdings nicht nur aufgrund der begrenzten Rationalität Grenzen gesetzt, sondern auch, weil eine vorgeordnete Instanz keine genaue Kenntnis über ihre Interdependenzen mit anderen Einheiten hat. In diesem Fall ist der von ihr erstellte Teilplan suboptimal, da diese Abhängigkeiten bei der eigenen Planerstellung falsch eingeschätzt oder ignoriert wurden.

Eine Möglichkeit, die einzelnen Teilpläne im Hinblick auf bestehende Interdependenzen besser abzustimmen, besteht in einer iterativen sequentiellen Planung. Im Beispiel der Unternehmensplanung wird so in der Regel eine mehrmalige Iteration des Planungsverfahrens durchgeführt: In einer ersten Planungsrunde erstellt der Engpassbereich der Unternehmung zunächst einen vorläufigen Teilplan. Auf der Basis dieses Plans erstellen dann die nachfolgenden Abteilungen ebenfalls sukzessive ihre vorläufigen Teilpläne. Der sich dadurch ergebende Gesamtplan offenbart dann die Konsequenzen des Ausgangsplans und kann entsprechend den Unternehmenszielen revidiert werden. Dadurch wird eine neue Planungsrunde eingeleitet. Iterativ wird so versucht, die Interdependenzen zwischen den einzelnen Unternehmensbereichen sukzessive zu erfassen und die einzelnen Teilpläne zu einem optimalen Gesamtplan abzustimmen. Allerdings steigen natürlich mit jeder Planungsrunde die Kosten für die Erstellung

des Gesamtplans.
- Erhöhte Ausnutzung strategischen Verhaltens: Bei der sequentiellen Planung stellt der Plan einer vorgelagerten Einheit für die Planung der nachgelagerten Instanz eine feste Größe dar. Für ihre Planerstellung muss sie diesen Teilplan als gegeben hinnehmen. Daraus können sich zwei Probleme ergeben: Zum einen kann die Instanz im Allgemeinen nicht beurteilen, inwieweit der Plan der vorgelagerten Einheit den organisatorischen Zielen tatsächlich entspricht. Die vorgeordnete Einheit wird private Informationen über ihren Bereich besitzen, die in die Erstellung ihres Teilplan eingeflossen sind. Somit besteht aber die Gefahr, dass die Einheit bei der Planerstellung suboptimale Entscheidungen für die Organisation trifft, um ihre eigenen Interessen durchzusetzen. Aufgrund der asymmetrischen Informationsverteilung besteht hier keine Möglichkeit für die nachgeordneten Einheit, diesen Plan unmittelbar auf seine Konformität hin zu verifizieren. Zum anderen besteht aber selbst bei symmetrischen Informationen die Gefahr, dass die vorgelagerte Einheit ihre eigenen Interessen durchsetzt: Indem sie durch ihren Teilplan verbindliche Rahmenbedingungen für die Planungen der nachfolgenden Einheiten setzt, kann sie deren Entscheidungsverhalten zu ihren eigenen Gunsten beeinflussen. Dieser Vorteil wird in der Literatur auch als First-mover-advantage bezeichnet.

Im Unterschied dazu besteht zwar bei einer simultanen Planung bzw. bei der iterativen sequentiellen Planung grundsätzlich auch die Gefahr der adversen Selektion, allerdings muss eine vorgelagerte Einheit je nach dem zugrundeliegenden Abstimmungsverfahren ihren Teilplan transparent und glaubwürdig machen. Zudem ist bei beiden Planungsverfahren ein strategisches Handeln durch Ausnutzung des First-mover-advantage nur eingeschränkt möglich. Allerdings sind auch diese Abstimmungsverfahren offen für strategische Ausnutzung, wenn sie z.B. nicht die Offenlegung privater Information erzwingen.

Die aufgezeigten Vor- und Nachteile der sequentiellen Planung gegenüber der simultanen Planung lassen vermuten, dass bei Planungsproblemen mit vielfältigen Interdependenzen zwischen den beteiligten Einheiten eine iterative sequentielle Planung ein geeignetes Planungsverfahren auf lateraler Ebene darstellt: Eine simultane Planung ist aufgrund der Planungskomplexität ausgeschlossen bzw. mit zu hohen Kosten verbunden, eine einmalige sequentielle Planung führt zu einem für die Gesamtorganisation unbefriedigenden Ergebnis.

Allerdings kann bei der iterativen sequentiellen Planung die Anzahl der Iterationsschritte, die für eine adäquate Gesamtplanung notwendig sind, sehr hoch sein. Um hier die Planungsrunden und somit die Abstimmungskosten zu reduzieren, kann es sinnvoll sein, die horizontale Koordination der Pläne durch eine vertikale Koordination zu ergänzen: In diesem Fall unterstützt die Instanz, die den betroffenen Einheiten übergeordnet ist, den Planungsprozess mit ihrem spezifischen Wissen über die Interdependenzen. Dies kann natürlich auch bei einer simultanen Planung vorteilhaft sein und zu einer Reduzierung der Abstimmungskosten führen.

Die vertikale Koordination von Plänen kann dabei durch verschiedene Planungsverfahren erfolgen. Je nachdem, in welcher Weise die einzelnen Instanzen in den Planungsprozess eingebunden sind, können drei vertikale Verfahren unterschieden werden:

(1) Retrograde Planung: In diesem Fall verläuft die Planung hierarchisch von oben nach unten. Eine vorgesetzte Instanz legt dabei den Gesamtplan für die nachgeordneten Einheiten fest. Aufgrund der begrenzten Rationalität der Instanz sowie ihres fehlenden spezifischen Wissens erfolgt die Festlegung des Gesamtplans in Form eines unvollständigen Rahmenplans. Die Planungsvorgaben legen noch nicht die tatsächlichen Teilpläne der einzelnen Einheiten fest, sondern spezifizieren lediglich die Rahmenbedingungen, innerhalb derer die Einheiten ihre eigenen Teilpläne erstellen können. Über mehrere Ebenen erfolgt somit eine sukzessive Präzisierung der Planung. In der Literatur wird dieses Verfahren auch als Top-Down Planung bezeichnet.

(2) Progressive Planung: Hier verläuft die Planung hierarchisch von unten nach oben. Die mit der Planungsdurchführung beauftragten Instanzen erarbeiten hierbei zunächst für ihre jeweiligen Aufgabenbereiche konkrete Teilpläne. Diese Teilpläne leiten sie als Vorschlag an ihre vorgesetzte Instanz weiter, die dann die Teilpläne aufeinander abstimmt. Bei einem Planungsprozess, der über mehrere Ebenen verläuft, erfolgt so eine sukzessive Abstimmung der Planungen in einen integrierten Gesamtplan. Nach der Erstellung des Gesamtplans durch die oberste Instanz werden dann die einzelnen Instanzen auf den nachgeordne-

ten Hierarchieebenen über ihre jeweiligen abgestimmten Teilpläne informiert. Dieses Verfahren wird auch als Bottom-Up Planung bezeichnet.

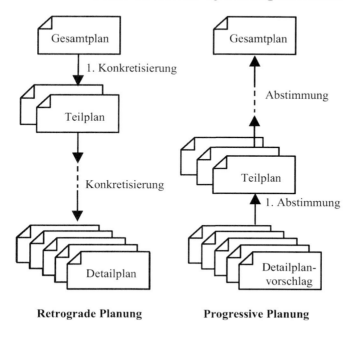

Abbildung 5.37: Verfahren zur vertikalen Koordination und Planung; retrograde und progressive Planung

(3) Gegenstromplanung: Dieses Planungsverfahren vereint die retrograde und progressive Planung in einem Planungsprozess. Ausgangspunkt der Planung ist ein von der obersten Instanz erstellter Rahmenplan. Dieser Plan wird als Entwurf in die verschiedenen Teilpläne zerlegt und den nachgeordneten Instanzen vorgelegt. Diese konkretisieren ihren jeweiligen Teilplan auf der Grundlage ihrer spezifischen Informationen, prüfen gleichzeitig aber auch dessen Realisierbarkeit. Verläuft der Top-Down Prozess über mehrere Ebenen, erfolgt so eine stufenweise Präzisierung des Rahmenplans. Nach der Konkretisierung auf der untersten Hierarchieebene beginnt dann der Bottom-Up Rücklauf. Die einzelnen Teilpläne werden dabei sukzessive korrigiert und in jeweils übergeordneten Plänen integriert. Somit entsteht auf der obersten Ebene ein abgestimmter

Gesamtplan. Unter Umständen kann dieser Planungsprozess in einem weiteren Durchlauf verbessert werden. Dieses Verfahren ist in der Literatur auch als Top-Down/Bottom-Up Planung bekannt.

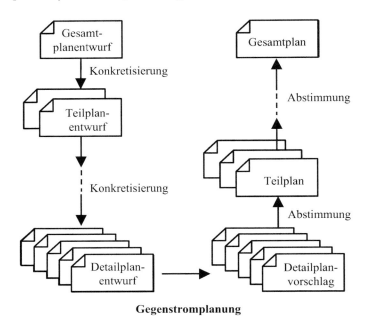

Abbildung 5.38: Verfahren zur vertikalen Koordination und Planung; Gegenstromplanung

Jedes dieser Planungsverfahren zur hierarchischen Koordination hat spezifische relative Vor- und Nachteile gegenüber den anderen Verfahren. Betrachten wir zunächst die retrograde bzw. progressive Planung: Da der Planungsprozess als vertikaler organisatorischer Entscheidungsprozess verstanden werden kann, stellt sich die Frage, in welchem Umfang eine übergeordnete Instanz ihren nachgeordneten Entscheidungsträgern Entscheidungskompetenzen bei der Erstellung ihrer Teilpläne übertragen sollen. Bei der retrograden Planung erfolgt hier eine zentrale Erstellung der Rahmenvorgaben der einzelnen Teilpläne, während bei einer progressiven Planung die dezentral erstellten Teilpläne zentral integriert werden. Bei der progressiven Planung räumt die übergeordnete Instanz ihren nachgeordneten Entscheidungsträgern also eine größere Entscheidungskompetenz ein als bei der retrograden

Planung. Für den Vergleich zwischen den ersten beiden Planungsverfahren können also dieselben Vor- und Nachteile herangezogen werden, die wir bei der Abwägung zwischen einer Entscheidungszentralisierung und einer Entscheidungsdezentralisierung bereits herausgearbeitet haben. Daraus folgt insbesondere, dass eine Organisation mit einer Entscheidungszentralisierung im Allgemeinen eine Top-Down Planung anwenden wird, während bei einer Entscheidungsdezentralisierung auch die Vorteile der Bottom-Up Planung überwiegen.

Im Unterschied zur Diskussion der geeigneten Entscheidungsdelegation können bei der Frage nach dem geeigneten Planungsverfahren allerdings die Vorteile sowohl der Entscheidungszentralisierung als auch der Entscheidungsdezentralisierung in einem Verfahren genutzt werden. Dies ist der Ansatz der Gegenstromplanung. Gegenüber den anderen beiden Verfahren hat dieser Planungsprozess die folgenden Vorteile:

- Nutzung des lokalen spezifischen Wissens: Durch die sukzessive Konkretisierung und Überprüfung der Realisierbarkeit des vorläufigen Rahmenplans im Top-Down Vorlauf und Bottom-Up Rücklauf kann das jeweilige spezifische Wissen der Instanzen insbesondere auf den unteren Hierarchieebenen umfassend und kostengünstig genutzt werden. Es besteht so nicht wie bei der retrograden Planung die Notwendigkeit, spezifische Informationen der nachgeordneten Instanzen erst zu verdichten und dann zur Erstellung eines Rahmenplans an die oberste Instanz weiterzuleiten.

- Verbesserte Qualifikation der Mitarbeiter: Ebenfalls im Unterschied zur retrograden Planung wird bei der Gegenstromplanung eine größere Identifikation der nachgeordneten Instanzen mit der Planung erzielt. Aufgrund der Entscheidungskompetenzen bei der Plankonkretisierung können die nachgeordneten Instanzen die jeweils vorgeschlagenen Teilpläne eigenständig auf ihre Realisierbarkeit hin überprüfen und entsprechende Änderungen vornehmen. Dies kann die Motivation der eingebundenen Mitarbeiter fördern und gibt ihnen zudem Einblicke in die Aufgaben übergeordneter Instanzen.

- Verbesserte Gesamtkoordination: Bei der progressiven Planung wird eine Instanz bei der Erstellung ihres Teilplans im Allgemeinen nicht die Interdependenzen mit anderen organisatorischen Einheiten derselben hierarchischen Ebene berücksichtigen können, da sie die hierzu notwendigen Kenntnisse nur unzureichend besitzt. Durch den Top-Down Vorlauf und Bottom-Up Rücklauf werden diese Abhängigkeiten stufenweise erkennbar gemacht bzw. können sukzessive mit in die Erstellung eines integrierten Gesamtplans einbezogen werden.

Diesen Vorteilen der Gegenstromplanung stehen auch Nachteile gegenüber. Hier ist insbesondere auf folgenden Aspekt hinzuweisen:

- Bindung zusätzlicher Managementkapazitäten: Die Gegenstromplanung kann eine erhebliche Einbindung der beteiligten Instanzen erfordern. Jede Instanz muss hier im Top-Down Vorlauf zunächst den vorgeschlagenen Rahmenplan für ihren Bereich konkretisieren und auf seine Realisierbarkeit hin überprüfen. Dazu steht ihr allerdings nicht das jeweilige spezifische Wissen der nachgeordneten Instanzen zur Verfügung, so dass auch ihre Planung provisorischen Charakter hat. Beim Bottom-Up Rücklauf muss sie dann die korrigierten Teilpläne der nachgeordneten Instanzen abschließend aufeinander abstimmen. Somit ist eine Instanz wesentlich stärker in den vertikalen Planungsprozess einbezogen als bei dem retrograden oder progressiven Verfahren. Dies gilt insbesondere dann, wenn die Gegenstromplanung in mehreren Phasen durchlaufen wird.

5.2.6 Die Gestaltung des Informations- und Kommunikationssystems

Jede Koordination zwischen verschiedenen Einheiten innerhalb einer Organisation erfordert entsprechende Informationen. Dies gilt sowohl für die vertikale als auch für die laterale Koordination: Damit im ersten Fall die Instanz die Aktivitäten ihrer Mitarbeiter geeignet aufeinander abstimmen kann, benötigt sie deren spezifisches lokales Wissen. Ohne die Übermittlung dieser verteilten Informationen ist hier eine abgestimmte Konkretisierung der Entscheidungs- und Tätigkeitsspielräume jedes einzelnen Mitarbeiters im Hinblick auf die organisatorischen Ziele nicht adäquat möglich. Auch im zweiten Fall der lateralen Koordination ist die Übermittlung des spezifischen lokalen Wissens der einzelnen Mitarbeiter entscheidend für ihre Selbstkoordination. Eine wechselseitige Abstimmung kann hier nur dann gelingen, wenn allen Mitarbeitern alle relevanten Informationen zur Verfügung stehen.

Durch die Architektur einer Organisation sollte daher die umfassende Nutzung des spezifischen, lokal verteilten Wissens der Organisationsmitglieder ermöglicht werden. Dies setzt zwei Anforderungen an die geeignete Gestaltung: Zum einen müssen im Rahmen der Organisationsstruktur die entsprechenden Informationskanäle zwischen den Organisationsmitgliedern geschaffen werden. Dies ist eine Frage der Koordination der zur Verfügung stehenden bzw. zu beschaffenden Informationen. Zum anderen müssen die Organisationsmitglieder dazu bewegt werden, ihr spezifisches Wissen den jeweiligen Entscheidungsträgern auch zur Verfügung zu stellen bzw. entscheidungsrelevante Informationen zu beschaffen. Dies ist eine Frage der Motivation der Organisationsmitglieder zu einem zielkonformen Handeln. Im Folgenden soll vor allem der Aspekt der Gestaltung eines geeigneten Informations- und Kommunikationssystems behandelt werden.

Die Nutzung des spezifischen lokal verteilten Wissens der Organisationsmitglieder macht vertikale und laterale Informationskanäle und Kommunikationsstrukturen erforderlich. Die geeignete Gestaltung des damit verbundenen Informations- und Kommunikationssystems hängt dabei von der zugrundeliegenden Art der Koordination ab:

- Bei einer reinen vertikalen Koordination entscheidet die vorgesetzte Instanz über die Koordination aller ihr nachgeordneten organisatorischen Einheiten. Diese Koordination erfolgt über **vertikale Informationsverbindungen**. Insbesondere kann hier das Weisungs- und Planungssystems der Organisation zur Kommunikation der relevanten Informationen genutzt werden. So kommuniziert die Instanz Informationen zur Aufgabendurchführung des einzelnen Mitarbeiters durch Anweisungen. Die nachgeordnete Instanz ihrerseits kann ihre spezifischen, zur Koordination notwendigen Information, über diese vertikalen Informationsverbindungen an die vorgesetzte Instanz weiterleiten. Die Hierarchie der über- und untergeordneten Verhältnisse wird in diesem Fall also als Informationssystem genutzt. Die einzelnen Instanzen stellen Informationszentralen dar und sind die Knotenpunkte der Kommunikation.

- Wird die vertikale Koordination durch eine laterale Koordination ergänzt, dann ist die Abstimmung der Teilentscheidungen aufeinanderfolgender Einheiten Bestandteil der Entscheidungsdelegation der Instanz. Die laterale Koordination der Einheiten erfordert somit **laterale Informationsverbindungen**. Diese müssen dann unabhängig von dem Weisungs- und Planungssystem der Organisation gestaltet werden. Wenn so beispielsweise zwei Mitarbeiter, die im Produktionsprozess nachgelagert sind, ihre Tätigkeiten gemeinsam aufeinander abstimmen sollen, dann kann eine laterale Koordination z.B. durch einen direkten Kontakt zwischen den beiden Stellen erfolgen. Dies ermöglicht eine Abstimmung der Aufgabendurchführung des nachgelagerten Mitarbeiters auf die des vorgelagerten Kollegen, ohne dass der unmittelbare Vorgesetzte vertikal die Koordination übernimmt.

Die Möglichkeiten zur Gestaltung vertikaler Informationsverbindungen haben wir bereits eingehend im Zusammenhang mit den verschiedenen organisatorischen Gestaltungsalternativen diskutiert. Dabei sind wir auch bereits auf die Vor- und Nachteile der einzelnen Alternativen eingegangen. Im Folgenden sollen daher lediglich die grundsätzlich zur Verfügung stehenden vertikalen Informationsverbindungen unter dem Kommunikationsaspekt noch einmal zusammengefasst dargestellt werden:

- Persönliche Weisungen: Die vertikale Koordination erfolgt hier durch die direkte Kommunikation zwischen Mitarbeiter und Vorgesetztem. Als Informationsverbindung nimmt diese Alternative somit unmittelbar Bezug auf die hierarchischen unter- und übergeordneten Beziehungen in der Organisation. Wenn so z.B. ein Mitarbeiter ein unerwartetes Problem im Rahmen seiner Aufgabendurchführung hat, wendet er sich an seinen unmittelbaren Vorgesetzten und übermittelt die relevanten Informationen. Nach der Lösung des Entscheidungsproblems durch den Vorgesetzten erfolgt dann dessen Anweisung an den Mitarbeiter bezüglich der geeigneten Aufgabendurchführung.
- Programme: In dem Umfang, in dem sich die Aufgabendurchführung eines Mitarbeiters wiederholt, können generelle organisatorische Regelungen eingesetzt werden, die sein Verhalten im Vorhinein für bestimmte Situationen festlegt. In diesem Fall erfolgt also keine direkte Kommunikation zwischen einem Vorgesetzten und seinem Mitarbeiter. Letzterer weiß vielmehr aufgrund der durch das Programm bereitgestellten Informationen, welche Aktivitäten er grundsätzlich durchführen muss. Die Koordination des Mitarbeiters erfolgt in diesem Fall also im Wesentlichen ohne permanente Kommunikation.
- Pläne: Diese Alternative der vertikalen Informationsverbindung bedingt eine regelmäßige Kommunikation zwischen Vorgesetztem und Mitarbeiter. Dessen Aufgabendurchführung wird durch die Vorgabe von Zielen für eine bestimm-

te Periode konkretisiert. Grundlage hierfür können je nach eingesetztem Planungssystem periodische Berichte oder andere Informationen des Mitarbeiters sein. Diese werden im Allgemeinen durch ein vertikales, EDV-unterstütztes Informationssystem aufbereitet. In manchen Unternehmungen können so die Aktivitäten der Mitarbeiter auf einer wöchentlichen oder sogar täglichen Basis aufeinander abgestimmt werden. Innerhalb der jeweiligen Planungsperiode ist dann grundsätzlich keine weitere Kommunikation mehr notwendig. Nur wenn durch irgendwelche Probleme die vorgegebenen Ziele nicht mehr erreicht werden können, erfolgt die Abstimmung zwischen Mitarbeiter und Vorgesetztem durch persönliche Kommunikation.

- Stabsstellen: Ist ein Vorgesetzter durch die vertikale Koordination seiner Mitarbeiter überlastet, kann eine Stabsstelle als zusätzliche vertikale Informationsverbindung eingerichtet werden. Entsprechend dem Stabsprinzip berät ein Stabsmitarbeiter den Vorgesetzten bei der Koordination der nachgeordneten Mitarbeiter. Durch seine Aufgabe der Informationsverdichtung kann so der Stab die für die Koordinationsentscheidung der Instanz notwendigen Informationen beschaffen und aggregieren.
- Zwischeninstanzen: In diesem Fall wird zusätzlich zur Stabsbildung die geschaffene Stelle mit Weisungsbefugnissen ausgestattet. Durch die Bildung dieser Zwischeninstanz als vertikale Informationsverbindung wird so der Koordinationsbedarf der Instanz reduziert. Die direkte Kommunikation mit den Mitarbeitern erfolgt dann durch die zusätzlichen Zwischeninstanzen. Lediglich übergeordnete Koordinationsprobleme werden von der nun obersten Instanz gelöst. In diesem Sinne stellen die Zwischeninstanzen Informationsmittler dar, die die Informationen der nachgeordneten Mitarbeiter aufnehmen und gebündelt nach oben weiterleiten. Sie zentralisieren die Informationsverarbeitung.

Die Gestaltung vertikaler Informationsverbindungen innerhalb einer Organisation kann unmittelbar auf die geeignete Gestaltung der vertikalen Koordination im Rahmen der organisatorischen Differenzierung zurückgeführt werden. Entweder eignen sich hierzu die verschiedenen hierarchischen Koordinationsmechanismen oder eine zusätzliche Bildung von Stellen oder Zwischenebenen kommt hier in Frage.

Im Unterschied dazu müssen bei der Gestaltung der lateralen Informationsverbindungen neue organisatorische Strukturen und Beziehungen in der Organisation aufgebaut werden. Die wechselseitige Abstimmung zwischen verschiedenen Mitarbeitern der Organisation erfolgt hier nicht vertikal entlang der hierarchischen Über- und Unterstellungsverhältnisse, sondern lateral zwischen Stelleninhabern, die keine unmittelbare hierarchische Beziehung zueinander besitzen. Im Folgenden wollen wir die verschiedenen Möglichkeiten solcher lateraler Informationsverbindungen vorstellen. Da wir auch hier die Vor- und Nachteile einzelner Alternativen bereits eingehend im Zusammenhang mit der lateralen Koordination von Organisationsmitgliedern diskutiert haben, beschränken wir uns dabei auf deren Darstellung unter dem spezifischen Aspekt der Kommunikation:[13]

- Direkter Kontakt: Bei dieser Informationsverbindung handelt es sich um die direkte Verbindung zwischen zwei Mitarbeitern, die ein gemeinsames Entscheidungsproblem lösen müssen. Die Beziehung kann dabei insbesondere über die Grenzen der unmittelbaren organisatorischen Einheiten, der die Mitarbeiter angehören, hinweg erfolgen:

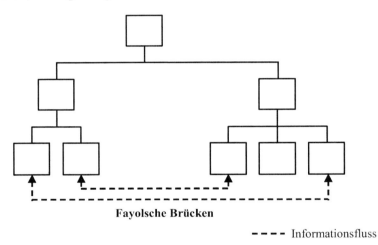

Abbildung 5.39: Laterale Informationsverbindungen durch Fayolsche Brücken

(1) Wenn eine Abstimmung von zwei Mitarbeitern aus verschiedenen organisatorischen Einheiten notwendig ist, erfolgt die Kommunikation nicht wie im strikten Einliniensystem über den ersten gemeinsamen Vorgesetzten, sondern unmittelbar zwischen den beiden Mitarbeitern, also an den vorgesetzten In-

stanzen vorbei. In der Literatur wird dieser Kommunikationsweg in Anlehnung an Fayol (1916) auch als Fayolsche Brücke bezeichnet.

- Verbindungsstellen: In diesem Fall wird aufgrund der Vielzahl von Abstimmungsproblemen zwischen zwei organisatorischen Einheiten ein spezieller Mitarbeiter damit beauftragt, die Kommunikation zwischen den beiden Einheiten zu vereinfachen. Er hat im Allgemeinen die Funktion eines Informationsmittlers und repräsentiert eine Einheit gegenüber der anderen organisatorischen Einheit. Dadurch können insbesondere Kommunikationsprobleme zwischen den Einheiten überwunden werden. Die Verbindungsstelle erleichtert diesen Informationsaustausch und fungiert als 'Dolmetscher'. Zudem werden durch eine solche Verbindungsstelle wiederum die ansonsten langen hierarchischen Kommunikationswege umgangen.

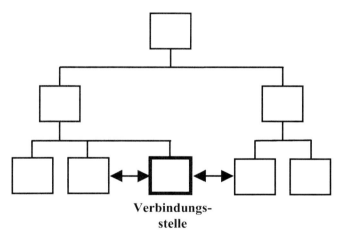

Abbildung 5.40: Laterale Informationsverbindungen durch Verbindungsstellen

Ein typisches Beispiel hierfür sind die EDV-Betreuer für Endbenutzer: In Unternehmungen, in denen viele Mitarbeiter ihre Aufgaben EDV-gestützt durchführen, werden diese meist durch einen EDV-Betreuer in ihren Anwendungen unterstützt. Der Betreuer ist hier nicht nur für generelle EDV-Probleme zuständig, sondern auch für die Implementation neuer Applikationen oder die Auswahl von Hard- und Software. Dabei befindet er sich im Allgemeinen direkt bei den Endbenutzern in deren Abteilungen und stellt somit eine Verbindung mit der eigentlichen EDV-Abteilung und ihren Spezialisten her. Somit kann er die Kommunikation zwischen den reinen EDV-Spezialisten und den Endbenutzern erleichtern.

- Projektgruppen: Während Verbindungsstellen immer nur die Kommunikation zwischen zwei organisatorischen Einheiten herstellen, besteht für größere Abstimmungsprobleme zwischen mehreren Einheiten der Bedarf nach umfassenderen Informationsverbindungen. Projektgruppen, die in der Literatur auch als Task Forces bezeichnet werden, stellen hier eine Lösung dar: Aus jeder organisatorischen Einheit ist ein Mitarbeiter Mitglied der Gruppe, die zeitlich begrenzt ein spezifisches Abstimmungsproblem zwischen den Einheiten bearbeiten. Die einzelnen Gruppenmitglieder unterbreiten ihren jeweiligen funktionalen Einheiten die Problemlösung. Inwieweit die Projektgruppe autonom eine Abstimmung herbeiführen kann, ist von ihren Entscheidungskompetenzen abhängig.

- Teams: Im Unterschied zu Projektgruppen sind Teams auf Dauer eingerichtete Verbindungseinrichtungen, die die Kommunikation zwischen mehreren organisatorischen Einheiten herstellen sollen. Je nach Koordinationsbedarf treffen sich die Teammitglieder mehr oder weniger regelmäßig. Entsprechend ihrer Entscheidungsautonomie lösen sie die anstehenden interdependenten Entscheidungsprobleme. Komplexere Probleme werden hierarchisch nach oben weitergeleitet.

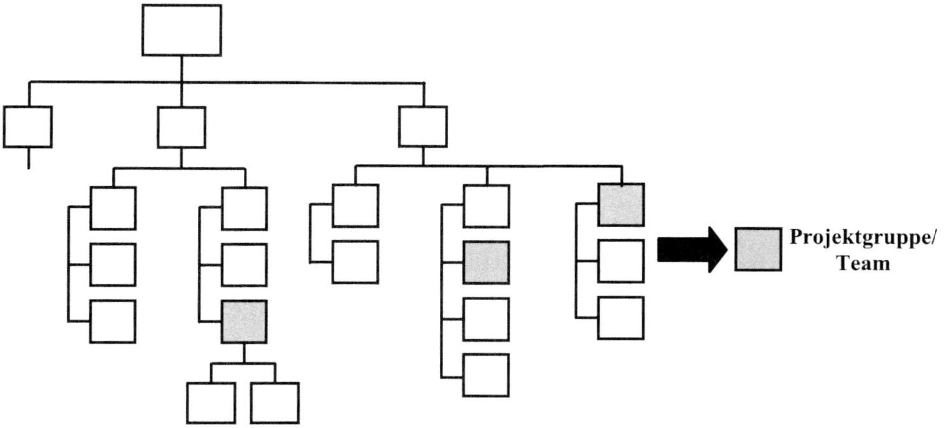

Abbildung 5.41: Laterale Informationsverbindungen durch Projektgruppen oder Teams

- Integrationsstellen: Um die Kommunikation zwischen verschiedenen organisatorischen Einheiten im Hinblick auf ihre wechselseitige Abstimmung zu verbessern, können auch Integrationsstellen gebildet werden. Integrationsstellen übernehmen im Allgemeinen die Verantwortung für einen spezifischen organisatorischen Entscheidungsprozess. Ihre Aufgabe ist es, die Abstimmung der verschiedenen Einheiten, die in diesen Prozess involviert sind, herzustellen. Insofern entlasten sie die ansonsten dafür zuständige Instanz. Im Unterschied zur Verbindungsstelle ist ein Integrator dabei während seiner gesamten Arbeitszeit mit der Abstimmung beschäftigt.

Die Entscheidungskompetenzen, die der Integrationsstelle zugewiesen sind, um das Verhalten der beteiligten Mitarbeiter der einzelnen Einheiten im Sinne einer Gesamtkoordination zu beeinflussen, können unterschiedlich ausgeprägt sein. Je nach dem zugrundeliegenden Gestaltungsprinzip lassen sich grundsätzlich drei Alternativen unterscheiden:

(1) Die entsprechende Stelle ist ohne Weisungskompetenzen gegenüber den Mitarbeitern in den Einheiten ausgestattet. In diesem Fall ist seine Stelle eine Stabsstelle. Nach Galbraith (1977, S.153) hat der Integrator die Aufgabe, "to bring the general-manager perspective to bear on joint-decision problems". Er führt so z.B. den Vorsitz bei gemeinsamen Gruppensitzungen

und bündelt Informationen aus den Einheiten. Durch seine Einflussmöglichkeiten zur höheren Ebene der Hierarchie, durch seine Kontrolle über Budgets oder durch sein Expertenwissen kann er versuchen, Einfluss auf die gemeinsame Abstimmung zu nehmen.

(2) In einer Erweiterung des Stabsprinzips kann weiterhin die Integrationsstelle mit Weisungskompetenzen gegenüber den Mitarbeitern der einzelnen organisatorischen Einheiten ausgestattet sein. Die Kompetenzen des Integrators sind dabei auf die entsprechenden Tätigkeiten innerhalb des speziellen organisatorischen Entscheidungsprozesses beschränkt, für dessen Koordination er zuständig ist. In diesem Sinne übernimmt der Integrator Aufgaben einer Instanz. Galbraith (1977, S.159) spricht in diesem Zusammenhang deshalb auch von einer 'managerial-linking role'. In unserer Terminologie liegt dieser Gestaltungsalternative das Richtlinienmodell zugrunde.

(3) In einer weiteren Ausprägung kann die Integrationsstelle auch als Matrixstelle ausgestattet sein. In diesem Fall hat der Integrator zusammen mit den jeweiligen Mitarbeitern aus den zu koordinierenden Einheiten gemeinsame Entscheidungskompetenzen über die Durchführung der Teilaufgaben innerhalb des Entscheidungsprozesses. Der Informations- und Kommunikationsaustausch ist hier im Allgemeinen maximal, da nun der Integrator mit den jeweiligen Mitarbeitern gemeinsam eine Abstimmung erzielen muss.

Die letzten Ausführungen zeigen, dass zwischen lateralen und vertikalen Informationsverbindungen enge Überschneidungen bestehen können. So kann einerseits eine Stabsstelle die vertikale Koordination verbessern, indem sie Informationen für die Instanz aufbereitet und verdichtet, sie kann aber andererseits auch für die laterale Koordination genutzt werden, indem sie primär den Informationsaustausch zwischen verschiedenen Einheiten erleichtert. Insofern kann die Stabsstelle auch als organisatorische Gestaltungsalternative verstanden werden, die eine Brücke zwischen vertikaler und lateraler Koordination herstellt.

Zudem lassen sich vertikale und laterale Informationsverbindungen natürlich auch im Rahmen eines einheitlichen organisatorischen Gestaltungskonzepts miteinander verbinden. Likert (1967) hat hierzu ein Modell überlappender Gruppen vorgeschlagen, das sowohl auf der Bildung von Gruppen zur lateralen Koordination aufbaut als auch die vertikale Koordination in Form hierarchischer Beziehungen ermöglicht. Im Einzelnen hat das Modell die folgenden Komponenten:

- Die Gesamtaufgabe der Organisation wird zunächst verschiedenen Arbeitsgruppen zugewiesen. Die Koordination der einzelnen Gruppen erfolgt durch einen Gruppenkoordinator, der als 'linking pin' für den Informationsaustausch zwischen der über- und untergeordneten Gruppe sorgt. Er stellt die vertikalen Informationsverbindungen her:

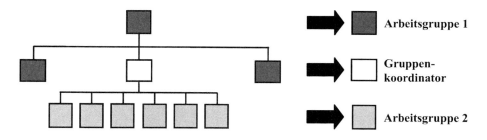

Abbildung 5.42: Der Gruppenkoordinator als vertikale Informationsverbindung im Modell von Likert

Der Gruppenkoordinator ist Mitglied in beiden Gruppen: Zum einen ist er Vorgesetzter in der hierarchisch untergeordneten Arbeitsgruppe, zum anderen einfaches Gruppenmitglied in der hierarchisch übergeordneten Gruppe. Somit soll sichergestellt werden, dass seine Gruppe mit ihren Vorschlägen und Entscheidungen in der nächsthöheren Entscheidungsebene entsprechend vertreten ist. Umgekehrt unterbreitet er seinen Gruppenmitgliedern auch die Entscheidungen und Pläne der nächsthöheren Entscheidungsebene. Der Informationsaustausch erfolgt durch ihn also in beide Richtungen.

- Um die Kommunikation zwischen mehreren Arbeitsgruppen zu ermöglichen, werden darüber hinaus laterale Gruppen gebildet. Likert spricht hier von 'cross function work groups', wenn der Informationsaustausch zwischen verschiedenen funktionsorientierten Arbeitsgruppen dauerhaft hergestellt werden soll. Sie entsprechen den oben genannten Teams. Besteht darüber hinaus noch ein besonderer Bedarf an Kommunikation und Informationsaustausch bei spezifischen Problemen, dann können 'cross linking-groups' die Organisationsstruktur ergänzen. Sie entsprechen den oben genannten Projektgruppen.

5.3 Aufgabenmerkmale und ihre Auswirkungen auf die organisatorische Gestaltung

In der bisherigen Diskussion zur organisatorischen Gestaltung eines hierarchischen Entscheidungssystems sind wir von einer gegebenen Gesamtaufgabe der Organisation ausgegangen. Wir haben zunächst untersucht, wie diese Aufgabe durch eine geeignete organisatorische Differenzierung so auf die Organisationsmitglieder verteilt werden kann, dass die Vorteile der Arbeitsteilung möglichst umfassend genutzt werden können. Wir haben anschließend gezeigt, wie der durch die Arbeitsteilung hervorgerufene Koordinationsbedarf durch den geeigneten Einsatz von Koordinationsinstrumenten gedeckt werden kann. Bei der Analyse haben wir dabei die Auswirkungen verschiedener Gestaltungsalternativen auf die damit verbundenen Produktions-, Koordinations- und Motivationskosten aufgezeigt.

Bei der Gegenüberstellung der relativen Vor- und Nachteile einzelner Alternativen haben wir die Rahmenbedingungen der organisatorischen Gestaltung, also die Merkmale der jeweiligen Organisationsaufgabe, nicht explizit berücksichtigt. Die Aufgabenmerkmale haben aber einen entscheidenden Einfluss auf die Kosten, die mit den jeweiligen Gestaltungsalternativen verbunden sind. Wenn z.B. die relativen Vorteile einer funktionsorientierten Stellenbildung gegenüber einer prozessorientierten Stellenbildung in der Ausnutzung von steigenden Skalenerträgen liegen, dann ist dieser Vorteil um so größer, je eher durch die Technologie, die der betrachteten Aufgaben zugrunde liegt, entsprechende Produktionskosten eingespart werden können. In diesem Fall hat also die Technologie als Aufgabenmerkmal gravierende Auswirkungen auf die absoluten Vorteile einer funktionsorientierten Stellenbildung gegenüber einer prozessorientierten Stellenbildung.

Im Folgenden wollen wir nun systematisch aufzeigen, welchen Einfluss die Aufgabenmerkmale einer Organisation auf ihre organisatorische Gestaltung haben. In den seltensten Fällen wird dabei die Gesamtaufgabe einer Organisation eine in sich homogene Aufgabe sein. Vielmehr werden die durch die organisatorische Differenzierung gebildeten Teilaufgaben typischerweise verschiedenartig sein. Daher werden auch die damit beauftragten organisatorischen Einheiten in ihrer organisatorischen Struktur unterschiedlich sein. Aufgaben im Forschungs- und Entwicklungsbereich einer Unternehmung haben andere Merkmale als Aufgaben im Produktionsbereich. Folglich ist nicht zu erwarten, dass die F&E-Abteilung der Unternehmung organisatorisch genauso gestaltet ist wie die Produktionsabteilung.

Der Ausgangspunkt der nachfolgenden Diskussion ist daher nicht die Gesamtaufgabe einer Organisation, sondern einzelne, daraus abgeleitete Teilaufgaben. Dabei kann es sich im Extremfall um einzelne Elementarverrichtungen im Zusammenhang mit dem organisatorischen Wertschöpfungsprozess handeln. Die Teilaufgaben können aber auch größere Aufgabenbereiche umfassen. Im ersten Fall würden wir dann die Auswirkungen der Verrichtungsmerkmale auf die Arbeitsgestaltung untersuchen, im zweiten Fall wäre die Gestaltung größerer organisatorischer Einheiten Gegenstand der Analyse.

Betrachten wir die Durchführung der Teilaufgabe, die eine organisatorische Einheit im Rahmen der organisatorischen Wertschöpfung übernimmt, als Teil einer Transaktion, die sie im Auftrag einer vorgeordneten Instanz durchführt, dann können wir die Merkmale einer Aufgabe unmittelbar auf die in Kapitel 2 spezifizierten Merkmale einer Transaktion beziehen. Zudem wird eine Teilaufgabe natürlich durch die Technologie bestimmt, die für ihre Durchführung zur Verfügung steht. Somit lässt sich eine Aufgabe anhand der folgenden sechs Merkmale charakterisieren:

- Spezifität der zur Durchführung der Aufgabe notwendigen Investitionen
- Unsicherheit, die mit der Aufgabe verbunden ist
- Häufigkeit der Aufgabendurchführung
- Messbarkeit der durch die Aufgabenerfüllung geschaffenen Werte
- Interdependenzen mit anderen Aufgaben
- Technologie, die zur Aufgabendurchführung zur Verfügung steht

Im Folgenden werden wir die Auswirkungen dieser sechs Merkmale auf die organisatorische Gestaltung näher untersuchen.

5.3.1 Spezifität der Investitionen

Die Höhe der spezifischen Investitionen, die zur Durchführung einer Transaktion notwendig sind, hatten wir in Kapitel 4 als entscheidende Größe für die geeignete

Gestaltung der Koordination zwischenbetrieblicher Kooperationen herausgearbeitet. Insbesondere hatten wir das Ergebnis hergeleitet, dass die Wahrscheinlichkeit für eine hierarchische Koordination einer Transaktion um so größer ist, je höher die transaktionsspezifischen Investitionen sind.

In der folgenden Diskussion nehmen wir daher an, dass der Umfang an transaktionsspezifischen Investitionen, die ein Organisationsmitglied oder eine organisatorische Einheit im Hinblick auf die Aufgabenerfüllung machen müssen, eine hierarchische Koordination rechtfertigt. Unter dieser Voraussetzung untersuchen wir, welchen Einfluss transaktionsspezifische Investitionen innerhalb der Hierarchie auf die geeignete Koordination der Aufgabe haben.

In einer Organisation sind dabei die humankapitalspezifischen Investitionen von Bedeutung. Diese beziehen sich auf Situationen, in denen ein Organisationsmitglied oder eine Gruppe von Mitarbeitern Fähigkeiten, Wissen oder Informationen akquiriert hat, die innerhalb seiner Arbeitsbeziehung einen größeren Wert haben als außerhalb der Organisation. Dieser Aufbau von spezifischem Humankapital betrifft nicht nur materielle Werte, wie z.B. den Umgang mit einem firmenspezifischen EDV-System, sondern umfasst auch immaterielle Werte. Hierzu zählt beispielsweise die Kenntnis spezifischer firmeninterner Routinen oder Handbücher oder die eingespielte Zusammenarbeit zwischen verschiedenen Gruppenmitgliedern.

Spezifisches Humankapital unterscheidet sich somit von dem Fachwissen, das ein Organisationsmitglied erworben hat. Zwar setzt auch Fachwissen eine Investition in Humankapital voraus, allerdings kann diese Investition von dem Aufgabenträger am Arbeitsmarkt geltend gemacht, also auch in anderen Organisationen eingesetzt werden. Insbesondere ist dieses Fachwissen im Allgemeinen durch entsprechende Qualifikationen nachgewiesen. Im Unterschied dazu ist spezifisches Humankapital nur in einem sehr eingeschränkten Umfang in anderen Organisationen einsetzbar. Es wurde von seinem Träger in der spezifischen Organisation durch die Interaktion mit anderen Organisationsmitgliedern erworben und kann nicht in den Arbeitsmarkt eingebracht werden.

Hohe humankapitalspezifische Investitionen führen somit zu einer zweiseitigen Abhängigkeit zwischen dem Organisationsmitglied und der Organisation. Einerseits kann die Investition nicht von dem Mitarbeiter außerhalb der Organisation verwertet werden, andererseits gibt es für seine Stelle weder in der Organisation noch auf dem Arbeitsmarkt eine alternative Person, die ohne zusätzliche Ausbildung die Stelle besetzen könnte. Dabei ist die obige Unterscheidung zum Fachwissen wichtig: Ein Mitarbeiter, der in einer Unternehmung sehr qualifiziert ist, kann einfach ersetzbar sein, wenn er kein spezifisches Humankapital aufgebaut hat. Ein Mitarbeiter hingegen, der eine niedrige Qualifikation hat, der aber durch seine Arbeit organisationsspezifisches Wissen erworben hat, ist nicht so einfach zu ersetzen.

Den Zusammenhang zwischen den humankapitalspezifischen Investitionen eines Organisationsmitglieds und seiner hierarchischen Einbindung in die Organisation können wir nun analog zur Argumentation im letzten Kapitel herleiten: Humankapitalspezifische Investitionen sind aufgrund der Unvollständigkeit des Arbeitsvertrages problematisch, da sie opportunistisches Verhalten des Aufgabenträgers ermöglichen. Um innerhalb der Hierarchie mögliches opportunistisches Verhalten einzuschränken, müssen daher spezifische Steuerungs- und Kontrollmechanismen eingesetzt werden. Ein Fehlverhalten kann so direkt aufgedeckt und korrigiert werden. Je höher also die spezifischen Investitionen eines Organisationsmitglieds sind, desto eher wird seine Aufgabendurchführung hierarchisch von seiner vorgesetzten Instanz gesteuert und kontrolliert.

Dies hat unmittelbar Einfluss auf die organisatorische Differenzierung und die individuelle Arbeitsgestaltung: Aufgrund der engen Kontrolle und Koordination der Aktivitäten eines Mitarbeiters durch seinen Vorgesetzten kann es sinnvoll sein, ihm auch andere Tätigkeiten zuzuordnen, die ähnliche Koordinations- und Motivationsmaßnahmen erfordern. Dadurch kann der Vorgesetzte Synergien bei seinen organisatorischen Entscheidungen nutzen.

Zudem kann es sinnvoll sein, Mitarbeiter oder organisatorische Einheiten, die signifikante transaktionsspezifische Investitionen teilen, in einer größeren Einheit zusammen zu gruppieren. Zum einen kann so das spezifische Humankapital der Mitarbeiter gemeinsam genutzt werden, z.B. wenn die einzelnen Mitarbeiter spezifische Informationen oder spezifisches Wissen teilen. Hierdurch können insbesondere Komplementaritäten zwischen den Aktivitäten der einzelnen Mitglieder genutzt werden. Zum anderen kann durch diese Gruppierung auch die Koordination zwischen den Mitgliedern verbessert werden. Teilen die Mitarbeiter nämlich humankapitalspezifische Investitionen, so können diese nur dann wertmaximierend genutzt werden, wenn die Abstimmung zwischen den Mitarbeitern funktioniert. Die Bildung einer größeren Einheit mit einer vorgesetzten Instanz kann dies ermöglichen. Weiterhin kann durch eine solche Maßnahme die Abhängigkeit der Organisation von den einzelnen Organisationsmitgliedern verringert werden.

Andererseits kann bei organisatorischen Einheiten, in denen die Mitarbeiter keine großen transaktionsspezifischen Investitionen getätigt haben, die Abstimmung zwischen den Mitgliedern der Einheit durch Selbstkoordination erfolgen. In diesem Fall sind nämlich die mit Verhandlungen verbundenen Transaktionskosten relativ niedrig, so dass entsprechend unseren Ausführungen zur lateralen Koordination eine effiziente Koordination durch Selbstkoordination in der Einheit möglich ist.

5.3.2 Unsicherheit der Aufgabe

Die Unsicherheit, die mit der Transaktion verbunden ist, hatten wir in die beiden Dimensionen Komplexität und Dynamik der Umwelt zerlegt. Die Komplexität der Umwelt bezog sich auf die situativen Rahmenbedingungen der Transaktion und war durch die Heterogenität und die Anzahl der externen Faktoren, die für die Transaktion relevant sind, definiert. Die Dynamik der Umwelt war ein Maß für die zeitliche Stabilität der für die Transaktion relevanten Umweltfaktoren.

Bezogen auf die Gesamtaufgabe einer Organisation bzw. auf die Teilaufgabe einer organisatorischen Einheit können wir diese beiden Dimensionen wie folgt interpretieren: Die Komplexität einer Aufgabe gibt an, inwieweit die Aufgabendurchführung strukturiert werden kann. Je komplexer die Aufgabe ist, desto schwieriger ist es, die genaue Durchführung der Aufgabe zu spezifizieren. Die Dynamik einer Aufgabe bezieht sich dann auf die Aufgabenänderungen, die im Laufe der Zeit eintreten können. Je dynamischer die Aufgabe ist, desto eher treten unvorhersehbare Veränderungen bei der Erfüllung der Aufgabe ein. Die folgende Abbildung zeigt schematisch verschiedene Kombinationen der Komplexität und Dynamik einer Unternehmensaufgabe:

	Komplexität der Unternehmens-aufgabe	
	niedrig	hoch
Dynamik der Unternehmens-aufgabe hoch	Modehersteller, Musikindustrie-unternehmen	Telekommunika-tionsunternehmen, Elektronikbauteile-hersteller
niedrig	Bierproduzent, Nahrungsmittel-hersteller	Universität, Versicherungs-unternehmen

Abbildung 5.43: Klassifizierung der Unsicherheit, die mit einer Unternehmens-aufgabe verbunden ist – Beispiele

Betrachten wir nun zunächst die organisatorischen Gestaltungsalternativen, die die Organisation zur Anpassung an solche Unsicherheiten ihrer Umwelt besitzt. In Kapitel 1 haben wir gesehen, dass die Umwelt einer Organisation deren Wertschöpfung entscheidend beeinflusst. Daher muss im Rahmen des organisatorischen Entscheidungsverhaltens der exogenen Unsicherheit Rechnung getragen werden. Die mit den organisatorischen Entscheidungen verbundene Wertschöpfung ist hier immer abhängig von den zur Verfügung stehenden Informationen.[14]

Grundsätzlich benötigt die Organisation somit für jeden relevanten Bereich aus ihrer spezifischen Umwelt eine organisatorische Einheit, die die Veränderungen in den einzelnen Umweltelementen beobachtet, verwertet und gegebenenfalls weiterleitet. Zur Verringerung des Unsicherheitsproblems haben diese organisatorischen Einheiten zwei Aufgaben:[15]

- Erstens muss das Ausmaß der Unsicherheit reduziert werden. Dies berücksichtigt die erste Dimension der Unsicherheit und kann als Komplexitätsreduktion bezeichnet werden.
- Zweitens muss auf unvorhersehbare Veränderungen mit erhöhter Flexibilität reagiert werden. Dies entspricht der zweiten Dimension der Unsicherheit und

kann als Flexibilitätssteigerung bezeichnet werden.

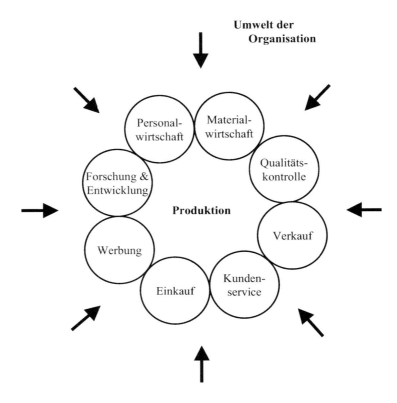

Abbildung 5.44: Verringerung der Umweltunsicherheit durch organisatorische Einheiten

Die obige Abbildung zeigt verschiedene organisatorische Einheiten einer Unternehmung, die zur Verringerung des Unsicherheitsproblems beitragen, das mit den Elementen ihrer spezifischen Umwelt verbunden ist. So wird z.B. in der Personalabteilung die Unsicherheit reduziert bzw. die Flexibilität erhöht, die mit der Besetzung von Stellen und der Ausbildung der Mitarbeiter verbunden ist. Die Materialwirtschaft ist für die Unsicherheitsbewältigung zuständig, die mit der Lagerhaltung, den Lieferanten oder dem Einkauf der Rohmaterialien zusammenhängt. Die Produktion in der Mitte der Abbildung bildet den technischen Kern der Organisation. Sie steht in keiner unmittelbaren Beziehung zur Umwelt und wird von allen anderen Einheiten vor Umweltunsicherheiten abgeschirmt.

Aus dieser Darstellung wird bereits klar, dass für die einzelnen organisatorischen Einheiten die Komplexität und Dynamik ihres jeweiligen spezifischen Umweltsystems sehr unterschiedlich sein kann. So kann beispielsweise die Forschungs- und Entwicklungsabteilung eines Pharmaunternehmens einer hohen Unsicherheit ausgesetzt sein, weil die therapeutischen Wirkungen einer neu entwickelten Zusammensetzung nur schwer vorherzusagen sind und ihre Forschung daher zum großen Teil auf dem Trial-and-Error Prinzip beruht. Auch die Gesetzgebung ist beispielsweise bezüglich der Testanforderungen ein relevanter Unsicherheitsfaktor. Diese Unsicherheiten haben aber im Allgemeinen keine unmittelbare Auswirkung auf andere organisatorische Einheiten, wie etwa die Personalabteilung. Vielmehr wird die Gestaltung ihrer Aufgabendurchführung von den spezifischen Unsicherheiten abhängen, die mit dem Arbeitsmarkt oder den Gewerkschaften zusammenhängen.

Wir werden im Folgenden annehmen, dass die betrachtete organisatorische Einheit einen bezüglich der Umweltunsicherheit homogenen Aufgabenkomplex durchführt. Dies kann für das Beispiel des Pharmaunternehmens durchaus bedeuten, dass selbst die Forschungs- und Entwicklungsabteilung als Untersuchungseinheit ungeeignet ist. Bestehen für die einzelnen Aktivitäten innerhalb der Abteilung nämlich unterschiedliche Ausprägungen der Umweltdynamik oder -komplexität, dann kann hieraus keine einheitliche organisatorische Gestaltung abgeleitet werden.

Betrachten wir nun die Auswirkungen, die die mit einer Aufgabe verbundene Unsicherheit auf die organisatorische Gestaltung hat: In Kapitel 4 hatten wir gesehen, dass mit steigender Unsicherheit über die situativen Rahmenbedingungen einer Transaktion und deren künftige Entwicklung vertragliche Vereinbarungen immer unvollständiger werden, da nicht alle möglichen Eventualitäten berücksichtigt werden können. Auf die Durchführung einer Teilaufgabe durch eine organisatorische Einheit hat dies die folgenden Konsequenzen:

Für Teilaufgaben, die in einer komplexen Umwelt durchzuführen sind, kann keine exakte Spezifikation der jeweiligen Aufgabendurchführung von der Instanz vorgegeben werden. So kann der Leiter einer Forschungs- und Entwicklungsabteilung weder a priori festlegen, welche Informationen die Mitarbeiter für die Durchführung ihrer Forschungsaufgaben benötigen, noch wie diese die beschafften Informationen im Sinne des Forschungsziels verarbeiten sollen. Zudem stellen die Informationen, die die Organisationsmitglieder aus ihrer spezifischen Umwelt erhalten, spezifisches lokales Wissen dar. Dies hat zwei Konsequenzen:

- Zum einen steigen mit zunehmender Komplexität der Teilaufgabe die Vorteile, die für die Instanz mit einer Entscheidungsdelegation verbunden sind. Die dadurch zunehmende Gefahr eines opportunistischen Verhaltens muss dann aber durch den Einsatz spezieller Koordinations- und Motivationsmaßnahmen begrenzt werden.
- Zum anderen ist aber auch die Übermittlung des spezifischen Wissens an andere Mitarbeiter mit hohen Kosten verbunden. Die Bildung abgeschlossener Aufgabenkomplexe für den einzelnen Mitarbeiter reduziert diese Kosten. Zudem wird dadurch die Anreizgestaltung der Instanz erleichtert. Daher steigen mit zunehmender Komplexität der Teilaufgabe auch die Vorteile, die mit einer prozessorientierten Stellenbildung verbunden sind.

Umgekehrt ist bei einer geringen Umweltkomplexität a priori bekannt, welche Informationen für die Aufgabendurchführung relevant sind und wie sie zu beschaffen sind. In diesem Fall sind also die Vorteile einer Entscheidungsdezentralisierung gering – zumindest, wenn sich die Rahmenbedingungen der Aufgabe nicht zu stark im Zeitablauf ändern. Daher kann es für die Instanz vorteilhaft sein, durch eine Entscheidungszentralisierung eine bessere Abstimmung zwischen den nachgeordneten Mitarbeitern sicherzustellen und ihr zentrales Wissen für die Aufgabendurchführung einzubringen. Zudem verringert sich dadurch das Problem des moralischen Risikos.

Die zentrale Entscheidungsfindung macht auch eine funktionsorientierte Stellenbildung attraktiv: Da die Instanz aufgrund der geringen Umweltunsicherheit die Entscheidungen über die Aufgabendurchführung der einzelnen Mitarbeiter zentral trifft, stimmt sie gleichzeitig auch die Interdependenzen zwischen den einzelnen Mitarbeitern ab. Dadurch reduzieren sich aber die Nachteile, die eine funktionsorientierte Stellenbildung gegenüber der prozessorientierten Stellenbildung hat.

Bei Teilaufgaben, die in einer dynamischen Umwelt durchzuführen sind, hat die Instanz bei der Spezifikation der Aufgabendurchführung das Problem, dass sie nicht alle Aufgabenänderungen vorhersehen kann. So kann ein Einkaufsleiter a priori seinem Mitarbeiter für die Beschaffung eines Produkts nicht vorgeben, welche Qualitäten, Liefertermine, Preise und Lieferanten er wählen soll, wenn sich diese Größen aufgrund des Wettbewerbs oder anderer Faktoren permanent ändern. Wenn diese spezifischen Informationen aufgrund der Umweltdynamik direkt genutzt werden müssen, wären mit einer zentralen Entscheidungsfindung und einer Übermittlung der relevanten Informationen an die Instanz zu hohe Kosten verbunden. Auch in diesem Fall ist es dann vorteilhafter, dem Mitarbeiter eine entsprechende Entscheidungsautonomie zur eigenständigen Durchführung seiner Aufgaben zu übertragen. Ansonsten kann auch der Vorgesetzte zentral über die Aufgabendurchführung entscheiden, wenn die Kosten der Informationsübertragung hinreichend gering sind.

Findet hingegen die Aufgabendurchführung unter stabilen Rahmenbedingungen statt, ist wiederum die Komplexität der Aufgabe entscheidend für die organisatorische Gestaltung. Hier folgt die Argumentation den obigen Ausführungen zur Komplexität.

Zudem erlaubt eine geringe Komplexität und Dynamik der Aufgabe eine Standardisierung der Durchführung. Da sich nämlich die Rahmenbedingungen der Aufgabe zeitlich nur unwesentlich ändern, besteht nicht die Notwendigkeit seitens einer Instanz, sie durch laufende persönliche Anweisungen zu konkretisieren. Vielmehr bietet es sich an, aufgrund der wiederholten identischen Aufgabenstellung die Arbeitsaufgabe des Mitarbeiters zu standardisieren. Bei zu komplexen Aufgaben sind hier jedoch die Kosten der Standardisierung zu hoch, so dass in diesem Fall auf persönliche Weisungen oder die Selbstabstimmung zurückgegriffen werden muss.

Die folgende Abbildung fasst die Auswirkungen der Umweltunsicherheit auf die Gewichtung der relativen Vor- und Nachteile der einzelnen organisatorischen Gestaltungsalternativen zusammen:

	Komplexität der Aufgabe	
	niedrig	hoch
hoch	Entscheidungszentralisierung, funktionsorientierte Stellenbildung, persönliche Weisungen **oder** Entscheidungsdezentralisierung, prozessorientierte Stellenbildung, Selbstkoordination	Entscheidungsdezentralisierung, prozessorientierte Stellenbildung, Selbstkoordination
niedrig	Entscheidungszentralisierung, funktionsorientierte Stellenbildung, Standardisierung	Entscheidungsdezentralisierung, prozessorientierte Stellenbildung, Selbstkoordination, persönliche Weisungen

(Zeilenbeschriftung: **Dynamik der Aufgabe**)

Abbildung 5.45: Organisatorische Gestaltungsalternativen in Abhängigkeit von der Komplexität und Dynamik einer Aufgabe

Weitere Implikationen für die organisatorische Gestaltung ergeben sich aus der gemeinsamen Betrachtung der Unsicherheit, die mit einer Aufgabe verbunden ist, und den für die Aufgabendurchführung notwendigen humankapitalspezifischen Investitionen: Betrachten wir zunächst den Fall relativ unspezifischer Investitionen. Unabhängig von der Unsicherheit, die mit der Aufgabendurchführung verbunden ist, wird durch die leichte Ersetzbarkeit der Mitarbeiter eine Anreizwirkung durch den Arbeitsmarkt ausgeübt. Dadurch reduziert sich die Notwendigkeit interner Kontroll- und Anreizmechanismen. Die hierarchische Koordination wird also relativ schwach ausgeprägt sein – d.h. die Leitungsspanne der Instanz wird groß sein – und Entscheidungsdelegation mit Selbstkoordination der Mitarbeiter ist vorteilhaft.

Bei hohen humankapitalspezifischen Investitionen verschwindet jedoch die Anreizfunktion des Arbeitsmarktes. Spezielle Kontroll- und Steuerungsmechanismen für den Vorgesetzten sind nun notwendig, um die Gefahr des strategischen Verhaltens der Mitarbeiter und die Ausnutzung ihrer Eigeninteressen zu unterbinden. Mit steigendem Grad an Unsicherheit über die Rahmenbedingungen der Aufgabe und deren künftige Entwicklung kommt neben diesem Motivationsproblem für die Instanz auch die Steuerung der Koordination der Mitarbeiter hinzu. Statt der Entscheidungszentralisierung bei geringer Unsicherheit wird somit eine zunehmende Entscheidungsdelegation mit steigendem Kontrollbedarf notwendig. Die Hierarchie wird somit durch zusätzliche Zwischeninstanzen immer komplexer.

	Unsicherheit	
	niedrig	hoch
humankapital-spezifische Investitionen niedrig	Einfache Hierarchie mit hoher Leitungsspanne, Selbstkoordination	Einfache Hierarchie mit hoher Leitungsspanne, Selbstkoordination
hoch	Einfache Hierarchie mit mittlerer Leitungsspanne, Entscheidungszentralisierung	Komplexe Hierarchie, Entscheidungsdezentralisierung

Abbildung 5.46: Organisatorische Gestaltungsalternativen in Abhängigkeit von der Unsicherheit und den humankapitalspezifischen Investitionen

5.3.3 Häufigkeit der Aufgabendurchführung

Die Häufigkeit der Durchführung einer Aufgabe ist ebenso wie die Häufigkeit einer Transaktion durch die Anzahl ihrer Wiederholungen definiert. Bei einer hohen Wiederholungshäufigkeit sprechen wir auch von einer **permanenten Aufgabe** oder

Routineaufgabe. Im Extremfall ist hier die Aufgabendurchführung dauerhaft und unbefristet. Bei einer niedrigen Wiederholungshäufigkeit handelt es sich hingegen um eine **innovative Aufgabe**. Die Aufgabeninhalte sind hier entweder neu oder die Aufgabendurchführung befristet.

Analog zur Argumentation in Kapitel 4 hat nun die Häufigkeit der Aufgabendurchführung die folgenden Konsequenzen für die organisatorische Gestaltung:

- Zum einen erlaubt die häufige Durchführung einer Aufgabe eine Standardisierung und den Einsatz von Routinen: Wenn sich die Rahmenbedingungen bei der Aufgabendurchführung nur unwesentlich ändern – die Dynamik der Aufgabe also gering ist –, dann kann die Instanz durch Vorgabe genereller Verhaltensvorschriften ihre unmittelbare Aufgabenpräzisierung durch persönliche Weisungen reduzieren und somit Opportunitätskosten einsparen. Je häufiger sich hierbei die Aufgabendurchführung wiederholt, desto eher werden sich die Kosten für diese Standardisierung lohnen.

- Weiterhin wird durch die Häufigkeit der Aufgabendurchführung das moralische Risiko reduziert und somit die Anreizgestaltung verbessert: Durch die wiederholte Durchführung der Aufgabe lohnt es sich für die Instanz, zur Reduzierung des moralischen Risikos auch ein spezifisches Kontrollsystem einzusetzen, das mit relativ hohen Kosten verbunden ist. Zudem erhält die vorgesetzte Instanz durch die wiederholte Aufgabendurchführung permanent Informationen über die Qualität der Aufgabenerfüllung seitens des Mitarbeiters. Sie kann daher seinen Beitrag zur organisatorischen Wertschöpfung immer besser beurteilen. Dadurch wiederum kann die Instanz ein Entlohnungssystem konzipieren, das auf die spezifischen Rahmenbedingungen der Aufgabendurchführung zugeschnitten ist. Insbesondere kann die Instanz die Entlohnung des Mitarbeiters auch von dessen zukünftiger Aufgabenerfüllung abhängig machen.

Die verbesserte Gestaltung eines Kontroll- und Entlohnungssystems bei häufiger Wiederholung der Aufgabe reduziert somit die Gefahr, dass der Mitarbeiter auch bei einer Entscheidungsdezentralisierung suboptimale Entscheidungen für die Organisation trifft und seinen Eigeninteressen nachgeht.

- Außerdem kann die Häufigkeit, mit der eine Aufgabe durchzuführen ist, zu steigenden Skalenerträgen führen. Entweder kann dies auf eine Verteilung von Fixkosten auf eine größere Ausbringungsmenge zurückzuführen sein, oder ein

Mitarbeiter kann aufgrund der häufigen Wiederholung einer Tätigkeit Lerneffekte erzielen. Inwieweit solche Skalenerträge realisiert werden können, hängt entscheidend von der zur Aufgabendurchführung eingesetzten Technologie ab. Die Konsequenzen der so reduzierten Produktionskosten werden wir daher im Zusammenhang mit der Analyse der Auswirkungen der Technologie auf die organisatorische Gestaltung weiter unten diskutieren.

Die Häufigkeit der Aufgabendurchführung hat aber nicht nur Auswirkungen auf die unmittelbare Beziehung zwischen einer Instanz und ihrem Mitarbeiter, sondern sie beeinflusst auch die Gestaltung größerer organisatorischer Einheiten. In der Beziehung zu anderen Mitarbeitern reduziert hier der Umfang der gemeinsamen Aufgabendurchführung die Unsicherheit, die mit einem möglichen strategischen Verhalten des Anderen verbunden ist. Dadurch können die einzelnen Organisationsmitglieder Vertrauen innerhalb ihrer Arbeitsbeziehungen aufbauen, so dass das moralische Risiko innerhalb der organisatorischen Einheit reduziert wird.

Analog der Diskussion der Gestaltung der zwischenbetrieblichen Kooperation im letzten Kapitel kommt dem Merkmal der Häufigkeit einer Aufgabe ein besonderer Erklärungsgehalt in Kombination mit den spezifischen Humankapitalinvestitionen zu. Dabei gehen wir für die folgende Diskussion wieder davon aus, dass die humankapitalspezifischen Investitionen so groß sind, dass eine hierarchische Koordination überhaupt sinnvoll ist.

Bei Aufgaben, die nur geringe humankapitalspezifische Investitionen erfordern, spielt die Häufigkeit der Transaktion keine bedeutende Rolle. Durch die einfache Ersetzbarkeit der Mitarbeiter wird hier durch den Arbeitsmarkt eine Anreizwirkung ausgeübt, die das Motivationsproblem für die Instanz reduziert. Eine einfache Hierarchie mit hoher Leitungsspanne ist hier vorteilhaft. Zudem wird die rein vertikale Koordination mit steigendem Umfang der Aufgabendurchführung durch Selbstkoordination der Mitarbeiter sinnvoll ergänzt, um so die Vorteile der Vertrauensbildung durch die gemeinsame Zusammenarbeit zu nutzen.

Bei hohen spezifischen Investitionen in Humankapital ist eine zentrale Koordination der Mitarbeiter aufgrund der Notwendigkeit der direkten Steuerung und Kontrolle wahrscheinlich. Dadurch reduziert sich bei einer geringen Häufigkeit der Aufgabendurchführung die Leitungsspanne der Instanz erheblich. Bei wiederholter Aufgabendurchführung reduziert sich das Motivationsproblem für die Instanz aufgrund der Möglichkeit, spezifische Kontroll- und Anreizmechanismen einzusetzen. Dadurch wird auch die Entscheidungsdelegation vorteilhafter.

	Häufigkeit	
	niedrig	hoch
humankapital-spezifische Investitionen — niedrig	Einfache Hierarchie mit hoher Leitungsspanne, Entscheidungs-dezentralisierung	Einfache Hierarchie mit hoher Leitungsspanne, Selbstkoordination
humankapital-spezifische Investitionen — hoch	Einfache Hierarchie mit niedriger Leitungsspanne, Entscheidungs-zentralisierung	Einfache Hierarchie mit mittlerer Leitungsspanne, Entscheidungs-dezentralisierung

Abbildung 5.47: Organisatorische Gestaltungsalternativen in Abhängigkeit von den humankapitalspezifischen Investitionen und der Häufigkeit der Aufgabendurchführung

5.3.4 Messbarkeit der geschaffenen Werte

Wenn eine Partei Schwierigkeiten bei der Beurteilung der Werte hat, die von einer anderen Transaktionspartei geschaffen wurden, dann erhöht sich die Gefahr des opportunistischen Verhaltens. Übertragen auf den innerorganisatorischen Kontext steigt somit der Kontrollaufwand eines Vorgesetzten, wenn er die Leistung seines Mitarbeiters nicht beurteilen kann. Ist andererseits eine gute Leistungsbeurteilung möglich, dann kann der Vorgesetzte die vom Mitarbeiter geschaffenen Werte als Bemessungsgrundlage eines leistungsbezogenen Entlohnungssystems heranziehen.

Die Schwierigkeiten, die eine Instanz bei der Beurteilung der Durchführung einzelner Aktivitäten durch einen Mitarbeiter hat, beeinflusst entscheidend die Art der geeigneten Stellenbildung:

- Wenn so der Erfolg einer größeren Aufgabe von der abgestimmten Durchführung verschiedener Einzelaktivitäten abhängt, dann ist es vorteilhaft, einen Mitarbeiter für die Gesamtaufgabe verantwortlich zu machen. Unter diesen Umständen überwiegen nämlich im Allgemeinen die Vorteile der prozessorientierten Stellenbildung gegenüber der funktionsorientierten: Aufgrund des Koordinationsbedarfs zwischen den Teilaktivitäten bestehen vielfältige Interdependenzen bei der Aufgabendurchführung. Bei einer funktionsorientierten Stellenbildung würden dadurch jeweils Schnittstellen zwischen den Mitarbeitern entstehen, die entsprechend koordiniert werden müssten.

- Ist zudem die Beurteilung der Einzelaktivitäten durch die Instanz schwierig, dann ist keine eindeutige Erfolgszurechnung gegeben. Somit steigt bei einer funktionsorientierten Stellenbildung der Aufwand der Instanz bei der Lösung des Motivationsproblems. Im Unterschied dazu wird bei einer prozessorientierten Stellenbildung einem Mitarbeiter die gesamte Aufgabe übertragen. Aufgrund der Abgeschlossenheit der Aufgabe kann somit seine Aufgabendurchführung als Grundlage für ein finanzielles Anreizsystem dienen.

- Die Möglichkeiten, die eine Instanz zur Beurteilung einzelner Aktivitäten hat, beeinflussen noch aus einem weiteren Grund die Art der Stellenbildung:[16] Angenommen, von vier Aktivitäten kann die Instanz bei zweien relativ exakt die Wertschöpfung des Mitarbeiters beurteilen, während bei den anderen beiden die Leistung des Mitarbeiters nur ungenau bestimmt werden kann. Wie sollten die vier Tätigkeiten auf zwei Mitarbeiter verteilt werden? Sollten jeweils einem Mitarbeiter die schwierig bzw. einfach zu beurteilenden Aktivitäten zugewiesen werden, oder sollte jeder eine einfach und eine schwierig zu beurteilende Tätigkeit durchführen?

Betrachten wir zunächst den Fall, in dem jeder Mitarbeiter eine Aktivität durchführt, die für den Vorgesetzten schwer zu beurteilen ist. Dann kann der Vorgesetzte zwar für die einfach zu beurteilende Aktivität geeignete Leistungsanreize setzen, nicht aber für die andere durchzuführende Aktivität. In einer solchen Situation haben dann aber beide Mitarbeiter einen Anreiz, verstärkt die Tätigkeit durchzuführen, die leistungsorientiert entlohnt wird. Die schwer zu beurteilende Tätigkeit würde demgegenüber nicht mehr adäquat durchgeführt.

Bei einer Gruppierung der Tätigkeiten nach Beurteilungsklassen kann dieses

Problem verringert werden. Zwar können dem Mitarbeiter, der die beiden schwer zu beurteilenden Aktivitäten durchführt, nur relativ schwache finanzielle Anreize gegeben werden. Allerdings kann der Vorgesetzte zumindest dem Mitarbeiter, der die beiden einfach zu beurteilenden Tätigkeiten ausführt, für die Durchführung jeder Aktivität geeignete Leistungsanreize setzen.

5.3.5 Interdependenzen mit anderen Aufgaben

Interdependenzen, die zwischen den Aufgaben verschiedener Organisationsmitglieder bestehen, haben einen erheblichen Einfluss auf die Komplexität der Gesamtkoordination der einzelnen Mitglieder. Im Hinblick auf die Maximierung der organisatorischen Wertschöpfung ist hier eine detaillierte Abstimmung der Einzelaktivitäten von entscheidender Bedeutung. Wird eine solche Abstimmung verfehlt, kann es zu erheblichen Einbußen in der Wertschöpfung kommen.

Ein drastisches Beispiel hierfür ist die Lancierung eines neuen Wagens durch die verschiedenen Abteilungen in einem Automobilunternehmen: In diesem Fall müssen am Tag der Produkteinführung die verschiedenen Teile entwickelt sein sowie die Produktionseinrichtungen bereitstehen. Wenn hier auch nur eine Komponente nicht zeitgerecht zur Verfügung steht, verzögert sich die gesamte Einführung.

Hat in solchen Situationen die zentrale Instanz wesentliche Informationen darüber, wie die Beziehungen der einzelnen Aufgaben miteinander zu koordinieren sind, dann ist eine Entscheidungszentralisierung vorteilhafter als eine Entscheidungsdezentralisierung. In diesem Fall könnte durch die Delegation des interdependenten Entscheidungskomplexes an die betroffenen Mitarbeiter dieses spezifische Wissen der vorgesetzten Instanzen schlechter ausgenutzt werden, so dass die Gesamtkoordination verfehlt würde.[17]

Je größer die Interdependenzen zwischen den einzelnen Aufgaben der Organisationsmitglieder sind, desto schwieriger ist es für die vorgesetzte Instanz, die Einzelaktivitäten ihrer Mitarbeiter adäquat aufeinander abzustimmen. Je nach den Abhängigkeiten können hier verschiedene organisatorische Maßnahmen die Komplexität der Koordination reduzieren:

- Für den Koordinationsaufwand der Instanz ist insbesondere von Bedeutung, inwieweit simultane oder sequentielle Interdependenzen vorliegen: Bestehen simultane Interdependenzen zwischen den Mitarbeitern, dann muss eine gleichzeitige

Koordination aller Aktivitäten stattfinden, da in diesem Fall jedes Mitglied in Unkenntnis der Aufgabenerfüllung der anderen handelt. Die gemeinsame Abstimmung aller Mitarbeiter durch Sitzungen oder laterale Koordination wird hier wichtig. Bei sequentiellen Interdependenzen ist hingegen der Koordinationsaufwand geringer, da die Aufgabenerfüllung eines Mitarbeiters auf das Handeln des vorgelagerten Mitarbeiters abgestimmt werden kann. Hierarchische Koordinationsinstrumente können in diesem Fall eingesetzt werden, gegebenenfalls können sogar die Beziehungen standardisiert werden.

- Eine enge Beziehung zwischen verschiedenen Aufgaben bedeutet für die Instanz aber nicht nur einen größeren Koordinationsaufwand, sondern hat Auswirkungen auf die Lösung des Motivationsproblems: Da der Erfolg der Aufgabendurchführung eines Mitarbeiters auch von der Aufgabenerfüllung der anderen Mitarbeiter abhängt, ist aufgrund der Interdependenzen eine eindeutige Erfolgszurechnung zu einem Mitarbeiter nicht möglich. Dadurch können aber nur eingeschränkt finanzielle Anreize gesetzt werden. Somit erhöht sich auch der Kontrollaufwand des Vorgesetzten. Eine Möglichkeit kann hier die Verteilung zusammenhängender Aufgabenkomplexe an die einzelnen Mitarbeiter sein.
- Die Beziehung zwischen einzelnen Aufgaben hat zudem Auswirkungen auf die Produktionskosten. Wenn nämlich zwei Aktivitäten komplementär zueinander sind, dann wird durch eine verstärkte Durchführung der einen Aktivität die Grenzproduktivität der anderen erhöht, zumindest aber nicht gesenkt. Solche Interdependenzen können zwischen nachgelagerten Aktivitäten desselben Prozesses innerhalb der Organisation bestehen. In diesem Fall werden beispielsweise bei der Durchführung der ersten Aufgabe Informationen gewonnen, die für die Erfüllung der zweiten Aufgabe vorteilhaft sind. Eine prozessorientierte Stellenbildung ist dann vorteilhafter als eine funktionsorientierte. Bestehen hingegen die Komplementaritäten zwischen ähnlichen Aufgaben aus verschiedenen Prozessen der Organisation, etwa weil die Durchführung der einen Aufgabe Lerneffekte für die Durchführung der anderen Aufgabe impliziert, dann hätte eine funktionsorientierte Stellenbildung Vorteile gegenüber einer prozessorientierten.

Bezüglich aller drei Aspekten hat somit die Interdependenz einer Aufgabe mit anderen Aufgaben erhebliche Auswirkungen auf die Bildung von Stellen und größeren organisatorischen Einheiten: Je größer hier die Interdependenzen zwischen den Aufgaben bzw. Aktivitäten sind, desto eher besteht die Notwendigkeit der Bündelung in einer Einheit. Dadurch können Koordinations- und Motivationskosten eingespart werden und Produktionskostenvorteile genutzt werden.

Umgekehrt sollten Aufgaben, die keine großen Interdependenzen untereinander aufweisen, in verschiedenen Einheiten durchgeführt werden. Dadurch können die Vorteile einer prozessorientierten Stellenbildung oder einer objektorientierten Abteilungsbildung genutzt werden. Dies gilt insbesondere dann, wenn zwischen den verschiedenen Produkten, die eine Organisation herstellt, keine großen Interdependenzen bestehen:

Du Pont
und die Divisionalisierung bei heterogenem Produktprogramm

Die Entwicklung der divisionalen Organisation bei der Du Pont & Co. Anfang der 20er Jahre ist hierfür ein schönes Beispiel: Du Pont war bis Ende des 1. Weltkriegs Hersteller von Sprengstoff. Um die freiwerdenden Kapazitäten nach Kriegsende weiter zu nutzen, entschied man sich für eine Erweiterung des Produktprogramms und die Herstellung von chemischem Dünger.

Zunächst wurde ein Komitee für die Steuerung beider Geschäftsbereiche eingesetzt. Da das Unternehmen aber fortwährend Verluste erwirtschaftete, wurde eine Trennung der beiden Geschäftsbereiche beschlossen. Aufgrund der unterschiedlichen Produktion und Vermarktung von Sprengstoff und chemischem Dünger gab es geringe Interdependenzen zwischen den beiden Geschäftsbereichen: In verschiedenen Fabriken wurden die jeweiligen Produkte hergestellt. Im Unterschied zum Verkauf von Sprengstoff an staatliche Stellen mussten Farmer erst über den Einsatz der chemischen Produkte von Du Pont aufgeklärt und vom Kauf überzeugt werden. Hierzu mussten neue Vertriebswege entwickelt werden. Zudem war es notwendig, dass die Mitarbeiter in der Produktentwicklung und im Verkauf einen engen Kontakt zu ihren Kunden aufbauten, um so auf die individuellen Bedingungen und Anforderungen der Farmer eingehen zu können. Unterschiedliche Manager führten daher die beiden Geschäftsbereiche.

Die Trennung des Unternehmens in zwei Einheiten, die jeweils für eine Produktgruppe zuständig waren, erwies sich als ausgesprochen erfolgreich. Sie bildete die Voraussetzung für die spätere Entwicklung von Du Pont.

Quelle: Chandler (1962, S.52ff)

5.3.6 Technologie zur Aufgabendurchführung

Die Technologie einer Organisation hatten wir auf den Transformationsprozess bezogen, mit dem die Organisation die Inputfaktoren in Outputfaktoren umwandelt. Technologie in diesem Sinne dient der Produktion der Güter bzw. Dienstleistungen, die die Organisation herstellt. In Analogie zu Kapitel 4 bezeichnen wir die zur Aufgabendurchführung eingesetzte Technologie als Produktionstechnologie. Sie beeinflusst vor allem die Produktionskosten, die mit der Aufgabendurchführung verbunden sind. Darüber hinaus kann sich die Technologie auch auf die Abwicklung der Aufgabendurchführung selbst beziehen. Technologie in diesem Sinne dient der Übermittlung von Informationen bzw. dem Transfer von Gütern, die für die Aufgabendurchführung notwendig sind. Diese Technologie hatten wir als Informations- und Kommunikationstechnologie bezeichnet. Sie hat Auswirkungen auf die Transaktionskosten, die mit der Aufgabendurchführung verbunden sind.

Welche Produktionstechnologie im Rahmen des organisatorischen Transformationsprozesses eingesetzt wird, hat unmittelbare Konsequenzen für die organisatorische Gestaltung. So kann z.B. eine Unternehmung, die ihre Produkte in Groß- oder Massenfertigung herstellt, eine sehr viel größere Standardisierung und Entscheidungszentralisierung bei der Durchführung ihrer Prozesse erzielen als eine Unternehmung, die in der Einzel- und Kleinserienfertigung produziert. Letztere wird vielmehr die Vorteile einer Entscheidungsdelegation nutzen, damit die Produktionsmitarbeiter flexibel und schnell auf die Kundenwünsche eingehen können und genau die Produkte produzieren, die diese wünschen.

Analog zur bisherigen Diskussion hat allerdings die spezifische, in der Produktionseinheit einer Organisation verwendete Fertigungstechnologie nicht notwendigerweise auch Auswirkungen auf die organisatorische Gestaltung anderer Einheiten. Warum sollte hier die organisatorische Struktur z.B. der Einkaufsabteilung zwangläufig von der Technologie abhängig sein, die im Produktionsbereich eingesetzt wird? Vielmehr wird deren Gestaltung in der Regel wiederum von der spezifischen Technologie bestimmt sein, die eben in diesem Bereich eingesetzt wird, also von der Technologie, die im Einkaufsbereich zur Transformation der Inputs in Outputs verwendet wird.

Technologie als allgemeiner Prozess der Transformation von Inputs in Outputs muss daher für jede Aktivität in der Organisation definiert werden. Diese Vorstellung liegt gerade der Dekomposition der organisatorischen Wertschöpfung in einzelne Elementarprozesse zugrunde. Unterschiede in der Technologie ergeben sich dann aus den Unterschieden, die die mit der Technologie durchzuführende Aufgabe aufweist. Nach Perrow (1970) können wir dabei zwei Dimensionen einer Technologie unterscheiden:

- Variabilität der Aufgabe: Diese Dimension beschreibt die Anzahl der Ausnahmefälle bei der Durchführung einer Aufgabe. Je eher neue und unerwartete Anforderungen bei der Aufgabenerfüllung auftreten, desto höher ist die Aufgabenvariabilität. Wenn es hingegen nur wenige Ausnahmesituationen gibt und sich die Aufgabe tagein tagaus wiederholt, hat die Technologie wenig Variabilität.

- Analysierbarkeit der Aufgabe: Hiermit wird der Aufwand abgebildet, der für die Lösung der Aufgabe notwendig ist. Je eher die Aufgabenlösung durch klare und eindeutige Informationen vorgegeben werden kann, desto höher ist die Analysierbarkeit der Aufgabe. Treten hingegen bei der Durchführung der Aufgabe Probleme auf, deren Lösung nicht klar vorgegeben ist, dann zeichnet sich die Technologie durch eine geringe Analysierbarkeit aus.

Entsprechend diesen beiden Technologiedimensionen können nun vier Typen von Technologie unterschieden werden, nämlich Routine-Technologie, Handwerk, Nichtroutine-Technologie und ingenieurmäßige Produktion. Diese Technologietypen unterscheiden sich hinsichtlich der jeweiligen Ausprägung der beiden Technologiedimensionen:

		Analysierbarkeit der Unternehmensaufgabe	
		hoch	niedrig
Variabilität der Unternehmensaufgabe	hoch	Ingenieurmäßige Produktion, z.B. Rechtsanwälte, Ingenieure	Nicht-Routine-Technologie, z.B. Forscher, strategische Planer
	niedrig	Routine-Technologie, z.B. Massenproduktion, Büroarbeiten	Handwerk, z.B. Personalbetreuung, Außendienstler

Abbildung 5.48: Dimensionen der Technologie und Technologietypen

Im Hinblick auf die Auswirkung der verschiedenen Technologietypen auf die organisatorische Gestaltung können wir unmittelbar an die Argumentation im Zusammenhang mit der Unsicherheit, die mit einer Aufgabe verbunden ist, anknüpfen. Die beiden Dimensionen der Technologie weisen nämlich einen engen Bezug zu den beiden Dimension der Unsicherheit auf. Die Variabilität einer Aufgabe entspricht hier ihrer Dynamik und die Analysierbarkeit einer Aufgabe ist mit ihrer Komplexität gekoppelt. Daher ergeben sich für die einzelnen Technologien analoge Schlussfolgerungen wie oben:

- Routine-Technologien: Die Durchführung von Aufgaben bei diesem Technologietyp kann durch eine Standardisierung der Arbeitsprozesse koordiniert werden. Dies vereinfacht die Koordinationsaufgaben der Instanz und eine Entscheidungszentralisierung ist vorteilhaft. Durch die Standardisierung der Prozesse hat zudem die funktionsorientierte Stellenbildung Vorteile gegenüber der prozessorientierten.
- Handwerk: Dieser Technologietyp erfordert eher, dass die Aufgabenprobleme von den einzelnen Mitarbeitern gelöst werden, da sie das spezifische Wissen hierzu besitzen. Dieser Vorteil der Entscheidungsdelegation spricht auch für eine prozessorientierte Stellenbildung. Für die Abstimmung der Mitarbeiter bieten

sich persönliche Weisungen, Pläne oder eine Selbstkoordination der Mitarbeiter an.

- Nichtroutine-Technologien: Bei diesen Technologien sind die entsprechenden Aufgaben komplex und erfordern eine hohe Flexibilität in der Durchführung. Entscheidungsdezentralisierung mit einer prozessorientierten Stellenbildung ist hier vorteilhaft. Die Koordination der Mitarbeiter sollte lateral erfolgen, da die Aufgabenbearbeitung im Allgemeinen eine hohe Interaktion zwischen den Beteiligten erfordert.

- Ingenieurmäßige Produktion: In diesem Fall können bei der Aufgabenbearbeitung viele Ausnahmefälle eintreten, deren Lösung jedoch relativ einfach ist. Sind die Ausnahmefälle im Vorhinein nicht alle spezifizierbar und ist eine schnelle Aufgabendurchführung erforderlich, dann ist es vorteilhafter, den Mitarbeitern eine entsprechende Entscheidungskompetenz zu übertragen. Deren Selbstkoordination kann zudem die notwendige Flexibilität bei der Durchführung gewährleisten. Ansonsten kann auch eine Entscheidungszentralisierung mit persönlichen Weisungen erwogen werden.

Im Hinblick auf die diskutierten relativen Vor- und Nachteile einzelner organisatorischer Gestaltungsalternativen sind insbesondere die mit der eingesetzten Technologie verbundenen Skalenerträge von Bedeutung:[18] Je eher sich nämlich bei der Aufgabendurchführung steigende Skalenerträge oder Synergieeffekte nutzen lassen, desto eher ist eine funktionsorientierte Bildung der für die Aufgabe zuständigen organisatorischen Einheiten gegenüber einer prozess- bzw. objektorientierten Bildung von Vorteil.

Inwiefern sich bei der Aufgabendurchführung steigende Skalenerträge oder Synergieeffekte realisieren lassen, ist dabei z.B. von den Fixkosten der eingesetzten Technologie abhängig: Sind hier spezielle Betriebsmittel notwendig oder entstehen hohe Kosten für die Einrichtung der Technologie in Form von Rüstkosten, dann reduzieren sich die Durchschnittskosten der Aufgabendurchführung pro Outputeinheit mit steigender Produktion. Die Fixkosten verteilen sich nämlich in diesem Fall auf eine größere Outputmenge. Ursache für solche Fixkosten ist die Unteilbarkeit der eingesetzten Inputfaktoren, die nicht beliebig mit der Ausbringungsmenge variiert werden können.

Steigende Skalenerträge können auch auftreten, wenn die Produktivität der variablen Inputfaktoren mit der Ausbringungsmenge zunimmt. Wenn nämlich der Aufgabenumfang wächst, können sich die Mitglieder der organisatorischen Einheit auf spezifischere Tätigkeiten spezialisieren – der Grad der Arbeitsteilung nimmt zu.[19] Steigt hier die Produktivität der Mitarbeiter aufgrund der häufigeren Wiederholung der Tätigkeit, dann fallen die Arbeitskosten pro Ausbringungseinheit, wenn der Umfang der auszubringenden Menge steigt. Dabei muss allerdings berücksichtigt werden, dass die größere Spezialisierung auch einen größeren Koordinationsbedarf zwischen den Mitarbeitern impliziert. Das nachfolgende Beispiel zeigt hier, dass insgesamt durchaus auch sinkende Skalenerträge die Folge sein können:

Skalenerträge und das Gesetz von Parkinson

Ein Beispiel dafür, dass der Faktor 'administrative Arbeit' sogar negative Skalenerträge haben kann, liefert das 1957 von C. Northcote Parkinson veröffentlichte sogenannte 'Gesetz von Parkinson'. Darin erklärt er, "work expands so as to fill the time available for its completion".

Diese Aussage belegt Parkinson am Beispiel der britischen Royal Navy, die zwischen 1914 und 1928 die Anzahl ihrer Kriegsschiffe um nahezu 68 Prozent reduzierte. Dabei wurde das gesamte Personal in der Marine um ca. 32 Prozent verringert. Dies galt aber nicht für die Bediensteten im administrativen Bereich, deren Aufgabe es war, die Schiffe und deren Besatzungen zu verwalten. Die Anzahl der Angestellten und Beamten an Land stieg in diesen 14 Jahren um 40 Prozent, das Offizierkorps vergrößerte sich sogar um 78 Prozent.

	1914	1928	Veränderung in %
Schiffe im Dienst	62	20	$-67,74$
Personal der Marine (gesamt)	146.000	100.000	$-31,50$
Werftarbeiter	57.000	62.439	$+9,54$
Beamte und Angestellte an Land	3.249	4.558	$+40,28$
Offiziere der Admiralität	2.000	3.569	$+78,45$

Quelle: Parkinson (1957)

Steigende Skalenerträge und Synergien ergeben sich in einer Unternehmung insbesondere in den Bereichen Marketing, Einkauf sowie Forschung und Entwicklung. So können Unternehmungen, die viele verschiedene Produkte verkaufen oder diese in vielen verschiedenen Märkten anbieten, Synergien bei ihrer Werbung realisieren. Im Forschungs- und Entwicklungsbereich sind in manchen Industrien aufgrund der immensen Kosten für die Entwicklung neuer Produkte Ausgaben notwendig, die eine Mindestgröße für eine entsprechende Abteilung voraussetzen. Dies kann gegebenenfalls auch zu zwischenbetrieblichen Kooperation führen, wie wir in Kapitel 4 gesehen haben. Zudem kann die Entwicklung eines Produkts für die Entwicklung eines anderen Produkts hilfreich sein. Sogenannte R&D-Spillovers können hier also ebenfalls entstehen. Im Einkauf schließlich lassen sich Größenvorteile aufgrund von besonderen Lieferkonditionen oder Preisnachlässen erzielen.

Inwiefern die bei der Aufgabendurchführung eingesetzte Technologie steigende Skalenerträge ermöglicht, muss im Einzelfall geklärt werden. In unserem obigen Beispiel des Versicherungsunternehmens hatten wir für den Verkauf von Versicherungspolicen keine wesentlich steigenden Skalenerträge unterstellt. Hingegen können bei anderen Aufgaben, wie der Prämienkalkulation von Lebensversicherungsverträgen oder der Schadenregulierung die Kosten für die Bearbeitung eines einzelnen Versicherungsantrags oder Schadenfalls mit dem Volumen sinken.[20] Diese Vorteile sind vor allem auf die spezifisch eingesetzten Ressourcen und die speziell ausgebildeten Mitarbeiter zurückzuführen.

Neben der Technologie, die für die eigentliche Aufgabendurchführung eingesetzt wird, ist für die organisatorische Gestaltung auch die Technologie von Bedeutung, bei der Informationsübermittlung angewandt wird. Die Auswirkungen von neuen Informations- und Kommunikationstechnologien betreffen dabei sowohl die horizontale als auch vertikale Differenzierung innerhalb einer Organisation:

Horizontal wird durch neue Informationstechnologien die prozessorientierte Stellenbildung unterstützt. Indem neue Informationstechnologien dem einzelnen Organisationsmitglied zusätzliche Kapazitäten zur Verarbeitung von Informationen geben, reduzieren sich die Vorteile der funktionsorientierten Stellenbildung aufgrund der Ausnutzung komparativer Vorteile. Durch standardisierte Verfahrensweisen und programmierte Lösungsabläufe wird der einzelne Mitarbeiter in die Lage versetzt, Tätigkeiten auszuführen, die ohne diese Technologie spezifische Fähigkeiten und eine entsprechende Ausbildung voraussetzen würden. Dies erlaubt dem einzelnen Mitarbeiter, Prozesse in der Organisation besser zu überschauen und Schnittstellen zu anderen Mitarbeitern besser zu überwinden.

Neue Informationstechnologien führen demnach nicht nur zu einer Standardisierung von Abläufen, sondern ermöglichen auch die prozessorientierte Bildung organisatorischer Einheiten. So werden durch den Einsatz einer integrierten Anwendungssoftware bestimmte Teile von Geschäftsprozessen in verschiedenen Programmmodulen abgebildet. Diese Module greifen auf einen gemeinsamen Datenbestand zurück und sind miteinander verknüpft. Somit wird durch diese Datenintegration eine Integration der einzelnen Funktionen ermöglicht: Funktional unterschiedliche Aufgabenbereiche können von einem Mitarbeiter zusammenhängend abgewickelt werden, da die Schnittstellen zwischen diesen Einzelaktivitäten minimiert bzw. eliminiert sind.

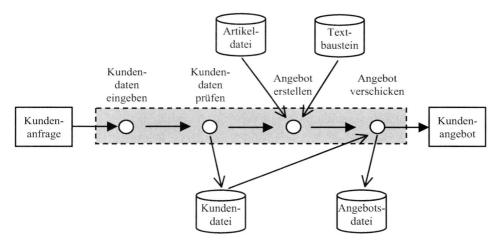

Abbildung 5.49: Funktionsintegration durch integrierte Anwendungssoftware

In vertikaler Dimension sind die Auswirkung neuer Informationstechnologien auf die Vor- und Nachteile einer Entscheidungszentralisierung gegenüber einer Entscheidungsdezentralisierung allerdings zweideutig:

- Einerseits war ein Vorteil der Entscheidungsdezentralisierung gegenüber Entscheidungszentralisierung mit der Nutzung des spezifischen lokalen Wissens der Mitarbeiter verbunden. Je kostengünstiger die Übermittlung spezifischen Wissens aufgrund der zur Verfügung stehenden Informationstechnologie ist, desto geringer ist dieser relative Vorteil. Eine zentrale Entscheidungsfindung gewinnt also gegenüber der Entscheidungsdelegation an Attraktivität. Wenn beispielsweise die Zentrale eines Handelsunternehmens aufgrund der verbesserten Infor-

mationstechnologie Zugang zu detaillierten und zeitnahen Informationen über die täglichen – oder im Extremfall stündlichen – Verkaufszahlen in ihren Filialen hat, dann kann sie unmittelbar in das operative Geschäft eingreifen.
- Andererseits kann eine verbesserte Informationstechnologie aber auch den Grad der Entscheidungsautonomie der nachgeordneten Mitarbeiter erhöhen. Ein Nachteil der dezentralen Entscheidungsfindung war ja die schlechtere Nutzung des zentralen spezifischen Wissens der vorgesetzten Instanz. Wenn aber die Informationstechnologie einen günstigeren Informationsaustausch zu den Mitarbeitern ermöglicht, dann reduziert sich dieser relative Nachteil der Entscheidungsdelegation. Wenn so in einem Handelsunternehmen die Zentrale die einzelnen Filialen mit aktuellen Daten über Verkaufspreise informieren kann, können die einzelnen Filialleiter dezentral ihren jeweiligen Lagerbestand entsprechend ihrem lokalen Wissen über die Konsumgewohnheiten der Käufer auffüllen.

Analog zu dieser Diskussion verschieben sich durch die jeweilige Informationstechnologie natürlich auch die relativen Vor- und Nachteile bei der Abwägung zwischen einer lateralen und einer ausschließlich vertikalen Koordination:

- Verbessert sich die Informationsübermittlung von den Mitarbeitern zur Instanz, dann reduzieren sich die Vorteile der lateralen Koordination, die mit der besseren Nutzung des verteilten lokalen spezifischen Wissens verbunden sind.
- Führt andererseits die Informationstechnologie zu geringeren Kosten bei der Übermittlung zentraler Informationen, dann verliert eine ausschließlich vertikale Koordination gegenüber der lateralen Koordination an Attraktivität.
- Zudem kann eine neue Informationstechnologie die Selbstkoordination fördern, wenn dadurch eine verbesserte Kommunikation zwischen den Mitarbeitern erreicht werden kann: Das verteilte lokale Wissen der Mitarbeiter kann in diesem Fall kostengünstig untereinander ausgetauscht werden, so dass die Kostenvorteile gegenüber einer Entscheidungszentralisierung größer werden. Dadurch können insbesondere geographische Distanzen überwunden werden. Die Produktentwicklung durch Mitarbeiter an unterschiedlichen Standorten ist hierfür ein Beispiel.

5.4 Zusammenfassung

Die Verteilung der Gesamtaufgabe auf die Organisationsmitglieder bezeichnen wir als organisatorische Differenzierung. Ziel der organisatorischen Differenzierung muss es sein, die Vorteile der Arbeitsteilung durch Spezialisierung der einzelnen Organisationsmitglieder unter Berücksichtigung der damit verbundenen Kosten möglichst umfassend zu nutzen. Entsprechend der Gliederung der Gesamtaufgabe einer Organisation in die damit verbundenen Einzeltätigkeiten und die zugehörigen Entscheidungsautonomien können wir zwischen horizontaler und vertikaler Differenzierung unterscheiden.

Ausgangspunkt der organisatorischen Differenzierung ist der Wertschöpfungsprozess einer Organisation, der alle Einzelaktivitäten im Zusammenhang mit der Gesamtaufgabe umfasst. Dieser Prozess muss zunächst in Geschäftsprozesse zerlegt werden, die dann sukzessive über Teilprozesse bis hin zu Elementarprozessen weiter aufgelöst werden. Ergebnis dieser Dekomposition der organisatorischen Wertschöpfung sind Elementaraktivitäten, die mit den entsprechenden Entscheidungsautonomien auf verschiedene organisatorische Einheiten übertragen werden müssen. Die Stelle ist dabei die kleinste zu betrachtende Einheit.

Bei der horizontalen Differenzierung kommen für die Art der Stellenbildung grundsätzlich zwei Möglichkeiten in Betracht: Eine funktionsorientierte Stellenbildung fasst Aktivitäten zusammen, die durch eine gleichartige Verrichtung gekennzeichnet sind. Eine prozessorientierten Stellenbildung bündelt ungleichartige Tätigkeiten, die jedoch inhaltlich aufeinander folgen. Aus ökonomischer Perspektive sind für die geeignete Bildung von Stellen die Transaktions- und Produktionskosten der beiden Alternativen relevant: Eine funktionsorientierte Stellenbildung hat gegenüber der prozessorientierten Stellenbildung den Vorteil reduzierter Produktionskosten, bedingt allerdings höhere Transaktionskosten.

Bei der vertikalen Differenzierung geht es bezüglich der Stellenbildung um die Entscheidungsautonomie, die dem einzelnen Stelleninhaber bei der Durchführung seiner Einzelaktivitäten übertragen werden. Als grundsätzliche Möglichkeiten kommen dabei eine Entscheidungsdezentralisierung oder eine Entscheidungszentralisierung in Betracht. Die Wahl zwischen diesen beiden Alternativen wird durch die damit jeweils verbundenen Transaktionskosten bestimmt: Eine Entscheidungsdezentralisierung hat gegenüber der Entscheidungszentralisierung vor allem den Vorteil reduzierter Koordinationskosten, führt allerdings zu höheren Motivationskosten.

Zwischen der horizontalen und der vertikalen Differenzierung bestehen Wechselwirkungen: So erfordert eine funktionale Stellenbildung tendenziell eher eine Entscheidungszentralisierung, während eine prozessorientierte Stellenbildung im Allgemeinen eine Entscheidungsdezentralisierung ermöglicht. Darüber hinaus lassen sich durch eine differenzierte Bildung von Stellen gleichzeitig die Vorteile einer funktions- und prozessorientierten Stellenbildung nutzen und somit die damit verbundenen Nachteile reduzieren. Drei alternative Gestaltungsformen stehen hier zur Verfügung:

Bei der funktionsorientierten Stellenbildung können zusätzlich prozessorientierte Stabsstellen gebildet werden. Diese unterstützen die Funktionsinhaber bei der Vorbereitung und Kontrolle von Entscheidungen, haben allerdings keine Weisungskompetenzen. Dadurch können die Koordinationskosten reduziert werden, im Unterschied zur reinen funktionsorientierten Stellenbildung entstehen aber zusätzliche Motivationskosten.

Bei der gleichzeitigen Bildung von funktions- und prozessorientierten Stellen wird die Funktionsorientierung durch eine Prozessorientierung überlagert. Im Unterschied zur Stabsstelle ist der Prozessverantwortliche gemeinsam mit dem Funktionsverantwortlichen entscheidungsberechtigt. Dies verbessert die Koordination der funktionsorientierten Stellen, kann jedoch zu zusätzlichen Koordinations- und Motivationsproblemen führen.

Bei der prozessorientierten Stellenbildung mit funktionsorientierten Servicestellen schließlich werden zusätzlich zur Prozessorientierung Stellen gebildet, die im Auftrag der Prozessinhaber die Durchführung bestimmter Aufgaben übernehmen. Hierfür verfügen sie über alle notwendigen Entscheidungskompetenzen und Ressourcen. Im Vergleich zur reinen prozessorientierten Stellenbildung können so Produktionskostenvorteile genutzt werden, allerdings stehen dem höhere Transaktionskosten gegenüber.

Für die Steuerung eines nachgeordneten Mitarbeiters stehen einer Instanz verschiedene Instrumente der vertikalen Koordination zur Verfügung: Durch eine Standardisierung legt die Instanz die Arbeitsaufgabe eines Mitarbeiters für einen bestimmten Zeitraum fest. Im Unterschied zu einer persönliche Weisung, bei der die

Arbeitsaufgabe fallweise festgelegt wird, sind mit der Standardisierung eine reduzierte Verhaltensunsicherheit, die Freisetzung von Managementkapazitäten und eine einfachere Gesamtkoordination verbunden. Nachteilig gegenüber persönlichen Weisungen sind die höheren Kosten und eine schlechtere Anpassungsfähigkeit.

Die Standardisierung der Arbeitsaufgabe kann sich auf die Arbeitsprozesse oder die Arbeitsergebnisse beziehen. Im ersten Fall werden durch Programme generelle organisatorische Regelung festgelegt, die das Verhalten eines Mitarbeiters explizit im Vorhinein für bestimmte Situationen steuern sollen. Im zweiten Fall wird das Verhalten eines Mitarbeiters durch einen Plan für eine bestimmte Periode mittels Zielvorgaben gesteuert. Neben der Geltungsdauer der jeweiligen Standardisierung besteht somit ein wesentlicher Unterschied in der Entscheidungsautonomie, die die Instanz dem Mitarbeiter einräumt: Pläne führen zu einer Dezentralisierung von Entscheidungskompetenzen.

Delegiert eine Instanz einen größeren interdependenten Aufgabenkomplex an mehrere nachgeordnete Mitarbeiter und überlässt ihnen die Koordination der Aufgabendurchführung, dann muss die vertikale Koordination durch eine laterale Koordination ergänzt werden. Verhandlungen, demokratische Entscheidungsverfahren und Transferpreise stehen als nicht-hierarchische Koordinationsinstrumente zur Verfügung.

Bei Verhandlungen treffen die Mitarbeiter die notwendigen organisatorischen Entscheidungen durch Selbstkoordination gemeinsam. Gegenüber der reinen vertikalen Koordination ermöglicht die Selbstkoordination eine bessere Nutzung des verteilten lokalen Wissens der Mitarbeiter, entlastet den Vorgesetzten und kann die Motivation der Mitarbeiter erhöhen. Nachteilig sind hingegen der erhöhte Zeitaufwand bei kollektiven Entscheidungen, die schlechtere Nutzung des spezifischen Wissens der vorgesetzten Instanzen und mögliche gegenseitige Verhaltensbeeinflussungen. Das erhöhte individuelle und kollektive moralische Risiko kann unter Umständen durch den Einsatz spezifischer Anreizsysteme und entsprechender Leistungsbeurteilungen zumindest teilweise reduziert werden.

Die reine Selbstkoordination kann durch demokratische Entscheidungsverfahren ergänzt werden, um so den Informationsaustausch zwischen den Mitarbeitern zu erleichtern und schneller eine gemeinsame Entscheidungsfindung herbeizuführen. Allerdings muss dabei die Möglichkeit eines strategischen Entscheidungsverhaltens, logisch inkonsistenter Entscheidungen sowie von Problemen bei der Durchsetzung der Entscheidung berücksichtigt werden. Bei der Wahl eines geeigneten Entscheidungsverfahrens müssen die Koordinations- und Motivationskosten der jeweiligen Regel gegeneinander abgewogen werden.

Bei einer Koordination durch Transferpreise soll analog zum Preismechanismus der Güter- und Leistungsaustausch auf organisationsinternen Märkten gesteuert werden. Für die richtige Wirkungsweise dieses Koordinationsinstruments ist die Festlegung des Transferpreises entscheidend. Je nach den Rahmenbedingungen der Transaktion kommt hierfür eine Preisfestsetzung aufgrund von Marktpreisen, Grenzkosten, Vollkosten oder Verhandlungen in Frage.

Ein weiteres Koordinationsinstrument ist die Abteilungsbildung: Indem größere organisatorische Einheiten gebildet werden, kann die Abstimmung der Mitarbeiter auf der operativen Ebene verbessert werden. Analog zur Stellenbildung kommt dabei eine funktions- oder objektorientierte Abteilungsbildung als Grundformen in Betracht. Auch hier stehen dann den Produktionskostenvorteilen der funktionsorientierten Abteilungsbildung die Transaktionskostenvorteile der objektorientierten Abteilungsbildung gegenüber. Dabei können Abhängigkeiten, die bei der Stellenbildung aufgrund größerer Komplementaritäten keine Berücksichtigung gefunden haben, bei der Abteilungsbildung beachtet werden.

Um gleichzeitig die Vorteile dieser beiden Grundformen auszunutzen, ist im Allgemeinen eine differenziertere Gestaltung von Abteilungen notwendig. Fünf alternative Gestaltungsformen wurden betrachtet: Die objektorientierte Abteilungsbildung mit funktionsorientierter zentraler Stabsabteilung bzw. Serviceabteilung, die gleichzeitige objekt- und funktionsorientierte Abteilungsbildung sowie die objektorientierte Abteilungsbildung mit weisungsberechtigter bzw. autonomer funktionsorientierter Zentralabteilung.

Die Abteilungsbildung wirft die Frage auf, wie der Einsatz der hierarchischen Koordinationsinstrumente seitens der einzelnen Instanzen aufeinander abgestimmt werden kann. Drei Instrumente wurden hier angesprochen: das Weisungssystem, das Planungssystem sowie das Informations- und Kommunikationssystem.

Das System von Weisungsbefugnissen zwischen den einzelnen Stelleninhabern stellt das Weisungssystem der Organisation dar. Bei einem Einliniensystem hat jede nachgeordnete organisatorische Einheit nur eine übergeordnete Instanz, die ihr gegenüber weisungsberechtigt ist, wohingegen bei einem Mehrliniensystem einem nachgeordneten Organisationsmitglied mindestens zwei vorgesetzte Instanzen zugeordnet sind. Reduzierte Abstimmungskosten und eine erleichterte Anreizgestaltung sind die relativen Vorteile des Einliniensystems gegenüber dem Mehrliniensystem, erhöhte Kosten der Informationsübermittlung und eine reduzierte Ausnutzung komparativer Vorteile sind hingegen die relativen Nachteile.

Aufgabe des Planungssystems ist es, die Einzelpläne der verschiedenen organisatorischen Einheiten in einem Gesamtplan abzustimmen. Im Rahmen der operativen Planung, die sich unmittelbar auf die jeweiligen Tätigkeiten und Entscheidungen innerhalb des Wertschöpfungsprozesses bezieht, können laterale und vertikale Planungsverfahren unterschieden werden. Bei den lateralen Verfahren hat die sequentielle Planung den Vorteil geringerer Abstimmungskosten gegenüber der simultanen Planung, allerdings den relativen Nachteil einer reduzierten Gesamtkoordination bei vermehrten Möglichkeiten zu strategischem Verhalten. Bei den vertikalen Verfahren hat die Gegenstromplanung im Vergleich zur retrograden bzw. progressiven Planung Motivations- und Koordinationsvorteile, jedoch erfordert sie in einem viel stärkeren Umfang die Einbindung der beteiligten Instanzen.

Durch die Gestaltung eines Informations- und Kommunikationssystems soll zudem das spezifische, lokal verteilte Wissen der Organisationsmitglieder genutzt werden. Verschiedene vertikale und laterale Informationsverbindungen können diese Aufgabe übernehmen. Ihre jeweiligen Vor- und Nachteile ergeben sich aus den Analysen zur vertikalen bzw. lateralen Koordination.

Hinsichtlich der Aufgabenmerkmale und ihres Einflusses auf die geeignete Wahl der Koordinationsinstrumente konnten eine Reihe von Ergebnissen abgeleitet werden. Hierzu gehören die folgenden: Je höher die humankapitalspezifischen Investitionen eines Organisationsmitglieds sind, desto eher wird seine Aufgabendurchführung hierarchisch von seiner vorgesetzten Instanz gesteuert und kontrolliert. Tätigen die Mitarbeiter hingegen keine großen transaktionsspezifischen Investitionen, dann wird ihre Abstimmung durch Selbstkoordination vorteilhaft. Eine hohe Komplexität einer Aufgabe macht eine Entscheidungsdezentralisierung und prozessorientierte Stellenbildung attraktiv. Eine Entscheidungszentralisierung und funktionsorientierte Stellenbildung wird vor allem bei einer niedrigen Komplexität und Dynamik vorteilhaft sein. Je häufiger eine Aufgabe durchgeführt wird, desto eher lohnt sich eine Standardisierung der Aufgabendurchführung. Zudem verbessert sich die Anreizgestaltung und Skaleneffekte können realisiert werden. Schwierigkeiten bei der Beurteilung der Aufgabendurchführung können durch eine prozessorientierte Stellenbildung reduziert werden. Je größer hier die Interdependenzen zwischen einzelnen Aufgaben, desto eher besteht die Notwendigkeit der Bündelung in einer Einheit.

Bei der Diskussion der Technologie, die zur Aufgabendurchführung zur Verfügung steht, haben wir zwischen der Produktionstechnologie und der Informations- und Kommunikationstechnologie unterschieden. Analog zur Aufgabenunsicherheit konnte die Produktionstechnologie mit den beiden Dimensionen Variabilität und Analysierbarkeit untersucht werden. Die Auswirkungen der Informations- und Kommunikationstechnologie betreffen die horizontale und vertikale Differenzierung einer Organisation: Horizontal wird durch neue Informationstechnologien die prozessorientierte Stellenbildung unterstützt. Vertikal ergeben sich sowohl Vorteile als auch auch Nachteile bei einer stärkeren Entscheidungsdelegation.

5.5 Literaturhinweise

Die in diesem Kapitel diskutierten Grundbegriffe der organisatorischen Gestaltung werden in jedem Lehrbuch der Organisationstheorie eingeführt. Aus einer ökonomischen Perspektive werden innerbetriebliche Organisationsprobleme vor allem in Brickley, Smith und Zimmerman (1997) untersucht, allerdings gehen die Autoren nicht auf alle Gestaltungselemente der hierarchischen Koordination ein. Aus der Vielzahl an anderen Arbeiten, die sich mit speziellen Aspekten der organisatorischen Gestaltung beschäftigen, seien die folgenden erwähnt:

Auf Nordsieck (1934) geht die Idee zurück, den Wertschöpfungsprozess als Ausgangspunkt der Organisationsgestaltung zu wählen. Der Begriff der Wertschöpfungskette und seine Gliederung in verschiedene Aktivitäten stammt von Porter (1985). Zur Segmentierung von Prozessen siehe z.B. Hammer und Champy (1993). Die Dekomposition der Wertschöpfungskette und anschließende Bildung von Stellen entspricht dem Vorgehen, das Lawrence und Lorsch (1967) als Differenzierung und Integration in ihrer Arbeit diskutieren.

Das Konzept des Job Enlargement und die damit verbundene Erweiterung des Tätigkeitsspektrums eines Mitarbeiters wurde in der Praxis erstmals bei IBM Mitte der 40er Jahre angewendet, siehe z.B. Filley, House und Kerr (1976). Dietl (1993) geht in seiner Arbeit auf den Aspekt der Übermittlung von Informationen zwischen nachgelagerten Mitarbeitern bei der geeigneten Gestaltung ihres Tätigkeitsspielraums ein. Aus ökonomischer Perspektive wägen Becker und Murphy (1992) und Yang und Borland (1991) die Produktionskostenvorteile aus der verstärkten Arbeitsteilung gegen die damit verbundenen Transaktionskostennachteile ab. Die Bedeutung von Komplementaritäten für die Organisationsgestaltung geht auf die Arbeiten von Bulow, Geanakoplos und Klemperer (1985) und Fudenberg und Tirole (1986) zurück. Siehe hierzu auch Milgrom und Roberts (1992).

Der Begriff des Job Empowerment ist eng verwandt mit dem Konzept des Job Enrichment, bei dem es ebenfalls um eine Erweiterung des Entscheidungsspielraums von Mitarbeitern geht. Grundlage dieses Konzepts bilden die Arbeiten von Herzberg (1959; 1974). In der Praxis wurde es erstmals bei Texas Instruments erfolgreich eingeführt, siehe Myers (1964). Zum Empowerment selbst siehe die Arbeiten von Kanter (1983), Manz und Sims (1987) oder Bowen und Lawler (1995) aus individueller Mitarbeiterperspektive, aus organisatorischer Perspektive die Arbeiten von Boyett und Conn (1992), Hammer und Champy (1993) oder Pinchot und Pinchot (1993). Aus ökonomischer Perspektive untersuchen Jensen und Meckling (1995) den Einfluss der Entscheidungsautonomie auf die damit verbundenen Koordinations- und Motivationskosten.

Alternative Gestaltungsformen bei der Stellenbildung werden von folgenden Autoren diskutiert: Zum Stabsprinzip siehe Dalton (1950) und Golembiewski (1967), die beide ausführlich Konflikte zwischen Stabs- und Linienstellen diskutieren. Zum Matrixprinzip siehe insbesondere die Arbeiten von Ames (1963), Luck und Nowack (1965) und Smalter und Ruggles (1966) im Harvard Business Review. Davis und Lawrence (1977) untersuchen die spezifischen Einsatzbedingungen, die für eine erfolgreiche Anwendung des Matrixprinzips gegeben sein müssen. Das mit der Kompetenzüberschreitung verbundene Trittbrettfahrerproblem wird aus ökonomischer Perspektive grundlegend in der Arbeit von Olson (1965) untersucht. In der Organisationspsychologie ist dieses Phänomen unter dem Begriff social loafing bekannt, siehe z.B. Williams, Harkins und Latane (1979) oder George (1992). Eine ökonomische Diskussion der prozess- bzw. funktionsorientierten Stellenbildung findet sich in Rotemberg (1999). Eng damit verbunden sind neuere Arbeiten, die die Form der Abteilunsbildung ökonomisch untersuchen, siehe z.B. Besanko, Régibeau und Rockett (2005) oder Corts (2005). Während in diesen Arbeiten vornehmlich die Vor- und Nachteile einer rein funktions- bzw. objektorientierten Abteilungsbildung analysiert werden, betrachten Harris und Raviv (2002) auch die Matrixorganisation als alternatives Gestaltungsprinzip.

Die Standardisierung als Instrument der vertikalen Koordination wird z.B. von Mintzberg (1979) eingehend diskutiert. Neben der Standardisierung von Arbeitsprozessen und Arbeitsergebnissen durch Programme bzw. Pläne unterscheidet er als dritte Möglichkeit die Standardisierung von Fähigkeiten und Kenntnisse. Zur Funktion von Programmen in Organisationen siehe ausführlich auch March und Simon (1958) oder Luhmann (1968). Inwieweit fallweise Anweisungen eines Vorgesetzten durch generelle Regelungen ersetzt werden können, wurde bereits von Gutenburg (1951) im sogenannten Substitutionsprinzip der Organisation diskutiert. Siehe hierzu auch Seiwert (1979) und Weimer (1988).

Zu den einzelnen Instrumenten der lateralen Koordination gibt es in der ökonomischen Literatur eine Vielzahl von Arbeiten. Auf Literatur zu Verhandlungen wurde bereits in Kapitel 3 im Zusammenhang mit dem Coase-Theorem hingewiesen. Aus theoretischer Perspektive ist hier auch die Literatur zur kooperativen Spieltheorie zu nennen, die Verhandlungen aus axiomatischer Sicht beschreibt, siehe z.B. Shubik (1982) oder Osborne und Rubinstein (1990). Auch aus verhaltenswissenschaftlicher Sicht ist die Literatur zu Gruppenentscheidungen sehr umfangreich. Übersichtsbeiträge finden sich in jedem Buch zum Organizational Behavior, frühe Arbeiten sind die von Shaw (1932) oder Ziller (1957). Aus der Vielzahl an Managementliteratur siehe z.B. Katzenbach und Smith (1993).

Mit demokratischen Entscheidungsverfahren beschäftigt sich die ökonomische Literatur zur Theorie der Politik. Hier sei z.B. das Buch von Dennis Mueller (1979) zur Public Choice Theorie empfohlen. Speziell zum optimalen Zustimmungsgrad bei Mehrheitsentscheidungen siehe z.B. Buchanan und Tullock (1962). Strategisches Entscheidungsverhalten bei Abstimmungen wird insbesondere in der nichtkooperativen Spieltheorie thematisiert, siehe z.B. Jost (1998b). Das Unmöglichkeitstheorem von Arrow (1951) ist Ausgangspunkt der Social Choice Theorie. In dieser Literatur werden Zielbildungsprozesse von Gruppen ökonomisch untersucht.

Die Möglichkeit der Koordination eigenständiger organisatorischer Einheiten durch Transferpreise wird bereits von Schmalenbach (1948) in seiner Kostenrechung thematisiert. Übersichtsbeiträge finden sich zu diesem Thema in jedem Lehrbuch zum betrieblichen Rechnungswesen, siehe z.B. Horngreen und Forster (1991), Zimmerman (1995) oder Ewert und Wagenhofer (1997). Aus theoretischer Perspektive wird der Zusammenhang von Transferpreisen und organisatorischer Gestaltung z.B. von Holmstrom und Tirole (1991) untersucht.

Unsere Ausführungen zur Abteilungsbildung als Instrument der Koordination orientieren sich an Laux und Liermann (1993). Speziell zu den Auswirkungen beschränkter Informationsverarbeitungskapazitäten einer Instanz siehe z.B. Radner (1975), Radner und Rothschild (1975), Keren und Levhari (1983) oder Geanakoplos und Milgrom (1991). Das Problem der beschränkten Kontrollkapazitäten eines Vorgesetzten wird z.B. in Williamson (1967), Calvo und Wellisz (1978) oder Kennedy (1994) untersucht. Für eine ökonomische Betrachtung der Gliederungstiefe und Leitungsspanne siehe auch Beckmann (1988). Die verschiedenen Möglichkeiten der Abteilungsbildung werden ausführlich in Frese und Werder (1993) diskutiert.

Die Gestaltung des Weisungssystems geht in ihren Ursprüngen auf die bereits erwähnten Arbeiten von Taylor (1911) und Fayol (1916) zurück, siehe hierzu auch die Ausführungen im Anhang zu Kapitel 2. Untersuchungen zur Gestaltung des Planungssystems finden sich in jedem Lehrbuch zum strategischen Management, siehe z.B. Anthony (1964). Eine umfassende ökonomische Analyse der Koordination der Planung gibt Albach (1967).

Speziell zur Strategieimplementierung siehe z.B. Galbraith und Kazanjian (1986). Für die Gestaltung des Informations- und Kommunikationssystems bezüglich der lateralen Informationsverbindungen siehe insbesondere die Arbeiten von Galbraith (1973; 1977) sowie die Arbeit von Stinchcombe (1990). Aus theoretischer Perspektive werden Informationsstrukturen in der ökonomischen Literatur zur Teamtheorie behandelt, siehe Marschak und Radner (1972). Siehe hierzu auch die Literaturangaben zu Kapitel 2.

Die Ergebnisse zu den Auswirkungen der Aufgabenmerkmale auf die Organisationsgestaltung leiten sich aus unseren Ausführungen in Kapitel 4 ab. Speziell zur Rolle transaktionsspezifischer Investitionen auf die innerbetriebliche Organisation siehe Menard (1996a; 1996b). Der Einfluss der Umwelt auf die organisatorische Strukturierung wird z.B. in Mintzberg (1979) oder Duncan (1979) untersucht. Die organisatorischen Konsequenzen neuer Informationstechnologien werden bereits von Leavitt und Whisler (1958) problematisiert. Dabei steht vornehmlich die vertikale Dimension, also die Auswirkungen auf den Grad der Entscheidungsdelegation, im Vordergrund der Argumentation. Siehe hierzu auch die Arbeiten von Brynjolfsson und Mendelson (1993) und Nault (1998), die die Implikationen von Informationstechnologien auf die Verteilung von Entscheidungsrechten unter Anreizgesichtspunkten analysieren. Den Einfluss der Informationstechnologie auf die horizontale organisatorische Gestaltung wird vor allem in der Literatur zum Business-Reengineering untersucht, siehe hierzu z.B. Davenport und Short (1990), Davenport (1993) oder Venkatraman (1994).

Stinchcombe (1990) untersucht in seiner Arbeit die Rolle, die Organisationen im Hinblick auf die Reduzierung der Umweltsunsicherheit haben. Er argumentiert, dass eine Organisation ihre Struktur so gestalten sollte, dass dadurch die Informationen aus ihrer Umwelt effizient verwertet und weitergeleitet werden können. Er greift damit das Argument von Arrow (1974) auf, Organisationen insbesondere anhand ihrer Funktion als Informationsverwerter zu beurteilen. Arrow argumentiert, dass bei der Informationsverteilung und Risikoabsicherung die Möglichkeiten des Preissystems gegenüber formalen Organisationen beschränkt sind.

6
Innerbetriebliche Koordination

My father and I started a cosmetic cream factory in the late 1940s. At the time, no company could supply us with plastic caps of adequate quality for cream jars, so we had to start a plastic business. Plastic caps alone were not sufficient to run the plastic-molding plant, so we added combs, toothbrushes, and soap boxes. This plastic business also led us to manufacture electric fan blades and telephone cases, which in turn led us to manufacture electrical and electronic products and telecommunication equipment. The plastics business also took us into oil refining which needed a tanker-shipping company. The oil-refining company alone was paying an insurance premium amounting to more than half the total revenue of the then largest insurance company in Korea. Thus, an insurance company was started. This natural step-by-step evolution through related business resulted in the Lucky-Goldstar group as we see it today. For the future, we will base our growth primarily on chemicals, energy, and electronics. Our chemical business will continue to expand toward fine chemicals and genetic engineering while the electronics business will grow in the direction of semiconductor manufacturing, fiber optic telecommunications, and eventually, satellite telecommunications. (Cha-Kyung, Sohn des Lucky-Goldstar Gründers, in Aguilar und Dong-Sung, 1989)

Unternehmen haben sich in den letzten 150 Jahren grundlegend gewandelt. Vor 1850 gab es außerhalb von Kirche und Militär so gut wie keine hierarchischen Strukturen. Kleine, im Familienbesitz befindliche Unternehmen bestimmten das Geschäftsleben. Ein Familienmitglied oder vielleicht eine kleinere Familiengruppe stellte die Mitarbeiter ein und steuerte die Geschäfte des Unternehmens. Die Einzelunternehmen waren somit auf kleine gewerbliche Produktionen beschränkt, in dem Umfang, in dem der Unternehmer die Geschäfte noch überblicken konnte. Diese kleinen Unternehmen passten so vollkommen zu den lokalen Marktstrukturen der damaligen Zeit.

Zwei technologische Entwicklungen veränderten das Geschäftsleben entscheidend: Die Revolution im Transportwesen und der Kommunikation. Eisenbahnen und Dampfschiffe erlaubten den Transport von Gütern und Personen über längere Distanzen hinweg und mittels Telegraphen konnten Informationen zeitnah ausgetauscht werden. Diese Entwicklungen eröffneten neue Märkte. Nicht mehr der lokale Heimatmarkt bestimmte die Produktion, sondern die Unternehmen konnten nun national und sogar international agieren und ihre Produkte anbieten. Am Ende des 19. Jahrhunderts waren große Unternehmen entstanden, die neue Methoden der Produktion und andere technische Innovationen nutzten. Diese Entwicklungen ermöglichten Massenproduktionen und das Angebot großer Mengen hochqualitativer Produkte zu niedrigen Kosten.

Dieser Fortschritt wurde von ebenso revolutionären Veränderungen in der Organisationsarchitektur begleitet. In Kapitel 3 haben wir gesehen, dass das Preissystem eine effiziente Koordination für den Handel mit standardisierten Gütern zulässt, dass allerdings bei steigenden Skalenerträgen mit einem Versagen des Marktes zu rechnen ist. Alfred Chandler belegt in seinen historischen Untersuchungen eindrücklich, zu welchen Konsequenzen dies führte. So schreibt er in der Einleitung seines Buches 'The Visible Hand' (1977, S.1):

> "The theme proprounded here is that modern business enterprise took the place of market mechanisms in coordinating the activities of the economy and allocating its ressources. In many sectors of the economy the visible hand of management replaced what Adam Smith referred to as the invisble hand of market forces. The market remained the generator of demand for goods and services, but modern business enterprises took over the function of coordinating flow of goods through existing processes of production and distribution, and of allocating funds and personnel for future production and distribution."

Die wachsende Größe der Unternehmen und die zunehmende Komplexität der Geschäfte überstieg die Kapazitäten der einzelnen Unternehmer. Die Koordination der Produktionsmitarbeiter und die Überwachung des Produktionsprozesses erforderte Betriebsaufseher und Werksleiter. Manager mussten eingestellt werden, die die Aktivitäten des Unternehmens in bestimmten Geschäftsbereichen steuern und die zunehmende Zahl an Mitarbeitern führen konnten. Da der Unternehmenseigentümer persönlich nicht mehr alle Unternehmensaktivitäten überblicken konnte, wurden innerbetriebliche Informationssysteme und ein Berichtswesen erforderlich, so dass die Manager auf den einzelnen Hierarchieebenen geführt und ihre Aktivitäten kontrolliert und beurteilt werden konnten. Kostenrechnungssysteme wurden eingeführt, um Informationen über die Kosten der in den verschiedenen Werken hergestellten Produkte zu bekommen. Dadurch konnten die Preise für die Produkte besser gesetzt, das Produktprogramm angepasst oder Maßnahmen für Kostenreduktionen eingeleitet werden. Da die Entwicklung der Unternehmen Investitionen erforderlich machte, die das Vermögen der Eigentümer überschritten, mussten die alten Finanzbuchhaltungssysteme verfeinert werden, so dass auch anderen Investoren und Kreditgebern Informationen über die finanzielle Lage und Aussicht des Unternehmens zur Verfügung gestellt werden konnten.

Bis Anfang der 20er Jahre waren die meisten Unternehmen zentral von der Unternehmensleitung geführt und funktional in bestimmte Funktionsbereiche gegliedert. Mit zunehmender Erweiterung des Produktprogramms erwies sich diese Form der Organisation aber als ungeeignet für die Führung aller Unternehmensaktivitäten. In Kapitel 2 haben wir am Beispiel von General Motors gesehen, wie solche Entwicklungen zu einer völlig neuen Organisationsstruktur führten: Durch die Diversifikation der bestehenden Produktlinie von GM in verschiedene Marktsegmente wurden separate Geschäftsbereiche gebildet. Diese Divisionen wurden jeweils von speziellen Managern geführt. Sie waren verantwortlich für das operative Geschäft in ihrer jeweiligen Division. Die Unternehmensleitung selbst kontrollierte den Erfolg der Divisionsmanager, koordinierte deren Aktivitäten und plante die Unternehmensstrategie.

Die vereinfachte Koordination durch Bildung divisionaler Strukturen sowie die weiteren technologischen Entwicklungen im Transportwesen und der Telekommunikation ermöglichten es den Unternehmen, immer mehr Produkte in ihr Produktionsprogramm aufzunehmen und immer mehr marktliche Transaktionen unternehmensintern abzuwickeln. Gleichzeitig wuchs durch das steigende Einkommen der Konsumenten die Nachfrage nach den verschiedensten Produkten und Dienstleistungen, die mit Hilfe der neuen technologischen Innovationen befriedigt werden konnte.

Dieser Zusammenhang zwischen der Entwicklung vom traditionellen Einprodukt-Unternehmen zum Mehrprodukt-Unternehmen und dem gleichzeitigen (bzw. verzögerten) Übergang von einer funktionalen zu einer divisionalen Unternehmensstruktur zeigt die Untersuchung von Dyas und Thanheiser (1976, S.63ff) für Deutschland eindrücklich:

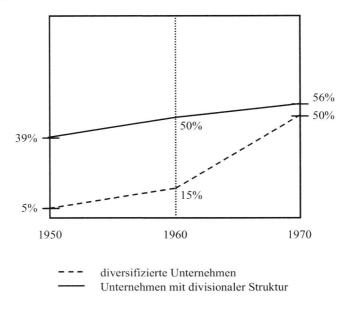

Abbildung 6.1: Diversifikation und Divisionalisierung der 100 größten deutschen Industrieunternehmen

Der Anteil der diversifizierten Unternehmen stieg um 43% zwischen 1950 und 1970. Gleichzeitig stieg der Anteil der Unternehmen mit divisionaler Struktur zwischen 1950 und 1970 von 5% auf 50%. Die Korrelation zwischen Mehrprodukt-Unternehmen und divisionaler Struktur erhöhte sich somit rapide in diesen zwanzig Jahren, auch wenn sich die Entwicklung bei US-amerikanischen Unternehmen noch drastischer darstellt:[1]

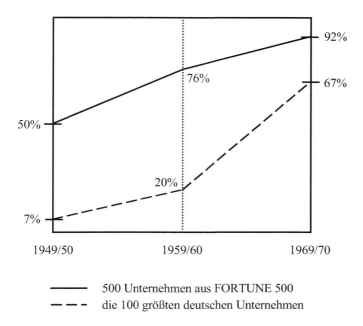

Abbildung 6.2: Diversifizierte Unternehmen mit divisionaler Struktur in Deutschland und USA

Im Folgenden wollen wir die verschiedenen Organisationsstrukturen von Unternehmungen systematisch vorstellen. Dabei gliedern wir die Diskussion entsprechend der Häufigkeit der in einer Unternehmung durchzuführenden Aufgaben in zwei Teile. In Abschnitt 6.1 werden wir zunächst die Organisationsstrukturen für die Durchführung der permanenten Aufgaben einer Unternehmung vorstellen. Abschnitt 6.2 behandelt dann die Strukturen, die zur Bewältigung innovativer Aufgaben in der Unternehmung zur Verfügung stehen.

In beiden Abschnitten werden jeweils die in der Unternehmenspraxis relevanten Organisationsstrukturen vorgestellt. Die Gliederung einer Unternehmung ergibt sich hierbei unmittelbar durch Anwendung und Modifikation der bereits im letzten Kapitel diskutierten organisatorischen Gestaltungsalternativen. Daher werden wir bei der Herleitung der Vor- und Nachteile der verschiedenen Alternativen sowie bei der Beurteilung der Rahmenbedingungen, unter denen die jeweiligen Organisationsstrukturen vorteilhaft sind, im Wesentlichen auf die im letzten

Kapitel erarbeiteten Ergebnisse zur organisatorischen Gestaltung in hierarchischen Organisationen zurückgreifen.

6.1 Die Primärorganisation zur Koordination permanenter Aufgaben

Permanente Aufgaben hatten wir in Kapitel 5 durch ihre hohe Wiederholungshäufigkeit gekennzeichnet. Organisatorische Einheiten, die mit der Durchführung permanenter Aufgaben in der Unternehmung beauftragt sind, können somit dauerhaft gebildet werden. Die organisatorische Gestaltung, die mit der hierarchischen Koordination dieser dauerhaften Organisationseinheiten verbunden ist, stellt die **Primärorganisation** der Unternehmung dar.

Grundsätzlich lässt sich jede Primärorganisation als eine Kombination von spezifischen Ausprägungen der organisatorischen Gestaltungsalternativen darstellen, die wir im letzten Kapitel aufgezeigt haben. In der Unternehmenspraxis sind hier die unterschiedlichsten Gestaltungsformen denkbar und vorzufinden. Diese sollen im Folgenden nicht umfassend diskutiert werden. Vielmehr zeigen wir die Grundstrukturen auf, die dieser Vielzahl von Einzellösungen zugrunde liegen. Diese Grundformen sind dabei vor allem durch die organisatorische Differenzierung auf der zweiten Hierarchieebene einer Unternehmung geprägt.

Die ökonomische Analyse der Grundstrukturen baut auf den bisherigen Ergebnissen auf. Wir werden systematisch auf die spezifischen Vor- und Nachteile der einzelnen organisatorischen Gestaltungsalternativen zurückkommen und diese für die Beurteilung der Grundstrukturen heranziehen. Die ökonomische Analyse von Modifikationen dieser Grundformen oder jene der organisatorischen Differenzierung auf unteren Hierarchieebenen kann mit derselben Systematik diskutiert werden.

Den nachfolgenden Ausführungen liegt dabei die Idee zugrunde, die organisatorische Differenzierung der Unternehmensaufgabe zunächst in relativ unabhängige Teilaufgabenbereiche zu segmentieren. Die Aufgaben in diesen Teilbereiche weisen dann keine großen Interdependenzen untereinander auf, so dass sie in verschiedenen organisatorischen Einheiten im Wesentlichen autonom durchgeführt werden können. Diese Einheiten werden im Folgenden **Geschäftsbereiche** genannt.

Nach einer allgemeinen Betrachtung der Organisation der Unternehmensleitung werden wir zunächst mit der Primärorganisation einzelner Geschäftsbereiche beginnen. Hier stellen wir die beiden Grundformen der Primärorganisation, die Funktionsbereichsorganisation und die Geschäftsprozessorganisation, vor und diskutieren verschiedene Mischformen dieser beiden Alternativen. Anschließend behandeln wir die Primärorganisation von Unternehmungen mit mehreren Geschäftsbereichen. Hier gehen wir zunächst auf die Geschäftsbereichsorganisation ein. Funktions- und Produktmanagement werden dann als organisatorische Gestaltungsalternativen zwischen der Geschäfts- und Funktionsbereichsorganisation diskutiert. Abschließend behandeln wir die Konzern-Organisation.

Gestaltung einzelner Geschäftsbereiche	Gestaltung bei mehreren Geschäftsbereichen
• Funktionsbereichsorganisation	• Geschäftsbereichsorganisation
• Geschäftsprozessorganisation	• Modifikationen
• Modifikationen	• Konzern-Organisation

Abbildung 6.3: Grundformen der Primärorganisation

6.1.1 Die Organisation der Unternehmensleitung

Die im Nachfolgenden diskutierten Grundstrukturen der Primärorganisation einer Unternehmung orientieren sich vor allem an der organisatorischen Differenzierung der zweiten Hierarchieebene. Mit der Gestaltung der Primärorganisation ist somit noch nicht die organisatorische Gestaltung auf der ersten Hierarchieebene, also der Ebene der Unternehmensleitung, festgelegt. Zunächst soll deshalb die interne Organisation der Unternehmensleitung dargestellt werden. Wenn nämlich die Unternehmensleitung nicht durch eine einzelne Instanz, also den Alleinunternehmer, repräsentiert ist, sondern durch ein größeres Leitungsgremium, dann ergeben sich auch hier verschiedene Möglichkeiten der Strukturierung.

Im Vordergrund unserer Diskussion steht dabei der Koordinationsaspekt, also die Frage, welche Tätigkeiten von wem und mit welchen Entscheidungskompetenzen in der Unternehmensleitung wahrgenommen werden. Der Motivationsaspekt, also die Frage, wie die einzelnen Mitglieder der Unternehmensleitung zu einer Erfüllung der ihnen zugewiesenen Aufgaben motiviert werden können, wird nicht behandelt. Hier sind insbesondere die Unternehmensverfassung und die daraus abgeleiteten Kontrollorgane der Unternehmensleitung von Bedeutung.

Die Aufgaben, die von der Unternehmensleitung wahrgenommen werden, können im Einzelnen von Unternehmung zu Unternehmung sehr stark differieren. Nach Mintzberg (1973, S.54ff) lassen sich diese grob in drei Kategorien unterteilen:[2]

- Interpersonelle Aufgaben: Hierzu zählt z.B. die Repräsentation der Gesamtunternehmung nach außen im Rahmen der Öffentlichkeitsarbeit und nach innen durch den Aufbau einer Unternehmenskultur, die Wahrnehmung von Führungsaufgaben gegenüber den Mitarbeitern der Unternehmung oder der Aufbau und die Pflege von Kontakten zu Personen oder Organisationen außerhalb der Unternehmung.

- Informationsaufgaben: Diese Aufgabenkategorie der Unternehmensleitung betrifft die Erfassung und Weiterleitung von Informationen. In ihrer Monitorfunktion erfasst die Unternehmensleitung Informationen aus der Unternehmung oder ihrer Umwelt, um Probleme oder neue Unternehmensmöglichkeiten zu identifizieren. In ihrer Funktion als Informationsübermittler fungiert die Unternehmensleitung nach innen, indem sie Informationen aus der Umwelt weiterleitet, oder nach außen, indem sie Informationen aus der Unternehmung nach außen weitergibt.

- Entscheidungsaufgaben: In der Unternehmensleitung werden zudem alle strategischen Entscheidungen getroffen: **Strategische Entscheidungen** sind Entscheidungen, die mit der Entwicklung der Organisationsstrategie der Unternehmung verbunden sind. Sie betreffen also Änderungen oder Umstrukturierungen für die gesamte Unternehmung und können entweder durch Umweltveränderungen ausgelöst oder durch unternehmerisches Handeln aus eigenem Antrieb motiviert sein. In diesen Aufgabenkomplex fallen auch alle Entscheidungen, die mit der Koordination der einzelnen organisatorischen Einheiten der Unternehmung verbunden sind. Zu diesen organisatorischen Entscheidungen gehören insbesondere die Erstellung von Plänen und die damit verbundene Zuweisung von Ressourcen, wie Finanzen, Zeit, Material oder Mitarbeiter, an die Einheiten. Darüber hinaus können auch Verhandlungen mit externen Organisationsteilnehmern der Unternehmung zu den Entscheidungsaufgaben der Unternehmensleitung gezählt werden.

Inwieweit die einzelnen Aufgaben von der Unternehmensleitung wahrzunehmen sind, hängt von einer Reihe von Faktoren ab. So sind z.B. die Dynamik der Märkte, auf denen die Unternehmung agiert, die offiziellen Unternehmensziele, die sich die Unternehmung vorgegeben hat, oder die rechtlichen Normen, die mit der Rechtsform der Unternehmung und seiner Unternehmensverfassung fixiert sind, für den Umfang der Aufgaben von Bedeutung.

Im Hinblick auf die organisatorische Gestaltung der Unternehmensleitung stellt sich nun die Frage, wie diese Gesamtaufgaben auf die Mitglieder der Unternehmensleitung zu verteilen sind. Wie bei unserer Analyse hierarchischer Entscheidungssysteme werden wir zur Beantwortung dieser Frage die organisatorische Differenzierung in horizontaler und vertikaler Dimension untersuchen.

Die horizontale Differenzierung betrifft die Verteilung der Gesamttätigkeiten der Unternehmensleitung auf die einzelnen Mitglieder dieses Gremiums. Grundsätzlich ist es hier möglich, dass sich alle Vorstandsmitglieder gleichermaßen mit allen anfallenden Aufgaben beschäftigen. Aufgrund der Komplexität der zu verrichtenden Tätigkeiten sowie der Vorteile der Arbeitsteilung erfolgt im Allgemeinen aber eine interne Spezialisierung. Diese Spezialisierung der einzelnen Mitglieder auf bestimmte Aufgabenbereiche wird auch als **Ressortbildung** bezeichnet. Analog zur Diskussion der Abteilungsbildung im letzten Kapitel kommen zwei Möglichkeiten für die Art der Ressortbildung in Betracht:

- Bei einer funktionsorientierten Ressortbildung weisen die Mitglieder der Unternehmensleitung eine funktionsbezogene Spezialisierung auf. Diese Bildung entspricht dem Verrichtungsprinzip: Die einzelnen Vorstandsmitglieder sind so z.B. auf die Bereiche Marketing, Personal, Produktion etc. spezialisiert.
- Bei einer objektorientierten Ressortsbildung spezialisieren sich hingegen die Mitglieder der Unternehmensleitung auf Tätigkeiten, die an die verschiedenen Produkte, Märkte, Kunden oder andere gestaltungsbildende Kriterien der Unternehmung gekoppelt sind. Die Ressortbildung folgt hier dem Objektprinzip: So

würden sich die Vorstandsmitglieder bei einer Gliederung nach Märkten zum Beispiel nach den Regionen Nord und Süd differenzieren. Eine objektorientierte Ressortsbildung würde auch vorliegen, wenn die Unternehmung verschiedene rechtlich selbstständige Teilbereiche besäße. So könnte sich die Ressortsbildung innerhalb des Leitungsgremiums eines Unternehmenskonzerns auch an dessen Tochterunternehmen orientieren.

Die Ressortbildung in der Unternehmensleitung erfolgt im Allgemeinen anhand der strukturellen Gliederung der organisatorischen Einheiten der Unternehmung auf der zweiten Hierarchieebene. Die horizontale Differenzierung der einzelnen Einheiten setzt sich also in der Unternehmensleitung fort. Darüber hinaus ist der Leiter der jeweiligen Einheit oftmals zugleich Mitglied der Unternehmensleitung. Er erfüllt also im Sinne Likerts die Rolle eines 'linking pin'. Die Vorteile sind unmittelbar einsichtig: Zum einen können die spezifischen Informationen aus den jeweiligen organisatorischen Einheiten bei den Entscheidungen der Unternehmensleitung besser eingebracht und berücksichtigt werden. Zum anderen werden die Entscheidungen der Unternehmensleitung direkt in die jeweiligen organisatorischen Einheiten der nachfolgenden Hierarchieebene hineingetragen und können besser umgesetzt werden.

Durch eine vertikale Differenzierung innerhalb der Unternehmensleitung können die Entscheidungskompetenzen und somit die Gestaltung des Entscheidungsprozesses innerhalb dieses Gremiums festgelegt werden. Der Entscheidungsspielraum, der der Unternehmensleitung grundsätzlich zur Verfügung steht, wird dabei durch gesetzliche Regelungen bestimmt, die sich aus der Wahl der Unternehmensverfassung ableiten: So ist z.B. der Geschäftsführer einer Gesellschaft mit beschränkter Haftung (GmbH) rechtlich aufgrund des Gesellschaftsvertrages den Weisungen der Gesellschafterversammlung unterworfen – die Gesellschafterversammlung besteht hier aus den Eigentümern der Unternehmung. Auch durch gesetzliche Mitbestimmungsrechte der Arbeitnehmer kann der Entscheidungsspielraum der Unternehmensleitung eingeschränkt sein, z.B. wenn ein Arbeitsdirektor als gleichberechtigtes Mitglied der Geschäftsführung mit erheblichem Einfluss auf das betriebliche Personalwesen zu bestellen ist.[3]

Bei der Verteilung der Entscheidungskompetenzen an die einzelnen Mitglieder der Unternehmensleitung müssen wir zwischen den Einzelentscheidungskompetenzen der Mitglieder bezüglich bestimmter Aufgabenbereiche der Unternehmung und ihren Kompetenzen bei Entscheidungen der Unternehmensleitung unterscheiden: Bei der Ressortkollegialität ist das einzelne Mitglied für einen bestimmten Aufgabenbereich innerhalb der Unternehmung zuständig und alleine entscheidungsberechtigt. Bei der Gesamtkollegialität hingegen werden dem einzelnen Mitglied zwar individuelle Aufgabenbereiche zugeordnet, allerdings hat der Einzelne keine individuellen Entscheidungskompetenzen in seinem Bereich. Vielmehr bereitet er die betreffenden Entscheidungen vor, über die dann die Unternehmensleitung als Gremium entscheidet.

Die Entscheidungen der Unternehmensleitung können dabei grundsätzlich nach zwei Prinzipien getroffen werden: Beim Kollegialprinzip sind alle Mitglieder gleichberechtigt, die Entscheidungen werden also von allen gemeinsam getroffen. Die Zustimmungserfordnisse können dabei von der Mehrheits- bis zur Einstimmigkeitsregel reichen. Beim Direktorialprinzip sind hingegen bestimmte Mitglieder der Unternehmensleitung hierarchisch gegenüber anderen hervorgehoben. Sie können Entscheidungen alleine treffen und haben Weisungsbefugnis gegenüber den anderen Mitgliedern.[4] Die Vor- und Nachteile dieser einzelnen Gestaltungsalternativen können direkt aus der Diskussion der Selbstkoordination und der lateralen Koordination durch demokratische Entscheidungsmechanismen im vorangegangenen Kapitel abgeleitet werden.

6.1.2 Die Funktionsbereichsorganisation

Eine Primärorganisation, deren zweite Hierarchieebene nach dem Verrichtungsprinzip gegliedert ist, wird als **Funktionsbereichsorganisation** bezeichnet. In der Literatur wird diese Grundform auch als Funktionalorganisation, Verrichtungsorganisation oder Unitary- bzw. U-Form bezeichnet.

Die organisatorischen Einheiten der zweiten Ebene sind als Funktionsbereiche auf die Durchführung gleichartiger Verrichtungen bzw. Funktionen spezialisiert. Sie orientieren sich im Allgemeinen am Wertschöpfungsprozess der Unternehmung. Jeder Funktionsbereich ist hier für bestimmte Aktivitäten zuständig, die zur Wertschöpfung der Unternehmung beitragen. Entsprechend der in Kapitel 5 vorgestellten Klassifizierung von Porter (1985) in primäre und sekundäre Aktivitäten können wir zwei Klassen von Funktionsbereichen unterscheiden:

- Die primären Funktionsbereiche einer Unternehmung übernehmen die Aktivitäten des Wertschöpfungsprozesses, die unmittelbar mit der Herstellung und dem Vertrieb von Produkten der Unternehmung verknüpft sind. Sie werden auch als leistungsorientierte oder direkte Funktionsbereiche bezeichnet. Hierzu zählen insbesondere die Bereiche Logistik, Produktion sowie Marketing und Vertrieb.
- Die sekundären Funktionsbereiche einer Unternehmung sind auf die Beschaffung und Verwaltung der Ressourcen spezifiziert, die für die Aktivitäten der primären Funktionsbereiche benötigt werden. In der Literatur werden sie auch ressourcenorientierte oder indirekte Funktionsbereiche genannt. Zu solchen zählen beispielsweise Personal, Beschaffung, Rechnungswesen oder Finanzen.

Die folgende Abbildung zeigt beispielhaft die Struktur einer Funktionsbereichsorganisation:

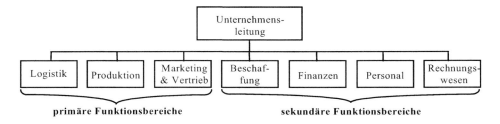

Abbildung 6.4: Die Funktionsbereichsorganisation

Je nach Größe der Unternehmung kann die Ressortbildung innerhalb der Unternehmensleitung verschieden ausgestaltet sein. Bei kleinen Unternehmungen, in denen alle strategischen Entscheidungen durch eine Einzelperson getroffen werden, besteht keine Ressortspezialisierung. Als erster Schritt einer horizontalen Differenzierung bietet sich dann eine Erweiterung der Unternehmensleitung in ein Gremium aus drei Personen an: Neben dem Unternehmensleiter, der für die Gesamtkoordination in der Unternehmung zuständig ist, ergänzen ein kaufmännischer und ein technischer Leiter die Unternehmensleitung. Die verrichtungsorientierte Strukturierung der Funktionsbereiche wird hier also zunächst durch je ein Mitglied aus dem primären und dem sekundären Bereich in die Unternehmensleitung übertragen. In einem weiteren Schritt kann dann die Unternehmensleitung auch um Personen erweitert werden, die die einzelnen Funktionsbereiche vertreten. Die Unternehmensleitung hat dann je ein Mitglied, das für die Bereiche Personal, Produktion, Absatz, Finanzierung etc. zuständig ist. Typischerweise sind dabei die funktionsbezogenen Mitglieder der Unternehmensleitung gleichzeitig Leiter der jeweiligen Funktionsbereiche. Bei noch größeren Unternehmungen können die Aufgaben der Unternehmensleitung auch auf spezielle Ausschüsse verteilt werden. Diese stimmen Interdependenzen zwischen einzelnen Funktionsbereichen aufeinander ab und bereiten gesamtunternehmerische Entscheidungen der Unternehmensleitung vor.

Mit der Gliederung der zweiten Hierarchieebene nach dem Verrichtungsprinzip ist die organisatorische Differenzierung innerhalb der Funktionsbereiche noch nicht festgelegt. Hier ist sowohl eine funktionsorientierte als auch eine objektorientierte Bildung von Untereinheiten denkbar. Bei der Anwendung des Objektprinzips sind wiederum verschiedene Kriterien der Gliederung möglich. Dies soll am Beispiel des Funktionsbereichs Produktion verdeutlicht werden:

- Nach dem Verrichtungsprinzip ist die Produktion in Fertigungsstellen gegliedert, so dass die Mitarbeiter einer Fertigungsstelle gleiche Verrichtungen an verschiedenen Objekten ausführen. Die dazu notwendigen Arbeits- und Betriebsmittel werden räumlich in Werkstätten zusammengefasst. Diese Strukturierung wird als Werkstattfertigung bezeichnet.

- Nach dem Objektprinzip können zum Beispiel die in der Produktion anfallenden Arbeiten entlang des Produktionsablaufs in Form von Fertigungslinien gegliedert werden. Die zu bearbeitenden Gegenstände werden in diesem Fall von einzelnen Mitarbeitern nach ihren speziellen Funktionen von Verrichtung zu Verrichtung weitergegeben. Diese Form der Fertigung wird daher als Fließfertigung bezeichnet. Sie kann in Form der Fließbandfertigung mit starrer Kopplung der einzelnen Arbeitsplätze und vorgegebenen Taktzeiten stattfinden oder in Form der Reihenfertigung mit einer losen Kopplung zwischen den Bearbeitungsplätzen und jeweiligen Zwischenlägern.

- Zudem ist es auch möglich, die Produktion nach umfangreicheren Arbeitsprozessen zu gliedern. In diesem Fall wird die Produktion an Werkbänken ausgeführt. Der einzelne Mitarbeiter führt dabei einen zusammenhängender Abschnitt des Fertigungsprozesses eigenständig durch und stellt ein fertiges Zwischenprodukt her. Dies entspricht der Werkbankfertigung.

- Eine Kombination der Werkstattfertigung mit der Fließfertigung führt zur Gliederung der Produktion in Fertigungsinseln: Zum einen werden auch hier die Arbeits- und Betriebsmittel räumlich gebündelt, allerdings erfolgt diese Zusammenfassung nicht nach dem Verrichtungsprinzip, sondern nach den zu bearbeitenden Gegenständen. So werden in einer Fertigungsinsel mehrere Mitarbeiter zusammengefasst, die ganze Produkte oder Zwischenprodukte herstellen.

Die Beurteilung der einzelnen Fertigungsalternativen kann unmittelbar anhand der in Kapitel 5 diskutierten Vor- und Nachteile der einzelnen Gestaltungsalternativen vorgenommen werden. Dies gilt sowohl für die Innenstrukturierung der Produktion als auch für die Funktionsbereichsorganisation als Grundform der Primärorganisation. Im Folgenden sollen die im letzten Kapitel abgeleiteten Erkenntnisse zusammenfassend dargestellt werden. Demnach kann man für die Vorteile der Funktionsbereichsorganisation vier Punkte nennen:

- Reduzierte Personalkosten aufgrund der engen funktionsspezifischen Ausbildung der Mitarbeiter
- Abteilungsinterne Flexibilität bei schwankender Arbeitsbelastung
- Einfache Übermittlung fachspezifischen Wissens
- Ausnutzung steigender Skalenerträge und Synergien

Die potentiellen Nachteile einer Funktionsbereichsorganisation können in den folgenden drei Punkten zusammengefasst werden:

- Hohe Kosten bei der Übermittlung prozessspezifischen Wissens
- Hohe abteilungsübergreifende Abstimmungskosten
- Erschwerte Anreizgestaltung aufgrund interdependenter Verantwortungsbereiche

Bei der Funktionsbereichsorganisation kommt der Koordination der Prozesse innerhalb der Unternehmung somit eine geringere Bedeutung zu als den Produktionskostenvorteilen einer funktionalen Spezialisierung. Die vielfältigen Interdependenzen zwischen den einzelnen Funktionsbereichen und die daraus resultierenden eingeschränkten Erfolgszurechnungen machen darüber hinaus eine Entscheidungsdezentralisierung problematisch und erfordern im Allgemeinen eine Entscheidungszentralisierung. Die Unternehmensleitung trifft in diesem Fall die wesentlichen strategischen und organisatorischen Entscheidungen und stimmt so auch die Interdependenzen zwischen den einzelnen organisatorischen Einheiten ab. Vor allem persönliche Weisungen und die Standardisierung der Arbeitsprozesse und -ergebnisse, etwa durch Kostenbudgets oder Leistungspläne, kommen hier als hierarchische Koordinationsinstrumente in Frage.

Eine Funktionsbereichsorganisation ist besonders attraktiv für kleine Unternehmungen mit einer geringen Anzahl von Produkten. Dadurch sind die Interdependenzen zwischen den einzelnen Funktionsbereichen für die Unternehmensleitung relativ einfach überschaubar und können zentral koordiniert werden. Hier wird der Alleinunternehmer zunächst selbst in der Lage sein, alle Funktionsbereiche zu überblicken. Erfordert die Gesamtkoordination dann Einblicke in die einzelnen Bereiche, kann die Unternehmensleitung sukzessive um Mitglieder mit dem entsprechenden spezifischen Wissen vergrößert werden. Mit zunehmender Vergrößerung des Produktprogramms fehlt jedoch der Unternehmensleitung immer mehr das spezifische Wissen, die Aktivitäten in den einzelnen Funktionsbereichen adäquat zu steuern.

ALCOA
und die Funktionsbereichsorganisation bei heterogenem Produktprogramm

In seinem Werk 'Strategy and Structure' illustriert Alfred Chandler anhand eines Praxisbeispiels, dass ein großes Unternehmen trotz eines heterogenen Produktionsprogramms erfolgreich mit einer Funktionsbereichsorganisation geführt werden kann.
Die Aluminium Company of America, kurz ALCOA, war vor dem Ersten Weltkrieg das einzige vollständig vertikal integrierte Unternehmen in der Aluminiumherstellung und -verarbeitung in den USA. Das Produktprogramm reichte von Küchengeräten als Massenprodukte für Endkunden über Bauteile für die Automobil-, Flugzeug- und Raketenindustrie. Seit den 20er Jahren wurde ALCOA zentral über eine Funktionsbereichsorganisation gelenkt, wobei das schnell wachsende Unternehmen in all diesen Bereichen erheblich expandierte. 1960 wurde ALCOA durch eine der kompliziertesten und größten Zentralabteilungen in der amerikanischen Industrie geleitet. Die Abstimmung verlief über nahezu 100 'Advisory Interdepartmental Committees' und eine erhebliche Anzahl von bereichsinternen und bereichsübergreifenden Treffen, um die notwendige Kommunikation sicherzustellen.
ALCOA sah keine Veranlassung zu einer Änderung dieser Strukturen. Die Fir-

menleitung war von einer informellen Kommunikationsstruktur überzeugt und die Notwendigkeit einer engen Koordination zwischen Produktion und Marketing übte einen starken Druck zur Zentralisierung aus.

Quelle: Chandler (1962, S.337ff)

Eng verknüpft mit der Überschaubarkeit der einzelnen Aktivitäten ist die Unsicherheit, die mit der Unternehmensaufgabe verbunden ist. In einer dynamischen und komplexen Umwelt fällt es der Unternehmensleitung aufgrund ihrer fehlenden spezifischen lokalen Informationen schwer, die einzelnen Unternehmensaktivitäten im Vorhinein zu koordinieren. In diesem Fall wäre eine Funktionsbereichsorganisation zu deterministisch, da die Unternehmung aufgrund der Interdependenzen zwischen den einzelnen Funktionsbereichen nicht flexibel auf Veränderungen der Umwelt reagieren könnte. Daher ist eine Funktionsbereichsorganisation dann für eine Unternehmung vorteilhaft, wenn sie ihre Unternehmensaufgabe unter relativ stabilen Rahmenbedingungen der Umwelt durchführen. Dies unterstützt wiederum Standardisierungen innerhalb der Unternehmungen.

Auch die eingesetzte Produktionstechnologie der Unternehmung kann eine Funktionsbereichsorganisation attraktiv machen. Da der Vorteil der Funktionsbereichsorganisation in der Ausnutzung steigender Skalenerträge liegt, ist diese Grundform um so vorteilhafter, je eher durch die Technologie Produktionskosten eingespart werden können. Dies ist insbesondere bei Routine-Technologien, wie sie der Massenproduktion zugrunde liegen, der Fall. Hier lassen sich aufgrund des damit verbundenen geringen Koordinationsbedarfs wiederum Arbeitsprozesse und Arbeitsergebnisse in der Unternehmung standardisieren. In Unternehmungen mit Nichtroutine-Technologien, in denen beispielsweise ständig neue Produkte hergestellt oder permanent neue Produktionstechniken eingesetzt werden, ist eine Funktionsbereichsorganisation hingegen zu inflexibel, um sich den ändernden Strukturen entsprechend anzupassen. Ist so z.B. für die Einführung neuer Produkte das spezifische lokale Wissen in verschiedenen Bereichen relevant und eine direkte Kommunikation zwischen den Einheiten notwendig, dann erweist sich diese Organisationsstruktur als zu starr.

6.1.3 Die Geschäftsprozessorganisation

Eine **Geschäftsprozessorganisation** ist eine Primärorganisation, deren zweite Hierarchieebene nach den Geschäftsprozessen der Unternehmung gegliedert ist. In der Literatur werden die Konzepte dieser Organisationsgestaltung auch als Business Process Management, Core Process Design oder Process Innovation diskutiert.

Durch die Gliederung der zweiten Hierarchieebene nach Geschäftsprozessen orientiert sich die organisatorische Gestaltung der Unternehmung konsequent an ihrem Wertschöpfungsprozess. Jeder Geschäftsprozess umfasst alle die Aktivitäten innerhalb der Unternehmung, die Inputfaktoren in abgeschlossene Outputs mit explizitem Kundenbezug transformieren. Insbesondere werden dabei funktionsübergreifend Aktivitäten in einem Prozess zusammengefasst.

Entsprechend unserer Diskussion in Kapitel 5 haben Geschäftsprozesse entweder einen externen oder internen Kundenbezug. Somit lassen sich die folgenden zwei Klassen von organisatorischen Einheiten bei einer Geschäftsprozessorganisation unterscheiden:

- Die primären Geschäftsprozesse einer Unternehmung weisen eine externe Kundenbeziehung auf. In diesem Fall besteht der Geschäftsprozess aus primären Aktivitäten innerhalb der Wertschöpfungskette und zielt unmittelbar auf die Erstellung und Vermarktung eines Produktes oder einer Dienstleistungen für einen externen Kunden ab. Primäre Geschäftsprozesse werden in der Literatur auch als Kernprozesse bezeichnet.
- Die sekundären Geschäftsprozesse einer Unternehmung sind durch eine interne Kundenbeziehung ausgezeichnet. Sie können dabei entweder sekundäre oder primäre Aktivitäten innerhalb der Organisation miteinander verknüpfen: Im ersten Fall unterstützen sie die Aktivitäten innerhalb der primären Geschäftsprozesse durch die Bereitstellung und Verwaltung der dafür notwendigen Ressourcen, also durch sekundäre Aktivitäten. Im zweiten Fall verknüpfen sie primäre Aktivitäten, die allerdings keinen unmittelbaren externen Kundenbezug besitzen. Damit unterstützen auch sie primäre Geschäftsprozesse in deren Aufgabendurchführung. Sekundäre Geschäftsprozesse können daher auch als Support- oder Unterstützungsprozesse bezeichnet werden.

Die Struktur einer Geschäftsprozessorganisation ist in der folgenden Abbildung beispielhaft dargestellt:

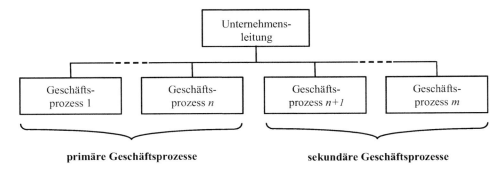

Abbildung 6.5: Die Geschäftsprozessorganisation

Für jeden Geschäftsprozess ist ein Prozessmanager verantwortlich. Diesem Prozessverantwortlichen oder auch 'process owner' sind die für die Durchführung der Aktivitäten innerhalb seines Prozesses notwendigen Entscheidungskompetenzen von der Unternehmensleitung übertragen. Je nach der Komplexität des Prozesses sind verschiedene Ausgestaltungen der Position des Prozessmanagers möglich:

- Ist der Prozess nicht zu umfangreich und können die einzelnen Aktivitäten von einem Mitarbeiter ausgeführt werden, dann wird der Prozessmanager als Prozessbearbeiter oder 'case worker' bezeichnet. Dies setzt im Allgemeinen eine sehr breite fachliche Qualifikation des Mitarbeiters voraus.

- Ist der Prozess zu komplex, um von einer Person alleine durchgeführt zu werden, dann wird der gesamte Prozess in mehrere Teilprozesse zerlegt. Für die einzelnen Prozessabschnitte sind jeweils bestimmte Mitarbeiter zuständig. Der Prozessmanager ist in diesem Fall Vorgesetzter dieser Gruppe von Mitarbeitern, dem sogenannten Prozessteam oder 'case team'.

- Für den Fall, dass ein komplexer Geschäftprozess zunächst in verschiedene Prozessvarianten oder Teilprozesse zerlegt ist, die eigenständig von Prozessteams bearbeitet werden, ergibt sich ein mehrstufiger hierarchischer Aufbau der Geschäftsprozessorganisation: Für jede Prozessvariante oder jeden Teilprozess ist ein eigener Prozessmanager verantwortlich, der seinerseits dem Prozessmanager des Gesamtprozesses unterstellt ist. Im Unterschied zur Funktionsbereichsorganisation sind somit bei der Geschäftsprozessorganisation auch alle nachfolgenden Hierarchieebenen prozessorientiert gestaltet.

Bei der Beurteilung der Geschäftsprozessorganisation können wir uns wieder an den Vor- und Nachteilen orientieren, die wir im letzten Kapitel im Zusammenhang mit der Stellen- und Abteilungsbildung erarbeitet haben. Zusammenfassend können die folgenden möglichen Vorteile der Geschäftsprozessorganisation genannt werden:

- Unmittelbare Nutzung des prozessspezifischen Wissens
- Niedrige Abstimmungskosten zwischen den organisatorischen Einheiten durch relativ abgeschlossene (Teil-)Prozesse
- Erhöhte Flexibilität der Organisationsstruktur aufgrund der funktionsübergreifenden Ausbildung der Mitarbeiter
- Einfache Anreizgestaltung durch relativ abgeschlossene Verantwortungsbereiche bei allen Mitarbeitern

Diesen potentiellen Vorteilen der Geschäftsprozessorganisation stehen auch mögliche Nachteile gegenüber:

- Erhöhte Personalkosten aufgrund einer breiten funktionsübergreifenden Ausbildung der Mitarbeiter
- Geringe Ausnutzung steigender Skalenerträge

Den Nachteilen der Geschäftsprozessorganisation stehen die Vorteile der Funktionsbereichsorganisation gegenüber und umgekehrt. Im Unterschied zur Funktionsbereichsorganisation kommt der Ausnutzung von Produktionskostenvorteilen bei der Geschäftsprozessorganisation eine geringere Bedeutung zu. Dafür steht bei dieser Form der Organisationsgestaltung vor allem der Koordinations- und Motivationsaspekt im Vordergrund.

Darüber hinaus ermöglicht die Zuweisung von abgeschlossenen Prozessen bzw. Prozessabschnitten eine weitreichende Entscheidungsdezentralisierung. Da so auch Prozessteams in der Regel alle Entscheidungskompetenzen erhalten, die sie zur eigenständigen Durchführung des Prozesses benötigen, kommt der Selbstkoordination als Koordinationsinstrument eine entscheidende Bedeutung zu. Die Prozessmanager haben somit ihrerseits weniger Koordinationsaufgaben innerhalb der einzelnen Prozessteams durchzuführen. Sie können vor allem Aufgaben zur Motivation der Mitarbeiter in Form von Moderation und Coaching wahrnehmen sowie strategische Entscheidungen bezüglich ihrer Geschäftsprozesse vorbereiten und unterstützen. Ist ein Geschäftsprozess in mehrere Teilprozesse oder Prozessvarianten zerlegt, dann übernimmt der Prozessmanager deren Koordination. Die Unternehmensleitung ihrerseits hat bei der Geschäftsprozessorganisation die Aufgabe, neben den strategischen Entscheidungen die Koordination der einzelnen Geschäftsprozesse sicherzustellen. Aufgrund der Eigenständigkeit der einzelnen organisatorischen Einheiten sind bei der Geschäftsprozessorganisation die Leitungsspannen der einzelnen Instanzen groß und die Gliederungstiefe der Unternehmung tendentiell gering.

Die Geschäftsprozessorganisation ist insbesondere attraktiv für solche Unternehmungen, die in einer komplexen und dynamischen Umwelt operieren müssen. In diesem Fall besitzen die Mitarbeiter auf den unteren Hierarchieebenen im Allgemeinen spezifisches lokales Wissen, dessen Übermittlung an vorgeordnete Instanzen oder nachgelagerte Mitarbeiter mit hohen Kosten verbunden ist. Würden in einer solchen Situation die Mitarbeiter aufgrund einer Entscheidungszentralisierung innerhalb der Unternehmung oder aufgrund eines zu engen Tätigkeitsbereichs ihre Informationen nicht unmittelbar nutzen können, würde die Unternehmung nicht flexibel genug auf sich ändernde Rahmenbedingungen reagieren.

Die Ausnutzung des spezifischen lokalen Wissens durch die jeweiligen Mitarbeiter und die damit verbundenen geringen Interdependenzen zwischen den einzelnen organisatorischen Einheiten führen natürlich auch zu einer Verkürzung der Durchlauf- und Bearbeitungszeiten der einzelnen Prozesse. Somit hat die Geschäftsprozessorganisation vor allem dann Vorteile für eine Unternehmung, wenn diese besonders kundenorientierte Produkte oder Dienstleistungen anbietet. Dadurch kann einerseits die Zeit reduziert werden, die für die Kundenbearbeitung notwendig ist, andererseits können aber auch Kundenwünsche flexibel in die Abwicklung integriert werden. Dies ist z.B. bei Unternehmungen der Fall, die eine reine Kundenauftragsfertigung durchführen bzw. die für bestimmte Kundengruppen Kleinstserien nach individuellen Kundenbedürfnissen produzieren.

IBM
und die Reorganisation der Kreditabteilung

Ein Beispiel für eine erfolgreiche Reorganisation eines Funktionsbereichs in eine Geschäftsprozessorganisation wird von Hammer und Champy in ihrem Buch 'Reengineering the Corporation' von 1993 beschrieben:

Die IBM Credit Corporation, eine hundertprozentige Tochter von IBM Corporation, war für die Finanzierung von Computern, Software und Dienstleistungen von IBM-Kunden zuständig. Vor der Reorganisation wurden Finanzierungsanfragen in fünf verschiedenen Abteilungen bearbeitet: Zunächst wurde eine Anfrage von einem Mitarbeiter telefonisch entgegengenommen und protokolliert. Die Anfrage wurde dann in die Kreditabteilung weitergeleitet, wo jemand die Informationen in ein Computersystem eingab und die Kreditwürdigkeit des Antragstellers überprüfte. Das Ergebnis dieser Bonitätsprüfung wurde an die 'business practices'-Abteilung übergeben, die einen Standarddarlehensvertrag an die Anfrage des Kunden anpasste. In einem vierten Schritt ermittelte ein für die Preisermittlung zuständiger Sachbearbeiter den Zinssatz für den betreffenden Kunden. Diese Information zusammen mit allen anderen Unterlagen wurde dann an die Verwaltung weitergereicht. Ein Verwaltungsmitarbeiter erstellte ein Angebotsschreiben, das dann per Post versandt wurde. Die gesamte Abwicklung einer Finanzierungsanfrage dauerte so im Durchschnitt sechs Tage, manchmal auch bis zu zwei Wochen.

Da diese Durchlaufzeit für viele Kunden nicht zumutbar war, wurden Untersuchungen zur Verbesserung dieses Prozesses angestellt. Dabei stellte man fest, dass die eigentliche Bearbeitungszeit für eine Finanzierungsanfrage weitaus kürzer war als die Durchlaufzeit: Alle fünf Arbeitsschritte nahmen insgesamt nur eineinhalb Stunden in Anspruch. Die restliche Zeit entfiel also auf die Weitergabe der einzelnen Formulare von einer Abteilung zur nächsten. Eine Geschäftsprozessorganisation konnte diese zeitlichen Verzögerungen beseitigen:

> "In the end, IBM Credit replaced its specialists – the credit checkers, pricers, and so on – with generalists. Now, instead of sending an application from office to office, one person called a deal structurer processes the entire application from beginning to end: No handoffs."

Bei der Gestaltung des bisherigen Ablaufs war man davon ausgegangen, dass vor allem schwierige Anträge bearbeitet werden. Es stellte sich aber heraus, dass die mei-

sten Finanzierungsanfragen einfach und problemlos zu bearbeiten waren und kaum mehr als Routinetätigkeiten waren. Diese Aufgaben konnte durchaus ein einzelner Mitarbeiter mit Unterstützung eines entsprechenden Computersystems erledigen. Traten tatsächlich schwierige Anträge auf, stand den Generalisten ein kleiner Stab von Spezialisten zur Seite, die Experten auf ihren jeweiligen Gebieten waren. Selbst in diesen Fällen gab es keine zeitlichen Verzögerungen mehr, da die Generalisten mit den Spezialisten in einem Team zusammenarbeiteten.

Quelle: Hammer und Champy (1993, S.36ff)

Eng verbunden mit der kundenorientierten Unternehmensstrategie ist auch die eingesetzte Produktionstechnologie der Unternehmung, die eine Geschäftsprozessorganisation attraktiv für eine Unternehmung machen kann: Werden in einer Unternehmung Nichtroutine-Technologien eingesetzt, so dass beispielsweise ständig neue Produkte hergestellt oder permanent neue Produktionstechniken eingesetzt werden, dann erfordern die komplexen und sich dauernd ändernden Aufgabenanforderungen eine hohe Flexibilität in der Durchführung. Die Geschäftsprozessorganisation bietet hier die Möglichkeit, sich diesen ändernden Strukturen flexibel anzupassen und minimiert den Abstimmungsbedarf zwischen den einzelnen involvierten organisatorischen Einheiten.

6.1.4 Alternative Grundstrukturen zwischen Geschäftsprozess- und Funktionsbereichsorganisation

Die Funktionsbereichs- und Geschäftsprozessorganisation stellen die beiden Grundformen der Primärorganisation einer Unternehmung dar. In ihrer reinen Form, also mit einer vollständigen funktionalen bzw. prozessualen Differenzierung der Gesamtaufgabe der Unternehmung, werden sie in der Unternehmenspraxis allerdings nur relativ selten Anwendung finden. In beiden Fällen ist dann nämlich die organisatorische Gestaltung lediglich auf einen Kostenaspekt fokussiert – entweder die Ausnutzung von Produktionskostenvorteilen bei der Funktionsbereichsorganisation oder die Reduzierung der Transaktionskosten bei der Geschäftsprozessorganisation – ohne den jeweils anderen Aspekt dabei zu berücksichtigen. Diese Vorgehensweise wird zwar hinsichtlich bestimmter Teilaufgaben, jedoch nur in Ausnahmefällen universell für die Gesamtaufgabe der Unternehmung vorteilhaft sein.

Es stellt sich daher die Frage, wie diese beiden Strukturierungskonzepte so miteinander verknüpft werden können, dass die Vorteile beider Alternativen genutzt werden können und gleichzeitig die jeweiligen Nachteile reduziert werden. Die damit verbundene Reorganisation einer Funktionsbereichsorganisation zu einer prozessorientierten Struktur wird in der Literatur auch als Business Process Reengineering oder kurz **Business Reengineering** bezeichnet.[5] Zwei Modifikationen der Grundstrukturen bieten sich an:

- Einerseits haben wir mit der Funktionsbereichsorganisation lediglich die funktionale Strukturierung auf der zweiten Hierarchieebene festgelegt. Für die unteren Hierarchieebenen verbleibt somit durchaus noch Gestaltungsspielraum, der im Hinblick auf eine stärker prozessorientierte Strukturierung genutzt werden könnte.
- Andererseits können aber auch bereits auf der zweiten Hierarchieebene die beiden Strukturierungsalternativen miteinander kombiniert werden. Demnach würde die Primärorganisation keine einheitliche Abteilungsbildung mehr aufweisen, sondern die organisatorischen Einheiten nach der Unternehmensleitung wären sowohl funktions- als auch prozessorientiert gebildet.

Bei der ersten Modifikation handelt es sich um eine auf einzelne Funktionsbereiche bezogene Prozessorganisation: Entweder werden in den jeweiligen Funktionsbereichen die Mitarbeiter bzw. organisatorischen Einheiten auf Basis der (Teil-)Geschäftsprozesse gebildet oder es werden in Form einer Insellösung funktionsübergreifend Teilprozesse einer Abteilungen miteinander verknüpft, ohne allerdings den Gesamtprozess einheitlich zu gestalten. Die Prozessorganisation umfasst hier also keine vollständigen primären Geschäftsprozesse sondern lediglich sekundäre (Teil-)Geschäftsprozesse. In der Literatur wird diese Form der organisatorischen Gestaltung auch als **modulare Organisation** bezeichnet.[6]

In der Unternehmenspraxis findet diese Form der Strukturierung vielfältige Anwendungen: So haben in den sekundären Funktionsbereichen viele Unternehmungen die Prozesse der Auftragsbearbeitung, Reklamationsbearbeitung etc. einzelnen Mitarbeitern bzw. Gruppen von Mitarbeitern zugewiesen, um die Koordinationskostenvorteile aufgrund des reduzierten Abstimmungsbedarfs zu nutzen. Der obige

Fall von IBM ist ebenfalls ein Beispiel hierfür. Auch in den primären Funktionsbereichen sind solche prozessorientierten Strukturierungskonzepte verbreitet. So wird die bereits oben angesprochene Gliederung der Produktion in Fertigungsinseln bereits seit Jahren erfolgreich in der Automobilindustrie praktiziert. Durch weitreichende Delegation von Entscheidungskompetenzen an die Mitarbeiter der Fertigungsinsel werden die Durchlaufzeiten und Materialbestände drastisch verringert sowie die Produktionsplanung und -steuerung vereinfacht.

ABB
und die Modularisierung eines Unternehmens

Die Firma Asea Brown Boveri ist eines der größten Elektrounternehmen der Welt. Es entstand 1988 aus einer Fusion der schwedischen Asea und dem Schweizer Unternehmen BBC. ABB ist ein Beispiel für eine besonders weitreichende Modularisierung, die unter dem damaligen Konzernchef Percy Barnevik eingeführt wurde. Ziel der Umstrukturierung war es, die Gemeinkosten zu senken, das Unternehmertum anzuregen sowie kundennah durch eine erhöhte Schnelligkeit und Flexibilität zu agieren. Das Unternehmen wurde dazu in einen Verbund von etwa 1.300 Unternehmen umgestaltet, die sich ihrerseits in 5.000 selbstständige Profit Centers weltweit aufteilten. Davon waren alle 210.000 Mitarbeiter der ABB betroffen. Die Profit Center selbst wurden mit nur 50 Mitarbeitern und einem Team von durchschnittlich 5 Managern klein gehalten. ABB definiert ein Profit Center als "any self-contained unit that is responsible for its own product development, production and sales as well as for its own results and asset/liability management. A profit centre must be able to measure performance."

Diese Modularisierung von ABB stieß schnell an ihre Grenzen. Aufgrund von Komplexitätskosten, Reibungsverlusten und Zielkonflikten wurde daher die modulare Struktur in den Folgejahren teilweise wieder zurückgenommen.

Quelle: Barham und Heimer (1998)

Im Unterschied zur reinen Funktionsbereichsorganisation verbessert sich bei einer modularen Organisation die Abstimmung zwischen den einzelnen organisatorischen Einheiten. Darüber hinaus sind eine bessere Koordination der Mitarbeiter innerhalb der Module ebenso wie eine einfachere Anreizgestaltung möglich. Im Unterschied zur Geschäftsprozessorganisation können steigende Skalenerträge und Synergieeffekte durch die Bündelung funktionaler Aufgabenbereiche ausgenutzt werden. Allerdings besteht zwischen den Modulen immer noch ein erheblicher Koordinationsbedarf, der um so größer wird, je mehr Module miteinander interagieren. Diese Interdependenzen können entweder durch die Einführung von Transferpreisen oder durch eine zentrale Instanz abgestimmt werden.

Bei der zweiten Modifikation können wir unmittelbar auf die Ausführungen in Kapitel 5 im Zusammenhang mit der Abteilungsbildung zurückgreifen. Da wir dort sowie im Zusammenhang mit der Stellenbildung die Vor- und Nachteile der einzelnen Alternativen bereits eingehend diskutiert haben, beschränken wir uns im Folgenden auf eine Darstellung einiger Modifikationen der Primärorganisation – andere mögliche Gestaltungsalternativen lassen sich unmittelbar aus der Diskussion im letzten Kapitel ableiten:

Funktionsbereichsorganisation mit prozessorientierten zentralen Stabsabteilungen

Hier werden zunächst auf der zweiten Hierarchieebene der Unternehmung einzelne Funktionsbereiche gestaltet. Die so gebildeten funktionsorientierten Abteilungen werden aber zusätzlich durch zentrale prozessorientierte Stabsabteilungen unterstützt. Diese Stabsabteilungen sind für die einzelnen Geschäftsprozesse der Unternehmung zuständig und übernehmen für die Unternehmensleitung die Vorbereitung und Kontrolle von solchen Entscheidungen, die ihre spezifische prozessorientierte Ausrichtung betreffen. Sie besitzen keine Entscheidungskompetenzen.

Matrixorganisation mit Funktionsbereichen und Geschäftsprozessen

Bei dieser Modifikation werden auf der zweiten Hierarchieebene gleichzeitig funktions- und geschäftsprozessorientierte Einheiten gebildet. Dabei können wiederum zwei Gestaltungsalternativen unterschieden werden: Erstens können die Mitarbeiter der so gebildeten Prozessteams sowohl dem Funktions- als auch dem Prozessmanager unterstellt sein. In diesem Fall ist jedes einzelne Teammitglied also zwei Instanzen unterstellt. Zweitens kann sich dieses Mehrliniensystem nur auf die Prozessverantwortlichen selbst beziehen. In diesem Fall ist der Prozessmanager immer noch für den jeweiligen Geschäftsprozess verantwortlich und die Zusammenarbeit zwischen ihm und den Funktionsmanagern ist dann nach dem Matrixprinzip geregelt. Allerdings ist der Prozessmananger die vorgesetzte Instanz seiner Mitarbeiter in den Prozessteams.

Geschäftsprozessorganisation mit funktionsorientierten zentralen Abteilungen

In diesem Fall wird die Unternehmensaufgabe nicht vollständig in Geschäftsprozesse gegliedert, sondern es werden die sekundären unterstützenden Aktivitäten in den jeweiligen sekundären Funktionsbereichen zusammengefasst. Dadurch kommt es neben der Organisation in primäre Geschäftsprozesse zur Bildung von funktionsorientierten Einheiten wie beispielsweise für Personal, Rechnungswesen oder Finanzen. Die Einheiten können dabei als Stabs-, Service- oder auch als Zentralabteilungen gebildet werden.

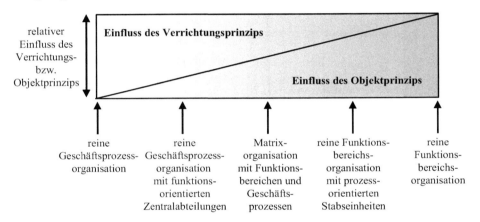

Abbildung 6.6: Alternative Grundstrukturen zwischen Geschäftsprozess- und Funktionsbereichsorganisation

6.1.5 Die Geschäftsbereichsorganisation

Bei der Geschäftsbereichsorganisation handelt es sich um eine Primärorganisation, die bei Unternehmungen mit mehreren Geschäftseinheiten zur Anwendung kommt. Die **Geschäftsbereichsorganisation** ist dadurch gekennzeichnet, dass die zweite Hierarchieebene der Primärorganisation nach dem Objektprinzip gegliedert ist. Sie wird in der Literatur auch als divisionale Organisation, Spartenorganisation oder Multidivisional- bzw. M-Form bezeichnet.

Auf der zweiten Ebene der Unternehmenshierarchie sind die organisatorischen Einheiten als Geschäftsbereiche auf die Durchführung aller Aktivitäten spezialisiert, die einen bestimmten Objektbezug besitzen. Da diese Einheiten relativ autonom sind, werden ungleichartige Tätigkeiten zu unabhängigen Teilaufgabenbereichen der Gesamtunternehmensaufgabe gebündelt. Die folgende Abbildung zeigt die allgemeine Struktur einer Geschäftsbereichsorganisation:

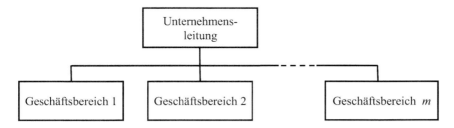

Abbildung 6.7: Die Geschäftsbereichsorganisation

In der Unternehmenspraxis treten je nach spezifischem Objektbezug die folgenden vier Formen der Geschäftsbereichsorganisation auf:

- Bei produktorientierten Geschäftsbereichen erfolgt die Bildung der Geschäftsbereiche, indem Produkte zusammengefasst werden, die in denselben Marktsegmenten angeboten werden können. Die Segmentierung eines Lebensmittelherstellers in die Bereiche Dosensuppen, Gefriergemüse und Backwaren ist ein Beispiel für eine produktorientierte Differenzierung.

- Bei technologieorientierten Geschäftsbereichen ist die eingesetzte Produktionstechnologie Strukturierungskriterium für die Bereichsbildung. Produkte mit einer gemeinsamen Produktionstechnologie werden hier in einem Geschäftsbereich zusammengefasst. Die Gliederung eines Chemieunternehmens in die Bereiche Agrar-, Erdöl- und gentechnische Produkte ist ein Beispiel für eine technologische Differenzierung.

- Bei regionalorientierten Geschäftsbereichen werden diese nach den verschiedenen Absatzbereichen der Unternehmung gegliedert. Dies ist z.B. bei international tätigen Unternehmungen der Fall, wenn diese jeweils länder- oder kontinentspezifische Abteilungen besitzen. Bei nationalen Unternehmungen findet sich die regionale Gliederung beispielsweise bei Versicherungsunternehmen.

- Bei kundenorientierten Geschäftsbereichen schließlich werden die organisatorischen Einheiten der zweiten Hierarchieebene nach Kundengruppen gebildet. Für jede Kundengruppe mit ihren spezifischen Bedürfnissen ist dabei eine Einheit mit den entsprechend abgestimmten Produkten zuständig. Banken mit der Unterteilung ihres Geschäfts in Privat- und Geschäftskunden sind hierfür ein Beispiel.

Das Strukturierungskriterium für die Geschäftsbereiche einer Unternehmung wird wesentlich durch die Unternehmensaufgabe und deren Determinanten bestimmt. Entsprechend unserer Ausführungen im vorigen Kapitel müssen bei der Bildung der einzelnen Geschäftsbereiche die relativen Komplementaritäten zwischen den einzelnen Aktivitäten innerhalb dieser Einheiten berücksichtigt werden. So dient zwar eine Gliederung nach technologischen Aspekten der Durchführung der Forschungs- und Entwicklungsaufgaben oder vereinfacht die Produktionssteuerung, aber dieses Strukturierungskriterium hat wenig mit den Kundenwünschen zu tun. Daher kann es zu Koordinationsproblemen zwischen den Geschäftsbereichen kommen, wenn die hergestellten Produkte unterschiedliche Kundenbedürfnisse befriedigen. Eine kundenorientierte Gestaltung der Geschäftsbereiche würde dieses Problem beseitigen, da dann die einzelnen Kundengruppen mit ihren spezifischen Bedürfnissen Ausgangspunkt der Gestaltung wären. Allerdings können dadurch mögliche Produktionskostenvorteile aufgrund von steigenden Skalenerträgen oder Synergien nicht realisiert werden, da jeder Geschäftsbereich seine eigene Produktionseinheit besitzt.

Unabhängig von der Art der Strukturierung der organisatorischen Einheiten auf der zweiten Hierarchieebene ist damit die organisatorische Gestaltung der einzelnen Geschäftsbereiche selbst noch nicht festgelegt. Diese kann sich entweder an der Funktionsbereichsorganisation oder an der Geschäftsprozessorganisation orientieren. Verschiedene Bereiche können je nach ihren spezifischen Aufgabenkomplexen sehr unterschiedlich gestaltet sein. In der Unternehmenspraxis sind die einzelnen Geschäftsbereiche meist funktional gegliedert.

Da die Geschäftsbereichsorganisation ausschließlich die organisatorische Gestaltung auf der zweiten Unternehmensebene betrifft, grenzt sie sich von der Geschäftsprozessorganisation ab: Zwar werden bei letzterer die Geschäftsprozesse nach Objekten auf der zweiten Hierarchieebene segmentiert, allerdings setzt sich dieses Gliederungsprinzip durch die gesamte Organisation fort.

Die potentiellen Vor- und Nachteile einer Geschäftsbereichsorganisation ergeben sich somit zwar unmittelbar aus der Beurteilung der Geschäftsprozessorganisation, allerdings sind diese Vor- und Nachteile nicht auf die Gesamtorganisation bezogen sondern lediglich auf die einzelnen Geschäftsbereiche. Zusammenfassend können wir somit die möglichen Vorteile in den folgenden Punkten festhalten:

- Nutzung des lokalen spezifischen Wissens in den Geschäftsbereichen
- Reduzierter Koordinationsbedarf zwischen den Geschäftsbereichen je nach deren Autonomie
- Erhöhte Flexibilität und Anpassungsfähigkeit der Organisationsstruktur durch Integration neuer Geschäftsbereiche
- Einfache Anreizgestaltung für die Geschäftsbereichsleiter bei autonomen Geschäftsbereichen
- Entlastung der Unternehmensleitung, so dass sich diese auf strategische Entscheidungen konzentrieren kann

Diesen potentiellen Vorteilen der Geschäftsbereichsorganisation können auch Nachteile gegenüberstehen:

- Keine durchgehende Nutzung der Vorteile einer prozessorientierten Gestaltung
- Erhöhte Personalkosten aufgrund der hohen Anzahl an Leitungsstellen und der breiten funktionsübergreifenden Ausbildung der Geschäftsbereichsleiter
- Geringe Ausnutzung steigender Skalenerträge oder Synergien

Entscheidend für die Beurteilung der Geschäftsprozessorganisation ist neben dem Produktionskostenaspekt und der damit verbundenen Betriebsgröße des Geschäftsbereichs insbesondere die Autonomie der einzelnen organisatorischen Einheiten. Inwieweit nämlich ein Koordinationsbedarf zwischen den Einheiten besteht oder eine einfache Anreizgestaltung für die Geschäftsbereichsleiter möglich ist, hängt entscheidend von den Interdependenzen zwischen den einzelnen Geschäftsbereichen ab: Bestehen hier im Extremfall keine Interdependenzen mit anderen Einheiten, dann kann ein Geschäftsbereich auch als quasi eigenständige Unternehmung in der Unternehmung geführt werden. Dadurch entfällt einerseits der Koordinationsbedarf mit anderen Einheiten, andererseits kann der Bereichsleiter unmittelbar am Erfolg seines Geschäftsbereichs beurteilt werden, so dass eine einfache Anreizgestaltung gegeben ist. Bestehen allerdings Interdependenzen zwischen diesem Geschäftsbereich und anderen Unternehmenseinheiten, müssen sowohl der Koordinationsbedarf als auch die Schwierigkeiten bei einer adäquaten Leistungsbeurteilung berücksichtigt werden.

Die Autonomie der einzelnen Geschäftsbereiche bestimmt auch, welche Verteilung der Entscheidungskompetenzen zwischen Unternehmensleitung und den Geschäftsbereichen sinnvoll ist. Bei einem autonomen Bereich kann sich die Unternehmensleitung vollständig auf die strategischen Entscheidungen und die Leistungsbeurteilung der einzelnen Geschäftsbereiche und ihrer Leiter konzentrieren. Die Geschäftsbereiche sind dann umfassend für das operative Geschäft verantwortlich. Im Allgemeinen sind die Geschäftsbereichsleiter dabei nicht Mitglieder der Unternehmensleitung. Dem steht ihre zu hohe Beanspruchung mit operativen Aufgaben entgegen sowie das hohe Konfliktpotential, das aufgrund möglicher Interessengegensätze zwischen den Bereichsleitern besteht.

Je nach dem Grad der Autonomie der einzelnen Geschäftsbereiche hat die Unternehmensleitung aber auch die Aufgabe, die Koordination zwischen den Einheiten zu gewährleisten, beispielsweise durch Vorgabe von Transferpreisen beim abteilungsübergreifendem Leistungsaustausch oder durch ein Planungssystem. Der Koordinationsbedarf ist dabei abhängig von dem Grad der Entscheidungsautonomie der Bereichsleiter. Drei Arten von Geschäftsbereichen können hier im Wesentlichen unterschieden werden:

- **Cost-Center** sind Geschäftsbereiche, bei denen sich die Verantwortung der Bereichsleiter auf die Kostenseite beschränkt. Die Unternehmensleitung legt hier fest, welche Produkte produziert und zu welchem Preis verkauft werden sollen. Den Geschäftsbereichsleitern gibt sie ein Kostenbudget vor. Deren Entscheidungskompetenzen sind somit auf die Einhaltung des Budgets bei vorgegebenem Produktionsvolumen limitiert.

- Beim **Profit-Center** Konzept wird den Geschäftsbereichsleitern zusätzlich zur Kostenverantwortung auch Erlös- und somit Gewinnverantwortung übertragen. Innerhalb gewisser Restriktionen besitzen die Geschäftsbereichsleiter somit umfassende Entscheidungskompetenzen für alle Aufgaben, die in ihrem Bereich angesiedelt sind. So können die Bereichsleiter beispielsweise auch über die Produktionsmengen oder die Verkaufspreise entscheiden. Bei Entscheidungen über neue Produktentwicklungen unterliegen sie allerdings Restriktionen, die sich z.B. aus der Unternehmensstrategie ableiten.

- Beim **Investment-Center** haben die Geschäftsbereichsleiter darüber hinaus noch Entscheidungskompetenzen für die Investitionen innerhalb ihres Bereichs. Somit entscheiden sie eigenständig darüber, inwieweit ihr erwirtschafteter Geschäftsgewinn für neue Investitionen verwendet werden soll oder ob Desinvestitionen vorgenommen werden sollen. Auch dabei kann sich die Unternehmensleitung zur Gesamtkoordination der Unternehmung ein gewisses Mitspracherecht einräumen.

Der Grad der Entscheidungsautonomie eines Geschäftsbereichs nimmt vom Cost-Center übers Profit-Center bis zum Investment-Center zu. Die ökonomische Beurteilung dieser verschiedenen Typen von Geschäftsbereichen ergibt sich unmittelbar aus unserer Diskussion über die vertikale Differenzierung im vorangegangenen Kapitel. Wir haben dort gesehen, wie sich durch den Grad der Entscheidungsautonomie einer nachgeordneten Einheit die zugehörigen Koordinations- und Motivationskosten ändern. Somit hat ein höherer Grad an Entscheidungsautonomie gegenüber einem niedrigeren insbesondere den Vorteil reduzierter Koordinationskosten aufgrund der Nutzung des spezifischen lokalen Wissens in den Geschäftsbereichen. Allerdings kann es aufgrund der damit verbundenen Gefahr des moralischen Risikos und der geringeren Berücksichtigung bereichsübergreifender Interdependenzen zu höheren Motivations- und sogar Koordinationskosten kommen.

Um auch hier die Vorteile der Entscheidungsdezentralisierung umfassend zu nutzen, müssen bei der Geschäftsbereichsbildung relativ autonome Einheiten gebildet werden. Dadurch verringert sich sowohl die Notwendigkeit einer bereichsübergreifenden Abstimmung mit anderen Unternehmenseinheiten als auch, aufgrund der einfachen Anreizgestaltung, die Gefahr des moralischen Risikos. Entscheidungskompetenzen können dann umfassend an die einzelnen Geschäftsbereichsleiter delegiert werden. Diese sind dann im Extremfall vollständig für die Durchführung aller operativen und strategischen Entscheidungen innerhalb ihrer Bereiche zuständig.

Das Bestreben, relativ autonome Geschäftseinheiten in der Unternehmung zu bilden, kann allerdings dazu führen, dass durch den Einbezug übermäßig vieler

Aktivitäten zu unübersichtliche Einheiten entstehen. Hier kann die Bildung von größeren Unternehmensbereichen eine Lösung sein: Mehrere Geschäftsbereiche mit hohem Abstimmungsbedarf werden in einem größeren Geschäftsbereich mit einer einheitlichen Leitung gruppiert. Abstimmungsprobleme zwischen den Geschäftsbereichen werden dann durch den gemeinsamen übergeordneten Geschäftsbereichsleiter gelöst. Daher können die einzelnen Geschäftsbereiche selbst relativ klein und überschaubar gebildet werden. Insgesamt entsteht somit unterhalb der Unternehmensleitung eine hierarchische Geschäftsbereichsstruktur.

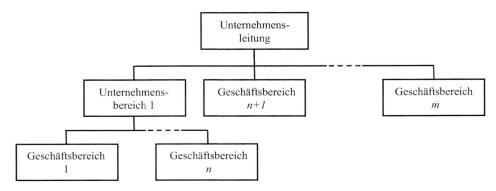

Abbildung 6.8: Die Gruppierung von Geschäftsbereichen in Unternehmensbereiche

3M
und die Bildung hierarchischer Geschäftsbereichsstrukturen

Die Minnesota Mining & Manufacturing – besser bekannt als 3M – stellt so unterschiedliche Produkte wie Klebebänder, Bürobedarf, Elektro- und Telekommunikationsgeräte, medizinische Apparaturen sowie Automobilzubehör her. Bei der Breite dieser Produktpalette bietet sich eine Unterteilung des Unternehmens in mehrere Geschäftsbereiche an. 3M allerdings ging eine solche einfachen Divisionalisierung nicht weit genug: Das Unternehmen bot zwar Kopierer, Faxgeräte und ähnliches in großer Auswahl an, aber durch die Produktion und Vermarktung in getrennten Geschäftsbereichen wäre es schwierig gewesen, integrierte Bürosysteme anzubieten.
Um eine führende Rolle im schnell wachsenden Markt für automatisierten Bürobedarf zu erlangen, entschloss sich 3M daher für den Aufbau hierarchischer Geschäfts-

bereichstrukturen: Es wurde ein zusätzliches, divisionenübergreifendes Management zwischen den Geschäftsbereichsleitern und der Unternehmensleitung eingeführt. Intern wurde diese Organisationsform als Sektorstruktur bezeichnet. Jeder Sektor umfasst eine Anzahl gleichartiger Geschäfte im Sinne einer 'Industrieeinheit' und wird von einem Sektoren-Manager geführt.

Quelle: Business Week (1981)

Bezüglich der Einsatzmöglichkeiten der Geschäftsbereichsorganisation können wir auf die Argumentation im Zusammenhang mit der Geschäftsprozessorganisation zurückgreifen: So ist die Geschäftsbereichsorganisation insbesondere für solche Unternehmungen attraktiv, die in einer komplexen und dynamischen Umwelt operieren, die kundenorientierte Produkte oder Dienstleistungen anbieten oder die Nichtroutine-Technologien einsetzen. Im Unterschied zu einer Geschäftsprozessorganisation ist dabei der Kundenbezug nicht so stark ausgeprägt. Statt einer durchgängigen Prozessabwicklung ohne größere Schnittstellen wie bei der Prozessorganisation sind innerhalb der Geschäftsbereiche im Allgemeinen verschiedene Einheiten mit der Bearbeitung von Kundenwünschen beschäftigt, so dass hier größere Abstimmungsprobleme auftreten können.

6.1.6 Alternative Grundstrukturen zwischen Geschäfts- und Funktionsbereichsorganisation

In der bisherigen Diskussion haben wir die Geschäftsbereichsorganisation in ihrer reinen Form betrachtet, also mit einer vollständigen Segmentierung der Gesamtaufgabe der Unternehmung in verschiedene Geschäftsbereiche. Dabei können zwar durch die Geschäftsbereichsbildung bzw. durch die Bildung einer hierarchischen Geschäftsbereichsstruktur eine Reihe von Komplementaritäten zwischen verschiedenen Teilaktivitäten berücksichtigt werden, allerdings wird dies nur in Ausnahmefällen umfassend möglich sein. In der Regel bestehen zwischen den selben Funktionen in verschiedenen Geschäftsbereichen Synergien, die ungenutzt bleiben. Dadurch müssen zum einen Produktionskostennachteile in Kauf genommen werden, zum anderen erfolgt auch keine bereichsübergreifende Koordination der jeweiligen funktionsspezifischen Teilaufgaben.

Eine organisatorische Lösung bietet hierfür das Funktionsmanagement: Beim **Funktionsmanagement** werden einzelne Teilfunktionen innerhalb der Geschäftsbereiche in eigenständigen organisatorischen Einheiten verankert. Diese sogenannten Zentralbereiche sind ebenso wie die Geschäftsbereiche auf der zweiten Hierarchieebene angesiedelt. Als mögliche auszugliedernde Funktionen bieten sich hier grundsätzlich alle Querschnittsfunktionen in der Unternehmung an, also spezifische gleichartige Teilaufgaben, die in mehreren Geschäftsbereichen durchgeführt werden und deren gemeinsame Durchführung Produktions- oder Koordinationskostenvorteile ermöglicht. Typische Teilaufgaben, in denen steigende Skalenerträge oder Synergien realisiert werden können, sind z.B. Forschungs- und Entwicklungsaufgaben sowie Logistik- oder Beschaffungsaufgaben. Koordinationsvorteile können beispielsweise im Personalwesen, im betrieblichen Umweltschutz oder bei der Öffentlichkeitsarbeit erzielt werden.

Apple
und das Funktionsmanagement bei einer Geschäftsbereichsorganisation

Mitte der 80er Jahre war der Markt für PCs gesättigt und die gesamte Computerindustrie steckte in einer Krise. Dies hatte auch negative Auswirkungen auf die Apple Computer, Inc.: Ende 1985 schrieb das Unternehmen zum ersten Mal in seiner Firmengeschichte rote Zahlen. Das Unternehmen sollte daher umstrukturieren und eine neue, professionellere Organisation einführen.

Vor der Reorganisation war Apple Computer in mehrere relativ autonome produktorientierte Geschäftsbereiche gegliedert. Insbesondere hatten die 'Macintosh Division', die 'Apple II Division' und die 'Accessory Products Division' jeweils eine eigene Abteilung für Produktentwicklung, Produktion, Finanzierung und Marketing. Während der rapiden Wachstumsphase in der Computerindustrie funktionierte diese Organisationsstruktur weitgehend unproblematisch, allerdings bestanden Redundanzen zwischen den einzelnen Divisionen, die nun in der Phase des Rückgangs nicht mehr hingenommen werden konnten.

Man entschied daher, dass einzelne Teilfunktionen innerhalb der Geschäftsbereiche in eigenständigen organisatorischen Einheiten zusammengefasst werden sollten: Die Verkaufs- und Marketingfunktionen für alle Computer wurden in einem zentralen Bereich angesiedelt, der von einem 'executive vice-president' geleitet wur-

de. Ebenso wurden alle Mitarbeiter, die sich mit der Finanzierung, Informationssystemen und Produktentwicklungen beschäftigten, in die neuen Zentralbereichen Finanzen bzw. Produktentwicklung integriert. Apple International schließlich war für alle internationalen Aktivitäten des Unternehmens zuständig.
Die Reorganisation ermöglichte Apple Computer einen Stellenabbau von 1.200 Mitarbeitern.

Quelle: Apple Computer, Inc. (1985)

Das Funktionsmanagement innerhalb einer Geschäftsbereichsorganisation kann im Sinne der in Kapitel 5 diskutierten Abteilungsbildung als eine gleichzeitige Anwendung des Objekt- und Verrichtungsprinzips auf der zweiten Hierarchieebene interpretiert werden. Die dort aufgezeigten Gestaltungsalternativen können hier unmittelbar als Gestaltungsformen des Funktionsmanagements interpretiert werden. Die Bewertung der einzelnen Formen ergibt sich somit aus der dort geführten Argumentation. Im Einzelnen kommen für die organisatorische Verankerung von Zentralbereichen folgende Möglichkeiten in Frage:

Geschäftsbereichsorganisation mit funktionsorientierten zentralen Stabsabteilungen

In diesem Fall werden die Querschnittsfunktionen in den einzelnen Geschäftsbereichen in Stabsabteilungen zusammengefasst. Die Stabsabteilungen unterstützen die einzelnen Geschäftsbereichsleiter bei ihrer Entscheidungsfindung. Sie haben aber gegenüber den Geschäftsbereichen keine formellen Weisungskompetenzen. Ein Beispiel hierfür ist die übergreifende Koordination der logistischen Prozesse in einer Unternehmung in Form einer Stabsstelle. Hier können z.B. unternehmensweit Kennzahlensysteme entwickelt oder Kosten-Nutzen-Analysen durchgeführt werden, während in den Geschäftsbereichen die operativen logistischen Aufgaben wie inner- und außerbetrieblicher Transport wahrgenommen werden.

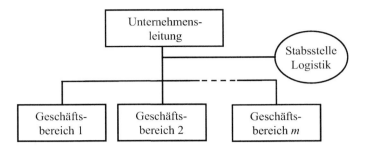

Abbildung 6.9: Geschäftsbereichsorganisation mit einer zentralen Stabstelle Logistik

Geschäftsbereichsorganisation mit funktionsorientierten zentralen Serviceabteilungen

Die zentralen Serviceabteilungen übernehmen im Auftrag der Geschäftsbereiche die Durchführung von Aufgaben, die sich auf ihre spezifische Funktionsorientierung beziehen. Im Unterschied zur zentralen Stabsabteilung verfügen sie über funktionsbezogene Entscheidungskompetenzen. So kann beispielsweise eine Serviceabteilung für EDV-Anwendungen eingerichtet sein. Als Zentralbereich führt sie für die einzelnen Geschäftsbereiche die Planung und Entwicklung neuer Anwendungen aus. In jedem Geschäftsbereich übernehmen dann gesonderte EDV-Einheiten die bereichsinternen Aufgaben zur Informationsverarbeitung.

Matrixorganisation mit Geschäfts- und Funktionsbereichen

Hier erfolgt auf der zweiten Hierarchieebene sowohl eine objekt- als auch eine funktionsorientierte Abteilungsbildung nach dem Matrixprinzip. Aufgrund der Überschneidung der Entscheidungskompetenzen zwischen den jeweiligen Geschäfts- und Funktionsbereichen sind nur beide organisatorischen Einheiten gemeinsam entscheidungsbefugt. Ein Beispiel hierfür ist die Bildung eines Zentralbereichs Personalwesen nach dem Matrixprinzip bei regionalorientierten Geschäftsbereichen: Die dezentralen Personaleinheiten in den Geschäftsbereichen unterstehen hier dem Zentralbereich Personal und den jeweiligen Geschäftsbereichsleitern. Personalwirtschaftliche Aufgaben wie die fachliche und soziale Eingliederung oder konkrete Arbeitsanweisungen an Mitarbeiter der Geschäftsbereiche fallen dabei im Allgemeinen in die Kompetenz des Geschäftsbereichsleiters. Für die Organisation der Arbeitsgestaltung oder die Entwicklung neuer Entlohnungssysteme ist der Zentralbereich Personal verantwortlich.

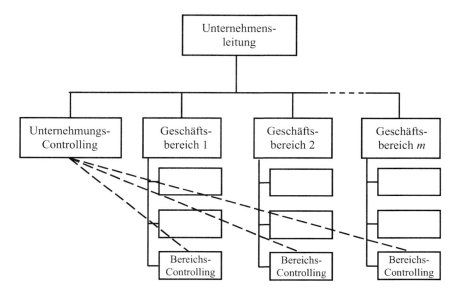

Abbildung 6.10: Matrixorganisation mit Geschäfts- und Funktionsbereichen

Geschäftsbereichsorganisation mit weisungsberechtigten funktionsorientierten Zentralbereichen

In diesem Fall werden in den Zentralbereichen alle grundsätzlichen Entscheidungen getroffen, die die jeweiligen funktionsbezogenen Aufgaben betreffen. Gleichzeitig werden in den Geschäftsbereichen zusätzliche organisatorische Einheiten gebildet, die die operativen funktionsbezogenen Teilaufgaben in den jeweiligen Bereichen wahrnehmen. Die Zentralbereiche sind dabei gegenüber den funktionsorientierten Einheiten innerhalb der einzelnen Geschäftsbereiche weisungsberechtigt. Der Zentralbereich Controlling ist hierfür ein Beispiel: Hier werden alle Controllingaufgaben wahrgenommen, die unternehmensweit von Bedeutung sind, wie beispielsweise die Gestaltung und Pflege eines unternehmenseinheitlichen Planungs- und Kontrollsystems oder die Mitwirkung bei der Unternehmensplanung. Der zentralen Einheit für Unternehmenscontrolling sind dezentrale Controllingeinheiten in den einzelnen Geschäftsbereichen fachlich unterstellt. Diese Einheiten für das Bereichscontrolling sind für die bereichsbezogenen Planungs- und Kontrollaufgaben zuständig.

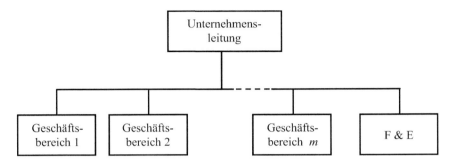

Abbildung 6.11: Geschäftsbereichsorganisation mit einem Zentralbereich Unternehmenscontrolling

Geschäftsbereichsorganisation mit autonomen funktionsorientierten Zentralbereichen

In diesem Fall sind die jeweiligen funktionsorientierten Aufgaben vollständig aus den Geschäftsbereichen ausgegliedert und in den jeweiligen Zentralbereichen zusammengefasst. Die Zentralbereiche sind eigenständig für die ihnen übertragenen Aufgaben verantwortlich. So kann es beispielsweise aufgrund der innerbetrieblichen Leistungsverflechtungen sinnvoll sein, alle Forschungs- und Entwicklungsaufgaben in den Geschäftsbereichen in einem hierfür zuständigen Zentralbereich zu bündeln. Der Zentralbereich Forschung- und Entwicklung erbringt dann für sämtliche Geschäftsbereiche alle F&E-Leistungen. Die einzelnen Geschäftsbereiche sind für alle restlichen ihnen zugewiesenen Funktionen zuständig.

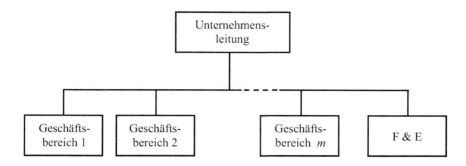

Abbildung 6.12: Geschäftsbereichsorganisation mit einem autonomen Zentralbereich Forschung & Entwicklung

Während sich das Funktionsmanagement auf die Modifikation der reinen Geschäftsbereichsbildung bezieht, ist das Produktmanagement eine organisatorische Gestaltungsalternative, die vor allem zur Überwindung der Nachteile einer Funktionsbereichsorganisation eingesetzt wird.[7] Beim **Produktmanagement** werden produktbezogene, funktionsbereichsübergreifende Teilaufgaben in einer eigenständigen organisatorischen Einheit gebündelt. Dadurch sollen die Interdependenzen, die zwischen einzelnen Funktionsbereichen bestehen, gebündelt und durch eine zentrale Einheit koordiniert werden.

Zu den typischen produktspezifischen Aufgaben, die im Rahmen des Produktmanagements durchzuführen sind, zählt z.B. die innerbetriebliche Koordination aller produktspezifischen Aktivitäten, die Erstellung und Durchführung von speziellen Marketingkonzepten, die Beobachtung des Absatzmarktes bezüglich Veränderungen im Käufer- oder Wettbewerberverhalten oder die Erstellung einer produktspezifischen Planung.

Bei der organisatorischen Verankerung des Produktmanagements in einer Funktionsbereichsorganisation finden in der Unternehmenspraxis im Wesentlichen die folgenden drei Gestaltungsalternativen Anwendung:

Funktionsbereichsorganisation mit produktspezifischen zentralen Stabsstellen

In diesem Fall werden alle produktspezifischen Aufgaben durch einen Produktmanager durchgeführt, der der Unternehmensleitung als Stabsstelle zugeordnet ist. Somit besitzt er keine Weisungskompetenzen gegenüber den Funktionsbereichen. Er übernimmt vielmehr für die Unternehmensleitung die Vorbereitung und Kontrolle von solchen Entscheidungen, die sein spezifisches Produkt betreffen. Neben der Sammlung von unternehmensinternen und -externen Produktinformationen gehört hierzu insbesondere die Produktplanung.

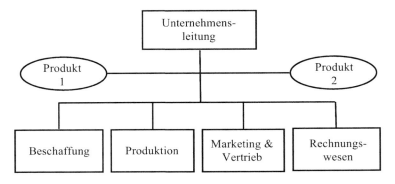

Abbildung 6.13: Funktionsbereichsorganisation mit produktspezifischen zentralen Stabsstellen

Matrixorganisation mit produktspezifischen Einheiten und Funktionsbereichen

Nach dem Matrixprinzip gibt es hier eine Aufteilung der Entscheidungskompetenzen zwischen dem Produktmanager und dem jeweiligen Funktionsbereichsleiter.

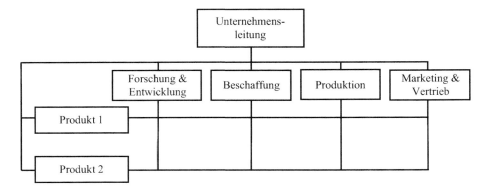

Abbildung 6.14: Matrixorganisation mit produktspezifischen Einheiten und Funktionsbereichen

Im Allgemeinen beziehen sich dabei die Kompetenzen des Produktmanagers auf produktspezifische Teilaufgaben innerhalb der Funktionsbereiche, wie beispielsweise die Durchführung von verkaufsfördernden Maßnahmen im Marketing.

Funktionsbereichsorganisation mit Produktausschuss

Bei dieser Gestaltungsalternative wird ein Ausschuss gebildet, der aus Vertretern der verschiedenen Funktionsbereiche besteht. Die Ausschussmitglieder erfüllen hier wiederum die Rolle von Likerts 'linking pin', so dass einerseits die produktspezifischen Informationen aus den jeweiligen Funktionsbereichen in die gemeinsamen produktspezifischen Entscheidungen einfließen können, andererseits diese Entscheidungen direkt in die jeweiligen Funktionsbereiche hineingetragen werden können.

Je nach der spezifischen organisatorischen Verankerung des Produktmanagements wird so eine rein funktionsorientiert gebildete Primärorganisation mehr oder weniger stark von einer produktorientierten Strukturierung überlagert. Die Vor- und Nachteile der einzelnen organisatorischen Gestaltungsalternativen können dabei unmittelbar aus der Argumentation im vorangegangenen Kapitel abgeleitet werden.

Aufgrund der verstärkten produktorientierten Ausrichtung der Primärorganisation durch das Produktmanagement verwundert es nicht, dass in der Unternehmenspraxis viele Unternehmen bei ihrer Entwicklung von einer Funktionsbereichsorganisation zu einer Geschäftsbereichsorganisation eine Abfolge von Übergangsformen durchlaufen haben, die auf diesem Konzept aufbauen. So verlief die in Kapitel 5 vorgestellte Entwicklung der Du Pont & Co. von einer Funktionsbereichsorganisation über eine funktionsorientierte Struktur mit koordinierenden Produktausschüssen hin zur produktorientierten Geschäftsbereichsstruktur. Das Beispiel der Bayer AG verdeutlicht dies für ein deutsches Unternehmen:

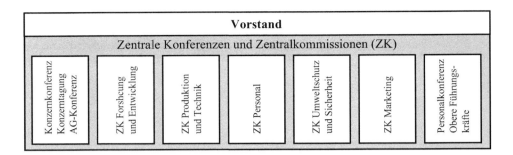

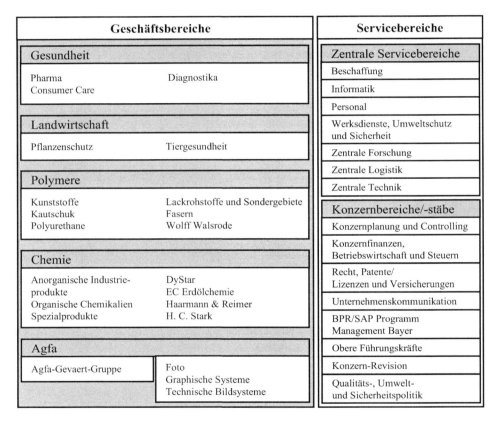

Abbildung 6.15: Die gegenwärtige, produktorientierte Geschäftsbereichsstruktur von Bayer

Bayer
und das Produktmanagement bei einer Funktionsbereichsorganisation

Nach dem Zweiten Weltkrieg war die Bayer AG in Funktionsbereiche gegliedert, wobei im Produktionsbereich auch geographische Aspekte berücksichtigt wurden. In den 60er Jahren durchlief die Bayer AG eine Phase starken Wachstums, dem man durch die systematische Entwicklung neuer Organisationsstrukturen Rechnung trug. Dazu wurden 1965 zunächst Fachkommissionen geschaffen, die die Funktionsbereiche als fachlich orientierte Steuerungsgremien ergänzten. Diese Produktausschüsse strebten eine funktionsbereichsübergreifende Koordination der Aktivitäten in Bezug auf Produkte bzw. Produktgruppen an.

1971 wurde dieses Produktmanagement in einem zweiten Schritt stärker organisatorisch verankert: Kern der Reorganisation war die Neugliederung der industriellen Bereiche der Bayer AG in weitgehend marktorientierte Geschäftsbereiche. Ihnen standen Zentralbereiche, Werksverwaltungen und der Vorstandsstab als verbindende Elemente gegenüber.

Die gegenwärtige Struktur stellt als weitere Entwicklung eine produktorientierte Geschäftsbereichsstruktur dar.

Quelle: Vossberg (1972) und Bayer AG (1998)

Die Einsatzmöglichkeiten des Produktmanagements ergeben sich unmittelbar aus den bisherigen Ausführungen zur Funktions- bzw. Geschäftsbereichsorganisation: Zum einen ist ein heterogenes Produktprogramm notwendig, so dass überhaupt die Möglichkeit zur Bildung relativ unabhängiger Geschäftsbereiche gegeben ist. Zum anderen ist ein Produktmanagement für solche Unternehmungen attraktiv, die in einer komplexen und dynamischen Umwelt operieren, die kundenorientierte Produkte oder Dienstleistungen anbieten oder die Nichtroutine-Technologien einsetzen.

Die folgende Abbildung fasst die in diesem Abschnitt angesprochenen alternativen Grundstrukturen zwischen Geschäfts- und Funktionsbereichsorganisation zusammen:

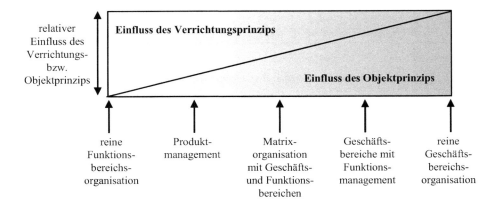

Abbildung 6.16: Alternative Grundstrukturen zwischen Geschäfts- und Funktionsbereichsorganisation

6.1.7 Konzern-Organisation

In der bisherigen Diskussion der verschiedenen Formen der Primärorganisation sind wir implizit davon ausgegangen, dass die auf der zweiten Unternehmensebene gebildeten Unternehmensbereiche rechtlich unselbstständig sind. Grundsätzlich besteht auch die Möglichkeit, einzelne Unternehmensbereiche rechtlich zu verselbstständigen. Dies gilt sowohl für die Geschäftsbereichs- als auch für die Funktionsbereichsorganisation.

Als **Konzern** wird die Zusammenfassung mehrerer rechtlich selbstständiger Unternehmungen unter einer gemeinsamen Leitung bezeichnet. Dadurch wird im Allgemeinen eine hierarchische Beziehung zwischen der Konzernleitung als Muttergesellschaft und den rechtlich selbstständigen Tochtergesellschaften begründet. Bei der rechtlichen Verselbstständigung von Unternehmensbereichen werden diese in Tochtergesellschaften mit eigener Rechtspersönlichkeit überführt.

Mit der rechtlichen selbstständigkeit eines Unternehmensbereichs ist allerdings noch nicht seine wirtschaftliche Abhängigkeit von der Konzernleitung bestimmt. Die Leitung durch die Muttergesellschaft lässt hier grundsätzlich einen beliebigen Grad an Entscheidungsautonomie für die Tochtergesellschaften zu, der von einer Entscheidungszentralisierung bis hin zu einer vollständigen Entscheidungsdezentralisierung reicht. In der Unternehmenspraxis treten im Hinblick auf die Verteilung der Entscheidungskompetenzen zwischen Mutter- und Tochtergesellschaft die folgenden Fälle auf:

Stammhauskonzern

Beim Stammhauskonzern bestehen neben den rechtlich selbstständigen Tochtergesellschaften auch noch rechtlich unselbstständige Einheiten, die in der Muttergesellschaft, dem Stammhaus, zusammengefasst sind. Beispielsweise können zur Muttergesellschaft eines Automobilherstellers die Geschäftsbereiche Nutzfahrzeuge und Personenkraftwagen gehören, während die Bereiche für Luft- und Raumfahrt oder Verteidigungstechnik rechtlich selbstständige Einheiten darstellen. Bei einer funktional strukturierten Unternehmung könnten beispielsweise die Bereiche F&E, Produktion und Verwaltung in der Muttergesellschaft integriert sein, während der Vertrieb eine selbstständige Vertriebsgesellschaft bildet.

Die Konzernleitung des Stammhauses nimmt sehr weitgehend Einfluss auf die einzelnen Tochtergesellschaften. So trifft sie neben den strategischen Entscheidungen auch wesentliche operative Entscheidungen in den einzelnen Tochtergesellschaften.

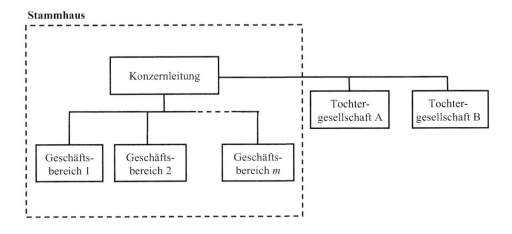

Abbildung 6.17: Der Stammhauskonzern

Holding-Organisation

Bei der Holding-Organisation bestehen hingegen nur rechtlich selbstständige Tochtergesellschaften. Die Konzernleitung betreibt als Holding-Gesellschaft im Gegensatz zum Stammhauskonzern nun keine operativen Geschäfte mehr. Wie die Verteilung der Entscheidungskompetenzen zwischen Konzern-Unternehmensleitung und Tochtergesellschaften geregelt ist, hängt von der jeweiligen Form der Holding-Organisation ab:

- Bei der Managementholding nimmt die Holding-Gesellschaft lediglich strategische Entscheidungen wahr und ist für die Abstimmung der einzelnen Tochtergesellschaften zuständig. Sie kann beispielsweise zur Sicherung der Gesamtwertschöpfung des Konzerns die Finanzierung oder die Forschung übergreifend koordinieren.
- Bei der Finanzholding behält die Konzernleitung nur noch ihre Finanzfunktion. Sie nimmt also insbesondere keine koordinierenden Aufgaben mehr wahr, sondern delegiert die operativen Entscheidungen und weitgehende strategische Unternehmensaufgaben an die einzelnen Tochtergesellschaften. Im Extremfall ist die Holding-Gesellschaft lediglich noch eine Art Verwaltungsgesellschaft, die ihre Kapitalbeteiligungen an den einzelnen Tochtergesellschaften verwaltet.

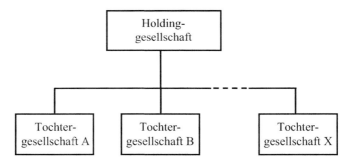

Abbildung 6.18: Die Holding-Organisation

Die verschiedenen Möglichkeiten bei der Verteilung der Entscheidungsrechte zwischen Konzernleitung und Tochtergesellschaften macht deutlich, dass trotz der rechtlichen Verselbstständigung eines Unternehmensbereichs noch weiterer Gestaltungsspielraum für organisatorische Einbindungen ins Mutterunternehmen bestehen bleibt. Der Grad an Autonomie, den die Unternehmensleitung einem rechtlich unselbstständigen Funktionsbereich Vertrieb einräumt, kann bei der Bildung einer rechtlich selbstständigen Vertriebsgesellschaft derselbe bleiben. Die ökonomische Bewertung der verschiedenen Organisationsalternativen eines Konzerns aus Sicht der Organisationstheorie wird somit nicht von der rechtlichen selbstständigkeit bzw. Unselbstständigkeit einzelner Unternehmensbereiche beeinflusst. Sie kann daher analog der Diskussion zur vertikalen Differenzierung im vorherigen Kapitel durchgeführt werden.

Vorteilhaft kann eine Bildung rechtlich selbstständiger Unternehmensbereiche allerdings aufgrund anderer Aspekte sein. Hier sind vor allem strategische, finanzpolitische, rechtliche und steuerliche Gründe zu nennen: Aus strategischer Sicht kann es aufgrund der rechtlichen selbstständigkeit von Unternehmensbereichen einfacher sein, zwischenbetriebliche Kooperationen mit anderen Unternehmungen einzugehen bzw. solche Unternehmensteile aus dem Konzern herauszulösen. So können zum einen eigenständige Tochtergesellschaften aufgrund ihres Rechtsstatus über größere Kooperationsmöglichkeiten verfügen als Unternehmensbereiche in einer Gesamtunternehmung. Zum anderen kann die Muttergesellschaft kurzfristig die Anteile an einer Tochtergesellschaft verkaufen, wenn dieser Bereich z.B. rückläufig ist oder sich die Konzernleitung auf andere Geschäftsbereiche konzentrieren möchte. Zudem kann sich die Muttergesellschaft durch sogenannte Spin-offs strategische Optionen auf neue Entwicklungen sichern: Indem strategisch unbedeutende Bereiche aus der Gesamtunternehmung ausgegliedert werden, die Muttergesellschaft aber durch eine Minderheitsbeteiligung Optionen an der neuen Gesellschaft hält, kann sie mit wenig Risiko an Neuentwicklungen partizipieren, z.B. in Form von Lizenzen.

Aus finanzpolitischer Sicht können Anlagegesellschaften in sehr viel mehr Unternehmungen investieren als dies für einen privater Kleinanleger möglich ist. Indem so die Anlagegesellschaft ein Portfolio an Kapitalbeteiligung an verschiedenen Unternehmungen hält, operiert sie als reine Finanzholding. Durch ihre breite Risikostreuung kann die Anlagegesellschaft dabei gegenüber dem Kleinanleger profitieren. Aus rechtlichen Gründen kann die Gründung einer Holding-Gesellschaft z.B. dann sinnvoll sein, wenn eine Unternehmung ihre direkten Kapitalbeteiligungen an einer anderen Unternehmung aus kartellrechtlichen oder anderen Gründen nicht unmittelbar offen legen will. Durch die Bildung einer Zwischenholding werden so direkte Beteiligungen in indirekte umgewandelt. Die Gründung einer Holding-Gesellschaft kann zudem steuerliche Vorteile bieten. Wenn beispielsweise die Holding-Gesellschaft ihren Sitz in einem Land mit niedrigen Unternehmenssteuern hat, können die von den Tochtergesellschaften abgeführten Gewinne ebenfalls der günstigen Steuergesetzgebung unterliegen.

6.2 Die Sekundärorganisation zur Koordination innovativer Aufgaben

Mit den bisher diskutierten Grundformen der Primärorganisation stehen einer Unternehmung verschiedene Organisationsstrukturen zur Verfügung, die für die Durchführung ihrer permanenten Aufgaben geeignet sind. Aufgrund der hohen Wiederholungshäufigkeit permanenter Aufgaben ist dabei die organisatorische Gestaltung der Primärorganisation durch zwei wesentliche Aspekte gekennzeichnet: Zum einen können die mit der Aufgabendurchführung beauftragten organisatorischen Einheiten dauerhaft mit einer festen Aufgabenzuweisung gebildet werden. Zum anderen ist es aufgrund des Routinecharakters möglich, die mit der Aufgabenerfüllung verbundenen Prozesse innerhalb der Unternehmung eindeutig zu determinieren. Für die Koordination der einzelnen Aufgabenträger stehen hier a priori Informationen über die geeignete Zusammenarbeit zur Verfügung, so dass die organisatorischen Entscheidungsprozesse im Vorhinein geregelt werden können. Insbesondere können dadurch Instrumente der hierarchischen Koordination eingesetzt werden.

Für die Effizienz der Organisationsstruktur einer Unternehmung ist jedoch nicht nur die geeignete Koordination ihrer permanenten Aufgaben von Bedeutung. Wir haben in Kapitel 1 gesehen, dass eine Organisation nur dann ihre Wertschöpfung maximieren kann, wenn es ihr gelingt, sich den ändernden Rahmenbedingungen ihrer Umwelt entsprechend anzupassen und diese aktiv mitzugestalten. Das dort einleitende Zitat von Schumpeter (1942) wies eindrücklich auf die Bedeutung der Innovations- bzw. Anpassungsfähigkeit einer Unternehmung für die langfristige Entwicklung ihrer Wertschöpfung hin.

Der Grad der Umweltdynamik bestimmt entscheidend, welche innovativen Herausforderungen sich dadurch für eine Unternehmung ergeben. Vor allem für technologisch orientierte Unternehmungen haben sich in den letzten Jahren aufgrund tiefgreifender Umweltveränderungen erhöhte Marktanforderungen ergeben:

- Die Wissenschaft eröffnet in Form neuer Technologien und neuen technischen Wissens vermehrt Innovationspotentiale für Unternehmungen. Dies gilt insbesondere für den Bereich der Informations- und Kommunikationstechnik. Hier führen die zunehmende Leistungsfähigkeit, Miniaturisierung und Integration dieser Technologien zu neuen Herausforderungen. So hat die Mikroelektronik in den letzten Jahren eine Vielzahl von Produkt- und Prozessinnovationen ermöglicht, die zu neuen Produktionsverfahren in der industriellen Fertigung und neuen Informations- und Kommunikationssystemen im Bürobereich führten. Neue Werkstoffe wie Keramik, Verbundwerkstoffe oder Polymere verändern ebenfalls bestehende Produkte und Produktionsprozesse.

- Seit den 60er Jahren findet in den westlichen Industriegesellschaften ein zunehmender Wertewandel statt. Für die Innovationsfähigkeit von Unternehmungen ergeben sich hier vor allem aufgrund veränderter Einstellungen zu Konsum und Umwelt Konsequenzen.[8] Zum einen hat sich das Verbraucherverhalten der Konsumenten verändert. Differenzierte Kundenwünsche, höhere Qualitätsanforderungen der Konsumenten oder die Forderung nach kürzeren Lieferzeiten verlangen von den Unternehmungen eine stärkere Kundenorientierung. Zum anderen drückt sich der Wertewandel auch durch eine veränderte Haltung der Gesellschaft gegenüber der Umwelt aus. Erhöhte Umweltbelastungen aufgrund eines steigenden Verkehrsaufkommens, eines ökologisch schädlichen Abbaus von Ressourcen oder anderer Umweltverschmutzungen führen zu immer größeren Forderungen an die Verantwortung der Unternehmungen. Eine differenzierte Ausnutzung von Technologiepotentialen oder zunehmende Risiken bei der Einführung neuer Produkte sind die Folgen dieses Wandels.

- Die Wettbewerbssituation der Unternehmungen hat sich in den letzten Jahren ständig verändert. Hierfür sind verschiedene Ursachen verantwortlich: Zum einen führen politische Veränderungen wie beispielsweise die Öffnung der Märkte Osteuropas oder die Bildung eines europäischen Binnenmarkts zu einer zunehmenden Internationalisierung der Faktor- und Gütermärkte. Diese Tendenz wird unterstützt durch den technologischen Fortschritt, der ebenfalls zu einer Veränderung der Wettbewerbssituation vieler Unternehmungen führt. So treten beispielsweise ostasiatische Anbieter in heimische Märkte ein oder Dienstleistungsunternehmen bieten weltweit ihre Leistungen im Internet an. Darüber hinaus werden die Lebenszyklen von Produkten in vielen Bereichen der Konsum- oder Investitionsgüterindustrie immer kürzer, so dass die Entwicklung neuer Produkte oder Dienstleistungen zu ständig neuen Wettbewerbsstrukturen führt.

Diese Veränderungen in der generellen Umwelt von Unternehmungen bedingen, dass Innovationen und die damit verbundenen Aufgaben für die langfristige Wertschöpfung einer Unternehmung zunehmend an Bedeutung gewinnen. Zwei Arten von Innovationen können dabei unterschieden werden: Mit **Produktinnovationen** zielt eine Unternehmung auf die Erschließung neuer Märkte durch verbesserte oder neue Produkte ab. Mit **Prozessinnovationen** versucht eine Unternehmung, neue Verfahrensweisen einzuführen, um die Kosten für die Erstellung ihrer Produkte oder Dienstleistungen zu senken.

Im Unterschied zu den permanenten Aufgaben einer Unternehmung weisen allerdings die mit den Produkt- und Prozessinnovationen verbundenen Aufgaben andere Charakteristika auf: Bei solchen innovativen Aufgaben kann nämlich weder die Aufgabendurchführung exakt strukturiert werden, noch können Aufgabenänderungen, die im Laufe der Zeit eintreten, vollständig im Vorhinein spezifiziert werden. Innovative Aufgaben sind somit im Unterschied zu permanenten Aufgaben durch eine höhere Komplexität und Dynamik gekennzeichnet.

Die Bewältigung innovativer Aufgaben stellt im Allgemeinen vollkommen andere Anforderungen an die organisatorische Gestaltung als die Abwicklung permanenter Aufgaben. Somit ist die Primärorganisation einer Unternehmung in der Regel nicht die geeignete Organisationsstruktur für die Durchführung innovativer Aufgaben: Lediglich für den Fall der Prozessorganisation können hier die Strukturen der Primärorganisation unmittelbar genutzt werden, da sie die oben genannten Anforderungen erfüllen.

Für die Funktions- oder Geschäftsbereichsorganisation hingegen müssen zusätzliche hierarchieergänzende Organisationsstrukturen gestaltet werden, die die Produkt- und Prozessinnovationen der Unternehmung begünstigen. Voraussetzung dafür ist die Bildung zeitlich begrenzter Organisationseinheiten, die mit der Durchführung der innovativen Aufgaben beauftragt sind. Die organisatorische Gestaltung, die mit der Koordination dieser temporären Organisationseinheiten verbunden ist, stellt die **Sekundärorganisation** der Unternehmung dar.

Bevor wir im Folgenden verschiedene Grundformen der Sekundärorganisation vorstellen, soll zunächst die grundsätzliche organisatorische Gestaltung der Sekundärorganisation diskutiert werden. Die ökonomische Analyse der verschiedenen organisatorischen Gestaltungsalternativen in Kapitel 5 führt hier zu folgenden Erkenntnissen: Wir haben argumentiert, dass bei Aufgaben, die in einer komplexen und dynamischen Umwelt durchgeführt werden, eine Entscheidungsdezentralisierung einer Entscheidungszentralisierung vorzuziehen ist, wenn die Aufgabenträger spezifische lokale Informationen besitzen, die direkt genutzt werden müssen und deren Übermittlung an übergeordnete Instanzen mit zu hohen Kosten verbunden ist. Dies gilt grundsätzlich auch für innovative Aufgaben, da diese häufig unter Zeitdruck durchgeführt werden müssen. Die Nutzung des spezifischen Wissens derjenigen Mitarbeiter, die in der jeweiligen Phase des Innovationsprozesses die geeigneten Informationen besitzen, ist auch hier entscheidend für den Innovationserfolg.

Allerdings muss bei innovativen Aufgaben berücksichtigt werden, dass das spezifische Wissen der Mitarbeiter im Allgemeinen nicht ausreicht, um solche Aufgaben zu lösen: So wird der Produktionsleiter kaum abschätzen können, welche Kosten und welcher Nutzen mit der Umstellung des Produktionsprozesses mit Zwischenlägern auf ein Just-in-Time System verbunden sind. Genauso wird der Marketingleiter zwar auf lokale Nachfrageänderungen aufgrund seiner spezifischen Kenntnisse reagieren können, für die Bewertung einer radikal anderen Produktpolitik wird ihm aber das Wissen fehlen. Wenn beispielsweise die Produktvielfalt verringert werden soll bei einer gleichzeitigen Erhöhung der Ausbringungsmengen, dann wird er im Allgemeinen neue, spezifisch dafür geeignete Produktionstechnologien nicht ohne weiteres kennen.

In diesen Fällen erfordert die Durchführung der innovativen Aufgaben immer auch die Beschaffung neuer Informationen, die nicht in der Unternehmung verfügbar sind, sowie deren Kommunikation an bestimmte Mitarbeiter in der Unternehmung. Dieses Koordinationsproblem wird im Allgemeinen zentral gelöst:

- Ist nämlich die Informationsbeschaffung mit erheblichen Kosten und erheblichem Ressourcenaufwand verbunden, werden die einzelnen Mitarbeiter kein entsprechendes Budget besitzen, diese Aktivitäten selbst durchzuführen. In diesem Fall werden dann übergeordnete Instanzen über die Allokation der entsprechenden Mittel entscheiden und Mitarbeiter mit der Informationsbeschaffung beauftragen. Dies trifft vor allem für Produktinnovationen oder Prozessinnovationen zu, bei denen neue technische Verfahren eingesetzt werden sollen. Prozessinnovationen, die auf eine kontinuierliche Verbesserung von Prozessen abzielen, können im Allgemeinen hingegen ohne größere finanzielle Mittel durchgeführt werden.

- Zudem ist bei Innovationen, die verschiedene organisatorische Einheiten in der Unternehmung betreffen, eine zentrale Koordination des Innovationsprozesses vorteilhaft: Somit kann zum einen verhindert werden, dass Einheiten, die von der Innovation betroffen sind oder die ihr spezifisches Wissen in die Aufgabendurchführung einbringen können, nicht mit einbezogen werden. Dadurch werden Insellösungen verhindert, das verfügbare Wissen in der Organisation ausgenutzt und die Akzeptanz bei der Implementation der Innovation erhöht. Zum anderen können so aber auch die Aktivitäten der einzelnen Mitarbeiter aufeinander abgestimmt werden und der Informationsaustausch innerhalb der Mitarbeitergruppe sichergestellt werden. Weiterhin ermöglicht eine zentrale Instanz die Beschleunigung von Produkt- und Prozessentwicklungen durch eine gezielte Steuerung und Kontrolle des Innovationsfortschritts. Die Festsetzung von Meilensteinen gekoppelt mit einer Zeitplanung und -messung sowie eine daraus abgeleitete Kostenplanung sind hier Instrumente der hierarchischen Koordination.

- Darüber hinaus wird im Allgemeinen der Investitionserfolg nicht nur der investierenden Einheit zufließen, sondern es werden auch andere Einheiten daran partizipieren. Hier kann daher das Problem verzerrter Investitionsanreize bestehen, dem durch eine zentrale Mittelvergabe entgegengewirkt werden kann.

Die eigentliche Durchführung der innovativen Aufgaben verbleibt jedoch im Allgemeinen bei den Mitarbeitern. Zum einen reduziert dies die Koordinationskosten, da diese Mitarbeiter am besten neue Informationen mit ihrem spezifischen lokalen Wissen kombinieren können. Zum anderen werden die Motivationskosten reduziert, da Mitarbeiter, die selbst am Innovationsprozess beteiligt sind, eher die Innovation umsetzen und implementieren.

Im Folgenden diskutieren wir zwei spezifische Formen der Sekundärorganisation, nämlich die Organisation von Projekten und die Organisation strategischer Geschäftseinheiten. Im ersten Fall handelt es sich um innovative Aufgaben, die im operativen Bereich einer Unternehmung auftreten, im zweiten Fall haben die innovativen Aufgaben strategischen Charakter. Die ökonomische Analyse dieser Grundformen baut auf den Ergebnisse des vorangegangenen Kapitels auf.

6.2.1 Die Organisation von Projekten

Projekte sind befristete Vorhaben, die einen hohen innovativen und komplexen Charakter besitzen. In der Regel sind Projekte durch eine interdisziplinäre Aufgabenstellung gekennzeichnet. Sie können allerdings je nach dem Umfang auch innerhalb einer organisatorischen Einheit der Unternehmung durchgeführt werden. Gegenstand von Projekten können sowohl Produkt- als auch Prozessinnovationen sein. Die Entwicklung und Markteinführung eines neuen Produktes ist hierfür ebenso ein Beispiel wie die Entwicklung neuer Herstellungsverfahren, die Einführung einer neuen Informations- und Kommunikationstechnologie oder die Umgestaltung organisatorischer Strukturen.

Aufgrund ihres innovativen Charakters sind Projekte grundsätzlich umweltbezogen. Je nach Initiator des Projekts können externe und interne Projekte unterschieden werden: Bei einem externen Projekt erteilt ein Kunde der Unternehmung einen entsprechenden Projektauftrag. Der Auftrag eines künftigen Eigenheimbesitzers an ein Ingenieurbüro, die Planung und den Entwurf des neuen Hauses durchzuführen, ist hierfür ein Beispiel. Bei internen Projekten ist im Allgemeinen die Unternehmensleitung der Auftraggeber. Die Einführung einer neuen Software zur Produktionsplanung und -steuerung ist ein Beispiel für einen solchen internen Auftrag.

Die Aufgaben, die mit der Durchführung von Projekten verbunden sind, umfassen alle Aktivitäten bis zum Abschluss des Projekts. Hierzu gehören neben den operativen Entscheidungen im Zusammenhang mit der eigentlichen Abwicklung des Projekts auch die organisatorischen Entscheidungen bezüglich der Steuerung der mit den einzelnen Projektaufgaben betreuten Mitarbeiter. Unabhängig von der spezifischen Projektaufgabe werden diese Entscheidungen von den verschiedenen organisatorischen Einheiten in der Unternehmung wahrgenommen. Die organisatorische Einbindung der am Projekt beteiligten Einheiten in die Primärorganisation der Unternehmung wird als **Projektorganisation** bezeichnet:

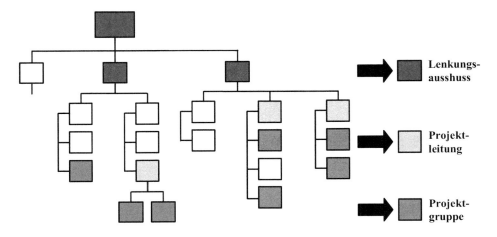

Abbildung 6.19: Die Einbindung der Projektorganisation in die Primärorganisation

- Der Lenkungsausschuss: Der Lenkungsausschuss tritt als Auftraggeber des Projekts auf. Er setzt sich im Allgemeinen aus den Leitern der von dem Projekt betroffenen Abteilungen zusammen. Bei abteilungsübergreifenden Projekten gehört zudem ein Mitglied der Unternehmensleitung zum Lenkungsausschuss. Je nach Terminplanung für die einzelnen Projektphasen oder je nach aufkommenden Problemen bei der Durchführung des Projekts tagt der Lenkungsausschuss sporadisch.

  Der Lenkungsausschuss trägt die Gesamtverantwortung für das Projekt. Insbesondere soll er sicherstellen, dass das Projekt realisierbar und dass bei organisationsinternen Projekten die Umsetzung garantiert ist. Im Wesentlichen hat er die folgenden Aufgaben wahrzunehmen: Er formuliert den Projektauftrag und gibt die Zielsetzung, die zeitlichen und finanziellen Mittel sowie die Rahmenbedingungen für die Projektdurchführung vor. Entsprechend den vorgegebenen Projektphasen trifft er jeweils Zwischenentscheidungen über die Fortsetzung des Projekts.

  Zudem ist der Lenkungsausschuss für die organisatorische Gestaltung der eigentlichen Projektdurchführung zuständig. Er legt hier fest, welche Mitarbeiter das Projekt durchführen sollen und wer die Leitung des Projekts hat. Durch die Verteilung der Entscheidungskompetenzen an die Projektleitung bzw. die Leiter der einzelnen am Projekt beteiligten Abteilungen wird die Projektorganisation in die Primärorganisation eingeordnet.

- Die Projektgruppe: In der Projektgruppe arbeiten diejenigen Mitarbeiter der Unternehmung mit, deren spezifisches Fach- und Methodenwissen für die Lösung der Projektaufgabe notwendig ist. Aufgrund der Interdisziplinarität von Projekten kommen diese Mitarbeiter im Allgemeinen aus den verschiedenen Abteilungen der Unternehmung. Ihre Zusammenarbeit ist auf die Dauer des Projekts befristet. Die einzelnen Gruppenmitglieder arbeiten dabei je nach Komplexität des Projekts entweder permanent oder nur zeitweise am Projekt mit. In beiden Fällen sind sie von ihren Routineaufgaben freigestellt. Neben der eigentlichen Durchführung der ihnen zugewiesen Teilaufgaben des Projekts sind sie insbesondere für den Informationsaustausch zwischen der Projektgruppe und den Mitarbeitern in ihren Abteilungen zuständig.

- Die Projektleitung: Die Verantwortung für die eigentliche Projektdurchführung liegt bei der Projektleitung bzw. dem Projektleiter. Er hat die Aufgabe, die einzelnen Teilaufgaben der Projektmitarbeiter entsprechend den Projektvorgaben des Lenkungsausschusses inhaltlich und zeitlich zu planen. Zudem überwacht er die geplanten Projektteilaufgaben hinsichtlich der Einhaltung von Terminen und Kosten und leitet unter Umständen Korrekturmaßnahmen ein. Auch der Informationsaustausch innerhalb der Projektgruppe wird vom Projektleiter sichergestellt. Zudem wirkt er bei der Projektplanung des Leitungsausschusses mit.

Welche Entscheidungskompetenzen der Projektleiter im Einzelnen besitzt, ist abhängig von der organisatorischen Verankerung des Projekts innerhalb der Primärorganisation. Im Wesentlichen können die folgenden Formen der Projektorganisation unterschieden werden:

Stabs-Projektorganisation

In diesem Fall wird die Primärorganisation temporär durch die Einrichtung einer Stabsstelle ergänzt, die für die Projektleitung verantwortlich ist. Entsprechend dem Stabsprinzip hat der Projektleiter keine Weisungskompetenzen gegenüber den Projektmitarbeitern oder den Leitern der betroffenen Abteilungen. Vielmehr ist er lediglich mit der Vorbereitung aller projektbezogenen Entscheidungen beauftragt. Darüber hinaus liegt der Schwerpunkt seiner Aufgaben in der Überwachung der geplanten Termine und Kosten. Die eigentliche Verantwortung für die Durchführung der einzelnen Projektteilaufgaben liegt bei den jeweiligen Abteilungen der Unternehmung.

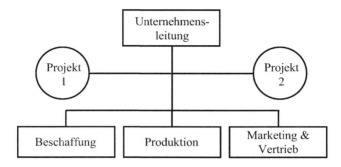

Abbildung 6.20: Die Stabs-Projektorganisation

Matrix-Projektorganisation

Im Unterschied zur Stabs-Projektorganisation besitzt der Projektleiter bei dieser Gestaltungsalternative formale Entscheidungskompetenzen zur Erreichung der Projektziele. Nach dem Matrix-Prinzip liegt dabei eine Überschneidung der Entscheidungskompetenzen zwischen dem Projektmanger und den jeweils betroffenen Abteilungsleitern vor. Beide sind gleichberechtigt und entscheiden gemeinsam über die Aufgabendurchführung. Der Projektmanager trägt in diesem Fall die projektbezogene Verantwortung für die Durchführung der Projektaufgabe, während die Abteilungsleiter dafür zuständig sind, dass die fachliche Dimension bei der Aufgabendurchführung angemessen berücksichtigt wird.

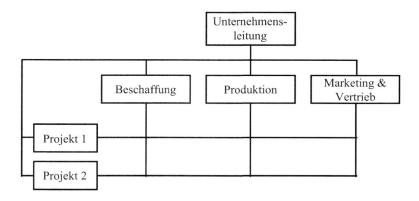

Abbildung 6.21: Die Matrix-Projektorganisation

Reine Projektorganisation

In diesem Fall unterstehen dem Projektleiter für die Dauer des Projekts die für die Durchführung erforderlichen Mitarbeiter. Er hat gegenüber den Projektmitarbeitern alleinige Entscheidungskompetenzen. Diese Form der organisatorischen Gestaltung setzt voraus, dass die projektbezogenen Aufgaben aus den organisatorischen Einheiten der Primärorganisation ausgegliedert werden. Organisatorisch ist die Projektdurchführung somit in einem selbstständigen Projektbereich der Unternehmung verankert. Die den Projektmitarbeitern vorgesetzten Abteilungsleiter in der Primärorganisation besitzen während der Dauer des Projekts keine Entscheidungskompetenzen gegenüber ihren am Projekt beteiligten Mitarbeitern.

Arthur D. Little
und die Projektorganisation in der Unternehmensberatung

Arthur D. Little, Inc. ist eine international tätige Beratungsgesellschaft im Technologie- und Managementbereich. In über 60 Ländern wurden 1989 ungefähr 5.000 Beratungsprojekte durchgeführt. Etwa 2.700 Mitarbeiter erwirtschafteten 1990 einen weltweiten Umsatz von $ 300 Millionen.

Bis zu Beginn der 70er Jahre war das Beratungsunternehmen als Geschäftsbereichsorganisation strukturiert: Neben den technischen Geschäftsbereichen Engineering, Life Science und R&D gab es die für die Managementberatung zuständigen Ge-

schäftsbereiche Management Counseling, Operations Research und Industrial and Regional Economics sowie einen internationalen Geschäftsbereich. Diese Einheiten agierten weitgehend autonom, so dass es kaum bereichsübergreifende Projektarbeit gab.

Da für die erfolgreiche Bewältigung immer komplexerer Beratungsprojekte eine enge Zusammenarbeit zwischen verschiedenen Spezialisten zunehmend wichtiger wurde, musste die Kooperation zwischen den verschiedenen Mitarbeitern verbessert werden. Nach einer ersten Reorganisation 1972 strukturierte 1988 der damalige Vorsitzende Charles LaMantia das Unternehmen nach drei Kriterien in eine Matrix-Projektorganisation: Funktionsorientiert wurden fünf Beratungsbereiche gebildet wie beispielsweise Strategie- und Organisationsentwicklung oder Umweltmanagement. Die jeweiligen Funktionsspezialisten wurden zu überregionalen 'Functional Practices' zusammengefasst. Objektorientiert wurde nach zwei gestaltungsbildenden Kriterien differenziert. Zum einen wurden 'Industry Practices' gebildet, also Beratungsbereiche, die sich auf bestimmte Industriesegmente konzentrierten wie Automobil- und Zuliefererindustrie oder Banken und Versicherungen. Zum anderen wurden die funktions- und industiebezogenen Bereiche nach großen Regionen wie Nordamerika oder Südostasien zu Direktorien zusammengefasst.

Innerhalb dieser Strukturen werden Beratungsprojekte durch Projektteams bearbeitet, deren Mitglieder je nach Aufgabenstellung aus Mitarbeitern der Functional Practices und der Industry Practices in den jeweils für das Projekt relevanten Direktorien kommen. Welche Mitarbeiter für ein Projekt herangezogen werden, bestimmt der Projektleiter. Er kann dabei auf jeden Mitarbeiter der Organisation zurückgreifen. Der Projektleiter selbst wird von dem für die Kundenbetreuung zuständigen Direktor ausgewählt.

Quelle: Bleicher (1991, 604ff)

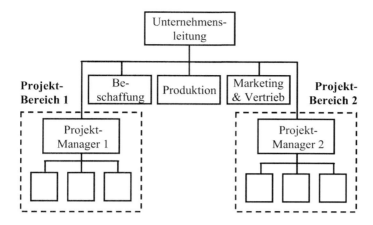

Abbildung 6.22: Die Reine Projektorganisation

Die verschiedenen Formen der Projektorganisation innerhalb der Primärorganisation einer Unternehmung beruhen somit in Analogie zu der in Kapitel 5 diskutierten Abteilungsbildung auf einer gleichzeitigen Anwendung des Objekt- bzw. Verrichtungsprinzips und dem Kriterium der Projekte auf der zweiten Hierarchieebene. Die relativen Vor- und Nachteile der einzelnen Formen der Projektorganisation können somit unmittelbar aus den entsprechenden Ausführungen abgeleitet werden.

In der bisherigen Diskussion der Projektorganisation sind wir davon ausgegangen, dass die Projektdurchführung das spezifische Wissen von Mitarbeitern aus verschiedenen Abteilungen innerhalb der Unternehmung erfordert. Eine solche abteilungsübergreifende Mitarbeit ist jedoch nicht bei allen innovativen Vorhaben notwendig. Je nach Problemstellung können hier Projekte auch abteilungsintern durchgeführt werden, ohne dass dabei auf das spezifische Wissen anderer Einheiten in der Unternehmung zurückgegriffen werden muss oder dass diese von der Innovation betroffen sind. Gegebenenfalls können Experten aus anderen organisatorischen Einheiten auch als externe Berater eingebunden werden.

Projekte dieser Art sind somit entweder im Produktions- oder Verwaltungsbereich einer Unternehmung angesiedelt. Im Produktionsbereich können die Projektziele beispielsweise in der Steigerung der Produktqualität, in der Verbesserung der Fertigungsverfahren oder in der Erleichterung der Aufgabendurchführung bestehen. Im Verwaltungsbereich können sich die Projektziele zum Beispiel auf die Verbesserung der Arbeitsabläufe, auf die Beschleunigung des Informationsflusses oder die Senkung von Energiekosten beziehen.

Die Durchführung der mit diesen Projektzielen verbundenen Aufgaben wird in Gruppenarbeit von Mitarbeitern der betreffenden organisatorischen Einheit übernommen. Da die Mitarbeiter einer gemeinsamen Instanz unterstehen, entfällt im Unterschied zur abteilungsübergreifenden Projektarbeit die Notwendigkeit, eine abteilungsübergreifende Stelle in Form eines Projektleiters zur Koordination der Arbeitsgruppe einzurichten. Vielmehr kann nun der Leiter der Einheit direkt die Koordination der Projektteilaufgaben übernehmen.

In Literatur und Praxis gibt es eine Vielzahl von Konzepten, die solche Gruppenarbeiten organisatorisch in der Unternehmung verankern. Grundlage hierfür bildet im Allgemeinen das Konzept der Qualitätszirkel. Daher soll dieses Konzept im Folgenden kurz vorgestellt werden.

Qualitätszirkel bestehen aus vier bis zehn Mitarbeitern, die aus demselben operativen Bereich einer Unternehmung stammen und mit gleichen Arbeitsaufgaben betraut sind. Die Mitarbeit in dieser Arbeitsgruppe beruht auf freiwilliger Basis. Ziel der Arbeitsgruppe ist es, Schwachstellen und Probleme im eigenen Arbeitsbereich zu identifizieren, zu analysieren und zu beseitigen. Neben der Verbesserung der Koordination trägt die Gruppenarbeit auch zu einer verbesserten innerbetrieblichen Kommunikation bei und verstärkt die Identifikation der Beteiligten mit ihrer Arbeit durch die aktive Mitwirkung bei der organisatorischen Gestaltung. Dies hat unmittelbaren Einfluss auf die Motivation der Gruppenmitglieder zu einer adäquaten Aufgabenerfüllung und trägt zur Lösung des Motivationsproblems bei.

Die Arbeitsgruppe ist im Allgemeinen umfassend für die Durchführung ihrer Projekte zuständig, da die Mitarbeiter aufgrund ihres spezifischen Wissens in ihrem Arbeitsbereich weitgehend über die hierfür notwendigen Kenntnisse verfügen. Auch die Umsetzung der Verbesserungsvorschläge wird im Allgemeinen von der Gruppe selbst durchgeführt. Die regelmäßigen Arbeitssitzungen der Gruppe finden dabei unter der Leitung eines Moderators statt, der im Allgemeinen der unmittelbare Vorgesetzte der Mitarbeiter ist. Er hat die Aufgabe, den Prozess der Problemidentifikation und Problemlösung zu unterstützen.

Die eigentliche Koordination und Steuerung der Arbeitsgruppe liegt in der Hand des Koordinators. Er ist innerhalb des betreffenden Unternehmensbereichs Vorgesetzter auf einer mittleren Hierarchieebene. Er stellt die für die Gruppenarbeit notwendigen Ressourcen bereit, beauftragt unternehmensinterne Experten aus anderen Fachbereichen mit der Unterstützung der Arbeitsgruppe und ist für die praktische Umsetzung der Verbesserungsvorschläge zuständig.

Die Entscheidungen über die Realisierung der Verbesserungsvorschläge obliegt einer Steuerungsgruppe. Sie setzt sich aus Mitgliedern der Unternehmensleitung, der jeweiligen Bereichsleitung sowie dem Betriebsrat zusammen. Die Steuerungsgruppe unterstützt und fördert zudem die Gruppenarbeiten durch begleitende Maßnahmen. Hierzu gehört beispielswiese die Vermittlung fachlicher, methodischer und sozialer Kompetenzen durch eine entsprechende Ausbildung der Koordinatoren, Moderatoren und beteiligten Mitarbeiter in den Gruppen.

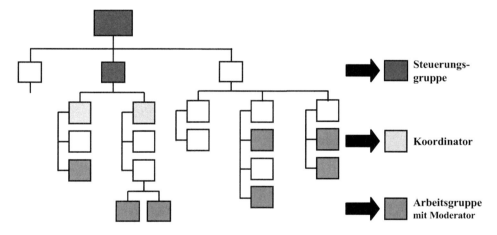

Abbildung 6.23: Die Einbindung von Qualitätszirkeln in die Primärorganisation

6.2.2 Die Organisation der strategischen Planung

Im vorangegangenen Kapitel haben wir die strategische Planung einer Organisation als den Prozess zur Entwicklung der Organisationsstrategie definiert. Ergebnis der strategischen Unternehmensplanung sind somit Entscheidungen darüber, welche Produkte und Dienstleitungen wie und für welche Kunden produziert werden sollen. Diese strategischen Entscheidungen betreffen die Unternehmung als Ganzes. Ziel bei der Formulierung der Unternehmensstrategie ist die Maximierung der Wertschöpfung der Unternehmung, also die Nutzung, Entwicklung und Sicherung von Wertschöpfungs- bzw. Wettbewerbsvorteilen gegenüber Konkurrenzunternehmungen.

Bisher sind wir bei der Organisationsgestaltung davon ausgegangen, dass sämtliche strategischen Entscheidungen ausschließlich von der Unternehmensleitung durchgeführt werden. Übersteigen nun aber die mit der strategischen Unternehmensplanung verbundenen Aufgaben die Kapazitäten der Unternehmensleitung, müssen notwendigerweise gewisse Teilaufgaben der strategischen Planung an andere Einheiten delegiert werden.

Als erste Möglichkeit bietet sich hier die Einrichtung eines Stabs an. Dieser Planungsstab würde dann die Aufgaben der Informationsgewinnung und -aufbereitung übernehmen, also der Entscheidungsvorbereitung dienen. Alternativ könnten auch die unmittelbar nachgeordneten operativen Einheiten mit diesen Aufgaben betreut werden.

Bei steigender Komplexität der Planung wird die Unternehmensleitung zusätzlich auch auf die Delegation von Entscheidungskompetenzen zurückgreifen müssen. Insbesondere bei größeren Unternehmungen mit einer Vielzahl von verschiedenen Produkten wird die strategische Planung für die gesamte Unternehmung im Allgemeinen sehr komplex sein. Um diese Komplexität zu reduzieren, bietet es sich an, die Gesamtplanung der Unternehmung entsprechend den Ausführungen in Kapitel 5 in verschiedene Teilplanungen zu segmentieren. Die Teilplanungen können dann an entsprechende organisatorische Einheiten delegiert werden. Die Entlastung der Unternehmensleitung durch Delegation der strategischen Planung erfolgt demnach in zwei Schritten:

- In einem ersten Schritt wird die Unternehmung in relativ unabhängige Tätigkeitsbereiche gegliedert, für die dann eine weitgehend eigenständige Planung durchgeführt werden kann. Strategische Entscheidungen müssen dann nicht mehr im Gesamtkontext der Unternehmung getroffen werden, sondern können spezifisch für die einzelnen Bereiche formuliert werden. Die so gebildeten Segmente werden auch als **strategische Geschäftsfelder** oder strategic business

areas bezeichnet.
- In einem zweiten Schritt werden dann jedem strategischen Geschäftsfeld spezifische organisatorische Einheiten zugeordnet, die für die strategischen Planung in diesem Geschäftsfeld verantwortlich sind. Diese Einheiten werden als **strategische Geschäftseinheiten** oder strategic business units bezeichnet. Sie sind sowohl auf die Formulierung als auch auf die Umsetzung der Geschäftsfeldstrategie spezialisiert.

Diese Segmentierung der strategischen Planung in verschiedene Geschäftsfelder und die daraus abgeleitete Bildung strategischer Geschäftseinheiten wirft zwei Fragen auf, die im Folgenden geklärt werden sollen: Erstens, nach welchen Kriterien sollen die strategischen Geschäftsfelder gebildet werden, so dass die verschiedenen Tätigkeitsbereiche einer Unternehmung strategisch weitgehend unabhängig voneinander betrachtet werden können? Zweitens, wie soll in der Unternehmung die Planung in den einzelnen Geschäftsfeldern durchführen werden, wenn die strategischen Geschäftsfelder nicht mit der organisatorischen Struktur der Primärorganisation der Unternehmung übereinstimmen?

Die erste Frage betrifft die Art der geeigneten Segmentierung der Wertschöpfung einer Unternehmung. Ziel muss es sein, solche Tätigkeitsbereiche zu identifizieren, die einen von anderen Bereichen relativ unabhängigen Beitrag zur Wertschöpfung der Unternehmung erzielen. Im Hinblick auf die Ziele, die mit einer Geschäftsfeldstrategie verbunden sind, muss zudem das Wertschöpfungspotential der einzelnen Bereiche berücksichtigt werden. Somit ergeben sich die folgenden drei Kriterien für die Bildung von strategischen Geschäftsfeldern:

- Eigenständiger Beitrag zur Wertschöpfung: Ein strategisches Geschäftsfeld muss einen Beitrag zur Gesamtwertschöpfung der Unternehmung leisten, der von anderen Tätigkeitsbereichen relativ isoliert erwirtschaftet werden kann. Entsprechend unserer Diskussion zur Wertschöpfung einer Organisation muss sich diese Eigenständigkeit des Beitrags an den Werten der Produkte für den Kunden orientieren. Dies setzt eine Segmentierung der Gesamttätigkeiten einer Unternehmung nach den Aspekten Kunde und Produkt voraus. Folglich entsteht ein strategisches Geschäftsfeld aus der Zusammenfassung homogener Produkte bzw. Dienstleistungen, die an eine homogene Kundengruppe verkauft werden.

- Bündelung von Kernkompetenzen: Entsprechend unseren Ausführung in Kapitel 4 beziehen sich die Kernkompetenzen einer Unternehmung auf einen Tätigkeitsbereich, in dem sie Wettbewerbsvorteile gegenüber ihren Konkurrenten hat. Diese Wettbewerbsvorteile ergeben sich nicht nur aus den bisherigen Produkten oder Dienstleistungen, sondern sie beziehen sich insbesondere auf die Entwicklung neuer verwandter Produkte. Dabei können die Fähigkeiten einer Unternehmung, neue Produkte effizienter als andere Unternehmungen herzustellen und abzusetzen, wichtiger sein als die Ausnutzung von Skalenvorteilen oder Synergieeffekten im existierenden Produktprogramm. Dem Aufbau von Kernkompetenzen kommt also zur Sicherung der künftigen Wertschöpfung eine entscheidende Bedeutung zu. Strategische Geschäftsfelder sollten daher so gebildet werden, dass die Kernkompetenzen möglichst gut genutzt bzw. entwickelt werden können. Diese Bündelung kann sich dabei an den technologischen oder organisatorischen Stärken der Unternehmung orientieren, also den Aspekten, die die Grundlage der Kernkompetenzen bilden. Diese können beispielsweise spezifische Fähigkeiten in der Anwendung neuer Schlüsseltechnologien sein, aber auch die Unternehmenskultur, die Reputation der Unternehmung, die spezifische Ausbildung der Mitarbeiter, spezifische Kundenbindungen oder besondere Beziehungen zu anderen externen Organisationsteilnehmern gehören hierzu.
- Eigenständige strategische Planung: Geschäftsfelder sollten so gebildet werden, dass für diese Bereiche strategische Entscheidungen getroffen werden können, ohne dass dadurch andere Bereiche unmittelbar betroffen sind. Geschäftsfelder sollten also unter strategischen Gesichtspunkten möglichst homogen sein und keine Überschneidungen mit anderen Bereichen aufweisen. Die Abgrenzung nach diesem Kriterium muss sich somit direkt am Begriff der Strategie orientieren. Neben dem bereits angesprochenen Kunden- und Produktaspekt sind für die autonome Formulierung und Umsetzung einer geschäftsfeldspezifischen Strategie auch die Aspekte des Vertriebskanals, der Produktionstechnologie, der Produktionsstätte oder der Wettbewerber von Bedeutung. Strategische Geschäftsfelder sollten somit nach den genannten Aspekten zusammengefasst werden. Dies erlaubt eine kohärente Strategie für diese Bereiche.

*General Electric
und die Bildung strategischer Geschäftsfelder*

Die General Electric Co. war 1971 eines der ersten Unternehmen, das unternehmensweit für seine strategische Planung spezielle Geschäftseinheiten bildete. Grund für diese Einführung strategischer Geschäftseinheiten war das immense Wachstum seit Mitte der 60er Jahre.

1963 übernahm Fred Borch die Führung von General Electric. Das Unternehmen war zu dieser Zeit divisional strukturiert und bestand aus fünf allgemeinen Produktgruppen, die ihrerseits in 25 Geschäftsbereiche und etwa 110 Abteilungen strukturiert waren. Das Unternehmen war u.a. in den Bereichen Stromerzeugung und -versorgung, der Flugindustrie und der Konsumgüterindustrie tätig.

Das immense Wachstum des Unternehmens in den nachfolgenden Jahren führte 1967 zu einer ersten Umstrukturierung: Die Anzahl der Produktgruppen wurde auf zehn erhöht, die Zahl der Divisionen wurde verdoppelt und 60 neue Abteilungen wurden gebildet. Diesen Änderungen folgte dann die Bildung eines 'Office of the President': Drei neuen Vizepräsidenten wurde die Verantwortung für das Gesamtunternehmen und die Entwicklung einer Geschäftsstrategie übertragen.

Um auf den vielen Märkten, in denen General Electric agierte, wettbewerbsfähig zu bleiben, entschloss man sich 1971, die strategische Planung durch 43 strategische Geschäftseinheiten zu unterstützen. Diese Einheiten wurden auf allen Ebenen des Unternehmens gebildet. "What makes a strategic business unit", so erklärte Herman Vice, damaliger Vizepräsident von General Electric, "is the level where strategic business decisions are made – where it all comes together."

Quelle: Business Week (1972, S.52ff)

Die gleichzeitige umfassende Berücksichtigung der drei genannten Kriterien kann bei der Gruppierung strategischer Geschäftsfelder problematisch sein: Im Allgemeinen werden nämlich unabhängig von der jeweiligen Bildung immer gewisse Interdependenzen zwischen den einzelnen Geschäftsfeldern bestehen bleiben. So wird beispielsweise im Hinblick auf die Eigenständigkeit der strategischen Planung eine Segmentierung nach Wettbewerbern zu gänzlich anderen Geschäftsfeldern führen als eine Segmentierung nach technologischen Aspekten. Allein die Gliederung nach verschiedenen Wettbewerbern kann bereits zu unterschiedlichen Eingruppierungen der Unternehmensprodukte führen.

Die obigen Kriterien liefern also lediglich einen Leitfaden für die Segmentierung. Die verschiedenen alternativen Segmentierungen strategischer Geschäftsfelder müssen vielmehr von der Unternehmensleitung hinsichtlich der generellen unternehmerischen Zielsetzungen beurteilt werden. Deren Urteil über die Relevanz von Wettbewerbern oder die Realisierung eines Erfolgspotentials durch Synergieeffekte bestimmt beispielsweise entscheidend, welche Gruppierung von strategischen Geschäftsfeldern für die strategische Planung letztlich am geeignetsten ist.

Für die Beantwortung der zweiten Frage nach der organisatorischen Verankerung der strategischen Planung in der Primärorganisation einer Unternehmung hat diese Art der Bildung der einzelnen strategischen Geschäftsfelder unmittelbare Konsequenzen: Aufgrund der Dynamik der Unternehmensumwelt kann es nämlich notwendig sein, die Abgrenzung der einzelnen Bereiche ständig den neuen Rahmenbedingungen anzupassen. Wenn sich beispielsweise neue technologische Optionen ergeben, Wettbewerber vom Markt verschwinden oder neu hinzutreten oder sich neue Vertriebswege eröffnen, führt dies zwangsläufig zu einer Revision der bisherigen Segmentierung der Geschäftsfelder.

Eine Gliederung der Primärorganisation anhand der strategischen Geschäftseinheiten, die sich aus der Geschäftsfeldsegmentierung ableiten, würde also permanenten Veränderungen und Umorganisationen unterworfen sein. Damit wären erhebliche Transaktionskosten verbunden, so dass die Vorteile, die mit einer zeitlich stabilen Organisationsstruktur verbunden sind, nicht genutzt werden könnten. Zudem ist aber auch fraglich, inwieweit eine Gliederung der Primärorganisation nach strategischen Aspekten überhaupt sinnvoll ist. So stimmen die Kriterien, die wir für die Bildung der strategischen Geschäftsfelder diskutiert haben, nicht mit den Kriterien überein, die wir bei der Bildung organisatorischer Einheiten im 5. Kapitel erarbeitet haben. Dort sind wir von einer gegebenen Organisationsstrategie ausgegangen und haben gefragt, wie diese Strategie am besten durch eine Organisationsstruktur implementiert werden kann. Hierbei spielten vor allem Kriterien eine Rolle, die das Koordinations- und Motivationsproblem einer Organisation betreffen. Hingegen steht bei der Bildung der strategischen Geschäftsfelder vor allem die Sicherung und der Aufbau von Wertschöpfungsvorteilen gegenüber anderen Unternehmungen im Vordergrund der Betrachtung. Hierzu könnten beispielsweise bisher unbedeutende Kunden- oder Produktgruppen aufgrund ihres Wertschöpfungspotentials spezifisch gefördert werden, ohne dass dies für das operative Geschäft mit anderen Kunden oder Produkten unmittelbare Auswirkungen hat.

Die strategische Geschäftsfeldplanung erfordert daher im Allgemeinen die Bildung einer Sekundärorganisation: Die strategischen Geschäftseinheiten werden hier entsprechend der jeweiligen Geschäftsfeldsegmentierung ergänzend zur Primärorganisation der Unternehmung gebildet. Sie übernehmen temporär – bis zur Anpassung der Geschäftsfeldsegmentierung an geänderte Umweltbedingungen – die strategische Planung für den spezifischen Tätigkeitsbereich der Unternehmung.

Im Hinblick auf die Gesamtaufgaben, die mit der strategischen Planung für die gesamte Unternehmung verbunden sind, wird es zu Aufteilung der Entscheidungskompetenzen zwischen der Unternehmensleitung und den strategischen Geschäftseinheiten kommen. Bei Entscheidungen, die für die Gesamtunternehmung von Bedeutung sind, ist eine Entscheidungszentralisierung vorteilhaft gegenüber einer Delegation. Dies wird beispielsweise bei der Akquisition anderer Unternehmungen, der Verteilung von finanziellen Ressourcen oder der Gesamtkoordination der einzelnen Einheiten der Fall sein. Auch bei Großinvestitionen kann es sinnvoll sein, die Unternehmensleitung in die Entscheidungsfindung einzubeziehen. Die relativen Vor- und Nachteile einer Entscheidungszentralisierung im Vergleich zu einer Entscheidungsdezentralisierung ergeben sich unmittelbar aus der Argumentation im 5. Kapitel.

Für die organisatorische Verankerung der strategischen Geschäftseinheiten in der Primärorganisation stehen die bereits bekannten organisatorischen Gestaltungsalternativen zur Verfügung. Dabei kann zwischen Alternativen unterschieden werden, die die Bildung zusätzlicher organisatorischer Einheiten vorsehen, und solchen, die lediglich zu einer Erweiterung des Aufgabenspektrums existierender Instanzen führen. Im ersten Fall können beispielsweise zentrale Stabsstellen gebildet werden, die für die jeweiligen strategischen Geschäftsfelder zuständig sind, oder es werden Stellen mit Entscheidungskompetenzen für jedes Geschäftsfeld eingerichtet, die in Form des Matrix- oder Ausgliederungsprinzips auf die Ressourcen der Primärorganisation bei der Durchführung ihrer strategischen Aufgaben zurückgreifen können.

Werden lediglich die Kompetenzen einzelner Bereichsleiter der Primärorganistion um strategische Aufgaben erweitert, spricht man in der Literatur auch von einer **Dualen Organisation**. Die betroffenen Instanzen erfüllen also eine Doppelfunktion und nehmen neben ihren operativen Aufgaben auch eine strategische Funktion wahr. Dies hat gegenüber der Bildung zusätzlicher Stellen den Vorteil, dass das spezifische Wissen der Instanzen im operativen Bereich unmittelbar für die strategische Planung genutzt werden kann. Andererseits wird die Implementierung der strategischen Planung erleichtert, da die davon betroffenen Stellen bereits in die Planung eingebunden sind.

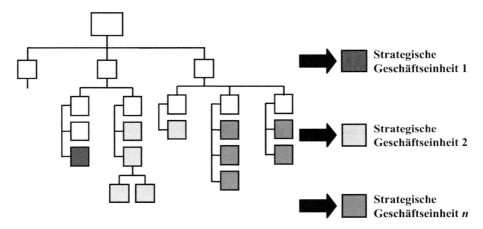

Abbildung 6.24: Die Duale Organisation

6.3 Zusammenfassung

Permanente Aufgaben einer Unternehmung werden von dauerhaft gebildeten organisatorischen Einheiten durchgeführt. Die damit verbundene hierarchische Koordination stellt die Primärorganisation einer Unternehmung dar.

Auf der Ebene der Unternehmensleitung kann zwischen einer horizontalen und vertikalen Differenzierung der Leitungsaufgaben unterschieden werden: Horizontal bezeichnen wir die Spezialisierung der einzelnen Mitglieder der Unternehmensleitung auf bestimmte Aufgabenbereiche als Ressortbildung. Sie erfolgt im Allgemeinen analog zur strukturellen Gliederung der organisatorischen Einheiten auf der zweiten Hierarchieebene, so dass grundsätzlich eine funktions- oder objektorientierte Ressortsbildung in Frage kommt. Vertikal haben wir bei der Verteilung der Entscheidungskompetenzen an die einzelnen Mitglieder der Unternehmensleitung zwischen dem Kollegial- und Direktorialprinzip unterschieden. Im ersten Fall werden alle Entscheidungen gemeinsam getroffen, im zweiten Fall sind bestimmte Mitglieder der Unternehmensleitung hierarchisch gegenüber anderen hervorgehoben.

Für die Gestaltung einzelner Geschäftsbereiche kommen als Grundformen der Primärorganisation die Funktionsbereichs- bzw. die Geschäftsprozessorganisation in Frage. Im ersten Fall werden die organisatorischen Einheiten der zweiten Ebene nach dem Verrichtungsprinzip gebildet. Daher kommt bei der Funktionsbereichsorganisation der Ausnutzung von Produktionskostenvorteilen eine größere Bedeutung zu als der Koordination der Prozesse innerhalb der Unternehmung. Im Unterschied dazu steht bei der Geschäftsprozessorganisation der Koordinations- und Motivationsaspekt im Vordergrund der Gestaltung. Die organisatorischen Einheiten auf der zweiten Hierarchieebene werden hier nach den Geschäftsprozessen der Unternehmung gegliedert, so dass sich in diesem Fall die organisatorische Gestaltung der Unternehmung konsequent an ihrem Wertschöpfungsprozess orientiert.

Zwei Modifikationen dieser beiden Grundformen haben wir diskutiert: Zum einen können bei einer Funktionsbereichsorganisation auf unteren Hierarchieebenen die Vorteile einer verstärkten prozessorientierten Strukturierung genutzt werden. Die damit verbundene organisatorische Gestaltung haben wir als modulare Organisation bezeichnet. Zum anderen können aber auch auf der zweiten Hierarchieebene organisatorische Einheiten sowohl funktions- als auch prozessorientiert gebildet werden. Hier kommt z.B. die Funktionsbereichsorganisation mit prozessorientierten zentralen Stabsabteilungen, die Matrixorganisation mit Funktionsbereichen und Geschäftsprozessen oder die Geschäftsprozessorganisation mit funktionsorientierten zentralen Abteilungen in Betracht.

Für die Gestaltung mehrerer Geschäftseinheiten bietet sich die Geschäftsbereichsorganisation an, bei der die zweite Hierarchieebene nach dem Objektprinzip gegliedert ist. Je nach dem Grad der Autonomie können die einzelnen Geschäftsbereiche als Cost-, Profit- oder Investment-Center gebildet sein. Als Modifikation der Geschäftsbereichsorganisation bietet sich das Funktionsmanagement an, bei dem für einzelne Teilfunktionen innerhalb der Geschäftsbereiche eigenständige organisatorische Einheiten gebildet werden. Die organisatorische Verankerung dieser Zentralbereiche kann dann nach dem Stabs-, Matrix- oder Ausgliederungsprinzip erfolgen. Beim Produktmanagement werden hingegen ausgehend von einer reinen Funktionsbereichsorganisation produktbezogene, funktionsbereichsübergreifende Teilaufgaben in einer eigenständigen organisatorischen Einheit gebündelt.

Beim Konzern sind die organisatorischen Einheiten auf der zweiten Hierachieebene rechtlich selbstständige Unternehmungen. Bei der Verteilung der Entscheidungskompetenzen zwischen der Konzernleitung als Muttergesellschaft und den rechtlich selbstständigen Tochtergesellschaften haben wir zwei Fälle unterschieden: Beim Stammhauskonzern bestehen neben den rechtlich selbstständigen Tochtergesellschaften auch noch rechtlich unselbstständige Einheiten, die in der Muttergesellschaft, dem Stammhaus, zusammengefasst sind. Bei der Holding-Organisation bestehen hingegen nur rechtlich selbstständige Tochtergesellschaften.

Die Durchführung der innovativen Aufgaben einer Unternehmung erfolgt im Allgemeinen in organisatischen Einheiten, die zeitlich begrenzt gebildet werden. Diese stellen die Sekundärorganisation der Unternehmung dar und werden ergänzend zur Primärorganisation gestaltet. Zwei spezifische Formen der Sekundärorganisation, nämlich die Organisation von Projekten und die Organisation der strategischen Planung, wurden betrachtet.

Bei der Organisation von Projekten handelt es sich um innovative Aufgaben, die im operativen Bereich einer Unternehmung auftreten. Die organisatorische Einbindung der am Projekt beteiligten Einheiten haben wir als Projektorganisation bezeichnet. Ihre organisatorische Verankerung innerhalb der Primärorganisation kann als Stabs-, Matrix- oder Reine Projektorganisation erfolgen. Während dabei die Projektdurchführung im Allgemeinen abteilungsübergreifend erfolgt, können in Qualitätszirkeln Projekte auch abteilungsintern durchgeführt werden.

Bei der Organisation der strategischen Planung haben die innovativen Aufgaben strategischen Charakter. Durch die Bildung strategischer Geschäftseinheiten, die für die strategischen Planung in ihrem jeweiligen Geschäftsfeld verantwortlich sind, soll hier die Unternehmensleitung entlastet werden. Für die organisatorische

Verankerung der strategischen Geschäftseinheiten in der Primärorganisation stehen die bereits bekannten organisatorischen Gestaltungsalternativen zur Verfügung.

6.4 Literaturhinweise

Für die Entstehung und Entwicklung der modernen Industriegesellschaften sowie das Aufkommen von Großunternehmen sind die Arbeiten von Alfred Chandler ein Muss. In seinem bereits erwähnten Buch 'Strategy and Structure' stellt er anhand der Firmengeschichte von General Motors, Du Pont und anderen Unternehmen die Entwicklung der Unternehmensstruktur von der traditionellen Funktionsbereichsorganisation zur Geschäftsbereichsorganisation Anfang der 20er Jahre dar. In 'The Visible Hand' (1977) zeigt Chandler die industrielle Entwicklung in den USA auf, angefangen von der traditionellen Produktion bis hin zur Massenproduktion.

Zum Aufstieg der modernen Großunternehmen in verschiedenen Ländern siehe auch den Sammelband von Chandler und Daems (1980). Hierin ist auch ein Beitrag zur deutschen Industrie von Kocka (1980) zu finden. Eine historische Untersuchung der Wechselwirkungen zwischen Organisationsstrategie und -struktur speziell für die französische und deutsche Industrie geben Dyas und Thanheiser (1976).

Zum Konzept der Geschäftsprozessorganisation sowie der Reorganisation einer Funktionsbereichsorganisation zu einer prozessorientierten Struktur sind in der Managementliteratur eine kaum noch überschaubare Flut von Veröffentlichungen erschienen. Neben dem bereits erwähnten Buch von Hammer und Champy (1993) ist hier vor allem Davenport (1993) zu empfehlen.

Zu allen anderen Aspekten der innerbetrieblichen Koordination, die wir in diesem Kapitel dargestellt haben, gibt es eine Reihe von Artikeln und Lehrbüchern. Als guter Einstieg in die jeweiligen Themen bietet sich z.B. das von Frese (1992) herausgegebene Handwörterbuch der Organisation an. Dort findet sich dann jeweils auch weiterführende Literatur. Siehe auch Bühner (1996) für eine umfassende Diskussion der rechtlichen Verselbstständigung von Unternehmensbereichen. Die Arbeiten von Link (1985) oder Drexel (1987) befassen sich speziell mit der organisatorischen Verankerung strategischer Geschäftseinheiten in der Primärorganisation.

Endnoten

1 Ökonomische Organisationen und ihre Architektur

1. Siehe hierzu auch die Ausführung von Saloner, Shepard und Podolny (2001, S.243).
2. Die Kosten werden hier durch die jeweiligen Opportunitätskosten bestimmt: Als Opportunitätskosten für die Nutzung einer Ressource bei einer bestimmten Alternative bezeichnet man den Nutzen, der aus der nächstbesten Handlungsalternative resultieren würde.
3. Unsere Definition einer effizienten Organisation ist unter gewissen Annahmen äquivalent mit dem Konzept der Pareto-Effizienz, siehe Jost (1999): Eine Organisation ist genau dann effizient, wenn es nicht möglich ist, eine alternative Organisation zu gestalten, die einen relevanten Organisationsteilnehmer besser stellt ohne einen anderen Teilnehmer schlechter zu stellen. Dieses Ergebnis, das in der Literatur auch als Wertmaximierungsprinzip bezeichnet wird, ist gültig, solange die Rente jedes Organisationsteilnehmers in seinem Anteil an der Wertschöpfung und seinem Beitrag zur Wertschöpfung separabel ist.
4. Zwischen Organisationsstrategie und -architektur bestehen enge Wechselwirkungen: Einerseits kann die Organisationsarchitektur als die Implementierung der Organisationsstrategie verstanden werden. Andererseits kann die Organisationsstrategie aber auch durch die Organisationsarchitektur beeinflusst sein, beispielsweise wenn sich eine Unternehmung für die Herstellung eines bestimmten Produkts entscheidet, weil ihre Mitarbeiter aufgrund ihrer Spezialisierungen besondere Fähigkeiten erworben haben.

2 Die ökonomische Analyse des Koordinationsproblems

1. Die in der organisationstheoretischen Literatur übliche Systematik von Thompson (1967, S.54f), nach der zwischen gepoolter, sequentieller und reziproker Interdependenz unterschieden wird, hat keinen unmittelbaren Bezug zum Entscheidungszusammenhang. Sie kann aber wie folgt eingeordnet werden: Bei ei-

ner gepoolten Interdependenz "each part renders a discrete contribution to the whole and each is supported by the whole". Daher besteht keine unmittelbare Entscheidungsinterdependenz zwischen zwei Entscheidungsträgern. Bei einer sequentiellen Interdependenz "the order of that interdependence can be specified". Es liegt somit eine sequentielle Entscheidungsinterdependenz in unserem Sinne vor, wenn der nachfolgenden Einheit das Handeln der vorher handelnden Einheit bekannt ist. Und bei einer reziproken Interdependenz "the outputs of each become inputs for the others". Hier kann eine simultane Interdependenz bestehen, wenn die involvierten Entscheidungsträger ihre Entscheidungen unabhängig voneinander treffen.

2 Siehe hierzu auch die Arbeiten von Keidel (1984) und Passmore, Francis und Haldeman (1982), die die unterschiedliche Interdependenzen beim Baseball, American Football und Basketball aufzeigen.

3 In der deutschsprachigen Literatur wird der Transferpreis auch als Verrechnungspreis bezeichnet. Schmalenbach (1948) spricht in diesem Zusammenhang auch von pretialer Lenkung.

4 Im Folgenden unterscheiden wir nicht explizit zwischen Wissen und Information. Grundsätzlich bezieht sich das Wissen eines Entscheidungsträgers auf seine Überzeugungen hinsichtlich eines Sachverhalts, die durch Informationsverarbeitung entstanden sind. Wissen ist also verarbeitete Information. Der Zusammenhang zwischen Wissen und Information wird eingehend z.B. in Fransman (1994) diskutiert.

5 Zitiert nach Chandler (1962, S.133).

3 Die Effizienz von Märkten

1 Dieses Modell könnte grundsätzlich auch um die ökonomischen Aktivitäten des Staates, des Bankensektors oder des betrachteten Systems mit dem Ausland erweitert werden. Dadurch würden sich die im Nachfolgenden hergeleiteten Ergebnisse qualitativ nicht ändern.

2 Die hier dargestellte Produktionsfunktion ist ein Beispiel einer Cobb-Douglas Produktionsfunktion, die in ihrer allgemeinen Form als $Q = x_1^{\alpha_1} x_2^{\alpha_2} \ldots x_n^{\alpha_n}$ mit $\alpha_i \in (0,1)$, $i = 1, 2, \ldots, n$ notiert werden kann.

3 Da $(S \cdot 1.01)^{1/2} \cdot (K \cdot 1.01)^{1/2} = S^{1/2} \cdot K^{1/2} \cdot 1.01$ ist.

4 Für eine allgemeine Cobb-Douglas Produktionsfunktion kann man unmittelbar sehen, dass sie konstante, steigende bzw. fallende Skalenerträge aufweist, wenn die Summe der Potenzen der Inputfaktoren, also $\alpha_1 + \alpha_2 + \ldots + \alpha_n$, gleich, größer bzw. kleiner als Eins ist.

5 Dies ist z.B. die Argumentation in McAfee und McMillan (1995). Empirische Untersuchungen kommen hier zu dem – stark vereinfacht dargestellten – Ergebnis, dass bis zu einer recht hohen Ausbringungsmenge steigende und anschließend konstante Skalenerträge vorliegen. Siehe z.B. Panzar (1989, S.41ff).

6 Wenn man die Produktionsfunktion mathematisch als

$$Q = f(x_1, x_2, \ldots, x_n)$$

darstellt, dann ist eine Produktionskurve durch

$$Q = f(x_1^0, \ldots, x_i, \ldots, x_n^0)$$

beschrieben, wobei lediglich der Inputfaktor x_i variable ist und alle Faktoren $x_1^0, \ldots, x_n^0$ konstant sind. Die Durchschnittsproduktivität des Faktors x_i entspricht dann

$$\frac{Q}{x_i} = \frac{f(x_1^0, \ldots, x_i, \ldots, x_n^0)}{x_i},$$

und die Grenzproduktivität der Arbeit entspricht

$$\frac{\partial Q}{\partial x_i} = f_i(x_1^0, \ldots, x_i, \ldots, x_n^0).$$

7 Dies unterstellt, dass die Produktionsfunktion substitutional ist, d.h. jeder Inputfaktor kann wenigstens teilweise durch einen anderen ersetzt werden. Demnach gibt es mehrere Produktionsprozesse mit gleicher Ausbringungsquantität aber unterschiedlicher Faktorquantität. Im Unterschied dazu führt bei limitationalen Produktionsfunktionen die Erhöhung eines Inputfaktors nicht zu einer Erhöhung der Ausbringungsmenge.

Inwieweit eine Produktion limitational oder substitutiv ist, hängt wesentlich von den betrachteten Inputfaktoren und dem Zeithorizont ab: Je geringer die betrachtete Aggregation der Inputfaktoren ist, desto eher ist es möglich, einen Faktor gegen einen anderen zu substituieren. Analoges gilt aufgrund des zunehmenden technischen Fortschritt bei einem längeren Zeithorizont.

8 Die kostenminimale Produktion ist durch diejenige Faktorkombination charakterisiert, für die das Verhältnis von Grenzertrag zu Faktorpreis für alle Faktoren identisch ist. Für unser Beispiel muss also gelten:

$$\frac{\frac{\partial Q}{\partial S}}{p_S} = \frac{\frac{\partial Q}{\partial K}}{p_K}$$

Die Interpretation dieser Bedingung ist offensichtlich: Das Verhältnis von Grenzertrag zu Faktorpreis für einen Einsatzfaktor gibt gerade an, um wieviel die Ausbringungsmenge bei einer zusätzlichen Investition um EUR 1,00 in diesen Faktor ausgeweitet werden kann. Wenn nun das Verhältnis nicht für alle Faktoren gleich wäre, dann könnten diejenigen Faktoren vermehrt eingesetzt werden, bei denen das Verhältnis groß ist, und gleichzeitig die Faktoren reduziert werden, bei denen das Verhältnis klein ist. Ohne Auswirkungen auf die Gesamtkosten könnte so die Ausbringungsmenge gesteigert werden. Eine Ungleichheit in den Verhältnissen der einzelnen Faktoren kann also nicht zu einer kostenminimalen Produktion führen.

9 Wenn die Gesamtkosten GK in Abhängigkeit der Ausbringungsmenge die Form

$$GK = c(Q)$$

haben, dann sind die durchschnittlichen Kosten DK gegeben durch

$$DK = \frac{c(Q)}{Q},$$

und die Grenzkosten der Produktion MC durch

$$MC = \frac{\partial c(Q)}{\partial Q}.$$

10 Die Existenz eines allgemeinen Gleichgewichts ist Ergebnis des zweiten Hauptsatzes der Wohlfahrtsökonomie. Für die Annahmen hierzu siehe z.B. Kreps (1990, S.287f).

11 Diese Aussage gilt natürlich nur aus Effizienzgesichtspunkten. Auch im neoklassischen Modell sind z.B. politische Organisationen denkbar, die Einfluss auf die Verteilung der geschaffenen Werte nehmen wollen.

12 Als weiterer Grund, warum gewöhnliche Monopole stabil sind, kann der Patentschutz genannt werden. Der Staat schützt hier bewusst für einen gewisse Zeitspanne die Monopolstellung eines Unternehmens, um so Anreize zu Innovationen zu geben.

Von Coase (1972) stammt die Vermutung, dass sich ein monopolistischer Anbieter eines dauerhaften Gutes eigenen Wettbewerb macht: Will er nämlich auch an die Konsumenten verkaufen, die beim Monopolpreis trotz einer ausreichenden Zahlungsbereitschaft nicht kaufen werden, müsste er zumindest kurzfristig den Marktpreis senken, etwa durch ein Sonderangebot oder im Ausverkauf. Antizipieren die Konsumenten diese Preissenkung, werden sie unter Umständen mit ihrem Kauf warten.

13 Siehe Demsetz (1968b) zur Idee, natürliche Monopole zu versteigern, sowie Williamson (1985, S.326ff) zu Problemen, die mit solchen Versteigerungen verbunden sein können.

14 Dieses Beispiel geht auf Milgrom und Roberts (1992, S.74) zurück.

15 Das Konzept der externen Effekte umfasst das der öffentlichen Güter. Ein **öffentliches Gut** ist ein Gut, von dessen Konsum kein Konsument ausgeschlossen werden kann. Beispielsweise ist saubere Luft ein öffentliches Gut.

Die Unmöglichkeit, andere vom Konsum auszuschließen, bedeutet aber nichts anderes als dass externe Effekte vorliegen. Somit sind die Allokationsprobleme, die bei öffentlichen Gütern auftreten, identisch mit denen bei Externalitäten.

16 In der Terminologie dieses Buches besteht ein politisches Programm demnach aus den Koordinations- und Motivationsinstrumenten, die zur Erreichung eines wirtschaftspolitischen Ziels eingesetzt werden. Koordinationsinstrumente sind

hier die einzelnen wirtschaftpolitischen Instrumente. Motivationsinstrumente umfassen alle staatlichen Maßnahmen, die den Vollzug dieser wirtschaftpolitischen Instrumente sicherstellen.

17 Ein Spezialfall wettbewerbspolitischer Maßnahmen ist die staatliche Einführung von Marktzugangsbeschränkungen: Befriedigt ein Monopolist die gesamte bestehende Nachfrage zu kostendeckenden Preisen, dann kann es bei Eintritt eines zusätzlichen Anbieters zu einer Unterversorgung kommen. Dies ist allerdings nur dann der Fall, wenn die Durchschnittskosten im Bereich der relevanten Nachfrage ansteigen. Hier könnte ein Konkurrent bei geringeren Durchschnittskosten produzieren und durch einen geringeren Preis am Markt den Monopolisten verdrängen. Dann würde aber aufgrund der zu geringen Produktionsmenge ein Teil der Nachfrage unbefriedigt bleiben. Besteht diese Gefahr, können Marktzutrittsbeschränkungen ein zu geringes Angebot im Markt verhindern. Gleichzeitig wird damit allerdings auch eine Disziplinierung des Monopolisten durch den Wettbewerb ausgeschaltet. Diese Art der Regulierung liegt ausgesprochen selten vor, siehe Fritsch, Wein und Evers (1993, S.144f).

18 Eine kritische Auseinandersetzung mit der Postreform findet sich in Möschel (1989) und im Gutachten der Monolpolkommission (1991).

4 Die Analyse von Transaktionen

1 Fasst man den Koordinationsplan als umfassenden Vertrag zwischen den Organisationsteilnehmern auf, dann können wir die Koordinationskosten auch als ex ante Transaktionskosten bezeichnen. Dementsprechend handelt es sich bei den Motivationskosten um ex post Transaktionskosten, also Kosten, die nach dem Vertragsabschluss auftreten. Diese treten also im Zusammenhang mit der Umsetzung des Koordinationsplans auf. Siehe hierzu auch Matthews (1986, S.906), für den Transaktionskosten "consist of the costs of arranging a contract ex ante and monitoring and enforcing it ex post".

2 Dieses Beispiel geht auf Milgrom und Roberts (1992, S.302) zurück.

3 Dieses Beispiel findet sich bei Wallis und North (1986, S.103).

4 Die nachfolgenden Ausführungen sind nicht nur für die Problematik von zwischenbetrieblichen Kooperationen, bzw. bei allgemeineren Organisationen für interorganisatorische Beziehungen, relevant, sondern für jede interpersonelle Interaktion: Betrachtet man die Kooperation zwischen zwei Unternehmungen als Transaktion, bei der bestimmte Güter oder Dienstleistungen zwischen den Parteien ausgetauscht bzw. verknüpft werden, dann bettet sich die Frage nach der geeigneten Gestaltung einer zwischenbetrieblichen Kooperation ein in die übergeordnete Frage nach der geeigneten Gestaltung einer Transaktion, also auch der Beziehung zwischen einem Brötchenkäufer und seinem Bäcker oder zwischen einem Zahnarzt und seinem Patient.

5 Die im Folgenden diskutierten Motive dienen im Allgemeinen nicht nur der Steigerung der Brutto-Wertschöpfung einer zwischenbetrieblichen Kooperation, sondern können auch zu einer Umverteilung der geschaffenen Werte zu Lasten der Konsumenten führen. Dieser Aspekt wird nachfolgend im Zusammenhang mit der Bildung von Kartellen thematisiert.

6 Dieses Beispiel findet sich Lewis (1991, S.54ff). Siehe auch James (1985, S.77), der darstellt, wie ein japanisches Pharmaunternehmen durch eine Kooperation mit einem amerikanischen Unternehmen in den amerikanischen Pharmamarkt eindringen konnte.

7 Siehe für dieses und das nächste Beispiel Kogut (1991) bzw. Kogut (1988).

8 Die Kooperation zwischen der amerikanische Werkzeugmaschinenfabrik Bendix und dem japanischen Unternehmen Murata bei der gemeinsamen Produktion von Maschinenbauteilen ist hierfür ein weiteres Beispiel, siehe James (1985). Alle anderen Fallbeispiele sind, wenn nicht gesondert zitiert, der Tagespresse entnommen.

9 Siehe hierzu Lewis (1991).

10 In diesem Sinne könnte das gesetzliche Vertragsrecht als ein perfektes Substitut für einen vollständigen Vertrag interpretiert werden. Dem stehen allerdings zwei Einschränkungen entgegen: Zum einen sind die gesetzlichen Regelungen im Allgemeinen sehr vage formuliert. Diese Unsicherheit überträgt sich auf die Rechtsprechung. Für manche Rechtsstreitigkeiten ist also im Vorhinein nicht klar, wie sie gerichtlich entschieden werden. Zum anderen sind mit einem Gerichtsverfahren aber auch immer Gerichtskosten für die Vertragsparteien ver-

bunden. Hierzu gehören nicht nur die Kosten für Anwälte und das Gericht, sondern auch die Opportunitätskosten.

11 In der Praxis gibt es natürlich nichtsdestotrotz Versuche, auch in solchen Situationen einen möglichst vollständigen Vertrag zu konzpieren. Nach Macauley (1963, S.57) umfasste so der Vertrag zum Verkauf des Empire State Buildings mehr als 400 Seiten. Der Verkaufspreis lag bei 65 Millionen Dollar. Über 100 Rechtsanwälte waren mit der Abfassung dieses Schriftstücks beschäftigt.

12 Empirische Untersuchungen zeigen hier, dass Unternehmungen, die eine übermäßige Diversifikation aufweisen, weniger effizient produzieren als Unternehmungen, die auf wenige Bereiche fokusiert sind. Siehe z.B. Berger und Ofek (1995), Comment (1995) oder John und Ofek (1995). Zudem entstehen mit zunehmender Unternehmensgröße die bereits im Zusammenhang mit Coase (1937) erwähnten spezifischen Kosten der innerbetrieblichen Organisation.

13 Neben den hier aufgeführten Gründen, die alle eine Reduzierung der Transaktionskosten implizieren, können natürlich noch andere Gründe dazu führen, dass die hierarchische Koordination der marktlichen Koordination überlegen ist. Hier sind insbesondere strategische Aspekte relevant, die auf die Steigerung der Brutto-Wertschöpfung der Organisation abzielen. Da wir im Folgenden lediglich die geeignete Gestaltung der zwischenbetrieblichen Kooperation bei gegebenen Zielen untersuchen, sind solche Gründe für die nachfolgende Diskussion aber nicht relevant.

14 Zu vertrauensbildenden Maßnahmen allgemein siehe Shell (1991), Klein und Leffler (1981) oder Williamson (1983; 1985, S.163ff). Für Maßnahmen speziell in zwischenbetrieblichen Kooperationen siehe Jarillo (1988) und Lorenz (1989).

15 Siehe z.B. Stuckey (1983), Anderson und Schmittlein (1984), Anderson (1985) oder Kim, Mayers und Smith (1996).

16 Siehe Farrell und Gallini (1988) sowie Shepard (1987) zu dieser Alternative.

17 Neben dem Problem des Holdup gibt es natürlich in Franchise-Beziehungen auch die Probleme des moralischen Risikos und der adversen Selektion: So weiß der Franchisegeber im Allgemeinen nicht, inwieweit der Franchisenehmer tatsächlich den vertraglichen Anforderungen genügt oder inwieweit ein potentieller Franchisepartner überhaupt motiviert ist, eine langfristige Beziehung einzugehen. Zur Lösung dieser Probleme müssen im Allgemeinen spezifi-

sche Koordinations- und Motivationsinstrumente eingesetzt werden, siehe z.B. Klein, Crawford und Alchian (1978) oder Klein (1980).

18 Auch in Strategischen Allianzen gibt es neben dem Problem des Holdup die Probleme der adversen Selektion und des moralischen Risikos: Ein Problem der adversen Selektion besteht z.B. dann, wenn eine Unternehmung unsicher darüber ist, inwieweit ihr Kooperationspartner die Ressourcen und Kapazitäten, die ihr zur Verfügung stehen, richtig darstellt. Das Problem des moralisches Risikos besteht in dieser Situation, wenn die Unternehmung nicht einschätzen kann, in welchem Umfang ihr Kooperationspartner tatsächlich seine Kapazitäten und Ressourcen in die Allianz einbringt. Die Beseitigung solcher Probleme erfordert im Allgemeinen den Einsatz spezifischer Koordinations- und Motivationsinstrumente.

5 Grundformen hierarchischer Koordination

1 Allerdings muss hierbei beachtet werden, dass eine zu weitgehende funktionale Spezialisierung an ihre Grenzen stößt, wenn es auf dem Arbeitsmarkt kein Angebot an solchen Spezialisten gibt. Dies bestätigt die Behauptung von Adam Smith (1776, S.21f): "The division of labor is limited by the extent of the market". Siehe hierzu auch Stigler (1951).

2 Eine ausführliche Diskussion des Stab-Linien-Konflikts findet sich bei Golembiewski (1967).

3 Grundlegend hierzu ist die Arbeit von Olson (1965). In der Organisationspsychologie ist dieses Phänomen unter dem Begriff social loafing bekannt, siehe z.B. Williams, Harkins und Latane (1979) oder George (1992).

4 Während die im Folgenden diskutierten Koordinationsinstrumente der Abstimmung organisatorischer Einheiten dienen, zielen andere Maßnahmen darauf ab, den Abstimmungsbedarf zwischen Einheiten zu reduzieren: So kann beispielsweise die Einführung von Puffern zu einer Entkopplung der Einheiten beitragen. Neben zeitlichen Puffern in Form von großzügigen Bearbeitungszeiten können hier insbesondere Zwischenläger Schwankungen im innerbetrieblichen Güterfluss ausgleichen. Eine weitere Möglichkeit zur Reduzierung des Abstimmungsbedarfs ist auch durch den Einsatz flexibler Ressourcen gegeben

oder durch die Bereitstellung zusätzlicher Ressourcen, beispielsweise in Form von Überstunden oder längeren Maschinienlaufzeiten. Siehe grundlegend hierzu Emery (1969, S.21ff).

5 Das Phänomen des Ratchet-Effekts wurde bereits 1931 in den Hawthorne-Studien beschrieben, siehe Roethlisberger und Dickson (1939). Siehe hierzu auch die Arbeit von Coch und French (1948). In der ökonomischen Literatur wurde der Ratchet-Effekt von Weitzmann (1980), Baron und Besanko (1984) sowie Freixas, Guesnerie und Tirole (1985) untersucht.

6 Empirische Untersuchungen zeigen hier, dass bei einer effektiven Gruppenarbeit nie mehr als 25 Personen involviert sind, die optimale Gruppengröße im Allgemeinen aber wesentlich kleiner ist. Siehe hierzu beispielweise die Arbeit von Katzenbach und Smith (1993), in deren Untersuchungen die optimale Gruppengröße zwischen 2 und 25 Mitgliedern schwankt.

7 Siehe hierzu auch das in Kapitel 3 diskutierte Coase-Theorem und die Bedingungen, unter denen Kompensationszahlungen eine notwendige Vorausetzung für das Erreichen einer effizienten Abstimmung sind.

8 Das Unmöglichkeitstheorem von Arrow (1951) ist Ausgangspunkt der Social Choice Theorie. In dieser Literatur werden Zielbildungsprozesse von Gruppen ökonomisch untersucht.

9 Beim Punktwahlverfahren können die Gruppenmitglieder die ihnen zur Verfügung stehenden Punkte beliebig auf die verschiedenen Entscheidungsalternativen verteilen, siehe Mackscheidt (1973). Bei der Abstimmung mittels Veto kann jedes Gruppenmitglied einen eigenen Vorschlag in die Entscheidung einbringen. Nach einem Zufallsverfahren wird dann die Reihenfolge festgelegt, in der jedes Mitglied aus den noch existierenden Vorschlägen seine am wenigsten präferierte Alternative ausschließt, siehe Mueller (1978). Bei der Abstimmung mittels Zufallsauswahl wird in einem ersten Schritt z.B. nach der Mehrheitsregel bei zwei Alternativen die Stimmverteilung ausgezählt. In einem zweiten Schritt werden die prozentualen Stimmenanteilen als Wahrscheinlichkeiten interpretiert und einer Zufallsauswahl zugrundegelegt, siehe Frey (1969).

10 Siehe hierzu auch Buchanan und Tullok (1962), Frese (1998, S.124ff) oder Frey und Kirchgässner (1994, S.65f).

11 In der Literatur wird diese Modifikation auch als "Cost Plus Markup Pricing" bezeichnet, siehe z.B. Eccles (1985, S.184ff). Die Alternative, die Fixkosten der Produktion durch ein von der Instanz zugewiesenes Budget zu decken, führt übrigens wieder auf das bereits diskutierte Problem: Kennt nämlich die Instanz die Fixkosten, dann kennt sie auch die Grenzkosten und kann somit das Koordinationsproblem auch zentral lösen, ohne es zu delegieren.

12 In der Literatur wird als Nachteil der objektorientierten Abteilungsbildung auch erwähnt, dass die so gebildeten Abteilungen Interessen entwickeln könnten, die nicht in Einklang mit den organisatorischen Zielen stehen. Dem steht allerdings ein gewisser Abteilungsegoismus entgegen, der sich bei funktionsorientierten Abteilungen aufgrund ihrer spezifischen Ausrichtung ergeben kann. Im ersten Fall entstehen somit Interessengegensätze in vertikaler Dimension, im zweiten Fall entstehen laterale Interessengegensätze zwischen verschiedenen Abteilungen. Die damit jeweils verbundenen Kosten für die Organisation sind nur im Zusammenhang mit dem Konfliktmanagement zu bewerten, das in der Organisation eingesetzt wird. Siehe hierzu auch Jost (1998).

13 Siehe Galbraith (1973) und (1977, S.111ff) für eine eingehende Diskussion der hier genannten Möglichkeiten.

14 Arrow (1972, S.37) spricht in diesem Zusammenhang von der Organisation "as a processor of information". Für ihn ist diese Funktion von entscheidender Bedeutung für die Existenz von Unternehmen: "Thus the possibility of using the price system to allocate uncertainty, to insure against risks, is limited by the structure of the information channels in existence."

15 Neben diesen beiden Aufgaben, die auf eine Reduzierung der Umweltunsicherheit abstellen, ist eine dritte Aufgabe von Bedeutung: Durch eine aktive Gestaltung ihrer Umweltbeziehungen kann nämlich eine Organisation bzw. können ihre Einheiten ihre Abhängigkeiten zur Umwelt reduzieren. Diese Aufgabe haben wir bereits eingehend in Kapitel 4 im Zusammenhang mit der Bildung zwischenbetrieblicher Kooperationen besprochen.

16 Diese Argumentation geht auf die Arbeit von Holmström und Milgrom (1991) zurück. Siehe hierzu auch Gersbach (1988), der explizit zwischen einer spezifischen Kontrolle einzelner Aktivitäten und einer generellen Kontrolle der Gesamtaufgabe unterscheidet.

17 In der Literatur wird das Koordinationsproblem, das in solchen Situationen besteht, auch als Problem mit Design-Attributen bezeichnet. Siehe hierzu insbesondere Milgrom und Roberts (1992, S.91ff).

18 Zu den Auswirkungen der Produktionstechnologie auf andere Aufgabenmerkmale siehe die Ausführungen in Kapitel 4.

19 Dies ist das innerbetriebliche Analogon der Hypothese von Smith (1776, 21ff), "That the division of labor is limited by the extent of the market".

20 Siehe hierzu z.B. die Arbeiten von Skogh (1982) und Broch (1990) sowie die Untersuchung von Katrishen und Scordis (1998) für multinationale Versicherer.

6 Innerbetriebliche Koordination

1 Die Abbildung zeigt, dass im Vergleich zu den US-amerikanischen Unternehmen die Divisionalisierung deutscher Unternehmen sehr viel später einsetzte. Diese zeitliche Verzögerung interpretiert Franko (1974) als eine Folge des fehlenden Wettbewerbsdrucks bis Ende der 60er Jahre. Anders als in den USA erfolgte erst dann durch den Abbau von Handelsschranken, die verstärkte Durchsetzung verschärfter Wettbewerbsgesetze und den Nachfragerückgang eine Intensivierung des Wettbewerbs.

2 Die empirische Studie von Mintzberg (1973) gibt darüber hinaus einen Einblick in die einzelnen Teilaufgaben, die von der Unternehmensleitung wahrgenommen werden.

3 Die Möglichkeit der Gesellschafterversammlung, dem Geschäftsführer einer GmbH Weisungen zu erteilen, ist in §31 I GmbHG (Gesetz betreffend die Gesellschaften mit beschränkter Haftung) geregelt. Die Bestellung eines Arbeitsdirektors als Mitglied der Geschäftsführung ist in §13 MontanmitbestG (Montanmitbestimmungsgesetz) festgelegt.

4 Je nach den gesetzlichen Regelungen, die sich aus der Unternehmensverfassung ableiten, kann die Anwendung des Kollegial- bzw. des Direktorialprinzips eingeschränkt sein: So ist nach deutschem Aktiengesetz das Kollegialprinzip für Entscheidungen im Vorstand nach §77 I AktG zwingend vorgeschrieben.

5 Organisationsänderung von einer Funktionsbereichsorientierung zu einer Prozessorientierung bringen im Allgemeinen erhebliche strukturelle Änderungen

mit sich und stellen neue Anforderungen an die Mitarbeiter. Daher bietet sich bei Reengineering-Projekten ein schrittweises Vorgehen an. Die möglichen Probleme, die dabei auftreten können, werden umfassend von Osterloh und Frost (1996, S.223ff) dargestellt.

6 Das Konzept der modularen Organisation ist auch unter den Schagworten "Inselkonzept", "Fabrik in der Fabrik", "Fraktale Fabrik" oder "Flottillen-Organisation" bekannt, siehe Osterloh und Frost (1996, S.96f).

7 Das Produktmanagement kann grundsätzlich auch bei einer Geschäftsbereichsorganisation angewendet werden. Liegt beispielsweise eine regionalorientierte Geschäftsbereichsbildung vor, dann kann auch hier eine individuelle Betreuung von Produkten sinnvoll sein. Zudem kann das Produktmanagement funktionsbereichsbezogen lediglich im Absatzbereich angewendet werden. Dann steht vor allem die produktspezifische Koordination der absatzwirtschaftlichen Aktivitäten im Mittelpunkt.

8 Darüber hinaus hat der Wertewandel in der Gesellschaft auch zu Veränderungen in der Arbeitswelt geführt. Diese sind vor allem durch wachsende Ansprüche der Mitarbeiter einer Unternehmung an ihre Arbeit gekennzeichnet: Einkommen und Aufstiegsmöglichkeiten spielen eine zunehmend weniger wichtige Rolle. Eine interessante und abwechslungsreiche Tätigkeit, Kontakt mit anderen Menschen und Freizeit werden hingegen vermehrt gewünscht.

Literaturverzeichnis

ACS, Z. und D. GERLOWSKI. 1996. *Managerial Economics and Organization.* Upper Saddle River, N.J.: Prentice Hall.

AGUILAR, F. und C. DONG-SUNG. 1989. *Gold Star Co. Ltd.* Harvard Business School Case 9-385-264.

AKERLOF, G. 1970. The Market for 'Lemons': Quality Uncertainty and the Market Mechanism. *Quarterly Journal of Economics* 84:488-500.

ALBACH, H. 1967: Die Koordination der Planung im Großunternehmen. In E. Schneider, *Rationale Wirtschaftspolitik und Planung in der Wirtschaft von heute.* Schriften des Vereins für Socialpolitik Bd. 45. Berlin: Duncker & Humblot.

ALCHIAN, A. 1969. Information Costs, Pricing and Resource Unemployment. *Western Economic Journal* 7:109-128.

ALCHIAN, A. und A. ALLEN. 1964. *Exchange and Production, Theory in Use.* Belmont, California: Wadsworth.

ALCHIAN, A. und S. WOODWARD. 1988. The Firm is Dead; Long Live the Firm. A Review of Oliver E. Williamson's 'The Economic Instutions of Capitalism'. *Journal of Economic Literature* 26:65-79.

ALSTON, L. und W. GILLESPIE. 1989. Resource Coordination and Transaction Costs: A Framework for Analyzing the Firm/Market Boundary. *Journal of Economic Behavior and Organization* 11:191-212.

AMES, C. 1963. Payoff from Product Management. *Harvard Business Review* 41:141-148.

ANDERLINI. L. und L. FELLI. 2006. Transaction Costs and the Robustness of the Coase Theorem. *The Economic Journal* 116:223-245.

ANDERSON, E. 1985. The Salesperson as Outside Agent or Employee: A Transaction Cost Analysis. *Marketing Science* 4:234-254.

ANDERSON. E. und D. SCHMITTLEIN. 1984. Integration of the Sales Force: An Empirical Examination. *Rand Journal of Economics* 15:385-395.

ANTHONY, R. 1965. *Planning and Control Systems. A Framework for Analysis.* Boston: Harvard University Press.

AOKI, M. 1988. *Information, Incentives, and Bargaining in the Japanese Economy.* Cambridge: Cambridge University Press.

APPLE COMPUTER, INC. 1985. *Annual Report.*

ARROW, K. 1951. *Social Choice and Individual Values.* New York: Wiley.

ARROW, K. 1953. Le Role des Valeurs Boursieres pour la Repartition la Meilleure des Risques. *Econometrie* 11:41-47.

ARROW, K. 1963. Uncertainty and the Welfare Economics of Medical Care. *American Economic Review* 53:941-73.

ARROW, K. 1969. The Organization of Economic Activity: Issues Pertinent to the Choice of Market versus Non-Market Allocation. In Joint Economic Commitee. *The Analysis and Evaluation of Public Expenditures: The PPP-System,* Washington, DC.

ARROW, K. 1970. Political and Economic Evaluation of Social Effects and Externalties. In. J. Margolis, *The Analysis of Public Output.* New York: Columbia University Press.

ARROW, K. 1974. *The Limits of Organization.* New York: Norton.

ARROW, K. 1985. The Informational Structure of the Firm. *American Economic Review* 75:303-307.

ARROW, K. und F. HAHN. 1971. *General Competitive Analysis.* San Francisco: Holden-Day.

ARTZ, K. und T. BRUSH. 2000. Asset Specifity, Uncertainty and Relational Norms: An Examination of Coordination Costs in Collaborative Strategic Alliances. *Journal of Economic Behavoir and Organization* 41:337-362.

BALIGH, H. 1986. Decision Rules and Transactions, Organizations and Markets. *Management Science* 32:1480-1491.

BALIGH, H. und L. RICHARTZ. 1967. *Vertikal Market Structure.* Boston: Allyn and Bacon.

BARHAM, K. und C. HEIMER. 1998. *ABB: The Dancing Giant.* London: Financial Times Pitman Publishing.

BARNARD, C. 1938. *The Functions of the Executive.* Cambridge, Ma.: Harvard University Press.

BARNEY, J. und W. HESTERLY. 1996. Organizational Economics: Understanding the Relationship between Organizations and Economic Analysis. In: B. Clegg, C. Hardy und W. Nord: *Handbook of Organization Studies*. London: Sage.

BARON, D. und D. BESANKO. 1984. Regulation and Information in a Continuing Relationsship. *Information, Economics and Policy* 1:267-330.

BARZEL, Y. 1982. Measurement Cost and the Organization of Markets. *Journal of Law and Economics* 25:27-48.

BARZEL, Y. 1985. Transaction Costs: Are they just Costs? *Journal of Institutional and Theoretical Economics* 141:4-16.

BAUMOL, W., PANZAR, J. und R. WILLIG. 1982. *Contestable Markets and the Theory of Industrie Structure*. San Diego: Hartcourt Brace Jovanovich.

BAYER AG. 1998. *Geschäftsbericht 1998*. http://www.bayer.de/bayer/ueberblick/-organisationsuebersicht_de.htm.

BECKER, G. 1976. *The Economic Approach to Human Behavior*. Chicago: Chicago University Press.

BECKER, G. 1993. Nobel Lecture: The Economic Way of Looking at Behavior. *Journal of Political Economy* 101:385-409.

BECKER, G. und K. MURPHY. 1992. The Division of Labor, Coordination Costs, and Knowledge. *Quarterly Journal of Economics* 57:1137-1160.

BECKMANN, M. 1988. *Tinbergen Lectures on Organization Theory*. Berlin: Springer.

BERGER, P. und E. OFEK. 1995. Diversification's effect on firm value. *Journal of Financial Economics* 37:39-65.

BERNHOLZ, P. und F. BREYER. 1993. *Grundlagen der politischen Ökonomie*. Tübingen: Mohr.

BESANKO, D., D. DRANOVE und M. SHANLEY. 1995. *The Economics of Strategy*. New York: Wiley.

BESANKO, D., P. REGIBEAU und K. ROCKETT. 2005. A Multi-Task Prioncipal-Agent Approach to Organizational Form. The Journal of Industrial Economics 53:437-467.

BINMORE, K. 1987. Why Game Theory "Doesn't Work". In P. Bennet: *Analysing Conflict and its Resolution. Some Mathematical Contributions*. Oxford: Clarendon Press.

BLEICHER, K. 1991. *Organisation – Strategien, Strukuren, Kulturen.* Wiesbaden: Gabler.

BOLTON, P. und M. DEWATRIPONT. 1994. The Firm as a Communication Network. *Quarterly Journal of Economics* 115:809-839.

BOWEN, D. und E. LAWLER III. 1995. Empowering Service Employees. *Sloan Management Review* 36:73-84.

BOYETT, J. und H. CONN. 1992. *Workplace 2000: The Revolution Reshaping American Business.* New York: Pinguin.

BRADACH, J. und R. ECCLES. 1989. Price authority and trust: From ideal types of plural forms. *Annual Review of Sociology* 15:97-118.

BRICKLEY, J., C. SMITH und J. ZIMMERMAN. 1997. *Managerial Economics and Organizational Architecture.* Burr Ridge, Ill.: Irwin.

BROCH, K. 1980. *Economics of Insurance.* Amsterdam: North-Holland.

Brynjolfsson, E. und H. Mendelson 1993. Information Systems and the Organization of Modern Enterprise. Journal of Organizational Computing 3.

BUCHANAN, J. und W. STUBBLEBINE. 1962. Externality. *Economica* 29:371-384.

BUCHANAN, J. und G. TULLOCK. 1962. *The Calculus of Consent.* Ann Arbor: University of Michigan Press.

BUCHANAN, J. und G. TULLOCK. 1975. Polluter's Profits and Political Response: Direct Controls Versus Taxes. *American Economic Review* 65:139-147.

BÜHNER, R. 1996. *Betriebswirtschaftliche Organisationslehre.* München: Oldenbourg.

BULOW, J., J. GEANAKOPLOS und P. KLEMPERER. 1985. Multimarket Oligopoly: Strategic Substitutes and Complements. *Journal of Political Economy* 93:488-511.

BUSINESS WEEK. 1972. GE's new strategy for faster growth. *Business Week.* 8.July:52-58.

BUSINESS WEEK. 1981. 3M looks beyond luck and fast profits. *Business Week.* 23.Feb.:44-49.

CALVO, G. und S. WELLISZ. 1978. Hierarchy, ability, and income distribution. *Journal of Political Economy* 87:991-1010.

CHANDLER, A. 1962. *Strategy and Structure: Chapters in the History of the Industrial Enterprise.* Cambridge, Ma.: MIT Press.

CHANDLER, A. 1977. *The Visible Hand: The Managerial Revolution in American Business.* Cambridge, Ma.: Harvard University Press.

CHANDLER, A. und H. DAEMS. 1980. *Managerial Hierarchies.* Cambridge, Ma.: Harvard University Press.

CHEUNG, ST. 1973. The Fable of the Bees: An Economic Investigation, *Journal of Law and Economics* 16:11-34.

CIBORRA, C. 1981. Information systems and transaction architecture. *International Journal of Policy Analysis and Information Systems* 5:305-324.

CIBORRA, C. 1987. Reframing the role of computers in organizations – The transaction cost approach. *Office: Technology and People* 5:17-38.

COASE, R. 1937. The Nature of the Firm. *Economica* 4:386-405.

COASE, R. 1960. The Problem of Social Cost. *Journal of Law and Economics* 3:1-44.

COASE, R. 1972. Durability and Monopoly. *Journal of Law and Economics* 15:143-149.

COCH, L. und J. FRENCH. 1948. Overcoming Resistance to Change. *Human Relations* 1:512-532.

COMMENT, R. 1995. Corporate focus and stock returns. *Journal of Financial Economics* 37:67-87.

COMMONS, J. 1934. *Institutional economics. Its place in political economy.* New Brunswick/London: Transaction Publishers.

COOPER, R. 1988. The Rise of Activity-Based Costing – Part One: What is an Activity-Based Cost System? *Journal of Cost Management* 2:45-54.

COOPER, R. und R. KAPLAN. 1988. Measuring Costs Right: Make the Right Decisions. *Harvard Business Review.* 66:96-103.

COOTER, R. 1989. The Coase Theorem. In J. Eatwell, M. Milgate und P. Newman, *The New Palgrave: A Dictionary of Economics* 1:457-460.

CORTS, K. 2005. *Teams vs. Individual Accountability: Solving Multi-Task Problems through Job Design.* University of Toronto.

CREMER, J. 1990. Common Knowledge and the Coordination of Economic Activities. In A. Masahiko, B. Gustaffson and E. Williamson (eds.), *The Firm as a Nexus of Treaties.* London: Sage.

CUSUMANO, M. 1985. *The Japanese Automobile Industry.* Cambridge, Ma.: Harvard University Press.

CYERT, R. und J. MARCH. 1963. *A behavioral Theory of the Firm.* Englewood Cliffs, N.J.: Prentice-Hall.

DAHL, R. und C. LINDBLOM. 1953. *Politics, Economics, and Welfare.* New York: Harper & Row.

DAHLMAN, C. 1979. The Problem of Externality. *Journal of Law and Economics* 22:141-162.

DAHRENDORF, R. 1959. *Sozialstruktur des Betriebes – Betriebssoziologie.* Wiesbaden: Gabler.

DALTON, M. 1950. Conflicts between Staff and Line Managerial Officers. *American Socological Review* 15:81-90.

DARBY, M. und E. KARNI. 1973. Free Competition and the Optimal Amount of Fraud. *Journal of Law and Economics* 16:67-88.

DAVENPORT, T. 1993. *Process Innovation – Reengineering Work through Information Technology.* Boston: Harvard Business School Press.

DAVENPORT, T. und J. SHORT. 1990. The New Industrial Engineering: Information Technology and Business Process Redesign. *Sloan Management Review* 32:11-27.

DAVIS, S. und P. LAWRENCE. 1977. *Matrix.* Reading, Ma.: Addision Wesley.

DEATON, A. und J. MUELBAUER. 1980. *Economics and consumer behavior.* Cambridge: Cambridge University Press.

DEBREU, G. 1959. *Theory of Value: an axiomatic analysis of economic equilibrum.* New York: Wiley.

DEMSETZ, H. 1968a. The Cost of Transacting. *Quarterly Journal of Economics* 82:33-53.

DEMSETZ, H. 1968b. Why Regulate Utilities? *Journal of Law and Economics* 11:55-66.

DEMSETZ, H. 1969. Information and Efficiency: Another Viewpoint. *Journal of Law and Economics* 12:1-22.

DEMSETZ, H. 1980. *Economic, Political, and Legal Dimensions of Competition.* Amsterdam: North-Holland.

DEMSETZ, H. 1991. The Theory of the Firm Revisited. In O. Williamson und S. Winter, *The Nature of the Firm: Origins, Evolution, and Development.* New York: Oxford University Press.

DIETL, H. 1993. *Institutionen und Zeit.* Tübingen: Mohr.

DILL, W. 1958. Environment as an influence on managerial autonomy. *Administrative Science Quarterly* 3:409-443.

DIXIT, A. und B. NALEBUFF. 1991. *Thinking Strategically: The competitive Edge in Business, Politics and Everyday Life.* New York: Norton.

DNES, A. 1992. 'Unfair' Contractual Practices and Hostages in Franchise Contracts. *Journal of Institutional and Theoretical Economics* 148:484-504.

DNES, A. 1996. The Economic Analysis of Franchise Contracts. *Journal of Institutional and Theoretical Economics* 152:297-324.

DREXEL, G. 1987. Organisatorische Verankerung strategischer Geschäftsfelder. *Die Unternehmung* 41:148-162.

DUNCAN, R. 1979. What is the Right Organization Structure? Decision Tree Analysis Provides the Answer. *Organizational Dynamics* 12:59-80.

DYAS, G und H. THANHEISER. 1976. *The Emerging European Enterprise – Strategy and Structure in French and German Industry.* London: Macmillan.

DYER, J. 1994. Dedictated Assets: Japan's Manufacturing Edge. *Harvard Business Review* 82:174-178.

ECCLES, R. 1981. The quasifirm in the construction industry. *Journal of Economic Behaviour and Organization* 2:335-337.

ECCLES, R. 1985. *The Transfer Pricing Problem.* Lexington, Ma.: Lexington Books.

ECCLES, R. und D. CRANE. 1987. Managing through networks in investment banking. *California Management Review* 30:176-195.

EMERY, J. 1969. *Organizational Planning and Control Systems.* Theory and Technology. London: Macmillan.

EWERT, R. und A. WAGENHOFER. 1997. *Interne Unternehmensrechnung.* Berlin: Springer.

FARRELL, J. 1987. Information and the Coase Theorem. *Journal of Economic Perspectives* 1:113-129.

FARRELL, J. und N. GALLINI. 1988. Second-Sourcing as Commitment: Monopoly Incentives to Attract Competition. *Quarterly Journal of Economics* 103:673-694.

FAYOL, H. 1916. *Administration Industrielle et Générale.* Paris: Dunod.

FEESS, E. 1997. *Mikroökonomie: Eine spieltheoretische und anwendungsorientierte Einführung.* Marburg: Metropolis.

FILLEY, A., R. HOUSE und S. KERR. 1976. Managerial Process and Organizational Behavior. Glenview, Ill.: Scott.

FLATH, D. 1980. The Economics of Short-Term Leasing. *Economic Inquiry* 18:247-259.

FOSS, K. und N. FOSS. 2005. Resources and Transaction Costs: How Property Rights Economics Furthers the Resource-based View. *Strategic Management Journal* 26:541-553.

FORD, H. 1923. *My Life and Work.* London: Heinemann.

FORD MOTOR COMPANY. 1918. *Facts From Ford.* Detroit, Minn.

FRANKO, L. 1974. The move toward a multidivisional structure in European organizations. *Administrative Science Quarterly* 19:493-506.

FRANSMAN, M. 1994. Information, Knowledge, Vision and Theories of the Firm. *Industrial and Corporate Change* 3:713-757.

FREIXAS, X., R. GUESNERIE und J. TIROLE. 1985. Planning under Incomplete Information and the Ratchet Effect. *Review of Economic Studies* 52:173-192.

FRESE, E. (HRSG.) 1992. *Handwörterbuch der Organisation.* Stuttgart: Schäffer-Poeschel.

FRESE, E. 1998. *Grundlagen der Organisation.* Wiesbaden: Gabler.

FRESE, E. und A. V. WERDER. 1993. Zentralbereiche. Organistorische Formen und Effizienzbeurteilung. In E. Frese, A. v. Werder und W. Maly, *Zentralbereiche und praktische Erfahrungen.* Stuttgart: Schäffer-Poeschel.

FREY, B. 1969. Wahrscheinlichkeiten als gesellschaftliche Entscheidungsregel. *Wirtschaft und Recht* 21:14-26.

FREY, B. und G. KIRCHGÄSSNER. 1994. Demokratische Wirtschaftspolitik. München: Vahlen.

FRIEDMANN, G. 1959. *Grenzen der Arbeitsteilung.* Frankfurt a.M.: Europäische Verlagsanstalt.

FRITSCH, M., WEIN, T. und H. EVERS. 1993. *Machtversagen und Wirtschaftspolitik.* München: Vahlen.

FUDENBERG, D. und J. TIROLE. 1986. *Dynamic Models of Oligopoly.* Chur: Harwood Academic Publishers.

GALBRAITH, J. 1973. *Designing Complex Organizations.* Reading, Ma.: Addision Wesley.

GALBRAITH, J. 1977. *Organization Design.* Reading, Ma.: Addision Wesley.

GALBRAITH J. und R. KAZANJIAN. 1986. *Strategy Implementation: The Role of Structure and Process.* St. Paul, Minn.: West Publishing.

GARVY, G. 1944. Rivals and Interlopers in the History of the New York Security Market. *Journal of Political Economy* 52:128-143.

GEANAKOPLOS, J. und P. MILGROM. 1991. A Theory of Hierarchies Based on Limited Managerial Attention. *Journal of the Japenese and International Economy* 5:205-225.

GEORGE, J. 1992. Extrinsic and Intrinsic Origins of Perceived Social Loafing in Organizations. *Academy of Management Journal* 35:191-202.

GERLACH, M. und J. LINCOLN. 1994. The Organization of Business Networks in the United States and Japan. In N. Nigria und R. Eccles, *Networks and Organizations: Structure, Form, and Action.* Boston: Harvard Business School Press.

GERSBACH, H. 1998. On the equivalence of general and specific control in organizations. *Management Science* 44:730-737.

GÖSEKE, C. 1997. *Information Gathering and Dissemination: The Contribution of JETRO to Japanese Competiveness,* Wiesbaden: Gabler.

GOLDBERG, V. 1976. Regulation and Administered Contracts. *Bell Journal of Economics* 7:426-448.

GOLDBERG, V. 1980. Relational Exchange: Economic and Complex Contracts. *American Behavioral Scientist* 23:337-346.

GOLEMBIEWSKI, R. 1967. *Organizing Men and Power: Pattern of Behavior and Line-Staff-Models.* Chicago: Rand McNally.

GUTENBERG, E. 1951. *Grundlagen der Betriebswirtschaftslehre Bd.1: Die Produktion.* Berlin: Springer.

HADFIELD, G. 1990. Problematic Relations: Franchising and the Law of Incomplete Contracts. *Stanford Law Review* 42:927-992.

HALL, R. 1972. *Organizations: Structure and Process.* Englewood Cliffs, N.J.: Prentice Hall.

HAMMER, M. und J. CHAMPY. 1993. *Reengineering the Corporation.* New York: Harper Collins.

HANSEN, T. 1997. *Company's Adaption to Host Government R&D Requirements: The Foreign Oil Companies under the Norwegian Technology Agreements.* Dissertation Kiel.

HARRIS, M. und A. RAVIV. 2002. Organization Design. *Management Science* 48:852-865.

HAYEK, F. 1945. The Use of Knowledge im Society. *America Economic Review* 35:519-530.

HENNART, J. 1988. A Transaction Costs Theory of Equity Joint Ventures. *Strategic Management Journal* 9:361-374.

HENNART, J. 1991. The Transaction Costs Theory of Joint Ventures: An Empirical Study of Japanese Subsidiaries in The United States. *Management Science* 37:483-497.

HERZBERG, F. 1974. *Work and the Nature of Man.* London: Granada Publishing.

HERZBERG, F. B. MOUSENER und B. SYNDERMAN. 1959. *The Motivation to Work.* London: Chapman & Hall.

HOLMSTROM, B. und P. MILGROM. 1991. Multitask Principal-Agent Analysis: Incentive Contracts, Asset Ownership, and Job Design. *Journal of Law, Economics, and Organization* 7:24-52.

HOLMSTROM, B. und J. TIROLE. 1991. Transfer-Pricing and Organizational Form. *Journal of Law, Economics, and Organizations* 7:201-228.

HORNGREEN, C. und G. FORSTER. 1991. *Cost Accounting: A Managerial Emphasis.* Englewood Cliffs, N.J.: Prentice Hall.

HUXLEY, A. 1932. *Brave New World.* London: Chatto & Windus.

ICHBIAH, D. 1993. *Die Microsoft-Story.* Frankfurt a.M.: Campus.

IMAI, K. und H. ITAMI. 1984. Interpenetration of organization and markets. *International Journal of Industrial Organization* 2: 283-310.

JACOBIDES, M. und S. WINTER. 2005. The Co-evolution of Capabilities and Transaction Costs: Explaining the Institutional Structure of Production. *Strategic Management Journal* 26:395-413..

JARILLO, J. 1988. On Strategic Networks. *Strategic Management Journal* 9:31-41.

JENSEN, M. und W. MECKLING. 1995. Specific and General Knowledge, and Organizational Structure. *Journal of Applied Corporate Finance* 8:4-18.

JOHN, K. und E. OFEK. 1995. Asset sales and increase in focus. *Journal of Financial Economics* 37:105-126.

JOSKOW, P. 1985. Vertical Integration and Long-term Contracts: The Case of Coal-Burning Electricity Generating Plants. *Journal of Law, Economics, and Organization* 1:33-80.

JOSKOW, P. 1987. Contract Duration and Durable Transaction-Specific Investments: The Case of Coal. *American Economic Review* 77:168-185.

JOSKOW, P. 1988. Asset Specificity and the Structure of Vertical Relationships: Empirical Evidence. *Journal of Law and Economics* 4:95-117.

JOST, P.-J. 1998a. *Effektivität von Recht aus ökonomischer Sicht.* Berlin: Duncker & Humblot.

JOST, P.-J. 1998b. *Strategisches Konfliktmanagement in Organisationen.* Wiesbaden: Gabler.

JOST, P.-J. 1999. *Ökonomische Organisationstheorie.* Wiesbaden: Gabler.

KAMBHU, J. 1990. Direct Controls and Incentive Systems of Regulation. *Journal of Environmental Economics and Management* 18:S72-S85.

KANTER, R. 1983. *The Change Masters.* New York: Simon and Schuster.

KATRISHEN, F. und N. SCORDIS. 1998. Economies of Scale in Services: A Study of Multinational Insurers. *Journal of International Business Studies* 29:305-324.

KATZENBACH, J. und D. SMITH. 1993. *The Wisdom of Teams.* Boston: Harvard University Press.

KEIDEL, R. 1984. Baseball, Football and Basketball: Models for Business. *Organisational Dynamics* 17:5-19.

KENNEDY, P. 1994. Information Processing and Organization Design. *Journal of Economic Behavior and Organization* 25:37-51.

KENNEY, R. und B. KLEIN. 1983. The Economics of Block Booking. *Journal of Law and Economics* 26:497-540.

KEREN, M. und D. LEVHARI. 1983. The internal organization of the firm and the shape of average costs. *Bell Journal of Economics* 14:474-486.

KIM, W., D. MAYERS und C. SMITH. 1996. On the Choice of Insurance Distribution Systems. *Journal of Risk and Insurance* 63:207-227.

KIRCHGÄSSNER, G. 1993. Hält sich der Homo Oeconomicus an Regeln? – Einige Bemerkungen zur Rolle von Normen und Regeln im Rahmen der Konzeption des ökonomischen Verhaltensmodells. *Jahrbuch für Neue Politische Ökonomie* 12:181-209.

KLEIN, B. 1980. Transaction Costs Determinants of 'Unfair' Contractual Arrangements. *American Economic Review* 70:356-362.

KLEIN, B., R. CRAWFORD und A. ALCHIAN. 1978. Vertical Integration, Appropriable Rents, and the Competitive Contracting Process. *Journal of Law and Economics* 21:297-326.

KLEIN, B. und K. LEFFLER. 1981. The Role of Market Forces in Assuring Contractual Performance. *Journal of Political Economy* 89:615-641.

KNIEPS, G. und C. V. WEIZSÄCKER. 1989. Telekommunikation. In P. Oberender, *Marktökonomie*. München: Vahlen.

KOCKA, J. 1980. The Rise of the Modern Industrial Enterprise in Germany. In A. Chandler und H. Daems, *Managerial Hierarchies*, Cambridge, Ma.: Harvard University Press.

KOGUT, B. 1988. Joint ventures: Theoretical and empirical perspectives. *Strategic Management Journal* 9:319-332.

KOGUT, B. 1991. Joint ventures and the option to expand and acquire. *Management Science* 37:19-33.

KOOPMANS, T. 1957. *Three Essays on the State of Economic Science*. New York: McGraw-Hill.

KRÄKEL, M. 1999. *Organisation und Management*. Tübingen: Mohr Siebeck.

KREPS, D. 1990. *A course in Microeconomic Theory*. London: Harverster Weatsheaf.

KÜLP, B. U.A. 1984. *Sektorale Wirtschaftspolitik*. Berlin: Springer.

LAUX, H. und F. LIERMANN 1993. *Grundlagen der Organisation*. Berlin: Springer.

LAWRENCE, P. und J. LORSCH. 1967. *Organization and Environment*. Boston, Ma.: Harvard University Press.

LEAVITT, H. und T. WHISLER. 1958. Management in the 1980's. *Harvard Business Review* 36:41-48.

LEWIS, J. 1991. *Strategische Allianzen.* Frankfurt a.M.: Campus.

LIKERT , R. 1967. *The Human Organization.* New York: McGraw-Hill.

LINK, J. 1985. *Organisation der strategischen Planung.* Heidelberg: Physika.

LOASBY, B. 1998. The Organisation of Capabilities. *Journal of Economic Behavior and Organization* 35:139-160.

LORENZ, E. 1989. The search for flexibility: Subcontracting networks in British and French engineering. In P. Hirst und J. Zeitlin, *Reversing industrial decline?* Oxford:122-132.

LOVE, J. 1986. *McDonald's: Behind the Arches.* New York: Bantam Books.

LUCK, D. und T. NOWACK. 1965. Product Management – Vision Unfulfilled. *Harvard Business Review* 43:143-154.

LUHMANN, N. 1968. *Zweckbegriff und Systemrationalität.* Tübingen: Mohr.

MACAULAY, S. 1963. Non-Contractual Relations in Business: A Preliminary Study. *American Sociological Review* 28:55-67.

MACKSCHEIDT, K. 1973. *Zur Theorie des optimalen Budgets.* Tübingen: Mohr.

MACNEIL, I. 1974. The Many Futures of Contracts. *Southern Californian Review* 47:691-816.

MACNEIL, I. 1987. Contracts: Adjustment of Long-Term Economic Relations under Classical, Neoclassical, and Relational Contract Law. *Northwestern University Law Review* 72:854-905.

MALIK, A. 1992. Enforcement Costs and the Choice of Policy Instruments for Controlling Pollution. *Economic Inquiry* 30:714-721.

MALIN, E. und D. MARTIMORT. 2000. Transaction Costs and Incentive Theory. *Revue d'Economie Industrielle* 92:125-148.

MALONE, T. 1987. Modeling Coordination in Organizations and Markets. *Management Science* 33:1317-1332.

MANZ, C. und H. SIMS. 1987. Leading workers to lead themselves: The external leadership of self-managing work teams. *Administrative Science Quarterly* 32:106-128.

MARCH, J. und H. SIMON. 1958. *Organizations.* New York: Wiley.

MARSCHAK, J. und R. RADNER. 1972. Economic Theory of Teams. New Haven: Yale University Press.

MARSHALL, A. 1920. *Principles of Economics.* London: Macmillan.

MASTEN, S. 1984. The Organization of Production: Evidence from the Aerospace Industry. *Journal of Law and Economics* 27:403-417.

MATTHEWS, R. 1986. The Economics of Institutions and the Sources of Growth. *Economic Journal* 96:903-918.

MCAFEE, P. und J. MCMILLAN. 1995. Organizational Diseconomies of Scale. *Journal of Economics and Management Strategy* 4:399-426.

MCGEE, J. 1980. Predatory Pricing Revisited. *Journal of Law and Economics* 23:289-330.

MENARD, C. 1996a. Inside the Black Box: The Variety of Hierarchical Forms. In J. Groenewegen, *Transaction Cost Economics and Beyond.* Dordrecht: Kluwer.

MENARD, C. 1996b. *Transaction cost economics.* Northhampton, Ma.: Elgar.

MILES, R. und C. SNOW. 1995. The New Network Firm: A Spherical Structure Built on a Human Investment Philosophy. *Organizational Dynamics* 23:5-18.

MILGROM, P. und J. ROBERTS. 1992. *Economics, Organization, and Management.* Englewood Cliffs, N.J.: Prentice Hall.

MILLER, E. 1959. Technology, Territory, and Time – The Internal Differentiation of Complex Production Systems. *Human Relations* 9:243-272.

MILLER, J. und T. VOLLMANN. 1985. The Hidden Factory. *Harvard Business Review* 55:142-150.

MINTZBERG, H. 1973. *The Nature of Mangerial Work.* New York: Harper & Row.

MINTZBERG, H. 1979. *The Structuring of Organizations. A Synthesis of the Research.* Englewood Cliffs, N.J.: Prentice Hall.

MÖSCHEL, W. 1989. Postreform im Zwielicht. *Wirtschaftwissenschaftliches Studium WiSt* 18:173-179.

MONOPOLKOMMISSION. 1986. *Gesamtwirtschaftliche Chancen und Risiken wachsender Unternehmensgrößen, 6. Hauptgutachten.* Baden-Baden: Nomos.

MONOPOLKOMMISSION. 1991. *Zur Neuordnung der Telekommunikation, 20. Sondergutachten.* Baden-Baden: Nomos.

MUELLER, D. 1978. Voting by veto. *Journal of Public Economics* 10:57-85.

MUELLER, D. 1980. *Public Choice.* Cambridge: Cambridge University Press.

MYERS, M. 1964. Who are your motivated workers? *Harvard Business Review* 42:73-88.

NAULT, B. 1998. Information Technology and Organization Design: Locating Decisions and Information. *Management Science* 44:1321-1335.

NEGISIHI, T. 1960. Welfare Economics and the Existence of an Equilibrium for a Competitive Economy. *Metroeconomica* 12:92-97.

NELSON, P. 1970. Information and Consumer Behavior, *Journal of Political Economy* 78:311-329.

NEUSS, W. 1998. *Einführung in die Betriebswirtschaftslehre.* Tübingen: Mohr Siebeck.

NEWBERRY, D. 1990. Missing Markets: Consequences and Remedies. In F. Hahn, *The Economics of Missing Markets, Information, and Games.* Oxford: Clarendon.

NORDSIECK, F. 1934. *Grundlagen der Organisationslehre.* Stuttgart: Poeschel.

NORTH, D. 1981. *Structure and Change in Economic History.* New York: Norton.

O'GUIN, M. 1990. Focus: The Factory with Activity-Based Costing. *Management Accounting.* 71:36-41.

OHNO, T. 1993. *Das Toyota-Produktionssystem.* Frankfurt a.M.: Campus.

OLSON, M. 1965. *The Logic of Collective Action.* Cambridge: Harvard University Press.

OUCHI, W. und M. BOLTON. 1988. The Logic of Joint Research and Development. *California Management Review* 31:9-33.

OSBORNE, M. und A. RUBINSTEIN.1990. *Bargaining and Markets.* San Diego: Academic Press.

OSTERLOH, M. und J. FROST. 1996. *Prozessmanagement als Kernkompetenz.* Wiesbaden: Gabler.

PANZAR, J. 1989. Technological Determinants of Firm and Industry Structure. In R. Schmalensee, *Handbook of Industrial Organisation* 1:3-60.

PAPANDREOU, A. 1994. *Externality and Institutions.* Oxford: Clarendon Press.

PARKINSON, C. 1957. *Parkinson's Law.* Boston: Houghton Mifflin.

PASSMORE, W., C. FRANCIS UND J. HALDEMANN. 1982. Sociotechnical Systems: A North American Reflection on the Empirial Studies of the 70's. *Human Relations* 35:1179-1204.

PAULY, M. 1968. The Economics of Moral Hazard. *American Economic Review* 58:31-58.

PERROW, C. 1970. *Organizational Analysis: A Sociological View.* London: Tavistock.

PFEFFER, J. UND G. SALANCIK. 1978. *The external control of organizations.* New York: Harper & Row.

PICOT, A., H. DIETL und E. FRANCK. 1997. *Organisation.* Stuttgart: Schäffer-Poeschel.

PICOT, A., T. RIPPERGER und B. WOLFF. 1996. The Fading Boundaries of the Firm – The Role of Information and Communication Technology. *Journal of Institutional and Theoretical Economics* 152:65-79.

PIGOU, A. 1920. *The Economics of Welfare.* London: Macmillam.

PINCHOT, G. und E. PINCHOT. 1993. *The End of Bureaucracy and the Rise of the Intelligent Organization.* San Francisco: Berrett-Koehler.

PITTA, J. 1992. Why Dell is Survivor. *Forbes* 12.Okt.:82-91.

POPE, K. 1992. Dell Computer, Battling Large Retailers, to Slip a Superstore in America's Mailbox. *The Wall Street Journal* 10.Sep.:B1.

PORTER, M. 1985. *Competitive Strategy.* New York: Free Press.

POWELL, W. 1987. Hybrid organizational arrangements. *California Management Review* 30:67-87.

POWELL, W. 1990. Neither market nor hierachie: Network forms of organization. In B. Staw und L. Cummings, *Research in organizational behavior* 12:295-336. Greenwich, Conn.: JAI.

PRAHALAD, C. und G. HAMEL. 1990. The Core Competence of the Corporation. *Harvard Business Review* 68:79-91.

RADFORD, R. 1945. The Economic Organization of a P.O.W. Camp. *Economica* 12:189-201.

RADNER, R. 1975. A behavioral model of cost reduction. *Bell Journal of Economics* 6:196-215.

RADNER, R. 1992. Hierarchy: The Economics of Managing. *Journal of Economic Literature* 30:1382-1415.

RADNER, R. und M. ROTHSCHILD. 1975. On the allocation of effort. *Journal of Economic Theory* 10:358-376.

RAT VON SACHVERSTÄNDIGEN FÜR UMWELTFRAGEN. 1974. *Umweltgutachten.* Stuttgart: Kohlhammer.

RIORDAN, M. UND O. WILLIAMSON. 1985. Asset Specifity and Economic Organization. *International Journal of Industrial Organization* 3:365-378.

ROETHLISBERGER, F. und W. DICKSON. 1939. *Management and the Worker.* Cambridge, Ma.: Cambridge University Press.

TOTEMBERG, J. 1999. Process- versus Function-Based Hierarchies. *Journal of Economics and Management Strategy* 8:453-487.

ROTHSCHILD, M. und J. STIGLITZ. 1976. Equilibrium in Competitive Insurance Markets: An Essay on the Economics of Imperfect Information. *Quarterly Journal of Economics* 90:629-649.

RUBIN, P. 1978. The Theory of the Firm and the Structure of the Franchise Contract. *Journal of Law and Economics* 21:223-233.

SALONER, G., A. SHEPARD und J. PODOLNY. 2001. *Strategic Management.* New York: Wiley.

SAMUELSON, P. 1948. *Economics.* New York: McGraw-Hill.

SANDLER, T. 1993. The Economic Theory of Alliances. *Journal of Conflict Resolution* 37:446-483.

SCHMALENBACH, E. 1948. *Kostenrechnung und Preispolitik.* Köln: Westdeutscher Verlag.

SCHMITZ, P. 2001. The Coase Theorem, Private Information and the Benefits of Not Assigning Proerty Rights. *European Journal of Law and Economics* 11:23-28.

SCHUMPETER, J. 1942. *Capitalism, Socialism, and Democracy.* New York: Harper.

SCHWEIZER, U. 1988. Externalities and the Coase Theorem: Hypothesis or Result? *Journal of Institutional and Theoretical Economics* 144:245-266.

SCOTT, W. 1961. Organization Theory: An Overview and an Appraisal. *Academy of Management Journal* 4:7-26.

SEIWERT, L. 1979. Das Substitutionsgesetz der Organisation. *Wirtschaftswissenschaftliches Studium WiSt* 8:76-78.

SHAW, M. 1932. A Comparison of Individual and Small Groups in the Rational Solution of Complex Problems. *American Journal of Psychology* 44:491-504.

SHELL, G. 1991. Opportunism and trust in the negotiation of commercial contracts: Toward a new cause of action. *Vanderbilt Law Review* 44:221-282.

SHEPARD, A. 1987. Licensing to enhance the demand for new products. *Rand Journal of Economics* 18:360-368.

SHEPHARD, R. 1953. *Cost and Production Functions.* Princeton, N.J.: Princeton University Press.

SHUBIK, M. 1995. *Game Theory in the Social Science.* Cambridge, Ma.: MIT Press.

SIMON, H. 1945. *Administrative Behavior.* New York: Free Press.

SIMON, H. 1957. *Models of Man.* New York: Wiley.

SIMON, H. 1972. *Theories of Bounded Rationality.* In C. McGuire und R. Radner, *Decision and Organizations.* Amsterdam: North Holland.

SIMON, H. 1979. Rational Decision Making in Business Organizations. *American Economic Review* 69:493-513.

SIMON, H. 1991. Organizations and Markets. *Journal of Economic Perspectives* 5:25-44.

SKOGH, G. 1982. Returns to scale in Swedish property-liability insurance industry. *Journal of Risk and Insurance* 49:218-228.

SMALTER, D. und R. RUGGLES. 1966. Six Business Lessons from the Pentagon. *Harvard Business Review* 44:64-75.

SMITH, A. 1776. *An Inquiry into the Nature and Causes of the Wealth of Nations.* zitiert nach 1976, Oxford: Clarendon Press.

STIGLER, G. 1951. The division of labour is limited by the extend of the market. *Journal of Political Economy* 59:185-193.

STIGLER, G. 1962. The Economics of Information. *Journal of Political Economy* 69:213-225.

STINCHCOMBE, A. 1985. Contracts as Hierarchical Documents. In A. Stinchcombe und C. Heimer, *Organizational Theory and Project Management: Administering Uncertainty in Norwegian Offshore Oil.* Bergen: Norwegian University Press.

STINCHCOMBE, A. 1990. *Information and Organizations.* Berkeley, Cal.: University of California Press.

STRAUSS, J. 1986. Does Better Nutrition Raise Productivity. *Journal of Political Economy* 94:297-320.

STUCKEY, J. 1983. *Vertical Integration and Joint Ventures in the Aluminium Industry.* Cambridge, Ma.: Harvard University Press.

SYDOW, J. 1992. Strategische Netzwerke und Transaktionskosten. In W. Staehle und P. Conrad, *Managementforschung 2.* Berlin: Walter de Gruyter.

TAYLOR, F. 1903. Shop Management, In F. Taylor, *Scientific Management.* New York: Harper & Row.

TAYLOR, F. 1911. The Principles of Scientific Management. In F. Taylor, *Scientific Management.* New York: Harper & Row.

TERHART, K. 1986. *Die Befolgung von Umweltschutzauflagen als betriebswirtschaftliches Entscheidungsproblem.* Berlin: Duncker & Humblot.

TETENS, G. und A. VOSS. 1995. Der neue Ordnungsrahmen für die Telekommunikation. *Wirtschaftsdienst* 8:443-450.

THOMPSON, J. 1967. *Organizations in Action.* New York: McGraw-Hill.

THORELLI, H. 1986. Networks: Between markets and hierachies. *Strategic Management Journal* 7:37-51.

TIROLE, J. 1988. *The Theory of Industrial Organization.* Cambridge, Ma.: MIT Press.

TULLY, S. 1993. The Modular Corporation. *Fortune* 8.Feb.:102-115.

VARIAN, H. 1992. *Microeconomic analysis.* New York: Norton.

VENKATRAMAN, N. 1994. IT-Enabled Business Transformation: From Automation to Scope Redefintion. *Sloan Management Review* 35:73-87.

VOSSBERG, H. 1972. Bayer – neugegliedert. *Bayer-Berichte* 29:16-21.

WALLIS, J. und D. NORTH. 1988. Measuring the Transaction Cost Sector in the American Economy, 1870-1970. In S. Engerman und R. Gallman, Long-Term Factors in American Economic Growth. Chicago: University of Chicago Press.

WALRAS, L. 1954. *Elements of Pure Economics.* London: Allen and Unwin.

WANG, N. 2003. Measuring Transaction Costs: An Incomplete Survey. *Ronald Coase Institute Working Papers* Number 2.

WEBER, M. 1921. *Wirtschaft und Gesellschaft.* Tübingen: Mohr.

WEIMER, T. 1988. *Das Substitutionsgesetz der Organisation. Eine theoretische Fundierung.* Wiesbaden: Gabler.

WEITZMANN, M. 1980. The Ratchet Principle and Performance Incentives. *Bell Journal of Economics* 11:302-308.

WILLIAMS, K., S. HARKINS und B. LATANE. 1979. Identifiability as a Deterrent to Social Loafing: Two Cheering Experiments. *Journal of Personality and Social Psychology* 40:303-311.

WILLIAMSON, O. 1967. Hierarchical Control and Optimum Firm Size. *Journal of Political Economy* 75:123-138.

WILLIAMSON, O. 1975. *Markets and Hierarchies. Analysis and Antitrust Implications.* New York: Free Press.

WILLIAMSON, O. 1976. Franchise Bidding for Natural Monopolies – in General and with respect to CATV. *Bell Journal of Economics* 7:73-104.

WILLIAMSON, O. 1983. Credible Commitments: Using Hostages to Support Echange. *American Economic Review* 73: 519-591.

WILLIAMSON, O. 1985. *The Economic Institutions of Capitalism.* New York: Free Press.

WILLIAMSON, O. 1991a. Comparative Economic Organization: The Analysis of Discrete Structural Alternatives. *Administrative Science Quarterly* 36:269-296.

WILLIAMSON, O. 1991b. Strategizing, Economizing, and Economic Organization. *Strategic Management Journal* 12:75-94.

WILLIAMSON, O. 1991c. Economic Institutions: Spontaneous and Intentional Governance. *Journal of Law, Economics, and Organization* 7:159-187.

WILLIAMSON, O. 1993. Opportunism and its Critics. *Managerial and Decision Economics* 14:97-107.

WITTMAN, D. 1977. Prior Regulation versus Post Liability: The Choice Between Input and Output Monitoring. *Journal of Legal Studies* 6, 193-211.

WOMACK, J., D. JONES und D. ROOS. 1991. *The Machine that Changes the World: The Story of Lean Production.* Cambridge, Ma.: MIT Press.

YANG, X. und J. BORLAND. 1991. A Microeconomic Mechanism for Economic Growth. *Journal of Political Economy* 99:460-482.

ZILLER, R. 1957. Group Size: A Determinant of the Quality and Stability of Group Decisions. *Sociometry* 20:165-173.

ZIMMERMAN, J. 1995. *Accounting for Decision Making and Control.* Burr Ridge, Ill.: Irwin.

Index

Abteilung, **375**
  Service-, 386, 488
  Stabs-, 385, 487
  Zentral-, 387
Abteilungsbildung, 373
  funktionsorientierte, 375
  objekt- und funktionsorientierte, 387
  objektorientierte, 376
  objektorientierte mit autonomer Zentralabteilung, 388
  objektorientierte mit funktionsorientierter Serviceabteilung, 386
  objektorientierte mit funktionsorientierter Stabsabteilung, 385
  objektorientierte mit weisungsberechtigter Zentralabteilung, 387
  ökonomische Analyse, 378
Adverse Selektion, **50**, 148, 191, 192, 209, 235, 238, 245, 258, 401
Allgemeines Gleichgewichtsmodell, 129
Angebot, **106**
  Überschuss-, 109
  Angebotsfunktion, **107**
  Gesamt-, 107
  individuelles, 106
Anreizstruktur, **29**, 204
Anweisung, *siehe* Koordinationsinstrumente
Arbeitsaufgabe, **295**
Arbeitsteilung, 24, 44, 294, 439
  Nachteile, 197, 303
  Vorteile, 15
Arbeitsvertrag, 136, 232, 340, 419
Aufgabe
  Analysierbarkeit, **436**
  Dynamik, 420
  innovative, **428**, 502
  Komplexität, 420
  Merkmale, 417
  permanente, **427**, 458
  Variabilität, **436**
Ausgliederungsprinzip, 333, 386, 388
  ökonomische Analyse, 333

Börse, 58
Begrenzte Rationalität, **33**, 69, 150, 207, 318, 340, 343, 352, 372, 400, 402
Begrenzte Rationalität, **226**, 241
Bereich
  Funktions-, 463
  Geschäfts-, **458**, 479
  Unternehmens-, 484
  Zentral-, 486
Blockverkauf, 260
Brutto-Wertschöpfung, 18
  Steigerung, 216, 382
Business Process Management, *siehe* Geschäftsprozessorganisation
Business Reengineering, 475

Coase-Theorem, 176, 199, 351, 370, 450, 534
Core Process Design, *siehe* Geschäftsprozessorganisation
Cost-Center, **482**

Demokratische Entscheidungsverfahren, 356

Demokratisches Entscheidungsverfahren, **156**
  ökonomische Analyse, 356, 361
Differenzierung
  organisatorische, 341
  Wechselwirkungen, 323
Direktorialprinzip, 463
Dual Sourcing, 201, 253
Duale Organisation, **520**
Durchschnittsproduktivität, 117

Economies of scale, *siehe* Skalenerträge, steigende
Effizienz
  einer Organisation, *siehe* Organisationseffizienz, 200
  Pareto-, 525
Ein-Mann-Unternehmung, 136
Einheit der Auftragserteilung, 86, 391
Elementarprozess, **300**
Entscheidung
  dezentralisierte, **62**
  interdependente, 45
  Make-or-Buy, 185
  operative, **290**
  organisatorische, **290**
  strategische, 49, **460**, 497, 498
  zentralisierte, **62**
Entscheidungsautonomie, **63**
  Arbeitsaufgabe, 294
  optimaler Grad, 321
  Organisationsaufgabe, 288
Entscheidungsdelegation, 424, 426, 437, 441
  ökonomische Analyse, 316, 351
Entscheidungsdezentralisierung, 316, 324, 405, 432
Entscheidungskompetenzen, 314
Entscheidungssystem, 70
  dezentrales, **62**
  zentrales, **62**, 313
Entscheidungsverhalten
  individuelles, **43**

organisatorisches, **44**
strategisches, **49**, 357
Entscheidungszentralisierung, 316, 323, 405, 432
Ertragszuwächse, **116**
Exogene Unsicherheit, *siehe* Umweltunsicherheit, **34**
Externalitäten, *siehe* externe Effekte
Externe Effekte, **151**, 172, 199

Fehlende Märkte, 149
  staatliche Eingriffe, 163
Fertigung
  Fertigungsinseln, 466, 476
  Fließband-, 465
  Werkband-, 465
  Werkstatt-, 465
Franchising, 267
Fundamentale Transformation, **211**, 238
Funktionsbereichsorganisation, **463**
  Modifikationen, 477, 485
Funktionsmanagement, **486**
Funktionsmeisterprinzip, 84, 392

Güter
  öffentliche, **529**
Geschäftsbereichsorganisation, **478**
  Modifikationen, 485
  ökonomische Analyse, 481
Geschäftsprozess, **299**, 469
Geschäftsprozessorganisation, **469**
  Modifikationen, 477
  ökonomische Analyse, 471
Gesetz des abnehmenden Ertragszuwachses, **117**
Gleichgewicht, **108**
Gleichgewichtspreis, **108**
Gliederungstiefe, **375**
Grenzproduktivität, 117

Gut
  Erfahrungs-, 148, 243
  homogenes, 147
  Inspektions-, 148
  privates, 151
  Vertrauens-, 148

Häufigkeit einer Aufgabe
  hierarchische Koordination, 427
Häufigkeit einer Transaktion, **35**
  Transaktionskosten, 208
  zwischenbetriebliche Kooperation, 255
Hierarchische Koordination, **56**, 215
  Entscheidungssystem, 62
  Informations- und Kommunikationssystem, 68
  ökonomische Analyse, 241
Holdup, **52**, 191, 207, 212, 238, 242, 253, 254, 267, 270
Horizontale Differenzierung, **289**
  Stellenbildung, 301

Information
  asymmetrische, **50**, 144, 164, 191, 340, 401
  nicht-verifizierbare, **258**
  symmetrische, **51**, 191
  verifizierbare, **258**
  vollkommene, 103
  vollständige, 135, 143
Informations- und Kommunikationssystem, **68**, 70, **406**, 454
Informations- und Kommunikationstechnologie, **262**, 435
  hierarchische Koordination, 440
  zwischenbetriebliche Kooperation, 263
Informationsasymmetrien, *siehe* Information, asymmetrische
Informationsverarbeitung
  dezentrale, **68**
  zentrale, **68**

Informationsverbindungen
  Fayolsche Brücke, 411
  laterale, *siehe* Laterale Koordination
  ökonomische Analyse, 408, 410
  vertikale, *siehe* Vertikale Koordination
Innovation
  Produkt-, **502**
  Prozess-, **502**
Instanz, *siehe* Stelle, Leistungsstelle
Interdependenz
  sequentielle, **46**, 64, 306, 396, 432
  simultane, **46**, 64, 304, 396, 432
Interdependenzen von Transaktionen, **36**
  hierarchische Koordination, 432
  Transaktionskosten, 210
  zwischenbetriebliche Kooperation, 261
Interessengegensätze, 328, 354, 356
Intermediäre Koordinationsform, *siehe* Zwischenbetriebliche Kooperation
Investment-Center, **483**

Job Empowerment, **314**
Job Enlargement, **304**
Joint Venture, *siehe* Strategische Allianz
Just-in-Time Management, 221, 263
Just-in-Time Produktionssystem, 78

Kartell, **224**
Kartellverbot, 159
Kaufvertrag, 228
Keiretsu, 270
Kernkompetenz, **217**, 516
Kollegialprinzip, 463

Komplementaritäten, **311**, 381, 419, 433, 480
Konsumentennutzen, 17
Konsumentenrente, **17**, 112
Konzern, **496**
    Holding-Organisation, 498
    ökonomische Analyse, 499
    Stammhaus, 497
Koordination
    ökonomischer Aktivitäten, 53
    einzelwirtschaftlicher Aktivitäten, 128
    hierarchischer Entscheidungen, 287
    innovativer Aufgaben, 500
    permanenter Aufgaben, 458
    wettbewerblicher Rahmenbedingungen, 157
    zwischenbetrieblicher Kooperationen, 213
Koordinationsinstrumente, **29**, 291
    Anweisung, **57**, 340
    demokratisches Entscheidungsverfahren, *siehe* Demokratisches Entscheidungsverfahren
    Entscheidungskompetenzen, 316
    laterale Koordination, 339, **349**
    persönliche Weisung, **342**, 408
    Plan, 345, **394**, 408, 438
    Preis, **56**, 100, 104
    Programm, **342**, 408, 437, 441
    Transferpreis, *siehe* Transferpreis, *siehe* Transferpreis
    Verhandlung, *siehe* Verhandlung
    vertikale Koordination, 339, **340**, 346
Koordinationskosten, **189**, 434
    Abteilungsbildung, 378
    Ausgliederungsprinzip, 335
    demokratische Entscheidungsverfahren, 362
    Entscheidungsdelegation, 320
    Häufigkeit einer Transaktion, 208
    hierarchische Koordination, 190, 241
    Interdependenz mit anderen Transaktionen, 210
    laterale Planungsverfahren, **399**
    marktliche Koordination, 189, 237
    Matrixprinzip, 330
    Meßbarkeit geschaffener Werte, 210
    Stabsprinzip, 326
    Stellenbildung, 311
    transaktionsspezifische Investitionen, 207
    Unsicherheit einer Transaktion, 207
    Verhandlung, 351
    vertikale Koordination, 346, 347, 351
    vertikale Planungsverfahren, **405**
    Weisungssysteme, 392
    zwischenbetriebliche Kooperation, 248, 256, 270
Koordinationsmechanismus, 56, 215
Koordinationsproblem, **28**, 44, 53, 189
    ökonomische Analyse, 53, 70
    ökonomisches System, 132
    hierarchisches Entscheidungssystem, 289
    ökonomisches System, 102
    staatliche Wirtschaftpolitik, 161
    Unternehmensleitung, 460
    Wechselwirkungen mit Motivationsproblem, 31, 235

zwischenbetriebliche Kooperation, 233
Kundenmanagement, **389**

Laterale Kooperation, **265**
Laterale Koordination, **339**, 442
   Informationsverbindungen, **407**
   Planungsverfahren, 396
Leitungsspanne, **375**, 426

Markenname, 259, 267
Markt, **102**
   Nexus von Verträgen, 110
   ökonomische Organisation, 14, 102
Marktintransparenz, 143, 199
   staatliche Eingriffe, 163
Marktliche Koordination, **56**, 215
   Entscheidungssystem, 62
   Informations- und Kommunikationssystem, 68
   ökonomische Analyse, 237
Marktmacht, 103, 139, 217
   staatliche Eingriffe, 161
Marktversagen, **138**
   staatliche Eingriffe, 158
   Transaktionskosten, 199
Matrixprinzip, **328**, 387, 488, 492, 508
   ökonomische Analyse, 330
Messbarkeit geschaffener Werte
   Transaktionskosten, **209**
   Werte, **35**
   zwischenbetriebliche Kooperation, 258
Messbarkeit geschaffener Werte
   hierarchische Koordination, 430
Methodologischer Individualismus, **32**
Modell überlappender Gruppen, 414, 462, 493
Modulare Organisation, **475**
Monopol, 199
   Angebotsmonopol, 139

natürliches, **142**
Monopole, 159
Moralisches Risiko, **51**, 148, 191, 209, 238, 246, 258, 319, 354, 360, 424, 428, 429
   kollektives, 355
Motivationsinstrumente, **30**, 291
   Entscheidungskompetenzen, 316
   Preis, 100
   Wirtschaftpolitik, 167
Motivationskosten, **189**, 191, 434
   Abteilungsbildung, 380
   Ausgliederungsprinzip, 336
   demokratische Entscheidungsverfahren, 361
   Entscheidungsdelegation, 320
   Häufigkeit einer Transaktion, 208
   hierarchische Koordination, 192, 242
   Interdependenz mit anderen Transaktionen, 210
   laterale Planungsverfahren, **401**
   marktliche Koordination, 192, 237
   Matrixprinzip, 331
   Messbarkeit geschaffener Werte, 210
   Stabsprinzip, 327
   Stellenbildung, 311
   transaktionsspezifische Investitionen, 207
   Unsicherheit einer Transaktion, 208
   Verhandlung, 353
   vertikale Koordination, 346, 347, 353
   vertikale Planungsverfahren, **405**
   Weisungssysteme, 392
   zwischenbetriebliche Kooperation, 248

Motivationsproblem, **29**, 189
    ökonomisches System, 133
    staatliche Wirtschaftpolitik, 165
    staatlicher Wirtschaftpolitik, 167
    zwischenbetriebliche Kooperation, 234

Nachfrage, **104**
    Überschuss-, 109
    Gesamt-, 105
    individuelle, 104
    Nachfragefunktion, **105**

Objektprinzip, **304**, 385, 465
Ökonomische Analyse
    Abteilungsbildung, 378
    Ausgliederungsprinzip, 333
    demokratische Entscheidungsverfahren, 361
    demokratische Entscheidungsverfahren vs Selbstkoordination, 356
    Einlinien- vs Mehrliniensystem, 392
    Entscheidungsdelegation, 316
    Funktionsbereichsorganisation, 466
    Geschäftsbereichsorganisation, 481
    Geschäftsprozessorganisation, 471
    hierarchische Koordination, 241
    Konzern, 499
    laterale Informationsverbindungen, 410
    laterale Planungsverfahren, 398
    marktliche Koordination, 237
    Matrixprinzip, 330
    Organisation der strategischen Planung, 519
    Projektorganisation, 511
    Stabsprinzip, 325

Stellenbildung, 306
Transferpreis, 365
Unternehmensleitung, 461
vertikale Informationsverbindungen, 408
vertikale Koordination, 347
vertikale Koordination vs Selbstkoordination, 351
vertikale Planungsverfahren, 404
zwischenbetriebliche Kooperation, 248
Ökonomische Organisation, **13**
    Grundbausteine, **31**
Ökonomisches Verhalten, **32**
Opportunismus, **50**
Opportunitätskosten, 32
Organisation
    Grenzen, **25**
    System von Entscheidungen, 43
Organisationeffizienz
    Vorgehen, 204
Organisationsarchitektur, **23**, 204
Organisationseffizienz, **23**
    institutionelles Umfeld, 205
    Produktionskostenminimierung, 201, 203
    Transaktionskostenminimierung, 201, 203
Organisationsmitglied, **25**
Organisationsproblem, **28**
Organisationsrente, **17**
Organisationsstrategie, **23**, 383, 395, 460, 514
Organisationsstruktur, **29**, 204, 383
    Wechselwirkungen mit der Anreizstruktur, 73
Organisationsteilnehmer, **13**
    begrenzte Rationalität, 33
    externer, 25
    individuelle Präferenzen, 32
    interner, 25

Nutzenmaximierung, 32
Organisationstheorien
 administrativer Ansatz, 85
 bürokratischer Ansatz, 87
 physiologischer Ansatz, 83
Organisationsumwelt, 288
Organisatorische Differenzierung, **289**
 Abteilungsbildung, 371
 Stellenbildung, 322
Organisatorische Einheit, **25**, 294

Persönliche Weisung, *siehe* Koordinationsinstrumente
Plan, *siehe* Koordinationsinstrumente
Planung
 generelle, 395
 operative, 395
 strategische, 395, 513
Planungssystem, **395**
Planungsverfahren
 Gegenstromplanung, 403
 iterative sequentielle Planung, 400
 ökonomische Analyse, 398, 404
 progressive Planung, 402
 retrograde Planung, 402
 sequentielle Gruppenplanung, 397
 sequentielle Planung, 397
 simultane Planung, 396
Politikgestaltung, 168
Politisches Programm, 157
Preis, *siehe* Koordinationsinstrumente
Primärorganisation, **458**
 Funktionsbereichsorganisation, *siehe* Funktionsbereichsorganisation
 Geschäftsbereichsorganisation, *siehe* Geschäftsbereichsorganisation

Geschäftsprozessorganisation, *siehe* Geschäftsprozessorganisation
Produktgarantie, 259
Produktionsfunktion, **114**
Produktionskosten, **119**, 433, 434
 Abteilungsbildung, 379
 Ausgliederungsprinzip, 335
 durchschnittliche, 121
 fixe, 121
 Grenzkosten, 121
 kurzfristige, 121
 langfristige, 122
 marktliche Koordination, 237
 Minimierung, 119, 201, 203, 220
 Stellenbildung, 311
 variable, **121**
 Wechselwirkungen mit Transaktionskosten, 200
 zwischenbetriebliche Kooperation, 248
Produktionsprozess, 114
Produktionstechnologie, **114**, 200, 262, 435, 468
 hierarchische Koordination, 437
 zwischenbetriebliche Kooperation, 262
Produktmanagement, **491**
Produzentenrente, 112
Profit-Center, **482**
Programm, *siehe* Koordinationsinstrumente
Projekt, **505**
 -gruppe, 350, 412, 416, 507
 -organisation, *siehe* Projektorganisation
Projektorganisation, **506**
 Matrix-, 508
 ökonomische Analyse, 511
 Reine, 509
 Stabs-, 507
Prozess, **298**
 -kostenrechnung, 194

-manager, 470
Abgeschlossenheit, **299**
case team, 470
Elementar-, *siehe* Elementarprozess
Geschäfts-, *siehe* Geschäftsprozess
Kern-, 469

Qualitätszirkel, **512**

Ratchet-Effekt, **355**
Rente eines Organisationsteilnehmers, 18, 137
Ressortbildung, 464
Ressortkollegialität, 463
Richtlinienmodell, 388, 414

Segmentierung, **45**
  Entscheidungsproblem, 45
  Organisationsaufgabe, 289
  Prozess, 300
Sekundärorganisation, **503**
Selbstkoordination, **350**, 420, 425, 438
  ökonomische Analyse, 351, 356
Skalenerträge, **115**
  steigende, **115**, 197, 220, 262, 308, 379, 428, 438, 439
Spin-off, 499
Staat
  als Nexus von Verträgen, 156
  Versagen, 165
Staatliche Regulierung, 142, 159
  dirigistische Instrumente, 165
  marktorientierten Instrumente, 165
Staatliche Wirtschaftspolitik, 158, 224
Staatlicher Vollzug, 165
Stabsprinzip, **325**, 385, 409, 508
  ökonomische Analyse, 325
Standardisierung

Arbeitsergebnisse, *siehe* Plan, *siehe* Plan
Arbeitsprozesse, *siehe* Programm
Arbeitsprozesse, *siehe* Programm
Marktergebnisse, 217
Stelle, **294**
  Ausführungs-, **316**
  Integrations-, 413
  Leitungs-, **316**
  Matrix-, **329**, 414
  Service-, **333**
  Stabs-, **325**, 409, 413, 491
  Verbindungs-, 411
  Zwischeninstanz, 375, 409
Stellenbildung
  funktions- und prozessorientierte, 328
  funktionsorientierte, **302**, 323, 424, 431, 437
  funktionsorientierte mit prozess orientierten Stabsstellen, 325
  ökonomische Analyse, 306
  prozessorientierte, 424, 431
  prozessorientierte, **304**, 323, 437, 440
  prozessorientierte mit funktionsorientierten Servicestellen, 333
Strategische Allianz, 269
  Joint Venture, 269
  vertragliche Vereinbarung, 269
Strategische Geschäftseinheit, **515**
Strategische Unsicherheit, **49**, 234, 238
Strategisches Geschäftsfeld, **514**
Strategisches Management, 396
Strukturierung, **44**
  Entscheidungsaufgabe, 44
  Organisationsaufgabe, 292
  Prozess, 300

Sunk costs, 33, 242

Tätigkeitsspektrum
　Arbeitsaufgabe, 294
　Organisationsaufgabe, 287
Task Force, *siehe* Projektgruppe
Tausch, **17**, 24
Team, 412, 415
Technologie, *siehe auch* Informations- und Kommunikationstechnologie, *siehe auch* Produktionstechnologie
　hierarchische Koordination, 435
　Wechselwirkungen mit Transaktionskosten, 202
　zwischenbetriebliche Kooperation, 262
Technologietypen
　Handwerk, 437
　Ingenieurmäßige Produktion, 438
　Nichtroutine-Technologie, 438, 468, 474, 495
　Routine-Technologie, 437, 468
Teilautonome Arbeitsgruppe, 350
Theorie der Unternehmung, neoklassische, 114, 134
　Wertschöpfungsprozess, 114
Transaktion, **33**
　Merkmale, **33**, 206, 417
Transaktionskosten, **188**
　Bedeutung für die Organisation, 193
　Messung, 194
　Minimierung, 201, 203, 221
　Struktur, 188
　Wechselwirkungen mit Produktionskosten, 200
Transaktionsspezifische Investitionen, **33**, 242
　hierarchische Koordination, 417
　humankapitalspezifische, 418, 426, 429

　Transaktionskosten, 206
　zwischenbetriebliche Kooperation, 248
Transferpreis, **59**, 241, 250
　ausgehandelter, 370
　grenzkostenbasierter, 367
　marktbasierter, 365
　ökonomische Analyse, 365
　vollkostenbasierter, 369
Trittbrettfahrerproblem, 244, **332**, 354, 355, 360, 393, 449

Umwelt einer Organisation
　generelle, **27**
　spezielle, **25**, 421
Umwelt einer Transaktion
　Dynamik, **35**, **207**, 420
　Komplexität, **34**, **207**, 420
Unmöglichkeitstheorem, 360
Unsicherheit einer Aufgabe, 437
　hierarchische Koordination, 420
Unsicherheit einer Transaktion, **34**
　Transaktionskosten, 207
　zwischenbetriebliche Kooperation, 253
Unternehmensleitung, 459, 514
　horizontale Differenzierung, 461
　ökonomische Analyse, 461
　Ressortbildung, **461**
　vertikale Differenzierung, 462
Unternehmung
　Betriebsgröße, **121**
　Nexus vollständiger Verträge, 135
　ökonomische Organisation, 13
　Primärorganisation, *siehe* Primärorganisation
　Sekundärorganisation, *siehe* Sekundärorganisation
　Unternehmensleitung, *siehe* Unternehmensleitung

Verhandlung, 215, 350

ökonomische Analyse, 173
Verrichtungsprinzip, **302**, 465
Vertikale Differenzierung, **291**
  Stellenbildung, 313
Vertikale Kooperation, **265**
Vertikale Koordination, **339**, 442
  Informationsverbindungen, **407**
  ökonomische Analyse, 347
  Planungsverfahren, 402
Vertrag
  expliziter, 33
  impliziter, 33
  klassischer, 227
  konditionierter, 135, 150
  relationaler, **231**, 340
  spot-market, 227
  unvollständiger, **230**
  vollständiger, **135**, 227, 254, 340
Vertragsbeziehung
  klassische, 228, 232
  relationale, **231**
Vertrauensbildung, 231, 249, 429
Vollkommene Konkurrenz, **102**, 143

Weisungssystem, **390**
  Einliniensystem, **391**
  Mehrliniensystem, **392**
  ökonomische Analyse, 392
Wertmaximierungsprinzip, 525
Wertschöpfung, 395
  Dekomposition, 296

Prozess, 300
  realisierte, **17**, 203
Wertschöpfungskette, **16**, 296
Wertschöpfungsprozess, **16**, 114, 298
Wettbewerbspolitik, 158
Wirtschaftskreislauf, **102**
Wissen
  generelles, **66**
  spezifisches, **66**, 317, 320, 351, 354, 368, 379, 405, 406, 424, 437, 441, 442
Wohlfahrtsökonomie
  erster Hauptsatz, **132**
Wortbruch, **52**, 64, 191, 207, 238

Zwischenbetriebliche Kooperation, 60, **214**
  Beschaffungskooperation, 221
  Fertigungskooperation, 218, 220
  Forschungs- und Entwicklungskooperation, 218, 221, 263
  Kapitalbeteiligung, 61
  Klassifikation, 265
  Marketingkooperation, 222
  ökonomische Analyse, 248
  ökonomische Organisation, 233
  vertragliche Kooperation, 61
  Vertriebskooperation, 217, 222
  Wertschöpfungsvorteile, 216
  Wettbewerbseinschränkungen, 224